Günter Becker

Kohlberg und seine Kritiker

Günter Becker

# Kohlberg und seine Kritiker

Die Aktualität von
Kohlbergs Moralpsychologie

**VS VERLAG**

Bibliografische Information der Deutschen Nationalbibliothek
Die Deutsche Nationalbibliothek verzeichnet diese Publikation in der
Deutschen Nationalbibliografie; detaillierte bibliografische Daten sind im Internet über
<http://dnb.d-nb.de> abrufbar.

1. Auflage 2011

Alle Rechte vorbehalten
© VS Verlag für Sozialwissenschaften | Springer Fachmedien Wiesbaden GmbH 2011

Lektorat: Julia Klös | Eva Brechtel-Wahl

VS Verlag für Sozialwissenschaften ist eine Marke von Springer Fachmedien.
Springer Fachmedien ist Teil der Fachverlagsgruppe Springer Science+Business Media.
www.vs-verlag.de

Umschlaggestaltung: KünkelLopka Medienentwicklung, Heidelberg
Gedruckt auf säurefreiem und chlorfrei gebleichtem Papier
Printed in Germany

ISBN 978-3-531-17647-5

# Inhaltsverzeichnis

## Verzeichnis der Tabellen

# Verzeichnis der Abbildungen

# Vorwort

Der amerikanische Psychologe Lawrence Kohlberg hat seit Ende der 1950er Jahre über mehr als 30 Jahre hinweg die Entwicklung von Moral untersucht. 1987 setzte Kohlberg seinem Leben selbst ein Ende – als Folge einer unheilbaren Virusinfektion, die er sich schon Ende 1971, Anfang 1972 bei einer Forschungsreise nach Mittelamerika zugezogen hatte, war er oft arbeitsunfähig und litt unter schweren Depressionen. Bis zu seinem Tode veröffentlichte er trotz starker gesundheitlicher Beeinträchtigungen eine Vielzahl von Arbeiten zur Moral-entwicklung und fand mit diesen Arbeiten große Resonanz; viele Wissenschaftler führten und führen seine Forschungen weiter. Sein Einfluss beschränkte sich nicht auf die entwick-lungspsychologische Moralforschung, sondern erstreckte sich auch auf die Moralforschung in anderen psychologischen Teildisziplinen (z.B. in Sozial- und Persönlichkeitspsychologie) sowie in weiteren Disziplinen, insbesondere Soziologie, Philosophie und Pädagogik. Insge-samt war er der einflussreichste Moralpsychologe, darüber hinaus einer der einflussreichs-ten Psychologen. Kohlbergs Arbeiten stießen jedoch seit Ende der 1960er Jahre auch auf scharfe und vielgestaltige Kritik.

Sein Untersuchungsansatz wurde im internationalen Raum und in Deutschland zwar häufig dargestellt, fruchtbar gemacht und kritisiert, jedoch fehlen solche Analysen der For-schung dieses Ansatzes (der „Kohlberg-Forschung") sowie der Kohlberg-Kritik, die syste-matisch angelegt und forschungsgeschichtlich ausgerichtet sind: 1981, also etwa 20 Jahre nach Beginn der Kohlberg-Forschung und etwa zehn Jahre nach Beginn der Kohlberg-Kritik, setzte sich Fritz Oser, ein Pädagogischer Psychologe und Erziehungswissenschaftler aus der Schweiz, in einem Artikel mit der Kritik insbesondere aus den angelsächsischen Ländern auseinander (Oser 1981a). Darin verteidigt er den Ansatz gegenüber Einwänden, indem er Missverständnisse in der Rezeption identifiziert und dessen Fruchtbarkeit betont. 1983 veröffentlichte Lutz H. Eckensberger, ein deutscher Entwicklungs- und Kulturpsycho-loge, einen Überblicksartikel über die entwicklungspsychologische Moralforschung im deutschsprachigen Raum seit 1975, wobei er die Kritik an Kohlbergs Perspektive in den Vordergrund rückt (Eckensberger 1983). In Anknüpfung an die Kritiker benennt Eckensber-ger zentrale Probleme dieser Perspektive. Danach wurden im internationalen Raum und in Deutschland keine systematisch angelegten Diskussionen der Kohlberg-Kritik mehr publi-ziert. Differenzierte Überblicke über die Kohlberg-Forschung fehlen gänzlich. Darüber hin-aus gab es keine Analysen der entsprechenden forschungsgeschichtlichen Aspekte.

Das vorliegende Buch sucht diese Lücken zu schließen. Es zieht eine Bilanz von mehr als 50 Jahren Kohlberg-Forschung und von mehr als 40 Jahren Kohlberg-Kritik. Ziel ist es einerseits (wie bei Oser), Missverständnisse in der Rezeption der Kritiker zu benennen und ihnen gegenüber die Fruchtbarkeit der theoretischen Konzepte Kohlbergs, seiner Methoden und empirischen Annahmen aufzuzeigen – das Buch wendet sich explizit gegen den derzeitigen Trend, seine Untersuchungsperspektive in den Bereich der Forschungsgeschichte abzuschieben, also als veraltet zu bewerten. Andererseits sollen (wie bei Eckensberger) in Anknüpfung an die Kritiker zentrale Probleme der Perspektive aufgezeigt werden – verschiedene Einwände lassen sich für ihre Weiterentwicklung fruchtbar machen. Ein integratives psychologisches Modell der Moral und ihrer Entwicklung wird entsprechend formuliert. Die Abhandlung ist nicht nur systematisch angelegt, sondern rekonstruiert auch Entwicklungslinien der Kohlberg-Kritik und der Kohlberg-Forschung.

Die Schrift stellt folglich eine Art Kompendium dar. Im Unterschied zu anderen neueren Überblicksarbeiten zur Moralpsychologie stehen hier die Konsequenzen der verschiedenen Forschungsbemühungen für Kohlbergs Position im Vordergrund.

In einem Buchmanuskript habe ich die Entwicklungslinien der Moralforschung in den verschiedenen Teildisziplinen der Psychologie aufgezeigt; dieser Text hat eher einführenden Charakter (Becker 2010a). Die Moraldiskussion in der vorwiegend von Soziologen betriebenen Sozialisationsforschung wurde in einem Artikelmanuskript erörtert (Becker 2010b). Die Bemühungen um die pädagogische Förderung moralischer Fähigkeiten waren Gegenstand einer Buchpublikation, wobei hier zusätzlich Fragen der pädagogischen Förderung sozialer und demokratischer Fähigkeiten behandelt worden sind (Becker 2008).

Die vorliegende Abhandlung richtet sich vor allem an Moralforscher sowie an Leser, die an Fragen der Moral und ihrer Untersuchung interessiert sind. Psychologen (z.B. Entwicklungspsychologen), Soziologen (z.B. Sozialisationsforscher), Erziehungswissenschaftler (z.B. in der Allgemeinen Erziehungswissenschaft tätige Personen), Philosophen (z.B. Moralphilosophen) und Studenten der vier Fächer sind die hauptsächlichen Adressaten.

Die Schrift präsentiert unter anderem auch die zentralen Ergebnisse des von der Deutschen Forschungsgemeinschaft (DFG) finanzierten Projekts „Kohlberg-Rekonstruktion", das am Max-Planck-Institut für Bildungsforschung (MPIB) in Berlin zwischen 1988 und 1992 durchgeführt wurde (vgl. Reuss/Becker 1996; Teo/Becker/Edelstein 1995). Projektleiter war Siegfried Reuss, Antragsteller des Projekts waren Wolfgang Edelstein und Monika Keller. Zehn Jahre nach dessen Ende reichte ich bei der Freien Universität Berlin im Fach „Erziehungswissenschaft" eine Dissertation zur Kohlberg-Kritik in der Moralpsychologie ein (vgl. Becker 2002); Erstgutachter war Dieter Geulen, Zweitgutachter war Wolfgang Edelstein. Die Schrift geht von diesem Text aus, allerdings geht sie in erheblichem Maße über ihn hinaus.

Ich möchte den folgenden Personen für ihre (direkte oder indirekte) Arbeit am Manuskript herzlich danken.

Dieter Geulen danke ich insbesondere dafür, dass er mich während des Studiums an der Freien Universität Berlin immer sehr kompetent begleitet hat, und dass er mit seiner wohlwollenden Haltung und verlässlichen Unterstützung dazu beitrug, dass ich ein Stück weit mehr an mich selbst glaubte. Seine Lehrveranstaltungen zu Fragen der Sozialisation, d.h. der gesellschaftlichen Beeinflussung individueller Entwicklung, boten die Möglichkeit, im Rahmen des erziehungswissenschaftlichen Studiums auch meinen Interessen für Psychologie, Soziologie und Philosophie nachzugehen. Er hat mir in meinen Holzkamp'schen Zeiten die Augen für die Bedeutung der Positionen von Habermas und - damit zusammenhängend - von Kohlberg geöffnet. Das von ihm in den 1970er Jahren ausgearbeitete handlungstheoretische Modell eines sozialisierten, „vergesellschafteten" Subjekts finde ich auch heute noch fruchtbar. Die entwicklungstheoretischen Überlegungen in seinem 2005 erschienenen

Buch „Subjektorientierte Sozialisationstheorie" sind für die Moralforschung höchst relevant. An sein Subjektmodell und seine entwicklungstheoretischen Überlegungen knüpfe ich im vorliegenden Text an.

Außerordentlichen Dank schulde ich meinem langjährigen Arbeitskollegen Siegfried Reuss, der 2005 leider allzu früh verstarb. Über viele Jahre hinweg (seit 1988, dem Beginn des DFG-Projekts „Kohlberg-Rekonstruktion") haben wir uns in zahllosen Diskussionen über Kohlberg und Kohlbergs Kritiker ausgetauscht. Er half mir dabei, die philosophischen Grundlagen der moralpsychologischen Forschung besser zu verstehen und einen eigenen moralpsychologischen Standpunkt zu finden. Mit der ihm eigenen Akribie las er mehrere Versionen des umfangreichen Textes und kommentierte sie sehr hilfreich. Er hatte auf das Buch den größten Einfluss; manche seiner Gedanken stecken darin. Seine philosophische Reflektiertheit, sein analytisch scharfsinniges, differenziertes und lebendiges Denken, seine kritische Stimme, seine deutliche Offenheit und seinen Zuspruch vermisse ich.

Wolfgang Edelstein danke ich vor allem dafür, dass er mir während meines Aufenthalts am MPIB half, mein anfangs reichlich hilfloses Herumirren in Kohlbergs komplexem Forschungsansatz allmählich zu überwinden, dass er immer wieder für ein Gespräch über Kohlberg und über dessen Kritiker bereit war, dass er gegen manche meiner Vorstellungen nachdrücklich Einspruch erhob (gerade wenn sie zu heftig gegen Kohlberg gerichtet waren) und dass er den Text der Dissertation sehr kenntnisreich, sensibel und ohne ein Blatt vor den Mund zu nehmen – insgesamt vorbildlich – kommentiert hat. Wie Siegfried Reuss las er mehrere Versionen des Buchmanuskripts. Er unterstütze mich auch dabei, Zugang zu Kohlbergs Moralpädagogik zu finden und deren Potenzial für die „Demokratiepädagogik" zu erkennen, zu deren Begründung er maßgeblich beigetragen hat.

Monika Keller gebührt Dank für die zeitweilige Einbindung in die um Fragen der entwicklungspsychologischen Moralforschung kreisenden Diskussionen ihrer Arbeitsgruppe am MPIB. Insbesondere an die von ihr und ihrem Ehemann Wolfgang Edelstein formulierte Kritik an Kohlbergs Konzept präkonventionellen Urteilens und an deren Analyse nicht-präskriptiver moralischer Kognitionen (z.B. des Verständnisses von Gefühlen) habe ich angeknüpft.

Wolfgang Lempert, ebenfalls am MPIB tätig, hat den Dissertationstext sorgfältig und konstruktiv kommentiert. Er bat mich über die Jahre hinweg immer wieder um eine Stellungnahme zu seinen eindrucksvollen Texten, was mir die Gelegenheit bot, seine moralpsychologische sowie moralsoziologische, sozialisationstheoretische, berufspädagogische und hochschuldidaktische Position genauer kennen zu lernen. Vor allem an seine kohlbergkritische Perspektive auf die sozialen Entwicklungsbedingungen moralischen Urteilens sowie auf das konventionelle und postkonventionelle Urteilen habe ich angeknüpft.

Klaus Beck wies in überzeugender Weise auf Mängel meiner Darstellung seiner Position im Buchmanuskript hin. Die von ihm und seiner Mainzer Arbeitsgruppe im Rahmen eines DFG-Projekts formulierte Kritik an Kohlbergs Stufenkonzept ist eine vorbildliche Form der kritischen Auseinandersetzung mit dem Kohlberg-Ansatz; dieser Ansatz wird von ihm im Kontext der Wirtschaftspädagogik in erfrischender Weise fruchtbar gemacht. Zudem hat er mich in Zeiten der Arbeitslosigkeit durch die kompetente und verlässliche Kommentierung verschiedener Versionen von Projektanträgen für die DFG unterstützt.

Gertrud Nunner-Winkler, tätig zunächst an dem in Starnberg angesiedelten, unter anderem von Habermas geleiteten Max-Planck-Institut zur Erforschung der Lebensbedingungen der wissenschaftlich-technischen Welt und anschließend an dem in München angesiedelten Max-Planck-Institut für psychologische Forschung, übte überzeugende Kritik an meiner Darstellung ihres Ansatzes im Buchmanuskript. In ihren Arbeiten lenkt sie die Aufmerksamkeit nachdrücklich und in fruchtbarer Art auf die soziologischen Dimensionen moralpsychologischer Problemstellungen. Ihre Texte haben zur Klärung meiner moralpsychologischen Grundposition maßgeblich beigetragen; insbesondere die Analysen der Sozialisation moralischer Motivationen sowie des Verhältnisses von Geschlecht und moralischem Urteil waren erhellend.

Heinz Schirp, der über viele Jahre hinweg am Landesinstitut für Schule in Nordrhein-Westfalen arbeitete und sich vor allem mit Fragen der Weiterentwicklung von Curricula, Unterricht und Schule beschäftigt, danke ich dafür, dass er mir aus pädagogischer Perspektive einen Sinn für die Bedeutung intuitionistischer und neurobiologischer Positionen vermittelte.

Ein herzliches Dankeschön geht an die Mitteilnehmer eines Kurses für Personen über 50 Jahre, der Anfang dieses Jahres in der Einrichtung „Bildung, Förderung, Beratung" (BFB) in Landau/Pfalz stattfand; stellvertretend seien Klaus Bindert, Reiner Burg, Salvatore Cavalera, Heinrich Daum, Roland Dausch, Patricia Engel, Beate Huber und Kurt Thürwächter genannt. In dem Kurs machte ich die schöne, auch moralpsychologisch bedeutsame Erfahrung, dass Menschen trotz vieler erlebter Ungerechtigkeiten und widriger Lebensumstände zu einer insgesamt solidarischen, harmonischen und sogar humorvollen Gruppe zusammenfinden können. Der gute Zusammenhalt war auch Ergebnis pädagogisch kompetenter Arbeit der Verantwortlichen des Kurses, nämlich von Klaus Böhm und Meltem Dörzapf, zudem von Viola Kalf, die den Teilnehmern auf überaus menschliche und herzliche sowie sehr versierte Art sportliche Aktivitäten nahe brachte.

Ganz großer Dank gebührt Johanna Kröber. Sie hat den Dissertationstext kompetent „auf den Computer gebracht" (anfangs war mir der Computer eine „fremde Welt"). Darüber hinaus hat sie diesen Text sowie Versionen des Buchtextes sowohl in formaler (sprachlicher) Hinsicht als auch in inhaltlicher Hinsicht kritisch kommentiert, und zwar in einer Weise, wie man es von einem sehr guten Wissenschaftler gewohnt ist: sachorientiert, scharfsinnig, akribisch, ungeschminkt und konstruktiv; dabei war sie, als studierte Anglistin, mit der moralpsychologischen Literatur nicht vertraut. Bei der Erstellung der Druckvorlage des Manuskripts war sie ebenfalls behilflich, wobei sie weiterführende, überzeugende Textkritik übte. Die langjährige Zusammenarbeit mit ihr ist äußerst lehrreich und angenehm gewesen.

Zu guter Letzt danke ich Kea Sarah Brahms vom VS Verlag für Sozialwissenschaften für die Bereitschaft, das Buch ins Verlagsprogramm aufzunehmen, sowie Eva Brechtel-Wahl für die kompetente Unterstützung bei dessen Fertigstellung.

Für die inhaltlichen und formalen Mängel des Textes trage natürlich allein ich die Verantwortung. Aus Gründen der Lesbarkeit wird oft die männliche Form verwendet, obwohl männliche und weibliche Personen gleichermaßen gemeint sind. Englischsprachige Zitate wurden vom Autor übersetzt.

Heuchelheim-Klingen, im August 2011

# Einleitung

In ihrem Alltag sind die Menschen täglich mit einer Vielzahl von unbelebten und belebten Objekten konfrontiert, etwa mit Mauersteinen, Autos, Hausschweinen, dem eigenen schmerzenden Kniegelenk oder der Bibel. Sie erfassen diese Objekte, d.h. nehmen Informationen auf, speichern die Informationen ab und bilden aus ihnen neue Einheiten. Die Inhalte der drei Arten von Kognitionen (nämlich Wahrnehmung, Gedächtnis und Denken) bringen sie durch sprachliche Artikulation oftmals auch zum Ausdruck. Zu den Objekten nehmen sie auf der Grundlage von deren Bedeutung für die eigenen kurzfristigen und langfristigen Ziele wertend Stellung, empfinden angenehme oder unangenehme Gefühle, wie etwa Freude über das korpulente Hausschwein oder Ärger über das schmerzende Kniegelenk. Oftmals handeln die Menschen gegenüber den Objekten auch – sie suchen Ziele zu erreichen, indem sie, gestützt auf Annahmen über Zusammenhänge in der Realität, bestimmte Mittel zum Einsatz bringen. Beispielsweise bauen sie mit Hilfe von Mauersteinen ein Haus, fahren mit dem Auto in die Stadt zu einem Arzttermin, schlachten ein Hausschwein, um sich mit Fleisch zu versorgen, tragen auf das Kniegelenk eine schmerzlindernde Salbe auf oder lesen einen Trost spendenden Text aus der Bibel. Neben Handlungsentscheidungen nehmen sie Bewertungen vollzogener Handlungen vor. In Einstellungen zeigen sich relativ dauerhafte Formen der Zu- oder Abneigung gegenüber Objekten und Handlungen. Manchmal überlegen die Menschen auch, ob und inwieweit ihre Handlungsziele und Handlungsbewertungen zum eigenen Wohlergehen tatsächlich beitragen, d.h. zu dem, was sie grundlegend anstreben, etwa Werte wie Gesundheit, Wohlstand, sexuelles Vergnügen, berufliche Tüchtigkeit, soziale Macht, Liebe, Ansehen, Selbstverwirklichung oder Festigkeit im christlichen Glauben. Werte stellen relativ allgemeine, kognitiv akzentuierte Zielvorstellungen und Bewertungsdispositionen dar. Im Umgang mit der Welt der unbelebten und belebten Objekte sind also Fragen der angemessenen Mittelwahl (technisch-instrumentelle Fragen) und auf das eigene Wohlergehen bezogene Fragen (Fragen des guten Lebens) zu beantworten.

Menschen als mit den Fähigkeiten zu Kognition, Sprechen, Fühlen, Handeln und Selbstbewusstsein ausgestattete Wesen können als Subjekte/Personen/Individuen bezeichnet werden. Da sie meistens nicht alleine, sondern in Anwesenheit anderer Personen, wie etwa zu Tratsch neigenden Nachbarn oder potenziellen Sexualpartnern, handeln, sehen sie sich oft auch vor die Aufgabe gestellt, die Verhaltensweisen anderer zu erfassen , zu bewerten und darauf einzuwirken; diese interpersonalen Aspekte ihres Handelns beinhalten kurzfristig wirksame Zusammenhänge (soziale Interaktionen) sowie längerfristig wirksame Zusammenhänge (soziale Einheiten, nämlich Beziehungen, Gruppen, Institutionen und Gesellschaften). Auch im Umgang mit den Mitmenschen sind Fragen der angemessenen Mittelwahl (Fragen strategischen Handelns) und Fragen des guten Lebens zu beantworten.

Darüber hinaus sind die Individuen im Umgang mit der Welt der Dinge, vor allem a-
ber im Umgang mit Personen mit moralischen Fragen konfrontiert. Eine moralische Frage
wird besonders dann aufgeworfen, wenn Handeln das Wohlergehen anderer Personen
berührt. Der Einzelne überlegt, ob und inwieweit seine Handlungsziele, Handlungsmittel,
Bewertungen, Einstellungen und Werte deren Wohlergehen beeinflussen und moralischen
Werten, wie etwa Achtung menschlichen Lebens, Ehrlichkeit, Freundlichkeit und Dankbarkeit, entsprechen. Er stützt sich dabei auch auf Überzeugungen (z.B. Erwartungen über das
moralrelevante Handeln anderer). Auf der Grundlage solcher Überlegungen bilden sich
seine moralischen Einstellungen aus. Moralische Werte werden von sozialen Einheiten
durch Sollensvorschriften realisiert – soziale Einheiten bringen mit Hilfe von Normen/Re-
geln/Pflichten zum Ausdruck, welches Verhalten sie von ihren Mitgliedern in moralrelevanten Situationen erwarten. Die in sozialen Einheiten geltenden moralischen Normen fordern Rücksichtnahme auf das Wohl und Wehe von Personen, d.h. Wohlwollen: Sie
schreiben die Unterlassung von Handlungen vor, die andere schädigen, zum Beispiel gebieten sie, nicht zu töten und nicht zu betrügen (sog. negative Pflichten). Auch verpflichten sie
zu Handlungen, die das Wohl anderer fördern, also zu hilfreichem, „prosozialem" Verhalten, etwa für die gebrechlichen Eltern zu sorgen (sog. positive Pflichten). Neben regelbezogenen Fragen der Rücksichtnahme auf das Wohlergehen anderer kennzeichnen insbesondere Fragen der Gerechtigkeit den Bereich der Moral: Moralisches Handeln umfasst nicht
nur die Orientierung an positiven und negativen Pflichten – es beinhaltet beispielsweise
auch gerechtes/faires Handeln angesichts von Normenkonflikten. Gerechtigkeitsmoral im
weiten Sinne beinhaltet zudem negative Pflichten, denn einer negativen Pflicht des Handelnden entspricht ein Recht des Gegenübers. Prosoziale Moral hingegen umfasst vor allem
positive Pflichten. Die Gerechtigkeitsmoral stellt dabei ein Korrektiv für eine einseitig an der
Förderung des Wohlergehens orientierte Moral dar (z.B. Verhinderung einer Bevorzugung
nahe stehender Personen).

Moral dient also der sozialen Lenkung des Handelns der Individuen und ermöglicht
Förderung des Wohlergehens sowie Gerechtigkeit. Weil moralische Standards für soziale
Einheiten bedeutsam sind, haben die moralrelevanten Handlungen der Einzelnen auch
interpersonale Konsequenzen, etwa den Entzug von Anerkennung bei häufigem normen-
verletzendem Verhalten. Lempert weist bei seiner Bestimmung des Begriffs der Moral auf
interpersonale und auch auf emotionale Konsequenzen des Handelns hin. Als „Moral"
bezeichnet er

die Regulation, Koordination und Bewertung von Handlungen nach sozialen, von Menschen festgelegten Normen, die oft übertreten werden und dennoch bei den Mitgliedern der sozialen Einheiten, die sich diese Normen zu eigen gemacht haben, als ‚richtig' gelten. Dabei werden jene Individuen, die diese Normen befolgen und anerkennen, von Ihresgleichen als Personen respektiert
sowie als Angehörige des betreffenden Kollektivs wertgeschätzt und achten und respektieren sich
dementsprechend auch selbst, während die Verletzung und Ablehnung der betreffenden Normen
bei anderen Menschen Geringschätzung und Missbilligung sowie bei den ‚Sündern' (meist) Min-
derwertigkeitsgefühle nach sich ziehen (Lempert 2006, S. 126).

„Richtig" bedeutet vor allem „rational verbindlich", allgemein zustimmungsfähig. So unterscheidet sich der Bereich der Moral vom Bereich der Konventionen (z.B. Tischsitten, Kleidungsvorschriften) vor allem dadurch, dass moralische Regeln als rational verbindlich verstanden werden – und nicht wie Konventionen als kulturrelativ gelten.

Für die Bewältigung der im Alltagsleben aufgeworfenen moralischen Probleme sind verschiedene Fähigkeiten erforderlich. Zentral ist die Fähigkeit, Handlungsentscheidungen und Bewertungen überzeugend zu begründen, d.h. überzeugend zu „urteilen". Hinsichtlich der Gerechtigkeitsmoral lässt sich moralische Urteilsfähigkeit mit Lempert konkreter als das Vermögen bestimmen,

> für soziale Konflikte Lösungen vorzuschlagen und sie so zu begründen, dass sie für alle rationalen Beteiligten und Betroffenen, aber auch für (vernünftige) externe Beobachter annehmbar erscheinen. Als ‚rational' (bzw. ‚vernünftig') werden hier Personen bezeichnet, die universale, allgemein zustimmungswürdige Moralprinzipien – wie Gerechtigkeit, Fürsorglichkeit und Wahrhaftigkeit, Toleranz und Achtung der Menschenwürde – differenziert auf unterschiedliche Situationen, Personen, Handlungen und Handlungsfolgen anwenden (Lempert 2006, S. 126).

Neben diesen vorschreibenden, „präskriptiven" Kognitionen gibt es „nicht-präskriptive" Kognitionen (z.B. Erfassung der moralrelevanten Ansprüche in einer Situation). Eine moralische Person zeichnet sich aber nicht nur durch eine Orientierung an Moral im Denken sowie im Reden, sondern auch durch eine Moralorientierung im Fühlen und im Tun aus. Der Begriff „Gewissen" bezieht sich auf die innere Stimme, die zum moralischen Verhalten motiviert, und Schuldgefühle macht, wenn man sich unmoralisch verhält. Der Begriff „Integrität" bezeichnet die über die Zeit hinweg aufrechterhaltene Übereinstimmung des Handelns mit dem eigenen, gegenüber Anderen bekundeten moralischen Werten.

Die Vielfalt der Handlungsweisen und Fähigkeiten der Individuen sorgt dafür, dass in ihrem Tun die in sozialen Einheiten existierenden moralischen Erwartungen bzw. die eigenen moralischen Werte oft keine Relevanz besitzen: Sie erkennen moralische Fragen häufig als solche erst gar nicht, oder ordnen moralische Anliegen anderen Anliegen (z.B. Durchsetzung eigener Interessen) unter. Manchmal verletzen sie den Anderen sogar absichtlich, sei es körperlich oder verbal. Die Analyse der Moral erfordert also die Untersuchung des Zusammenhangs von moralischen Aspekten und von nicht-moralischen Aspekten (z.B. Welt der Dinge, Bereich strategischen Handelns, Fragen des guten Lebens, Konvention).

Die Menschen als moralisch agierende Wesen orientieren sich bei ihren beobachtbaren Aktivitäten nicht nur an Zielen und sind eingebunden in soziale Einheiten, sondern sie tragen auch ein biologisches Erbe mit sich. Verschiedene Formen der Aktivität teilen sie mit den Tieren, etwa bestimmte Reaktionsmuster bei der Bedrohung des eigenen Lebens; an Zielen orientierten und in sozialen Kontexten verankerten Aktivitäten stehen unbewusst wirksame Automatismen gegenüber. Ihre moralischen Persönlichkeitsaspekte besitzen insgesamt höchst unterschiedlichen Charakter. (Während sich der Begriff „Handeln" auf bewusste und an Zielen orientierte Bewegungsabfolgen bezieht, bezeichnet der Begriff „Verhalten" alle beobachtbaren Bewegungsabfolgen.) Die Entwicklung der biologischen Arten („Phylogenese"/„biologische Evolution"), die gesellschaftlich-kulturelle Entwicklung der Menschheit („Soziogenese"/„soziokulturelle Evolution") und die Entwicklung einzelner Menschen in ihrer Lebenszeit („Ontogenese") greifen eng ineinander.

Die Analyse der Moral der Individuen erfordert deshalb auch die Zusammenarbeit vieler Wissenschaftsgebiete, insbesondere von Philosophie bzw. Geisteswissenschaften, Sozialwissenschaften (z.B. Soziologie, Politikwissenschaft, Wirtschaftswissenschaft) und Naturwissenschaften (z.B. Biologie, Medizin). Die Moralphilosophie/Ethik macht (als „normative Ethik") Aussagen darüber, welche Normen, Werte, Einstellungen, Bewertungen und Handlungsentscheidungen richtig, d.h. rational verbindlich sind, zugleich liefert sie Rechtfertigungen für die Richtigkeit von Normen, Werten, Einstellungen, Bewertungen und Handlungsentscheidungen; als „Sozialethik" bezieht sie sich auch auf soziale Einheiten. Darüber hinaus versucht die Moralphilosophie (als „Metaethik") die Bedeutung und Verwendung moralischer Begriffe und Urteile zu erhellen sowie die Frage zu klären, ob moralische Urteile mit den Mitteln der Vernunft überhaupt gerechtfertigt werden können und auf welchem methodischen Wege dies möglich ist. Die anderen Geisteswissenschaften und die Sozialwissenschaften erforschen in empirischer Einstellung vorrangig die Moral sozialer Einheiten. Die Naturwissenschaften, insbesondere die Biologie, analysieren vornehmlich das moralbezogene Verhalten der Tiere. Die Moralpsychologie hingegen untersucht, ob und in welcher Weise Individuen sich im Erleben (in ihren Kognitionen und Emotionen) sowie im Verhalten (in ihrem Sprechen und Tun) an sozial geltenden oder rational rechtfertigbaren Normen sowie an Standards der Gerechtigkeit orientieren und bemüht sich darum, das Auftreten moralrelevanter Erlebens- und Verhaltensweisen zu erklären. Im Unterschied zur Moralphilosophie geht es der Moralpsychologie also um deskriptive Fragen, im Unterschied zu den Geistes- und Sozialwissenschaften sowie den Naturwissenschaften steht bei ihr die Moral des Individuums im Blickpunkt. Da die Individuen Mitglieder sozialer Einheiten sind und zugleich ein biologisches Erbe mit sich tragen, sieht sie sich zugleich vor die Aufgabe gestellt, die Perspektiven der Geistes-, Sozial- und Naturwissenschaften zu integrieren.

Mögliche Untersuchungsgegenstände der Moralpsychologie sind – wie bei anderen psychischen Phänomenen (z.B. Bindung an Personen) – aktuelle psychische Prozesse (etwa Wahrnehmung, Problemlösen, Sprechen, Emotion, Motivation und Handeln), der Einfluss von Dispositionen der Person/Personfaktoren, von sozialen Faktoren und von biologischen Faktoren auf diese psychischen Prozesse sowie auf Lern- und Entwicklungsvorgänge. Dabei stellen sich jeweils die grundlegenden wissenschaftlichen Aufgaben des Beschreibens, Erklärens, Vorhersagens und Intervenierens sowie des Bewertens durchgeführter Interventionen. Unterschiedliche Akzente werden in den Teildisziplinen der Psychologie bei der Moralanalyse gesetzt: Die Allgemeine Psychologie beschäftigt sich mit den allgemeinen, für alle Personen zutreffenden Gesetzmäßigkeiten aktueller psychischer Prozesse. Die Persönlichkeitspsychologie erforscht die Wirkung von Personfaktoren auf diese Prozesse, insbesondere Unterschiede zwischen den Individuen; die Sozialpsychologie thematisiert den Einfluss sozialer Interaktionen und sozialer Einheiten auf die Prozesse, also Unterschiede beim Individuum; Gegenstand der Biologischen Psychologie sind deren biologische, d.h. körperliche, Grundlagen. In der Entwicklungspsychologie geht es um die Analyse von Verläufen der Entwicklung einzelner Prozesse und Dispositionen in der Lebensspanne. Während der Begriff „Lernen" kurzfristige (erfahrungsabhängige) Veränderungen in den Erlebens- und Verhaltensweisen bezeichnet, richtet sich der Begriff „Entwicklung" auf langfristige, an das Lebensalter gebundene Veränderungen. Allgemeine Psychologie, Persönlichkeits- und Sozialpsychologie sowie Biologische Psychologie beziehen sich nur auf das Erwachsenenalter –

und dies, ohne Entwicklungsverläufe bei Erwachsenen zu untersuchen. Neben diesen „Grundlagenfächern" gibt es die „Anwendungsfächer", wie etwa Klinische Psychologie, Arbeits- und Organisationspsychologie sowie Pädagogische Psychologie. Während es in den Grundlagenfächern vorrangig um die Beschreibung, Erklärung und Vorhersage von psychischen Prozessen und Dispositionen geht, beschäftigen sich die Anwendungsfächer vor allem mit Formen der Einflussnahme auf dieselben, beispielsweise in den sozialen Institutionen/Praxisfeldern von psychosozialer Versorgung, Wirtschaft, Erziehung, Konsum, Freizeit, Politik, Umweltschutz, Verkehrswesen und Rechtswesen. Sie orientieren sich nicht zuletzt an deren Anforderungen, etwa indem sie Strategien der Intervention auf Dispositionen des Individuums entwickeln und die Wirksamkeit dieser Strategien bewerten.

In den einzelnen Teildisziplinen werden die psychischen Phänomene im Kontext unterschiedlicher Theorien (z.B. psychoanalytische Ansätze, behavioristische Lerntheorien, soziale Lerntheorien, Theorien der Informationsverarbeitung) analysiert. Diese bewältigen die sich dem Psychologen stellenden Aufgaben mehr oder weniger gut (vgl. Myers 2008; Nolting/Paulus 2009; Schönpflug 1997). Eine moralpsychologische Theorie lässt sich wie jede andere wissenschaftliche Theorie vor allem auf der Grundlage der folgenden, allgemein akzeptierten Gütekriterien bewerten: ihre Bausteine, nämlich Begriffe und Annahmen, sollen explizit dargelegt sein (Explizitheit); die Begriffe und Annahmen sollen sich auf Beobachtungsdaten beziehen (empirische Verankerung), die Theorie soll mit möglichst wenigen Grundbegriffen auskommen (Sparsamkeit); ihre Annahmen sollen sich nicht widersprechen (Widerspruchsfreiheit); sie soll eine große Zahl von Phänomenen eines Gegenstandsbereich erfassen bzw. erklären (Vollständigkeit); sie soll der Forschung neue Fragestellungen ermöglichen (Produktivität); auch soll sie für die Praxis fruchtbar sein (Anwendbarkeit) (vgl. Asendorpf 2007 S. 6 ff.). Darüber hinaus sollen sich ihre Annahmen bei empirischen Prüfungsversuchen bewährt haben. Mit diesen Kriterien suchen sich Wissenschaftler von den Theorien der Alltagspersonen, vom „gesunden Menschenverstand", abzugrenzen.

Der amerikanische Psychologe Lawrence Kohlberg wählte einen entwicklungspsychologischen Zugang zu moralischen Phänomenen. Er formulierte seinen Ansatz zur Moralentwicklung erstmals in seiner Dissertation, die er 1955, im Alter von 28 Jahren, an der Universität von Chicago begann und 1958 dort abschloss (vgl. Kohlberg 1958). Den Kern dieses Ansatzes bildet eine Theorie darüber, wie sich moralische Urteile, d.h. Begründungen von Meinungen zu Fragen moralisch gebotenen Handelns, im Lebensverlauf verändern. In der Dissertation bemühte sich Kohlberg nicht zuletzt um die Weiterentwicklung der von dem Schweizer Psychologen Piaget bereits in den 1920er- und Anfang der 1930er Jahre begründeten Theorie der Moralentwicklung (vgl. Piaget 1932; dt. 1979). Der in der Dissertation entworfene Theorieansatz basierte auf einer differenzierten Untersuchung des Urteilens männlicher amerikanischer Jugendlicher.

Die Position Piagets und Kohlbergs zur Moralentwicklung kann man jeweils im Hinblick auf vier Analyseebenen kennzeichnen, nämlich Entwicklungskonzept, Stufendefinition, Forschungsmethoden und Annahmen zu den mit Hilfe der Forschungsmethoden ermittelten empirischen Werten. Kohlberg (a) stützte sich auf Piagets Entwicklungskonzept, Veränderungen nahm er dagegen vor bei (b) Stufendefinition, (c) Forschungsmethoden und (d) Annahmen zu empirischen Werten.

*(a) Entwicklungskonzept*
Kognitive Probleme bewältigt eine Person nach der Auffassung von Piaget und Kohlberg durch rationales Abwägen, d.h. durch langsam ablaufende, aufwändige, bewusste und von Emotionen weitgehend unabhängige psychische Prozesse (Annahme des Rationalismus). Weil Problemlösungen durch rationales Abwägen zustande kommen, kann die Person ihre Problemlösungen begründen.

Mit Piaget teilt Kohlberg die folgenden entwicklungspsychologischen Grundannahmen, das folgende „Entwicklungskonzept":

- Genetischer Strukturalismus: Die Entwicklung der Begründungen von Meinungen ist durch qualitative Unterschiede („Stufen") gekennzeichnet, wobei den Stufen Einheit stiftende Organisationsmuster („Strukturen") zugrunde liegen. Stufen bzw. Strukturen bauen aufeinander auf und enthalten ein zunehmend größeres Problemlösungspotenzial, indem sie „hierarchisch integriert" sind.
- Bereichsübergreifende Geltung der Stufen: Die gleichen Sequenzen von Stufen des Denkens treten bei allen Problembereichen auf.
- Universelle Geltung der Stufen: Die gleichen Sequenzen von Stufen finden sich in allen sozialen Einheiten.
- Konstruktivismus: Notwendige Bedingungen für die Entwicklung der Stufen sind Erfahrungen von Widersprüchen, „kognitive Konflikte", die eine Person auf einer Stufe wahrnimmt und durch einsichtiges Lernen („konstruktives Lernen") zu bewältigen sucht. Einerseits passt die Person die Umwelt an ihre Denkschemata an („Assimilation"), andererseits korrigiert sie orientiert an der Umwelt diese Schemata („Akkomodation").

Denkprozesse (Kognitionen) beeinflussen, so Piaget und Kohlberg, maßgeblich Kommunikationsprozesse, Gefühle und Handlungen (Annahme des Kognitivismus).

*(b) Stufendefinition*
Mit der entwicklungspsychologischen Grundannahme des Genetischen Strukturalismus ist die Aufgabe verbunden, moralische Entwicklungsstufen konkret zu bestimmen, d.h. eine „Stufendefinition"/„Stufenbestimmung" vorzunehmen. Piaget und Kohlberg stützen sich bei der Bewältigung dieser Aufgabe auf umfangreiches Datenmaterial. Zudem ist die hierarchische Integration der Stufen aufzuzeigen.

Piaget untersuchte in seiner Moralstudie, wie Kinder moralische Normen (genauer: negative Pflichten), Bewertungen vollzogener Handlungen sowie Handlungsentscheidungen, die sie bei moralischen Normenkonflikten vornehmen, begründen, und in welcher Weise sich ihre Begründungen mit dem Alter verändern. Er stellt im Rahmen von Interviews allgemeine Fragen zur Geltung einzelner moralischer Normen, fragt etwa, warum man im Allgemeinen nicht lügen darf. Zusätzlich legt er fiktive Situationen vor; ein Beispiel ist die Situation eines Vaters zweier Söhne: Der eine Sohn murrt immer, wenn der Vater ihn bittet, eine Besorgung zu machen, während der andere zwar auch nicht gerne Besorgungen macht, dies aber klaglos tut. Deshalb schickt der Vater den Jungen, der sich nicht beschwert, öfters zum Einkaufen als den anderen (vgl. Piaget 1979, S. 314).

Piaget findet, dass Kinder bis etwa sieben Jahren die Verbindlichkeit von Handlungen und Normen vorwiegend unter Bezugnahme auf den Willen von Autoritäten und auf Strafen durch Autoritäten begründen – zum Beispiel: „Er sollte gehen, weil der Papa es so will"; „Man darf nicht lügen, weil die Eltern es bestrafen". Kinder ab etwa sieben Jahren hingegen weisen auf Notwendigkeiten sozialer Kooperation und auf Fairnessgesichtspunkte hin – zum Beispiel: „Man darf nicht lügen, weil sonst niemand mehr Vertrauen haben kann"; „Er sollte nicht mehr gehen, weil der Papa auch den anderen auffordern muss". Eine „heteronome", autoritätsbezogene Orientierung wird durch eine „autonome" Orientierung ersetzt.

Kohlberg analysiert wie Piaget Begründungen, die sich auf einzelne moralische Normen (negative Pflichten) und auf moralische Normenkonflikte („Dilemmata") beziehen. Wie Piaget konfrontiert er im Rahmen eines Interviewverfahrens, seinem „Moral Judgment Interview" (MJI), die Probanden neben allgemeinen Fragen zu einzelnen moralischen Normen auch mit fiktiven Situationen. Er fordert sie beispielsweise auf, zum bekannt gewordenen „Heinz"-Dilemma Stellung zu nehmen: Die Ehefrau von Heinz ist schwer an Krebs erkrankt. Nur ein Medikament kann sie retten, das ein Apotheker im gleichen Wohnort entwickelt hat. Der Apotheker, der allein im Besitz des Medikaments ist, will Heinz die lebensrettende Medizin lediglich zu einem stark überteuerten Preis verkaufen. Heinz kann das Geld aber nicht aufbringen – er schöpft alle legalen Möglichkeiten aus. Seiner Bitte, ihm das Medikament billiger zu verkaufen, kommt der Apotheker nicht nach. Heinz überlegt deshalb, ob er das Medikament aus der Apotheke stehlen soll. Im Unterschied zu Piaget erforscht Kohlberg auch das Jugend- und das Erwachsenenalter. Statt zwei Urteilsstufen unterscheidet er sechs Urteilsstufen. Er sucht diese Stufen unabhängig von den „Inhaltsaspekten" des Urteilens (z.B. Handlungsentscheidungen, Normenorientierungen) zu bestimmen.

In den folgenden fünf Urteilspaaren zum „Heinz"-Dilemma aus dem Auswertungshandbuch („Auswertungsmanual") des „Standard Issue Scoring" (SIS) werden die beiden möglichen Handlungsentscheidungen („Stehlen", „Nicht Stehlen") jeweils mit strukturell gleichen Argumenten begründet. Die Urteilspaare erstrecken sich von Stufe 1 bis zu Stufe 5. Stufe 6 ist in diesem Manual nicht enthalten.

*Beispiele für stufenspezifische Argumente zum „Heinz"-Dilemma (aus dem Manual des Standard Issue Scoring)*

*Stufe 1*     Heinz sollte stehlen, weil seine Frau eine wichtige Person sein könnte.
                Heinz sollte nicht stehlen, denn dann wird er geschnappt, eingesperrt oder ins Gefängnis gesteckt.

*Stufe 2*     Heinz sollte stehlen, wenn er seine Frau braucht.
                Heinz sollte nicht stehlen, weil er ein zu hohes Risiko eingehen würde.

*Stufe 3*     Heinz sollte stehlen, weil er für seine Frau sorgen sollte.
                Heinz sollte nicht stehlen, weil es eigennützig ist zu stehlen.

*Stufe 4*     Heinz sollte stehlen, weil seine Frau zur Gesellschaft beitragen kann.
                Heinz sollte nicht stehlen, denn wenn Eigentumsrechte nicht mehr gelten, würde es sich nicht mehr lohnen, Arzneimittel zu entwickeln.

*Stufe 5*     Heinz sollte stehlen, weil das Recht auf Leben höherrangiger ist als das Recht auf Eigentum.
                Man muss das Gesetz befolgen, solange es die Grundrechte Einzelner gegen Beeinträchtigungen durch andere schützt.

Auf Stufe 1 beziehen sich die Befragten auf die Erwartungen von Autoritäten, wobei sie den Status der Autoritäten durch äußere Attribute (etwa Körpergröße) definieren. Auch betonen sie die Notwendigkeit der Konformität mit als uneingeschränkt gültig verstandenen moralischen Regeln. Zudem sind hier Strafen durch Autoritäten ein Maßstab für das richtige Handeln; Strafen werden dabei als physische Strafen und als automatische Konsequenzen von Normenverletzungen interpretiert.

Auf Stufe 2 machen die Befragten die eigenen Interessen und Präferenzen – bzw. in den vorgelegten Geschichten die Interessen und Präferenzen des Protagonisten – zum Maßstab der Beurteilung. Sie erkennen zwar, dass Personen unterschiedliche Bedürfnisse haben, berücksichtigen jedoch nur die eigenen Bedürfnisse. Der Sinn für Gerechtigkeit bleibt egoistisch-instrumentalistisch verengt (z.B. „eine Hand wäscht die andere"). Durch die Orientierung an den eigenen Interessen und Präferenzen wird Kritik an Autoritätspersonen und Regeln möglich.

Für Stufe 3 ist die Orientierung an gemeinsamen Erwartungen und Interessen in zwischenmenschlichen Beziehungen sowie die Bezugnahme auf Bedingungen für die Aufrechterhaltung tragfähiger Beziehungen charakteristisch. Die Befragten formulieren etwa Erwartungen an einen „guten Freund" oder einen „guten Ehemann"; soziale Beziehungen verstehen sie als durch gegenseitige Hilfe, Verlässlichkeit und Vertrauen geprägt. Dadurch kann die ausschließliche Orientierung an den eigenen Interessen und Präferenzen als „egoistisch" erkannt werden.

Stufe 4 ist gekennzeichnet durch die Bezugnahme auf die Erwartungen, Interessen und Funktionsbedingungen größerer sozialer Einheiten, „sozialer Systeme", wie zum Beispiel das Schulsystem oder die Gesellschaft. Insbesondere die Notwendigkeit der Beachtung geltender Gesetzesvorschriften wird betont. Dadurch ist nun auch eine Lösung von Konflikten zwischen den Erwartungen in verschiedenen zwischenmenschlichen Beziehungen möglich, etwa durch Bezugnahme auf Gesetzesvorschriften.

Auf Stufe 5 werden vor allem unveräußerliche, universell gültige Rechte von Personen („Menschenrechte") ins Spiel gebracht, zum Beispiel das Menschenrecht auf Leben. Sie dienen als allgemein zustimmungsfähiger Maßstab für die Prüfung der Gültigkeit bestehender Gesetze oder der Legitimität sozialer Systeme.

Stufe 6 schließlich ist gekennzeichnet durch den Rückgriff auf abstrakte, universell gültige moralische Prinzipien (z.B. das insbesondere von dem Moralphilosophen Kant formulierte Prinzip der Achtung der Würde einer Person) und auf formale moralische Verfahren (z.B. Kohlbergs Verfahren einer „idealen wechselseitigen Rollenübernahme"; vgl. Kap. 4). Moralische Prinzipien und Verfahren erlauben eine Begründung der Verbindlichkeit von Menschenrechten.

Die sechs Urteilsstufen fasst Kohlberg zu drei „Niveaus" mit je zwei Stufen zusammen. Die ersten beiden Stufen kennzeichnet er als „präkonventionelles Niveau", die Stufen 3 und 4 als „konventionelles Niveau" und die Stufen 5 und 6 als „postkonventionelles Niveau". Auf der Grundlage des SIS treten im MJI die präkonventionellen Stufen 1 und 2 hauptsächlich in der Kindheit auf, die konventionellen Stufen 3 und 4 findet man vornehmlich im Jugend- und Erwachsenenalter. Der Anteil der postkonventionellen Stufen 5 und 6 hingegen ist insgesamt gering.

*(c) Forschungsmethoden*

Piaget und Kohlberg konfrontieren die Probanden im Rahmen einer an einem Leitfaden orientierten mündlichen Befragung vor allem mit von ihnen entwickelten, fiktiven Situationen und fordern sie auf, eine Entscheidung über die moralisch richtige Handlung zu treffen bzw. eine vollzogene Handlung moralisch zu bewerten sowie ihre Handlungsentscheidung bzw. Bewertung zu begründen. Der Interviewer geht auf ihre Stellungnahmen mittels Begründungsfragen (z.B. „Warum ist es richtig, dass Heinz in die Apotheke einbricht?") und Erläuterungsfragen (z.B. „Was meinst Du, wenn Du von ‚Respekt vor dem Gesetz' redest?") ein. Im Unterschied zu Piaget legt Kohlberg den Probanden im Rahmen seines halbstandardisierten, „klinischen" Interviewverfahrens – dem MJI – vorrangig Probleme vor, die sich in der Erwachsenenwelt stellen. Anders als Piaget bemüht er sich bei der Auswertung der durch das Interview ermittelten Daten um ein differenziertes Verfahren.

*(d) Annahmen zu empirischen Werten*

Auf der Grundlage ihrer Stufendefinition und ihrer Messmethoden formulieren Piaget und Kohlberg vor allem Annahmen zum Auftreten der Stufenwerte („Stufenkonzepte"). Kohlberg geht dabei von einer stärkeren Stufenkonsistenz und einer stärkeren Einheitlichkeit des Entwicklungsverlaufs aus als Piaget: Die Person verwende zu einem Messzeitpunkt bei allen Situationen des MJI eine einzige Stufe (außer in der Phase des Stufenübergangs), und die sechs Stufen würden in einer invarianten Sequenz, d.h. ohne ein Überspringen von Stufen und ohne Rückschritte („Regressionen"), durchlaufen. Kohlberg fasst das Stufenkonzept somit recht „streng".

Kohlberg beschäftigte sich neben der Moralentwicklung mit anderen Bereichen der individuellen Entwicklung, nicht zuletzt mit der Entwicklung logisch-kausalen Denkens, d.h. des Verständnisses der Welt der Dinge, und der Entwicklung sozialer Kognitionen, d.h. des Verständnisses von Personen, sozialen Interaktionen, Beziehungen, Gruppen, Institutionen und Gesellschaften.

Er knüpft an Piagets Stufentheorie der Entwicklung logisch-kausalen Denkens an. Piaget unterscheidet hinsichtlich dieses Entwicklungsbereichs vier Stufen („Stadien"): Hauptmerkmal des „sensomotorischen Stadiums" (bis ungefähr Ende des zweiten Lebensjahrs) ist die Koordination von sensorischen Wahrnehmungen und motorischem Verhalten. Das Kind setzt sich mit seiner Umwelt auf der Grundlage strukturierter Wahrnehmungs- und Verhaltensmuster („sensomotorischer Schemata", die miteinander kombiniert werden) auseinander. Es ist beispielsweise in der Lage, an einem Faden zu ziehen, um eine Spieluhr zum Klingen zu bringen. Das Stadium endet mit dem Beginn des Denkens und der Sprache, d.h. erster Formen symbolisch-repräsentionaler Intelligenz. Im „präoperatorischen Stadium" (ca. zwei bis sechs Jahre) repräsentiert das Kind seine sensomotorischen Entdeckungen durch Symbole; als Symbole werden vor allem Vorstellungsbilder, Gesten und Worte verwendet. Bei der symbolisch-gedanklichen Auseinandersetzung mit konkreten Gegenständen und Ereignissen lässt sich es aber noch vom äußeren Anschein täuschen, d.h. sein Denken bleibt auf einen einzelnen Aspekt eines Gegenstands zentriert und beinhaltet noch keine umkehrbaren, „reversiblen", kognitiven Aktivitäten („Operationen"). Beispielsweise erkennt es noch nicht, dass eine knetbare Masse dieselbe bleibt, obwohl sich ihr Erscheinungsbild verändert hat. Das Kind im „konkret-operatorischen Stadium" (ca. sechs bis zwölf Jahre) ist in der Lage, Operationen mit konkreten Gegenständen und Ereignissen durchzuführen, vor allem bei Aufgaben zur Erhaltung von Menge, Gewicht und Volumen. Im „formal-operatorischen Stadium" (ab ungefähr zwölf Jahren) richten sich die Operationen auf formale, abstrakte Symbolsysteme bzw. auf Operationen selbst. Die Person kann nunmehr komplexe wissenschaftliche Probleme bewältigen und Regeln der Natur (Naturgesetze) verstehen.

Zudem knüpft Kohlberg an Selmans Entwicklungstheorie sozialer Kognitionen an. Selman, einer seiner Schüler, nahm eine Weiterentwicklung von Piagets Analyse sozialer Kognitionen vor; insbesondere gelangte er im Unterschied zu Piaget zu fünf Stufen der Entwicklung der Perspektivenübernahme: Die Person ist zunächst in einer „egozentrischen Perspektive" befangen, kann somit zwischen den verschiedenen Standpunkten von Individuen noch nicht differenzieren (Stufe 0; bis ca. sechs Jahre). Auf der nächsten Stufe ist sie zur „Perspektivendifferenzierung" in der Lage (Stufe 1; ca. sechs bis acht Jahre). Dann vermag sie zu erkennen, dass auch der andere ihren Standpunkt übernehmen kann und ein bestimmtes Bild von ihr hat. Die Person nimmt also eine „Perspektivenkoordinierung" vor (Stufe 2; ca. acht bis 12 Jahre). Auf der folgenden Stufe versteht sie die Individuen mit ihren unterschiedlichen Perspektiven als Teil zwischenmenschlicher Beziehungen, d.h. sie nimmt eine „Beziehungsperspektive" ein (Stufe 3; ca. 12 bis 15 Jahre). Anschließend können gesellschaftliche Voraussetzungen dieser Beziehungen verstanden werden; eine „Gesellschafts-perspektive"/„Systemperspektive" wird eingenommen (Stufe 4; ca. 15 bis 21 Jahre). Schließlich werden unterschiedliche Systemperspektiven koordiniert (Stufe 5; ab ca. 21 Jahren).

Die Stufen der Perspektivenübernahme verstehen Kohlberg und Selman nicht nur als einheitsstiftendes Organisationsmuster (Struktur) des Denkens zu den verschiedenen Aspekten der sozialen Welt, zu den Bereichen „deskriptiver sozialer Kognition", sondern sie gelten ihnen auch als einheitsstiftendes Organisationsmuster moralischen Urteilens, des Bereichs „präskriptiver sozialer Kognition". Sie bestimmen sogenannte soziomoralische Perspektiven der moralischen Urteilsstufen: Stufe 1 wird durch eine „egozentrisch-physikalistische Perspektive", Stufe 2 durch eine „konkrete individualistische Perspektive", Stufe 3 durch eine „Beziehungsperspektive", Stufe 4 durch eine „Systemperspektive", Stufe 5 durch eine „der Gesellschaft vorgeordnete Perspektive" und 6 durch die „Perspektive eines moralischen Standpunkts" gekennzeichnet. Die beiden Forscher stellen darüber hinaus einen Zusammenhang her zwischen Piagets Stufen logisch-kausalen Denkens, den Stufen der Perspektivenübernahme und den moralischen Urteilsstufen: Sie gehen erstens davon aus, dass diese drei Stufensysteme in qualitativer Hinsicht parallele, isomorphe Stufen beinhalten. Sie nehmen zweitens eine „horizontale Sequenz" der Entwicklung der Stufen an; zunächst bilde sich eine bestimmte Stufe logisch-kausalen Denkens aus, dann die entsprechende Stufe der Perspektivenübernahme und schließlich die korrespondierende Stufe moralischen Urteilens. Die Stufen der Perspektivenübernahme gelten ihnen als „notwendige, aber nicht hinreichende Bedingungen" der Stufen moralischen Urteilens, die Stufen logisch-kausalen Denkens als „notwendige, aber nicht hinreichende Bedingungen" der Stufen der Perspektivenübernahme.

Kohlberg beschäftigt sich neben entwicklungspsychologischen Fragen auch mit Fragen der Moralphilosophie und der Moralerziehung. Im Unterschied zu vielen anderen Moralpsychologen haben diese Fragestellungen bei ihm einen zentralen Platz.

Die Arbeiten von Kohlberg stießen in den 1970er Jahren im Bereich der entwicklungspsychologischen Moralforschung und in anderen Bereichen der Entwicklungspsychologie
auf große Resonanz. Zu dieser Zeit war er der einflussreichste entwicklungspsychologische
Moralforscher und einer der einflussreichsten Entwicklungspsychologen. Er gehörte sogar
zu den meistzitierten Psychologen. Auch in der Pädagogik hatte er erheblichen Einfluss. Bei
Philosophen und auch bei Soziologen fand Kohlberg in diesem Jahrzehnt ebenfalls Anklang,
wenngleich seine Arbeiten in der Philosophie und der Soziologie nicht so intensiv rezipiert
wurden wie in Psychologie und Pädagogik.

Die von ihm formulierte Stufentheorie der Moral ist in den 1970er Jahren in der entwicklungspsychologischen Moralforschung vor allem deshalb intensiv rezipiert worden,
weil viele Wissenschaftler sie als eine „gute Theorie" wahrnahmen. Sie galt als eine systematisch angelegte, empirisch gut bestätigte, produktive (d.h. neue Forschungsfragen er-
möglichende) und für die Praxis fruchtbare Theorie: Kohlberg hat in den Augen vieler Forscher zu Recht die Bedeutung der Urteilsbildung betont und mit seinen sechs Stufen eine
differenzierte Beschreibung der qualitativen Unterschiede in der Entwicklung des Urteilens
geliefert. Anerkennung fand auch seine Annahme, dass Entwicklungsprozesse bei den Urteilsstufen (z.B. ein Entwicklungsschritt von Stufe 2 zu Stufe 3) auf der Basis eines Lernens
durch Einsicht in die Grenzen eigener stufenspezifischer Problemlösungsfähigkeiten zustande kommen. Unter dem Einfluss der Psychoanalyse, die von dem österreichischen Psychologen und Nervenarzt Freud begründet wurde, sowie der vorwiegend im amerikanischen Raum entstandenen behavioristischen und sozialen Lerntheorien hatte die Forschung
lange Zeit allein die moralischen Gefühle (hauptsächlich Schuldgefühle), die Motive für
moralisches Handeln sowie das moralische Handeln selbst untersucht, wobei die Moralentwicklung überwiegend als Produkt von Prozessen der Prägung durch die soziale Umwelt betrachtet wurde. Einige Moralpsychologen sahen in Kohlbergs Stufentheorie moralischen Urteilens sogar den Schlüssel zur Moralentwicklung insgesamt; sie nahmen zum
Beispiel an, dass sich auch moralbezogenes Handeln durch die sechs Urteilsstufen erklären
lässt. Je höher die Urteilsstufe der Person, desto wahrscheinlicher sei moralisch richtiges
Handeln – so eine verbreitete Auffassung. Im Hinblick auf Piagets moralpsychologischen
Ansatz verstanden viele Wissenschaftler Kohlbergs Ansatz als Weiterentwicklung. Auch
gegenüber psychometrischen Positionen schien seine Theorie Vorzüge zu besitzen (vgl.
auch 1.2).

Seit Beginn der 1980er Jahre verlor Kohlbergs Stufentheorie indessen in der entwicklungspsychologischen Moralforschung an Einfluss. Dies geht vor allem darauf zurück, dass
ihr jetzt verstärkt inhaltliche Defizite zugeschrieben werden. Wie die Positionen von Piaget
und Freud, Lerntheorien und psychometrische Theorien gilt Kohlbergs Ansatz vielen Forschern heute sogar als überholt. Häufig üben die Wissenschaftler Kritik am „globalen" und
„universalistischen" Konzept der Entwicklung, das ihm bei der Analyse moralischen Urteilens zugeschrieben wird: Entgegen seinem globalen (d.h. bereichsübergreifenden) Anspruch
werde die Bestimmung der sechs Stufen keineswegs der Entwicklung des Urteilens zu jedem moralischen Problembereich gerecht. Die Kritiker weisen darauf hin, dass Kohlberg
sein Stufensystem anhand von Stellungnahmen zu fiktiven Situationen gewonnen hat, in
denen verschiedene Rechte (moralische Normen) in Konflikt stehen, etwa beim „Heinz"-
Dilemma das Recht auf Leben mit dem Recht auf Eigentum. Doch bei Problemen zum Bei-

spiel, bei denen die Bedürfnisse der handelnden Person mit den Bedürfnissen einer fremden Person konfligieren, die in Not ist und der Hilfe bedarf, seien andere Stufen zu finden als bei den von Kohlberg vorgelegten Gerechtigkeitsproblemen. Einige Kritiker führen an, dass Kohlberg die von ihm als universell (d.h. für alle Personengruppen gültig) verstandenen Stufen zunächst lediglich anhand einer ausschließlich männlichen Stichprobe ermittelte, die überdies nur Probanden aus den USA umfasste. Die Entwicklung des Urteilens bei weiblichen Personen und bei Personen aus nicht-westlichen Kulturen werde durch seine Stufen nicht angemessen beschrieben. Zudem sei seine kognitivistische Grundposition fragwürdig: Kognitionen beeinflussten keineswegs maßgeblich Kommunikationsprozesse, Gefühle und Handlungen, also nicht-kognitive Moralaspekte. Verbreitet ist auch der Vorwurf, dass Kohlberg in seinen Analysen den nicht-kognitiven Moralaspekten zu wenig Beachtung geschenkt habe. Die Forscher bezweifeln also vor allem die empirische Geltung einiger seiner an Piaget orientierten Grundannahmen und die Vollständigkeit seiner Theorie.

Die Verbreitung dieser Einwände in der gegenwärtigen Forschung zur Moralentwicklung hängt insbesondere mit dem Einfluss verschiedener Alternativen zu Kohlbergs Modell zusammen, die in den 1970er Jahren entstanden. Forscher wie Damon, Eisenberg, Haan und Turiel betonen nach Ansicht vieler zu Recht die Abhängigkeit der Urteilsstufen von den Problembereichen/Domänen, d.h. ihre „Bereichsspezifität"/„Domänenspezifität", Gilligan macht nach Auffassung vieler berechtigterweise auf eine „Geschlechtsspezifität" der Urteilsstufen aufmerksam, Shweder etwa weise mit gutem Grund auf deren „Kulturspezifität" hin, Hoffman liefert nach Auffassung einer großen Zahl von Moralpsychologen eine differenzierte Untersuchung moralischer Gefühle und Handlungen, die bei Kohlberg vermisst wird. In Sozial- und Persönlichkeitspsychologie verliert Kohlbergs Stufentheorie der Moral jetzt ebenfalls an Einfluss, während sie in den 1970er Jahren noch Resonanz fand (vgl. auch 1.3).

Die Rezeption der „modernen" Alternativmodelle hat in Deutschland erst in den letzten Jahren in größerem Umfang eingesetzt. Verschiedene Wissenschaftler formulierten in den 1970er Jahren, meistens mit dem Versuch einer Weiterentwicklung von Kohlbergs Theorie, eigene Ansätze zur moralischen Entwicklung. Die wichtigsten Forschungszentren gab es dabei am Max-Planck-Institut für Bildungsforschung in Berlin (Edelstein/Keller; Lempert), an der Universität Konstanz (Lind), an der Maximilians-Universität München (Oerter), am Max-Planck-Institut zur Erforschung der Lebensbedingungen der wissenschaftlich-technischen Welt in Starnberg, einer Stadt in der Nähe von München (Habermas, mit seinen Mitarbeitern Döbert und Nunner-Winkler), an der Universität Saarbrücken (Eckensberger) und an der Universität Trier (Montada). Die Theorien dieser Forscher prägten hierzulande in dieser Dekade – neben Kohlbergs Theorie – die Diskussion. Ab den 1980er Jahren gab es die in den 1970er Jahren entstandenen Forschungszentren in Berlin (neben Edelstein und Keller sowie Lempert jetzt auch Krappmann, Reuss, Becker und Krettenauer; neuerdings zudem Gigerenzer), Konstanz (neben Lind jetzt auch Trommsdorff), München (Oerter; neben Habermas, Döbert und Nunner-Winkler jetzt auch M. Miller), Saarbrücken (neben Eckensberger jetzt auch Burgard) und Trier (Montada, insbesondere mit seinem Mitarbeiter Schmitt). Zudem entstanden Forschungszentren in Landau/Pfalz (die Gruppe um Schmitt, insbesondere mit seiner Mitarbeiterin Baumert; Mitte des letzten Jahrzehnts wechselte Schmitt nach Landau), Leipzig (die Gruppe um Hoppe-Graf, insbesondere mit seiner Mitar-

beiterin Latzko), Mainz (die Gruppe um Beck, insbesondere mit seinen Mitarbeitern Bienengräber, Heinrichs und Minnameier) und Frankfurt (die Gruppe und Brumlik, insbesondere
mit seinen Mitarbeitern Sutter und Weyers; die Gruppe um Gruschka; die Gruppe um
Eckensberger, der Mitte der 1990er Jahre nach Frankfurt wechselte).

Auch in anderen Bereichen der Entwicklungspsychologie sowie in Soziologie, Philosophie und Pädagogik ist Kohlberg ab den 1980er Jahren mit heftiger Kritik konfrontiert:

- Seinen an der Theorie von Piaget orientierten entwicklungspsychologischen Untersuchungen zu logisch-kausalen Kognitionen und sozialen Fähigkeiten (z.B. sozialen Kognitionen) stehen in der Entwicklungspsychologie einflussreiche Ansätze gegenüber, die
im Gegensatz zu diesen Analysen insbesondere die Bereichs- und die Kulturspezifität
der Entwicklungssequenzen betonen. Auch neopiagetianische Modelle, die hauptsächlich im angelsächsischen Raum in den 1970er Jahren entstanden und die Piagets Stufentheorie zur Entwicklung logisch-kausalen Denkens mit Elementen von Theorien der Informationsverarbeitung verbinden (vgl. z.B. die Arbeiten von Case, Demetriou, Fischer
und Halford), finden Resonanz (als Überblick vgl. Bischof-Köhler 2011; Flammer 2009;
Flavell/P.H. Miller 1998; P.H. Miller 1993; Parke/Clarke-Stewart 2011; Sodian 2008).
- Im Bereich der Soziologie attackieren verschiedene Wissenschaftler die moralpsychologische Theorie Kohlbergs. Sie tragen Kritik an einem bereichsübergreifenden und u-
niversalistischen Entwicklungskonzept sowie an der unzureichenden Berücksichtigung
nicht-kognitiver Moralaspekte vor (vgl. z.B. Bertram 1980; Geulen 2005; Sutter 2003).
- Was Kohlbergs moralphilosophische Position angeht, so stößt bei verschiedenen Moralphilosophen besonders seine Orientierung an der von Kant begründeten Theorietradition auf Vorbehalte. Ansätze, die die für diese Theorietradition konstitutive Annahme universell gültiger Moralprinzipien in Frage stellen, wie etwa feministische, kom-
munitaristische, neopragmatische und postmoderne Ansätze, beeinflussen maßgeblich
die gegenwärtige moralphilosophische Diskussion. Widerspruch erhebt sich bei vielen
Moralphilosophen auch gegen die Konzentration kantianischer Theorien auf das moralische Urteilen, die Vernachlässigung moralischen Handelns, moralischer Motive und
Gefühle (als Überblick vgl. Campbell/Christopher 1996; Edelstein/Nunner-Winkler
1986; 2000; Honneth 1993; Horster 2006; Nunner-Winkler 1991; Spielthenner 1996; Tugendhat 1993).
- Kohlbergs Versuch, die Moralentwicklung bei Kindern und Jugendlichen durch in der
Schulklasse stattfindende Diskussionen moralischer Dilemmata zu fördern, gilt vielen
Moralpädagogen als gescheitert. Kohlberg setzt voraus, dass die unterschiedlichen
Diskussionsbeiträge der Klasse beim einzelnen Schüler, der auf einer bestimmten Mo-
ralstufe urteilt, zur Erfahrung von Widersprüchen (von kognitiven Konflikten) führen,
die dieser durch eine höher entwickelte Urteilsstufe zu bewältigen sucht, und dass eine
entwickeltere Urteilsstufe moralisch richtiges Handeln wahrscheinlicher macht. Beide
Voraussetzungen werden von einer beträchtlichen Anzahl von Moralpädagogen als
empirisch widerlegt betrachtet. Gegenwärtig finden vor allem Ansätze zur „Charaktererziehung", d.h. zur direkten Förderung nicht-kognitiver Moralaspekte, große Resonanz (als Überblick vgl. Becker 2008; Edelstein/Oser/Schuster 2001; Lind 2003; O-
ser/Althof 1992; Nucci/Narváez 2008).

Ich beschränke mich in der vorliegenden Arbeit auf die Diskussion der moralpsychologischen Kritik. Angesichts einer äußerst vielfältigen und breit gestreuten moralpsychologischen Kritik behandele ich lediglich jene Einwände, die in meinen Augen tatsächlich zentrale Probleme bei Kohlberg ansprechen.

Die Arbeit setzt bei der Diskussion der moralpsychologischen Kritik vor allem in folgender Weise eigene Akzente:

- durch die Rezeption ausländischer, insbesondere angelsächsischer, Kritiken (a);
- durch die Diskussion einflussreicher Kritiken, die breit angelegt ist (b);
- durch die Diskussion weniger einflussreicher, aber bedeutsamer Kritiken (c);
- durch die Rekonstruktion der Forschungsgeschichte Kohlbergs sowie des Wandels der einflussreichen und der weniger einflussreichen Kritiken (d).

*(a) Rezeption ausländischer, insbesondere angelsächsischer, Kritiken*
In Deutschland ist die Kohlberg-Kritik aus anderen Ländern bisher nur unzureichend rezipiert worden. In der vorliegenden Arbeit soll diese Kritik deshalb im Mittelpunkt stehen. Die deutsche Kritik findet zwar ebenfalls Berücksichtigung, sie ist allerdings lediglich in die Problemstellungen der internationalen Kritiker eingeordnet.

*(b) Breit angelegte Diskussion einflussreicher Kritiken*
Eine breit angelegte Diskussion der gegenwärtig einflussreichen Kohlberg-Kritik, wie sie hier geleistet werden soll, liegt bis heute auch im angelsächsischen Raum nicht vor. Kohlbergs Anhänger haben die notwendige Auseinandersetzung mit dieser Kritik weitgehend vernachlässigt.

Ein zentrales Ziel ist es zu zeigen, dass die derzeit häufig vorgetragenen Einwände der Position, die Kohlberg ab Anfang der 1980er Jahre vertritt, nicht mehr gerecht werden. Dieser hat sich nämlich, von vielen unbemerkt, Anfang und Mitte der 1980er Jahre verschiedenen einflussreich gewordenen Kritikern angenähert: Hinsichtlich der moralischen Urteilsbildung vertritt er kein striktes bereichsübergreifendes Entwicklungskonzept mehr – den Anspruch seiner Bestimmung von einzelnen Stufen schränkt er auf die Urteilsbildung zu Gerechtigkeitsproblemen, also zu moralischen Fragen, die unparteilich zu lösen sind, ein. Zudem gesteht er (wenn auch nur ansatzweise) die Geschlechtsspezifität sowie die Kulturspezifität des Urteilens zu. Sein Stufenkonzept engt er auf das hypothetische Gerechtigkeitsurteil ein und postuliert diesbezüglich einen permanenten Stufenübergang. Des Weiteren bezieht seine Theorie nun in relativ differenzierter Weise das moralische Handeln ein: Er formuliert ein Modell unterschiedlicher Handlungsphasen, ein Verlaufsmodell/Prozessmodell des Handelns, wobei er zwischen Situationsinterpretation, Entscheidungsbildung, Verantwortungsurteil und Handlungsdurchführung unterscheidet; dabei relativiert er die Bedeutung der Urteilsstufen. Selbst Moralpsychologen, welche die tragenden Säulen seines Ansatzes (etwa die Bestimmung der sechs Stufen des Gerechtigkeitsurteils und die Annahme einsichtigen, konstruktiven Lernens) akzeptieren, die somit als Anhänger Kohlbergs bezeichnet werden können, haben die Erweiterungen und Veränderungen seiner Position zum Teil nicht zur Kenntnis genommen.

Durch die Zugeständnisse an die einflussreichen Kritiker gelangt Kohlberg zu einer gegenüber seinen frühen Arbeiten differenzierteren und erklärungskräftigeren Perspektive auf die Moralentwicklung. Seine Theorie, insbesondere seine Position in den 1980er Jahren, ist keineswegs überholt, wie viele heute fälschlicherweise behaupten, vielmehr ist sie in verschiedener Hinsicht den konkurrierenden Ansätzen der Kritiker nachweisbar überlegen, besitzt somit hohe Aktualität. Ich arbeite also nicht nur Missverständnisse bei der Rezeption Kohlbergs heraus, sondern kritisiere auch gegenwärtig einflussreiche Forschungsrichtungen und benenne Vorzüge des Kohlberg-Ansatzes diesen gegenüber.

Zugleich betone ich aber die Notwendigkeit einer stärkeren Annäherung von Kohlbergs Position an die Positionen einflussreicher Kritiker. Kohlbergs Anspruch, dass sich sein Ansatz für die Untersuchung des Urteilens zu Gerechtigkeitsfragen eignet, ist wahrscheinlich nur eingeschränkt gültig: Bei der Analyse des Gerechtigkeitsurteils bedürfen noch manche Probleme der Klärung; zum Beispiel stellt Kohlberg die Bereichs- und die Kulturspezifität der Entwicklung nicht hinreichend in Rechnung. Auch ist seine Perspektive auf das Denken zu Fragen außerhalb des Bereichs der Gerechtigkeit sowie auf nicht-kognitive Moralaspekte zum Teil wenig ausgearbeitet, teilweise wird sie durch die Forschung nicht gestützt.

*(c) Diskussion weniger einflussreicher, aber bedeutsamer Kritiken*
Kohlbergs Modell weist auch Vorzüge gegenüber den „traditionellen", gegenwärtig weniger einflussreichen Positionen von Piaget, der Psychoanalyse, der Lerntheorie und der psychometrischen Tradition auf. Andererseits besitzt es diesen gegenüber einige Nachteile, die in den 1960er- und 1970er Jahren von deren Vertretern teilweise noch festgehalten, ab Anfang der 1980er Jahre aber kaum mehr benannt werden. Nicht zuletzt um die Perspektive der heutigen Kohlberg-Kritik zu erweitern, erörtere ich Formen gegenwärtig weniger einflussreicher Kritik. Eine ausführliche Auseinandersetzung mit diesen Varianten der Kritik fehlt bislang. Kohlberg und seine Anhänger haben die Auseinandersetzung größtenteils nicht geleistet. Jedoch näherte sich Kohlberg in den 1980er Jahren auch den „traditionellen" Positionen teilweise an.

*(d) Rekonstruktion der Forschungsgeschichte Kohlbergs sowie des Wandels der einflussreichen und weniger einflussreichen Kritiken*
Eine Diskussion der gegenwärtig einflussreichen sowie der weniger verbreiteten Kohlberg-Kritik setzt die Rekonstruktion der Forschungsgeschichte Kohlbergs voraus, denn dieser hat nicht erst in den 1980er Jahren, sondern bereits in den Jahren davor seine Theorie und seine Forschungsmethoden zum Teil erheblich modifiziert. Deshalb zeichnet die Arbeit auch Kohlbergs Forschungsgeschichte (etwa Veränderungen des Entwicklungskonzepts, der Stufenbeschreibung und des Verfahrens zur Auswertung der Urteilsbildung) nach. Die unterschiedlichen Forschungsschwerpunkte und Positionen Kohlbergs lassen sich dabei ohne allzu große Gewalt nach Dekaden ordnen. Eine differenzierte Rekonstruktion seiner Forschungsgeschichte gibt es meines Wissens bisher nicht. Die von ihm selbst gelieferte Rekonstruktion bleibt weitgehend auf das Verfahren zur Auswertung der Urteilsbildung beschränkt. Auch eine Rekonstruktion der Veränderungen der Kohlberg-Kritik nehme ich vor – diese fehlte bisher ebenfalls.

Der Schwerpunkt der Kritik an Kohlberg in der Moralpsychologie richtet sich gegen seine Analyse von Stufen der moralischen Urteilsbildung, den Kern seines Forschungsprogramms. Die Einwände setzen im Wesentlichen an den vier unterschiedlichen Ebenen seiner Analyse moralischer Urteilsstufen an, nämlich Annahmen zu empirischen Werten, Forschungsmethoden, Stufendefinition und Entwicklungskonzept. Auf diesen vier Ebenen werden die Einwände zunehmend radikaler, d.h. sie setzen immer weniger Elemente des Kohlberg'schen Ansatzes als gültig voraus: Die empirische Kritik akzeptiert Forschungsmethoden, Stufendefinition und Entwicklungskonzept, die methodische Kritik Stufendefinition und Entwicklungskonzept, die Kritik an der Stufendefinition lediglich noch das Entwicklungskonzept. Auf dieser Grundlage lassen sich „kohlbergianische Ansätze", „neokohlbergianische Ansätze" und „Alternativansätze" unterscheiden: Vertreter kohlbergianischer Ansätze problematisieren lediglich die Annahmen zu empirischen Werten und/oder die Forschungsmethoden. Vertreter neokohlbergianischer Ansätze hinterfragen auch die Stufendefinition; sie nehmen diese nur in modifizierter Form als Grundlage ihrer Forschung. Repräsentanten von Alternativansätzen stellen die Stufendefinition radikal in Frage oder problematisieren das Entwicklungskonzept. Anhänger Kohlbergs teilen dessen Position auf den vier Ebenen.

In den 1980er Jahren versteht Kohlberg seine moralpsychologische Theorie als Theorie der Stufen des hypothetischen Gerechtigkeitsurteils. Die vorliegende Arbeit behandelt hinsichtlich der Stufen des hypothetischen Gerechtigkeitsurteils besonders folgende Grundprobleme der psychologischen Moralforschung (die Reihenfolge ihrer Benennung orientiert sich an den vier Analyseebenen): Verläuft die Entwicklung der Urteilsstufen unabhängig von den Problembereichen (z.B. Normenkonflikte, Verteilungsprobleme) oder führen die Problembereiche zu qualitativ unterschiedlichen, bereichsspezifischen Stufensequenzen? Ist die qualitative Sequenz der Entwicklung der Urteilsstufen von sozialen Kontexten (z.B. sozialer Schicht, Geschlecht, Kultur) bestimmt? Beeinflusst konstruktives Lernen oder umweltabhängiges Lernen die Stufenentwicklung? Wieweit bestimmen biologische Faktoren die Entwicklung? Können die Stufen des kindlichen Urteils allein durch Orientierungen an Autoritätserwartungen, Sanktionen und Eigeninteressen charakterisiert werden oder zeigen Kinder auch Orientierungen an Standards der Gerechtigkeit und an Empathie? Kann der Endpunkt der Entwicklung, das reife Denken von Erwachsenen, nur durch Gesichtspunkte der kantianischen Tradition in der Moralphilosophie gekennzeichnet werden oder ist dieser Endpunkt breiter zu fassen? Ist bei der Erhebung und Auswertung des Urteilens ein stärker klinisch-hermeneutisches oder ein stärker psychometrisches Vorgehen sinnvoll? Verwendet die Person zu einem Messzeitpunkt eine Stufe bei allen Problemsituationen oder ist das Auftreten der Stufen von den Problemsituationen abhängig? Verläuft die Entwicklung der Stufen im Sinne einer invarianten Sequenz oder treten Formen des Überspringens von Stufen sowie Rückschritte auf?

Zudem werden weitere Grundprobleme der psychologischen Moralforschung behandelt: Welche Stufen findet man bei nicht-präskriptiven Gerechtigkeitskognitionen? In welcher Weise unterscheidet sich die Entwicklung der Stufen des Gerechtigkeitsurteils zu alltagsbezogenen Problemen von der Entwicklung der Stufen des Gerechtigkeitsurteils zu hypothetischen Problemen? Wie verläuft die Entwicklung der Inhaltsaspekte des hypothetischen Gerechtigkeitsurteils? Wie unterscheidet sich die Entwicklung der Stufen des Gerechtigkeitsurteils von der Entwicklung der Stufen des prosozialen Urteilens? Inwieweit sind beim prosozialen Urteilen die Entwicklungssequenzen von Problembereichen, sozialen Kontexten und biologischen Faktoren bestimmt? Wie lässt sich die Ontogenese moralischer Dialogfähigkeiten konzeptualisieren? Wie entwickeln sich emotionsbezogene moralische Fähigkeiten? Inwieweit gibt es Unterschiede zwischen Urteilsbildung und Handeln? Ist das hypothetische Gerechtigkeitsurteil nicht nur von Prozessen rationalen Abwägens, sondern auch von Intuitionen abhängig? Welche Prozesse der Informationsverarbeitung sind außerhalb des Bereichs des hypothetischen Gerechtigkeitsurteils wirksam?

Die vorliegende Arbeit gliedert sich in zehn Kapitel:

In *Kapitel 1* beschreibe ich Veränderungen in der Resonanz, die Kohlbergs moralpsychologischer Ansatz gefunden hat, und führe Gründe für den wachsenden Einfluss in den 1970er Jahren sowie Gründe für das Nachlassen des Einflusses seit den 1980er Jahren an. Zudem entwerfe ich einen theoretischen Bezugsrahmen für die Diskussion der Kohlberg-Kritik.

In den folgenden drei Kapiteln, den Kapiteln 2 bis 4, werden Kritiken thematisiert, die aus meiner Sicht bedeutsam sind, jedoch relativ wenig Resonanz fanden. Sie bringen Gesichtspunkte „traditioneller" Ansätze zur Geltung. Dabei stehen in den drei Kapiteln die von Kohlberg bis Ende der 1970er Jahre unternommenen moralpsychologischen Analysen im Zentrum. Annäherungen Kohlbergs an diese weniger einflussreichen Kritiker sowie deren Annäherungen an seine Position werden herausgearbeitet. Zentrales Ziel ist es jeweils, einige heute selten benannten Defizite seiner Perspektive auf die Entwicklung des Gerechtigkeitsurteils aufzuzeigen. Bei der Anordnung der in diesen Kapiteln behandelten Kritiken orientiere ich mich an den unterschiedlichen Forschungsschwerpunkten Kohlbergs in den einzelnen Jahrzehnten seiner Laufbahn.

Kohlberg ging es Ende der 1950er Jahre – in seiner Dissertation – insbesondere um die Weiterführung von Piagets Studie zum moralischen Urteil bei Kindern. *Kapitel 2* bietet eine Diskussion der an Piaget orientierten Kritik von Siegal sowie eine vergleichende Betrachtung von Kohlbergs Dissertation und Piagets moralpsychologischem Ansatz. Entsprechende Weiterentwicklungen durch Kohlberg werden benannt. Anknüpfend zum Teil an Siegal arbeite ich andererseits Nachteile seines Ansatzes gegenüber dem Ansatz von Piaget heraus; besonders auf Defizite seiner Beschreibung der ersten beiden Stufen des Gerechtigkeitsurteils weise ich hin. Diese Nachteile bestehen teilweise bis heute.

In den 1960er Jahren bemühte sich Kohlberg vorrangig um eine Widerlegung der moralpsychologischen Modelle der Psychoanalyse sowie der behavioristischen und sozialen Lerntheorie. *Kapitel 3* leistet eine Auseinandersetzung mit der Kohlberg-Kritik durch Vertreter dieser Ansätze. Einwände von Henry – als Anhängerin der Psychoanalyse – sowie von Bandura, Hoffman, Maccoby und W. Mischel – als Vertreter der sozialen Lerntheorie – werden erörtert. Gegen einige dieser Einwürfe kann man Kohlberg durchaus verteidigen. Von beiden Forschungsperspektiven aus lassen sich zugleich aber Probleme seiner Position aufzeigen, die teilweise bis heute bestehen. Vor allem die Grundannahme, dass die Entwicklung der Gerechtigkeitsmoral durch ein Lernen aus Einsicht (konstruktives Lernen) vorangetrieben wird und nicht, wie die Anhänger der Psychoanalyse und der Lerntheorie postulieren, durch Veränderungen in der sozialen Umwelt (umweltabhängiges Lernen), hat die

Kohlberg-Forschung nicht überzeugend belegt. Diese Grundannahme wäre zudem einzuschränken, denn neben konstruktivem Lernen dürfte auch umweltabhängiges Lernen eine
Rolle spielen.

In *Kapitel 4* beschreibe ich zunächst einige wichtige Veränderungen, die Kohlberg in
den 1970er Jahren an seinem Forschungsprogramm vorgenommen hat, insbesondere die
Bemühungen um eine Verbesserung seines Verfahrens zur Auswertung des Gerechtigkeitsurteils. Die Arbeit an der Auswertungsmethode war Schwerpunkt der Bemühungen Kohlbergs in diesem Jahrzehnt. Im Zentrum des Kapitels steht die Diskussion der psychometrischen Kritik von Kurtines und Greif an seiner früher Forschungsmethodik sowie die Diskussion der psychometrischen Kritik von Rest und Gibbs an seiner späteren, noch heute
verwendeten Forschungsmethodik (nämlich MJI und SIS). Ich lege insbesondere dar, dass
das SIS verschiedene Vorzüge gegenüber psychometrischen Verfahren und Kohlbergs frühen Auswertungsverfahren aufweist. Zugleich zeige ich aber – über die von Rest und Gibbs
bereits benannten Probleme hinaus – zentrale Probleme des SIS auf. Vor allem die behaupte-
te Übereinstimmung in den Kodierungen von verschiedenen Auswertern (die „Interrater-
Reliabilität" des SIS) und die Gültigkeit der Operationalisierung der theoretisch unterschiedenen Stufen (die „Validität" des SIS) ist nicht hinreichend gegeben. Darüber hinaus ist der
Einfluss der von der psychometrischen Tradition ins Blickfeld gerückten elementaren Persönlichkeitsunterschiede (z.B. Aspekten des Temperaments) auf die Moral ein Thema. Die
Argumentation knüpft dabei insbesondere an das in Weiterentwicklung der Theorie von Eysenck entstandene Fünf-Faktorenmodell der Persönlichkeit („Big-Five") an.

In den darauf folgenden vier Kapiteln, den Kapitel 5 bis 8, erörtere ich dann heute einflussreiche Kritiker. Die Auseinandersetzung mit vielen dieser Kritiker bildete Kohlbergs
zentrales Anliegen Anfang und Mitte der 1980er Jahre, also in seinen letzten Lebensjahren.
Die in den vier Kapiteln behandelten Wissenschaftler haben ihre Modelle nicht zuletzt in
Reaktion auf seine Position entwickelt. Dabei wird jeweils dargestellt, dass sich Kohlberg an
diese Modelle angenähert hat, insbesondere um neueren Forschungsergebnissen Rechnung
zu tragen; die von ihm vorgenommenen Modifikationen seiner Position wurden von den
Kritikern bis heute größtenteils nicht zur Kenntnis genommen, ebenso wenig von der gegenwärtig verbreiteten Kohlberg-Rezeption und auch von den Kohlberg-Anhängern. Zugleich haben viele dieser Kritiker ihren Standpunkt an denjenigen Kohlbergs angenähert,
was wiederum weitgehend unbemerkt blieb. Die gegenwärtigen Positionen der Kritiker
sind nicht unproblematisch; insbesondere erscheinen stärkere Annäherungen an Kohlbergs
Untersuchungsperspektive angemessen. Andererseits ist Kohlberg bei der Annäherung an
die Kritiker nicht weit genug gegangen.

In *Kapitel 5* diskutiere ich hinsichtlich des Gerechtigkeitsurteils insbesondere Einwände
gegen sein Stufenkonzept (Levines kohlbergianische Kritik) und seine theoretische Bestimmung des Endpunktes der Entwicklung, der Stufe 6 (Gibbs', Lockes und Rests neokohlbergianische Kritiken). Wurden in den Kapiteln 2, 3 und 4 bereits einige Probleme von Kohlbergs Analyse des Urteilens zu Gerechtigkeitsproblemen aufgewiesen, so werden hier zusätzliche Probleme dieser Analyse herausgearbeitet, etwa die unzureichende Berücksichtigung der Variabilität der Stufenwerte einer Person zu einem Messzeitpunkt sowie die fragwürdige Differenzierung zwischen den beiden postkonventionellen Stufen 5 und 6. Auch
sozialpsychologische Beiträge zur Gerechtigkeitsanalyse werden diskutiert.

*Kapitel 6* behandelt Einwürfe von Forschern, die – gestützt auf empirische Forschungsergebnisse – Kohlbergs frühem strikten bereichsübergreifenden Konzept der Urteilsentwicklung Alternativen entgegensetzen, indem sie die Bereichsspezifität der Stufensequenz betonen (Damon, Eisenberg, Haan, Turiel). Es lässt sich zeigen, dass Kohlberg die Bereichsspezifität der Urteilsentwicklung nicht hinreichend berücksichtigt.

In *Kapitel 7* erörtere ich Kritiken von Wissenschaftlern, die Kohlbergs frühem strikten universalistischen Konzept der Entwicklung des Urteilens soziokulturelle Alternativmodelle entgegenstellen, indem sie die Klassenspezifität der Stufensequenz (Baumrind, Sullivan), ihre Geschlechtsspezifität (Gilligan) und ihre Kulturspezifität (Simpson, Shweder) akzentuieren. Kohlberg hat meines Erachtens die soziale Kontextspezifität der Urteilsentwicklung nicht angemessen in Rechnung gestellt.

In *Kapitel 8* sind Vorbehalte verschiedener Wissenschaftler gegenüber seiner Analyse nicht-kognitiver Moralaspekte Gegenstand der Auseinandersetzung, nämlich Kritik an der Vernachlässigung gerechtigkeitsbezogener Dialogfähigkeiten (Oser), moralischer Identität beim gerechtigkeitsbezogenen Handeln (Blasi) und nicht-kognitiver Aspekte prosozialer Moral (neben Hoffman und Eisenberg Radke-Yarrow und Zahn-Waxler). Auch Kritik an der Analyse politikrelevanter Handlungsaspekte (Youniss) wird diskutiert. Die erwähnten Wissenschaftler vertreten kohlbergianische Positionen, neokohlbergianische Positionen oder Alternativmodelle. Die entsprechenden Forschungen zeigen, dass Kohlberg den Einfluss der Stufen des Gerechtigkeitsurteils auf die nicht-kognitiven Aspekte wahrscheinlich überschätzt hat, also seine kognitivistische Grundposition nicht haltbar ist. Im Unterschied zu ihm postuliere ich in Bezug auf die nicht-kognitiven Moralaspekte insbesondere eine Bereichs- und Kulturspezifität der Entwicklung.

In *Kapitel 9* dann werden einige neuere, ab den 1980er Jahren vorgetragene Einwände behandelt, nämlich die Kritiken von Tappan (postmoderne Theorie), Seligman (Theorie der Humanistischen Psychologie), Crick, Fehr, Hauser und Green (Theorien der Informationsverarbeitung), de Waal, Krebs und Damasio (biologische Theorien) sowie von Haidt, der eine „neue Synthese in der Moralpsychologie" versucht. Im Anschluss an diese Forscher lassen sich zusätzliche Probleme bei Kohlberg und bei den in den Kapiteln 2 bis 8 diskutierten Kritikern benennen, wie etwa die Vernachlässigung evolutions- und neurobiologischer Grundlagen der Moralentwicklung.

*Kapitel 10* fasst die Ergebnisse meiner Auseinandersetzung mit der moralpsychologischen Kohlberg-Kritik zusammen und zieht Schlussfolgerungen vor allem im Hinblick auf die schulische Moralerziehung.

Kapitelübergreifend sind die Kritiken einerseits nach forschungsgeschichtlichen Gesichtspunkten angeordnet, nämlich nach ihrem Einfluss auf die moralpsychologische Forschung bzw. nach den Forschungsschwerpunkten Kohlbergs in den einzelnen Dekaden: In den Kapiteln 2, 3 und 4 werden die weniger einflussreichen Kritiken diskutiert, in den Kapiteln 5, 6, 7 und 8 die einflussreichen Kritiken; Kapitel 9 thematisiert Einwände, die erst vor relativ kurzer Zeit vorgetragen wurden, also noch keinen größeren Einfluss gewinnen konnten. Gegenstand der Auseinandersetzung sind in Kapitel 2 die Kritik an Kohlbergs Weiterentwicklung von Piagets Analyse der kindlichen Urteilsbildung (die Bestimmung der Stufen 1 und 2), in Kapitel 3 die Kritik an seiner Alternative zu den umweltdeterministischen Ent-

wicklungskonzepten der Psychoanalyse sowie der behavioristischen und sozialen Lerntheorie (das konstruktivistische Entwicklungskonzept), in Kapitel 4 die psychometrische Kritik
an seiner Methode zur Kodierung des Gerechtigkeitsurteils (am SIS), in den Kapiteln 5, 6, 7
und 8 die einflussreiche Kritik sowie in Kapitel 9 Kritik, die erst nach Kohlbergs Tod entstand.

Die Kritiken sind kapitelübergreifend andererseits aber auch nach Theorietypen (d.h.
systematisch) geordnet: Analysiert werden in den Kapiteln 2 bis 4 „traditionelle" Theorien,
nämlich Piagets Theorie, psychoanalytische Theorien, soziale und behavioristische Lerntheorien sowie psychometrische Positionen, in den Kapiteln 5 bis 9 hingegen „moderne" Theorien, die nicht zuletzt in Auseinandersetzung mit Kohlbergs Forschungsperspektive entstanden.

In der Arbeit übe ich auf allen vier Ebenen der Analyse moralischen Urteilens Kritik an
der späten Position Kohlbergs: Ich problematisiere die empirischen Annahmen (Kap. 5), die
Forschungsmethoden (Kap. 4), Aspekte der Stufendefinition (Kap. 2, 5) und Aspekte des
Entwicklungskonzepts (Kap. 3, 6, 7, 9). Kohlberg selbst hat im Laufe seiner Forschungsgeschichte auf allen vier Ebenen seine Position modifiziert. Auch Einwände gegen seine Analyse nicht-kognitiver Moralaspekte bringe ich vor (und zwar vor allem in den Kapiteln 3
und 8).

Insbesondere eine Integration der Schulen von Kohlberg, Turiel und Haidt erscheint
sinnvoll. Das eigene psychologische Modell der Moral umfasst insgesamt sieben Ebenen
von psychischen Prozessen bzw. Dispositionen, denen bestimmte Theorierichtungen korrespondieren, nämlich elementare Erlebens- und Verhaltensmuster (biologische Theorien;
psychometrische Theorien), konditionierte Erlebens- und Verhaltensmuster (behavioristische Lerntheorien), auf Internalisierung gründende Erlebens- und Verhaltensmuster (soziale
Lerntheorien), psychodynamische Aspekte (psychoanalytische Theorien), Formen implizit-
intuitiven Wissens (Theorien der Informationsverarbeitung), Fähigkeiten und Orientierungen (Theorien der Humanistischen Psychologie, strukturgenetische Theorien, Bereichstheorien, sozialökologische Theorien, marxistisch-dialektische Theorien, feministische Theorien,
kulturpsychologische Theorien, kontextualistische Theorien zur Entwicklung über die Lebensspanne) sowie Konstruktion der eigenen Individualität (postmoderne Theorien). Hinzu
kommen zwei nicht-psychische Ebenen, nämlich gesellschaftlich-historischer Kontext sowie
biologische Grundlagen; die sieben psychischen Ebenen entwickeln sich in der Interaktion
mit den beiden nicht-psychischen Ebenen. Dieses Modell von Moral orientiert sich vor allem
auch an von deutschen Forschern entwickelten Konzeptionen, die sich auf die Person als
Ganzes beziehen, nämlich an den Konzeptionen des im Bereich der Allgemeinen Psychologie tätigen Holzkamp, des Persönlichkeits- und Sozialpsychologen Schmitt, des Entwicklungspsychologen Baltes, des Soziologen und Philosophen Habermas, des Erziehungswissenschaftlers, Psychologen und Soziologen Geulen sowie des Biologen und Philosophen
Roth. Die Moralpsychologie bzw. die Kohlberg-Forschung ist auf integrativ angelegte psychologische, soziologische und biologische Konzeptionen der Persönlichkeit angewiesen
(vgl. 1.4).

Trotz aller Kritik an Kohlberg und den über sein Forschungsprogramm hinausweisenden Denkbewegungen lässt sich der eigene moralpsychologische Standpunkt – wie zum Beispiel auch derjenige von Rest und Gibbs – als „neokohlbergianisch" bezeichnen: An verschiedenen grundlegenden Elementen des Kohlberg'schen Ansatzes kann durchaus festgehalten werden. So überzeugt mit Blick auf die Urteilsbildung zu den von ihm untersuchten Gerechtigkeitsfragen die Bestimmung der strukturellen Grundlagen der Stufen 1 bis 5. Auch Kohlbergs Skepsis gegenüber Modellen, die eine radikale Bereichs-, Geschlechts- und Kulturspezifität der Urteilsstufen oder auch ihre alleinige Sozialisationsabhängigkeit postulieren, erscheint gerechtfertigt. Im Unterschied zu den „traditionellen" und den „modernen" Alternativmodellen stelle ich also hinsichtlich der moralischen Urteilsbildung seine Stufendefinition oder sein Entwicklungskonzept nicht grundsätzlich in Frage.

Die Diskussion der Kritiker Kohlbergs hat hauptsächlich zum Ziel, offene Forschungsfragen bei Kohlberg zu benennen und zukünftige Aufgaben der Kohlberg-Forschung festzuhalten. An den Stellen, an denen ich ausdrücklich Position gegen Kohlberg oder dessen Anhänger beziehe, verstehe ich den eigenen Standpunkt im Allgemeinen als vorläufigen, da differenzierte empirische Analysen zu seiner Absicherung zumeist fehlen.

Manchem Kohlberg-Anhänger mag dieser Standpunkt als zu großes Zugeständnis gegenüber den Kritikern erscheinen. Nach meiner Einschätzung lässt sich aber die Relevanz und die Fruchtbarkeit seines Modells nur geltend machen, wenn man – wie Kohlberg selbst – angesichts vorliegender theorie-inkompatibler Forschungsbefunde versucht, für Einwände offen zu bleiben und Bestandteile anderer Perspektiven zu integrieren. Mit einer dogmatischen Festschreibung des Kohlberg-Ansatzes wäre diesem nicht gedient.

Da ich in der Arbeit neben systematischen auch forschungsgeschichtliche Absichten verfolge, ergeben sich einige Schwierigkeiten bei der Darstellung und Kritik der behandelten Positionen. So werden bestimmte Problemstellungen, mit denen Kohlberg immer wieder konfrontiert war (etwa die Frage eines angemessenen Stufenkonzepts), in mehreren Kapiteln angesprochen. Diese Schwierigkeit ergibt sich insbesondere daraus, dass ich bei der Darstellung von Kohlbergs Ansatz in Dekaden voranschreite und die zu diskutierende Kritik nicht vorrangig nach wissenschaftlichen Problemstellungen, sondern nach Forschungsansätzen gegliedert habe. Das gewählte Vorgehen hat aber den Vorzug, dass eine zusammenhängende Darstellung von Kohlbergs Forschungsbemühungen innerhalb einer Dekade möglich ist und auch die Kritik der jeweiligen Forscher nicht in einzelne Problemaspekte zerschlagen werden muss.

Ein eher epistemologisches Problem der Arbeit besteht darin, dass Kohlbergs vor längerer Zeit entwickelter Ansatz bzw. seine wissenschaftliche Leistung im Wesentlichen vom Stand der heutigen Forschung aus bewertet wird. Dies birgt die Gefahr, den Beschränkungen der damaligen Forschungssituation (z.B. hinsichtlich der Erforschung von Entwicklungssequenzen bei der Urteilsbildung) nicht gerecht zu werden und Kohlbergs Beitrag zu unterschätzen. Dieses Problem stellt sich bei jeder Bewertung älterer Positionen. Die Evaluation der Untersuchungsperspektive Kohlbergs allein vor dem Hintergrund der damaligen Situation wäre für die heutige Situation eher unfruchtbar und zudem äußerst schwierig.

# 1 Der Einfluss von Kohlbergs Theorie der Moralentwicklung

In diesem Kapitel benenne ich zunächst Grundfragen, mit denen sich Kohlberg bei der Untersuchung der Moralentwicklung konfrontiert sah (1.1). Dann wird die große Resonanz beleuchtet, die seine Antworten auf diese Grundfragen in den 1970er Jahren fanden (1.2). Im Anschluss daran werden einige Gründe für das Schwinden seines Einflusses in den darauf folgenden Dekaden aufgezeigt und gegenwärtig verbreitete Einwände zusammengetragen (1.3). Schließlich formuliere ich einen theoretischen Bezugsrahmen für die Diskussion der Kohlberg-Kritik und gebe damit eine (erste, grobe) eigene Antwort auf die angeführten Grundfragen (1.4).

## 1.1 Grundfragen der entwicklungspsychologischen Moralforschung

Kohlberg erfasst moralische Phänomene aus der Perspektive des Entwicklungspsychologen. Wie jeder entwicklungspsychologische Moralforscher sah er sich mit verschiedenen grundlegenden Fragen konfrontiert, vor allem mit den folgenden:

- Welche Moralaspekte/Themen sind zu untersuchen?
- Wie ist im Hinblick auf ein interessierendes Thema der Verlauf von Prozessen der Moralentwicklung zu beschreiben und zu erklären?
- Mit Hilfe welcher Methode ist das interessierende Thema zu erforschen?

Mögliche *Forschungsthemen* sind Formen der Gerechtigkeitsmoral und Formen prosozialer Moral. Positive Pflichten (als wichtige Formen prosozialer Moral) unterscheiden sich von negativen Pflichten (als wichtige Formen der Gerechtigkeitsmoral) insbesondere dadurch, dass hier Fragen nach Ausmaß, Umfang und Art des Handelns eine wichtige Rolle spielen. Nunner-Winkler (1989, S. 34 ff.) differenziert zwischen strikten negativen, strikten positiven, weiten positiven und supererogatorischen Pflichten. Sie bestimmt moralische Pflichten im Hinblick darauf, „wer" „wem gegenüber" „wann" „wo" und „in welchem Umfang" zu handeln hat und welche Kosten die Erfüllung einer Pflicht für den Handelnden (für „Ego") mit sich bringt (vgl. Tabelle 1.1).

*Tab. 1.1* *Typen von Pflichten*

| Pflicht | Wer | Wem gegenüber | Wann | Wo | In welchem Umfang | Kosten für Ego |
|---|---|---|---|---|---|---|
| Strikte negative Pflichten: Schadensvermeidung | Jeder | Jedem | Immer | Überall | Lebensbereich-übergreifend | Keine (allenfalls entgangener betrügerischer Gewinn) |
| Strikte positive Pflichten: Begrenzter Adressatenkreis | | | | | | |
| -diffuse Rollen (z.B. Familie) | Jeder in der Elternrolle | Den eigenen Kindern (individuell definiert) | Immer (bis Volljährigkeit) | Überall | übergreifend | Erheblich (Zeit/ Arbeitskraft/ psych. Ressourcen) |
| -spezifische Rollen (z.B. Berufsrolle) | Jeder Rolleninhaber | Den Rollenpartnern (kategorial definiert) | Arbeitszeit | Am Arbeitsplatz | Berufsbereich | Erheblich (Zeit/ Arbeitskraft) |
| -punktuell: konkrete Norm (z.B. Hilfeleistung in Notsituation) | Jeder, der zufällig der Nächste ist | Einem akut Betroffenen | In der momentanen Notsituation | Bei physisch-räumlichem Kontakt | Auf akute Notsituation bezogen | Nur punktuell (u.U. psychische Belastung/ Zeit) |
| Weite positive Pflichten: Eingrenzung des Verbindlichkeitsgrades | Wer will | Wem gegenüber er will: konkreten Personen, wohltätigen oder politisch engagierten Organisationen (z.B. Bettler, Rotes Kreuz, Greenpeace) | In der Freizeit | Wo er/sie will | In frei gewähltem Umfang | Begrenzt (Zeit/Geld/ Arbeitskraft) |
| Supererogatorische Pflichten: Steigerung der Kosten für Ego | Wer will | Wem gegenüber er will (wie oben) | Punktuell, in Freizeit oder lebenslang | Wo er/sie will | In erheblichem Umfang | Außerordentlich hoch (Zeit/ Geld/ Arbeitskraft/ Risiken für das eigene Leben) |

(Quelle: Nunner-Winkler 1989, S. 36)

Supererogatorische Pflichten versteht Nunner-Winkler als einen Aspekt weiter positiver Pflichten. Der Begriff „supererogatorische Pflicht" ist allerdings missverständlich, weil supererogatorisches Handeln über das, was die Pflicht gebietet, hinausgeht. Im Übrigen erscheint es sinnvoll, die unter weite Pflichten gefassten Handlungen dem Bereich supererogatorischen Handelns zuzuordnen, da diese Handlungen von persönlichen Präferenzen abhängen. Rollenerwartungen im beruflichen Kontext (z.B. Hilfehandlungen eines Arztes, Verantwortung eines Vorgesetzten) dürften keine allzu große moralische Relevanz haben. Hinzuzufügen wären „schwache" negative Pflichten (etwa Verbot des Schwarzfahrens in öffentlichen Verkehrsmitteln). Der Bereich der Gerechtigkeitsmoral beinhaltet neben den beiden Typen negativer Pflichten weitere Aspekte, nämlich Normenkonflikte sowie Probleme der Verteilungs-, Verfahrens-, Belohnungs- und Strafgerechtigkeit.

Personen sind im Alltag im Umgang mit fern stehenden Personen (in Interaktionen) und im Umgang mit nahe stehenden Personen (in Beziehungen bzw. in Gruppen) mit den folgenden moralischen Problembereichen konfrontiert:

- negative Pflichten, die für das menschliche Zusammenleben elementar sind, wie etwa das Tötungsverbot (starke negative Pflichten);
- Konflikte zwischen einzelnen negativen Pflichten, einzelnen positiven Pflichten oder einer negativen und einer positiven Pflicht (Plichtenkonflikte/Normenkonflikte);
- Fragen der gerechten Verteilung von Gütern und Lasten (Verteilungsgerechtigkeit/distributive Gerechtigkeit);
- Fragen der Wahl eines angemessenen Verfahrens für der Prozess der Entscheidungsbildung (Verfahrensgerechtigkeit/prozedurale Gerechtigkeit);
- Fragen der angemessenen Belohnung einer guten Tat (Belohnungsgerechtigkeit/interaktionale Gerechtigkeit);
- Fragen der angemessenen Bestrafung einer Normenverletzung (Strafgerechtigkeit/retributive Gerechtigkeit);
- negative Pflichten mit geringem Druck zur Pflichterfüllung, Pflichtverletzungen als Kavaliersdelikte (schwache negative Pflichten);
- positive Pflichten (Pflichten des Helfens in Not- und Gefahrensituationen bzw. Fürsorgepflichten);
- Fragen hilfreichen Handelns, bei denen keine Pflichten im Spiel sind (supererogatorische Moral).

Auf starke negative Pflichten, Normenkonflikte sowie Probleme der Verteilungs-, Verfahrens-, Belohnungs- und Strafgerechtigkeit bezogene Handlungen sind in allen sozialen Kontexten gegenüber allen Personen verpflichtend. Auf positive Pflichten bezogene Handlungen sind ebenfalls in allen sozialen Kontexten verpflichtend, jedoch gegenüber einem jeweils umgrenzten Personenkreis (fern stehenden bzw. nahe stehenden Personen). Schwache negative Pflichten und supererogatorische Aspekte dagegen eröffnen Freiräume des Handelns. Hinzu kommen Fragen der Moral von Institutionen und Gesellschaften, wobei es hier jeweils ähnliche Problemtypen gibt, wie etwa Fragen der Verteilungs- und Strafgerechtigkeit.

Einige Problemarten sind dem Moralbereich nicht eindeutig zurechenbar, nämlich Probleme der Moral innerhalb und zwischen Gruppen (z.B. Formen der sozialen Hierarchie in einer Gruppe), Probleme religiöser Moral (z.B. Erwartungen einer göttlichen Autorität) und Pflichten gegenüber sich selbst (z.B. die Pflicht, sich nicht umzubringen). Fragen der Moral innerhalb und zwischen Gruppen sowie Fragen religiöser Moral verstehen die Individuen oft als bloße Fragen der Konvention. Pflichten gegenüber sich selbst gelten vielen als persönliche Angelegenheiten. Zudem gibt es generationenabhängige Unterschiede in der Bestimmung des Moralbereichs.

Hinsichtlich der angeführten Problembereiche sind jeweils moralische Kognitionen bzw. moralkognitive Dispositionen bedeutsam. Die Individuen bewerten existierende Normen, vollzogene Handlungen und Personen als Ganze, ebenso formulieren sie Handlungsaufforderungen an andere und an sich selbst.

Kommunikative Aspekte (z.B. Formen des Einforderns von Rechtfertigungen für Handlungsentscheidungen) sind ein weiteres mögliches Forschungsthema. Kommunikative Fähigkeiten erlauben den Individuen insbesondere die gegenseitige Verständigung über die Beurteilung von Fragen des moralisch gebotenen Handelns.

Zudem können bei den einzelnen Problembereichen emotionale Aspekte ein Untersuchungsgegenstand sein. Wichtige moralische Emotionen fasst Tab. 1.2 zusammen.

*Tab. 1.2    Formen moralischer Emotionen*

| Mitleid, Anteilnahme | Ähnliche negative Gefühle wie die andere Person, der Leid zugestoßen ist |
|---|---|
| Schadenfreude | Positive Gefühle angesichts des Leids der anderen Person |
| Neid, Eifersucht | Negative Gefühle angesichts des Wohlergehens der anderen Person |
| Mitfreude | Ähnliche positive Gefühle wie die andere Person, die Angenehmes erlebt hat |
| Empörung, Entrüstung, Ekel | Negative Gefühle, die entstehen, wenn in den Augen der Person eine dritte Person verantwortlich ist für das Leid der anderen Person |
| Bewunderung | Positive Gefühle, die entstehen, wenn die Person der Auffassung ist, eine dritte Person hätte moralisch vorbildlich gegenüber der anderen Person gehandelt |
| Schuldgefühl, Reue, Verlegenheit, Scham | Negative Gefühle, die entstehen, wenn die Person sich für das Leid der anderen Person verantwortlich fühlt, d.h. eine moralische Pflicht verletzt zu haben meint oder sich als unfair erlebt |
| Stolz, Hochmut | Positive Gefühle, die entstehen, wenn die Person der Auffassung ist, sie selbst hätte moralisch vorbildlich gegenüber der anderen Person gehandelt |
| Ärger, Zorn, Wut, Groll, Hass, Verachtung, Verbitterung | Negative Gefühle, die entstehen, wenn die Person denkt, die andere Person hätte unmoralisch ihr gegenüber gehandelt |
| Dankbarkeit | Positive Gefühle, die entstehen, wenn die Person meint, die andere Person hätte sich moralisch vorbildlich ihr gegenüber verhalten |

Moralische Emotionen sind insbesondere abhängig von kognitiven Prozessen der Erklärung von Handlungen, von „Attribuierungen". Bei den ersten vier Gruppen bezieht sich das Individuum auf das Schicksal einer anderen Person, das sowohl Leid (die ersten zwei Kategorien) als auch Wohlergehen (die Kategorien drei oder vier) beinhalten kann, wobei es jeweils keine Attribuierungen vornimmt. In den nächsten sechs Gruppen schreibt das Individuum bestimmte Handlungsabsichten zu, und zwar im Hinblick auf das Leid bzw. Wohlergehen einer anderen Person einer dritten Person, im Hinblick auf das Leid bzw. Wohlergehen einer anderen Person der eigenen Person sowie im Hinblick das Leid bzw. Wohlergehen der eigenen Person einer anderen Person. Moralische Emotionen beinhalten wie Emotionen insgesamt nicht nur eine phänomenale Komponente (das Erleben eines Gefühls) und eine kognitive Komponente, sondern auch eine motivationale, eine ausdrucksbezogene und eine neurophysiologische Komponente. Einige der in der Tabelle aufgeführten Emotionen, etwa Ekel, Bewunderung, Verlegenheit, Scham und Stolz, sind allerdings keine moralspezifischen Emotionen, denn diese können auch außerhalb moralischer Kontexte auftreten (z.B. Scham eines ansonsten guten Schülers über seine mangelhafte Leistung bei einer Klassenarbeit). Moralische Emotionen können länger anhalten und werden dann zu Stimmungen. Auch können sie, als emotionsbezogene moralische Dispositionen, eine Person als Ganze kennzeichnen (vgl. z.B. eine von häufigen und heftigen Schuldgefühlen geplagte Person).

Zudem sind Formen des Handelns bzw. handlungsstrukturierende moralische Dispositionen ein möglicher Gegenstand von Untersuchungen. An sie selbst gerichtete Handlungsaufforderungen suchen Personen in ihrem Tun gerecht zu werden. Moralisches Handeln (genauer: moralisch richtiges Handeln) – etwa in Form von Widerstand gegen die Versuchung, wegen Eigeninteressen negative Pflichten zu verletzen, fairem Handeln angesichts von Normenkonflikten oder hilfreichem Handeln gegenüber fern stehenden Personen in Not – erfordert vor allem Routinen.

Bei einem Problembereich gewinnen die vier Gruppen psychischer Prozesse bzw. Dispositionen in unterschiedlichen, durch spezifische Funktionen gekennzeichneten Phasen Relevanz. Rest benennt im Rahmen eines Verlaufsmodells moralischen Handelns vier Phasen/Komponenten, nämlich „moralische Sensibilität", „moralisches Urteil", „moralische Motivation" und „moralischer Charakter". Das Vier-Komponenten-Modell moralischen Handelns skizziert die Rest-Gruppe wie folgt:

> Moralische Sensibilität ist das Bewusstsein, wie sich unsere Handlungen auf andere Personen auswirken. Sie beinhaltet das Wissen um verschiedene Handlungsalternativen und um die Folgen, die jede dieser Alternativen für alle Beteiligten haben könnten. Sie beinhaltet, sich mögliche Handlungsszenarien vorzustellen, und um Ketten von Handlungsfolgen in der Realität zu wissen; sie beinhaltet Empathie und Fähigkeiten der Perspektivenübernahme. (...) Ist sich die Person der Handlungsalternativen bewusst und weiß darum, wie andere Personen jeweils davon betroffen werden könnten (Komponente I), dann führt Komponente II zu einem Urteil darüber, welche Handlungsalternative moralisch besser zu rechtfertigen (welche richtig oder gerecht) ist. (...) Bei Komponente III geht es um das Gewicht, das moralischen Werten gegenüber anderen, konkurrierenden Werten zugeschrieben wird. (...) Komponente IV umfasst Ich-Stärke, Zielstrebigkeit, Standhaftigkeit, Zähigkeit, Stärke der Überzeugung und Mut. Ein Mensch mag moralische Sensibilität und moralische Urteilsfähigkeit besitzen sowie moralische Werte hoch halten – wenn er aber dazu neigt, unter Druck nachzugeben, sich leicht ablenken oder entmutigen lässt und einen schwachen Willen besitzt, dann ist moralisches Versagen aufgrund von Defiziten bei Komponente IV vorprogrammiert (Rest/Narváez 1994, S. 23 f.).

Kognitive, kommunikative und emotionsbezogene Dispositionen gehen in diese vier Komponenten jeweils in spezifischer Weise ein: Moralkognitive Dispositionen ermöglichen die Erfassung von präskriptiven und nicht-präskriptiven Aspekten. Kommunikative Dispositionen erlauben den Individuen die Koordinierung ihrer moralrelevanten Situationsdefinitionen, Zielsetzungen, Motivationen und Handlungspläne. Emotionsbezogene Dispositionen besitzen vor allem handlungsmotivierende Funktionen. Beim Handeln selbst sind auch handlungsstrukturierende Dispositionen relevant. Die voneinander abhängigen und Dispositionen bündelnden Komponenten stellen weitere Themen möglicher Untersuchungen dar.

Bei den Dimensionen und Prozessen kann man auch unterschiedliche Ebenen der Persönlichkeit wählen, etwa Konstruktion der eigenen Individualität, Problemlösungsfähigkeiten (Kompetenzen), intuitiv-implizite Aspekte sowie konditionierte Erlebens- und Verhaltensmuster. Diese Ebenen unterscheiden sich nicht zuletzt im Grad der Bewusstheit psychischer Vorgänge.

Hinsichtlich der zu den Moralaspekten ermittelten Daten setzen die Bemühungen der Moralpsychologen um angemessene Beschreibung und Erklärung individueller Entwicklungsprozesse an – die Wissenschaftler formulieren *Entwicklungskonzepte*. Bei den Entwicklungssequenzen und den Entwicklungsmechanismen ergeben sich verschiedene Möglichkeiten der Konzeptualisierung, darunter die folgenden.

- Die Forscher können Entwicklung als kontinuierliche kontextunspezifische Veränderung von Verhaltensweisen, als „Wachstum", verstehen, wobei Reifungsprozesse als bedeutsame Erklärungsfaktoren gelten.
- Eine weitere Möglichkeit der Konzeptualisierung besteht in der Annahme, dass diskontinuierliche/qualitative Veränderungen in den moralischen Fähigkeiten, d.h. Stufen, auftreten und dass deren Auftreten abhängig von frühkindlichen sozialen Erfahrungen oder von der aktuellen sozialen Situation ist. Dabei können Sozialisationsprozesse als Erklärung für die unterschiedlichen Entwicklungspfade dienen.
- Es kann angenommen werden, dass sich die Entwicklung von Stufen über die verschiedenen Moralbereiche und Populationen hinweg in einheitlicher Weise vollzieht. Die bereichsübergreifende und universelle Entwicklung von Stufen können Forscher auf die kognitive Eigendynamik eines Lernens durch Einsicht zurückführen.
- Des Weiteren besteht die Möglichkeit, dass in Abhängigkeit von den verschiedenen Problembereichen qualitativ unterschiedliche, bereichsspezifische Stufensequenzen auftreten und bereichsspezifisch eingeschränkte Formen einsichtigen Lernens wirksam sind.
- Die Wissenschaftler können zudem annehmen, dass kulturell unterschiedliche Sozialisationspraktiken zu kulturspezifischen Stufensequenzen führen.

Entsprechend ergeben sich auch unterschiedliche Möglichkeiten der Vorhersage und Intervention.

Entwicklungspsychologische Moralforscher müssen auch entscheiden, welches *methodische Verfahren* den besten Einblick in den interessierenden Moralaspekt verschafft. Soll zum Beispiel für die Untersuchung der Entwicklung moralischen Verhaltens in Situationen, bei denen Befehle von elterlichen Autoritäten Ansprüche auf Gleichbehandlung verletzen, eine gering standardisierte Form mündlicher Befragung durchgeführt, eine schriftliche Form der Befragung mit vorgegebenen Antwortalternativen verwendet, das Verhalten unter experimentell kontrollierten Bedingungen (im „Labor") beobachtet oder dieses im Alltag (im „Feld") erfasst werden?

Die Ansätze der entwicklungspsychologischen Moralforschung kann man somit im Hinblick darauf unterscheiden, ob sie

- Aspekte der Gerechtigkeitsmoral oder Aspekte prosozialer Moral thematisieren (Gerechtigkeitstheorien, Theorien prosozialer Moral);
- kognitive, kommunikative, emotionsbezogene oder handlungsstrukturierende Prozesse bzw. Dispositionen in den Vordergrund rücken (kognitionsbezogene, kommunikationsbezogene, emotionsbezogene, handlungsbezogene Theorien);
- Aspekte der Sensibilität, der Urteilsbildung, der Motivation oder des Charakters bzw. des Handelns akzentuieren (Theorien moralischer Sensibilität, Urteilstheorien, Motivationstheorien, Handlungstheorien);
- Kompetenzen oder andere Dispositionen und Prozesse unterschiedlichen Komplexitätsgrades thematisieren (Kompetenztheorien etc.);
- bei der Beschreibung der Entwicklungsprozesse von einheitlichen kontinuierlichen Veränderungen, uneinheitlichen kontinuierlichen oder diskontinuierlichen Veränderungen, einheitlichen diskontinuierlichen Veränderungen oder von kontextspezifischen diskontinuierlichen oder kontinuierlichen Veränderungen ausgehen (Wachstumsmodelle, Modelle variabler Entwicklungspfade, kontextübergreifende Stufentheorien, Bereichstheorien bzw. soziokulturelle Theorien);
- bei der Erklärung der Entwicklungsprozesse biologische Faktoren, Umweltfaktoren oder konstruktives Lernen des Subjekts akzentuieren (endogenistische Theorien, exogenistische Theorien, konstruktivistische Theorien);
- in forschungsmethodischer Hinsicht Moralaspekte im Kontext gering standardisierter mündlicher Befragungen, im Rahmen stark standardisierter schriftlicher Befragungen, unter experimentell kontrollierten Bedingungen oder im Alltag untersuchen (klinisch-qualitative, psychometrische, laborexperimentelle, alltagsbezogene Ansätze).

Kohlbergs Ansatz stellt eine Gerechtigkeitstheorie dar, die kognitions-, urteils- und kompetenzorientiert ist, eine kontextübergreifende (traditionelle) Stufentheorie beinhaltet, konstruktives Lernen akzentuiert und sich auf klinisch-qualitative Methoden stützt.

Kohlbergs Antworten auf die erwähnten drei Grundfragen, die sich dem entwicklungspsychologischen Moralforscher stellen, haben in den 1970er Jahren viele überzeugt (vgl. 1.2). Im selben Jahrzehnt aber benennen Moralpsychologen wie Damon, Eisenberg, Gilligan, Haan, Hoffman, Radke-Yarrow, Shweder, Turiel und Zahn-Waxler verschiedene Mängel seiner Position und formulieren Alternativen dazu. Ab den 1980er Jahren bestimmen dann diese und andere Autoren, die ebenfalls Alternativen formulieren, die Forschung, während Kohlbergs Ansatz an Resonanz verliert (vgl. 1.3).

## 1.2  Die Dominanz von Kohlbergs Theorie in den 1970er Jahren

Der Einfluss Kohlbergs auf die entwicklungspsychologische Moralforschung nahm Ende der 1960er Jahre deutlich zu. In den 1970er Jahren dann war sein moralpsychologischer Ansatz dominant: In führenden entwicklungspsychologischen Zeitschriften wie „Child Development" und „Developmental Psychology" erscheint eine große Zahl empirischer Studien zu Kohlbergs Theorie; zu Beginn des folgenden Jahrzehnts kann Rest in einer Analyse der an Kohlberg orientierten Forschung auf Hunderte von Studien verweisen (Rest 1983, S. 583). In Monographien und Sammelbänden zur Moralentwicklung, die Mitte und Ende der 1970er Jahre sowie Anfang der 1980er Jahre publiziert wurden (vgl. z.B. Lickona 1976; Rest 1979), nimmt die Darstellung der Position Kohlbergs großen Raum ein, ebenso in Kapiteln zur Moralentwicklung in einflussreichen Lehr- und Handbüchern zur kognitiven Entwicklung (vgl. z.B. Flavell 1979), zur sozialen Entwicklung (vgl. z.B. Damon 1983; Maccoby 1980) und zur individuellen Entwicklung im Ganzen (vgl. z.B. Mussen 1983). In entwicklungstheoretischen Werken (vgl. z.B. Lerner 1976) findet Kohlbergs Theorie als „große Theorie" Eingang – neben den Modellen etwa von Piaget, Freud, Skinner oder Bandura.

Im deutschsprachigen Raum setzte, angeregt durch Übersetzungen einiger seiner Arbeiten (vgl. z.B. Kohlberg 1974; Portele 1978), ab Mitte der 1970er Jahre eine intensive Rezeption von Kohlbergs Perspektive ein. Deren starker Einfluss auch dort zeigt sich zum Beispiel daran, dass sich der Überblick von Eckensberger über die Forschung zur Moralentwicklung im deutschsprachigen Raum (Eckensberger 1983) ganz auf sie und ihre Wirkung konzentriert.

In der Persönlichkeits- und der Sozialpsychologie ist Kohlbergs Ansatz ebenfalls diskutiert worden, wenn auch nicht so intensiv wie in der Entwicklungspsychologie. Seine Theorie bezieht sich ja auch auf Erwachsene und ist somit für Persönlichkeits- und Sozialpsychologen bedeutsam. In den 1970er Jahren war Kohlberg nicht nur der führende Moralpsychologe und einer der einflussreichsten Entwicklungspsychologen, sondern auch einer der meistzitierten Psychologen überhaupt. Bei einer Analyse des „Social Citation Index" für das Jahr 1975 nimmt er unter den am häufigsten zitierten Psychologen die 29. Stelle ein (vgl. Endler/Rushton/Roediger 1978).

Für diesen großen Einfluss von Kohlberg in der entwicklungspsychologischen Moralforschung lässt sich eine Reihe von Gründen nennen; ich werde hier nur einige aufführen. Zum einen trugen Veränderungen außerhalb der Moralpsychologie, d.h. „externe" Faktoren, zum Aufschwung seines Modells bei.

In der Psychologie war in den 1970er Jahren die Kontroverse zwischen einer kognitivistischen, psychoanalytischen und behavioristischen Perspektive im Gange, wobei kognitivistische Ansätze große Resonanz fanden. W. Schönpflug und U. Schönpflug (1997, S. 54) bezeichnen Kognitivismus, Psychoanalyse und Behaviorismus als „die drei großen Theorierichtungen" in der Psychologie; unter dem Begriff „Kognitivismus" fassen sie neben Piagets Theorie vor allem auch die frühen Formen des Kognitivismus, Ansätze der Humanistischen Psychologie und Theorien der Informationsverarbeitung. Kognitivismus, Psychoanalyse und Behaviorismus beeinflussten die Wahl des Untersuchungsgegenstands, dessen Beschreibung und Erklärung, die Vorhersage von Prozessen, die Intervention und die Untersuchungsmethode. W. Schönpflug und U. Schönpflug bestimmen jeweils grundlegende

Unterschiede: Kognitivistische Perspektiven wählen Kognitionen als Untersuchungsgegenstand, betrachten Kognitionen bzw. Erkenntnisstrukturen als handlungsbestimmend und setzen ein einsichtsfähiges, sich auf der Grundlage einsichtigen Lernens veränderndes Subjekt voraus. Diese Ansätze geben bei Interventionen den Individuen vor allem Anstöße zum Nachdenken über Möglichkeiten der Situationsbewältigung; sie stützen sich vorwiegend auf Befragungen als Untersuchungsmethoden. Demgegenüber nehmen psychoanalytische Perspektiven hauptsächlich unbewusste Motive („Triebe") zum Untersuchungsgegenstand, erklären das Handeln durch sexuelle und aggressive Triebimpulse und betrachten die Individuen vorwiegend als triebgesteuert. Psychoanalytische Perspektiven setzen bei Intervention und Untersuchungsmethode deshalb an unbewussten Prozessen, die zu tiefsitzenden Selbsttäuschungen führen, an; es geht um die Thematisierung von Verdrängungen, Komplexen und Traumata. Behavioristische Lerntheorien beschränken sich auf Formen beobachtbaren Verhaltens („Reaktionen") und betrachten das Verhalten sowie die Personen insgesamt als umweltgesteuert; bedeutsam sind hier die dem Verhalten vorausgehenden Umweltveränderungen („Reize") oder die Konsequenzen, die dem Verhalten folgen („Verstärker"). Untersucht werden entsprechende Prozesse des „assoziativen Lernens", der „Konditionierung". Diese Forschungsrichtung bezieht sich deshalb bei Intervention und Untersuchungsmethode auf Zusammenhänge zwischen Milieubedingungen und Reaktionen (z.B. Beobachtung unter Laborbedingungen als Untersuchungsmethode).

Zwischen Piagets Theorie, Theorien der Informationsverarbeitung und Ansätzen der Humanistischen Psychologie gibt es allerdings deutliche Unterschiede. Während Piaget auf Strukturen zielt, erfassen Vertreter von Theorien der Informationsverarbeitung Prozessmerkmale und orientieren sich dabei am Modell des Computers. Leitend ist hier die Differenzierung zwischen einem „Sensorischen Register"/„Ultrakurzzeitgedächnis", das Informationen aus verschiedenen Sinnesorganen für einen Sekundenbruchteil speichert, einem „Kurzzeitgedächtnis", das einen kleinen, durch Aufmerksamkeitslenkung herausgehobenen Teil der Information für einige Sekunden aufbewahrt, und einem „Langzeitgedächtnis", das Informationen über Jahre hinweg speichert. Bei Interventionen (in der „Kognitiven Therapie") geht es den Vertretern dieser Richtung nicht um Strukturentwicklung, sondern um die Korrektur inhaltlicher Annahmen der Person über sich und ihre Umwelt. Für die Überprüfung von Theorien der Informationsverarbeitung wurden vor allem Verfahren der Reaktionszeitmessung verwendet. Die Humanistische Psychologie stellt das Selbstverständnis der Person und ihre Gefühlswelt in den Mittelpunkt. Bei Interventionen (in der „Klientenzentrierten Gesprächstherapie" oder der „Gestalttherapie") steht hier der Ausdruck von Emotionen im Mittelpunkt; was die Forschungsmethoden betrifft, sind besonders Tagebuchaufzeichnungen relevant.

Zudem gab es neben behavioristischen Lerntheorien auch soziale Lerntheorien. Deren Vertreter suchten behavioristische Lerntheorien (besonders den Ansatz von Skinner) und die Psychoanalyse Freuds zu integrieren. Damit wurden zwei einflussreiche psychologische Theorien verbunden – neben Piaget waren Freud und Skinner die einflussreichsten Psychologen des 20. Jahrhunderts (vgl. Haagbloom 2002). Zwischen diesen beiden Formen von Lerntheorien existieren deutliche Unterschiede: Die behavioristische Lerntheorie bezieht sich lediglich auf das beobachtbare Verhalten und vernachlässigt zugleich soziale Verhaltensweisen, wie etwa Bindungsverhalten, Verhalten hinsichtlich Geschlechterrollen, Aggressionen und moralisches Verhalten. Durch andere Personen angestoßene Formen des Lernens, d.h. soziale Lernmechanismen (etwa Prozesse der Identifikation mit den Eltern), postulieren Repräsentanten dieser Richtung nicht. Die Verhaltensreaktionen des Individuums gelten den Vertretern der behavioristischen Lerntheorie als lebenslang modifizierbar. Dabei stützen sie sich vorwiegend nur auf Experimente mit Tieren (etwa Ratten und Tauben), denn sie nehmen an, dass die Gesetze des Lernens für Tiere und Menschen gleichermaßen gelten. Der Einfluss Freuds auf die um Theorieintegration bemühten Lerntheoretiker – auf die sozialen Lerntheoretiker – zeigt sich vor allem darin, dass diese auch Formen des Erlebens, also nicht bloß beobachtbares Verhalten, zum Gegenstand ihrer Forschung machen, vorrangig soziale Verhaltensweisen untersuchen, bei der Erklärung der Entwicklungsprozesse auch soziale Lernmechanismen postulieren und die Bedeutung von Erfahrungen in den ersten Lebensjahren für die Entwicklung betonen. Zudem beschränken sie sich auf die Untersuchung menschlichen Verhaltens.

In den ersten Jahren der Psychologie hatten in Deutschland bereits verschiedene kognitivistische Positionen die Forschung dominiert, nämlich die von Wundt in den 1870er Jahren begründete Leipziger Schule (Elementenpsychologie/Strukturalismus), die um die Jahrhundertwende entstandene Würzburger Schule (z.B. Külpe, Bühler), die um 1910 begründete Leipziger Schule der Genetischen Ganzheitspsychologie (z.B. Krüger) sowie die ebenfalls um 1910 in Berlin und Frankfurt begründete Gestaltpsychologie (z.B. Wertheimer, Köhler). Philosophische Bezugstheorie dieser vier frühen kognitivistischen Theorievarianten war vor allem die rationalistische Philosophie der Aufklärungstradition. Vermittelt vor allem über Titchener fand Wundts Leipziger-Schule in den USA Resonanz. Dort besaß zudem die Funktionalistische Psychologie Einfluss (z.B. James, Angell), die sich hauptsächlich auf die Philosophie des Pragmatismus stützte. Funktionalistische Psychologen interessierten die Beiträge psychischer Prozesse (etwa von Kognitionen) für die individuelle Lebensbewältigung. Gegen die verschiedenen frühen Varianten kognitivistischer Positionen wendeten sich dann die Psychoanalyse und (etwas später) die behavioristische Lerntheorie; beide Richtungen fanden jeweils große Beachtung und trugen dazu bei, dass kognitivistische Positionen in den Hintergrund gerieten. US-amerikanische Forscher wie Thorndike und Watson haben die behavioristische Lerntheorie Anfang des letzten Jahrhunderts begründet und besonders Skinner hat diese Theorierichtung weiterentwickelt; sie war in den 1920er- bis 1950er Jahren der dominierende Theorieansatz in der US-amerikanischen Psychologie. Die von Freud um die Jahrhundertwende begründete Psychoanalyse besaß dort insbesondere in den 1940er- und 1950er Jahren Einfluss. Die soziale Lerntheorie ging Ende der 1930er Jahre hauptsächlich aus Bemühungen von US-amerikanischen Autoren wie Dollard, Miller und Sears hervor, behavioristische Lerntheorien und die Psychoanalyse Freuds zu integrieren; sie fand in den 1950er Jahren starke Resonanz.

In den 1960er Jahren vertraten die Wissenschaftler dann wieder verstärkt kognitivistische Positionen; die Psychologie vollzog (zunächst hauptsächlich im angloamerikanischen Raum) eine „kognitiven Wende". Anklang fanden zum einen Theorien der Informationsverarbeitung und Theorien der Humanistischen Psychologie, die jeweils im vorangehenden Jahrzehnt entstanden. Forscher wie Broadbent, Festinger, G.H. Miller und Simon entwickelten Theorien der Informationsverarbeitung; Forscher wie Maslow und Rogers begründeten die Humanistische Psychologie, die sie als „dritte Kraft in der Psychologie" (neben Psychoanalyse und Behaviorismus) verstanden. Zum anderen fand Piagets Modell Anklang. In den 1970er Jahren verstärkte sich der Einfluss der kognitivistischen Positionen noch, während Psychoanalyse sowie behavioristische und soziale Lerntheorie weiter an Boden verloren. In dieser Dekade gewann die „kognitive Wende" in der Psychologie auch Bedeutung für die soziale Lerntheorie: Verschiedene Wissenschafter (z.B. Rotter, Bandura, W. Mischel) distanzierten sich ein Stück weit von der traditionellen sozialen Lerntheorie, der sie zunächst anhingen, und erweiterten das Konzept sozialen Lernens um kognitive Aspekte; sie entwickelten soziale Lerntheorien zu „sozial-kognitiven Lerntheorien" weiter. Die Psychologie in (West-)Deutschland fand erst in den 1960er Jahren wieder Anschluss an die internationale Entwicklung – sowohl psychoanalytische Theorien als auch behavioristische Lerntheorien, soziale Lerntheorien und moderne Formen des Kognitivismus wurden hierzulande nur mit Verzögerung rezipiert (vgl. W. Schönpflug 1997).

In den Anfängen der Psychologie existierten neben den frühen kognitivistischen Konzeptionen auch psychometrische Positionen und - vor allem an Darwins Evolutionstheorie orientierte - biologische Positionen. Diese beiden Theorierichtungen betonen Anlagefaktoren. Psychometrische Perspektiven fanden Resonanz besonders in der Persönlichkeitspsychologie (bzgl. Forschung zur Intelligenz vgl. z.B. Binet, Spearman, Thurstone, Guilford, Carroll; bzgl. Forschung zu anderen Persönlichkeitsdimensionen vgl. z.B. Stern, Allport, Murray, Cattel, Eysenck) und in der Entwicklungspsychologie (vgl. z.B. Binet). Biologische Perspektiven gewannen bis Ende der 1970er Jahre noch keinen allzu großen Einfluss auf die psychologische Forschung; eine Ausnahme war die Entwicklungspsychologie (vgl. z.B. Gesell).

In der Entwicklungspsychologie ist in den 1970er Jahren Piagets breitgefächerte kognitivistische Entwicklungstheorie (an der sich Kohlberg ja orientiert) intensiv rezipiert worden. In dieser psychologischen Teildisziplin besaßen zunächst Reifungstheorien (d.h. eine Variante biologischer Theorie) und psychometrische Theorien, dann behavioristische Lerntheorien, psychoanalytische Theorien und soziale Lerntheorien Bedeutung; erst danach fanden Modelle der Piaget-Tradition Resonanz. Theorien der Informationsverarbeitung und Theorien der Humanistischen Psychologie hatten bis Ende der 1970er Jahre kaum Anhänger (vgl. Cairns 1998).

Gesellschaftliche Veränderungen (als weitere externe Faktoren) erklären ebenfalls den großen Einfluss von Kohlbergs Moraltheorie. Nicht zuletzt förderten verschiedene soziale Bewegungen mit ihrer Orientierung an Kriterien sozialer Gerechtigkeit (z.B. die Bürgerrechtsbewegung, der Kampf der Studenten für Redefreiheit, die Antikriegsbewegung) die Kohlberg-Rezeption, wie Rest und Mitarbeiter mit Blick auf die USA festhalten (vgl. Rest et al. 1996, S. 1 f.).

Neben externen Faktoren waren „interne" Faktoren, d.h. Entwicklungen innerhalb der Moralpsychologie, für den Einfluss von Kohlbergs Forschungsprogramm verantwortlich. Dieses versprach in den Augen vieler Moralpsychologen, verschiedene Defizite bis dahin einflussreicher Untersuchungsrichtungen zu überwinden – neben Mängeln bei Piaget auch Defizite der Fragebogenforschung, der Ansätze von Hartshorne und May (beide Ansätze lassen sich der psychometrischen Tradition zurechnen), Freud und der sozialen Lerntheoretiker. (Biologische und behavioristische Positionen spielten in der Moralforschung bis dahin keine große Rolle.) Die Fragebogenforschung war Ende des 19. Jahrhunderts entstanden,

der Ansatz von Hartshorne und May und die psychoanalytische Theorie der Moralentwicklung in den zwanziger Jahren und die sozialen Lerntheorien Ende der dreißiger Jahre des
20. Jahrhunderts. Die Fragebogenforschung war in der Moralpsychologie bis in die 1940er
Jahre hinein einflussreich, Hartshorne und May in den 1930er- und 1940er Jahren, die Psychoanalyse Freuds und die soziale Lerntheorie in den 1950er- und 1960er Jahren. Piagets
Moraltheorie gewann erst in den 1960er Jahren an Bedeutung. Gegenüber den Ansätzen der
Fragebogenforschung, von Hartshorne und May, der sozialen Lerntheorie und Freud nahmen die Wissenschaftler insbesondere Vorzüge von Kohlbergs Forschungsthemen, seines
Entwicklungskonzepts und seines methodischen Verfahrens wahr.

Als Vorzug bei den *Forschungsthemen* betrachteten sie, dass Kohlberg die Begründungen von Meinungen zu moralischen Fragen, d.h. moralische Urteile, analysiert:

- Untersuchungen mit Hilfe von Fragebögen suchen zu klären, in welchem Maße Kinder,
  Jugendliche und Erwachsene um die Geltung bestimmter moralischer Normen wissen,
  nicht aber, wie sie deren Geltung begründen. Die Probanden werden etwa mit fiktiven
  Normenübertretungen konfrontiert und lediglich aufgefordert, diese Normenübertretungen als falsch oder richtig zu bewerten.

- Hartshorne und May setzen andere Akzente als die Fragebogenforschung, denn sie
  untersuchen vornehmlich moralisches Verhalten. Die beiden Wissenschaftler analysieren, in welchem Maße Kinder ihrem Wissen um moralische Normen gemäß handeln,
  ob sie zum Beispiel auch in Situationen, in denen sie Normen unerkannt verletzen
  können, normenkonformes Verhalten zeigen. Hartshorne und May erfassen moralisches Verhalten dabei nicht zuletzt unter experimentellen Bedingungen, indem sie zum
  Beispiel Kindern Gelegenheit geben zu „mogeln".

- Freud beschäftigt sich hauptsächlich mit der Entwicklung moralischer Gefühle und
  Motive, insbesondere mit der Entwicklung von Schuldgefühlen. Er befragt Erwachsene, die an psychischen Erkrankungen leiden, zu ihren Kindheitserlebnissen, um Zugang zu den Formen und Bedingungen der Veränderung moralischer Gefühle und Motive im Lebensverlauf zu gewinnen. Die von ihm entwickelte Forschungsmethodik
  stellt ein voraussetzungsreiches Verfahren dar, welches das Selbstverständnis einer
  Person kritisch hinterfragt und darauf zielt, schwer zugängliche, unbewusste Prozesse
  aufzuspüren. Insofern lässt sich dieses Verfahren als „tiefenhermeneutisch" bezeichnen. Beispielsweise setzt Freud die Wirksamkeit von Mechanismen der Projektion, d.h.
  von Formen der Übertragung missbilligter Phantasien und Impulse auf andere, voraus.

- Die sozialen Lerntheoretiker wählen als Kriterium für die Moral einer Person (wie
  Hartshorne und May) den Widerstand gegen Versuchungen, welchen sie unter experimentell kontrollierten Bedingungen beobachten. Ein weiteres Kriterium sind (wie bei
  Freud) Schuldgefühle bei der Übertretung moralischer Normen – für gewöhnlich ermittelt mit Hilfe von fiktiven Situationen, in denen ein Protagonist eine Norm übertreten hat und der Proband diesem Gefühle zuschreiben soll (auf Freuds Konzept der Projektion gestützte projektive Verfahren), sowie mit Hilfe von Interviewfragen nach der
  Übernahme von Verantwortung bei eigenen Normenübertretungen. Die sozialen Lerntheoretiker führen dabei Korrelationsstudien und experimentelle Studien durch.

Mit Blick auf das *Entwicklungskonzept* versprach Kohlberg nach Ansicht vieler Moralpsychologen durch die Betonung der Bereichsunabhängigkeit und der Universalität der Urteilsstufen eine integrative Analyse moralischen Urteilens. Seine sechs Stufen galten als Schlüssel zur Beschreibung des gesamten moralischen Denkens, also des Denkens zu den verschiedenen moralrelevanten Situationen, in den unterschiedlichen Kulturen und in den unterschiedlichen sozialen Gruppen innerhalb einer Kultur. Hinsichtlich des Entwicklungskonzepts betrachteten viele Forscher überdies Kohlbergs Betonung der Aktivität des Individuums in Form einsichtigen Lernens als Vorteil gegenüber den vier konkurrierenden Forschungsperspektiven, deren Erklärungen von Entwicklungsprozessen (sofern überhaupt geliefert) kein aktives Individuum voraussetzen:

- Die Fragebogenforschung beschreibt die Entwicklung als Zunahme des Wissens um moralische Normen mit dem Alter, bemüht sich aber nicht um die Erklärung dieser Zunahme.
- Hartshorne und May nehmen die starke Situationsabhängigkeit des Verhaltens an. Beispielsweise würden Kinder, die in einigen Situationen „mogeln", dies in anderen Situationen nicht tun; „Mogeln" hänge stark von der Einschätzung der Gefahr des Ertapptwerdens ab. Sie erklären Variationen des Verhaltens eines Individuums vor allem durch situationsabhängige Unterschiede in der Antizipation der Folgen einer Handlung für die eigene Person.
- Freud verknüpft bei seiner Analyse der Entwicklung moralischer Gefühle und Motive ein Modell von Reifungsprozessen mit einem spezifischen Modell der Sozialisation, nämlich mit einem Modell der Prägung durch frühe soziale Erfahrungen: Dem Erwerb moralischer Orientierungen gehen nach Freud bestimmte Reifungsschritte/Phasen der psychosexuellen Entwicklung voraus. In der „phallischen Phase" (ungefähr ab dem 4. Lebensjahr) übernehme das Kind durch Prozesse der Identifikation dann die moralischen Normen, es verinnerliche sie. Zur Kontrollinstanz der Eltern kommt dadurch eine innere Kontrollinstanz hinzu. Die entstandene psychische Struktur – die moralische Charakterstruktur – bleibt für Freud im Kern später unverändert.
- Im Gegensatz zu Hartshorne und May und ähnlich wie Freud gehen viele Vertreter der sozialen Lerntheorie von bereits in der mittleren Kindheit festgelegten moralischen Charakterstrukturen aus. Anders als Freud geht es den sozialen Lerntheoretikern indessen vorrangig um eine Erklärung individueller Differenzen in der Moralentwicklung. Ob ein Kind moralische Normen verinnerlicht, also in seinen Handlungen Normen auch unabhängig von Sanktionen durch Autoritätspersonen oder von Eigeninteressen befolgt, erscheint durch die unterschiedlichen Maßnahmen zur Bestrafung von Normenverletzungen („Disziplinierungstechniken"/„Disziplinierungsstrategien") beeinflusst, die die Eltern gebrauchen. Zum Beispiel nehmen verschiedene soziale Lerntheoretiker an, dass eine durch den Entzug von Liebe gekennzeichnete Disziplinierungsstrategie zur Verinnerlichung („Internalisierung") von Normen führt, während eine durch körperliche Strafen und den Entzug materieller Objekte charakterisierte Disziplinierungsstrategie die Internalisierung von Normen verhindert.

An Kohlbergs *methodischem Verfahren* schätzte man, dass es im Unterschied zum Vorgehen dieser vier Ansätze der Sichtweise der untersuchten Personen auf moralische Themen gerecht zu werden sucht. Während die soziale Lerntheorie auf methodischer Ebene von Denkprozessen weitgehend absieht, die Fragebogenforschung sowie Hartshorne und May nur auf Meinungen zu moralischen Fragen zielen (und nicht auf Begründungen von Meinungen) und Freud die Urteilsbildung von Personen im Hinblick auf Selbsttäuschungen kritisch hinterfragt, erfasst Kohlberg die Meinungen der Probanden sowie deren Begründungen von Meinungen, rekonstruiert also ihre Urteilsbildung. Viele Moralpsychologen betonten auch die Vorteile seiner klinischen Interviewtechnik: Insbesondere dadurch, dass der Interviewer im Rahmen des MJIs auf die Stellungnahmen der Person mittels Begründungs- und Erläuterungsfragen eingeht, sei eine gründliche Analyse ihres Denkens möglich. Aufgrund der Verwendung alltagsferner („hypothetischer") Dilemmata im Rahmen dieses klinischen Interviews würden überdies klischeehafte Stellungnahmen der Probanden weitgehend vermieden, sowie auch Blockierungen der Urteilsfähigkeit, die entstehen können, wenn Themen des Alltags intensive Gefühle auslösen.

Kohlbergs Analyse der Urteilsbildung hatte in den Augen vieler Moralpsychologen wichtige Konsequenzen für die Untersuchung des moralischen Verhaltens, auf das sich Hartshorne und May sowie die sozialen Lerntheoretiker vorrangig beziehen: Die sechs Urteilsstufen versprachen aus ihrer Sicht eine bessere Voraussage des Verhaltens als etwa das Wissen um Normen oder Schuldgefühle. Die postkonventionellen Stufen erschienen als guter Prädiktor für moralisches Handeln, d.h. von postkonventionell urteilenden Personen wurde erwartet, dass sie im Unterschied zu Personen auf niedrigeren Urteilsstufen in den verschiedensten Situationen moralisch richtig handeln.

Darüber hinaus stellen viele Moralpsychologen empirische Anomalien bei den vier frühen Forschungsansätzen fest. Verschiedene empirische Annahmen der sozialen Lerntheorie zum Beispiel konnten nach Ansicht der Forscher nicht bestätigt werden, etwa die These einer positiven Beziehung zwischen der Disziplinierungstechnik „Liebesentzug" und den einzelnen Kriterien für die Internalisierung von Normen.

Kohlberg orientiert sich bei Themen, Entwicklungskonzept und methodischem Verfahren weitgehend an Piagets moralpsychologischem Ansatz. Hauptsächlich drei Vorzüge der Forschungen Kohlbergs gegenüber denjenigen von Piaget haben die Wissenschaftler festgehalten:

- Er leistet im Unterschied zu Piaget eine auf den gesamten Lebenslauf bezogene Analyse der Entwicklung moralischen Urteilens und erweitert dessen Urteilsstufen um zusätzliche Stufen.
- Nur Kohlberg liefert eine Reflexion der moralphilosophischen Grundlagen moralpsychologischer Forschung. Er diskutiert etwa die Frage, wie sich moralische Urteile von anderen Urteilen (z.B. von Geschmacksurteilen) unterscheiden und versucht, als Endpunkt individueller Entwicklungsprozesse eine vorbildliche Form der Urteilsbildung zu bestimmen, die moralphilosophischen Standards gerecht wird.
- Nur Kohlberg bemüht sich um eine pädagogische Anwendung der moralpsychologischen Theorie, also um die gezielte Förderung moralischer Entwicklungsprozesse.

Insgesamt würdigten die Wissenschaftler Kohlbergs differenzierte Bestimmung der moralischen Urteilsstufen. Sein Stufenkonzept betone im Gegensatz zu Piagets Stufenkonzept zu Recht die Konsistenz der Stufenwerte.

Sowohl Entwicklungen außerhalb der psychologischen Moralforschung (externe Faktoren) als auch interne Faktoren waren also für Kohlbergs starken Einfluss in den 1970er Jahren verantwortlich.


## 1.3  Der wachsende Einfluss der Kohlberg-Kritik seit den 1980er Jahren

Kohlberg treibt in den 1980er Jahren seine moralpsychologischen Forschungen weiter voran. Er ist in diesem Jahrzehnt immer noch der meistzitierte Moralpsychologe und einer der meistzitierten Entwicklungspsychologen (vgl. Howard/Day 1995). Heute gilt er als einer der einflussreichsten Psychologen des 20. Jahrhunderts; bei einer umfassenden Analyse des Stellenwerts einzelner Psychologen in psychologischen Lehrbüchern, Zeitschriften und bei Fachvertretern nimmt er den 30. Rang ein – noch vor so bedeutsamen Autoren wie Bowlby, Chomsky und Wygotski (vgl. Haagbloom 2002). Allerdings hat sich in der entwicklungspsychologischen Moralforschung in den 1980er Jahren eine kritische Haltung gegenüber Kohlbergs Ansatz ausgebreitet (vgl. z.B. S. Modgil/C. Modgil 1986). Auch ging die Zahl der empirischen Studien, die auf der Grundlage seines MJIs durchgeführt wurden, jetzt deutlich zurück. Diese kritische Einstellung gegenüber Kohlberg verstärkte sich danach noch. In der Persönlichkeitspsychologie und in der Sozialpsychologie verlor er seit den 1980er Jahren ebenfalls an Einfluss. Beispielsweise findet seine moralpsychologische Perspektive in aktuellen Lehrbüchern zu beiden psychologischen Teildisziplinen (zur Persönlichkeitspsychologie vgl. Asendorpf 2007; Cervone/Pervin 2008; Schmitt/Altstötter-Gleich 2010; zur Sozialpsychologie vgl. Baumeister/Bushman 2008; M. Gollwitzer/Schmitt 2006; Werth/Mayer 2008) keine Erwähnung. In populärwissenschaftlichen Büchern zur Moralforschung wird Kohlberg nur am Rande diskutiert (vgl. z.B. Precht 2010).

Kohlbergs Modell konkurriert gegenwärtig mit einer Vielzahl neuerer Alternativmodelle zur Moralentwicklung. Das von Kurtines und Gewirtz herausgegebene dreibändige „Handbook of Moral Behavior and Development" (1991), das Buch „Moral Development: An Introduction" (1995) derselben Herausgeber, ein Werk von Lapsley (1996), das von Killen und Smetana herausgegebene „Handbook of Moral Development" (2006), die Übersichtsartikel von Eisenberg, Fabes und Spinrad (2006) und von Turiel (2006) in der 6. Auflage des „Handbook of Child Psychology" sowie die Übersichtsarbeit von Walker und Frimer (in press) veranschaulichen die Intensität der neueren entwicklungspsychologischen Moralforschung. Diese Arbeiten versammeln die international einflussreichen Theorien und vermitteln einen Einblick in die verschiedenen Untersuchungsmethoden und -ergebnisse.

Über die Moralforschung in der Allgemeinen Psychologie informiert vor allem die von Doris herausgegebene Schrift „The Moral Psychology Handbook" (2010), über die Forschung in der Persönlichkeitspsychologie insbesondere ein von Narváez und Lapsley herausgegebener Sammelband (Narváez/Lapsley 2009a). Überblicke über die sozialpsychologische Forschung zur Gerechtigkeitsmoral bieten M. Gollwitzer et al. (2009), Montada (2003) sowie Tyler et al. (1997), Überblicke über die sozialpsychologische Forschung zur prosozialen Moral liefern Batson (1998), Dovido et al. (2006) und Bierhoff (2007; 2010).

In dem von Oser und Althof verfassten Lehrbuch zur Moralpsychologie und Moralerziehung (1992) findet man neben einer Analyse der internationalen Diskussion auch einen Überblick über die deutschsprachige Diskussion der 1980er Jahre. Keller (1996) stellt wichtige deutsche und internationale Theorien dar. Neuere Überblicksarbeiten über die in- und ausländische Forschung legten hierzulande Heidbrink (2008), Krettenauer und Montada (2005), Montada (2008) und Trommsdorff (2005) vor. Vor kurzem publizierten Latzko und Malti (2010) einen Sammelband, der wichtige Weiterentwicklungen des Kohlberg-Ansatzes enthält.

In der Psychologie verbreitete sich seit den 1980er Jahren das Spektrum an Möglichkeiten der Beschreibung, Erklärung und Vorhersage von Vorgängen, erheblich: Bereichstheorien wurden formuliert. Diese Theorien sehen den Geltungsbereich psychischer Strukturen als eng begrenzt an. Vor allem von der Biologie beeinflusste Theorien (moderne biologisch orientierte Theorien; z.B. evolutionspsychologische und neurobiologische Perspektiven) und von den Sozialwissenschaften beeinflusste Theorien, nämlich sozialökologische, marxistisch-dialektische, feministische, kulturpsychologische und postmoderne Theorien entstanden und gewannen Einfluss. Grundsätzlich neue Interventionsformen ergaben sich zwar nicht, aber das Spektrum der Untersuchungsmethoden erweiterte sich: Durch die biologischen Ansätze kamen psychobiologische Untersuchungsmethoden (z.B. bildgebende Verfahren), durch die sozialwissenschaftliche Ansätze weitere gering standardisierte Untersuchungsmethoden, etwa Formen teilnehmender Beobachtung, narrative Interviews, Formen hermeneutischer Textanalyse/der qualitativen Inhaltsanalyse und Varianten zur Untersuchung von Diskussionsprozessen, hinzu (vgl. W. Schönpflug 1997).

Dass Kohlberg in der entwicklungspsychologischen Moralforschung ins Kreuzfeuer der Kritik geriet und moderne Alternativansätze zunehmende Resonanz fanden, hängt auch damit zusammen, dass Piagets Entwicklungstheorie ab den 1980er Jahren in verschiedenen Bereichen der Entwicklungspsychologie deutlich an Attraktivität verlor. In den 1970er Jahren äußerten verschiedene Autoren Widerspruch gegen Piagets Analysen der Entwicklung logisch-kausalen Denkens und der sozialen Entwicklung, und begründeten Alternativen dazu; diese Kritiken und Alternativmodelle gewannen relativ bald an Einfluss. Gegenüber Piagets Stufentheorie der Entwicklung logisch-kausalen Denkens wird vor allem die Vernachlässigung des Denkens zu Problemen im Alltag, der Kompetenzen jüngerer Kinder sowie der Bereichs- und der Kulturspezifität der Stufen kritisiert. Kritik an der Beschreibung des Endpunktes der Entwicklung und am Stufenkonzept bringen die Forscher ebenfalls vor (als Überblick vgl. Case 1985; Sodian 2008; zur Verteidigung von Piagets Theorie logisch-kausaler Kognitionen gegenüber Kritik vgl. Lourenco/Machado 1996). Gegenüber einer an Piaget orientierten Stufentheorie sozialer Kognition wird, wie auch gegenüber Piagets Analyse der Entwicklung logisch-kausalen Denkens, insbesondere auf die Bedeutung des Denkens im Alltag, auf die Kompetenzen jüngerer Kinder sowie auf die Bereichsspezifität und die Kulturspezifität der Stufen hingewiesen (als Überblick vgl. Flavell/P.H. Miller 1998). An Piagets Analyse der sozialen Entwicklung insgesamt beanstanden viele die Vernachlässigung emotionaler Aspekte.

Im Bereich der Forschung zur Entwicklung logisch-kausalen Denkens sind ab den 1980er Jahren neben neopiagetianischen Theorien und Theorien der Informationsverarbeitung vor allem Bereichstheorien und Theorien, die an den dialektisch-materialistischen Ansatz von Wygotski anknüpfen, einflussreich. Im Bereich der Forschung zur sozialen Entwicklung finden neben Theorien der Informationsverarbeitung besonders Bereichstheorien, sozialökologische Theorien, an Wygotski anknüpfende Theorien und kulturpsychologische Theorien Anhänger. Im Unterschied zu Piaget gehen Vertreter der einflussreichsten Variante einer Bereichstheorie, nämlich der Theorie des Kernwissens, von der Begrenztheit der Strukturen auf bestimmte Domänen (z.B. Physik, Biologie, Sprache) aus und betonen biologische Entwicklungsfaktoren. Im Gegensatz zu Piaget nimmt Wygotski keine Stufen an und begreift konstruktives Lernen statt als individuellen als sozialen Prozess. Sozialökologische Theorien zeigen vorrangig die Wechselwirkungen zwischen verschiedenen Umweltbereichen innerhalb einer Kultur auf, kulturpsychologische Theorien hingegen identifizieren Formen der Prägung durch eine bestimmte Kultur. In der Entwicklungspsychologie verstärkte sich ab Anfang der 1990er Jahre auch der Einfluss biologisch orientierter Theorien (vgl. Bischof-Köhler 2011; Cairns 1998; Flammer 2009; P.H. Miller 1993; Parke 2004; Parke/Clarke-Stewart 2011; Sameroff 2010).

Während die Entwicklungspsychologie bis in die 1970er Jahre hinein hauptsächlich noch traditionelle biologisch orientierte Theorien (nämlich Reifungstheorien, ethologische Ansätze, verhaltensgenetische Ansätze), psychometrische Theorien, behavioristische Lerntheorien, soziale Lerntheorien, psychoanalytische Theorien und strukturgenetisch-konstruktivistische Theorien der Piaget-Tradition prägten, bestimmen seit den 1980er Jahren im Wesentlichen moderne biologisch orientierte Theorien (z.B. evolutionspsychologische und neurobiologische Perspektiven), Theorien der Informationsverarbeitung, Theorien der Humanistischen Psychologie, Bereichstheorien, sozialökologische Theorien, marxistisch-dialektische Theorien, feministische Theorien, kulturpsychologische Theorien, kontextualistische Theorien der Entwicklung über die Lebensspanne und postmoderne Theorien die Diskussion. Die Theorierichtungen unterscheiden sich vor allem hinsichtlich der Beschreibung und der Erklärung von Entwicklungsprozessen (vgl. Tab. 1.3).

Die 15 Theorierichtungen sind in Tab. 1.3 vor allem unter systematischen Gesichtspunkten angeordnet, nämlich im Hinblick auf die erfassten Persönlichkeitsebenen (von elementar zu komplex; von unbewusst zu bewusst; von kontextunspezifisch zu kontextualisiert). Zugleich sind sie nach dem Zeitpunkt ihres Entstehens und nach ihrem heutigen Einfluss in der Geschichte der Entwicklungspsychologie gruppiert (von früh zu spät entstanden bzw. von wenig einflussreich zu einflussreich). Zwischen Theoriesystematik einerseits, Theorieentstehung und Theorieeinfluss andererseits gibt es insgesamt also eine recht große Entsprechung. Einige Einschränkungen sind allerdings zu machen: Innerhalb der einzelnen Richtungen entstanden die unterschiedlichen Varianten (z.B. traditionelle soziale Lerntheorien und sozial-kognitive Lerntheorien) zu verschiedenen Zeiten; maßgeblich für die Anordnung war das erstmalige Auftreten einer Richtung. Unter dem Gesichtspunkt der Theorieentstehung gehört die dialektisch-materialistische Tradition eigentlich weiter nach unten, da Wygotski diese Tradition bereits in den 1920er Jahren begründete. Wie Piagets Theorie gewannen marxistisch-dialektische Theorien nur mit recht großer Verzögerung Einfluss.

*Tab. 1.3    Theorierichtungen in der gegenwärtigen Entwicklungspsychologie*

| Theorierichtung | Beschreibung der Entwicklung | Erklärung der Entwicklung |
|---|---|---|
| | Kontinuierliche oder diskontinuierliche Entwicklung? Kontextspezifische oder kontextunspezifische Entwicklung? | Anlage, Umwelt oder Aktivität des Individuums als Erklärungsfaktor? |
| **Postmoderne Theorien** | sowohl kontinuierlich als auch diskontinuierlich; kontextspezifische Sequenzen | vor allem Umwelt und Aktivität des Individuums – historisch situierte Prozesse der Selbstreflexion |
| **Kontextualistische Theorien der Entwicklung über die Lebensspanne** | sowohl kontinuierlich als auch diskontinuierlich; kontextspezifische Sequenzen | Anlage, Umwelt und Aktivität des Individuums beeinflussen sich wechselseitig |
| **Kulturpsychologische Theorien** | sowohl kontinuierlich als auch diskontinuierlich; bereichsübergreifende kulturspezifische Sequenzen | Anlage und Aktivität des Individuums, aber besonders Umwelt in Form von Mechanismen kulturspezifischer Sozialisation |
| **Feministische Theorien** | sowohl kontinuierlich als auch diskontinuierlich; bereichsübergreifende geschlechtspezifische Sequenzen | Anlage und Aktivität des Individuums, aber besonders Umwelt in Form von Mechanismen geschlechtsspezifischer Sozialisation |
| **Marxistisch-dialektische Theorien** | sowohl kontinuierlich als auch diskontinuierlich; bereichsübergreifende klassenspezifische Sequenzen | Anlage und Aktivität des Individuums, aber besonders Umwelt in Form von Kommunikation und Kooperation mit erfahreneren Personen |
| **Sozialökologische Theorien** | sowohl kontinuierlich als auch diskontinuierlich, von sozialen Kontexten abhängige bereichsübergreifende Sequenzen | Anlage, Umwelt und Aktivität des Individuums beeinflussen sich wechselseitig |
| **Bereichstheorien** | sowohl kontinuierlich als auch diskontinuierlich; bereichsspezifische universelle Sequenzen | Entweder (a) Anlage und Umwelt, aber besonders Aktivität des Individuums in Form konstruktiven Lernens oder (b) Anlage |
| **Strukturgenetisch-konstruktivistische Theorien der Piaget-Tradition** | diskontinuierlich; bereichsübergreifende universelle Sequenzen | Anlage und Umwelt, aber besonders Aktivität des Individuums in Form konstruktiven Lernens |
| **Theorien der Humanistischen Psychologie** | sowohl kontinuierlich als auch diskontinuierlich; bereichsübergreifende universelle Sequenzen | Anlage und Umwelt, aber besonders Aktivität des Individuums in Form des Strebens nach Selbstverwirklichung |
| **Theorien der Informationsverarbeitung** | kontinuierlich; bereichsübergreifende universelle Sequenzen | Anlage und Umwelt, aber besonders Aktivität des Individuums in Form inhaltlichen, impliziten Lernens |
| **Psychoanalytische Theorien** | diskontinuierlich; bereichsübergreifende universelle Sequenzen | Anlage und vor allem Umwelt – angeborene Impulse werden aufgrund von Identifikationsprozessen unterdrückt |
| **Soziale Lerntheorien** | kontinuierlich; situationsabhängige Variationen | vor allem Umwelt – Erlebens- und Verhaltensmuster sind Ergebnis von Nachahmung und Identifikation |
| **Behavioristische Lerntheorien** | kontinuierlich; situationsabhängige Variationen | vor allem Umwelt – Erlebens- und Verhaltensmuster sind Ergebnis von Prozessen der Konditionierung |
| **Psychometrische Theorien** | kontinuierlich; bereichsspezifische oder bereichsübergreifende universelle Sequenzen | vor allem Anlage – Erlebens- und Verhaltensmuster sind genetisch determiniert |
| **Biologisch orientierte Theorien** | sowohl kontinuierlich als auch diskontinuierlich; kontextspezifische und kontextunspezifische Sequenzen | vor allem Anlage – Erlebens- und Verhaltensmuster sind evolutionär bedingt |

Die in der Tabelle vorgenommene Kennzeichnung der Richtungen ist insgesamt stark vereinfachend und bezieht sich nur auf die Ursprungspositionen. Die frühen kognitivistischen Positionen sind nicht eingeordnet, denn sie besitzen heute kaum mehr Bedeutung.

Die aufgeführten Untersuchungsperspektiven prägten teilweise auch die Diskussion in der entwicklungspsychologischen Moralforschung, jedoch machten die Wissenschaftler hier biologisch orientierte Theorien, Theorien der Informationsverarbeitung, Ansätze einer Humanistischen Psychologie, kontextualistische Ansätze zur Entwicklung über die Lebensspanne und postmoderne Theorien bisher eher selten fruchtbar.

Das Nachlassen des Einflusses Kohlbergs und die gleichzeitige Zunahme des Einflusses moralpsychologischer Alternativmodelle gehen überdies auf gesellschaftliche Veränderungen zurück. Die Forschung zur prosozialen Entwicklung beispielsweise wurde durch eine insgesamt ansteigende Jugendgewalt begünstigt; man war nun an gezielter Förderung zentraler nicht-kognitiver Handlungsvoraussetzungen (z.B. von Mitgefühl) interessiert. Auf den großen Stellenwert der feministischen Bewegung für die Rezeption von Gilligans Theorie weisen Rest und Narváez hin. Dabei machen sie aufmerksam – freilich in etwas polemischer Form – auf die geringe Bedeutung erzielter empirischer Resultate für die Popularität moralpsychologischer Theorien insgesamt, gemessen an Indikatoren wie etwa Zitaten in Zeitschriften, Berücksichtigung in Lehrbüchern, Zahl der Präsentationen auf Kongressen und Verfügbarkeit von Forschungsmitteln:

> Kohlbergs Popularität stand in den 1970er Jahren im Zenit. 1974 erschien eine sehr scharfe Kritik der Kohlberg-Theorie, welche die Tragfähigkeit ihrer empirischen Grundlage in Frage stellte (Kurtines/Greif 1974). Die Kritik war wohlbegründet; man musste eingestehen, dass die Theoriebildung die Empirie weit hinter sich gelassen hatte. Aber Kohlbergs Popularität wurde nicht so sehr durch diese Diskussion empirischer Belege beeinflusst. Entscheidend war vielmehr, dass sich die öffentliche Aufmerksamkeit von Fragen der Gerechtigkeit auf andere Fragen verschob. (...) Als sich die empirischen Belege für die Gültigkeit von Kohlbergs Ansatz vermehrten und verstärkten, schwand ironischerweise dessen Popularität. In den 1980er Jahren traf der zunehmende Einfluss einer besonderen Form feministischer Ideologie – Ähnlichkeiten zwischen Männern und Frauen zu bestreiten und Unterschiede zu betonen – mit der Herausforderung Kohlbergs durch Gilligan (1982) zusammen. Heute hört man häufig die Aussage, Gilligan habe Kohlberg vollkommen widerlegt. Aber nach zehn Jahren gibt es außerordentlich wenige empirische Belege für Gilligans Theorie. Das Gilligan-Phänomen unterstreicht die Ansicht, dass Popularität kaum etwas mit empirischer Evidenz zu tun hat (Rest/Narváez 1994, S. 1 f.).

Das Nachlassen des Einflusses von Kohlbergs Ansatz hängt neben externen Faktoren mit der Wirkung der moralpsychologischen Kohlberg-Kritik, also mit internen Faktoren, zusammen.

Diese Kritiken kommen nicht zuletzt von Wissenschaftlern, die lediglich um eher geringfügige Korrekturen der Position Kohlbergs bemüht sind und etwa sein frühes bereichsübergreifendes und universalistisches Entwicklungskonzept teilen; verschiedene der Kritiker sind Vertreter einer kohlbergianischen Position (z.B. Levine) oder begründen neokohlbergianische Modelle (z.B. Gibbs, Locke, Rest): In den 1970er Jahren formulierte Einwände vor allem gegen das Stufenkonzept und gegen Aspekte der Stufendefinition finden seit den 1980er Jahren Resonanz. Selbst Kohlbergs Ergebnisse zum hypothetischen Gerechtigkeitsurteil bei männlichen Probanden aus westlichen Gesellschaften stoßen somit auf Vorbehalte.

Hinsichtlich des Stufenkonzepts kritisieren Forscher die Kohlberg zugeschriebenen empirischen Annahmen, dass eine bestimmte Urteilsstufe von einer Person zu einem Messzeitpunkt bei allen moralrelevanten Situationen verwendet werde und dass die sechs Stufen in einer invarianten Sequenz durchlaufen würden: Kohlberg lasse den Einfluss der Dilemmata auf die Stufen außer Acht, die zu starken Stufenvariationen führten, und er schließe Formen des Überspringens von Stufen sowie Rückschritte in der Stufenentwicklung (Regressionen) zu Unrecht aus. Selbst seine eigenen empirischen Daten stünden im Widerspruch zu diesem „strengen" Stufenkonzept (vgl. z.B. Levine).

Kritisiert an der Stufendefinition wird nicht zuletzt die Beschreibung der Stufen 5 und 6. Auf Widerspruch stößt die Kohlberg bei der Definition von Stufe 6 zugeschriebene ausschließliche Orientierung an der kantianischen moralphilosophischen Tradition (vgl. z.B. Locke, Rest). Manche Moralforscher ziehen zudem in Zweifel, dass es sich bei Stufe 6, wie auch bei Stufe 5, um die Stufe einer „natürlichen Entwicklung" handelt; vielmehr würden diese beiden postkonventionellen Stufen eine philosophische Bildung voraussetzen (vgl. z.B. Gibbs).

Vor allem aber Alternativansätze finden große Resonanz. Bis Mitte der 1990er Jahre wurden zum Beispiel zu Turiels Theorie ca. 60 Studien durchgeführt (vgl. Turiel 1998, S. 906). Eine noch größere Zahl von Untersuchungen (ca. 130) gab es bis dahin zu Gilligans Theorie (vgl. Horster 1998, S. 79). Zwei dieser Forscher, die Alternativmodelle entwickeln, nämlich gerade Turiel und Gilligan, hatten mit Kohlberg zunächst eng zusammengearbeitet.

Jetzt schreiben viele Moralpsychologen den Alternativansätzen verschiedene Vorzüge zu. In ihren Augen setzen sich diese Ansätze mit interessanten, bis dahin vernachlässigten Forschungsthemen (Moralaspekten) auseinander, betonen hinsichtlich des Entwicklungskonzepts zu Recht die Kontextspezifität der Entwicklungssequenzen und erfassen auf methodischer Ebene endlich auch die Moral im Alltag statt nur unter kontrollierten Bedingungen. Was früher als Vorzug von Kohlbergs Perspektive galt, nämlich die Betonung des Urteilens (genauer: des Gerechtigkeitsurteils), das bereichsübergreifende und universalistische Entwicklungskonzept sowie die Verwendung hypothetischer Situationen im Rahmen eines klinischen Interviews, begreifen viele Wissenschaftler jetzt zum Teil als Nachteil.

Hinsichtlich der *Forschungsthemen* analysieren Autoren wie Damon, Eisenberg, Gilligan, Haan, Turiel und Shweder zusätzliche Aspekte der Urteilsbildung. Bei der Analyse moralischen Denkens haben Moralforscher lange Zeit nur negative Pflichten thematisiert, daneben legten sie moralische Normenkonflikte vor. Beide Urteilsbereiche können als Teilbereiche des Gerechtigkeitsurteils verstanden werden, denn sie setzen eine unparteiische Einstellung voraus. Haan und Damon thematisieren bis dahin vernachlässigte Teilbereiche des Gerechtigkeitsurteils, nämlich Haan Fragen der Gerechtigkeit in Beziehungen und Damon Probleme der gerechten Verteilung von Gütern und Lasten. Gilligan hingegen untersucht die Entwicklung des Urteilens zu Fragen der Fürsorge, d.h. des hilfreichen Handelns gegenüber nahe stehenden Personen, und Eisenberg analysiert die Entwicklung des Urteilens zu Fragen hilfreichen Handelns gegenüber fern stehenden Personen in Not. Turiel und Shweder vergleichen das Verständnis konventioneller Regeln mit dem Verständnis moralischer Regeln. Beide untersuchen in diesem Zusammenhang etwa, ob moralische Regeln in den Augen der Probanden (im Unterschied zu Konventionen) unabhängig von Strafen oder Autoritätserwartungen gültig sind und ob sie universelle Geltung beanspruchen können.

Solche Aspekte des moralischen Regelverständnisses fanden bis dahin kaum Beachtung. Autoren wie Hoffman, Eisenberg, Radke-Yarrow und Zahn-Waxler analysieren die Entwicklung hilfreichen, prosozialen Verhaltens und die Entwicklung der Empathie. Die Forschung insgesamt hatte sich lange Zeit hauptsächlich nur auf das Verhalten angesichts negativer Pflichten (z.B. nicht zu betrügen) sowie auf Schuldgefühle bezogen, die bei der Verletzung negativer Pflichten auftreten können.

Die angeführten Wissenschaftler wenden sich hauptsächlich gegen ein bereichsübergreifendes bzw. ein universalistisches *Entwicklungskonzept*, wobei sie sich auf eigene empirische Forschungsergebnisse stützen. Haan, Damon, Eisenberg und Turiel halten fest, dass die Entwicklung des Urteilens zu verschiedenen Domänen qualitativ unterschiedlich verläuft. Sie machen dabei auf bis dahin übersehene Kompetenzen jüngerer Kinder aufmerksam und sehen deren Denken keineswegs nur durch Heteronomie, d.h. durch eine Orientierung an Autoritätserwartungen und an Strafen durch Autoritätspersonen, charakterisiert: Haan zeigt mit Blick auf die Entwicklung des Gerechtigkeitsurteils in Beziehungen genuin moralische Begründungen auf. Damon stellt fest, dass bei Problemen der Verteilungsgerechtigkeit eine andere Urteilssequenz auftritt als bei Kohlbergs Gerechtigkeitsfragen und dass bei den Verteilungsproblemen bereits Vorschulkinder auf Gesichtspunkte der Fairness (wie etwa Gleichheit und Billigkeit) anstatt auf Autoritätserwartungen und Strafen hinweisen. Eisenberg ermittelt beim Urteilen jüngerer Kinder zu den von ihr vorgelegten Fragen hilfreichen Handelns gegenüber fern stehenden Personen in Not ebenfalls keine Orientierung an Autoritäten und Strafen, sondern vielmehr vor allem eine Orientierung an den Bedürfnissen Not leidender Personen. Turiel betont, dass Individuen moralische Regeln in anderer Weise verstehen als konventionelle Regeln, und dies schon relativ früh in ihrem Leben – bereits für Drei- und Vierjährige sei die Geltung moralischer Regeln unabhängig von Autoritätserwartungen und Strafen, während die Geltung konventioneller Regeln als abhängig von Autoritätserwartungen und Strafen verstanden werde.

Gilligan und Shweder problematisieren hingegen das universalistische Entwicklungskonzept. Ähnlich wie Eisenberg unterscheidet Gilligan von einer Gerechtigkeitsmoral eine Moral der Hilfe, die eigene Urteilsstufen aufweise. Im Unterschied zu Eisenberg sieht sie allerdings die Moral der Hilfe weiblichen Personen vorbehalten; sie geht von geschlechtsspezifischen Pfaden des Urteilens aus und nimmt an, dass Kohlbergs Stufen des Gerechtigkeitsurteils allein für männliche Personen gelten. Auch formuliert Gilligan andere Stufen als Eisenberg. Weibliche Personen, so Gilligan, betonen auf der ersten Stufe die Sorge für die eigene Person und auf der zweiten Stufe die Sorge für den Nächsten; die dritte Stufe ist durch eine Vermittlung zwischen eigenen und fremden Ansprüchen gekennzeichnet. Shweder postuliert die Kulturspezifität der Entwicklung. Er nimmt – in Kritik an Turiel – beispielsweise an, dass die Differenzierung zwischen Regeln der Moral und Konventionen in nicht-westlichen Kulturen (etwa in Indien) keineswegs in gleicher Weise erfolgt wie in westlichen Kulturen (etwa in den USA). So würden in Indien – anders als in den USA – Speisevorschriften als moralische Regeln, d.h. als unabänderliche und universell gültige Regeln, verstanden.

Hoffman formuliert ein Modell der Entwicklung moralischer Gefühle, das nicht beansprucht, für alle Arten moralischer Gefühle gültig zu sein. Seine Theorie der Empathieentwicklung, der Kern seines Modells, beinhaltet vier Stufen, beginnend mit einer „globalen Empathie" (im ersten Lebensjahr), bei der das Kind noch nicht zwischen den Gefühlen anderer und den eigenen Gefühlen unterscheidet, und endend mit einem Mitgefühl für Personen, die permanent unter schwierigen Bedingungen leben (ab dem Alter von etwa sechs Jahren).

Die von der Forschung bis in die 1970er Jahre hinein vorrangig verwendeten *methodischen Verfahren*, nämlich Fragebögen, Verhaltensbeobachtungen im Rahmen von Experimenten, projektive Methoden oder klinische Interviews mit Hilfe hypothetischer Situationen, besitzen zwar immer noch einen bedeutenden Stellenwert bei den erwähnten Forschern, doch setzen diese zusätzlich stärker alltagsbezogene Erhebungsmethoden ein: Alle an der Urteilsbildung ansetzenden Alternativansätze stellen ihren Probanden auch Fragen zu selbsterlebten moralrelevanten Situationen. Vertreter der Turiel-Schule zum Beispiel interviewen Personen zu selbsterlebten Übertretungen moralischer Normen und Konventionen; Gilligan interviewt Frauen, die einen Schwangerschaftsabbruch beabsichtigen. Hoffman, Eisenberg, Radke-Yarrow und Zahn-Waxler beobachten das prosoziale Verhalten im Alltag.

Vor dem Hintergrund dieser hier nur knapp umrissenen Alternativmodelle erscheint Kohlbergs Modell vielen Moralpsychologen als defizitär. Die Anhänger der verschiedenen Schulen setzen dabei unterschiedliche Akzente der Kritik an Kohlberg:

- Von den Ansätzen Haans, Damons, Eisenbergs oder Turiels beeinflusste Autoren bezweifeln, dass sich die von Kohlberg ermittelten Stufen für die Beschreibung der Entwicklung des Urteilens außerhalb der von ihm erfassten Gerechtigkeitsprobleme eignen, zum Beispiel für die Beschreibung des Urteilens zu Problemen hilfreichen Handelns gegenüber fern stehenden Personen in Not oder des Urteilens zu Konventionen. Insbesondere charakterisiere Kohlberg mit seinem Konzept der Stufe 1 das frühe Denken zu diesen Urteilsbereichen nicht angemessen, denn er unterschätze die Urteilsfähigkeiten der Kinder, die schon früh Orientierungen an Fairnessgesichtspunkten sowie empathische Orientierungen zeigten und damit zur Kritik an Autoritätspersonen durchaus in der Lage seien.
- Für Vertreter des feministischen Ansatzes von Gilligan eignet sich Kohlbergs Stufensystem nicht zur Charakterisierung der Entwicklung des Denkens bei weiblichen Personen. Problematisch seien insbesondere die Stufen 4, 5 und 6, wo von den Bedürfnissen einzelner Personen und von den Erwartungen in engen Beziehungen zugunsten abstrakter Fairnesserwägungen abgesehen würde.
- Vertreter einer kulturpsychologischen Position (wie derjenigen Shweders) bezweifeln, dass Kohlbergs Stufen die Urteilsentwicklung bei Personen aus nicht-westlichen Kulturen angemessen beschreiben. Problematisch seien insbesondere die Stufen 5 und 6; im Unterschied zu westlichen Kulturen sei in nicht-westlichen Kulturen eine Bezugnahme auf Menschenrechte (etwa auf verschiedene Freiheitsrechte) sowie auf die von Kohlberg angeführten moralischen Prinzipien und Verfahren unwahrscheinlich.

- Aus Sicht der Anhänger von Haan, Damon, Eisenberg, Turiel, Gilligan und Shweder lässt Kohlberg bei der Erforschung der Urteilsbildung das Denken zu alltagsnahen Situationen außer Acht; sein MJI enthalte nur alltagsferne, hypothetische Situationen.

- Von Hoffman, Eisenberg, Radke-Yarrow und Zahn-Waxler beeinflusste Moralpsychologen kritisieren, dass Kohlberg die Entwicklung der Empathie und des prosozialen Verhaltens nicht empirisch untersucht habe. Seine Theorie werde zudem den Fähigkeiten jüngerer Kinder zu Empathie und prosozialem Verhalten nicht gerecht. Statt sich an Autoritätserwartungen, Sanktionen oder Eigeninteressen zu orientieren, seien jüngere Kinder bereits am Wohlergehen anderer interessiert und würden spontan helfen. Manche Psychologen weisen zudem auf Studien hin, die Kohlbergs Annahme in Frage stellen, dass die postkonventionellen Urteilsstufen ein guter Prädiktor für moralisch richtiges Handeln sind. Einige Psychologen werfen ihm sogar vor, in seinen Forschungen nicht-kognitive Moralaspekte schlechthin vernachlässigt zu haben.

Einwände gegen Piagets Analysen der Entwicklung des logisch-kausalen Denkens und der sozialen Entwicklung griffen verschiedene Moralpsychologen auf und wandten sie auf Kohlbergs Moraltheorie an. Die angeführten Entsprechungen in den Einwänden ergeben sich also auch aus Entwicklungen in Forschungsbereichen außerhalb der Moralforschung, von denen sich Moralpsychologen leiten ließen.

Eine zentrale These der vorliegenden Arbeit ist, dass das von den Kritikern vermittelte, hier nur umrissene Bild dem Kohlberg der 1980er Jahre größtenteils nicht mehr gerecht wird. Während in den 1970er Jahren die verbreitete Rezeption seines Ansatzes überzogen positiv war und verschiedene Defizite ausblendete, ist sie nun überzogen negativ und übersieht von Kohlberg vorgenommene Relativierungen sowie Vorteile seines Ansatzes.

Trotz der zum Teil massiven Kritik an Kohlberg gibt es gegenwärtig nach wie vor Forscher, die seinen moralpsychologischen Ansatz nachdrücklich vertreten. (Sie nehmen allerdings die vorgenommenen Veränderungen bei Kohlberg zum Teil nicht zur Kenntnis). Diese Kohlberg-Anhänger halten beispielsweise an einem universalistischen Entwicklungskonzept fest – positive Bezugspunkte für sie sind vor allem Forschungsübersichten von Walker zum Einfluss des Geschlechts und von Snarey zum Einfluss der Kultur auf die moralische Urteilsbildung. Aus Sicht der Anhänger Kohlbergs zeigen deren Übersichten über empirische Ergebnisse der Kohlberg-Forschung, dass die Urteilsstufen bei weiblichen Personen qualitativ nicht anders beschaffen sind als bei männlichen Personen bzw. dass in nicht-westlichen Kulturen keine qualitativ anderen Stufensequenzen auftreten als in westlichen Kulturen. Die Forschungen zur Entwicklung der alltagsbezogenen Urteilsbildung, insbesondere die Forschungen von Walker und von D. L. Krebs, hätten zudem die Gültigkeit eines bereichsübergreifenden Entwicklungskonzepts demonstriert – Kohlbergs Auswertungshandbuch eigne sich zur Kodierung des Urteilens zu allen moralischen Problembereichen und nicht nur zur Kodierung des Urteilens zu dem von ihm thematisierten Bereiche. Kohlbergs Stufenkonzept (d.h. die Annahme einer starken Konsistenz der Stufenwerte einer Person und die Annahme einer Invarianz der Stufensequenz) betrachten viele Anhänger ebenfalls als bestätigt. Wieder sind insbesondere Arbeiten von Walker positiver Bezugspunkt.

Aber selbst frühere Anhänger Kohlbergs formulieren heute Einwände, darunter auch Walker, der diesem zum Beispiel vorhält, aufgrund der Orientierung an der kantianischen Tradition in der Moralphilosophie moralische Gefühle, Motive und Handlungsdispositionen vernachlässigt zu haben (vgl. z.B. Walker 1994; 1996; 2004; Walker/Hennig 1997).

Lapsley und Narváez, die beide der Position des Neo-Kohlbergianers Rest nahe stehen, stellen mit Blick auf die gegenwärtige Situation der entwicklungspsychologischen Moralforschung nicht nur ein Desinteresse an der Kohlberg-Theorie, sondern auch an der strukturgenetischen Tradition sowie an entwicklungspsychologischer Moralforschung insgesamt fest. Die vormals einflussreiche Kohlberg-Theorie und die strukturgenetische Tradition enthielten einige fragwürdige Annahmen:

> Die Analyse der moralischen Entwicklung ist [infolgedessen] innerhalb des breiteren Rahmens der Forschung zur kognitiven und sozialen Entwicklung inzwischen größtenteils marginalisiert. Die Debatten und Themen, die einmal um die moralische Stufentheorie kreisten und zu einem Schub an Forschung führten, finden nunmehr kaum Interesse, aber nicht einfach deshalb, weil alle alten Fragen geklärt seien. Vielmehr erscheint die strukturgenetische Tradition als wenig relevant für die zentralen zeitgenössischen Fragestellungen bezüglich des moralischen Charakters sowie der Art seines Erwerbs und seiner Entwicklung (Lapsley/Narváez 2005, S. 19 f.).

In ihren Augen ist die Forschung in eine „Post-Kohlberg-Ära" übergetreten (ebd. S. 21).

In den oben angeführten englischsprachigen Büchern und Übersichtsartikeln zur aktuellen Moralpsychologie treten die eigenständigen Forschungsbemühungen deutscher Wissenschaftler – mit Ausnahme derjenigen von Edelstein/Keller, Habermas, Lind und Nunner-Winkler – nicht in Erscheinung. Der weitaus größte Teil der gegenwärtig einflussreichen Ansätze stammt aus den USA. Hier zeigt sich die starke Dominanz der US-amerikanischen Forschung, die auch in der Psychologie insgesamt festzustellen ist (vgl. Montada et al. 1995).

In Deutschland trifft man heute im Großen und Ganzen auf die gleiche Kritik an Kohlberg wie im internationalen Bereich. Die hiesigen entwicklungspsychologischen Moralforscher setzten sich ab den 1980er Jahren verstärkt mit der internationalen Kohlberg-Kritik auseinander. Bedeutsam war vor allem die von Edelstein, Noam und Oser herausgegebene Suhrkamp-Reihe „Beiträge zur Soziogenese der Handlungsfähigkeit" – dadurch wurden „moderne" Ansätze, insbesondere die Positionen von Blasi, Damon und Turiel, in deutscher Sprache zugänglich. Eingeleitet wurde diese Reihe mit den Sammelbänden „Perspektivenübernahme und soziales Handeln" (Geulen 1982) sowie „Perspektivität und Interpretation" (Edelstein/Keller 1982). 1984 erschienen Damons Monographie „Die soziale Welt des Kindes" (Damon 1984) und Selmans Monographie „Die Entwicklung des sozialen Verstehens" (Selman 1984). Weitere moralpsychologisch relevante Sammelbände folgten, nämlich „Soziale Interaktion und soziales Verstehen" (Edelstein/Habermas 1984), „Zur Bestimmung der Moral" (Edelstein/Nunner-Winkler 1986), „Moral und Person" (Edelstein/Nunner-Winkler/Noam 1993) sowie „Moral im sozialen Kontext" (Edelstein/Nunner-Winkler 2000).

Nachdem lange Zeit nur wenige moralpsychologische Arbeiten Kohlbergs in deutscher Sprache vorlagen, wurden Ende der 1990er Jahre wichtige, insbesondere spätere Schriften des Autors ins Deutsche übersetzt (vgl. Kohlberg 1995, 2000). Auch einige Einführungen in seine Theorie finden sich jetzt (vgl. z.B. Garz 1996). Dadurch wurde Kohlbergs Position in breiter Form für den deutschen Leserkreis zugänglich.

## 1.4   Ein integrativer Bezugsrahmen für die Diskussion der Kohlberg-Kritik

In diesem Abschnitt skizziere ich ein Modell der Moral, das sich zwar auf Kohlbergs Urteils-theorie und sein Verlaufsmodell des Handelns stützt, diese beiden zentralen Bausteine sei-nes Forschungsprogramms jeweils aber zu erweitern bzw. zu relativieren sucht. Die Unter-suchung von Moral ist (a) auf persönlichkeitspsychologischer Ebene vor allem auf ein an-gemessenes Konzept von Kompetenzen angewiesen. Deshalb bestimme ich zunächst ver-schiedene Kompetenzen und ordne diese in Handlungsphasen ein. Aber auch die formulier-te, über Kohlbergs Urteils- und Handlungsmodell hinausgehende kompetenztheoretische Konzeption ist zu erweitern bzw. zu relativieren, insbesondere durch die Berücksichtigung anderer Persönlichkeitsaspekte sowie sozialer und biologischer Faktoren. Mit Blick auf (b) das Entwicklungskonzept erscheint es entsprechend sinnvoll, die für den Kohlberg-Ansatz zentralen Grundannahmen der Piaget-Tradition abzuschwächen. In Abhängigkeit von der Persönlichkeitsebene wären (c) unterschiedliche Forschungsmethoden zu verwenden. Die in diesem Abschnitt umrissene moralpsychologische Position erfährt im Verlauf der Arbeit eine Konkretisierung.

*(a) Die kompetenztheoretische Perspektive auf die moralische Persönlichkeit und ihre Relativierung*
Ein moralpsychologischer Ansatz sollte die verschiedenen Bereiche der Gerechtigkeitsmoral und der prosozialen Moral thematisieren sowie jeweils kognitive, kommunikative, emoti-onsbezogene und handlungsbezogene Aspekte in den Blick nehmen. Besonders bedeutsam ist dabei die Analyse von Kompetenzen. Unter dem Begriff „Kompetenz" verstehe ich sol-che Fähigkeiten, die die Bewältigung neuer, komplexer Aufgaben erlauben und das Vermö-gen einschließen, angemessen und effektiv über die eigenen Ressourcen (Sachwissen, Fer-tigkeiten, Werte, Normenorientierungen, Einstellungen) zu verfügen, diese selbstgesteuert einzusetzen und zu kombinieren. Kompetenzen beinhalten die Interpretation, Artikulation und Nutzung von Sachwissen, Fertigkeiten, Werte, Normenorientierungen und Einstellun-gen. Kompetenztheorien erlauben also die Integration dieser fünf Formen psychischer Dis-positionen. Kompetenzen setzen vor allem Prozesse rationalen Abwägens voraus. Dieses Kompetenzkonzept knüpft dabei weniger an die vom jungen Chomsky beeinflusste Kompe-tenzdiskussion der 1960er- und 1970er Jahren an (der eine Tendenz zum Nativismus inne-wohnt), sondern hauptsächlich an die ab ungefähr 2000 im Umkreis der PISA-Studien ge-führte Kompetenzdiskussion. Das dort propagierte Konzept hat einen stärker pragmati-schen Akzent; bedeutsam für die Klärung des Konzepts war insbesondere eine Arbeit von F. E. Weinert (F. E. Weinert 2001). In Psychologie, Pädagogik und Soziologie findet sich heute eine recht große Übereinstimmung bei der Bestimmung der einzelnen Kompetenzen, wie eine Sichtung einschlägiger Monographien, Sammelwerke, Lehr- und Handbücher zeigt. Große Bedeutung besitzen folgende Kompetenzen: naturwissenschaftliche Kompetenzen, mathematische Kompetenzen, Kompetenzen im Umgang mit den Medien und der Informa-tionstechnologie (z.B. mit dem Computer), Beherrschen der Kulturtechniken Lesen und Schreiben bzw. Beherrschen der Muttersprache, fremdsprachliche Kompetenzen, auf das Selbst bezogene Kompetenzen (z.B. Fähigkeit zur Selbstkritik) sowie soziale, moralische und demokratische Kompetenzen. Letztere drei stellen Fähigkeitsarten des zwischenmenschli-chen Umgangs dar (vgl. Becker 2008; Schirp 2005).

Kohlberg bezieht sich mit seiner kompetenztheoretischen Perspektive lediglich auf die Gerechtigkeitsmoral und versteht alleine moralische Urteilsfähigkeit als moralische Kompetenz. Es erscheint sinnvoll, das Kompetenzkonzept auch auf die prosoziale Moral und auf nicht-kognitive moralische Dimensionen anzuwenden: Hinsichtlich der in Abschnitt 1.1 aufgeführten moralischen Problembereiche lassen sich jeweils vier Kompetenzarten bestimmen, nämlich kognitive, kommunikative, emotionale und handlungsstrukturierende Kompetenzen. Diese Dimensionen ermöglichen die Lösung von kognitiven, emotionalen und kommunikativen Problemen bzw. von Handlungsproblemen.

Aufzuzeigen ist, wie Kompetenzen im Verlauf von Handlungsprozessen zusammenwirken. Kohlbergs Verlaufsmodell moralischen Handelns, so hält Rest zu Recht kritisch fest, ist verkürzt; es schreibt im Wesentlichen nur der moralischen Urteilsbildung eine zentrale Erklärungskraft für das Handeln zu und vernachlässigt damit wichtige Moralaspekte (z.B. Empathie). Mit seinem Vier-Komponenten-Modell wendet sich Rest auch gegen die unter Forschern verbreitete Strategie, den Bereich der Moral in drei isolierte Aspekte aufzugliedern, nämlich in „moralische Kognitionen", „moralische Gefühle" und „moralisches Verhalten". Hinsichtlich der von ihm unterschiedenen vier Komponenten/Handlungsphasen betont er demgegenüber jeweils die Interaktion kognitiver und affektiver Faktoren. Im Unterschied zu Rests Vier-Komponenten-Modell betone ich bei jeder Handlungsphase neben kognitiven und emotionalen Aspekten auch kommunikative Aspekte, thematisiere Schuldgefühle und Formen der Verantwortungsabwehr nach Normenübertretungen sowie Rückwirkungen auf die Handlungsphasen. Der eigene handlungstheoretische Ansatz, das eigene Verlaufsmodell, umfasst insgesamt sechs Handlungsphasen, nämlich Situationserfassung, Zielsetzung, Motivation, Planung der Handlung, Handlungsvollzug/Handlung und Bewertung der Handlung (einschließlich Rückwirkungen auf die anderen Handlungsphasen). Kognitive, kommunikative und emotionale Kompetenzen sind für alle sechs Phasen relevant, handlungsstrukturierende Kompetenzen sind lediglich für die fünfte Phase von Bedeutung. Ihre Funktion unterscheidet sich in Abhängigkeit von den einzelnen Phasen.

Sie lassen sich wie folgt kennzeichnen:

1.  *Situationserfassung:* Eine notwendige Voraussetzung für moralisches Handeln ist ein differenziertes Situationsverständnis. Dies beinhaltet die Fähigkeit, in einer Situation die Interessen-, Problem- und Gefühlslagen der eigenen Person und anderer Personen zu erfassen, Handlungsalternativen (Handlungsmittel) zu vergegenwärtigen sowie die möglichen Folgen der Handlungsalternativen für die betroffenen Personen, aber auch für soziale Interaktionen, Beziehungen, Gruppen, Institutionen und Gesellschaften zu bedenken. Grundlage dafür ist vor allem die Fähigkeit zur Perspektivenübernahme. Zudem ist häufig eine Verständigung über die Situationseinschätzungen der Akteure erforderlich, was kommunikative Fähigkeiten voraussetzt. Die Situationserfassung schließt auch die Fähigkeit ein, Mitgefühl für Personen zu empfinden, die sich in einer Notlage befinden.

2.  *Zielsetzung:* Eine weitere notwendige Voraussetzung für moralisches Handeln ist die differenzierte Urteilsbildung. Auf der Grundlage der Interpretation einer Situation trifft die Person eine Entscheidung darüber, welche der möglichen Handlungsziele und Handlungsmittel moralisch geboten sind, und sie begründet ihre Handlungsentschei-

dung – Urteilen beinhaltet die Fähigkeit, in zustimmungsfähiger Weise zu begründen, warum eine Handlung moralisch richtig und damit verbindlich ist. Wichtig ist darüber hinaus die Verständigung mit anderen Personen über die moralisch richtige Handlung. Prozesse der Zielsetzung verlangen zudem die Verwendung von Strategien der Regulation moralischer Emotionen (z.B. von Schuldgefühlen).

3. *Motivation:* Urteile über das moralisch Gebotene, die sich auf Prozesse der Situationserfassung stützen, ziehen Überlegungen nach sich, ob die Person das moralisch Gebotene tun will – für Moral ist der Konflikt zwischen „Pflicht" und „Neigung" konstitutiv, d.h. moralische Anliegen konkurrieren mit anderen Anliegen. Personen können zudem aus ganz unterschiedlichen Motiven moralisch handeln wollen, etwa aus Angst vor Strafen durch Autoritätspersonen, aus Eigennutz, aus Mitgefühl, wegen antizipierten Schuldgefühlen bei Normenübertretungen, weil es Freude macht, Gutes zu tun, oder aus Verpflichtung gegenüber einer Gemeinschaft. Das Urteil über die Verbindlichkeit von bestimmten Handlungen und Normen kann eine weitere Quelle moralischer Motivation sein. Allerdings nimmt die Person die Urteilsbildung häufig auch für Strategien moralischer Selbstentlastung in Dienst: mit Hilfe verschiedener kognitiver Strategien kann geplantes unmoralisches Verhalten legitimiert oder entschuldigt werden. Zentral sind zudem Überlegungen zu Kosten und Gewinnen der Handlung. Die Individuen können sich auch über ihre Motive austauschen, was kommunikative Fähigkeiten erfordert.

4. *Planung der Handlung:* Personen mit der Intention, Verantwortung zu übernehmen, müssen diese Intention in Handlungen umsetzen, was vor allem Prozesse der Handlungsplanung voraussetzt. Dabei kommen auch Vorstellungen über nötige Handlungsfähigkeiten ins Spiel – ein Bewusstsein der eigenen Stärken und Schwächen im Hinblick auf moralisches Handeln. Kommunikative Fähigkeiten und emotional-volitionale Kompetenzen (wie etwa Willensstärke, Mut und Standhaftigkeit gegenüber sozialem Druck) erlauben die konsequente Ausarbeitung des Handlungsplans.

5. *Handlungsvollzug/Handlung:* Der Planung folgt das Handeln, also die Umsetzung des Handlungsplans. Dafür ist vor allem die Ausbildung von und der konstruktive Umgang mit Handlungsroutinen, d.h. die Habitualisierung des Handelns, erforderlich.

6. *Bewertung der Handlung:* Eigene moralrelevante Handlungen führen bei Personen, die moralische Normen verinnerlicht haben, zu moralischen Gefühlen, etwa zu Schuldgefühlen (insbesondere bei einer Verletzung negativer Pflichten) oder zu Stolz (vor allem bei hilfreichen Handlungen, die über das moralisch Erwartbare hinausgehen). Andererseits kann die Person die Verantwortung für ihr unmoralisches Handeln mit Hilfe von Strategien moralischer Selbstentlastung leugnen. Die Bewertung eigener Handlungen hat häufig auch Rückwirkungen auf die vorauslaufenden Komponenten der Handlungssequenz. Beispielsweise können Gefühle des Stolzes über die eigenen moralischen Handlungen zu weiteren solcher Handlungen motivieren.

Abb. 1.1 fasst die Grundzüge der handlungstheoretischen Perspektive auf moralische Kompetenzen zusammen. Darin erscheint Urteilsfähigkeit als ein handlungsrelevanter Faktor neben vielen anderen. Im unteren Teil sind als aktuelle Prozesse Phasen festgehalten, im oberen Teil sind als psychische Bedingungen spezifische Kompetenzen aufgeführt.

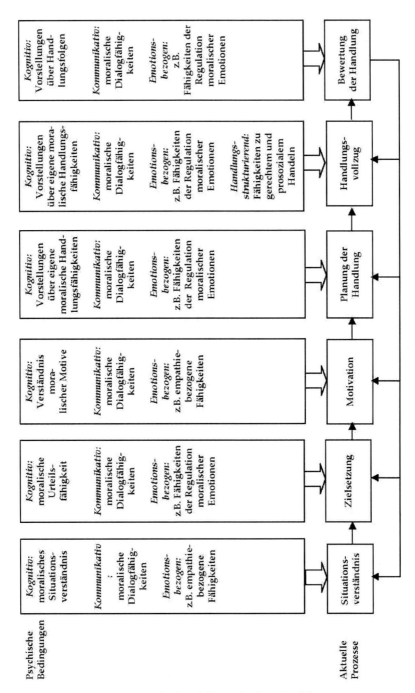

*Abb. 1.1    Kompetenzorientiertes Verlaufsmodell moralischen Handelns*

Das Verlaufsmodell berücksichtigt zudem Selbstreflexion beinhaltende Kompetenzen: Menschen können über eigene Kognitionen nachdenken, d.h. sie besitzen metakognitive Fähigkeiten. Gleiches gilt für nicht-kognitive Aspekte – es gibt Formen des Wissens über eigene kommunikative, emotions- und handlungsbezogene Aspekte. Des Weiteren verfügen Menschen über Fähigkeiten der Selbstregulation. Zum Beispiel können sie ihre Aufmerksamkeit lenken, ihre Emotionen regulieren (Emotionsregulation) oder auf kurzfristige Verlockungen zugunsten längerfristiger Handlungsziele verzichten (Selbstkontrolle).

Das Verlaufsmodell weist hinsichtlich der Phasen recht große Ähnlichkeit mit dem von Heckhausen und Gollwitzer entwickelten allgemeinpsychologischen Modell der Motivation und des Handelns, dem „Rubikonmodell der Handlungsphasen", auf. Das Rubikonmodell beinhaltet vier Phasen, nämlich „Vor-Entscheidungsphase" (mit dem Endresultat der Intentionsbildung), „Vor-Handlungsphase" (mit dem Endresultat eines konkreten Handlungsplans), „Handlungsphase" (mit dem Endresultat des Abschlusses der Handlung) und „Nach-Handlungsphase" (vgl. Heckhausen/P.M. Gollwitzer 1987). Der Vor-Entscheidungsphase entspricht Situationserfassung, Zielsetzung und Motivation, der Vor-Handlungsphase entspricht Handlungsplanung, der Handlungsphase Handlungsvollzug und der Nach-Handlungsphase Handlungsbewertung.

Mit Hilfe von Kompetenzkategorien allein lässt sich die moralische Persönlichkeit nicht hinreichend differenziert beleuchten – zusätzliche Kategorien sind erforderlich. Erstens sind für eine autonome Problembewältigung andere Aspekte (z.B. Regelwissen) bedeutsam. Zweitens gibt es weitere Ebenen von Prozessen und Dispositionen. Ich unterscheide insgesamt sieben Ebenen, nämlich elementare Erlebens- und Verhaltensmuster, konditionierte Erlebens- und Verhaltensmuster, auf Internalisierung gründende Erlebens- und Verhaltensmuster, psychodynamische Aspekte, implizit-intuitives Wissen, Formen von Fähigkeiten und Orientierungen (ein zentraler Bestandteil sind Kompetenzen) sowie Konstruktionen der eigenen Individualität. Diese Ebenen können bei jeder Handlungsphase wirksam sein.

Die Ebenen unterscheiden sich hinsichtlich der Veränderbarkeit von Dispositionen und Prozessen (bzw. der Relevanz von Gedächtnisarten), der Bedeutung der Vorstellungstätigkeit, des Wissens um die Intentionalität von Verhalten sowie der Bewusstheit der Dispositionen und Prozesse. Grundlegende Mechanismen, die zu Veränderungen oder zu Stabilität führen, stellen genetische Faktoren, umweltabhängige Lernprozesse und Formen der Eigenaktivität des Individuums dar. Beim Gedächtnis lässt sich unter zeitlichem Aspekt zwischen Sensorischem Register (Ultrakurzzeitgedächtnis), Kurzzeitgedächtnis und Langzeitgedächtnis differenzieren. Zugleich kann man eine Differenzierung unter inhaltlichen Aspekten vornehmen: Die Inhalte des Langzeitgedächtnisses sind deklaratives, prozedurales und emotionales Gedächtnis. Das deklarative Gedächtnis umfasst zum einen das zeit- und ortsunabhängige Wissen über moralrelevante Zusammenhänge (semantisches Gedächtnis; z.B. Regelwissen), zum anderen das Wissen um moralrelevante Geschehnisse im Leben (episodisches Gedächtnis; z.B. Wissen um zu Schamgefühlen führenden eigenen Regelverletzungen). Das prozedurale Gedächtnis bezieht sich auf das Wissen um Fertigkeiten (z.B. Fähigkeit zu hochentwickeltem Gerechtigkeitsurteil). Das emotionale Gedächtnis beinhaltet Formen von Bevorzugungen und Abneigungen (z.B. Ekel gegenüber Inzest). Vorstellungen erlauben, etwa in Form von Vorstellungsbildern oder Symbolen, die Vergegenwärtigung von nicht Gegenwärtigem. Das Wissen um die Intentionalität von Verhalten stellt eine Vorstellungstätigkeit höherer Ordnung dar – Personen repräsentieren die moralrelevanten Ziele anderer Personen. Bezüglich des Bewusstseins kann man zwischen einem Aktualbewusstsein und einem Hintergrundbewusstsein differenzieren: Das Aktualbewusstsein umfasst das Erleben von (moralrelevanten) Wahrnehmungsinhalten, Erinnerungen, Vorstellungen, Denkvorgängen, Gefühlen, Wünschen, Absichten und Handlungen. Das Hintergrundbewusstsein beinhaltet unter anderem die Unterscheidung von Realität und Vorstellung sowie das Erleben der eigenen Autorschaft bei den psychischen Prozessen.

Für elementare Erlebens- und Verhaltensmuster sind genetische Faktoren von erheblicher Bedeutung, für die folgenden drei Ebenen besitzen umweltabhängige Lernprozesse große Relevanz; Eigenaktivität des Individuums beinhaltende Mechanismen beeinflussen besonders die letzten drei Ebenen. Elementare Erlebens- und Verhaltensmuster sind kaum veränderbar, beinhalten weder Vorstellungstätigkeit noch Wissen um die Intentionalität von Verhalten und sind weitgehend unbewusst, d.h. unwillkürlich, wirksam. Konditionierte Erlebens- und Verhaltensmuster weisen im Unterschied dazu Veränderbarkeit auf. Auf Internalisierung gründende Erlebens- und Verhaltensmuster, psychodynamische Aspekte sowie Aspekte implizit-intuitiven Wissens sind veränderbar, beinhalten zudem Vorstellungstätigkeit und Wissen um die Intentionalität von Verhalten, sie üben aber ebenfalls weitgehend unbewusst Wirkung aus. Formen von Fähigkeiten und Orientierungen sowie Konstruktionen der eigenen Individualität schließlich sind auch dem Bewusstsein zugänglich.

Die sieben Ebenen lassen sich wie folgt etwas genauer kennzeichnen (in den Klammern am Schluss sind jeweils die korrespondierenden, relevanten Theorierichtungen zugeordnet):

- Elementare Erlebens- und Verhaltensmuster gehören zum einen zur Ausstattung aller Menschen – Beispiele für artspezifische Dispositionen sind Mitgefühl und die Disposition zu prosozialem Verhalten gegenüber nahe stehenden Personen. Elementare Erlebens- und Verhaltensmuster stellen zudem über Situationen und die Lebenszeit hinweg relativ stabile Differenzen zwischen den Menschen dar, beinhalten also personenspezifische Stile des Denkens, Fühlens, Sprechens und Agierens (z.B. Geschwindigkeit des Sprechens, Intensität der Gefühle, Regulierung der Gefühle). Es sind „Persönlichkeitseigenschaften"/"Charakterzüge"/„Wesenszüge". In Form des Temperaments zeigen sich diese bereits in früher Kindheit. Im Rahmen des heute einflussreichen Fünf-Faktoren-Modells der Persönlichkeit werden „Offenheit für Erfahrung", „Neurotizismus", „Extraversion", „Gewissenhaftigkeit" und „Verträglichkeit" als zentrale elementare Persönlichkeitsdimensionen unterschieden. Dabei bezeichnet die Dimension der Verträglichkeit individuelle Unterschiede in der Bereitschaft zu prosozialem Verhalten. (biologische Theorien; psychometrische Theorien)
- Konditionierte Erlebens- und Verhaltensmuster basieren zwar auf Lernprozessen, diese Lernprozesse setzen aber noch keine Kognitionen und kein zielgerichtetes, intentionales Verhalten voraus, sondern sind durch die Umwelt determiniert; sie stellen Formen „assoziativen Lernens" dar. Das Erleben und Verhalten der Person variiert immer auch in Abhängigkeit von der Situation. Ein Beispiel ist konditionierte Strafangst bei einem Knaben, der seiner Mutter die Mithilfe beim Aufräumen des eigenen Zimmers verweigert. (behavioristische Lerntheorien)

- Auf Internalisierung gegründete Erlebens- und Verhaltensmuster sind Ergebnis kognitiv vermittelten, anderen Personen Intentionen zuschreibenden Lernens. Imitation (als Erwerb von Verhaltensweisen, die sich zuvor nicht im Verhaltensrepertoire befanden) und Identifikation (als Erwerb von inneren Haltungen) setzen Formen der Perspektivendifferenzierung voraus. Beispielsweise kann ein Kind durch Beobachtung der Eltern gelernt haben, einer Versuchung auch dann zu widerstehen, wenn andere Personen nicht anwesend sind. Auf Internalisierung gegründete Erlebens- und Verhaltensmuster ersetzen Formen sozialer Kontrolle durch Formen der Selbstkontrolle, d.h. es bildet sich ein Gewissen aus. (soziale Lerntheorien)

- Psychodynamische Aspekte beinhalten Arten von Kognitionen und Motiven, die im Laufe des Lebens unbewusst wurden und zu denen die Person nur über den Weg der Bearbeitung großer innerer Widerständen wieder Zugang finden kann. Die intentionalen Aspekte sind somit hinterrücks wirksam. Sie führen deshalb zu irrationalen Erlebens- und Verhaltensweisen. Im Unterschied zu den von behavioristischen und sozialen Lerntheorien erfassten umweltabhängigen Lerngesetzmäßigkeiten kann man die psychodynamischen Prozesse durch Bewusstmachung teilweise wieder außer Kraft setzen. So kann eine psychoanalytische Therapie einem Jugendlichen bewusst machen helfen, dass sein permanentes Einfordern einer Gleichverteilung von Gütern in der Gesellschaft nicht zuletzt auch durch uneingestandene, verdrängte Neidgefühle motiviert ist und diese Neidgefühle abschwächen. (psychoanalytische Theorien)

- Implizit-intuitives Wissen stellt zwar wie die psychodynamischen Aspekte unbewusst gewordene Formen intentionalen Verhaltens dar, erlaubt jedoch Anpassungsprozesse. Dieses Wissen geht auf Formen impliziten Lernens zurück oder beinhaltet unbewusst gewordene Ergebnisse konstruktiven, einsichtigen Lernens. Es umfasst erstens Faustregeln bei der Entscheidungsbildung („Heuristiken"); zum Beispiel kann sich eine Person bei komplexen Problemen in ihrer moralischen Entscheidungsbildung häufig auf die Faustregel „Richtig ist, was die Mehrheit sagt" stützen. Zweites umfasst es Wissen um Handlungsfertigkeiten; beispielsweise besitzt ein Notarzt Routinen bei Maßnahmen der Widerbelebung eines Menschen. (Theorien der Informationsverarbeitung)

- Fähigkeiten und Orientierungen sind für die Bewältigung von moralischen Aufgabenstellungen besonders bedeutsam. Neben Kompetenzen stellt Wissen um Normen eine elementare Fähigkeit dar. Orientierungen umfassen kognitive Orientierungen/Überzeugungen, Werte und Normenorientierungen. Personen sind in ihrem Urteilen und Handeln von Überzeugungen (z.B. Erwartungen über das moralrelevante Handeln anderer) geleitet, zudem verfügen sie über Werte (z.B. Orientierung am Wert der Gleichberechtigung) und Normenorientierungen (z.B. Orientierung am Verbot zu lügen). Überzeugungen sind Annahmen über Zusammenhänge in der Realität. Werte stellen relativ allgemeine, kognitiv akzentuierte Zielvorstellungen und Bewertungsdispositionen dar; sie werden erfasst, kommuniziert und im Handeln verwirklicht. Normenorientierungen bringen Anerkennung von Normen zum Ausdruck. (Theorien der Humanistischen Psychologie, strukturgenetische Theorien, Bereichstheorien, sozialökologische Theorien, marxistisch-dialektische Theorien, feministische Theorien, kulturpsychologische Theorien, kontextualistische Theorien der Entwicklung über die Lebensspanne)

- Mit Hilfe von Geschichten über das eigene Leben suchen Personen die eigenen Handlungen in einen stimmigen Zusammenhang zu bringen und ihrem Leben insgesamt Sinn zu verleihen. Dabei erfolgt eine Reflexion auf die eigenen Formen einer autonomen Problembewältigung. Es geht um die Konstruktion von Einzigartigkeit als moralische Person. (postmoderne Theorien)

Einige Prozesse bzw. Dispositionen finden sich auf verschiedenen Persönlichkeitsebenen; dies gilt besonders für Einstellungen, Tugenden und Formen des Habitus im Sinne des Soziologen Bourdieu. Tugenden (z.B. Fairness, Fürsorglichkeit) lassen sich als grundlegende, weitreichende Handlungsdispositionen charakterisieren; sie sind stärker als Kompetenzen auf das Handeln bezogen. Tugenden beinhalten neben Fähigkeitsaspekten auch Überzeugungen, Werte und Normenorientierungen. Gleiches gilt für Formen des Habitus.

Die oberen Ebenen gehen dabei nicht aus darunter liegenden Ebenen hervor. Die Ebenen beeinflussen sich aber wechselseitig: Zum Beispiel können auf Internalisierung gründende Erlebens- und Verhaltensmuster ein jähzorniges Temperament etwas zügeln, umgekehrt setzt ein solches Temperament der Normeninternalisierung recht enge Grenzen.

Ein rationalistisches, d.h. ein nur rationales Abwägen akzentuierendes, Modell des Urteilens stellt aus dieser Perspektive ein verengtes, idealisiertes Modell dar und bedarf deshalb der Erweiterung bzw. Reduktion. Personen sind bei Bewertungen und bei Handlungsentscheidungen häufig auch von Intuitionen geleitet; moralische Begründungen dienen dann lediglich der Rechtfertigung bereits getroffener, durch Intuitionen zustande gekommener Bewertungen und Handlungsentscheidungen. Rationales Abwägen dürfte nur gelegentlich wirksam sein, und die beiden Mechanismen der Informationsverarbeitung dürften besonders in Abhängigkeit von Aufgabentypen variieren. Nicht nur bei der Urteilsbildung, sondern auch bei den anderen Handlungsphasen sind Prozesse rationalen Abwägens und Intuitionen gleichermaßen relevant. Darüber hinaus haben die Kompetenzstrukturen einen kontextspezifischen Gehalt – moralische Kompetenzen weisen eine Bereichsspezifität und eine soziale Kontextspezifität auf.

Kompetenzen und andere Dispositionen stellen Produkte, aber auch Aspekte und Voraussetzungen psychischer Prozesse dar. Letztlich sind moralbezogene psychische Prozesse von einer Vielzahl von Aspekten der Persönlichkeit abhängig. Moralische Dispositionen stehen etwa in engem Zusammenhang zu interaktiv-sozialen und demokratischen Kompetenzen; auch hier erscheinen Relativierungen kompetenztheoretischer Perspektiven im Sinne der oben skizzierten Ebenen erforderlich zu sein (vgl. Becker 2008).

Um das moralische Erleben und Verhalten des Individuums differenziert erklären zu können, sind neben den sieben Ebenen von moralischen psychischen Prozessen und Dispositionen sowie den allgemeinen psychischen Voraussetzungen als nicht-psychische Ebenen soziale Bedingungen und biologisch-körperliche Bedingungen zu berücksichtigen: Relevant sind Erkenntnisse der Sozialpsychologie; diese Teildisziplin macht deutlich, dass Personen in Abhängigkeit von Situationen urteilen und handeln. Die für die Entwicklung relevanten sozialen Kontexte umfassen nicht nur die unmittelbare Umgebung in Form von Interaktionen, Beziehungen (etwa Beziehung zu Eltern, zu Geschwistern) und Gruppen (etwa Gleichaltrige), sondern auch verschiedene soziale Felder, denen das Kind nur mittelbar angehört (etwa die Arbeitswelt der Eltern, die Schulklasse eines Geschwisters) sowie institutionelle, kulturelle und subkulturelle Lebensbereiche (etwa Ökonomie und Konsumsphäre). Diese sozialen Kontexte unterliegen, wie vor allem die Soziologie herausarbeitet, dem gesellschaftlichen Wandel. Soziale Faktoren umfassen also situativ-soziale und soziogenetisch-historische Bedingungen. Bedeutsam sind zudem Erkenntnisse der Biologischen Psychologie. Diese psychologische Teildisziplin zeigt, dass psychische Vorgänge mit körperlichen Vorgängen eng verbunden sind. Evolutionäre Faktoren sorgen dafür, dass eine Person bestimmte Dispositionen mit allen anderen Personen teilt. Alle sieben Ebenen sind Ergebnis der Evolution, wobei sich nur die ersten beiden Ebenen bei anderen Tierarten finden. Genetische und neuronale Faktoren tragen zu interindividuellen Differenzen bei.

Mein Modell (vgl. Abb. 1.2) ist somit ein „bio-psycho-soziales Modell".

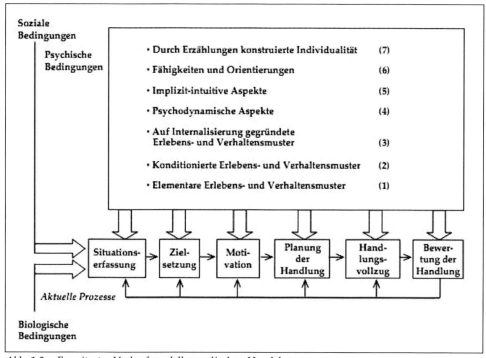

*Abb. 1.2   Erweitertes Verlaufsmodell moralischen Handelns*

*(b) Relativierung der entwicklungspsychologischen Grundannahmen der Piaget-Tradition*
Die sieben Ebenen der moralischen Persönlichkeit unterscheiden sich nicht zuletzt auch hinsichtlich ihres erstmaligen Auftretens im Verlauf des Lebens: Elementare Erlebens- und Verhaltensmuster sind teilweise bereits vorgeburtlich festgelegt; der Erwerb konditionierter Erlebens- und Verhaltensmustern setzt unmittelbar nach der Geburt ein. Auf Internalisierung gründende Erlebens- und Verhaltensmuster, psychodynamische Aspekte, Formen intuitiv-impliziten Wissens sowie Fähigkeiten und Orientierungen zeigen sich frühestens im zweiten Lebensjahr, die Konstruktion von Einzigartigkeit als Individuum erfolgt erst im Jugendalter.

Ausgehend von dem skizzierten Sieben-Ebenen-Modell nehme ich mit Blick auf die vier entwicklungspsychologischen Grundannahmen der Piaget-Tradition ebenfalls Relativierungen vor, denn ich vertrete jeweils eine gemäßigte Position bei der Analyse von Entwicklungsprozessen:

- Gemäßigte strukturgenetische Perspektive auf moralisches Urteilen: Mit Kohlberg lässt sich die Entwicklung der einzelnen Urteilskompetenzen zwar als Entwicklung von Stufen bzw. Strukturen und damit auch als Komplexitätszuwachs beschreiben, allerdings gibt es zusätzlich verschiedene kontinuierliche Formen von Entwicklungssequenzen, etwa bei der Entwicklung des Regelwissens.
- Gemäßigte bereichsübergreifende Perspektive auf moralisches Urteilen: Bei der Bestimmung von Sequenzen der Entwicklung des Gerechtigkeitsurteils selbst ist im Unterschied zu Kohlberg von einer Bereichsspezifität der Strukturen auszugehen, wenngleich diese Bereichsspezifität nicht allzu stark ausgeprägt sein dürfte.
- Gemäßigte universalistische Perspektive auf moralisches Urteilen: Die Entwicklung der Stufen des Gerechtigkeitsurteils verläuft wahrscheinlich im Sinne einer stärkeren Schicht-, Geschlechts- und Kulturspezifität als Kohlberg postuliert, obwohl die soziale Kontextspezifität der Stufensequenz nicht so stark ist, wie Kritiker seines Entwicklungskonzepts (z.B. Shweder) voraussetzen, und sich nicht auf die Strukturen erstreckt.
- Gemäßigte konstruktivistische Perspektive auf moralisches Urteilen: Für die Entwicklung der Urteilsstufen sind konstruktives Lernen des Individuums und umweltabhängiges Lernen gleichermaßen bedeutsam. Darüber hinaus tragen biologische Faktoren zu den Entwicklungsprozessen bei. Die drei Gruppen von Entwicklungsfaktoren dürften zusammen wirksam sein und interagieren.

Kohlberg hat wahrscheinlich die Bedeutung der Stufen des Gerechtigkeitsurteils für die nicht-kognitiven Aspekte (moralische Kommunikationsprozesse, Gefühle und Handlungen) überschätzt. Diese Aspekte sind teilweise unabhängig von Kognitionen. Bei einer Abhängigkeit von Kognitionen spielen nicht bloß Prozesse rationalen Abwägens eine Rolle. Auch folgt die Entwicklung dieser Aspekte jeweils einer eigenen Stufenlogik, sie verläuft also keineswegs parallel zur Entwicklung des Gerechtigkeitsurteils. Wie in Bezug auf die kognitiven moralischen Kompetenzen postuliere ich in Bezug auf die nicht-kognitiven moralischen Kompetenzen insbesondere eine Bereichs- und Kulturspezifität der Entwicklung. Prozesse der Entwicklung, so kann man mit Kohlberg annehmen, zeigen sich auch im Jugend- und im Erwachsenenalter, allerdings ist die Bedeutung von Erfahrungen in der Kindheit durchaus erheblich.

Das Handeln der Person wird, wie gezeigt, durch psychische Dispositionen sowie soziale und biologische Bedingungen beeinflusst. Umgekehrt verändern deren Handlungen diese Aspekte. Die Interaktionen der handelnden Person mit der sozialen und biologischen Umwelt haben vor allem langfristige Auswirkungen auf ihre psychischen Dispositionen, führen also zu Entwicklungsprozessen. Soziale und biologische Bedingungen wirken nicht zuletzt vermittelt über psychische Prozessaspekte. Somit ist auch das eigene Modell der Moralentwicklung ein „bio-psycho-soziales Modell" (vgl. Abb. 1.3).

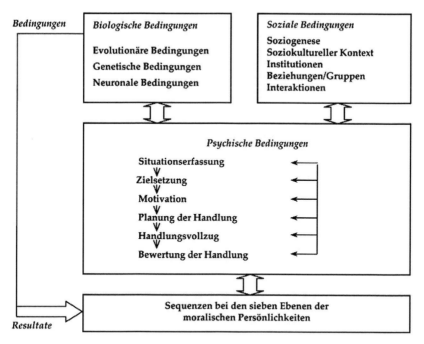

*Abb. 1.3  Bedingungen und Resultate der Moralentwicklung*

Fünf Dimensionen sozialer Interaktion kann man unterscheiden, im Hinblick darauf sich eine soziale Einheit als mehr oder weniger moralförderlich charakterisieren lässt: angemessene Ausübung von sozialer Kontrolle, verlässliche emotionale Unterstützung, offene Konfrontation mit moralischen Konflikten, Möglichkeiten der Teilnahme an Formen verständigungsorientierter, gleichberechtigter Kommunikation und Gelegenheiten zur Verantwortungsübernahme in moralrelevanten Kontexten. Ich nehme an, dass die Wirkung der Interaktionsdimensionen von den Moralaspekten abhängt. Zum Beispiel setzen emotionale Fähigkeiten insbesondere die Erfahrung verlässlicher emotionaler Unterstützung voraus, und für die Ausbildung handlungsstrukturierender Fähigkeiten sind vor allem Gelegenheiten zur Verantwortungsübernahme erforderlich.

Während Lernmechanismen zu kurzfristigen Veränderungen führen, ermöglichen Entwicklungsmechanismen langfristige Veränderungen. Allerdings unterscheidet sich letztere Mechanismengruppe von ersterer allein durch Reifungsprozesse.

Die umrissene Perspektive erstreckt sich auf die Moralentwicklung von der Kindheit bis ins Erwachsenenalter. Im Rahmen der heutigen Entwicklungspsychologie findet man, vor allem hinsichtlich der Kindheit, eine Vielzahl von Versionen einer Gliederung der Lebensabschnitte. So ist in dem einflussreichen Lehrbuch von Oerter und Montada (vgl. Oerter und Montada 2002; 2008) die Zeit von null bis zwei Jahren als frühe Kindheit und die Zeit von drei bis elf Jahren als Kindheit bezeichnet, während für andere Autoren die frühe Kindheit vom vierten bis sechsten Lebensjahr reicht und die Zeit vom ersten bis dritten Lebensjahr als Säuglings- und Kleinkindalter, die Zeit vom siebten bis zehnten Lebensjahr als mittlere Kindheit sowie die Zeit vom elften bis 14. Lebensjahr als späte Kindheit gilt. Was die Kindheit angeht, unterscheide ich zwischen früher Kindheit/Säuglings- und Kleinkindalter (null bis zwei), mittlerer Kindheit/Vorschulalter (zwei bis sechs) und später Kindheit/Schulalter (sechs bis 12), wobei ich mich bei dieser Gliederung besonders an Piagets oben skizzierter Stufentheorie logisch-kausaler Kognitionen orientiere. Mit Blick auf das Jugendalter/die Adoleszenz und das Erwachsenenalter differenziere ich ebenfalls zwischen einer frühen, mittleren und späten Phase: frühes Jugendalter (12 bis 14), mittleres Jugendalter (14 bis 18), spätes Jugendalter (18 bis 21), frühes Erwachsenenalter (21 bis 40), mittleres Erwachsenenalter (40 bis 65), spätes Erwachsenenalter/Alter (ab 65).

*(c) Einsatz verschiedener Forschungsmethoden*
Die Forschungsmethoden sind unterschiedlich komplex (z.B. objektivierende Erfassung von Verhaltensweisen, Rekonstruktion subjektiven Sinns, Analyse von Diskussionsprozessen). Mit zunehmender Komplexität steigt der Erhebungs- und Auswertungsaufwand an. Ob dieser Aufwand sich lohnt, hängt nicht zuletzt vom Forschungsthema ab.

Verschiedene Persönlichkeitsebenen verlangen unterschiedliche Forschungsmethoden. In Abhängigkeit von den Ebenen wären unterschiedliche Methoden der Datenerhebung zu benutzen, etwa bei elementaren Persönlichkeitsdispositionen Beobachtungen im Alltag, bei konditionierten Erlebens- und Verhaltensmustern Beobachtungen unter Laborbedingungen und bei den letzten beiden Ebenen Formen schriftlicher und mündlicher Befragung.

Meine moralpsychologische Position stützt sich nicht zuletzt auf Theorien und methodische Zugänge außerhalb der Moralpsychologie, nämlich auf die Arbeiten des im Bereich der Allgemeinen Psychologie tätigen Holzkamp, des Persönlichkeits- und Sozialpsychologen Schmitt, des Entwicklungspsychologen Baltes, des Soziologen und Philosophen Habermas, des Erziehungswissenschaftlers, Psychologen und Soziologen Geulen sowie des Biologen und Philosophen Roth. Baltes, Habermas, Holzkamp und Geulen haben ihre Konzeptionen vorwiegend bereits in den 1970er Jahren ausgearbeitet, diese erscheinen mir aber auch heute noch fruchtbar. Die beiden anderen Konzeptionen entstanden dagegen erst in den letzten Jahren. Die Ansätze dieser sechs Forscher lassen sich wie folgt umreißen und kurz bewerten:

*Holzkamp* begründete in den 1970er Jahren an der Freien Universität Berlin die „Kritische Psychologie", eine Variante marxistischer Psychologie. Holzkamp übt Kritik an den Grundbegriffen der Psychologie, wobei er sich insbesondere mit den Grundbegriffen der Psychoanalyse Freuds und des Behaviorismus auseinandersetzt. Es geht diesem Forscher nicht zuletzt um die Gewinnung angemessener Kategorien und um die Erneuerung der (damaligen) Psychologie. Bei seinen kategorialen Analysen betont er sowohl die gesellschaftlich-historische Vermitteltheit des Psychischen (die „Gesellschaftsgeschichte") als auch dessen evolutionären Grundlagen (die „Naturgeschichte"). Im Unterschied zu Freud nimmt er an, dass die Natur des Menschen keineswegs im Gegensatz zur Gesellschaft stehe. Die menschliche Natur, so eine zentrale These von Holzkamp, ist auf Gesellschaft hin angelegt – die Menschen besitzen eine „gesellschaftliche Natur", die bereits im sog. Tier-Mensch-Übergangsfeld entstanden sei und die gesellschaftliche Entwicklung ermöglicht habe. Als grundlegende Kategorie wählt er anstatt des vom Behaviorismus entwickelten Konzepts reizgesteuerten Verhaltens das Konzept der „verallgemeinerten Handlungsfähigkeit": Nur über die Teilhabe an der gesellschaftlichen Produktion könne der Einzelne sein Leben und seine Lebensbedingungen aktiv gestalten, wobei allerdings in der kapitalistischen Gesellschaft die soziale Klassenzugehörigkeit die Verfügungsmöglichkeiten über Ressourcen stark beeinflusst. Der Mensch stehe im Alltag ständig vor der Alternative, das Niveau seiner Handlungsfähigkeit entweder zu erweitern (was nicht zuletzt Mitwirkung an Bewegungen sozialer Emanzipation voraussetzt) oder es lediglich zu erhalten („restriktive Handlungsfähigkeit") (vgl. Holzkamp 1983). Holzkamp zieht vor allem die Konsequenzen dieses „subjektwissenschaftlichen" Grundansatzes für die Analyse von Lernphänomenen (vgl. Holzkamp 1993). Eine zentrale Problemzone der Kritischen Psychologie besteht darin, dass sich ihre Analysen des Psychischen und dessen gesellschaftlicher Bedingungen in den allzu engen Bahnen des Dialektisch-Historischen Materialismus bewegt: Bei der Analyse des Psychischen ist lediglich die Kategorie der Arbeit leitend, während verschiedene Prozesse zwischenmenschlicher Interaktion (des Handelns durch Kommunikation) ausgeblendet bleiben. Persönlichkeits-, sozial- und entwicklungspsychologische Aspekte werden im Rahmen der Kritischen Psychologie nicht zureichend beleuchtet. Die Gegenwartsgesellschaft lässt sich mit den Begrifflichkeiten orthodoxer Kapitalismuskritik (z.B. Kategorien der traditionellen Klassentheorie) kaum mehr angemessen greifen (vgl. insbesondere 7.2).

*Schmitt*, der derzeit an der Universität Landau tätig ist und viele Jahre mit Montada zusammenarbeitete, setzt sich vor allem mit Theorien der Informationsverarbeitung auseinander und formuliert ein duales Prozessmodell, eine „Zwei-System-Theorie"; sein Modell ist sowohl auf die Urteilsbildung als auch auf das Verhalten gerichtet. Thematisiert wird der Zusammenhang zwischen „expliziten Dispositionen", „implizit-intuitiven Dispositionen" und dem Verhalten. Die Forschungen von Schmitt und seiner Arbeitsgruppe zeigen, dass Prozesse rationalen Abwägens und Intuitionen gleichermaßen eine Rolle spielen, wobei eine Vielzahl von Moderatorenvariablen wirksam ist (vgl. Friese/Hofmann/Schmitt 2008). Auch verknüpft Schmitt im Rahmen einer interaktionistischen Perspektive persönlichkeitspsychologische mit sozialpsychologischen Gesichtspunkten und nimmt an, dass sich Personfaktoren und Situationsfaktoren gegenseitig potenzieren (vgl. M. Gollwitzer/Schmitt 2006; Schmitt/Altstötter-Gleich 2010). Interaktionistisch angelegt ist auch seine Position zu den Forschungsmethoden (vgl. Eid/M. Gollwitzer/Schmitt 2010). Es stellt sich aber bei Schmitts Ansatz die Frage, ob Zwei-System-Theorien hinreichend sind, d.h. ob nicht auch weitere Persönlichkeitsebenen anzunehmen sind. Auch fehlt bisher die entwicklungspsychologische Perspektive auf die dualen Formen der Informationsverarbeitung und des Handelns (vgl. insbesondere 9.3).

*Baltes*, der lange Zeit am Max-Planck-Institut für Bildungsforschung in Berlin arbeitete, thematisiert Entwicklungsprozesse und bezieht sich dabei auf die gesamte Lebensspanne; insbesondere kritisiert er traditionelle Stufentheorien. Hinsichtlich der empirischen Annahmen zu den Stufenwerten ist der Einfluss interner Faktoren (z.B. von psychodynamischen Prozessen) sowie der Einfluss externer Faktoren, nämlich von Aufgabenstellungen und sozialen Bedingungen, auf die Urteilsbildung anzunehmen – eine differenzierte Analyse der Wirkung dieser Faktoren, die jeweils zu Diskrepanzen zwischen dem stufenspezifischen Urteilspotenzial der Person und den tatsächlich realisierten Urteilsstufen (ihrer „Performanz") führen können, sowie eine breit angelegte Untersuchung der internen und sozialen Bedingungen für die Ausbildung eines hochentwickelten Urteilspotenzials (von „Urteilskompetenz") sind wichtige Forschungsaufgaben. Erforderlich ist somit eine performanztheoretische Erweiterung kompetenztheoretischer entwicklungspsychologischer Ansätze. Mit meiner Kritik an Kohlbergs strukturgenetischem, bereichsübergreifendem, universalistischem und konstruktivistischem Entwicklungskonzept greife ich jedoch zusätzlich Gesichtspunkte einer „kontextualistischen" Perspektive auf, wie sie vor allem Baltes vertritt (vgl. Baltes 1990; Baltes/Lindenberger/Staudinger 2006). Wie Baltes deutlich macht, umfassen Entwicklungsprozesse nicht bloß Formen von Stufen, sondern auch kontinuierliche Prozesse. Mit Recht relativiert dieser Wissenschaftler die Vorstellung einer bereichsübergreifenden und universellen Stufenentwicklung sowie die Annahme konstruktiven Lernens. Allerdings vermisst man bei ihm vor allem systematisch angelegte Konzepte der Persönlichkeit sowie der gesellschaftlichen und biologischen Natur des Menschen. Überdies erscheint mir die entwicklungspsychologische Grundposition seines Schülers und Nachfolgers am MPIB, Ulman Lindenberger, für die Moralforschung weit weniger überzeugend; insbesondere akzentuiert dieser zu sehr (neuro)biologische Aspekte (vgl. insbesondere die Kapitel 6, 7 und 8).

*Habermas*, über viele Jahre hinweg an der Universität Frankfurt tätig und vor allem um die Weiterentwicklung der Kritischen Theorie um Horkheimer und Adorno bemüht, identifiziert verschiedene Potenziale der sozialisierten, vergesellschafteten Person, wobei er zwischen der Orientierung an Objekten und der Orientierung an Subjekten unterscheidet und die Potenziale der Individuen als „Kompetenzen" beschreibt, und zwar vor allem in methodologischer Anknüpfung an die linguistische, gegen das behavioristische Sprachkonzept gerichtete Theorie des jungen Chomsky. Kompetenzen zeigten sich in der Auseinandersetzung des Individuums mit der „objektiven Welt", der „sozialen Welt" und der „subjektiven Welt". Entsprechend ist seine Handlungstypologie angelegt: Er differenziert zwischen instrumentellem Handeln, strategischem bzw. normenreguliertem Handeln und dramaturgischem Handeln. Hinzu kommt das kommunikative Handeln. Diese Differenzierung zwischen individuellen Potenzialen bzw. Handlungstypen ist sowohl die Grundlage seiner Rekonstruktion der Ontogenese (vgl. Habermas 1976) als auch der Entwicklung von Gesellschaften (vgl. Habermas 1981). Im Hinblick auf Piagets Theorie logisch-kausaler Kognition, Selmans Theorie sozialer Kognitionen, Kohlbergs Theorie moralischen Urteilens und Chomskys Sprachtheorie betont er die Notwendigkeit der performanztheoretischen Erweiterung kompetenztheoretischer Ansätze, wie sie etwa auch Oevermann (vgl. Oevermann 1976) und Edelstein (vgl. Edelstein 1993; 1996), beide wie Baltes am Max-Planck-Institut für Bildungsforschung tätig, einklagen. Habermas behandelt auch Fragen der Konstruktion einer eigenen Identität und thematisiert das implizit-intuitive Wissen sowie auf Internalisierung gründende Erlebens- und Verhaltensmustern. Insbesondere der frühe Habermas zeigt zudem die Bedeutung der von der Psychoanalyse thematisierten unbewussten psychodynamischen Prozesse auf. Nicht zuletzt entwickelt Habermas ein sehr differenziertes Gesellschaftskonzept. Weil er vorrangig auf die Fähigkeiten vergesellschafteter Personen zielt, trägt er allerdings elementaren Erlebens- und Verhaltensmustern (z.B. Aspekten des Temperaments) sowie konditionierten Erlebens- und Verhaltensmustern kaum Rechnung. Sein Entwicklungskonzept stützt sich hauptsächlich nur auf die strukturgenetische Tradition und vernachlässigt biologische Faktoren (vgl. insbesondere 2.4 und 7. 2).

*Geulen*, der an der Freien Universität Berlin lehrte und forschte, erweitert die Perspektive von Habermas: Er nimmt eine Bestimmung von Prozesskomponenten des Handelns vor, wobei er zwischen „Wahrnehmung der Situation", „Zielorientierung", welche kognitive Zielorientierungen und Motivationsstrukturen umfasst, sowie „Konzeption der Mittel" bzw. „Handlungspläne" unterscheidet. Mit Blick auf Moral und andere Bereiche wendet er sich mit Recht gegen die Beschränkung auf Kompetenzen. Er berücksichtigt wichtige, vorwiegend soziologische „Modelle vom sozialisierten Menschen", nämlich anthropologisch-funktionalistisches Modell, Integrationsmodell, Repressionsmodell, Wissensmodell und Individuationsmodell (vgl. Geulen 1977). Wie Habermas berücksichtig er also auf Internalisierung gründende Erlebens- und Verhaltensmuster, Einschränkungen des zielgerichteten Handelns durch das psychodynamische Unbewusste, implizit-intuitives Wissen sowie Formen der Konstruktion einer eigenen Identität. Dabei betont Geulen in den letzten Jahren auch die Bereichsspezifität und die soziale Kontextspezifität psychischer Strukturen bzw. entsprechender Entwicklungsprozesse (vgl. Geulen 2005). Allerdings bleiben auch bei ihm elementare Erlebens- und Verhaltensmuster, konditionierten Erlebens- und Verhaltensmuster sowie biologische Faktoren eher im Hintergrund (vgl. insbesondere 2.4 sowie die Kapitel 3, 6, 7 und 8).

*Roth*, lange Zeit an der Universität Bremen tätig, formuliert ebenfalls ein systematisch angelegtes Konzept der Persönlichkeit, wobei er vier Ebenen der Persönlichkeit unterscheidet und diesen jeweils auch bestimmte Hirnregionen zuordnet (vgl. Roth 2003; 2007). Während Habermas und Geulen die Frage in den Mittelpunkt stellen, welche Fähigkeiten eine in der Gesellschaft handlungsfähige Person besitzt bzw. besitzen sollte, bestimmt Roth sein Persönlichkeitskonzept vor dem Hintergrund tierischen Verhaltens. Die Ebene des „vegetativ-affektiven Verhaltens" wird gekennzeichnet durch lebenserhaltende Funktionen (z.B. Kontrolle der Atmung, Schlaf, Nahrungsaufnahme, Paarungsverhalten) sowie Temperamentsmuster (unteres limbisches System); die Ebene der „emotionalen Konditionierung" umfasst das situationsbezogene emotionale Lernen (mittleres limbisches System), die Ebene des „individuell-sozialen Ichs" die Regulierung von Impulsen im Hinblick auf Sozialverträglichkeit (oberes limbisches System in der rechten Hemisphäre, rechter assoziativer Neokortex) sowie die Ebene des „kognitiv-kommunikativen Ichs" Verstandesfunktionen (linker assoziativer Neokortex). Roth hat auch die Evolution kognitiver Leistungen differenziert rekonstruiert (Roth 2010). Zudem berücksichtigt er Persönlichkeitsunterschiede bei Lernprozessen (Roth 2011). Eine Erweiterung der Persönlichkeitsebenen um die Konstruktion von Individualität erscheint erforderlich. Auch bleibt Roths Konzept individueller Fähigkeiten – die Bestimmung des individuell-sozialen Ichs und des kognitiv-kommunikativen Ichs – relativ undifferenziert. Sein Modell individueller Entwicklungsprozesse ist wenig ausgearbeitet. Darüber hinaus trägt er sozialen Einflüssen ab der späten Kindheit sowie der Eigenaktivität der Person nicht hinreichend Rechnung (vgl. insbesondere 9.4).

# 2 Zu Piagets Stufen des Gerechtigkeitsurteils zurück? Am Piaget-Ansatz orientierte Kritik

Piagets psychologische Forschungsarbeiten greifen weit über den Bereich der Moralentwicklung hinaus; orientiert vor allem an der Theorie Baldwins beschäftigte sich dieser Wissenschaftler seit den 1920er Jahren mit einer Vielzahl von Entwicklungsbereichen. Piagets Theorie der Genese logisch-kausaler Kognitionen ist mittlerweile scharfer Kritik ausgesetzt. Gegenwärtig sind Theorien der Informationsverarbeitung (z.B. Klahr, Siegler), neopiagetianische Theorien (z.B. Case, Demetriou, Fischer, Halford), Theorien des Kernwissens (z.B. Carey, Gelman, Siegler, Spelke, Wellman) und an der Position von Wygotski orientierte Theorien (z.B. Cole, Rogoff, Tomasello) einflussreich (vgl. P. H. Miller 1993; Sodian 2008). In der Forschung zur sozialen Entwicklung finden biologische Theorien (z.B. Bjorklund), sozial-kognitive Lerntheorien (z.B. Bandura), Theorien der Informationsverarbeitung (z.B. Dodge), Bereichstheorien bzw. Theorien des Kernwissens (z.B. Wellman), sozialökologische Theorien (z.B. Bronfenbrenner), an Wygotski anküpfende Theorien (z.B. Tomasello) und kulturpsychologische Theorien (z.B. Shweder) große Resonanz (vgl. Bischof-Köhler 2011; Parke/Clarke-Stewart 2011).

In diesem Kapitel erörtere ich die Piagets moralpsychologischer Position verpflichtete Kohlberg-Kritik. Dabei beziehe ich mich hauptsächlich auf die Kritik von Siegal, in meinen Augen die differenzierteste unter den frühen Kritiken durch Anhänger des Ansatzes von Piaget. Siegal kann sich bei seiner Auseinandersetzung mit Kohlberg jedoch nicht auf eigene Forschungsergebnisse zur Moralentwicklung stützen. Das Kapitel behandelt zudem Kohlbergs Versuch, in seiner Dissertation Piagets Untersuchung des moralischen Urteilens weiterzuentwickeln. Piaget hat einen theoretisch und methodisch sehr reichhaltigen moralpsychologischen Ansatz formuliert – ich konzentriere mich auf dessen Grundzüge, insbesondere auf die Unterschiede zu Kohlbergs Ansatz. Seine breitgefächerten entwicklungspsychologischen Analysen und die zum Teil beträchtlichen Modifikationen und Weiterentwicklungen in seinem Werk können hier nicht dargestellt werden (vgl. Chapman 1988; Kesselring 1999).

Rückblickend beschreibt Kohlberg Anfang der 1980er Jahre die Ziele seiner Dissertation: Zentrales Anliegen war es, Piagets Untersuchung der kindlichen Moral in die Adoleszenz zu verlängern. In der Orientierung am Gerechtigkeitsurteil, in der Verwendung hypothetischer Dilemmata, in der Beschreibung von Strukturen/Stufen des Urteilens (deren Entwicklung als Ergebnis von Prozessen konstruktiven Lernens gilt) sowie in der Annahme einer gerichteten Abfolge der Stufen sieht Kohlberg die wesentlichen Gemeinsamkeiten seiner Forschungsperspektive in der Dissertation mit der Perspektive Piagets. In der veränderten Bestimmung der frühen Stufen sowie in den zusätzlichen Stufen 4, 5 und 6, für deren Konzeptualisierung vor allem die Arbeiten von Baldwin, Dewey, McDougall und Mead bedeutsam waren, sieht er die wesentlichen Unterschiede (vgl. Kohlberg 1984, S. xxvii f.). Ich werde darlegen, dass Kohlberg noch verschiedene andere sinnvolle Veränderungen an Piagets Modell vornimmt; diese Veränderungen benennt Siegal größtenteils nicht. Zum Teil an Siegal anknüpfend zeige ich andererseits Nachteile des Ansatzes von Kohlberg gegenüber demjenigen von Piaget auf, die Kohlberg teilweise auch später nicht behoben hat. Vor allem erfolgt eine Problematisierung seiner Definition der präkonventionellen Stufen, also seines Standpunkts hinsichtlich der kindlichen Urteilsbildung.

Kohlbergs Orientierung an Piaget hängt auch mit biographischen Erfahrungen zusammen (2.1). Unterschiede zwischen beiden Wissenschaftlern gibt es bei den untersuchten Problembereichen des Urteilens und der Art der Durchführung klinischer Interviews (2.2) sowie nicht zuletzt bei der Bestimmung der Urteilsstufen (2.3.1, 2.3.2). Versuche der Integration beider Untersuchungsperspektiven sind eher selten (2.4).

Indem ich mich um ein abgewogenes Urteil über die Vor- und Nachteile von Kohlbergs Ansatz gegenüber demjenigen von Piaget bemühe, richte ich mich auch gegen die verbreitete Kohlberg-Rezeption in den 1970er Jahren, die vorwiegend die Vorteile bei Kohlberg betont hat, sowie gegen die in den folgenden Jahren vorherrschende Kohlberg-Rezeption, die vornehmlich Defizite benennt, die beide Perspektiven gemeinsam haben. Das Verhältnis von Piagets Position und Kohlbergs Standpunkt in der Dissertation sowie Kohlbergs Ansatz im Ganzen wurde bislang kaum differenziert beleuchtet (vgl. als Ausnahmen Eckensberger 1998; Eckensberger/Reinshagen 1980; Eckensberger/Zimba 1997; Gibbs 1995; Rest 1983).

## 2.1 Die 1950er Jahre: Kohlbergs Bemühungen um die Weiterentwicklung von Piagets Ansatz

In seiner 1958 abgeschlossenen Dissertation bemüht sich Kohlberg um eine Weiterentwicklung von Piagets Analyse moralischen Urteilens bei Kindern. Die Publikation der wichtigsten Ergebnisse der Dissertation erfolgte erst fünf Jahre später (vgl. Kohlberg 1963a). In den 1950er Jahren ist Kohlberg einer der wenigen Moralpsychologen, die an Piagets Untersuchung anknüpfen, und er ist meines Wissens der einzige, der sich um die methodische und konzeptuelle Weiterentwicklung dieses Forschungsansatzes bemüht – psychoanalytische Theorien und soziale Lerntheorien dominieren in diesem Jahrzehnt die entwicklungspsychologische Moralforschung in den USA und auch in vielen anderen Ländern. In den 1930er- und 1940er Jahren übte Piaget in der Moralpsychologie ebenfalls nur geringe Wirkung aus – Untersuchungen mit Hilfe von Fragebögen (vgl. Pittel/Mendelsohn 1966) sowie die Forschungen von Hartshorne und May (1928-1930) bestimmten die Diskussion.

In dieser Vernachlässigung von Piagets Untersuchungsperspektive durch die entwicklungspsychologische Moralforschung spiegelt sich die Situation in der Entwicklungspsychologie insgesamt wider: Piaget findet lange Zeit wenig Beachtung. Die Entwicklungspsychologie in den USA war in den 1930er- und 1940er Jahren vor allem um die Sammlung empirischer Fakten bemüht. Vorrangiges Ziel war die Erfassung von altersabhängigen Veränderungen mittels Fragebögen, Tests, experimentellen Methoden und Beobachtungen. Theorien mit stärker spekulativem Charakter, wie diejenige von Piaget oder auch diejenige von Freud, wurden damals mit Skepsis betrachtet, und es gab Vorbehalte gegenüber unstandardisierten, klinischen Interviews, wie sie Piaget durchführte. Aber auch gegenüber behavioristischen und sozialen Lerntheorien herrschte eine distanzierte Haltung vor: Sofern die Entwicklungspsychologen Alterstrends ermittelten, erklärten sie diese hauptsächlich mit Hilfe von Reifungsfaktoren. In den 1950er Jahren hatte sich dann die deskriptive bzw. reifungsorientierte Forschung für viele als problematisch erwiesen. Die deskriptive Forschung bot insbesondere keine Erklärung individueller Entwicklungsprozesse. Eine Überprüfung von Reifungstheorien (die weitgehend als Stufentheorien angelegt waren) zeigte entgegen den Erwartungen eine starke Variabilität in den Verhaltensweisen. Man suchte nach Alternativen – doch nicht Piagets Theorie, sondern Freuds Psychoanalyse und Lerntheorien fanden Resonanz. Der Einfluss der Psychoanalyse wurde begünstigt durch die Emigration vieler europäischer Psychoanalytiker in die USA, die vor, während und nach dem Zweiten Weltkrieg erfolgte. Die auf vielen Gebieten der Psychologie dominierende lerntheoretische Perspektive fanden jetzt auch Entwicklungspsychologen attraktiv (vgl. Cairns 1998; S. Weinert/F. E. Weinert 2006).

Piagets Arbeiten zur individuellen Entwicklung wurden außerhalb des französischsprachigen Raums, in dem sie entstanden, erst in den 1960er Jahren intensiv rezipiert. Anders als in den 1950er Jahren ist Kohlberg im angelsächsischen Raum in den 1960er Jahren dann einer unter vielen Entwicklungspsychologen, die sich an Piaget orientieren: Piagets Untersuchung moralischen Urteilens bei Kindern wurde jetzt stärker zur Kenntnis genommen. Verschiedene Entwicklungspsychologen erforschten im Anschluss an Piaget etwa das Verständnis moralischer Regeln und die Urteilsbildung zu Problemen der Strafgerechtigkeit (als Überblick vgl. Edwards 1981; Hoffman 1970a; Lickona 1976). Einige Wissenschaftler (wie Flavell und Feffer) führten zudem Piagets Untersuchungen zur Entwicklung sozialer Kognitionen, etwa von Fähigkeiten zur Perspektivenübernahme, weiter (als Überblick vgl. Edelstein/Keller 1982; Geulen 1982; Keller 1976). In dieser Dekade setzte vor allem aber die Rezeption von Piagets Studien zur Entwicklung logisch-kausalen Denkens ein; es gab eine Vielzahl von Forschungen zu diesem Entwicklungsbereich (als Überblick vgl. Case 1985). Die Piaget-Rezeption in der Entwicklungspsychologie im angelsächsischen Raum wurde besonders durch eine von Flavell veröffentlichte Übersicht über Piagets breit gefächerte Forschung (Flavell 1963) vorangetrieben. Auch wurde sie dadurch begünstigt, dass verstärkt Defizite der in den 1950er Jahren vorherrschenden lerntheoretischen und psychoanalytischen Perspektiven zu Tage traten (vgl. Cairns 1998).

In der bundesrepublikanischen Entwicklungspsychologie sind Piagets Arbeiten zur individuellen Entwicklung im Wesentlichen erst in den 1970er Jahren differenziert zur Kenntnis genommen worden, und zwar über den Umweg über die angelsächsischen Länder (vor allem die USA): Vermittelt über Kohlbergs Theorie diskutierten in der Bundesrepublik in dieser Zeit einige Wissenschaftler (wie z.B. Eckensberger) Piagets Theorie der Moralentwicklung. Vor allem Eckensberger, Edelstein und Keller sowie Silbereisen brachten auch seine Position zur sozialkognitiven Entwicklung zur Geltung. Besonders Edelstein, Montada, Oerter und Seiler führten Piagets Theorie der Entwicklung logisch-kausalen Denkens in die bundesrepublikanische Entwicklungspsychologie ein (vgl. Oerter 2001).

Kohlberg ist in den 1950er Jahren in der entwicklungspsychologischen Moralforschung nicht nur einer der wenigen Forscher, die sich auf Piaget stützen, sondern meines Wissens auch der einzige, der an Arbeiten von Moralphilosophen anschließt. In der Dissertation beschreibt er einen von ihm als moralisch vorbildlich betrachteten Endpunkt der Entwicklung des Urteilens, die Stufe 6, die er vornehmlich im Rückgriff auf von Moralphilosophen formulierte universelle moralische Prinzipien (wie z.B. das Prinzip der Achtung der menschlichen Würde) kennzeichnet. Moralpsychologen dieser Zeit hielten eine strikte Trennung der Moralpsychologie von der Moralphilosophie für notwendig. Die Forderung nach Wertneutralität der Forschung war verbreitet; ein wertrelativistisches Bewusstsein prägte unter dem Einfluss der Wissenschaftstheorie des Positivismus die Forschungsszenerie.

Kohlbergs Orientierung an universalistischen Positionen in der Moralphilosophie ist nicht zuletzt eine Reaktion auf den Nationalsozialismus: Die Erfahrung der Naziherrschaft und ihrer Folgen weckte zunächst, nämlich kurz nach der Schulzeit, sein Interesse an der Moralphilosophie. In einem autobiographischen Aufsatz (Kohlberg 1986a) schildert er, wie er im Alter von 18 Jahren im Herbst 1945 mit der amerikanischen Handelsmarine nach Europa kam. Kohlberg, Sohn eines jüdischen Fabrikbesitzers, verließ nach wenigen Monaten die Handelsmarine, um jüdischen Flüchtlingen aus Osteuropa bei der damals noch illegalen Einwanderung nach Palästina zu helfen. Als das Flüchtlingsschiff, auf dem er als unbezahlter Maschinist tätig war, von der britischen Besatzungsmacht aufgebracht wurde, musste er mit ansehen, wie eine große Zahl von Passagieren (insbesondere Kinder) ums Leben kam. Die überlebenden Passagiere und Besatzungsmitglieder wurden in einem britischen Konzentrationslager auf Zypern interniert, wo sie die Hagana, einer der jüdischen Untergrundbewegungen vor der Gründung Israels, gewaltsam befreite. Sie gingen nach Palästina und lebten dort mit falschen Papieren in einem Kibbuz. Kohlberg hält fest:

> Meine Erfahrungen mit der illegalen Einwanderung nach Israel warfen verschiedenste moralische Fragen auf, die ich als Gerechtigkeitsprobleme betrachtete. Waren Töten und der Einsatz von Gewalt zur Erreichung eines politischen Ziels richtig oder gerecht? Während die Kinder starben und die Erwachsenen ins Konzentrationslager mussten, hatten die Ziele der Hagana politischen Charakter, nämlich durch internationalen Druck die Briten zu bewegen, Palästina zu verlassen. Wann ist es erlaubt, gewaltsame Mittel für vermeintlich gerechte Ziele zu benutzen? Diese Fragen nach Gerechtigkeit gingen einher mit einem jugendlichen Hedonismus und Relativismus gegenüber den Forderungen der Gesellschaft an mich, sei es die amerikanische oder die israelische Gesellschaft. Der israelische Kibbuz vertrat Ideale sozialer Gerechtigkeit, die ich bewunderte, aber war ich wirklich verpflichtet, ihnen zu folgen, oder sollte ich mich an den vertrauteren und weniger hohen Anforderungen meines amerikanischen Heimatlandes orientieren? Aus diesen Fragen wurden schließlich Fragen nach der Relativität von Moral. Gab es eine universale Moral oder waren alle moralischen Entscheidungen relativ, abhängig von der Kultur oder den eigenen persönlichen und emotionalen Präferenzen? Während Wörter wie ‚Identitätsfragen' mir zu dieser Zeit unbekannt waren, schien die Entscheidung, was ich sein wollte, von Antworten auf einige dieser Fragen abhängig zu sein, Fragen, die eine geistige Orientierung zu verlangen schienen (Kohlberg 1986a, S. 12 f.).

Während seines Studiums dann war Kohlberg besonders von der universalistischen Moralphilosophie Kants beeindruckt, von der er sich eine Lösung der durch die Naziherrschaft und ihrer Folgen aufgeworfenen moralischen Fragen versprach:

Während der Besuch einer Universität erwartet wurde von einem, der wie ich in der Mittelschicht aufwuchs, hatte ich bis zu diesen Fragestellungen keine Neigung verspürt, ein Universitätsstudium aufzunehmen. Konfrontiert mit den Fragen schrieb ich mich an der Universität Chicago ein, die verkündete, dass ein unreflektiertes Leben keinen Wert besitzt, und die klassische ethische Themen auf der Grundlage der großen Bücher von Plato bis zu Dewey behandelte. Durch das Studium von John Locke, John Stuart Mill und Thomas Jefferson begann ich, universale Menschenrechte und menschliches Wohlergehen als nicht gebunden an die jeweilige Kultur und/oder die einzelne Person zu betrachten. Mein moralisches Engagement und meine Identität ergaben Sinn innerhalb des Kontexts des Gesellschaftsvertrags, der das Fundament der amerikanischen Verfassung bildete. Und doch konnte ich sehen, dass Philosophen wie Locke und Mill nicht miteinander übereinstimmten, und ich suchte nach einem Prinzip, das allen fundamentalen moralischen Diskussionen zugrunde liegt und sie rechtfertigen würde. Kants Grundprinzip des Kategorischen Imperativs, nämlich ,jedes menschliche Wesen als einen Zweck an sich und nicht nur als ein Mittel zu behandeln', schien am grundlegendsten zu sein. Gleiche Achtung der Menschenwürde war in meinen Augen das Wesen der Gerechtigkeit (Kohlberg 1986a, S. 13).

In der Dissertation selbst spielt die Moraltheorie Kants allerdings keine große Rolle; im Literaturverzeichnis etwa ist Kant nicht erwähnt.

Kohlbergs moralphilosophischer Vorstellung von einer universalistischen und zugleich autonomen, also an Selbstbestimmung orientierten Moral kam Piagets moralpsychologisches Konzept einer universellen Entwicklung moralischer Autonomie entgegen. Für die Moralpsychologie insgesamt hegte Kohlberg anfangs aber noch wenig Interesse, vielmehr interessierte ihn zunächst hauptsächlich das Gebiet der Klinischen Psychologie. An der Universität von Chicago studierte er im Rahmen einer Ausbildung zum Psychologen Psychoanalyse bei Bruno Bettelheim, behavioristische Lerntheorie bei Jacob Gewirtz und Humanistische Psychologie bei Carl Rogers. Kohlbergs Hinwendung zur Moralpsychologie Piagets hängt mit einem weiteren Erlebnis von Unmenschlichkeit zusammen, nämlich mit der Erfahrung bestimmter Praktiken in der Psychiatrie. Während einer zweijährigen Tätigkeit als Klinischer Psychologe in einer psychiatrischen Klinik sah er sich mit der Praxis der Elektroschocktherapie konfrontiert – ein Chefarzt verabreichte einer Patientin zur Strafe für ihre Aufsässigkeit eine Elektroschockbehandlung. Kohlberg beschwerte sich erfolglos darüber. Daraufhin kehrte er der Klinischen Psychologie den Rücken und wandte sich der Moralpsychologie zu. Er orientierte sich jedoch nicht an den damals vorherrschenden moralpsychologischen Ansätzen der Psychoanalyse und der sozialen Lerntheorie, sondern an Piagets Position: Während seiner psychiatrischen Tätigkeit hatte sich das therapeutische Verfahren der Psychoanalyse und auch der zugrunde liegende theoretische Ansatz für ihn als defizitär erwiesen (Kohlberg 1984, S. xxvii f.); die soziale Lerntheorie vernachlässigte in seinen Augen, ebenso wie die Psychoanalyse, die kognitiven und konstruktiven Leistungen des Individuums und war einem ihm angesichts der Erfahrungen der Naziherrschaft gefährlich erscheinenden Wertrelativismus verpflichtet. Piagets Modell dagegen ließ sich sowohl mit seinen psychologischen als auch mit seinen moralphilosophischen Grundüberzeugungen vereinbaren.

## 2.2  Piagets und Kohlbergs klinisches Interview

Das moralische Urteilen lässt sich in unterschiedlicher Weise erheben, etwa mit Hilfe einer mündlichen Befragung oder einer schriftlichen Befragung. Bei jedem dieser beiden methodischen Zugänge stehen wiederum verschiedene Vorgehensweisen zur Wahl. Beispielsweise kann bei einer mündlichen Befragung das Schwergewicht auf der Erhebung von Meinungen oder aber auf der Erhebung der Begründungen von Meinungen (im Sinne eines klinischen Interviews) liegen. Bei klinischen Interviews wiederum besteht die Möglichkeit, allgemeine Fragen oder fiktive Situationen vorzulegen, wobei letztere hypothetisch (alltagsfern) oder alltagsnah sein können. Der Proband kann bei klinischen Interviews zu allgemeinen Fragen und zu fiktiven Situationen aufgefordert werden, Argumente spontan zu entwickeln oder vorgelegte Argumente zu bewerten. Auch bei einer schriftlichen Befragung ist es möglich, Meinungen oder Begründungen von Meinungen zu erfassen, allgemeine Fragen oder fiktive Situationen vorzulegen und den Probanden aufzutragen, Argumente entweder spontan zu entwickeln oder vorgelegte Argumente zu bewerten. Piaget und Kohlberg wählen die mündliche Befragung als methodischen Weg, führen dabei klinische Interviews durch und präsentieren sowohl allgemeine Fragen als auch fiktive (vorwiegend hypothetische) Situationen, wobei die Probanden Argumente spontan zu entwickeln haben.

Kohlbergs Versuch, in der Dissertation Piagets Bestimmung der moralischen Urteilsstufen weiterzuentwickeln, geht (a) mit der Veränderung der vorgelegten Themen des klinischen Interviews und (b) mit der Veränderung der Interviewtechnik einher. Die von Kohlberg vorgenommenen Modifikationen weisen, wie im Folgenden zu zeigen ist, sowohl Vor- als auch Nachteile gegenüber Piagets Interview auf. Ich konzentriere mich dabei weitgehend auf Themen und Techniken hinsichtlich der kindlichen Urteilsbildung, da sich Piagets Analyse auf Kinder bezieht.

*(a) Die Interviewthemen*
Siegal kritisiert, dass verschiedene der von Kohlberg vorgelegten Situationen und Fragen für die Erforschung des moralischen Denkens in der Kindheit ungeeignet, weil für Kinder schwer verständlich, sind (Siegal 1980, S. 292).

Gegenüber Siegal ist zunächst jedoch festzuhalten: Kohlberg hat Piagets Interview mit Recht um Probleme der Erwachsenenwelt erweitert. In seiner Dissertation untersucht Kohlberg mittels einer Querschnittstudie das moralische Denken von 72 Probanden aus Chicago. Im Unterschied zu Piaget konfrontiert er die Probanden vor allem mit Normenkonflikten, die der Welt der Erwachsenen entstammen. So legt er ihnen neben dem bereits angesprochenen „Heinz"-Dilemma, in dem das Recht auf Leben mit dem Recht auf Eigentum konfligiert, eine Situation zum Problem der Sterbehilfe vor. Im „Sterbehilfe"-Dilemma sieht sich ein Arzt vor die Frage gestellt, ob er dem Wunsch einer unheilbar krebskranken, schwer leidenden Frau, ihr Leben zu beenden, nachkommen soll. Hier steht das Recht des Patienten auf ein menschenwürdiges Leben und Sterben in Konflikt mit der Pflicht des Arztes, Leben zu erhalten. Weitere Dilemmata – wie etwa „Joe und Alex", „Korea" und „Wohltäter Heinz" – sind ebenfalls auf Erwachsene zugeschnitten:

- Welche der beiden Handlungsweisen, die jeweils die große finanzielle Not zweier Brüder lindern sollen, ist moralisch verwerflicher: die Handlung von Joe, der in einen Lebensmittelladen einbricht und 500 Dollar stiehlt, oder die Handlung seines Bruders Alex, der von einem als hilfsbereit bekannten alten Mann 500 Dollar ausleiht, diesen Betrag aber nicht zurückzahlt? („Joe und Alex")
- Ein Kompaniechef steht während des Korea-Krieges vor der Frage, ob er einen Soldaten auf eine tödliche Mission schicken soll (nämlich eine Brücke zu sprengen, um den Rückzug der Kompanie vor dem anrückenden Feind zu ermöglichen), nachdem sich kein Freiwilliger dafür gemeldet hat. („Korea")
- Soll der vor einigen Jahren entflohene Häftling Heinz, der mittlerweile sehr viel für die Gemeinschaft getan hat, bei der Polizei angezeigt werden? („Wohltäter Heinz")

Siegal weist andererseits mit Recht darauf hin, dass Kohlbergs Erweiterung von Piagets Interview um Probleme der Erwachsenenwelt ihren Preis hat: Verschiedene der von Kohlberg vorgelegten Situationen (etwa das „Sterbehilfe"-Dilemma) sind für die Erforschung des Denkens in der Kindheit in der Tat ungeeignet. Eines der wenigen kindgemäßen Dilemmata von Kohlberg ist das „Joe"-Dilemma, das ein moralisches Problem in einer Vater-Sohn-Beziehung beinhaltet: Der 14-jährige Joe erhält vom Vater die Erlaubnis, in ein Ferienlager zu gehen, unter der Bedingung, dass er sich das dafür benötigte Geld (40 Dollar) selbst verdient. Joe arbeitet daraufhin hart als Zeitungsjunge. Kurz vor der Reise ändert der Vater jedoch seine Meinung: Er bittet Joe, ihm das Geld zu geben, da er es für einen Angelausflug mit Freunden benötige. Joe steht nun vor der Frage, ob er dem Vater das Geld geben oder es ihm verweigern soll. Ein weiteres kindgemäßes Dilemma ist das „Alex"-Dilemma: Joe sagt seinem Vater, er habe nur zehn Dollar verdient, in Wirklichkeit hat er jedoch 50 Dollar für seine Arbeit als Zeitungsjunge erhalten. Mit dem Geld finanziert Joe das Zeltlager, ohne dies dem Vater mitzuteilen. Joe erzählt seinem älteren Bruder Alex von der Lüge, der nun vor der Frage steht, ob er dem Vater von Joes Lüge berichten soll.

Kohlbergs allgemeine Fragen zu einzelnen moralischen Normen heben sich ebenfalls von der kindlichen Erfahrungswelt ab. Während Piaget fragt, warum man nicht lügen, abschreiben, zurückschlagen oder mogeln dürfe, stellt Kohlberg Fragen etwa zum Recht auf Leben (z.B.: „Ist es schlimmer, jemanden zu töten oder jemanden zu berauben?") (vgl. Kohlberg 1958, S. 361 ff.). Auch die von Kohlberg durchgeführte Untersuchung des Denkens zur Gerechtigkeit von Strafen ist im Unterschied zu Piagets Analyse dieses Themenkomplexes wenig kindgemäß. Typisch ist etwa eine Zusatzfrage zum „Heinz"-Dilemma: „Soll der Richter Heinz mit Gefängnis bestrafen, falls dieser den Einbruch begeht?" (Kohlberg 1958, S. 365). Piaget hingegen fragt zum Beispiel, wie ein Kind zu bestrafen sei, das der Bitte der Mutter, Brot zu kaufen, nicht nachkommt (Piaget 1979, S. 228).

Somit unterbleibt in Kohlbergs Dissertation die empirische Untersuchung der Urteilsbildung in der Kindheit fast vollständig. Während Piaget Probanden im Alter von vier bis 13 Jahren untersucht, sind Kohlbergs jüngste Probanden bereits zehn, die ältesten 16 Jahre alt. Piaget wählt in seiner Moralstudie eine ähnliche Altersspanne wie in seinen ersten, in den 1920er Jahren veröffentlichten Arbeiten, in denen er sich mit der Entwicklung logisch-kausalen Denkens, der Sprache und der sozialen Kognitionen befasste (vgl. Chapman 1988;

Kesselring 1999). Dass Kohlberg empirische Befunde erst für Kinder ab zehn Jahren – also mit Blick auf das Kindesalter nur für einen Abschnitt der späten Kindheit – liefert, ist vor allem deshalb problematisch, weil er Piagets gesamte Beschreibung kindlichen Denkens korrigieren möchte; Kohlberg beginnt mit einer Altersphase, in der für Piaget die heteronome Moral bereits weitgehend überwunden ist (vgl. auch 2.3.2).

Auch in anderer Hinsicht ist Kohlbergs Themenspektrum in der Dissertation begrenzter als dasjenige von Piaget: Kohlberg erfasst die Urteilsbildung zu einzelnen Rechten (starken negativen Pflichten), zu Konflikten zwischen Pflichten und zu Fragen der Strafgerechtigkeit. Er sieht damit von einer Reihe von Gerechtigkeitsproblemen ab, die Piaget noch untersucht hat. Bei Kohlberg bleiben Fragen der gerechten Verteilung von Gütern und Lasten (Probleme distributiver Gerechtigkeit) unberücksichtigt. Piaget hingegen erforscht zum Beispiel die Urteilsbildung zu folgendem Problem distributiver Gerechtigkeit: Ist es gerecht, wenn beim Fußballspielen auf einem Hof immer derselbe Junge aufgefordert wird, den Ball von der angrenzenden Straße zu holen? Im Unterschied zu Piaget analysiert Kohlberg nicht, ob Unfälle als Strafe der Natur für eine Normenverletzung betrachtet werden (Probleme immanenter Gerechtigkeit). Nehmen Kinder und Jugendliche beispielsweise an, dass ein Junge beim Überqueren einer Brücke deshalb ins Wasser gefallen ist, weil er vorher Äpfel gestohlen hat? Ebenfalls anders als Piaget erforscht Kohlberg nicht, ob Kinder und Jugendliche die Bestrafung einer Gruppe als gerecht empfinden, wenn die schuldige Person unbekannt ist (Probleme kollektiver Verantwortlichkeit).

Darüber hinaus gibt es bei Kohlberg – im Unterschied zu Piaget – keine Untersuchung von Urteilen über Fragen der Verantwortlichkeit einzelner Personen. Piaget analysiert, ob Kinder in der Lage sind, bei der Bewertung von Normenübertretungen zwischen absichtlichen und unabsichtlichen Handlungen sowie zwischen Handlungen mit guter und mit schlechter Absicht zu differenzieren, und wie sie die Handlungsabsichten und die Konsequenzen der Handlungen gewichten bzw. die Konsequenzen in Relation zu den Handlungsabsichten einschätzen. Er erforscht Verantwortlichkeitsurteile zum Beispiel im Hinblick auf die Folgen von Ungeschicklichkeiten, die zu einer Beschädigung von Eigentum führen. Dabei konfrontiert er die Probanden etwa mit folgenden beiden Situationen und fragt, welche der Normenübertretungen gravierender sei:

> A. Ein kleiner Junge namens Hans ist in seinem Zimmer. Man ruft ihn zum Essen. Er geht ins Speisezimmer. Aber hinter der Tür stand ein Stuhl. Auf dem Stuhl war ein Tablett, und auf dem Tablett standen fünfzehn Tassen. Hans konnte nicht wissen, dass all dies hinter der Tür war. Er tritt ein: die Tür stößt an das Tablett und bums!, die fünfzehn Tassen sind zerbrochen.
> B. Es war einmal ein kleiner Junge, der hieß Heinz. Eines Tages war seine Mama nicht da, und er wollte Marmelade aus dem Schrank nehmen. Er stieg auf einen Stuhl und streckte den Arm aus. Aber die Marmelade war zu hoch, und er konnte nicht darankommen. Als er doch versuchte, daran zu kommen, stieß er an eine Tasse. Die Tasse ist heruntergefallen und zerbrochen. (Piaget 1979, S. 134)

Piagets Analyse der kindlichen Urteilsbildung zu Problemen distributiver Gerechtigkeit, immanenter Gerechtigkeit, kollektiver Verantwortlichkeit und individueller Verantwortlichkeit verlängert Kohlberg in der Dissertation also nicht in die Adoleszenz. Somit kann er dort über die Entwicklung des Denkens zu diesen Themenbereichen nur spekulieren. Auch klammert Kohlberg –wie Piaget – mögliche weitere Themen der moralischen Urteilsbildung von Kindern aus, etwa Fürsorgepflichten in Freundschaftsbeziehungen, Pflichten der Hilfeleistung gegenüber Personen in Not- und Gefahrensituationen sowie Fragen supererogatorischen Handelns.

*(b) Die Interviewtechnik*
Siegal kritisiert an Kohlbergs MJI im Wesentlichen nur, dass die Themen des Interviews für Kinder schwer verständlich sind. Im Unterschied zu Siegal werde ich von Piagets Ansatz aus auch einige Probleme der Interviewtechnik Kohlbergs benennen.

In seinen Arbeiten vor der Moralstudie bediente sich Piaget bereits klinischer Interviews, stellte den Probanden allerdings nur allgemeine Fragen (vgl. Chapman 1988). Erst in der Moralstudie verwendet er fiktive Situationen oder kombiniert solche mit allgemeinen Fragen. Die Kinder werden hier mit höchstens drei Situationen konfrontiert. Piaget legt ihnen aber nicht nur einzelne isolierte Situationen vor, sondern lässt sie zum Teil auch – wie bei den erwähnten beiden Geschichten mit den zerbrochenen Tassen – Situationen miteinander vergleichen. Folgendes Interviewbeispiel zu den Tassen-Geschichten soll Piagets Interviewtechnik illustrieren (Beispiel *Schma; sechs Jahre* aus Piaget 1979, S. 137 f.):

| | |
|---|---|
| *Frage:* | *Hast du die Geschichten gut verstanden? Erzähle sie mir, damit ich es sehe.* |
| Antw.: | Ein Kind wurde zum Essen gerufen. Auf dem Tablett stehen fünfzehn Tassen. Es wusste es nicht. Es macht die Tür auf. Es zerbricht fünfzehn Tassen. |
| *Frage:* | *Sehr gut. Und die zweite Geschichte?* |
| Antw.: | Es war einmal ein Kind, und da wollte dieses Kind Marmelade holen. Es stellte sich auf einen Stuhl, es stößt an eine Tasse, da zerbricht sie. |
| *Frage:* | *Sind diese Kinder beide gleich schlimm? Oder sind sie nicht gleich schlimm?* |
| Antw.: | Beide gleich schlimm. |
| *Frage:* | *Du würdest sie genauso bestrafen?* |
| Antw.: | Nein, den, der fünfzehn Tassen zerbrochen hat. |
| *Frage:* | *Ist es schlimmer oder weniger schlimm als das andere?* |
| Antw.: | Ein wenig schlimmer. Es hat fünfzehn Tassen zerbrochen. |
| *Frage:* | *Warum hat es sie zerbrochen?* |
| Antw.: | Weil es nicht wußte, dass da fünfzehn Tassen waren. |
| *Frage:* | *Und das andere, würdest Du es mehr oder weniger bestrafen?* |
| Antw.: | Das erste hat viel zerbrochen, das andere weniger. |
| *Frage:* | *Wie würdest Du sie bestrafen?* |
| Antw.: | Das, welches die fünfzehn Tassen zerbrochen hat: zwei Ohrfeigen, das andere: eine! |

Kohlberg geht in der Dissertation in verschiedener Hinsicht über Piagets Interviewtechnik hinaus:

- Er wendet sich gegen die von Piaget verfolgte methodische Strategie, moralische Probleme zu wählen, die für die untersuchte Altersklasse typisch sind. Tatsächlich stellen die für die Untersuchung von älteren Kindern und Jugendlichen verwendeten Situationen ja größtenteils Probleme der Erwachsenenwelt dar; die Geschichten sollen selbst Erwachsene herausfordern. Dabei geht Kohlberg von der Annahme aus, dass Kinder und Jugendliche an den kniffligen Fragen der Erwachsenen großes Interesse zeigen (Kohlberg 1958, S. 76).

- Kohlberg arbeitet mit einer größeren Zahl situationsbezogener Nachfragen zu den einzelnen Geschichten. Zum „Heinz"-Dilemma fragt er zum Beispiel auch: War es richtig, die Arznei zu stehlen oder hat er das Recht zu stehlen? Falls diese Handlung nicht richtig ist: Würde eine „gute Person" in der Situation stehlen? Ist es die Aufgabe des Ehemanns, die Arznei zu stehlen bzw. ist dies davon abhängig, wie sehr er seine Frau liebt? Falls nicht die Ehefrau, sondern sein bester Freund schwer an Krebs erkrankt wäre und im Sterben liegen würde, sollte er ebenfalls stehlen? (Kohlberg 1958, S. 364).
- Während Piaget situationsbezogene und allgemeine Fragen lediglich bei einigen Geschichten verknüpft, kombiniert Kohlberg bei den meisten Geschichten situationsbezogene Fragen mit allgemeinen Fragen. Piaget bezieht sich mit allgemeinen Fragen nur auf vier Normen, nämlich die Verbote zu lügen, abzuschreiben, zu mogeln und bei körperlichen Angriffen zurückzuschlagen; Kohlberg hingegen stellt neben der bereits erwähnten Frage zum Recht auf Leben (S. 83) weitere allgemeine Fragen, wie etwa die folgenden: Warum sollte jemand ein Versprechen halten? Ist es wichtiger, ein vertrauensvoller Sohn oder ein vertrauensvoller Bruder zu sein? Hat ein Arzt grundsätzlich das Recht, Sterbehilfe in einem Land zu leisten, das diese erlaubt? (Kohlberg 1958, S. 361 ff.).
- Kohlberg konfrontiert seine Probanden mit allen neun Situationen des in der Dissertation entwickelten MJIs, Piaget dagegen befragt seine Untersuchungsteilnehmer zu höchstens drei Situationen. Allerdings entwirft Piaget mehr Geschichten, als er einem einzelnen Kind präsentiert; für jeden Aufgabenbereich (z.B. kollektive Verantwortlichkeit, immanente Gerechtigkeit) konstruiert er eine große Zahl von Geschichten.

Aus der größeren Anzahl von situationsbezogenen Nachfragen, allgemeinen Fragen zu einzelnen Normen und vorgelegten Dilemmata ergibt sich, dass Kohlbergs Interview für eine Person ein weitaus umfangreicheres Datenmaterial liefert als Piagets Interview.

Die Befragungstechnik Kohlbergs kann folgendes Interviewbeispiel zum „Heinz"-Dilemma illustrieren (Fall Nr. 77 aus der Stichprobe der Dissertation; Kohlberg 1958, S. 443):

*Frage:*   *Hätte Heinz die Arznei stehlen sollen, um seine Ehefrau zu retten?*
Antw.   Nein, er hätte zu einer Bank gehen und sich etwas leihen können, wenn er noch nicht zur Bank gegangen war.
*Frage:*   *Er hat alles versucht und konnte nicht mehr Geld bekommen. Würdest Du immer noch sagen, dass es falsch war, oder war es in Ordnung?*
Antw.   Falsch. Brechen eines Gesetzes. Einbrechen in ein Haus und Diebstahl.
*Frage:*   *Würde ein guter Ehemann das tun?*
Antw.   Ja.
*Frage:*   *Wäre es seine Pflicht?*
Antw.   Nein. Denn wenn sie wüsste, dass er gestohlen hat, könnte sie dieses Wissen kränker machen.
*Frage:*   *Wäre es falsch, wenn er alles Geld, das er besaß, dort hinterlassen hätte?*
Antw.   Nein, denn er hätte hingehen und melden können, was er gemacht hat, und die Polizei wäre nicht so böse gewesen. Sie hätten es aus seiner Sicht sehen können und hätten gewusst, dass seine Frau stirbt, und sie hätten zum Besitzer gehen und mit ihm ausmachen können, dass er den Rest später zurückzahlt.
*Frage:*   *Soll er ins Gefängnis geschickt werden?*
Antw.   Ich weiß nicht.

Dieses Interviewbeispiel zeigt allerdings auch, dass Kohlberg (ähnlich wie Piaget) es zum Teil versäumt, die Probanden aufzufordern, ihre Auffassungen zu begründen. Im zitierten Interview begnügt er sich etwa bei der Frage, ob ein guter Ehemann das Medikament stehlen würde, mit einer Handlungsentscheidung.

Während Piaget also eine Vielzahl von Urteilsbereichen thematisiert, den Probanden zu einem Bereich aber nur wenige Situationen und Fragen vorlegt, beschränkt Kohlberg sich auf drei Bereiche (nämlich starke negative Pflichten, Konflikte von Pflichten und Fragen der Strafgerechtigkeit), arbeitet aber jeweils mit einem differenzierteren System von Situationen und Fragen. Seine Interviewtechnik in der Dissertation macht deshalb eine vergleichsweise differenzierte Erhebung des Urteilens von Jugendlichen und Erwachsenen zu den drei erfassten Themenfeldern möglich.

Kohlbergs Weiterentwicklungen von Piagets klinischer Interviewtechnik sind zwar im Hinblick auf Jugendliche und Erwachsene durchaus sinnvoll, aber in Bezug auf Kinder problematisch. Für die Analyse der kindlichen Urteilsbildung wären andere Weiterentwicklungen erforderlich gewesen. Beispielsweise könnten die Forscher den Kindern zu einer Norm anstatt allgemeiner Fragen fiktive Situationen der Verletzung dieser Norm vorlegen oder sie könnten die Norm in unterschiedliche Beziehungen (z.B. Eltern-Kind-Beziehung, Geschwisterbeziehung, Freundschaftsbeziehung) einbringen, wobei die Kinder jeweils Argumente zur Problemstellung spontan zu entwickeln hätten.

Aber auch von Piaget her kann man problematisieren, ob Kohlbergs Interviewtechnik für die Analyse des kindlichen Gerechtigkeitsurteils fruchtbar ist, denn sein methodisches Vorgehen lässt verschiedene Fragen offen, die Piaget mit seiner klinischen Methode noch (obgleich nur ansatzweise) zu beantworten sucht: Piaget variiert nicht nur die Themen, sondern auch die Interviewtechnik stärker als Kohlberg. Drei interviewtechnische Zugänge bei Piaget erscheinen mir für eine vertiefte Analyse der von Kohlberg erfassten Bereiche des Gerechtigkeitsurteils besonders bemerkenswert; sie werden im Folgenden kurz beschrieben.

Kohlberg lässt offen, wie Personen die Geltung einer moralischen Norm verstehen – interpretieren sie die Norm zum Beispiel als unveränderbar und als universell gültig? Er fragt seine Probanden lediglich nach Gründen für die Geltung der Norm (z.B.: „Warum sollte ein Versprechen gehalten werden?"). Einen methodischen Ansatzpunkt für die Klärung des von Kohlberg vernachlässigten Verständnisses der Geltung einer moralischen Regel (des Regelverständnisses) bietet Piagets Analyse des Denkens über die Regeln des Murmelspiels. Piaget nimmt an, dass Kinder zunächst noch nicht zwischen Spielregeln und moralischen Regeln differenzieren und es daher legitim sei, Spielregeln als Interviewthemen im Rahmen einer Studie zum moralischen Urteilen zu verwenden. Er stellt dabei folgende drei Fragen zum Verständnis der Geltung einzelner Regeln des Murmelspiels: „Kann man die Regeln ändern?" „Sind die Regeln immer so gewesen wie heute?" „Wie sind sie entstanden?" (Piaget 1979, S. 53). Piagets Fragetechnik bezüglich der Regeln des Murmelspiels ließe sich in das MJI integrieren. Folgende Zusatzfragen könnten gestellt werden: Kann man die Norm, ein Versprechen zu halten, verändern? Wie ist sie entstanden? Gibt es diese Norm immer schon?

Einen zweiten fruchtbaren Ansatzpunkt zur Analyse des Verständnisses der Geltung moralischer Regeln bietet Piagets Untersuchung zum Verbot des Lügens. Bei der Erhebung von Stellungnahmen zur Frage „Warum darf man nicht lügen?" prüft Piaget, ob Kinder, die bei dieser Frage in ihren Begründungen auf die mögliche Bestrafung verweisen, die Norm auch unabhängig von Strafen als gültig betrachten, und ob sie diese als universell gültig verstehen (Beispiel *Dur*, sieben Jahre, aus Piaget 1979, S. 190):

*Frage:*     *Darf man lügen*
Antw.     Nein, das ist schlimm.
*Frage:*     *Warum?*
Antw.     Weil man uns bestraft
*Frage:*     *Wenn man lügen dürfte, ohne dass es bestraft würde, wäre es dann schlimm oder nicht?*
Antw.     Schlimm.
*Frage:*     *In einem Land, wo es nur Kinder gäbe und nicht einen einzigen Erwachsenen, und wo niemand*
          *wüßte, dass man lügt, wäre es dann auch noch schlimm oder nicht?*
Antw.     Es wäre schlimm.

Das Interviewbeispiel zeigt vor allem, dass aus Sicht des befragten Kindes die Regel, nicht zu lügen, unabhängig von Strafen Geltung besitzt, obwohl es deren Geltung zunächst mit Verweis auf Strafen rechtfertigt. Keinesfalls lässt sich das Denken dieses Kindes durch eine reine Straforientierung kennzeichnen.

Solche aufschlussreichen Unterschiede zwischen der Begründung der Geltung einer Regel (der Regelbegründung) und dem Verständnis der Geltung dieser Regel (dem Regelverständnis) sind mit Kohlbergs Interviewtechnik nicht zu erfassen. Dazu wären im Rahmen des MJIs hinsichtlich der allgemeinen Fragen zu moralischen Regeln etwa Nachfragen erforderlich, die darauf abzielen, ob die bei der Begründung der Geltung einer Regel von den Probanden eingebrachten Gesichtspunkte (z.B. Strafen, Autoritätserwartungen, Erwartungen in Beziehungen) auch ihr Regelverständnis leiten. So wäre es denkbar, dass ein Kind, das bei der Begründung der Geltung der Versprechensnorm auf die Erwartungen von Autoritäten hinweist, die Norm durchaus als unabhängig von Autoritäten gültig und sogar als universell gültig versteht. Bei der Frage danach, warum die Regel unabhängig von Autoritäten gültig ist, könnte es argumentieren, dass diese Regel zwischenmenschliches Vertrauen ermöglicht. In einem solchen Fall hätte die Interviewstrategie das Kind sogar dahin gebracht, die ursprüngliche, heteronome Begründung durch eine höherstufige Begründung zu korrigieren.

Ebenso besteht die Möglichkeit, im Rahmen allgemeiner Fragen zu Regeln standardisierte Zusatzfragen zum Regelverständnis zu stellen; die methodische Strategie Piagets ließe sich auch in dieser Weise im Rahmen des MJIs fruchtbar machen, und sie lässt sich dabei noch um einige Aspekte erweitern, die aus Kohlbergs Stufentheorie ableitbar sind. Zum Beispiel könnten bezüglich der moralischen Norm, ein Versprechen zu halten, verschiedene Zusatzfragen gestellt werden. Kohlberg fragt nur: „Warum soll man ein Versprechen halten?". Zusatzfragen, natürlich in kindgemäßer Form gestellt, könnten folgende Aspekte beinhalten: Ist ein Versprechen zu brechen auch dann noch falsch bzw. ist ein Versprechen auch dann noch zu halten,

- wenn die Normenübertretung nicht bestraft wird?
- wenn Autoritätspersonen es erlauben, Versprechen zu brechen?
- wenn Normenkonformität keinen persönlichen Gewinn verspricht?
- wenn es in einer Beziehung oder einer Gruppe erlaubt ist, Versprechen zu brechen?
- wenn es in einer Schule oder einer anderen sozialen Institution erlaubt ist, Versprechen zu brechen?
- wenn es in einem anderen Land erlaubt ist, Versprechen zu brechen?

Auf diese Weise wäre ein differenzierterer Einblick in die Urteilsbildung zu einer moralischen Norm als beim MJI möglich.

Die Interviewtechnik Piagets lässt sich auch auf Kohlbergs Normenkonflikte anwenden. Dadurch kann man erfragen, ob für die Probanden die gewählte Handlung auch dann noch moralisch geboten ist, wenn bei der Begründung eingebrachte Gesichtspunkte ohne Relevanz wären (z.B. bei „Heinz", wenn die Handlungsalternative „Diebstahl" nicht bestraft wird oder diese in einem anderen Land erlaubt ist). Dabei wären auch die Begründungen für die entsprechenden Stellungnahmen zu erfassen.

Der dritte bemerkenswerte interviewtechnische Zugang bei Piaget bezieht sich auf die Inhalte des Bereichs der Gerechtigkeit. Bei Kohlberg bleibt unklar, welche Normen die Personen selbst dem Bereich der Gerechtigkeit bzw. dem Bereich der Moral insgesamt zuordnen. Piaget hingegen erfasst, wie die Kinder den Gerechtigkeitsbereich definieren. Er bittet sie, Beispiele dafür zu geben, was sie als ungerecht betrachten (vgl. Piaget 1979, S. 354 ff.).

Die drei aufgeführten Zugänge von Piaget erlauben die Erweiterung von Kohlbergs Interviewtechnik. Wie Kohlberg in der Dissertation untersucht Piaget allerdings nicht die Urteilsbildung zu den Gerechtigkeitsproblemen, vor die sich die Kinder im Alltag gestellt sehen – seine Analyse konzentriert sich ebenfalls auf das Urteilen zu fiktiven Situationen.

Mit Blick auf das forschungsmethodische Vorgehen gibt es auch bei der Auswertung der Stufen des Urteilens zu Gerechtigkeitsfragen Unterschiede zwischen Kohlberg und Piaget. Bei der Auswertung klinischer Interviews hat man verschiedene Möglichkeiten: Diese kann sich an theoretischen Stufenkriterien orientieren, oder sie kann sich auf ein Auswertungshandbuch (Manual) stützen, in dem die einzelnen Stufen durch prototypische Stellungnahmen operationalisiert sind. Die Kodierung kann zudem an einzelnen Argumenten oder an der gesamten Stellungnahme der Person zu einer Frage bzw. zu einem Dilemma ansetzen. Bei der Auswertung von Stufen können auch Inhaltsaspekte des Urteilens, etwa Handlungsentscheidungen, herangezogen werden, oder es kann allein nach Stufenaspekten kodiert werden. Anders als Piaget operationalisiert Kohlberg seine Stufendefinition in einem Auswertungshandbuch und formuliert Regeln für die Auswertung. Um die Gefahr subjektiver Willkür bei der Kodierung seines recht komplexen Interviewmaterials zu reduzieren, entwickelt er in der Dissertation das „Aspect Scoring". Dieses Verfahren umfasst zwei voneinander unabhängige Varianten, nämlich die Kodierung anhand der gesamten Stellungnahme zu einem Dilemma („Story Rating") und die Kodierung anhand von einzelnen Sätzen („Sentence Scoring"). Die Auswertung wird jeweils im Hinblick auf sog. Aspekte der Urteilsbildung vorgenommen, die stufenspezifisch formuliert sind. Kohlberg macht unter anderem auch die Handlungsentscheidung zu einem Stufenkriterium.

## 2.3   Die Kritik an Kohlbergs Urteilsstufen durch Siegal

Die Frage nach der angemessenen Stufendefinition ist die Kernfrage beim Vergleich der Untersuchungsperspektiven von Piaget und Kohlberg; Beschränkungen in den Themen des Interviews und der Interviewtechnik lassen sich durch entsprechende Erweiterungen beseitigen. Siegal gesteht zu, dass die Stufen 5 und 6 eine sinnvolle Weiterentwicklung der Stufen Piagets darstellen und Kohlberg damit die Entwicklung moralischen Urteilens umfassender beschrieben hat als Piaget (Siegal 1980, S. 293). Siegals Kritik setzt hauptsächlich an Stufe 1 an. Kohlberg kennzeichnet mit Piaget die erste Stufe durch eine Orientierung am Willen von Autoritätspersonen und an deren Strafen, betrachtet diese heteronome Orientierung aber als Ausdruck des Wunsches, Strafen zu vermeiden, und nicht wie Piaget als Ausdruck des Respekts und der Liebe gegenüber den Eltern. Die Forschung stützt, so Siegal, Piagets These, dass bei der Urteilsbildung jüngerer Kinder der Vermeidung von Strafen keine Bedeutung zukommt; diese Kinder beurteilen eine normenverletzende Handlung als falsch, unabhängig davon, ob sie bestraft oder belohnt wird:

> Kohlberg behauptet, dass Vier- und Fünfjährige Handlungen nicht auf der Grundlage eines rigiden, einseitigen Respekts vor der Unantastbarkeit der Regeln Erwachsener beurteilen. Stattdessen denken sie auf einer Stufe 1, die das Fehlen von Respekt beinhaltet. Entscheidend ist, ob eine Handlung belohnt oder bestraft wird; ob sie gegen eine von den Erwachsenen aufgestellte Regel verstößt, erscheint hingegen unbedeutend. So ist ein Junge, der für Lügen belohnt wird, ein guter Junge, während einer, der für Hilfeleistung bestraft wird, ein schlechter Junge ist. (...) Kürzlich jedoch wurde diese Behauptung von Jensen und Hughston (1973) überprüft. 32 Kindern im Alter von vier und fünf Jahren wurden 18 Geschichten vorgelegt. In sechs von diesen Geschichten führt der Protagonist eine sozial anerkannte Handlung durch, in weiteren sechs waren die Taten neutral und in den restlichen sechs normenverletzend. In neun Geschichten wurde der Handelnde von einem Erwachsenen belohnt; in den anderen neun wurde er bestraft. Die Ergebnisse zeigten deutlich, dass Sanktionen wenig Wirkung auf die Antworten zu den Geschichten mit negativem Gehalt hatten. Mit anderen Worten: eine schlechte Tat wird als schlecht bewertet - unabhängig davon, ob sie belohnt oder bestraft wird (Siegal 1980, 291 f.).

Anknüpfend an Siegal zeige ich zunächst einige Vorzüge von Kohlbergs Stufendefinition gegenüber der Stufendefinition Piagets auf (2.3.1) und arbeite dann einige Nachteile heraus (2.3.2).

### 2.3.1    *Die Stufen 3, 4, 5 und 6 als Stufen des Jugendalters*

Piaget findet in seiner Studie, dass jüngere Kinder – bis etwa sieben Jahren – bei der Begründung der Geltung einzelner moralischer Normen (etwa der Norm, nicht zu lügen) oder bei der Begründung von Handlungsentscheidungen zu Normenkonflikten (etwa zu einem Konflikt zwischen Gleichheitsgesichtspunkten und Autoritätserwartungen) sich an Regeln, den Erwartungen der Eltern und an deren Strafen orientieren, wobei die Orientierung an Strafen als Indikator für die Achtung der Eltern betrachtet wird. Bei Fragen zur Gerechtigkeit von Strafen plädieren diese Kinder für strenge Strafen, wobei ihnen die Art der Strafe als beliebig gilt. Bei Fragen der distributiven Gerechtigkeit orientieren sie sich an Ansprüchen von Autoritäten. Sie interpretieren zudem häufig Unfälle, die Personen erleiden (Ereignisse in der Welt der Dinge), als Strafen für die Übertretung moralischer Normen. Bei der Bewertung von Normenübertretungen unter dem Gesichtspunkt der Verantwortlichkeit des Aktors berücksichtigen sie nur die (materiellen) Konsequenzen von Handlungen und nicht auch die Intentionen des Aktors. Ältere Kinder – Kinder ab etwa sieben Jahren – hingegen bringen bei der Begründung der Geltung von moralischen Normen und von Handlungsentscheidungen zu Normenkonflikten Standards der Fairness und Gesichtspunkte gegenseitiger Achtung ins Spiel, befürworten bei Normenverletzungen Formen der Bestrafung, die dem Übeltäter die Folgen einer Normenübertretung für eine andere Person oder für eine Beziehung deutlich machen, beziehen sich bei Verteilungsproblemen auf Kriterien der Gleichheit und der Billigkeit, stellen keinen Zusammenhang mehr zwischen Normenübertretungen und Ereignissen in der Welt der Dinge her und berücksichtigen bei Fragen der Verantwortlichkeit neben den Konsequenzen von Handlungen auch die Intentionen des Aktors. Die von Piaget für einige zentrale moralische Urteilsbereiche ermittelten Stufen fasst eine Tabelle von Tomlinson zusammen (vgl. Tab. 2.1).

Aus Tomlinsons Zusammenstellung geht hervor, dass Piaget Urteilsstufen nicht nur in Bezug auf moralische Fragen formuliert – er beschreibt auch die Entwicklung des kindlichen „Konzepts des Lügens", einen Aspekt sozialer Kognition. Überdies erfasst er Stufen des Denkens zu Spielregeln (genauer: zu Regeln des Murmelspiels) und Stufen der „Anwendung der Regeln", d.h. Stufen regelbezogenen Verhaltens.

Piaget wendet sich mit seiner Differenzierung zwischen einer heteronomen und einer autonomen Urteilsstufe vor allem gegen die moralpsychologische Position des Soziologen Durkheim, der die Moralentwicklung als Prozess der Internalisierung gesellschaftlich vorgegebener Normen, Werte und Deutungsmuster versteht. Die Moraltheorie Durkheims war Anfang des 20. Jahrhunderts im französischen Sprachraum sehr einflussreich. Durkheim unterscheidet im Rahmen seiner Gesellschaftstheorie idealtypisch zwischen „traditionellen" und „modernen" Gesellschaften und ordnet diesen Gesellschaftsformen verschiedene Moralvorstellungen zu: Traditionelle Gesellschaften, die jeweils überschaubare, homogene Einheiten darstellen, sichern die soziale Kooperation ihrer Mitglieder durch überlieferte, partikularistische moralische Standards, durch „mechanische Solidarität". Moderne Gesellschaften hingegen, die wesentlich mehr Menschen umfassen und durch eine aus dem Prinzip der Arbeitsteilung herrührende Vielfalt heterogener Lebensbereiche gekennzeichnet sind, verlangen die Transzendierung tradierter, partikularistischer Standards, um soziale Kooperation über die verschiedenen Lebensbereiche hinweg sicherzustellen. Universelle moralische Standards (z.B. die Idee der Gleichheit aller Personen und Freiheitsrechte für jedes Individuum) kennzeichnen deshalb diese Gesellschaftsform; „organische Solidarität" ermöglicht ihren Zusammenhalt. Durkheim betont, dass die Normen, Werte und Deutungsmuster einer jeden Gesellschaft im Verlauf der individuellen Entwicklung verinnerlicht werden müssen, um die Gesellschaft zu erhalten, wobei er den Eltern eine zentrale Rolle bei Verinnerlichungsprozessen zuschreibt (vgl. Bertram 1980; 1986; Edelstein 2001; Krettenauer 1998; 1999).

*Tab. 2.1*  Zusammenfassung der Ergebnisse Piagets in „Das moralische Urteil beim Kind"

| Spielregeln | | Zwang der Erwachsenen und moralischer Realismus | | | Die Idee der Gerechtigkeit | |
|---|---|---|---|---|---|---|
| *Anwendung der Regeln* | *Vorstellungen über Regeln* | *Geschichtenpaare: Ungeschicklichkeit und Diebstahl* | *Konzept des Lügens* | *Bewertung des Lügens* | *Strafgerechtigkeit* | *Distributive Gerechtigkeit* |
| 1) Motorisches Verhalten: das Individuum spielt auf Grundlage von Gewohnheit und spontaner Laune (bis ca. drei Jahre) <br><br> 2) Egozentrisch: imitiert andere, doch ohne Einsicht oder echte Orientierung an Regeln; spielt sozial ‚auf seine Art' (drei bis sieben Jahre) <br><br> 3) Einsetzende Kooperation: spielt nach gemeinsamen Regeln, Regelverständnis aber noch vage (sieben bis zehn Jahre) <br><br> 4) Kodifizierung von Regeln: Beherrschen von und Interesse an Regeln (von zehn Jahren aufwärts) | 1) Regeln nicht zwingend; motorische Regeln oder unbewusst bewertet als lediglich interessant (bis zu fünf Jahren) <br><br> 2) Regeln heilig und unhinterfragbar (fünf bis zehn Jahre) <br><br> 3) Regeln Ergebnis gemeinsamer Übereinkunft, somit veränderbar durch Absprache (von neun bis zehn Jahren aufwärts) | Zwei Typen von Antworten: <br><br> 1) Objektive Verantwortlichkeit: Bewertung allein anhand materieller Konsequenzen <br><br> 2) Subjektive Verantwortlichkeit: Bewertung durch Bezugnahme auf Absicht des Handelnden <br><br> Die zwei Sichtweisen können bei einem Kind im Alter von sechs bis zehn Jahren nebeneinander bestehen; danach kein Fall von objektiver Verantwortlichkeit mehr. Objektive Verantwortlichkeit nimmt mit zunehmendem Alter des Kindes ab | 1) Objektivistisch: versteht Lüge als ‚hässliches Wort', wie Fluchen; kann aber Unwahrheiten als Lügen erkennen (bis ca. sechs Jahre) <br><br> 2) Materialistische Sicht: Lüge ist jede unwahre Aussage, ohne Unterscheidung, ob sie absichtlich oder unabsichtlich gemacht wurde (sechs bis zehn Jahre); obwohl Absichtlichkeit erkannt werden kann, wird sie noch nicht als Kriterium verwendet <br><br> 3) Absichtsbezogene Sicht: Lüge ist jede absichtliche Aussage, die absichtlich falsch ist (explizit nur um ca. zehn bis elf Jahre) | Jüngere Kinder (im Mittel sieben Jahre) haben eine materielle Einstellung: wie schlimm eine Lüge ist, hängt vom Ausmaß der Unwahrheit der Aussage ab, selbst wenn diese wenig Glaubwürdigkeit besitzt; sie ist falsch, weil sie bestraft wird, und sie ist schlimmer, wenn sie von Eltern und nicht von Gleichaltrigen erzählt wird. <br><br> Ältere Kinder (im Mittel zehn Jahre) gewichten die betrügerische Absicht stärker. Lügen sind *per se* falsch, unabhängig davon, wem sie erzählt werden. Später Einsicht, dass Lügen falsch sind, weil sie Vertrauen verletzen, gute Beziehungen bedrohen, etc. | Mit zunehmendem Alter Verschiebung des Schwerpunkts von Vergeltung hin zu Wechselseitigkeit. Ältere Kinder halten Erklärungen bei Zurechtweisungen für nötig, jüngere betrachten eine gerechte Bestrafung eher als hart und vergeltend und glauben eher an immanente Gerechtigkeit (4/5 der Sechsjährigen gegenüber 1/3 der 12-jährigen). Alle Kinder stimmten selektiver Bestrafung unbekannter Normenverletzer als wünschenswert zu und verurteilten Kollektivbestrafung; bei Erschwernissen bevorzugten jüngere Kinder eher Kollektivstrafen | Konzept der Gerechtigkeit: <br><br> 1) Gerechtigkeit und Fairness wird durch die Autorität definiert (bis zu ca. sieben bis acht Jahre) <br><br> 2) Gerechtigkeit ist rigide Gleichheit (von ca. sieben bis acht Jahren bis elf bis 12 Jahre) <br><br> 3) Gerechtigkeit ist Billigkeit, d.h. Gleichheit unter Berücksichtigung der Situationsumstände (von elf bis 12 Jahren aufwärts) |

(Quelle: modifiziert nach Tomlinson 1980, S. 68)

Piaget schließt sich in seiner Moralstudie den moralsoziologischen Überlegungen Durkheims weitgehend an – auch Piaget unterscheidet zwischen traditionellen und modernen Gesellschaften und ordnet diesen Gesellschaften jeweils partikularistische bzw. universalistische Moralvorstellungen zu. Er will jedoch zeigen, dass die individuelle Moralentwicklung nicht allein die Internalisierung der gesellschaftlich etablierten (partikularistischen oder universalistischen) normativen Standards beinhaltet; vielmehr verfügten Kinder über ihre eigenen Sichtweisen auf normative Standards und über das Potenzial zu aktivem, konstruktivem Lernen. In jeder Gesellschaft werde deshalb nach Heteronomie Autonomie im moralischen Urteilen erworben. Der Erwerb von Autonomie hänge dabei nicht so sehr vom Erziehungsverhalten elterlicher Autoritäten ab, sondern von den Erfahrungen der Kinder in ihren Beziehungen mit Gleichaltrigen, die durch gegenseitige Achtung geprägt seien. Die heteronome Moral ist für Piaget vornehmlich Ausdruck einer das Eltern-Kind-Verhältnis prägenden autoritären Beziehungsstruktur. Er kann allerdings Durkheims moralsoziologisches, an universellen Rechten orientiertes Konzept moralischer Autonomie nicht auf moralpsychologischer Ebene einholen, da sein Konzept der Autonomie, welches er auf der Grundlage einer Untersuchung von Kindern gewonnen hat, weitgehend auf Orientierungen an interpersonalen Beziehungen beschränkt bleibt (vgl. Krettenauer 1999).

Bereits in seiner Moralstudie jedoch identifiziert Piaget bei der Untersuchung der Regelanwendung und des Regelbewusstseins an einigen Stellen auch Fähigkeiten von älteren Kindern und Jugendlichen, Regeln vor dem Hintergrund komplexer sozialer Realitäten zu reflektieren; diese suchen bei ihrer Auseinandersetzung mit Regeln alle mögliche Fälle zu berücksichtigen (Piaget 1979, S. 39 ff.; 66 ff.). Anfang der 1950er Jahre formuliert Piaget in seinen Sorbonner Vorlesungen dann in etwas differenzierterer Weise eine zusätzliche, erst im späteren Jugendalter auftretende Urteilsstufe, bei der die Individuen auf die Erwartungen sozialer Einheiten, wie etwa Institutionen und Nationen, Bezug nehmen (Piaget 1981). Die Entwicklung der Stufen moralischen Urteilens setzt er hier jetzt zur Entwicklung der Stufen logisch-kausaler Kognition in Beziehung, wobei er in letzteren Stufen eine notwendige Entwicklungsbedingung für erstere sieht. Voraussetzung für die Ausbildung der auf Institutionen und Gesellschaften bezogenen moralischen Urteilsstufe sei die Stufe formaler Operationen, auf der die Personen abstrakt und hypothetisch denken können.

Soziologische Überlegungen zur Entwicklung gesellschaftlicher Moralvorstellungen fehlen in der Dissertation von Kohlberg; Piagets Bezugnahme auf Durkheims Moralsoziologie diskutiert Kohlberg nicht. Ebenso wenig rezipiert er hier Piagets auf Institutionen und Gesellschaften bezogene Stufe der moralischen Urteilbildung im Jugendalter, und er stellt auch noch keinen Zusammenhang her zwischen den moralischen Urteilsstufen und den Stufen logisch-kausalen Denkens.

Kohlberg macht aber auf ein zentrales Defizit der Stufendefinition in Piagets Moralstudie aufmerksam: Aufgrund der beschränkten Altersspanne, die Piaget berücksichtigt, stellt dieser nicht in Rechnung, dass Personen bei der Urteilsbildung (etwa zu einzelnen Normen, Normenkonflikten oder Fragen der Strafgerechtigkeit) auch auf Funktionsbedingungen sozialer Systeme, auf Menschenrechte und auf moralische Prinzipien Bezug nehmen können. Die Entwicklung moralischen Urteilens ist keineswegs, wie es Piagets Moralstudie nahe legt, mit der Ausbildung eines Denkens abgeschlossen, das wechselseitige Achtung von einander nahe stehenden und miteinander kooperierenden Personen fordert; es treten vielmehr weitere Formen moralischen Urteilens auf. In seinen Sorbonner Vorlesungen erfasst Piaget diese Urteilsformen ebenfalls nicht differenziert. Ihnen trägt Kohlberg in der Dissertation mit zusätzlichen Stufen Rechnung. Er gelangt insgesamt zu sechs Stufen, die er zu drei Niveaus („Levels") zusammenfasst. Dabei bezeichnet er dort noch Stufe 1 als „Typ 0", Stufe 2 als „Typ 1", Stufe 3 als „Typ 2" usw. (vgl. Tabelle 2.2).

In dieser erstmaligen zusammenfassenden Beschreibung der sechs Stufen macht Kohlberg auch Aussagen über die Entwicklung des Verantwortlichkeitsurteils. Er versteht die Stufen hier noch als Stufen des moralischen Urteilens insgesamt und nicht, wie dann in den 1980er Jahren, allein als Stufen des Gerechtigkeitsurteils.

Wie aus der zitierten Stufendefinition hervorgeht, kennzeichnet Kohlberg Stufe 6 durch eine Orientierung an moralischen Prinzipien, am Gewissen und an gegenseitigem Respekt und Vertrauen. An einer anderen Stelle der Dissertation charakterisiert er sie zudem durch eine Bezugnahme auf religiöse Werte (S. 296 ff.). Stufe 6 wird also in der Dissertation durch ganz verschiedene Aspekte definiert. Der heute verbreitete Einwand, dass sich Kohlberg bei der Bestimmung der Stufe 6 ausschließlich an der kantianischen Tradition in der Moralphilosophie orientiere und damit andere moralische Orientierungen ausblende oder als minderwertige Urteilsformen betrachte, trifft auf Kohlbergs Dissertation nicht zu.

Während Kohlberg mit den Stufen 4, 5 und 6 Piagets Differenzierung erweitert, knüpft er mit Stufe 3 an beziehungsbezogene Aspekte von Piagets Stufe des autonomen Urteilens an. Stufe 3 unterscheidet sich auf den ersten Blick nicht sehr stark von Piagets Konzept der Autonomie: jeweils spielt die Berücksichtigung von Interessen und Erwartungen in Beziehungen eine wichtige Rolle (vgl. auch Gibbs 1995). Genauer betrachtet ist jedoch Piagets Konzept beziehungsbezogenen Denkens weniger differenziert als dasjenige Kohlbergs, denn Piaget trennt nicht hinreichend zwischen Stufe 2 (personenbezogenes Denken) und Stufe 3 (beziehungsbezogenes Denken), was wahrscheinlich mit dem Alter seiner Probanden – Probanden bis zum Alter von 14 Jahren – zusammenhängt. Kohlbergs Bestimmung von Stufe 3 in der Dissertation lässt sich durch vier grundlegende Aspekte kennzeichnen, nämlich durch Orientierungen an Regeln und Erwartungen, an Folgen für den Handelnden (für Ego), an Folgen für die von einer Handlung betroffene Person (für Alter) sowie an Folgen für Beziehungen und Gruppen. Diese vier Aspekte können mit Hilfe von Stellungnahmen zur Versprechensnorm illustriert werden:

- Regeln und Erwartungen (z.B. „Von einem engen Freund kann man erwarten, dass er seine Versprechen hält");
- Folgen für Ego (z.B. „Du würdest bei den Anderen einen schlechten Eindruck machen, wenn du ein gegebenes Versprechen nicht hältst");
- Folgen für Alter (z.B. „Du würdest die Gefühle des Anderen verletzen");
- Folgen für Beziehungen und Gruppen (z.B. „Der Bruch eines Versprechens würde die enge Freundschaftsbeziehung zerstören").

Piaget hingegen betont von den vier Aspekten lediglich Regeln und Erwartungen sowie zusätzlich Gerechtigkeitsgesichtspunkte (z.B. „Du erwartest von anderen ja auch, dass sie dir gegebene Versprechen halten").

*Tab. 2.2*    *Kohlbergs Stufenbestimmung in der Dissertation*

| Ni-veau | |
|---|---|
| I | Der moralische Wert hängt ab von externalen, beobachtbaren Folgen schlechter Taten oder von quasi-physischen Bedürfnissen, und nicht von Personen und Standards.<br>Typus 0*: Orientierung an Gehorsam und an Strafe.* Egozentrische Unterordnung unter überlegene Macht oder Status oder eine Ärger vermeidende Haltung. Objektive Verantwortlichkeit.<br>Typus 1: *Naive egoistische Orientierung.* Die richtige Handlung dient dazu, die eigenen Bedürfnisse zu befriedigen und gelegentlich diejenigen des Anderen. Ungeteilter Werterelativismus. Naive Gleichmacherei und Orientierung am Tauschhandel. |
| II | Moralischer Wert besteht im Spielen „guter" oder „richtiger" Rollen, im Aufrechterhalten der etablierten Ordnung und der Erwartungen anderer.<br>Typus 2: *Orientierung am braven Jungen.* Orientierung an sozialer Anerkennung durch andere, Gefälligkeit und Hilfsbereitschaft gegenüber anderen. Konformität mit stereotypen Vorstellungen über übliches oder natürliches Rollenverhalten sowie auf Intentionen bezogenes Urteil. Pflicht und echtes Eigeninteresse fallen immer zusammen. Unterstellt wird, dass Autoritäten immer gut sind.<br>Typus 3: *Orientierung an der Aufrechterhaltung von Autorität und gesellschaftlicher Ordnung.* Orientierung an Pflichterfüllung und dem Erweis von Respekt gegenüber der Autorität sowie an der Aufrechterhaltung der vorgegebenen Gesellschaftsordnung um ihrer selbst willen. Rücksichtnahme auf berechtigte Erwartungen anderer. |
| III | Moralischer Wert besteht in der Konformität des Selbst mit geteilten oder teilbaren Standards, Rechten oder Pflichten.<br>Typus 4: *Kontraktualistisch-legalistische Orientierung.* Anerkennung eines willkürlichen Elements oder Ausgangspunkts bei Regeln oder Erwartungen zum Zwecke der Herstellung einer Einigung. Pflicht wird definiert mit Bezug auf Verträge, allgemeine Vermeidung der Verletzung des Willens oder der Rechte anderer, Mehrheitswillen und Wohlergehen.<br>Typus 5: *Orientierung am Gewissen oder an Prinzipien.* Orientierung nicht nur an etablierten sozialen Regeln, sondern an Prinzipien der Entscheidung, die zu logischer Universalität und Konsistenz führen. Orientierung am Gewissen als einer richtungsweisenden Instanz sowie an gegenseitiger Achtung und an Vertrauen. |

(Quelle: modifiziert nach Kohlberg 1958, S. 343)

Ein weiterer Vorzug der Stufendefinition in Kohlbergs Dissertation ist die philosophische Fundierung der Stufen. Gewiss gründet auch Piaget sein Konzept einer Stufe moralischer Autonomie auf moralphilosophische Einsichten, nämlich besonders auf Kants Moraltheorie (der ja ebenfalls die Differenzierung zwischen Heteronomie und Autonomie zugrunde liegt); anders als Kohlberg aber diskutiert er moralphilosophische Ansätze nicht. Wie Piaget hat Kohlberg nach eigenen Angaben die Stufenbeschreibung nicht theoretisch deduziert, sondern vorwiegend aus der Analyse des Interviewmaterials gewonnen. Wie Piaget betrachtet er die späteren Stufen als höhere Stufen moralischer Rationalität. Zum Beispiel hält er bezüglich der drei Niveaus eine zunehmende Universalisierung fest: Auf präkonventionellem Niveau berücksichtigen Personen lediglich Sanktionen von Autoritätspersonen, auf konventionellem Niveau werden Erwartungen spezifischer Personen und Gruppen aufgrund der Anerkennung dieser Akteure wichtig, auf postkonventionellem Niveau wird die Haltung der Anerkennung auf alle Personen und Gruppen generalisiert (vgl. Kohlberg 1958,

S. 352). Insbesondere bei der Diskussion der drei letzten Stufen greift Kohlberg aber auf verschiedene moralphilosophische Ansätze (z.B. auf utilitaristische Theorien) zurück. Die Orientierung an der Moralphilosophie soll hauptsächlich dazu dienen, die moralischen Rationalitätsunterschiede bei den sechs Stufen differenziert zu bestimmen. Darüber hinaus formuliert Kohlberg im Anschluss an formalistische, d.h. kantianische Moralphilosophien (wie diejenige von Hare), Kriterien für den Bereich der Moral bzw. des moralischen Urteils. So hält er etwa fest, dass Personen moralische Urteile für gewichtiger erachten als andere Werturteile, etwa Urteile über die Qualität eines Buches. Im Unterschied zu anderen Werturteilen beanspruchen moralische Urteile überdies universelle Geltung (Kohlberg 1958, S. 7 ff.).

### 2.3.2    Die Stufen 1 und 2 als Stufen der Kindheit

Siegal weist im obigen Zitat darauf hin, dass eine Orientierung am Willen von Autoritäten und an deren Strafen auch im Sinne Piagets möglich ist, d.h. Achtung von Autoritäten, zum Ausdruck bringen kann. Seine Skepsis gegenüber Kohlbergs Beschreibung der *Stufe 1* erscheint berechtigt: Kohlberg kann mit seiner Position einigen Forschungsergebnissen, wie etwa den im Zitat von Siegal angeführten, nicht angemessen Rechnung tragen. Andererseits lässt sich nicht ausschließen, dass es einem Kind nur um die Vermeidung von Strafen geht. Somit stellt sich die empirisch zu klärende Frage, unter welchen Bedingungen beide Formen einer Orientierung an Autoritäten und Strafen auftreten.

Über Siegals Kritik hinaus kann man von Piagets Position aus zusätzliche Punkte der Kritik an Stufe 1, wie Kohlberg sie in der Dissertation bestimmt, vorbringen:

- Kohlbergs Interpretation der Orientierung am Willen von Autoritäten und an deren Strafen lässt sich durch die Daten des MJIs nicht überzeugend stützen. Er unterlässt es nämlich, gezielt das Verständnis von Autoritäten und Strafen zu untersuchen. Zum Beispiel fragt er nicht, warum es wichtig sei, den Eltern zu gehorchen. Indem er bei der Beschreibung dieser frühesten Stufe des von ihm untersuchten Gerechtigkeitsurteils nur heteronome Orientierungen betont, sieht er zudem von Frühformen von Gerechtigkeitsorientierungen bei Kindern ab. Piaget findet beispielsweise, dass bereits jüngere Kinder bestimmte Handlungen der elterlichen Autoritäten als ungerecht empfinden: Befolgen die Eltern die von ihnen erlassenen Regeln selbst nicht, so werden sie kritisiert (Piaget 1979, S. 357).
- Die von Kohlberg vorgetragene Alternativinterpretation hinsichtlich des frühen Verantwortlichkeitsurteils bleibt ebenfalls theoretische Spekulation, weil er entsprechende Fragen nicht stellt. In der Dissertation geht Kohlberg wie Piaget davon aus, dass jüngere Kinder bei der Beurteilung von Normenübertretungen unter Verantwortlichkeitsgesichtspunkten nur auf beobachtbare Konsequenzen von Handlungen Bezug nehmen. Er führt aber die Bezugnahme auf Konsequenzen – „objektive Verantwortlichkeitsurteile" – nicht wie Piaget auf den Respekt vor Autoritäten zurück, sondern wiederum auf das Interesse an Strafvermeidung: dem Kind gehe es nur um die Folgen einer Normenverletzung für die eigene Person (Kohlberg 1958, S. 189 f.).

- Kohlberg vertritt in der Dissertation ein bereichsübergreifendes Entwicklungskonzept bezüglich der frühesten Urteilsstufe, beschränkt seinen theoretischen Anspruch also nicht auf den von ihm empirisch untersuchten Bereich moralischer Probleme. Piaget hingegen geht, wenn auch nur ansatzweise, von der Bereichsabhängigkeit des Denkens aus, indem er beispielsweise seinen jüngsten Probanden bei einigen Problemen bereits eine Orientierung an Kriterien der Gerechtigkeit zuschreibt. So weist er darauf hin, dass schon jüngere Kinder (Sechs- und Siebenjährige) bei bestimmten Fragen distributiver Gerechtigkeit vorrangig auf Gleichheitsgesichtspunkte Bezug nehmen, nämlich bei Verteilungsproblemen unter Kindern gleichen Alters, also Verteilungsproblemen ohne Beteiligung erwachsener Autoritäten (Piaget 1979, S. 357 f.).

Mit seiner Stufe 2 hat Kohlberg in der Dissertation die von Kindern im Alltag häufig verwendeten, von Piaget jedoch vernachlässigten instrumentalistisch-egoistischen Argumentationsmuster in den Blick gerückt. Auch diese Stufe wird aber durch Piagets empirische Ergebnisse ein Stück weit in Frage gestellt: Während Kohlberg nach einer heteronomen Stufe 1 eine Stufe 2 konzipiert, die durch eine Bezugnahme auf die eigenen Interessen des Aktors und Gesichtspunkte instrumenteller Reziprozität (z.B. „eine Hand wäscht die andere") definiert ist, gelangt Piaget bei einigen Aufgabenbereichen nach einer heteronomen Stufe zu einer nicht-egoistischen Stufe, die er als Zwischenstufe („Übergangsstadium") auf dem Weg zu einer autonomen Urteilsbildung versteht. Bei der Analyse des Verständnisses der Lüge zum Beispiel stellt er fest, dass nach einer Orientierung an Strafen durch Autoritäten das Verbot der Lüge für das Kind unabhängig von Strafen Geltung besitzt und es dieses als eine Regel versteht, die auch für Autoritäten verbindlich ist (Piaget 1979, S. 190 f.). Zudem findet Piaget bei bestimmten moralischen Normenkonflikten, nämlich bei Konflikten zwischen Gleichheitsgesichtspunkten und Autoritätserwartungen, die den Normenkonflikten bei Kohlberg ähnlich sind, kein Urteilen im Sinne der Stufe 2. Nachdem bei diesen Konflikten Kindern zunächst gerecht erscheint, was Erwachsene befehlen, können sie dann ungerechtfertigte Befehle der Eltern als solche erkennen, geben aber dennoch dem Gehorsam den Vorzug. Anschließend bringen sie Gesichtspunkte strikter Gleichheit ein (Piaget 1979, S. 315 ff.). Den angeführten Forschungsresultaten von Piaget zum Gerechtigkeitsurteil kann Kohlberg mit seiner Stufe 2 nicht angemessen Rechnung tragen.

Die Stufen 1 und 2, mit denen Kohlberg das kindliche Denken vorwiegend durch eine instrumentalistische Einstellung, nämlich eine Orientierung an Strafvermeidung bzw. an Eigeninteressen, kennzeichnet, lassen sich also von Piagets Forschungen aus problematisieren. Während Piaget genuin moralische Gesichtspunkte (vor allem Orientierungen an Regeln und Erwartungen sowie an Gerechtigkeitsgesichtspunkten) betont, stellt Kohlberg einseitig auf Folgen für den Handelnden ab. Dadurch dass Piaget frühe genuin moralische Orientierungen und auch bereichsspezifische Stufensequenzen herausarbeitet, steht er der heutigen moralpsychologischen Forschung näher als Kohlberg in seiner Dissertation.

Viele Moralpsychologen übersehen, dass Piaget bei seiner Analyse kindlichen Urteilens Zwischenstufen einführt und – wenn auch nur ansatzweise – auf bereichsspezifische Unterschiede hinweist sowie genuin moralische Gesichtspunkte betont. Selbst Siegal nimmt dies nicht zur Kenntnis. Bei der Rezeption von Piagets Stufen wird gemeinhin lediglich zwischen einer bereichsübergreifenden Stufe der Heteronomie und einer bereichsübergreifenden

Stufe der Autonomie unterschieden. Der Vergleich von Kohlbergs mit Piagets Stufendefinition erfolgt dann auf der Basis dieser problematischen Rezeption von Piaget. Zwei Varianten des Vergleichs sind in der Moralpsychologie verbreitet: Einige Autoren vertreten die Auffassung, dass einzelne Stufen bei Kohlberg mit einer der beiden Stufen bei Piaget identisch seien (vgl. z.B. Montada 2008). Übereinstimmend halten diese Autoren fest, dass Kohlbergs Stufe 1 der heteronomen Stufe bei Piaget entspricht, schätzen aber unterschiedlich ein, welche der Kohlberg-Stufen Piagets autonomer Stufe entspricht – ist es Stufe 2, Stufe 3 oder sogar Stufe 5? Auf diese Weise werden aber die beschriebenen Unterschiede in den Stufendefinitionen ausgeblendet. Andere Autoren sprechen zu Recht lediglich von Ähnlichkeiten zwischen Kohlbergs und Piagets Stufen (vgl. z.B. Bertram 1980; Rest 1983), wobei sie allerdings verkennen, dass Piaget bereichsabhängige Unterschiede im Denken annimmt.

Kohlberg selbst vergleicht seine Urteilsstufen mit denjenigen Piagets zumeist im Sinne der zweiten Variante (vgl. z.B. Kohlberg 1963a). Nach eigenem Bekunden übernimmt er bei der Beschreibung der Stufe 1 Aspekte von Piagets heteronomer Stufe (vor allem die Orientierung an Regeln, an Erwartungen von Autoritäten und an Strafen), interpretiert aber, anders als dieser, die heteronome Orientierung als Ausdruck des Interesses an Strafvermeidung. Bei der Bestimmung von Stufe 2 greife er einige Merkmale der autonomen Stufe von Piaget auf (vor allem die Orientierung an Gleichheit), betone dabei aber den Gesichtspunkt der Verfolgung von Eigeninteressen. Stufe 3 weise ebenfalls einige Merkmale von Piagets autonomer Stufe auf. An anderer Stelle (vgl. Kohlberg 1984, S. xxvii f.) geht Kohlberg von drei Stufen bei Piaget aus, die er modifiziert und um drei zusätzliche Stufen ergänzt habe. Dies trägt der Tatsache besser Rechnung, dass Piaget etwa im Hinblick auf einen spezifischen Typus des Normenkonflikts (nämlich dem Konflikt zwischen Gleichheit und Autorität) auch eine Zwischenstufe einführt.

Die Aspekte der Stufe 1 und der Stufe 2 verstehe ich als Vorläufer der Aspekte der Stufe 3: Letztere Stufe kennzeichnet der späte Kohlberg durch Orientierungen an Regeln und Erwartungen, an Gerechtigkeitsgesichtspunkten, an Folgen für Ego, an Folgen für Alter sowie an Folgen für Beziehungen und Gruppen. Stufe 3 hat er ab den 1970er Jahren gegenüber der Dissertation um den Gerechtigkeitsgesichtspunkt der „Goldenen Regel" („Behandle andere so, wie du selber behandelt werden möchtest") und um Schuldgefühle (die das Wohl von Ego betreffen) erweitert; beide Aspekte wurden in der Dissertation noch auf den postkonventionellen Stufen aufgeführt. Die fünf Inhaltsaspekte moralischen Urteilens sind zentrale Aspekte von Situationen moralrelevanten Handelns (vgl. Keller/Edelstein 1991; Keller/ Reuss 1984), und sie können bereits auf den beiden präkonventionellen Stufen thematisiert werden. Zu trennen ist also zwischen Stufen, stufenübergreifenden Inhaltsaspekten und Strukturen moralischen Urteilens; Stufen ergeben sich durch die Anwendung von Strukturen auf Inhalte.

Die eigene theoretische Position lässt sich durch Stellungnahmen zur Versprechensnorm und zu Kohlbergs „Judy"-Dilemma (einer veränderten Fassung des früheren „Alex"-Dilemmas) illustrieren (vgl. Tab. 2.3).

*Tab. 2.3   Inhaltsaspekte des kindlichen Gerechtigkeitsurteils: Beispiele für „Versprechen" und für die Handlungsentscheidung „Autorität" beim „Judy"-Dilemma*

| Versprechen | Regeln und Erwartungen | Gerechtigkeits-gesichtspunkte | Folgen für Ego | Folgen für Alter | Folgen für Beziehungen und Gruppen |
|---|---|---|---|---|---|
| Stufe 1 | Versprechen muss man immer halten. | Das wäre ungerecht. | Der Andere würde dich sonst verprü-geln. | Der Andere könnte traurig sein. | Ihr würdet nicht mehr miteinander spielen. |
| Stufe 2 | Du wärst sonst ein Betrüger. | Der Andere hat Versprechen ja auch gehalten. | Du würdest dich schlecht fühlen, wenn du ein Ver-sprechen brichst. | Der Andere wäre ent-täuscht. | Ihr würdet keine Freun-de mehr sein. |
| Stufe 3 | Von einem engen Freund kann man erwarten, dass er ein Ver-sprechen hält. | Du erwartest von anderen ja auch, dass sie gegebene Versprechen halten. | Du würdest einen schlech-ten Eindruck machen. | Du würdest die Gefühle des Anderen verletzen. | Ein Verspre-chen zu brechen würde eine enge Freund-schaft zerstö-ren. |

| Judy: Autorität | Regeln und Erwartungen | Gerechtig-keitsgesichts-punkte | Folgen für Ego | Folgen für Alter | Folgen für Beziehungen und Gruppen |
|---|---|---|---|---|---|
| Stufe 1 | Judy muss der Mutter immer alles sagen. | Das wäre ungerecht. | Judy muss zur Strafe dann früher ins Bett gehen. | Die Mutter würde dann mit Judys Schwester wahrscheinlich nicht schimp-fen. | Sie hätten keinen Spaß mehr mitein-ander. |
| Stufe 2 | Judy wäre eine Lügnerin. | Die Mutter hat schon so viel für Judy getan. | Judy geht das Risiko ein, von der Mutter bestraft zu werden. | Die Mutter wäre sonst enttäuscht. | Mutter und Tochter hät-ten Konflikte. |
| Stufe 3 | Von einer Tochter kann man erwarten, dass sie ihre Mutter respek-tiert. | Judy sollte sich einmal in die Lage der Mutter ver-setzen. | Judy hätte ansonsten starke Schuld-gefühle. | Die Mutter wäre verletzt, wenn sie entdeckt, dass Judy gelogen hat. | Es ist nötig, um die Be-ziehung zur Mutter zu verbessern. |

Das „Judy"-Dilemma stellt ein kindgemäßes Dilemma in einer Familie dar. Die 12-jährige Judy vertraut ihrer älteren Schwester Louise an, sie habe ein Rockkonzert besucht, der Mut-ter aber gesagt, sie würde den Tag mit einer Freundin verbringen. Die Mutter hatte Judy den Besuch des Rockkonzerts zunächst unter der Bedingung erlaubt, dass Judy das Ein-trittsgeld selbst verdient, die Erlaubnis später aber zurückgezogen, weil sie Judys Geld für eine wichtige Anschaffung (den Kauf neuer Schulkleider) benötige. Louise steht nun vor der

Entscheidung, ob sie der Mutter von Judys Lüge erzählen soll. Wie Tabelle 2.3 zeigt, findet man für alle fünf Inhaltsaspekte stufenspezifische Äußerungen (es sind nur Begründungen für die Handlungsentscheidung „Autorität" aufgeführt).

Regeln und Erwartungen, Gerechtigkeitsgesichtspunkte, Ego, Alter sowie Beziehungen und Gruppen stellen aber nicht nur Inhaltsaspekte des kindlichen Gerechtigkeitsurteils dar, sondern sind auch mögliche Themen der moralischen Urteilsbildung (z.B. Pflichten in Freundschaftsbeziehungen als Gegenstand von Überlegungen). Als Inhaltsaspekte des Urteilens treten die fünf Kategorien wiederum bei jedem moralischen Thema auf. Darüber hinaus sind sie mögliche Themen sozialer Kognition (vgl. Keller/Edelstein 1991).

Im Unterschied zu Piaget räumt Kohlberg in der Dissertation die Möglichkeit einer kulturellen Relativität der Urteilsstufen ein (Kohlberg 1958, S. 350). Indem er die Möglichkeit der Kulturspezifität des Urteilens zugesteht, trägt er der Tatsache Rechnung, dass er seine Stufen lediglich anhand von US-amerikanischen Probanden gewonnen hat (Piaget ermittelte seine Stufen allein anhand von Probanden aus der Schweiz). Hingegen geht Kohlberg in der Dissertation von der Angemessenheit der Urteilsstufen für beide Geschlechter aus, obwohl er nur männliche Probanden untersucht hat. Diese Beschränkung rechtfertigt er vor allem damit, dass die sehr komplex angelegte Analyse der Urteilsbildung nicht auch noch den Einfluss des Geschlechts erfassen konnte (Kohlberg 1984, S. 340). Piaget analysiert Daten beider Geschlechter; er geht ebenfalls nicht von einer Geschlechtsspezifität der Stufen aus. Kohlberg betrachtet in der Dissertation seine Stufenbeschreibung insgesamt noch als eine Konstruktion, bei der die Anzahl der Stufen unter anderem von der Variationsbreite der untersuchten Stichprobe abhängt:

> Die Zahl von Typen, zu der wir gelangten, war dann recht willkürlich und zweifellos durch die begrenzte Variationsbreite unserer spezifischen Population bestimmt. Zu wenige Typen erschienen uns ungünstiger als zu viele, da zu viele noch reduziert werden können, während zu wenige sich nicht ausbauen lassen. Ein Schema von zwei oder drei Stufen bedeutet fast zwangsläufig, dass die unterste Stufe alle einfachen Antworten und die höchste Stufe alle entwickelten Antworten umfasst, oder dass ein Typus bloß dadurch charakterisiert ist, dass er die Eigenschaften des anderen nicht besitzt. Zu wenige Stufen tendieren dazu, alleine kognitive Altersunterschiede, zu viele nur kulturelle und persönlichkeitsbezogene Unterschiede zum Ausdruck zu bringen. Unser endgültiges Schema ist ein Kompromiss (Kohlberg 1958, S. 89).

In der gegenwärtigen Kohlberg-Rezeption wird (wie in Kapitel 1 bereits erwähnt) häufig das Stufenkonzept Kohlbergs kritisiert. Auch Siegal stellt Kohlbergs Stufenkonzept in Frage, indem er geltend macht, dass dieser im Unterschied zu Piaget von einer starken Konsistenz der Stufenwerte einer Person ausgehe, dass seine Annahme aber durch die empirische Forschung nicht bestätigt werde (vgl. Siegal 1980, S. 287 f.). Siegal weist zudem auf auftretende Stufenregressionen hin, die Kohlbergs Theorie nicht zulasse (vgl. Siegal 1980, S. 289 f.). Tatsächlich aber vertritt Kohlberg in der Dissertation, ebenso wie Piaget, kein strenges Stufenkonzept: Piaget geht in seiner Moralstudie von einer bestimmten Abfolge der Urteilsstufen aus, nämlich vom Übergang von einer heteronomen zu einer autonomen Orientierung, betont aber immer wieder, dass Personen zu einem Messzeitpunkt bei manchen Aufgaben autonome, bei anderen heteronome Gesichtspunkte einbringen, und dass im Entwicklungsverlauf auf autonome durchaus heteronome Aspekte folgen können (vgl. Gibbs 1995). Auch

Kohlberg rechnet mit einer beträchtlichen Inkonsistenz der Stufenwerte einer Person zu einem Messzeitpunkt, wobei er insbesondere einen Einfluss der Dilemmata auf die Stufenwerte postuliert (Kohlberg 1958, S. 91). Er schließt zudem Stufenregressionen sowie Formen des Überspringens von Stufen nicht aus. Die sechs Urteilsstufen gelten ihm als Resultat einer idealtypologischen Forschungsmethode, die im Anschluss an den Soziologen Max Weber folgendermaßen charakterisiert wird:

> Die idealtypologische Methode besteht in der Beobachtung einer großen Menge mehr oder weniger qualitativen Materials und in der Suche nach dem gemeinsamen Auftreten verschiedener Elemente, die einen einigermaßen „nachvollziehbaren" Bezug zueinander haben. Somit erfordert sie die Bereitschaft, zugleich auszusondern und empirische Konsistenzen hervorzuheben, die sich kohärent interpretieren lassen (...) (Kohlberg 1958, S. 80).

Sowohl Piagets Stufenkonzept als auch das Stufenkonzept Kohlbergs in der Dissertation bleiben allerdings relativ unklar. Beide Forscher formulieren keine genauen Annahmen zum Ausmaß von Inkonsistenzen in den zu einem Messzeitpunkt ermittelten Stufenwerten einer Person sowie darüber, welche Faktoren im einzelnen für Stufeninkonsistenzen verantwortlich sind und unter welchen Bedingungen es zu Stufenregressionen bzw. zu einem Überspringen von Stufen kommt. Wie bei Piaget ist auch bei Kohlberg die empirische Analyse überdies nur als Querschnittstudie angelegt, so dass individuelle Entwicklungsverläufe nicht untersucht werden können. Im Unterschied zu Piaget nimmt Kohlberg in der Dissertation aber eine systematische Untersuchung der Veränderungen der Stufenwerte mit dem Alter vor, und er führt ansatzweise eine Analyse der Variationen in den zu einem Messzeitpunkt ermittelten Stufenwerten einer Person durch (Kohlberg 1958, S. 98 ff.; vgl. auch 3.6.1).

## 2.4 Neuere Versuche der Integration von Kohlbergs und Piagets Theorien

Die vorangehende Diskussion zeigte, dass Kohlberg in der Dissertation den Positionen vieler seiner heutigen Kritiker zum Teil noch recht nahe steht, etwa wenn er eine Kulturspezifität der Entwicklung einräumt, Stufe 6 breit anlegt und eine starke Stufenvariabilität zugesteht. Dies ändert sich in den 1960er- und 1970er Jahren (vgl. Kap. 3 bzw. Kap. 4), während er sich in den 1980er Jahren den Positionen seiner Kritiker wieder annähert (vgl. Kap. 5, 6, 7 und 8).

Auf die Kritik von Siegal und von anderen Piaget-Anhängern reagierte Kohlberg nicht, und auch seine Anhänger vernachlässigten die Auseinandersetzung mit dieser Kritik. Siegal hat ab den 1980er Jahren meines Wissens Kohlbergs Position nicht mehr diskutiert. Die Kohlberg-Kritik der Piaget-Anhänger insgesamt ist weitgehend verstummt; sofern von dieser Seite Einwände vorgetragen werden, ähneln sie weitgehend Siegals Einwürfen. Während es in den 1960er- und 1970er Jahren noch eine Vielzahl von Studien zu Piagets moralpsychologischer Theorie gab (als Überblick vgl. Edwards 1981; Hoffman 1970a; 1977; Lickona 1976), nahm danach deren Anzahl deutlich ab (als Überblick vgl. Eckensberger 1998; Eckensberger/Zimba 1997). Nur noch wenige Forscher orientieren sich daran; den meisten gilt sie inzwischen als überholt.

Bei der Diskussion der Einwände Siegals wurden sowohl Vorzüge als auch Nachteile des in der Dissertation entwickelten Ansatzes gegenüber dem Ansatz von Piaget benannt. In meinen Augen würde die Kohlberg-Schule bei der Analyse des kindlichen Gerechtigkeitsurteils durch die Öffnung gegenüber Piagets Perspektive gewinnen; umgekehrt gilt gleiches. Jedoch blieb (a) eine Öffnung der Kohlberg-Schule gegenüber dem Piaget-Ansatz weitgehend aus, ebenso wie eine Öffnung des Piaget-Ansatzes gegenüber der Kohlberg-Schule. Allerdings gibt es (b) Integrationsbemühungen bei einigen Neo-Kohlbergianern. Zudem wurden (c) einige Aspekte nicht-präskriptiver Gerechtigkeitskognitionen analysiert. Darüber hinaus finden sich (d) manche auf Piagets Stufen logisch-kausaler Kognitionen und Kohlbergs Moralstufen gestützte Konzeptionen der Entwicklung nicht-moralischer Kompetenzen.

*(a) Integrationsbemühungen im Rahmen des Kohlberg- und des Piaget-Ansatzes hinsichtlich des kindlichen Gerechtigkeitsurteils*
Obwohl Kohlberg auf die Kritik durch die Piaget-Anhänger nicht eingeht, hat er sich nach der Dissertation Piagets Stufentheorie ein Stück weit angenähert:

- Ab den 1970er Jahren weist er den Stufen des Gerechtigkeitsurteils „soziomoralische Perspektiven" zu, die das einheitsstiftende Organisationsmuster der verschiedenen Aspekte einer Stufe, d.h. ihre Struktur, darstellen sollen. Stufe 1 wird dabei an verschiedenen Stellen (vgl. z.B. Kohlberg 1984, S. 173 ff.) in struktureller Hinsicht durch eine physikalistische und eine egozentrische Perspektive, Stufe 2 durch Perspektivendifferenzierung und Perspektivenkoordinierung gekennzeichnet. Die soziomoralischen Perspektiven der beiden präkonventionellen Stufen lassen verschiedene nicht-heteronome bzw. nicht-egoistische Orientierungen zu; auf eine wichtige Gruppe dieser Orientierungen, nämlich auf Gerechtigkeitsorientierungen, weist Piaget hin. Kohlbergs Bestimmung der Struktur der Stufen 1 und 2 ist dabei nicht einheitlich. An anderen Stellen charakterisiert er nämlich Stufe 1 durch die Fähigkeit zur Perspektivendifferenzierung und Stufe 2 durch die Fähigkeit zur Perspektivenkoordinierung (vgl. z.B. Kohlberg, 2000, S. 61 f.). An manchen Stellen kennzeichnet er Stufe 1 durch Egozentrismus und Perspektivendifferenzierung, Stufe 2 durch Perspektivenkoordinierung (vgl. z.B. Tab. 2.5).
- Kohlberg betont in den 1980er Jahren bei Stufe 1 nunmehr nicht-instrumentalistische Orientierungen des Kindes an Regeln sowie an Autoritäten und Strafen. Er verwirft offenkundig seine frühere, instrumentalistische Interpretation der Orientierung an Regeln, Autoritäten und Strafen und schließt sich der Interpretation Piagets an. Die Orientierung an Strafen auf Stufe 1 charakterisiert er nun als Perspektive eines „naiven moralischen Realismus": die moralische Bedeutung einer Handlung, ihre Richtigkeit oder Falschheit, wird als eine ihr innewohnende und unveränderliche Qualität angesehen. Strafe sei nicht deshalb bedeutsam, weil der Handelnde negative Folgen für sich selbst zu vermeiden sucht, sondern weil sie mit einer falschen Handlung gleichgesetzt wird (Kohlberg 1984, S. 624).
- In den 1980er Jahren nimmt Kohlberg (wie Piaget) bereichsspezifische Stufensequenzen an, und zwar außerhalb des Gerechtigkeitsbereichs (vgl. auch Kap.6).

Kohlberg schöpft das Potenzial der soziomoralischen Perspektiven aber nicht aus: In den 1980er Jahren führt er bei der Bestimmung der präkonventionellen Stufen nunmehr selbst verschiedene Formen von Gerechtigkeitsorientierungen an (vgl. z.B. Kohlberg 1984, S. 627). Beispielsweise könne auf Stufe 1 bereits die Gleichbehandlung von Personen eingefordert werden – dies jedoch noch nicht im Hinblick auf Autoritäten. Auf Stufe 2 würden die Individuen unter anderem auch Billigkeitsgesichtspunkte einbringen (z.B.: „Dass arme Personen stehlen, ist gerecht, weil sie Essen benötigen") – allerdings versteht Kohlberg eine Gerechtigkeitsorientierung auf Stufe 2 vorwiegend als instrumentalistisch verengte Form der Reziprozität (z.B.: „Er hat mir einen Gefallen getan, also muss ich auch ihm einen Gefallen tun"). Er kennzeichnet in einer seiner letzten Arbeiten die Moral der Stufe 2 als „Moral des instrumentellen Relativismus und Austauschs" und hält dort fest, dass sich diese Stufe im Alter von sieben oder acht Jahren ausbildet (Kohlberg 2000, S. 80). Kohlberg geht an einigen Stellen selbst davon aus, dass Personen der Stufe 2 die Interessen anderer berücksichtigen können (vgl. z.B. Kohlberg 1984, S. 627), er interpretiert die Orientierung an den Interessen anderer dort jedoch nicht ausdrücklich als empathische.

In der Kohlberg-Schule blieb hinsichtlich des kindlichen Gerechtigkeitsurteils offen, wie die Themen des Interviews, die Interviewtechnik und die Stufenbestimmungen weiterentwickelt werden können:

- Die Ausklammerung kindgemäßer Themen kennzeichnet auch die weitere Forschung Kohlbergs und der an seinem Interviewverfahren orientierten Moralpsychologen; Probleme aus der Alltagswelt von Kindern hat die Kohlberg-Schule nicht eigens entwickelt. Kohlberg räumt später selbst ein, dass die Dilemmata des MJIs für Kinder unter zehn Jahren schwer verständlich sind (Colby/Kohlberg 1987, S. 153). Bei den von ihm analysierten Bereichen des Gerechtigkeitsurteils müsste die Kohlberg-Forschung prüfen, ob die Dilemmata und Fragen des MJIs auf Kinder hin zugeschnitten werden können oder ob die Untersuchung der kindlichen Urteilsbildung zu den Themenbereichen völlig andere Dilemmata und Fragen erfordert. Aufgrund dieser Beschränkung bleibt auch die Vernachlässigung des Denkens von Kindern unter zehn Jahren kennzeichnend für Kohlbergs weitere Forschung, wie auch für die Forschung der an seiner Methode orientierten Moralpsychologen. Um seine alternative Stufendefinition zu stützen, hätte er kindgemäße Themen vorlegen und das Urteilen von Kindern unter zehn Jahren analysieren müssen. Da dies nicht geschehen ist, sind die von ihm vorgenommenen Modifikationen von Piagets Stufen mit Vorbehalt zu betrachten. Das Urteilen zu Fragen distributiver Gerechtigkeit, immanenter Gerechtigkeit, kollektiver Verantwortlichkeit und individueller Verantwortlichkeit hat Kohlberg und die an ihm orientierte Forschung später ebenfalls nicht untersucht. Zu diesen Themenbereichen trug sein Forschungsansatz bisher keine empirischen Resultate bei. Kohlberg kann nur an entsprechende Ergebnisse der Piaget-Forschung oder der „modernen" Alternativansätze (z.B. an die Ergebnisse von Damon) anknüpfen, was zum Teil geschieht (vgl. Kap. 6).
- Die Kohlberg-Anhänger nutzten die drei angeführten interviewtechnischen Zugänge Piagets für die Analyse der von Kohlberg erfassten Bereiche des Gerechtigkeitsurteils nur sehr eingeschränkt. Lediglich hinsichtlich der Inhalte des Bereichs der Gerechtigkeit beschritten einige Anhänger einen ähnlichen methodischen Weg wie Piaget, etwa

Walker und D.L. Krebs (vgl. 5.2.2). Die Bereichstheoretiker Turiel und Damon knüpften an die ersten beiden angeführten methodischen Varianten bei Piaget an, allerdings nur im Hinblick auf Situationen der Verletzung einer einzelnen Norm, d.h. nicht im Hinblick auf allgemeine Fragen zu Normen und Fragen zu Normenkonflikten (vgl. 6.4 und 6.2). In Bezug auf Normenkonflikte wählte lediglich Lourenco (2003) einen entsprechenden methodischen Weg. Der Autor konfrontiert Sechs- und Achtjährige mit der Handlung eines Diebstahls und einer Lüge, die beide aufgrund großer Bedürftigkeit erfolgen. Er fragt bei beiden Normenkonflikten, ob der Diebstahl bzw. die Lüge auch dann noch falsch wäre, wenn ein Lehrer sie erlaubt hätte und wenn es in der Schule sowie in einem anderen Land erlaubt wäre, so zu handeln. Zugleich erfasst er die Entscheidungsbegründungen. Allerdings wertet Lourenco die Begründungen nicht nach Stufen, sondern nur nach Inhaltsaspekten des Urteilens aus. Die Piaget-Forschung griff die drei interviewtechnischen Zugänge bei Piaget meines Wissens nicht auf. In der Diskussion von Turiels Ansatz werde ich auf dieses Problem der Interviewtechnik zurückkommen.

▪ Offen blieb, ob bezüglich der von Kohlberg erfassten Bereiche des Gerechtigkeitsurteils die Stufen 1 und 2 tatsächlich angemessener sind als Piagets Stufen kindlichen Urteilens. Inwieweit bei Stufe 1 Kohlbergs veränderte, an Piaget orientierte Interpretation der Orientierung an Regeln, Erwartungen von Autoritäten und Strafen tatsächlich sinnvoller ist als seine frühere instrumentalistische Interpretation, hat die Kohlberg-Forschung nicht empirisch geklärt, da die Analysen nicht entsprechend angelegt wurden. Dies wäre eine der Fragen, die dieser Forschungsansatz in Zukunft zu prüfen hätte. Das MJI wäre dafür in der Weise zu erweitern, dass gezielt nach dem Verständnis von Regeln, Autoritäten und Strafen gefragt wird. Ebenso wäre zu prüfen, inwieweit bereits Kinder dieser Stufe das Handeln von Autoritätspersonen an moralischen Regeln messen und kritisieren können.

Die Piaget-Forschung hat Nachteile von Piagets Ansatz gegenüber demjenigen Kohlbergs bisher nicht behoben: Die Beschränkung auf das kindliche Urteilen bleibt erhalten, ebenso die wenig differenzierte Fragetechnik bei der Analyse des Gerechtigkeitsurteils; die ersten drei der in Abschnitt 2.2/Punkt b angeführten methodischen Differenzen bleiben auch späterhin bestehen. Kohlberg und die an ihm orientierte Forschung legen den Probanden allerdings nicht länger alle neun Dilemmata des MJI vor; im Allgemeinen erheben sie Stellungnahmen zu maximal sechs Dilemmata. Dabei werden die Dilemmata gegenüber der Dissertation verändert (vgl. 4.1 und 4.5/Punkt h). Die Bemühungen um eine philosophische Fundierung der Stufen unterscheiden auch später die Kohlberg-Forschung und die Piaget-Forschung. Allerdings nahmen verschiedene an Piaget orientierte Wissenschaftler eine Operationalisierung der Urteilsstufen Piagets vor und analysierten die Stufenvariabilität.

Vertreter von Piagets Position hätten hinsichtlich des kindlichen Gerechtigkeitsurteils mittels empirischer Analysen insbesondere zu zeigen, dass Orientierungen an Regeln, Erwartungen von Autoritäten und Strafen Respekt vor Autoritäten zum Ausdruck bringen und nicht ein Interesse an Strafvermeidung, und dass im Entwicklungsverlauf nach einer heteronomen Urteilsbildung selten instrumentalistisch-egoistisches Denken zu finden ist.

Die beschriebenen konzeptuellen Veränderungen von Kohlberg im Verhältnis zu Piagets Analyse des kindlichen Gerechtigkeitsurteils stellen zwar wichtige Weiterentwicklungen dar; Selmans Analysen sozialer Kognitionen machen allerdings Defizite von Kohlbergs später Bestimmung des kindlichen Gerechtigkeitsurteils deutlich: Kohlberg hat Selmans Analyse der Perspektivenübernahme für die Bestimmung der Strukturen des Urteilens zwar fruchtbar gemacht, seine entsprechende Stufendefinition auf der Basis dieses Strukturkonzepts aber nicht hinreichend erweitert. Die Stufendefinition bleibt nach wie vor verengt; vor allem trägt sie empathischen Orientierungen sowie Orientierungen an Folgen für Beziehungen und Gruppen nicht Rechnung. Neben Selmans Untersuchung der Perspektivenübernahme ist auch Selmans Forschung zum Verständnis von Personen, Beziehungen und Gruppen relevant für die Analyse des kindlichen Gerechtigkeitsurteils – insbesondere für die Bestimmung der Inhaltsaspekte der Urteilsbildung. Einzelne Personen (neben Ego auch Alter), Beziehungen (z.B. Eltern-Kind-Beziehungen, Freundschaften) und Gruppen (z.B. Gleichaltrigengruppe) sind zentrale Aspekte moralrelevanter Handlungssituationen und stellen auf jeder Stufe, d.h. auch auf den beiden präkonventionellen Stufen, wichtige Inhaltsaspekte dar. Es erscheint mir aus Sicht der heute vorliegenden Forschungsergebnisse sinnvoll zu sein, im Anschluss an Kohlbergs an einigen Stellen vertretenen Standpunkt die Fähigkeit zur Perspektivendifferenzierung als strukturelle Grundlage der Stufe 1 und die Fähigkeit zur Perspektivenkoordinierung als strukturelle Grundlage der Stufe 2 zu betrachten. Für die Unterscheidung der inhaltlichen Aspekte beider Stufen sind Selmans Analysen des Verständnisses von Personen, Beziehungen und Gruppen wichtig – nicht nur Orientierungen am Wohl des Handelnden (von Ego), sondern auch Orientierungen am Wohl des von der Handlung Betroffenen (von Alter) sowie Orientierungen an Folgen für Beziehungen und Gruppen können bereits auf den präkonventionellen Stufen auftreten. Zugleich ist eine stärkere Annäherung an Piagets Moraltheorie erforderlich, die genuin moralische Orientierungen an Regeln und Erwartungen sowie Orientierungen an Gerechtigkeitsgesichtspunkten betont (vgl. auch 2.3.2).

Kohlberg macht jetzt an einigen Stellen auch Aussagen über das frühkindliche moralische Denken, wobei er annimmt, dass der Stufe 1 eine „prämoralische" Urteilsstufe vorausgeht, die er als Stufe 0 bezeichnet. Sie korrespondiere der sensomotorischen Stufe Piagets. Auf Stufe 0 werde die Verbindlichkeit moralischer Normen noch nicht anerkannt; bei der Beurteilung moralischer Fragen werde lediglich auf die eigenen Wünsche Bezug genommen. Die Maxime lautet hier: „Richtig ist, was ich will" (vgl. z.B. Kohlberg 1987, S. 13 ff.; 1995, S. 93; auch Tab. 2.5; auch Oser/Althof 1992, S. 50 ff.). Die Erforschung der frühen Kindheit gewann in der Entwicklungspsychologie insgesamt ab den 1970er Jahren an Bedeutung; besonders der Entwicklung logisch-kausaler Kognitionen, sozialer Kognitionen und Emotionen hat sich die Forschung intensiv gewidmet. Dabei wurden verschiedene frühkindliche Fähigkeiten nachgewiesen, etwa frühe Fähigkeiten zur Emotionsregulation. In der Moralpsychologie hingegen thematisierten nur wenige Autoren Aspekte der frühkindlichen Moralentwicklung und arbeiteten frühkindliche Fähigkeiten heraus. Die meisten Moralpsychologen vernachlässigen die frühe Kindheit bzw. schreiben Kindern in dieser Entwicklungsphase moralische Fähigkeiten nicht zu. Kohlberg, aber auch Piaget, Freud und die Vertreter der traditionellen sozialen Lerntheorie kennzeichnen die frühkindliche Phase weitgehend als egozentrisches Stadium, wobei sie diese Phase nicht empirisch untersuchen.

Dunn (vgl. z.B. Dunn 1988) geht der Frage nach, in welchem Alter Kinder erstmals um moralische Normen wissen, indem sie zum Beispiel kindliche Reaktionen auf eigene Ungeschicklichkeiten, durch die das Eigentum anderer beschädigt wird, erfasst. Sie stützt sich dabei vor allem auf genaue Beobachtungen der Kinder in ihrem Alltag und interpretiert Dialoge zwischen Eltern und Kindern. Dunn stellt fest, dass bereits Einjährige auf entsprechende Verletzungen der Eigentumsnorm mit Traurigkeit und Unzufriedenheit, aber auch mit Interesse und Neugier reagieren. Daraus folgert sie, dass Kinder dieses Alters schon ein Wissen um diese Norm besitzen und sie für bedeutsam halten. Ihre Untersuchungen beschränken sich nicht auf die Eigentumsnorm – die Autorin untersucht auch das Wissen um weitere moralische Normen. Dunn zeigt zudem, dass bereits Ein- und Zweijährige bei eigenen Normenverletzungen zu Rechtfertigungen und Entschuldigungen in der Lage sind, welche die Verbindlichkeit von Normen anerkennen. Kohlbergs Stufe 0 (d.h. fehlende Anerkennung der Verbindlichkeit von Normen als zentrales Merkmal) scheint also bestenfalls ein schnell vorübergehendes Stadium zu sein.

Während die (erweiterte) Stufe 1 des Gerechtigkeitsurteils erstmals mit ca. vier Jahren auftreten dürfte, sollte die (erweiterte) Stufe 2 erstmals mit ca. sieben Jahren erworben werden (vgl. auch die Punkte b und c). Kohlbergs Konzept der Stufe 0 wäre um physikalistische und egozentrische Begründungen zu erweitern; Ein-, Zwei- und Dreijährige begründen die Verbindlichkeit von Normen wahrscheinlich häufig noch physikalistisch oder egozentrisch (vgl. auch den Punkt d).

*(b) Integrationsbemühungen von Neo-Kohlbergianern hinsichtlich des kindlichen Gerechtigkeitsurteils*

Eine Erweiterung der Stufen 1 und 2 im vorgeschlagenen Sinne legen gleichermaßen die Forschungsresultate der Neo-Kohlbergianer Gibbs, Keller und Nunner-Winkler nahe. Mit Kohlberg weisen die drei Wissenschaftler gegenüber Piaget auf Orientierungen am Wohl von Ego hin. In Kritik an Kohlberg stellen sie mit Piaget genuin moralische Orientierungen an Regeln und Erwartungen sowie Orientierungen an Gerechtigkeitsgesichtspunkten heraus. Im Unterschied zu Kohlberg und zu Piaget betonen sie auch Orientierungen am Wohl von Alter sowie Orientierungen an Beziehungen und Gruppen. Folglich vermitteln die drei Autoren zwischen den Standpunkten von Kohlberg und Piaget und erweitern diese zugleich.

Auf der Ebene empirischer Analyse hat sich Keller am differenziertesten mit Kohlbergs präkonventionellen Stufen des Gerechtigkeitsurteils auseinandergesetzt. Sie benutzt bei der Datenerhebung zum einen ein „Freundschaftsdilemma", das den Ausgangspunkt ihrer Forschung bildet. In diesem Dilemma, das sie in Anlehnung an ein Dilemma des Kohlberg-Schülers Selman entwickelte (vgl. Selman 1980), verspricht die Protagonistin ihrer besten Freundin, sie zu besuchen, um mit ihr ein wichtiges Problem zu bereden, wird aber kurz darauf von einer Mitschülerin, die neu in der Klasse ist und noch keine Freunde hat, ins Kino eingeladen. Da der Kinobesuch zur selben Zeit stattfinden soll wie das verabredete Treffen mit der Freundin, muss die Protagonistin entscheiden, was sie tun soll. Hier konfligieren vornehmlich Erwartungen innerhalb einer engen persönlichen Beziehung und altruistische Gesichtspunkte. Keller stellt neben situationsbezogenen Fragen auch allgemeine Fragen („Warum muss man seine Versprechen halten?" „Was ist besonders wichtig in einer engen Freundschaft?"). Sie hat das Freundschaftsdilemma bei Probanden im Alter von sieben, neun, 12, 15 und 19 Jahren verwendet. In einigen Studien benutzt Keller Kohlbergs „Judy"-Dilemma, modifiziert dieses allerdings dahingehend, dass Judy lediglich plant, ins Rockkonzert zu gehen und somit ihre Mutter zu belügen, und Louise entscheiden muss, ob sie der Mutter von Judys Plänen berichten soll. Bei „Judy" stellt Keller neben situationsbezogenen Fragen wiederum allgemeine Fragen (z.B. „Was ist in der Beziehung zwischen Eltern und Kind besonders wichtig?" „Was ist in der Beziehung zwischen Geschwistern besonders wichtig?"). In Anlehnung an Aufgabenstellungen der Turiel-Schule präsentiert Keller in anderen Studien Vier- bis Achtjährigen Situationen, die jeweils die Verletzung einer moralischen Norm aufgrund hedonistischer Bedürfnisse beinhalten (z.B. ein Kind von der Schaukel stoßen; einem Kind im Kindergarten ein Stück Schokolade stehlen). Sie vergleicht in ihren Studien vor allem Kinder aus Island mit Kindern aus China, wobei Island als Prototyp einer westlichen, „individualistischen", und China als Prototyp einer östlichen, „kollektivistischen", Kultur gilt.  In kollektivistischen Kulturen (z.B. Indien, China, Japan) besitzt das Wohlergehen von Kollektiven die höchste Priorität; die Interessen der Kollektive werden denen der Individuen untergeordnet. In individualistischen Kulturen (z.B. Nordamerika, West- und Nordeuropa) verhält es sich umgekehrt.

Nunner-Winkler hingegen beschränkt sich bei der Analyse kindlichen Denkens auf das Urteilen zu Verletzungen einzelner moralischer Normen, d.h. auf Situationen der Turiel-Schule. Während Keller ihre Analysen jeweils auch kulturvergleichend durchführt, bezieht sich Nunner-Winkler auf deutsche Probanden. Gibbs führt ebenfalls kulturvergleichende Untersuchungen durch, stützt sich insgesamt aber hauptsächlich nur auf Stellungnahmen zu Situationen und Fragen, die Kohlbergs MJI entnommen sind: Er verwendet in den 1980er Jahren allgemeine Fragen zu einzelnen moralischen Normen (z.B. zur Versprechensnorm) und verschiedene Dilemmata Kohlbergs (z.B. „Heinz"); ab den 1990er Jahren stellt er den Probanden lediglich noch allgemeine Fragen zu einzelnen moralischen Normen (vgl. auch Kap. 4). Nur Keller und Nunner-Winkler legen Kindern also ausschließlich kindgemäße Probleme vor; beide untersuchen, anders als Kohlberg und Gibbs, auch jüngere Kinder.

Was die konzeptuelle Grundlage der Forschung angeht, bemüht sich Keller um eine Trennung von Strukturen und Inhaltsaspekten des Urteilens – Nunner-Winkler hingegen unterscheidet allein Inhaltsaspekte, Gibbs differenziert zwischen beiden Dimensionen, formuliert aber kein stufenübergreifendes System der Inhaltsaspekte. Im Unterschied zu Gibbs erforschen Keller und Nunner-Winkler auch das Verhältnis präskriptiver Kognitionen zu nicht-präskriptiven Kognitionen – beim Freundschaftsdilemma analysiert Keller zusätzlich beispielsweise das Konfliktverständnis, Strategien der Verantwortungsabwehr und das Gefühlsverständnis, Nunner-Winkler thematisiert das Gefühlsverständnis.

Gibbs und Kollegen (Gibbs/Basinger/Fuller 1992; Gibbs/Widaman 1982) führen – allerdings nur in ihren Auswertungshandbüchern – Frühformen empathischer Begründungen als einen Aspekt von Stufe 1 auf und stützen sich dabei auf Stellungnahmen zu ihren Befragungen, die einen großen Teil der durch das MJI thematisierten einzelnen Rechte (z.B. das Recht auf Leben, das Recht auf Eigentum) und Fragen der Strafgerechtigkeit enthalten. Es zeigte sich, dass Probanden, die bei ihren Begründungen auf Regeln, Autoritäten oder Sanktionen Bezug nahmen, zum Teil auch auf negative Folgen einer Handlung für eine andere Person hinwiesen (z.B. „Der Andere wird dann schreien").

Stufe 2 ergänzt die Gibbs-Gruppe zum einen um eine Orientierung an strikter Gleichheit. Sie siedelt – jedoch nur in den Auswertungshandbüchern – auf Stufe 2 auch empathische Begründungen an, die die Folgen einer Handlung für die Gefühle von Betroffenen betonen (z.B.: „Er könnte traurig werden").

Von Keller und Nunner-Winkler aus lassen sich die Stufen 1 und 2 differenzierter und systematischer diskutieren als von Gibbs aus.

Kohlberg bestimmt eine Regelorientierung als einen Aspekt von *Stufe 1*, ohne jedoch (im Unterschied zu Piaget) den Kindern die Fähigkeit zur Kritik an Autoritäten zuzuschreiben; die Regelorientierung interpretiert er dabei vorwiegend als Versuch der Vermeidung von Strafen durch Autoritäten. Bei der Untersuchung vier- bis achtjähriger Probanden stellten Keller und Mitarbeiter (vgl. Keller et al. 2000) sowie Nunner-Winkler (vgl. Nunner-Winkler 1996; 1999a; 1999b) fest, dass eine Orientierung an Strafen insgesamt weit seltener auftritt als eine Orientierung an Regeln. Anhand von fiktiven Situationen fragte Nunner-Winkler ca. 200 Kinder, ob es richtig sei, einem Spielkameraden heimlich Süßigkeiten zu entwenden, einen zu Unrecht erhaltenen Preis mit dem benachteiligten Kind nicht zu teilen, einem durstigen Kind nichts von seinem Getränk abzugeben und einem Kind Hilfe bei der Bewältigung einer Aufgabe (Unterstützung beim Plätzchen backen bzw. beim Lösen einer Mathematikaufgabe) zu verweigern. Dabei führte sie im Rahmen der Längsschnittstudie Erhebungen zu drei Messzeitpunkten durch, nämlich im Alter von vier, sechs und acht Jahren. Die Mehrheit der Kinder verwies auf geltende Regeln oder erklärte eine Regelübertretung für „falsch", „böse" oder „gemein":

> Über alle Geschichten und die erfassten drei Zeitpunkte hinweg benennen maximal 12% der Kinder Sanktionen, i.e. Vor- oder Nachteile, die dem Täter aus seinem Tun erwachsen. Mit Ausnahme der Getränkegeschichte argumentieren die allermeisten deontologisch, i.e. sie verweisen auf die Tatsache, dass es verpflichtende Normen gibt, oder geben eine negative Bewertung der Tat oder des Täters ab (Nunner-Winkler 2003a, S. 128).

Auch frühe Gerechtigkeitsorientierungen finden sich in den Studien von Keller und Nunner-Winkler. In ihren Studien erfassten beide jedoch jeweils nur inhaltliche Aspekte der Begründungen, also keine Stufen.

Darüber hinaus wäre Kohlbergs Stufe 1 um rudimentäre Formen empathischer Orientierungen zu erweitern. Keller und Kollegen ermittelten empathische Begründungen beim Judy-Dilemma (vgl. Keller/Eckensberger/von Rosen 1989) sowie auch beim Freundschaftsdilemma (vgl. Keller 1996), und dies jeweils bereits bei Siebenjährigen (z.B.: „Es ist richtig, zur Freundin zu gehen, denn sonst wird sie wahrscheinlich traurig sein"). Keller und Nunner-Winkler fanden in ihren Studien zum Denken von Kindern zwischen vier und acht Jahren selbst bei Vier- und Sechsjährigen solche Frühformen empathischer Orientierungen. Bei der fiktiven Situation etwa, in der der Protagonist in Versuchung gerät, einem Spielkameraden heimlich Süßigkeiten zu entwenden, begründen einige der Kinder ihre Handlungsaufforderung, nicht zu stehlen, damit, dass der Freund dann wenig zum Naschen habe; in der Getränkegeschichte von Nunner-Winkler führen die Kinder die Bedürfnisse des Bittstellers an. Allerdings ist bei beiden Studien der Anteil empathischer Orientierungen eher gering. In Nunner-Winklers Untersuchung etwa treten empathische Orientierungen, in Abhängigkeit von der Geschichte, nur in einem Anteil zwischen 2% und 18% auf. Eine Ausnahme stellt allerdings die Getränkegeschichte dar, bei der mehr als 2/3 der Vierjährigen und noch fast 1/3 der Achtjährigen solche Orientierungen zeigen (vgl. Nunner-Winkler 2003a). Auch primitive Orientierungen an Folgen für Beziehungen und Gruppen fehlen in Kohlbergs Konzept der Stufe 1 (für Beispiele vgl. Tab. 2.3).

Kohlberg kennzeichnet ja die Moral der *Stufe 2* als „Moral des instrumentellen Relativismus und Austauschs" und nimmt an, dass sich diese Stufe etwa im Alter von sieben oder acht Jahren ausbildet. Es ist aber – vor allem nach den Forschungen Kellers – davon auszugehen, dass Personen dieser Stufe bzw. dieses Alters neben instrumentalistisch-egoistischen Orientierungen auch verschiedene normative Gesichtspunkte einbringen (z.B. „Er ist ein Betrüger, wenn er seine Versprechen nicht hält"). Zudem führen Personen unterschiedliche Gesichtspunkte der Gerechtigkeit an. Kohlberg kennzeichnet Stufe 2 mittlerweile selbst durch Gerechtigkeitsgesichtspunkte, bestimmt diese aber vorwiegend als instrumentalistische Formen der Reziprozität.

Ebenso notwendig scheint es zu sein, Stufe 2 um empathische Argumente zu erweitern. Keller (1996) findet beim Freundschaftsdilemma, dass bereits einige Siebenjährige sowie viele Neun- und Zwölfjährige empathische Argumente einbringen, indem sie auf die möglichen, aus Erwartungen herrührenden Gefühle Betroffener hinweisen. Empathische Argumente bei Kindern dieses Alters ermittelt Keller auch bei einem der Dilemmata Kohlbergs, nämlich bei „Judy" (vgl. Keller/Eckensberger/von Rosen 1989). Da sie allerdings nur dieses eine Kohlberg-Dilemma untersucht, bleibt ungeklärt, ob sich auch bei den anderen Dilemmata des MJIs empathische Orientierungen feststellen lassen. Auf die Notwendigkeit einer Erweiterung von Stufe 2 um empathische Argumente weist auch Döbert in einer theoretischen Arbeit hin (Döbert 1987). Darüber hinaus findet man auf Stufe 2 Orientierungen an Folgen für Beziehungen und Gruppen (vgl. Keller 1996; auch Tab. 2.3).

Kohlbergs präkonventionelle Stufen des Gerechtigkeitsurteils müssten also auf der theoretischen Ebene und auf der operationalen Ebene des Auswertungshandbuchs erweitert werden. Kohlberg neigt dazu, die Urteilsfähigkeiten der Kinder zu unterschätzen, wenn er ihnen vorwiegend heteronome und an Eigeninteressen orientierte Begründungen zuschreibt. Kinder zeigen nicht-heteronome bzw. nicht-egoistische Begründungsmuster sowohl bei kindgemäßen Gerechtigkeitsfragen, wie sie Keller und Nunner-Winkler vorlegen, als auch bei Gerechtigkeitsfragen, die an Kohlbergs MJI angelehnt sind, wie sie vornehmlich Gibbs verwendet. Bei der Erweiterung der Beschreibung beider Stufen kann man sich auf das von Kohlberg entwickelte Strukturkonzept stützen, in dem Stufe 1 durch eine Perspektivendifferenzierung und Stufe 2 durch eine Koordinierung von Perspektiven gekennzeichnet wird. Diese Strukturbestimmung der Stufe 2 beispielsweise lässt moralische Orientierungen zu, die er selbst aufgrund der Konfundierung von Stufen- und Inhaltsaspekten auf Stufe 3 ansiedelt oder aber im Manual auf Stufe 2 platziert, wobei er sie dann instrumentalistisch uminterpretiert (vgl. auch Keller/Eckensberger/von Rosen 1989; Keller 1990; Keller/Edelstein 1992). Gibbs, Keller und Döbert greifen bei ihrem Versuch einer Erweiterung der Beschreibung der beiden Stufen des kindlichen Gerechtigkeitsurteils ebenfalls auf diese Variante von Kohlbergs Strukturkonzepts zurück.

Andererseits zeigen die empirischen Studien der drei Neo-Kohlbergianer, dass es ebenso problematisch wäre, Kindern bei ihrer Urteilsbildung zu Gerechtigkeitsfragen allein Fairnessorientierungen und empathische Orientierungen zuzuschreiben, wie dies in der

Turiel-Schule geschieht (vgl. auch Lourenco 2003). Das gehäufte Auftreten heteronomer und egoistisch-instrumentalistischer Begründungsmuster im Rahmen von Kohlbergs MJI dürfte vor allem mit der Komplexität der dort thematisierten Normen (etwa der Versprechens-norm), den Schwierigkeiten einer Abwägung konfligierender Normen sowie dem Auftreten von Autoritätsinstanzen (z.B. Eltern, Gesetze) in den Dilemmata zusammenhängen (vgl. auch Keller 1996, S. 98 ff.). Beim Urteilen zu einzelnen Normen, die relativ geringe kognitive Fähigkeiten erfordern (zu Normen etwa, wie sie Keller und Nunner-Winkler bei ihren Ana-lysen vier- bis achtjähriger Probanden vorlegen) sowie beim Urteilen zu Normenkonflikten in Beziehungen unter Gleichaltrigen (wie z.B. bei Kellers Freundschaftsdilemma) sind em-pathische Orientierungen und Fairnessorientierungen wahrscheinlicher als beim Urteilen zu Kohlbergs MJI.

Der Versuch von Gibbs, Keller und Nunner-Winkler, Kohlbergs Stufen des präkonven-tionellen Gerechtigkeitsurteils zu erweitern, wirft eine grundlegende methodologische Fra-ge auf: An welchen Gesichtspunkten hat sich die Konstruktion von Stufen bzw. die Korrek-tur vorliegender Stufenbeschreibungen zu orientieren? Soll man stärker induktiv vorgehen, d.h. das gemeinsame Auftreten bestimmter Begründungsmuster zum zentralen Kriterium der Stufendifferenzierung machen, oder soll man einen stärker deduktiven Weg beschreiten, sich also vor allem um eine Stufenbestimmung bemühen, die den formalen Kriterien der Konsistenz und Trennschärfe sowie Gesichtspunkten moralischer Rationalität genügt? Kohl-berg wie auch Gibbs, Keller und Nunner-Winkler orientieren sich an induktiven und de-duktiven Gesichtspunkten gleichermaßen; ihre unterschiedlichen Bestimmungen der Stufen präkonventionellen Denkens zeigen jedoch, dass es keine falschen oder richtigen, sondern nur mehr oder weniger angemessene Stufenbeschreibungen gibt.

Die Rezeption von Kohlbergs Position zur präkonventionellen Urteilsbildung durch Gibbs, Keller und Nunner-Winkler ist nicht ohne Probleme. Nunner-Winkler etwa schreibt Kohlberg ein ausschließlich instrumentalistisches Konzept von Präkonventionalität zu (vgl. etwa Nunner-Winkler 1996; 1999a), womit sie vor allem nicht zur Kenntnis nimmt, dass Kohlberg in den 1980er Jahren auf Stufe 1 eine auf Respekt und Liebe statt auf Strafvermei-dung basierende Orientierung an Regeln, Autoritäten und Strafen aufführt.

Im Unterschied zu den Bereichstheoretikern Damon, Eisenberg, Haan und Turiel be-ziehen sich die drei Neo-Kohlbergianer bei ihren empirischen Analysen des kindlichen Denkens vorrangig auf die von Kohlberg untersuchten Bereiche des Gerechtigkeitsurteils. Beispielsweise geht es ihnen nicht um die Erforschung prosozialen Urteilens oder um die Analyse von Fähigkeiten zur Differenzierung zwischen moralischen Regeln und Konventi-onen. Auch stehen sie einem bereichsspezifischen Entwicklungskonzept grundsätzlich skep-tisch gegenüber. Zum Beispiel geht Keller zusammen mit Edelstein davon aus, dass Selmans Stufen der Perspektivenübernahme die strukturelle Grundlage für alle Bereiche präskripti-ver moralischer Kognitionen, nicht-präskriptiver moralischer Kognitionen sowie auch sozia-ler Kognitionen darstellen (vgl. z.B. Keller/Edelstein 1991, S. 97). In meinen Augen wird diese Annahme zumindest hinsichtlich präskriptiver moralischer Kognitionen durch die neuere Forschung in Frage gestellt (vgl. Kap. 6). Auch erforschen die drei Neo-Kohlbergianer wie Kohlberg das frühkindliche Gerechtigkeitsurteil nicht. Sie dürften die entsprechenden moralkognitiven Fähigkeiten unterschätzen.

Neben Kohlbergs Position zum kindlichen Urteil zu negativen Pflichten, Normenkonflikten und Fragen der Strafgerechtigkeit erscheint auch Piagets Position zu diesen drei Themenkomplexen vor dem Hintergrund der neueren Forschung ein Stück weit problematisch. Beispielsweise erzielt die Forschung bei der Analyse des kindlichen Verständnisses von Regeln Ergebnisse, die von denjenigen Piagets und seiner Anhänger abweichen. Aufgrund seiner Untersuchung des Denkens zu den Regeln des Murmelspiels und zu einigen wenigen moralischen Regeln (z.B. nicht zu lügen) geht Piaget ja davon aus, dass jüngere Kinder alle Regeln als unveränderbar verstehen und dass für diese Kinder Autoritätserwartungen und Strafen durch Autoritäten, also heteronome Orientierungen, die zentralen Aspekte bei der Begründung der Geltung von Regeln sind. Wie jedoch insbesondere Turiel und Mitarbeiter gezeigt haben, unterscheiden Kinder bereits in frühen Lebensjahren bei Fragen der Regelgeltung zwischen moralischen und konventionellen Regeln, und bei den Begründungen zur Geltung moralischer Regeln bringen diese bereits empathische Orientierungen ein – vor allem bei Regeln, die geringe kognitive Fähigkeiten voraussetzen (z.B. bei der Regel, niemanden zu schlagen); die Fähigkeit zur Differenzierung zwischen moralischen und konventionellen Regeln wird im Alter von drei oder vier Jahren erworben (vgl. 6.4). Selbst hinsichtlich moralischer Normen, die komplexe kognitive Fähigkeiten voraussetzen (z.B. die Regel, ein gegebenes Versprechen einzuhalten), sowie hinsichtlich moralischer Normenkonflikte bringen schon jüngere Kinder empathische Orientierungen ein, was Piaget nicht berücksichtigt; dies zeigen zum Beispiel Kellers Untersuchungen des Denkens zur Versprechensnorm und zu ihrem Freundschaftsdilemma. Piaget vernachlässigt wie Kohlberg zudem Frühformen von Orientierungen an Folgen für Beziehungen. Auch er untersucht das Urteilen in der frühen Kindheit nicht.

Piagets Theorie zu anderen Gerechtigkeitsbereichen (z.B. Fragen der Verteilungsgerechtigkeit) und zu moralischen Bereichen jenseits des Gerechtigkeitsbereichs (z.B. Fragen individueller Verantwortlichkeit) weist aus heutiger Sicht ebenfalls einige Probleme auf. Verschiedene Forscher haben sich um eine Überprüfung seiner Position auf der Basis der Theorie der Informationsverarbeitung bemüht (als Überblick vgl. Lapsley 1996, S. 2 ff.; Montada 2008, S. 589 ff.). Diese Moralpsychologen entwickelten neue methodische Zugänge und wiesen auf die beachtlichen moralkognitiven Fähigkeiten jüngerer Kinder hin. Es zeigten sich etwa bei Verteilungsproblemen frühe Fähigkeiten zu an Bedürftigkeit orientierten Urteilen. Verschiedene Studien zu Verantwortlichkeitsurteilen ermittelten, dass Orientierungen an den Intentionen von Handelnden unter bestimmten Bedingungen viel früher auftreten, als Piaget dies annimmt, nämlich bereits im Alter von drei oder vier Jahren. In diesem Alter ist die Kapazität der Informationsverarbeitung noch nicht hinreichend ausgeprägt, um bei den relativ komplexen Aufgaben Piagets zum Ausdruck zu kommen. In diesem Zusammenhang konnte etwa Grünreich (1982) nachweisen, dass bei Problemen individueller Verantwortlichkeit, die Piaget mit Hilfe von Geschichtenpaaren präsentiert (vgl. 2.2), entscheidend ist, welche Handlung als letzte eingeführt wird. Ist dies eine Handlung mit guter oder böser Absicht, dann nehmen schon jüngere Kinder auf Absichten Bezug – vor allem, weil sie sich daran besser erinnern. Wird dagegen, wie bei Piaget, die absichtsvolle Handlung zuerst eingeführt, so vergessen jüngere Kindern diese meist. Die entsprechenden kindlichen Urteilsfähigkeiten vernachlässigt nicht nur Piaget, sondern auch Kohlberg.

Neo-Piagetianer nehmen allenfalls Binnendifferenzierungen bei Piagets vier Stufen der Entwicklung logisch-kausaler Kognitionen vor, sie formulieren aber andere Strukturbestimmungen, indem sie nicht zuletzt auf stufenspezifische Begrenzungen in der Kapazität zur Informationsverarbeitung hinweisen. Gestützt besonders auf die Arbeiten des Neo-Piagetianers Fischer formulierte Dawson (vgl. z.B. Dawson 2002) einen neopiagetianischen moralpsychologischen Ansatz. Sein Kodierverfahren beschränkt sich dabei nicht auf die moralische Urteilsbildung, sondern bezieht sich auch auf nicht-moralische Kognitionen (z.B. auf logisch-kausale Kognitionen). Dieser Ansatz blieb bisher recht unausgeführt.

*(c) Integrationsbemühungen hinsichtlich nicht-präskriptiver Gerechtigkeitskognitionen*
Das moralische Urteil versteht Kohlberg als Werturteil, das sich vom Urteil über Tatsachen in der Welt der Dinge und in der sozialen Welt unterscheidet. Er bestimmt das moralische Urteil zugleich als präskriptives Werturteil, als ein Urteil, welches vorschreibt, was getan werden soll; dieses sei vom wertenden Urteilen über Fragen des Geschmacks zu unterscheiden. Im Unterschied zu Befehlen sei es ein präskriptives Werturteil, das sich aus Normen oder Prinzipien ableitet, und das die Person für sich selbst als verbindlich betrachtet (vgl. Colby/Kohlberg 1987, S. 11). Eine moralpsychologische Perspektive, die sich auf das präskriptive, an moralischen Standards orientierte Denken beschränkt, klammert verschiedene moralrelevante Dimensionen der Kognition aus. Kohlberg selbst hat zwar einige nicht-präskriptive Dimensionen, wie etwa die Wahrnehmung moralischer Konflikte oder Verantwortlichkeitsurteile, thematisiert – eigene empirische Untersuchungen zu diesen Dimensionen hat er jedoch nicht unternommen. Die Kohlberg-Forschung hat diese Ansätze bei ihm theoretisch und empirisch kaum weitergeführt. Piaget untersuchte lediglich das Verantwortlichkeitsurteil.

Eine Analyse nicht-präskriptiver Kognitionen hat vor allem Keller vorgenommen. Sie konfrontiert die Probanden im Rahmen ihres Freundschaftsdilemmas neben präskriptiven Fragen auch mit verschiedenen nicht-präskriptiven Fragen: Erfasst wird neben der moralischen Urteilsbildung die Konfliktwahrnehmung („Worin besteht das Problem?"), die praktische Entscheidung, d.h. das Verständnis des Handlungsvollzugs („Wie entscheidet sich die Protagonistin und warum trifft sie diese Entscheidung?") sowie das Verständnis von Handlungsfolgen („Wie fühlt sich die Protagonistin?", „Wie fühlt sich die Freundin?", „Hat die Entscheidung Folgen für die Freundschaft?") bzw. Handlungsstrategien im Sinne von Rechtfertigungen, Entschuldigungen und Formen der Wiedergutmachung. Dabei orientiert sich Keller an handlungstheoretischen Gesichtspunkten, indem sie die Reihenfolge der Interviewthemen an den Phasen einer Handlungssequenz orientiert und die untersuchten Dimensionen der Urteilsbildung (Verständnis von Personen, Beziehungen und Regeln) sowie die von den Probanden gelieferten Begründungen als Kategorien einer „naiven Handlungstheorie" bestimmt (vgl. Keller/Becker 2008; Keller/Edelstein 1991; Keller/Reuss 1984).

Im Folgenden möchte ich die Formen nicht-präskriptiver Kognitionen etwas genauer kennzeichnen. Bei ihrer Differenzierung und ihrer Anordnung orientiere ich mich besonders am eigenen Verlaufsmodell des Handelns (vgl. 1.4) und an den Arbeiten von Keller. Leitend waren zudem die handlungstheoretischen Ansätze der Kohlberg-Anhänger Blasi und Oser sowie der Neo-Kohlbergianer Gibbs, Nunner-Winkler und Rest (vgl. auch Reuss/Becker

1996). Ich unterscheide insgesamt acht nicht-präskriptive Dimensionen, nämlich Situationsverständnis, Verantwortungskognitionen, Verständnis der Handlungsplanung, Verständnis des Handlungsvollzugs, Verständnis der Folgen des Handelns, Vorstellungen über das Selbst, metaethische Kognitionen und Vorstellungen über die Entwicklung der Moral; die letzten drei Dimensionen stellen dabei Metadimensionen dar. Es geht mir aber nicht um eine differenzierte Bestimmung von Entwicklungssequenzen zu diesen moralkognitiven Dimensionen, sondern im Wesentlichen nur darum, auf von der Forschung vernachlässigte Dimensionen moralischer Kognition aufmerksam zu machen. Aufgrund der spärlichen Forschungsbefunde ist eine präzise Bestimmung der Entwicklungsverläufe kaum möglich.

*Situationsverständnis*
Moralische Urteile verlangen die Wahrnehmung konfligierender Interessen und Erwartungen, die unter moralischen Gesichtspunkten zu beurteilen sind. Erfasst werden kann, welche Handlungsmöglichkeiten identifiziert, welche Folgen der Handlungen antizipiert und welche Strategien entwickelt werden, um den Normenkonflikt im Vorhinein zu entschärfen oder zu lösen. Im Rahmen seiner Betrachtungen zum Zusammenhang von moralischem Urteilen und Handeln betont Kohlberg auf theoretischer Ebene die Bedeutung der Konfliktwahrnehmung (des Situationsverständnisses) vernachlässigt diese Dimension jedoch im Kontext seines MJIs, denn die dort gestellten Fragen zielen nicht darauf, ob und in welcher Weise die bei einem Dilemma konkurrierenden Interessen und Erwartungen wahrgenommen werden. Der Proband hat vielmehr zwischen zwei Handlungsmöglichkeiten zu entscheiden, die Folgen von Handlungen sind klar definiert, und Hinweise auf Strategien, mit denen die dilemmatische Situation umgangen werden kann, wehrt der Interviewer ab – bei „Heinz" etwa durch den Hinweis darauf, dass Heinz sich doch an eine Wohlfahrtseinrichtung wenden könnte, um das benötigte Medikament zu besorgen. Kohlbergs Überlegungen zur Konfliktwahrnehmung bleiben zudem recht allgemein; beispielsweise beschreibt er keine entsprechenden Stufen.

Dagegen formuliert Keller (vgl. Keller 1996) auf der Grundlage eigener Interviewdaten zum Freundschaftsdilemma Stufen der Konfliktwahrnehmung: Zunächst werden, so Keller, überhaupt keine Konflikte wahrgenommen, dann werden konfligierende subjektive Bedürfnisse, Forderungen und Erwartungen der Personen registriert, später geraten einzelne normative Erwartungen und verschiedene (komplexe und nicht-komplexe) Formen des Konflikts in den Blick (etwa Konflikte zwischen Pflicht und Neigung, Konflikte zwischen Pflichten), anschließend werden Konflikte im Rahmen von Beziehungen rekonstruiert und als Beziehungsprobleme verstanden, etwa als Bedrohung einer engen Freundschaft durch einen Dritten.

Eckensberger (vgl. z.B. Eckensberger 1998) bemüht sich um eine Binnendifferenzierung der frühen Entwicklungsstufen der Konfliktwahrnehmung. Er rekonstruiert zudem die Konfliktwahrnehmung über das Einnehmen einer Beziehungsperspektive hinaus. Gilligan hingegen erfasst die Konfliktwahrnehmung nur unter typologischen Aspekten (Gerechtigkeits- vs. Fürsorgeorientierung). Sinnvoll wäre es, die Analyse struktureller (stufenspezifischer) und typologischer Gesichtspunkte zu verknüpfen.

*Verantwortungskognitionen/Übernahme und Abwehr von Verantwortung*

Urteile über moralisch gebotenes Handeln ziehen Überlegungen nach sich, ob die Person das moralisch Gebotene tun will und welche Gründe oder Motive sie für moralisches Handeln hat, ob sie also Verantwortung übernehmen möchte. Kohlberg rekonstruiert bereits in den 1960er Jahren, orientiert an seinen Moralstufen, Stufen des Verständnisses von Motiven für moralisches Handeln (Kohlberg 1984, S. 52 f.), erhebt im MJI indessen keine Daten dazu. Allerdings erfasst er in seiner Längsschnittstudie in den USA, welche Bedeutung die Probanden moralischen Werten für die eigene Person beimessen. In einem „Be-Like-Sort"-Fragebogen lässt er sie zwischen nicht-moralischen und moralischen Werten wählen und Begründungen für ihre Wahl angeben (vgl. Hart 1992, S. 104 ff.).

Eigene Verantwortung kann auch abgewehrt werden. Normenübertretungen gehen häufig Strategien der Verantwortungsabwehr voraus – Rechtfertigungen und Entschuldigungen bahnen Normenübertretungen oft den Weg. Diese Strategien werden bei Kohlberg im Rahmen seiner Analyse des Handelns zwar erwähnt, aber nicht konkret bestimmt bzw. empirisch untersucht. Zur Urteilsbildung über die Verantwortlichkeit anderer Personen, also zur Frage, ob und inwieweit andere Personen für von ihnen begangene Normenverletzungen verantwortlich sind, unterscheidet Kohlberg dagegen bereits in den 1960er Jahren, in Weiterentwicklung von Piagets Analyse, sechs Stufen des Urteilens (Kohlberg 1984, S. 49 f.).

Bandura unterscheidet verschiedene kognitive Strategien, mit denen sich eigenes unmoralisches Verhalten rechtfertigen oder entschuldigen lässt; diese Strategien stellen Formen der Deaktivierung von inneren Kontrollmechanismen, der Loslösung von moralischen Standards („moral disengagement"), dar. Ihr Fehlverhalten kann die Person in der Weise umdefinieren, dass es höheren moralischen Zwecken dient („moralische Rechtfertigung"), sie kann es mit schlimmeren Vergehen vergleichen („beschönigender Vergleich") oder durch bestimmte wohlklingende Ausdrucksweisen verschleiern („euphemistische Bezeichnung"). Ebenso kann die Person auf fehlende Entscheidungs- oder Handlungsfreiheit hinweisen („Abschiebung der Verantwortung") oder ihre Verantwortung für das Verhalten durch Verweis auf die Verantwortung anderer vernebeln („Verantwortungsdiffusion"). Sie kann zudem die negativen, schädlichen Konsequenzen einer Handlung abschwächen („Verharmlosung, Nichtbeachtung oder falsche Auslegung der Verhaltenskonsequenzen"). Schließlich kann sie die Opfer herabsetzen („Entmenschlichung") oder ihnen die Schuld für das Fehlverhalten zuschreiben („Attribuierung von Schuld") (Bandura 1979, S. 158 ff.).

Keller (vgl. Keller 1984; 1996) untersuchte im Hinblick auf Normenübertretungen der Probanden die Entwicklung von Rechtfertigungen und Entschuldigungen und orientierte sich dabei vor allem an Analysen von Scott und Lyman sowie von Sykes und Maza. Sie unterscheidet zwischen:

- *moralischen Rechtfertigungen,* mit denen der negative Charakter einer Handlung durch Bezugnahme auf höherrangige normative Aspekte (z.B. Menschenrechte) bestritten wird;
- *Rechtfertigungen als praktische Erklärungen,* mit denen der negative Charakter einer Handlung durch Leugnung oder Umdeutung von Situationsaspekten bestritten wird, etwa durch Leugnung des entstandenen Schadens;

- *Entschuldigungen (ein weiteren Form praktischer Erklärungen)*, wodurch die moralische Fragwürdigkeit einer Handlung zwar zugestanden, aber die eigene Verantwortlichkeit für die Handlung verneint wird, etwa durch den Hinweis auf fehlendes Wissen oder eingeschränkten freien Willen;
- *strategischer Verwendung von Rechtfertigungen und Entschuldigungen*, bei der die Person nur vorgibt, ihr eigenes Handeln für legitim zu halten.

Keller zufolge gibt es – verkürzt formuliert – im Entwicklungsverlauf zunächst keine derartigen Strategien der Verantwortungsabwehr, dann dominieren Formen strategisch eingesetzter Rechtfertigungen und Entschuldigungen, anschließend treten Rechtfertigungen als praktische Erklärungen und Entschuldigungen auf, wobei diese Strategien der Verantwortungsabwehr einfach oder komplex sind.

*Verständnis der Handlungsplanung*
Personen mit der Absicht, Verantwortung zu übernehmen und moralisch zu handeln, müssen diese Absicht in Handlungen umsetzen. Dabei werden vor allem Vorstellungen über eigene moralrelevante Handlungsfähigkeiten bedeutsam. Kohlberg erhebt weder Daten zu solchen Vorstellungen, noch bezieht er sich theoretisch darauf.

Relevant in diesem Zusammenhang ist die Forschung von Walker (Walker 1998; 2004), der das Verständnis der Erwachsenen von Merkmalen moralisch kompetenter Personen untersucht, indem er die Probanden moralische Vorbilder auswählen und dann charakterisieren lässt. Dabei zeigte sich, dass ein vorbildlicher moralischer Charakter sich in den Augen der Probanden nicht nur durch moralische Überzeugungen und eine Orientierung des Urteilens an moralischen Prinzipien und Verfahren auszeichnet, sondern gleichermaßen durch Mitgefühl und ausgeprägte Willensstärke. Untersuchungen zur Entwicklung der Vorstellungen über eigene moralrelevante Handlungsfähigkeiten gibt es meines Wissens nicht.

*Verständnis des Handlungsvollzugs*
Hält eine Person eine bestimmte Handlung für moralisch geboten, ist sie zugleich motiviert, die gebotene Handlung auszuführen, und verfügt sie in ihren Augen über die dafür nötigen Handlungsfähigkeiten, so stellt sich die Frage, ob sie auch tatsächlich moralisch handelt. Erforschen lässt sich, in welcher Weise Probanden Unterscheidungen treffen zwischen dem, was eine Person unter moralischen Gesichtspunkten tun sollte, und dem, was diese Person tun wird, und welche Vorstellungen sie über die Ursachen für moralisches oder unmoralisches Handeln haben. Kohlberg ermittelt lediglich Aussagen darüber, was eine Person tun sollte, nicht Aussagen darüber, was sie tun wird und warum sie etwas tun wird (z.B. „Wie wird Heinz tatsächlich handeln, und warum wird er so handeln?").

Keller (vgl. Keller 1996) dagegen analysiert diese moralkognitive Dimension im Rahmen ihres Freundschaftsdilemmas („praktische Entscheidung") und unterscheidet dabei Stufen der Entwicklung von Begründungen für eine praktische Entscheidung. Die ermittelten Stufen entsprechen weitgehend ihren Stufen präskriptiven moralischen Urteilens.

*Verständnis der Folgen des Handelns*

Moralrelevanten Handlungen folgen im Allgemeinen moralische Gefühle, wie etwa Schuldgefühle, Scham, Empörung oder Dankbarkeit. Kohlberg beschreibt bereits in den 1960er Jahren Stufen des Verständnisses von Schuldgefühlen, und zwar in Analogie zu seinen Moralstufen (Kohlberg 1984, S. 52 f.). Das MJI erfasst jedoch nicht gezielt, welche emotionalen Konsequenzen Personen bestimmten Handlungen zuschreiben (z.B.: „Wie wird sich Heinz fühlen, wenn er nicht stiehlt?"). Die Stufen des Verständnisses von Schuldgefühlen erschließt Kohlberg allein aus den moralischen Begründungen von Handlungsentscheidungen, was aber problematisch ist.

In den letzten beiden Jahrzehnten gab es verschiedene Untersuchungen zum kindlichen Verständnis von Schuldgefühlen. Die Kinder wurden dort für gewöhnlich gefragt, wie sich der Protagonist einer fiktiven Situation fühlen wird, wenn er eine moralische Norm übertritt. Nunner-Winkler (vgl. Nunner-Winkler 1996; 1999a; 1999b; Nunner-Winkler/Sodian 1988) und Keller (vgl. Keller et al. 2000) haben dabei bisher als einzige das Verständnis von Schuldgefühlen zum moralischen Urteilen in Beziehung gesetzt. Nunner-Winkler legte in ihrer Längsschnittstudie Kindern im Alter von vier, sechs und acht Jahren Geschichten vor, in denen der Protagonist in Versuchung gerät, moralische Normen um der eigenen Bedürfnisse willen zu übertreten (z.B. einem Freund heimlich Süßigkeiten zu entwenden, ein Getränk nicht mit einem durstigen Kind zu teilen), wobei sie nicht nur nach dem Verständnis der jeweils angesprochenen Norm fragt, sondern auch danach, wie sich der Protagonist fühlen wird, wenn er die Norm übertritt. Viele der jüngeren Kinder (Vier- und Sechsjährige) verstehen moralische Normen als verpflichtend, aber nur ein geringer Teil dieser Kinder erwartet, dass sich der Übeltäter „schlecht" fühlen wird; erst bei den Achtjährigen liegt dieser Anteil deutlich höher. Auch Keller stellt bei ihrer Untersuchung Vier- bis Achtjähriger fest, dass die Entwicklung der Fähigkeit zur Zuschreibung von Schuldgefühlen gegenüber der Entwicklung des moralischen Urteils verzögert ist. Die von Nunner-Winkler und Keller vorgelegten Analysen zum kindlichen Verständnis von Schuldgefühlen zeigen, dass einem Täter Schuldgefühle wahrscheinlich erst relativ spät zugeschrieben werden („Happy Victimizer") – womöglich erst mit ca. sechs Jahren. Die Befunde der beiden Forscher zur Entwicklung der Begründungen für zugeschriebene Schuldgefühle weichen von Kohlbergs Stufen des Verständnisses von Schuldgefühlen besonders insofern ab, als bei den Kindern Bezugnahmen auf Strafen, Autoritäten oder Eigeninteressen nur relativ selten auftreten.

Keller und Kollegen untersuchten bei Fünf- bis Neunjährigen auch das Verständnis von emotionalen Reaktionen auf eigene Verletzungen moralischer Normen (Keller et al. 2003). Nunner-Winkler und Kollegen erfassten dieses Verständnis im mittleren Jugendalter, nämlich bei 16-Jährigen (vgl. Nunner-Winkler/Meyer-Nikele/Wohlrab 2006), sowie im späten Jugend- und im jungen Erwachsenenalter, nämlich bei 17- und 22-Jährigen (vgl. Nunner-Winkler 2007). Dabei erhob die Gruppe um Nunner-Winkler in der Studie mit 16-Jährigen auch das Verständnis der Emotionen in der Opferrolle. Krettenauer analysierte das Verständnis emotionaler Reaktionen auf eigene Normenverletzungen im Jugend- und Erwachsenenalter (vgl. Krettenauer/Eichler 2006).

Im Rahmen der Turiel-Schule leistete insbesondere Arsenio eine differenzierte Untersuchung des Gefühlsverständnisses. Arsenio (vgl. z.B. Arsenio/Lover 1995) differenziert bei seiner Analyse des kindlichen Denkens über Emotionen im Sinne Turiels zwischen unterschiedlichen sozialen Bereichen. Er entwickelt ein bereichsspezifisches Modell des Verständnisses moralischer Gefühle und zeigt, dass die Zuschreibung negativer und positiver Gefühle nicht zuletzt abhängig ist vom Typus der moralischen Situation. So schreiben Kinder einer Person, die einer anderen in einer Notsituation hilft oder materielle Güter gerecht aufteilt, eher positive Gefühle zu, während sie einer Person, die andere verletzt, eher negative Gefühle attribuieren. Dieser Forscher erfasst das Verständnis der Emotionen des Täters, der Emotionen des von der Normenverletzung Betroffenen (des Opfers) und der Emotionen Außenstehender. Zudem war hier das Verständnis emotionaler Reaktionen auf andere Normenverletzungen als auf Verletzungen moralischer Normen, zum Beispiel auf Verletzungen von Konventionen, Untersuchungsgegenstand. Lagattuta (2005) untersuchte das Verständnis von Emotionen in Situationen, in denen der Protagonist Konformität mit negativen Pflichten zeigt.

Widen und Russell (2010) stellten fest, dass Basisemotionen relativ früh benannt, im mimischen Ausdruck anderer erkannt sowie in ihren Ursachen und Konsequenzen verstanden werden: Bereits Vierjährige besitzen Konzepte des Ärgers, der Angst und der Überraschung. Kinder im Alter von fünf oder sechs Jahren verfügen auch über das Konzept des Mitleids, mit sieben oder acht Jahren zeigt sich ein Verständnis von Verlegenheit, von Schuldgefühlen (bzw. Scham) sowie von Ekel.

Es gibt verschiedene Strategien der Wiedergutmachung, mit denen die negativen Folgen eigener Handlungen für andere Personen behoben werden sollen; durch diese Strategien wird somit die Verantwortung für eine Normenverletzung akzeptiert. Deren Entwicklung lässt sich ebenfalls durch Stufen beschreiben. Die folgenden Stufen identifiziert Keller: keine Wiedergutmachung, materielle Wiedergutmachung, verbale Strategien sowie Strategien zur Wiederherstellung von Nähe und Intimität (vgl. Keller 1996).

Enright (vgl. Enright 1991) hat die Entwicklung des Verständnisses von Formen des Verzeihens (des Vergebens) von Normenverletzungen untersucht. In seinen Analysen unterscheidet er Stufen dieses Verständnisses, die stark an Kohlbergs Moralstufen angelehnt sind.

*Vorstellungen über das Selbst*
Die Person besitzt ein Wissen über das Selbst: Sie weiß um ihre Werteorientierungen und moralischen Fähigkeiten (vgl. auch 8.2).

*Metaethische Kognitionen*
Moralische Kognitionen erstrecken sich auch auf metaethische Problemstellungen, also auf Fragen über die Grundlagen der Moral. Kohlberg trägt dem Rechnung, indem er im Rahmen des MJI die Probanden bei „Heinz-Strafe" und bei „Sterbehilfe-Strafe" mit folgenden Fragen konfrontiert: „Was macht ein Problem zu einem moralischen Problem?" „Gibt es eine korrekte Lösung für moralische Probleme?" „Gibt es eine Methode, um moralisch korrekte Lösungen zu erzielen?" Die diesbezüglichen Stellungnahmen hat er jedoch nicht ausgewertet, und er formuliert auch keine Annahmen über die Entwicklung metaethischen

Urteilens. Krettenauer nimmt eine Analyse der Entwicklung metaethischer Kognitionen vor und unterscheidet dabei drei Entwicklungsstufen: Zunächst verstehen die Individuen ihre moralischen Urteile lediglich als „Gegebenheiten des Denkens" („intuitionistisches Niveau"). Dann tritt eine subjektivistische Relativierung moralischer Urteile auf; die Urteilsbildung wird als Einnahme eines persönlichen Standpunkts interpretiert („subjektivistisches Niveau). Schließlich gelten Urteile als subjektive, persönliche Auffassungen, die sich jedoch mit guten Gründen rechtfertigen lassen („transsubjektivistisches Niveau"). Krettenauer setzt die Entwicklung metaethischer Kognitionen auch ins Verhältnis zu dem von der Turiel-Schule analysierten moralischen Regelverständnis sowie zu Kohlbergs moralischen Urteilsstufen und zu dessen Urteilstypen: Zunächst wird, so Krettenauer, ein moralisches Regelverständnis erworben, dann können Normenkonflikte gelöst werden und schließlich überwindet die Person das intuitionistische Niveau metaethischen Denkens (vgl. Krettenauer 2004; Krettenauer/Eichler 2006).

Auch die Gruppe um Turiel erfasst metaethische Kognitionen: In der Studie von Wainryb und Kollegen (vgl. Wainryb et al. 2004) urteilten schon Fünf-, Sieben- und Neun-Jährige auf metakognitiver Ebene bereichsabhängig, d.h. interpretierten die Gültigkeit des Denkens unterschiedlich.

*Vorstellungen über die Entwicklung der Moral*
Personen besitzen auch Vorstellungen darüber, wie die Moralentwicklung über die verschiedenen Lebensalter hinweg verläuft. Kohlberg hat die Alltagsvorstellungen von Personen hinsichtlich der Formen der Entwicklung kognitiver, kommunikativer, emotionaler und handlungsbezogener Aspekte sowie hinsichtlich der Ursachen entsprechender Entwicklungsprozesse nicht untersucht und dazu auch keine theoretischen Annahmen formuliert.

Dieser Entwicklungsbereich wurde bisher von der Forschung insgesamt vernachlässigt. Alltagstheorien über Prozesse moralischer Entwicklung wären ein fruchtbarer Forschungsgegenstand.

*(d) Integrationsbemühungen hinsichtlich nicht-moralischer Stufen*
Kohlberg hat sich nach der Dissertation neben Piagets Theorie der Moralentwicklung auch mit anderen zentralen Aspekten von Piagets entwicklungspsychologischem Ansatz auseinandergesetzt. So führt er ja in den 1970er Jahren mit seinem Schüler Selman Piagets Theorie der Genese sozialer Kognitionen weiter. Selman identifiziert fünf Stufen der Entwicklung der Perspektivenübernahme, zudem jeweils fünf Stufen der Entwicklung von Personenverständnis, Verständnis von Beziehungen (vor allem Eltern-Kind-Beziehung und Freundschaftsbeziehung) und Verständnis von Gruppen (Gleichaltrigengruppe), denen er jeweils bestimmte Stufen der Perspektivenübernahme zuordnet. In den 1980er Jahren rekonstruiert Selman zudem Stufen des Verständnisses von interpersonalen Verhandlungsstrategien, die Versuche der Durchsetzung eigener Interessen darstellen, und von Strategien zur Herstellung von Nähe und Gemeinsamkeiten (vgl. Selman 2003). Die für die Kindheit relevanten Stufen 0 bis 3 bei den erwähnten sozialkognitiven Aspekten sind in Tab. 2.4 knapp zusammengefasst.

*Tab. 2.4    Entwicklungsstufen für zentrale Bereiche sozialer Kognition*

| Stufe | Perspektiven-übernahme | Personen-verständnis | Verständnis von Beziehungen und Gruppen | | | Verständnis von Handlungsstrategien | |
|---|---|---|---|---|---|---|---|
| | | | Eltern/ Kind-Beziehung | Freund-schaftsbe-ziehung | Gruppe der Gleichalt-rigen | interperso-nale Ver-handlun-gen | Herstellung von Nähe und Gemein-samkeit |
| 0 | physika-listisch egozent-risch | physikali-sche Ein-heit | „Herr/ Knecht"-Beziehung | Freunde als Spielkame-raden | Verbin-dungen durch körperli-che Anwe-senheit | körperliche Strategien | physisches Neben-einander |
| 1 | Perspekti-vendiffe-renzierung | intentional handeln-des Sub-jekt | Fürsorger/ Hilfebedürf-tiger-Beziehung | Hilfeleis-tung in einer Rich-tung | unilaterale Verbin-dungen | Befehle/ Gehorsam gegenüber Befehlen | gemeinsame Handlungen |
| 2 | Perspekti-venkoordi-nierung | introspek-tives Sub-jekt | Berater/ Ratsuchen-der-Bezie-hung | "Schönwet-ter"-Koope-ration | bilaterale Partner-schaften | Überzeu-gungs-versuche | gemeinsame befriedigende Erfahrungen |
| 3 | Bezie-hungsper-spektive | stabile Persön-lichkeit | enge, ver-trauensvolle Beziehung | intime, vertrauens-volle Bezie-hung | homogene Gemein-schaft | verständi-gungso-rientierte Lösungen | Herstellung von Intimität |

(Zusammengestellt aus Keller 2003, S. 166; Selman 2003, S. 31; Selman/Lavin/Brion-Meisels 1982, S. 384)

Hinsichtlich der Verhandlungsstrategien formuliert Selman auch ein kognitivistisches hand-lungstheoretisches Modell der Entwicklung, das die Phasen „Definition eines Problems", „Entwicklung alternativer Strategien", „Auswahl einer Strategie" und „Evaluation des Er-gebnisses" umfasst. Selman hat seine Perspektive insbesondere für den schulischen und den klinisch-psychologischen Kontext fruchtbar gemacht (vgl. Selman 2003; auch Adalbjarnadot-tir 2001).

Dieser Forscher analysiert auch das Verständnis der eigenen Person, des Selbst. Das Selbstkonzept beinhalte zunächst konkrete beobachtbare Merkmale, dann die Differenzie-rung zwischen Absichten und Verhalten, dann die Differenzierung zwischen Innen- und Außenwelt, schließlich stabile Persönlichkeitsmerkmale.

Piagets Theorie der Entwicklung logisch-kausalen Denkens kritisiert Kohlberg nicht; er systematisiert diese lediglich (vgl. z.B. Kohlberg 1987, S. 92 ff.). Dabei stellt er, wie in der Einleitung bereits erwähnt, einen Zusammenhang her zwischen den Stufen moralischen Urteilens, den Stufen der Perspektivenübernahme und Piagets Stufen logisch-kausalen Denkens; er geht davon aus, dass diese Stufen in qualitativer Hinsicht parallele, isomorphe Stufen darstellen und nimmt zugleich eine „horizontale Sequenz" der Stufenentwicklung an (vgl. auch Heidbrink 1991).

*Tab. 2.5    Parallelen zwischen Ich-Entwicklung und deren Unterbereichen*

| Altersphasen (durchschnittl. Erwartungen für die USA) | ICH-ENTWICKLUNG | | | EPISTEMIOLOGISCHES | |
|---|---|---|---|---|---|
| | Erikson | Loevinger | Kegan | Natürliche Umwelt Piaget | Soziale Umwelt Selman |
| Säuglingsalter (0-2) | 1. Vertrauen vs. Misstrauen (Hoffnung) 2. Autonomie vs. Zweifel (Wille) | 0. Präsozial, Autistisch | 0. Einverleibend | 0. Sensomotorisch | |
| Frühe Kindheit (2-6) | 3. Initiative vs. Schuldgefühle (Zweck) | 1. Symbiotisch | 1. Impulsiv | 1. Präoperational | 0. Egozentrisch |
| Mittere Kindheit (6-9) | 4. Werksinn vs. Minderwertigkeit (Kompetenz) | 2. Impulsiv | | 2 Konkrete Operationen Unterstufe A | 1. Subjektive Perspektive |
| Späte Kindheit (8-12) | | Δ Delta- oder selbstschützend | 2. Imperial | Konkrete Operationen Unterstufe B | 2. Selbstreflexive Perspektive |
| Frühe Adoleszenz (11- ) | 5. Identität vs. Identitätsdiffussion (Treue) | 3. Konformistisch | 3. Zwischenmenschlich | 3. Formale Operationen Unterstufe A | 3. Wechselseitige Perspektivenübernahme |
| Späte Adoleszenz (15- ) | | 4. Gewissenhaft | 4. Institutionell | Formale Operationen Unterstufe B | 4. Übernahme einer Systemperspektive |
| Frühes Erwachsenenalter (21- ) | 6. Intimität vs. Isolierung (Liebe) | 5. Autonom | 5. Überindividuell | Formale Operationen Unterstufe C | |
| Mittleres Erwachsennnalter (31- ) | 7. Generativität vs. Selbstabsorption (Fürsorge) | | | | 5. Symbolische Interaktionsperspektive |
| Reifezeit (51- ) | 8. Integrität vs. Verzweiflung (Weisheit) | 6. Integriert | | | |

*Tab. 2.5 Fortsetzung*

| DENKEN | MORALISCHES DENKEN | | | METAPHYSISCHES DENKEN | |
|---|---|---|---|---|---|
| Sozial & Überirdisch **Perry** | Natürliche Umwelt **Snarey** | Soziale Umwelt **Kohlberg** | Überirdische Umwelt **Oser** | Natürlich & Sozial **Broughton** | Überirdische Umwelt **Fowler** |
| | 0. Amoralisch-Protoplasmisch | 0. Amoralischer Egozentrismus | | 0. Undifferenziert | 0. Ursprünglich |
| 1. Einfacher Dualismus | 1. Anziehung durch und Vermeidung von Tieren | 1. Gehorsam, Strafe | 1. Vollständiger Determinismus | 1. Objektiv | 1. Intuitiv-projektiv |
| 2. Dualismus | 2. Natürliche Wechselseitigkeit | 2. Hedonismus, Konkrete Reziprozität | 2. Instrumentelle Reziprozität gegenüber der Gottheit | 2. Individuell | 2. Mythisch-symbolisch |
| 3. Nachgeordnete Vielfalt | 3. Tierliebender oder Tierfreund | 3. Zwischenmenschliche Übereinstimmung, Konformität | 3. Voluntarismus | 3. Getrennt | 3. Konventionell |
| 4. Vielfalt<br>5. Relativismus | 4. Natur als System, Ökologische Perspektive | 4. Soziale Übereinstimmung & Systemerhaltung | 4. Gottes Plan | 4. Dualistisch | 4. Individuierend und reflektierend |
| 6. Absehbares Engagement<br>7. Erstes Engagement<br>8.-9. Sich entwickelndes Engagement | 5. Rechte der Tiere<br>6. Universelles Einssein mit der Natur | 5. Gesellschaftsvertrag<br>6. Universelle ethische Prinzipien | 5. Intersubjektivität, Gott als Befreier<br>6. Universelle Zwiesprache | 5. Subjektiv<br>6. Rational<br>7. Dialektischer Materialist | 5. Paradox-Konsolidierend<br>6. Universalisierend |

(Quelle: modifiziert nach Kohlberg 1987, S. 372f.)

In den 1980er-Jahren bringt Kohlberg die entwicklungspsychologischen Grundannahmen Piagets, Piagets Stufen logisch-kausalen Denkens und die eigenen Stufen moralischen Urteilens auf verschiedenen Ebenen zur Geltung (vgl. z.B. Snarey/Kohlberg/Noam 1983). Er veröffentlicht das Buch „Kindheitspsychologie und Kindererziehung" („Child Psychology and Childhood Education"; Kohlberg 1987), in dem er eine systematisch angelegte piagetianische Perspektive auf die individuelle Entwicklung formuliert und pädagogische Folgerungen zieht. In diesem Zusammenhang setzt er sich auch mit piagetianischen Ansätzen zu zusätzlichen Bereichen der Entwicklung auseinander, die sich vor allem auf Piagets Stufen logisch-kausaler Kognitionen sowie die eigenen Moralstufen stützen und beide Stufensysteme integrieren. Neben Selman orientierten sich besonders Kegan, Perry, Snarey, Oser und Broughton an beiden Stufensystemen. Eine Tabelle aus Kohlbergs Buch „Kindheitspsychologie und Kindererziehung" illustriert die Vielfalt neuerer strukturgenetisch-konstruktivistischer Theorien sowie die Bedeutung von Piagets Stufen logisch-kausalen Denkens und Kohlbergs Stufen moralischen Urteilens für diese Positionen (vgl. Tab. 2.5; s. S. 120 f.); alle aufgeführten Theorien erstrecken sich von der frühen Kindheit bis ins Erwachsenenalter.

Kohlberg differenziert hier zwischen drei Bereichen der Realität, auf die sich Kognitionen richten, nämlich natürliche, soziale und überirdische Umwelt; zugleich unterscheidet er drei Grundeinstellungen, die im Hinblick auf diese Realitätsbereiche jeweils eingenommen werden können (epistemologische, moralische und metaphysische Einstellung; „epistemologisch" meint dabei objektivierend, „metaphysisch" meint metakognitiv). Kohlberg bezieht sich zudem auf die Entwicklung des Selbst (was den Zugang zur subjektiven Welt einschließt), wobei er sich insbesondere von Eriksons und Loevingers neopsychoanalytischen Theorien der Ich-Entwicklung abgrenzt und sich an Kegans Ansatz orientiert. Tab. 2.5 zeigt auch, dass im Rahmen der Piaget-Tradition die Perspektive auf das moralische Urteilen um die Urteilsbildung hinsichtlich der Natur und göttlicher Autoritäten erweitert wurde: Snarey erforschte moralische Haltungen gegenüber der Natur. Oser untersuchte moralische Vorstellungen über Gott; auch Fowlers und Perrys Stufen können als Stufen des Glaubens verstanden werden.

Gestützt auf die Tabelle 2.5 lassen sich verschiedene moralrelevante Hypothesen formulieren und testen: In der vorliegenden Arbeit steht die moralisierende Einstellung gegenüber den vier Realitätsbereichen im Vordergrund. Ein möglicher Untersuchungsgegenstand wäre der Zusammenhang zwischen diesen moralbezogenen Einstellungsfeldern untereinander. Zugleich kann der Zusammenhang zwischen Moral und anderen Grundeinstellungen bzw. Realitätsbereichen untersucht werden: Was sind neben Piagets Stufen logisch-kausaler Kognitionen und Selmans Stufen sozialer Kognitionen wichtige Voraussetzungen moralischer Urteile? In welchen Bereichen stellen moralische Urteilsstufen selbst Entwicklungsvoraussetzungen dar?

Die an Piaget und Kohlberg orientierten Perspektiven ergeben zusammengenommen ein integratives strukturgenetisches Konzept der Persönlichkeit, wodurch sich auch die erwachsene Person im Hinblick auf Entwicklungsstufen bestimmen lässt. Dieses Konzept hat neben Kegan insbesondere der Kohlberg-Schüler Noam in den letzten Jahren weitergeführt. Noam formuliert insofern eine kognitivistisch-konstruktivistische Perspektive, als er den Stellenwert von Prozessen der Selbstdefinition betont. Den Kern seiner Theorie bilden Stufen der Entwicklung des Selbst (der „Komplexität des Selbst"), die er, ähnlich wie Selman und Kegan, in Anlehnung an Kohlbergs Moralstufen formuliert. Demnach definiert sich die Person – verkürzt formuliert – zunächst in Kategorien beobachtbaren Verhaltens, dann durch eigene Interessen, Motive und Fähigkeiten; später verortet sie sich im Rahmen zwischenmenschlicher Beziehungen, und schließlich versteht sie sich als Mitglied größerer sozialer Einheiten. Im Gegensatz zu herkömmlichen kognitivistisch-konstruktivistischen Entwicklungstheorien des Selbst (z.B. diejenige von Kegan) betont Noam, dass die Entwicklungsprozesse nicht automatisch eine Zunahme an Autonomie darstellen, sondern auch größeres Leid bedeuten können: Das Fortbestehen niedriger neben höheren Stufen des Selbst kann zu innerer Zerrissenheit führen, zusätzlich können bestimmte leidvolle Themen (etwa Angst vor Zuneigungsverlust) auch auf höheren Stufen auftreten. Damit greift Noam auf Freuds Annahme der Bedeutung frühkindlicher Erfahrungen für die individuelle Entwicklung zurück (vgl. Noam 1993). Wie Selman hat Noam seine Theorie insbesondere für den schulischen und den klinischen Kontext fruchtbar gemacht.

Die integrativen Perspektiven von Kohlberg, Kegan und Noam weisen aber, wie ich im Folgenden zeigen möchte, verschiedene Probleme auf.

Vergleicht man die in den 1970er Jahren entwickelte Position zum Zusammenhang zwischen den drei Bereichen „logisch-kausales Denken", „Perspektivenübernahme" und „moralisches Urteil" (vgl. die Tabelle in Walker 1980, S. 132) mit der in den 1980er Jahren erstellten Tab. 2.5, so zeigt sich, dass Kohlberg bei letzterer Tabelle der Stufe 2 der Perspektivenübernahme bzw. der Stufe 2 des moralischen Urteils eine zweite Unterstufe konkret-operatorischen Denkens zuordnet (vgl. auch Kohlberg 1995, S. 93), während er in den 1970er Jahren Stufe 2 in beiden Bereichen eine volle Stufe konkreter Operationen zuwies, d.h. noch nicht zwischen Unterstufen konkreter Operationen differenzierte. In den 1960er Jahren hatte er auch noch nicht (wie ab den 1970er Jahren) zwischen Unterstufen formaler Operationen unterschieden (vgl. auch 3.6.1). Dies alles macht Kohlbergs Unsicherheit in der Zuordnung der Stufen logisch-kausalen Denkens zu Selmans Stufen der Perspektivenübernahme und zu den eigenen Stufen moralischen Urteilens deutlich. Es zeigen sich also ähnliche Schwierigkeiten wie bei der Zuordnung von Selmans Stufen der Perspektivenübernahme zu den Moralstufen.

Kohlberg und seine Anhänger sehen ihre Annahmen zu den kognitiven Entwicklungsbedingungen moralischen Urteilens (den Stufen logisch-kausalen Denkens) und zu den sozialkognitiven Entwicklungsbedingungen (den Stufen der Perspektivenübernahme) weitgehend bestätigt (vgl. z.B. Kohlberg 1987, S. 309 ff.; Kohlberg 1984, S. 199 ff.; Walker 1988, S. 49 ff.). Ihre Schlussfolgerungen stützen sich aber größtenteils auf frühe Studien, d.h. es fehlen auf der Basis des SIS durchgeführte Untersuchungen (als Ausnahme vgl. Walker 1980). Auch hat die Forschung bisher hinsichtlich der kognitiven und der sozialkognitiven Entwicklungsprozessen die Bedeutung der Stufenstreuung, die eine Person zu einem Messzeitpunkt aufweist, und des Einflusses kognitiver Kontextfaktoren (zum Beispiel von Aufgabenstellungen) insgesamt vernachlässigt. Rest etwa hält fest, dass die starke Variabilität der Stufenwerte, die sich im Bereich der Entwicklung logisch-kausaler und sozialer Kognitionen zeigt, die Möglichkeit einer Typisierung von Personen nach Stufen in Frage stellt (Rest 1979, S. 73; 1983, S. 595). Die Möglichkeit einer Stufentypisierung setzen die Forscher bei ihren Analysen jedoch voraus, wenn sie etwa davon sprechen, dass die Stufe konkreter Operationen und die Stufe 2 der Perspektivübernahme notwendige Bedingungen für eine Stufe 2 bei Kohlberg sind.

Wie die Forschung deutlich macht, besitzt Piagets Theorie der Entwicklung logisch-kausaler Kognitionen weitere Probleme. Die am Anfang des Kapitels aufgeführten Einwände verschiedener Psychologen gegen diese Theorie haben zum Teil ihre Berechtigung. Besonders dürfte Piaget die Fähigkeiten von Erwachsenen, von Vorschulkindern und von Kindern in den ersten beiden Lebensjahren unzureichend berücksichtigt haben. Beispielsweise zeigen sich bei einfachen Aufgaben Formen konkreter Operationen schon im Alter von vier Jahren (vgl. Case 1985; P. H. Miller 1993; Sodian 2008). Auf einige der Probleme von Piagets Position zur Entwicklung logisch-kausaler Kognitionen reagierten ja die Neo-Piagetianer. Allerdings ging es Piaget vornehmlich nur um die Rekonstruktion der allgemeinen Logik der Entwicklung logisch-kausaler Kognitionen und weniger um eine Theorie intra- und interindividueller Differenzen bei diesen Kognitionen; er zielte auf das „epistemische Subjekt" und nicht auf das „psychologische Subjekt" (vgl. Edelstein 1996).

Fragwürdig erscheint zudem die auf Piaget gestützte Annahme von Kohlberg und der Kohlberg-Schüler, dass Perspektivendifferenzierung und Perspektivenkoordinierung im Vorschulalter, d.h. bis zum Alter von sechs Jahren, noch nicht auftritt sowie ihre Annahme, dass physikalistisches, allein an beobachtbaren Prozessen orientiertes Denken noch bis vier Jahren festzustellen ist. Die in den 1980er Jahren entstandene, auf Bereichstheorien zurückgehende Forschung zu einer „Theorie des Geistes" (einer „Theory of Mind") hat in einer Vielzahl von Studien gezeigt, dass Kinder im Alter von vier Jahren zu erkennen vermögen, dass Personen „falsche Annahmen" über die Realität haben, die ihr Handeln leiten (vgl. Flavell/P.H. Miller 1998; Sodian 2008; Wellman in press). Die klassische Untersuchungsmethode dieser Forschungsrichtung ist das „Maxi"-Experiment: Der kleine Junge Maxi legt Schokolade in eine Schublade. Nachdem er den Raum verlässt, wird die Schokolade vom Versuchsleiter in eine andere Schublade gelegt. Die Versuchsperson soll sagen, wo Maxi die Schokolade suchen wird, wenn dieser zurückkehrt. Bereits Vierjährige wissen, dass Maxi von der falschen Annahme ausgehen würde, dass sich die Schokolade in der ersten Schublade befindet, und er sie dort sucht. Allerdings führte diese Untersuchungsrichtung bisher kaum moralpsychologische Studien durch. Die Zielsetzungen der Moralpsychologie und der Forschung zur Theory of Mind sind unterschiedlich. Während die Moralpsychologie Rechtfertigungen von Handlungen thematisiert, analysiert die Forschung zur Theory of Mind das Verständnis von Aspekten einer Handlung (vgl. Astington 2004). An ihr beteiligen sich auch verschiedene Philosophen, die Fragen der Philosophie des Geistes bearbeiten.

Sogar in der vorsprachlichen Phase (auf Piagets Stufe sensomotorischer Intelligenz) verfügen Kinder offenbar über einige Fähigkeiten zum Verstehen anderer, wie insbesondere die von der Gruppe um Tomasello durchgeführte Forschungen deutlich machen: In den ersten Monaten bildet sich die Fähigkeit zum intentionalen Handeln aus. Zwischen neun und 12 Monaten wenden die Kinder dann ihre Aufmerksamkeit, dorthin, wo sie auch Eltern hin richten, interagieren mit den Eltern in der Auseinandersetzung mit einem Gegenstand und ahmen ihr Verhalten nach. Auch orientieren sich die Kinder bei unvertrauten Objekten oder in unvertrauten Situationen an den Gefühlen bzw. dem emotionalen Gesichtsausdruck der Bezugspersonen und lernen dadurch Objekte und Situationen zu bewerten („soziale Rückversicherung"/„social referencing"). Zeigt etwa die Mutter beim Eintritt einer fremden Person in einen Raum Zeichen der Furcht, wird auch das Kind die Situation wahrscheinlich als furchterweckend erleben. Des Weiteren sucht das Kind die Aufmerksamkeit der Eltern durch Gesten gezielt auf Gegenstände zu lenken, und weiß darum, dass die Eltern die Aufmerksamkeit auf sich (das Kind) lenken können. Die Tomasello-Gruppe erklärt das gemeinsame Auftreten dieser Aspekte „geteilter Aufmerksamkeit" damit, dass Kinder dieses Alters die Fähigkeit zu (einfachen) „Formen von Intentionalität höherer Ordnung" erworben haben – sie verstehen andere nunmehr als intentionale Subjekte, die sich wahrnehmend, fühlend und handelnd auf die Welt beziehen (vgl. Tomasello 2006). Auch zeigte die Forschung: Kinder um die Mitte des zweiten Lebensjahrs wissen darum, dass sich die Wünsche einzelner Personen unterscheiden können. Sie sind somit zu rudimentären Formen der Perspektivendifferenzierung in der Lage. Kinder im Alter von drei Jahren können Handlungen mit Hilfe von Wünschen und Absichten erklären (vgl. Sodian 2008).

Entsprechend dürfte auch die Perspektivenkoordinierung früher auftreten als Selman annimmt. Sie sollte bereits im Alter von ca. sechs Jahren zu finden sein. Diese Stufe der Perspektivenübernahme hat die piaget-kritische Forschung vernachlässigt.

Zudem erwerben Kinder weit früher ein Verständnis des Selbst als Piaget und die Kohlberg-Schule dies annehmen. Bereits zwischen 15 und 18 Monaten erkennt sich das Kind im Spiegel und spricht von sich als Person, verwendet also das Wort „Ich".

Prozesse der Selbstreflexion führen im späteren Lebensalter zur Erfahrung des unabwendbaren eigenen Todes, der Bedrohtheit durch schwere Krankheiten und der Frage nach dem Sinn des Lebens. Dies legt die Orientierung an übernatürlichen Mächten nahe, die angesichts der Zerbrechlichkeit der eigenen Existenz Schutz und Halt geben sollen bzw. können. Solche Formen der Orientierung sind auch heute noch weit verbreitet. Neben Christentum (derzeit etwa 2,1 Mrd. Anhänger), Islam (etwa 1,5 Mrd.) und Judentum (etwa 15 Mio.) gelten Hinduismus (etwa 900 Mio.), Buddhismus (etwa 400 Mio.), Taoismus (etwa 70 Mio.) und Konfuzianismus (etwa 10 Mio.) – nach einer weiten Lesart – als „Weltreligionen". (Auf der Welt leben derzeit etwa 6,5 Milliarden Menschen.) Das katholische Christentum ist vor allem in Mittel- und Südamerika, in Mittel- und Südafrika sowie in West- und Südeuropa zu Hause, das orthodoxe Christentum in der ehemaligen UDSSR, das protestantische Christentum in den USA, in Mittel- und Südafrika sowie in West- und Nordeuropa, das Judentum im Nahen Osten, der Islam in Nordafrika und im Nahen Osten, der Hinduismus in Indien, der Buddhismus in Indien und China sowie der Taoismus und der  Konfuzianismus in China.

Oser geht von der Eigenständigkeit des religiösen Urteils aus. Dessen Entwicklung vollziehe sich in sechs Stufen:

- Stufe 1: Gott beeinflusst alle Lebewesen, auch den Menschen, unmittelbar. Sein Wille muss erfüllt werden.
- Stufe 2: Der Wille Gottes lässt sich beeinflussen, etwa durch Gebete oder Konformität mit seinen Geboten. Wenn man Gottes Willen gehorcht, wird man von ihm gut behandelt.
- Stufe 3: Der Mensch ist frei und für sich selbst verantwortlich. Das Göttliche ist eine Größe außerhalb der Sphäre des Menschlichen.
- Stufe 4: Die Freiheit des Menschen und seine Fähigkeit zur Reflexion sind Geschenke Gottes.
- Stufe 5: Das Verhältnis von Gott und Mensch ist ein kommunikatives Verhältnis.
- Stufe 6: Das Angenommensein durch Gott ist die Voraussetzung menschlichen Handelns.

Wie man sieht gibt es einige Entsprechungen zu Kohlbergs Moralstufen, etwa bei den ersten beiden Stufen.

Zwei Problempunkte von Osers Stufen des religiösen Urteilens möchte ich festhalten:

- Das Stufenmodell orientiert sich nur an abrahamitischen Religionen, nämlich an Judentum, Christentum und Islam. Vor allem durch den schulischen Religions- und Ethikunterricht sowie die Medien (vgl. etwa Nachrichten über religiöse Konflikte) werden Kinder und Jugendlichen auch mit den zwei Religionen indischer Herkunft, nämlich Hinduismus und Buddhismus, sowie mit den zwei Religionen chinesischer Herkunft, nämlich Taoismus und Konfuzianismus, konfrontiert. Die abrahamitischen Religionen sind monotheistisch, erkennen also nur einen einzigen Gott an. Es ist ein personaler Gott, der zwar als ein individuelles, aber zugleich auch als ein jenseits von dieser Welt existierendes Wesen gedacht wird. Dieses übernatürliche Gotteswesen gilt als allwissend, allmächtig und allgegenwärtig, und ihm werden auch moralische Eigenschaften zugeschrieben, und zwar in absoluter Form, wie etwa „allumfassende Liebe und Güte" und „unfehlbare Gerechtigkeit". Jeder Mensch hat aus der Sicht abrahamitischer Religionen nur ein einziges Leben. Dagegen lehnen die Religionen ostasiatischen Ursprungs die Vorstellung eines einzigen, personalen Gottes ab und glauben an die Wiedergeburt des Menschen.
- Oser blendet frühkindliche Gottesvorstellungen aus. Der deutsche Religionspädagoge und Theologe Schweitzer hingegen hat diese Vorstellungen thematisiert. Religion besitzt in seinen Augen Wurzeln in frühkindlichen Erfahrungen, vor allem die Erfahrung der Einheit mit der Mutter und die Wahrnehmung der Eltern als übermächtige Gegenüber sind bedeutsam. Solche Erfahrungen würden sich mit Gefühlen der Geborgenheit, jedoch auch mit Ängsten vor dem Alleingelassenwerden verbinden. Sehnsucht nach einem sorgenden, schützenden, größeren Gegenüber sei somit der Kern frühkindlichen religiösen Erlebens. Später verbinde das Kind diese Erfahrungen und Sehnsüchte mit sprachlichen Begriffen (vgl. Schweitzer 2010).

Auch eine Erweiterung der Tabelle 2.5 zugrunde liegenden Perspektive um weitere kognitive Aspekte erscheint sinnvoll. Zum einen umfasst der Bereich der sozialen Welt auch persönliche Angelegenheiten und Konventionen sowie Recht, Ökonomie und Politik – Kohlberg selbst formuliert an anderer Stelle ein Modell der Entwicklung von Rechtsvorstellungen (Tapp/Kohlberg 1971) und ein Modell der Entwicklung des politischen Urteilens (vgl. Kohlberg 1975). Zweitens können auch im Bezug auf den Bereich der subjektiven Welt (vgl. Kohlbergs Kategorie „Ich-Entwicklung") die drei Grundeinstellungen eingenommen werden. Drittens scheint die zusätzliche Einführung einer expressiv-ästhetisierenden Grundeinstellung angebracht. Insgesamt lassen sich vier Realitätsbereiche (natürlich-technische, soziale, subjektive und überirdisch-religiöse Welt) sowie vier Grundeinstellungen (objektivierend, normativ-moralisierend, expressiv-ästhetisierend, metaphysisch), die die Person gegenüber allen Realitätsbereichen einnehmen kann, unterscheiden.

Im Unterschied zu anderen sozialen Bereichen haben Verstöße gegen Rechtsnormen Sanktionen des Staates zur Folge, und rechtliche Ansprüche können eingeklagt werden. Die lange Zeit vernachlässigte Entwicklung von Rechtsvorstellungen hat vor allem der deutsche Forscher Eckensberger thematisiert. Eckensberger beschäftigte sich zunächst (insbesondere in Kooperation mit Weyers) mit der Entwicklung von Rechtsvorstellungen bei Kindern, nämlich dem Verständnis von Verhaltensnormen als Vorformen von Rechtsnormen und stützt sich auch auf Turiel (vgl. Weyers/Sujbert/Eckensberger 2007). In den letzten Jahren erfasste Eckensberger in Kooperation mit Weyers bei Jugendlichen die „Entwicklung rechtlicher Vorstellungen und Orientierungen im Kontext kulturell-religiöser Differenz", wobei beide sich an Turiels und an Shweders Theorie orientieren. Die Rechtsvorstellungen werden eingebettet in den Kontext moralischer, konventioneller und religiöser Konzepte, d.h. das Verhältnis rechtlicher Vorstellungen zu moralischen, konventionellen und religiösen Vorstellungen wird analysiert. In dieser Studie werden 72 in Deutschland aufgewachsene christliche und islamische Jugendlichen im Alter zwischen 12 und 22 Jahren befragt (vgl. Weyers 2010). Beide Studien zeigten, dass eine Moralisierung des Rechts nicht, wie Kohlberg annimmt, erst auf postkonventionellem Niveau, sondern bereits auf früheren Stufen, möglich ist.

Auch die Arbeiten der Gruppe um Baltes zu Formen der Weisheit sind in diesem Zusammenhang relevant. Weisheit versteht die Baltes-Gruppe als Urteilsfähigkeit im Umgang mit fundamentalen Lebensfragen, nämlich mit schwierigen Problemen der Lebensdeutung, Lebensplanung und Lebensgestaltung. Als Kriterien für Weisheit gelten:

- reichhaltiges Faktenwissen über die existenziellen Fragen des Lebens (z. B. Kenntnisse in Philosophie und Medizin);
- reichhaltiges (prozedurales) Wissen über Strategien der Bewältigung typischer Lebenskrisen;
- Berücksichtigung der persönlichen Geschichte eines Individuums und von kulturellen Einflüssen;
- Wissen über die Unvorhersehbarkeiten des Lebens und über Wege, damit umzugehen (z.B. Anerkennung von Ungewissheiten);
- Toleranz gegenüber verschiedenen Werten und Lebensstilen.

Das letzte Kriterium bringt eine moralische Haltung zum Ausdruck. Weisheit unterscheidet sich von moralkognitiven Fähigkeiten insbesondere dadurch, dass es hier um den eigenen Lebenssinn geht. Pasupathi, die längere Zeit in der Gruppe um Baltes mitarbeitete, untersuchte in den 1980er Jahren die Frage, ob postkonventionelles Urteilen, ermittelt mit Hilfe von Linds MUT, auch ein hohes Maß an Weisheit bedeutet (vgl. z.B. Pasupathi/Staudinger 2001). Sie stellte nur einen schwachen Zusammenhang fest.

Ein weiteres Problem der integrativen Perspektiven von Kohlberg, Kegan und Noam ist, dass die kognitiven Entwicklungsprozesse stärker bereichsspezifisch zu verlaufen als sie annehmen. Theorien des Kernwissens zeigen die Notwendigkeit der Differenzierung zwischen numerischem, geometrischem, physikalischem, biologischem, sprachlichem und psychologischem Bereich auf; die naiven Theorien über Zahlen, Räume, unbelebte Objekte, Pflanzen und Tiere, Sprachen und Menschen unterscheiden sich von früh an (vgl. Sodian 2008). Die Turiel-Schule macht deutlich, dass zudem zwischen den Bereichen „Moral", „Konvention" und „persönliche Angelegenheiten" zu unterscheiden ist.

Darüber hinaus stellen die drei integrativen Perspektiven vorwiegend nur kognitive Theorien dar, d.h. sie klammern bei den einzelnen Inhaltsbereichen kommunikative, emotionale und handlungsbezogene Aspekte weitgehend aus. Entsprechende Differenzierungen sind zum Beispiel bezüglich des interaktiv-sozialen und des politischen Bereichs sinnvoll. Neben kognitiven Fähigkeiten sind bei diesen beiden Bereichen jeweils kommunikative, emotionsbezogene und handlungsstrukturierende Fähigkeiten bedeutsam. So umfasst der interaktiv-soziale Bereich insbesondere die Fähigkeiten, Personen, Interaktionen, Beziehungen und Gruppen angemessen wahrzunehmen, sich mit anderen über unterschiedliche Situationseinschätzungen zu verständigen, die eigenen Gefühle zu regulieren, selbstsicher zu handeln, soziale Interessenkonflikte zu lösen, Kontakte bzw. Bindungen herzustellen und aufrechtzuerhalten sowie erfolgreich zu kooperieren. Selbstsicheres Verhalten, Fähigkeiten der Streitschlichtung, Bindung an Personen bzw. Gestalten von Beziehungen und kooperatives Handeln sind also wichtige interaktiv-soziale Fähigkeiten. Fähigkeiten des politischen Bereichs ermöglichen es, politische Prozesse differenziert zu beurteilen, die eigene Meinung öffentlich zu vertreten, Motivationen für politisches Handeln aufzubauen und sich für das Gemeinwesen tatkräftig zu engagieren, insbesondere in Form von loyalem, partizipativem, tolerantem, zivilcouragiertem und solidarischem Handeln (vgl. Becker 2008). Die Unterscheidung nicht-kognitiver Aspekte ist auch für den Bereich der Gewalt/Aggression relevant. Aggressive Handlungen können eingesetzt werden, um spezifische Ziele zu erreichen („instrumentelle Aggression"; z.B. Geiselnahme zur Erpressung von Lösegeld), oder sie bringen bestimmte Gefühle zum Ausdruck („feindselige Aggression"; z.B. Beleidigung einer Frau durch einen in sie verliebten Mann, den sie zurückgewiesen hat).

Für die Analyse von Emotionen bedeutsam ist die Differenzierung zwischen „Basisemotionen" und „Selbstbewertenden Emotionen" („Selbstbewussten Emotionen"). Das Konzept der Basisemotionen wurde vor allem von dem evolutionsbiologischen Emotionsforscher Tomkins und zweier seiner Schüler, nämlich Ekman und Izard, ausgearbeitet. Eine Basisemotion ist, so die Annahme dieser Forscher, im Rahmen der Evolution entstanden. Sie ist in allen Kulturen im Säuglingsalter anzutreffen. Eine Basisemotion ist eine Emotion auch insofern, als sie die Grundlage für andere Gefühle darstellt, sich also auf keine weiteren

Gefühle reduzieren lässt. Als Beleg für die Existenz von Basisemotionen gilt vor allem kulturübergreifendes mimisches Ausdrucksverhalten und die universelle Fähigkeit des Erkennens der einzelnen Emotionen. Tomkins unterscheidet neun solcher universellen, frühen, grundlegenden Emotionen, wobei er bei sieben Basisemotionen zwei Stufe der Intensität bestimmt: Vergnügen/Freude, Interesse/Begeisterung, Leid/Qual, Ärger/Wut, Angst/Grauen und Scham/Demütigung; als weitere Basisemotionen führt er Ekel vor schlechtem Geruch und Ekel vor schlechtem Geschmack auf. Ekman unterscheidet positive Emotionen (z.B. Stolz), Überraschung und Angst, Trauer und Verzweiflung, Ärger und Zorn sowie Ekel und Verachtung. Moralische Emotionen sowie selbstbewertende Emotionen besitzen allerdings bei diesen Forschern keinen prominenten Platz; im Vordergrund stehen vielmehr Gefühle, die der Selbsterhaltung dienen. Im Unterschied zu Basisemotionen setzen selbstbewertende Emotionen Regelwissen, ein Bewusstsein seiner selbst sowie ein Wissen darum, von anderen beobachtet und bewertet zu werden, voraus (vgl. z.B. Schuldgefühle, Scham). Gefühle wie Freude, Interesse, Wut, Ekel und Furcht sind auch bei höher entwickelten Tieren zu beobachten, während selbstbewertende Emotionen allein für den Menschen kennzeichnend sein dürften (vgl. Ben-Ze'ev 2009; Haidt 2003; Keller 2003).

Habermas und Geulen präsentieren integrative handlungstheoretische Konzepte des sozialisierten Subjekts und seiner Entwicklung:

- In seiner Handlungstheorie differenziert Habermas zwischen objektbezogenem („instrumentellem") und sozialem Handeln. Hinsichtlich des sozialem Handelns unterscheidet er am eigenen Erfolg orientiertes, „strategisches" Handeln, bei dem der Akteur seine Ziele unabhängig vom Einverständnis der Mithandelnden zu erreichen sucht, und an gegenseitiger Verständigung orientiertes, „kommunikatives" Handeln, bei dem die Zielerreichung durch einvernehmliche Abstimmung der Akteure gewährleistet werden soll. Strategisches Handeln kann, so Habermas, gründen auf dem Verwenden von Zwang oder Belohnung („offenes strategisches Handeln"), auf bewusster Täuschung, d.h. nur dem Schein nach verständigungsorientiertes Handeln („Manipulation"), oder auf Täuschung, die dem Akteur nicht bewusst ist („systematisch verzerrte Kommunikation"). Kommunikatives Handeln gliedert er auf in Aussagen über die objektive Welt („konstative Sprechhandlungen"), Handlungen im Bezug auf die normative Welt („normenreguliertes Handeln"), Handlungen im Bezug auf die subjektive Welt („expressive Selbstdarstellung") und Formen der Bezugnahme auf alle drei Welten (kommunikatives Handeln im engeren Sinne); die ersten drei Arten gelten ihm als „reine Typen" kommunikativen Handelns. Habermas erweitert Piagets und Kohlbergs strukturgenetisch-konstruktivistische Entwicklungstheorie in verschiedene Richtungen: Gestützt auf strukturgenetisch-konstruktivistische Ansätze unterscheidet er logisch-kausale (sog. kognitive) Kompetenz und Interaktionskompetenz (Fähigkeiten der sozialer Kognition und des moralischen Urteilens gelten ihm als Teilfähigkeit der Interaktionskompetenz). Orientiert an Chomskys linguistischer Theorie führt er sprachliche Kompetenz an. Um insbesondere emotional-motivationale Aspekte (identitätsbezogene Kompetenz) zu erfassen, integriert er auch psychoanalytische Theorien. In seinen Augen kommt der Interaktionskompetenz der zentrale Stellenwert zu. Er rekonstruiert entsprechende Entwicklungssequenzen.

- Geulen führt wichtige, vorwiegend soziologische „Modelle vom sozialisierten Menschen" auf, nämlich anthropologisch-funktionalistisches Modell (z.B. Gehlen), Integrationsmodell (z.B. Parsons), Repressionsmodell (z.B. Dahrendorf, Marcuse), Wissensmodell (z.B. Schütz, Berger, Luckmann) und Individuationsmodell (z.B. Durkheim, Simmel, Mead, Habermas). Dann bestimmt er – gestützt auf die Dimensionen der angeführten soziologischen Arbeiten und nicht zuletzt auf psychologische Arbeiten – Strukturen des vergesellschafteten Subjekts. In einem ersten Schritt wird dabei die allgemeine Struktur seines handlungstheoretischen Ansatzes (Wahrnehmung der Situation, Zielorientierung, Konzeption der Mittel, einschließlich Handlungsschemata und Handlungspläne) expliziert, in einem zweiten Schritt wird dieser auf die soziale Ebene angewendet. Im Unterschied zu Habermas nimmt er auf der Grundlage der Differenzierung zwischen Wahrnehmung der Situation, Zielorientierung und Konzeption der Mittel eine präzise Bestimmung von Prozessaspekten des Handelns vor. Auch erweitert er die weitgehend auf Kompetenzen verengte Perspektive von Habermas in fruchtbarer Weise und führt dessen Bestimmung von Kompetenzen zugleich weiter aus. Von da aus identifiziert er dann Entwicklungssequenzen.

Emotionsbezogene sowie psychomotorische und ästhetische Fähigkeiten kommen aber in beiden Konzeptionen etwas kurz.

Die integrativen Perspektiven von Kohlberg, Kegan und Noam vernachlässigen zudem die Soziogenese. Habermas formuliert eine fruchtbare Theorie der Soziogenese und bettet dabei die Entwicklung individueller bzw. moralischer Kompetenzen in den gesellschaftlich-historischen Kontext ein. Er weist nicht nur hin auf die Bedeutung kommunikativen Handelns für die Individuen, sondern auch auf die Relevanz dieses Handlungstyps für die Gesellschaft: Kommunikatives Handeln trägt zur Reproduktion der „Lebenswelt" bei, die sich in „kulturelles Wissen", „legitime soziale Ordnungen" und „Persönlichkeitsstrukturen" gliedert und die zentrale Ebene von Gesellschaften darstellt; kommunikatives Handeln erfüllt Funktionen der Verständigung, der Handlungskoordinierung und der Sozialisation. Die materielle Reproduktion vollzieht sich dagegen vorwiegend auf der Grundlage instrumenteller Handlungen. Da die Reproduktion der Gesellschaft und das Handeln der Individuen abhängig ist von denselben Strukturen, können bei der Analyse der Soziogenese die gleichen Strukturen identifiziert werden wie bei der Untersuchung der individuellen Entwicklung. Habermas zeigt solche "Homologien" zwischen der Entwicklung des kollektiven Weltverständnisses und der Ich-Entwicklung, zwischen der Entwicklung der kollektiven Rechts- und Moralvorstellungen und des moralischen Urteilens der Individuen sowie zwischen der Entwicklung kollektiver Identität und von Ich-Identität auf (vgl. Habermas 1976)

Wie Piaget und Habermas betrachtet Tomasello Erkenntnisse über die Ontogenese als Schlüssel für die Analyse der Phylogenese und der Soziogenese. Im Unterschied zu Piaget und wie Habermas bezieht sich Tomasello aber nicht auf ein Kind, das sich mit seiner dinglichen Umwelt alleine auseinandersetzt, sondern auf Interaktionen zwischen Eltern und Kind, die sich gemeinsam und aufeinander abgestimmt auf Dinge beziehen. Dafür sind  vor allem einfache Formen von Intentionalität höherer Ordnung (d.h. das Wissen um die Intentionalität des Verhaltens anderer) erforderlich. Den anderen Primaten gehe solche einfache Intentionalität höherer Ordnung ab. Sie besitzt in Tomasellos Augen weitreichende Bedeutung. Sie hätte die soziokulturelle Evolution ermöglicht, denn sie führte zu einer neuen Form kulturellen Lernens – nämlich zum „Lernen durch andere" – und auch zu Kooperation und Kommunikation. Der Mensch sei im Alter von etwa einem Jahr zu geteilter Intentionalität fähig. Die Kinder wachsen inmitten entstandenen kultureller Artefakte und Traditionen auf und müssen sie sich aneignen. Dies erlaubt Kooperation und die generationenübergreifende Weitergabe von Wissen. Anders als die biologische Evolution vollzieht sich die soziokulturelle Evolution in sehr schnellem Tempo (vgl. Tomasello 2006).

Um die Entwicklung des kindlichen Gerechtigkeitsurteils angemessen bestimmen zu können, ist eine Erweiterung des Rahmens von Kohlberg und seiner Anhänger um verschiedene nicht-moralische Bedingungen erforderlich. Dies gilt vor allem für die Bestimmung der Stufe 0 des Gerechtigkeitsurteils:

- Am Ende des ersten Lebensjahrs hat das Kind die motorischen Fähigkeiten erworben, gezielt nach Gegenständen zu greifen und selbstständig zu gehen, ebenso differenzierte Formen der Sinneswahrnehmung, verschiedene logisch-kausale Konzepte (z.B. das Wissen darum, dass ein Objekt auch dann noch vorhanden ist, wenn es aus den Augen verschwunden ist, d.h. das Konzept der „Objektpermanenz") und die Fähigkeit zur sprachlichen Nachahmung. Bestimmte Basisemotionen, nämlich Ärger, Trauer, Angst, Ekel, Freude und Interesse, sind von Geburt an vorhanden. Die Fähigkeit zum intentionalen Handeln bildet sich etwa Mitte des ersten Lebensjahrs aus. Am Ende dieses Lebensjahrs kann das Kind die Intentionen anderer ansatzweise verstehen, grundlegende Emotionen bei ihnen erfassen und sich an erwachsene Bezugspersonen binden, zu ihnen also eine enge, von intensiven Gefühle (wie etwa Liebe und Vertrauen) geprägte Beziehung aufbauen. Der Säugling besitzt jedoch noch kein Bewusstsein seiner selbst Es erwirbt auch noch keine moralischen Kognitionen.

- Im zweiten Lebensjahr kann sich das Kind ohne Hilfe fortbewegen, und es vermag in der Auseinandersetzung mit Gegenständen einfache Probleme zu lösen und kurze Sätze zu bilden. Am Ende dieses Lebensjahrs ist es in der Lage, bei einigen einfachen Aufgaben Perspektiven von Personen zu differenzieren (z.B. bei einfachen Wahrnehmungsaufgaben). Selbstbewertende Emotionen (z.B. Stolz, Scham) bilden sich aus. Die Bindung an erwachsene Bezugspersonen vertieft sich. Ab Mitte des zweiten Lebensjahrs vermag sich das Kind im Spiegel zu identifizieren und entdeckt seinen eigenen Willen. Die erweiterten Fähigkeiten führen zu verstärkten elterlichen Kontrollbemühungen. Allmählich bildet sich ein Wissen um moralische Regeln aus. Im Alltag treten vor allem solche Formen moralischer Urteile auf, bei denen das Kleinkind die Verbindlichkeit von moralischen Normen noch abstreitet.

- Im dritten und vierten Lebensjahr zeigt das Kind bereits eine gute Körperbeherrschung, es verfügt über einige kognitive Operationen, sein Vokabular erweitert sich ab der zweiten Hälfte des dritten Lebensjahrs enorm, im Sprechen orientiert es sich nun an grammatikalische Strukturen. Seine Theorie des Geistes (Theory of Mind) differenziert sich aus; im vierten Lebensjahr entsteht das Wissen darum, dass Personen von falschen Annahmen ausgehen können. Vorschulkinder dieses Alters vermögen intensive Freundschaften aufzubauen. Von sich spricht das Kind nunmehr als „Ich". Beim Morallernen vertieft sich das Wissen um moralische Regeln. Im Alltag zeigen sich physikalistische und egozentrische Formen moralischer Urteile.

# 3 Umweltabhängiges statt einsichtiges Lernen als Motor der Entwicklung der Gerechtigkeitsmoral? Psychoanalytische und lerntheoretische Kritik

Nicht allein mit der produktiven Weiterführung Piagets beeinflusst Kohlberg Ende der 1960er- und in den 1970er Jahren eine große Zahl von Moralpsychologen – auch seine konstruktivistische Grundposition, die er ja mit Piaget teilt, überzeugt viele stärker als die umweltabhängiges Lernen betonenden Modelle der sozialen Lerntheorie und der Psychoanalyse. Erstere reagieren bald auf die Herausforderung durch Kohlbergs Ansatz; Ende der 1960er Jahre setzt ihre Kritik an ihm ein. Anhänger der Psychoanalyse dagegen antworten erst Mitte und Ende der 1970er Jahre, und auch nur in geringer Zahl.

Geht man dem Einfluss der sozialen Umwelt auf die Entwicklung bestimmter – als gültig vorausgesetzter – Stufen kognitiver oder auch nicht-kognitiver Moralaspekte nach, sind vor allem die folgenden Fragen zu klären:

- Wie groß ist die Wirkung der verschiedenen sozialen Einheiten (z.B. von Eltern-Kind-Beziehungen, Gleichaltrigenbeziehungen)?
- Wie stark ist bei einer sozialen Einheit der Einfluss der unterschiedlichen Qualitätsdimensionen sozialer Interaktion (z.B. stabile emotionale Wertschätzung, offen ausgetragene soziale Konflikte, gleichberechtigte Kommunikation)?
- Welche Lern- bzw. Entwicklungsmechanismen (z.B. Konditionierung, Nachahmung, Identifikation, einsichtiges, konstruktives Lernen) vermitteln die Wirkung der sozialen Einheiten bzw. der Qualitätsdimensionen sozialer Interaktion?

Piaget und Kohlberg nehmen an, dass sich die moralischen Urteilsstufen vor allem auf der Grundlage von Erfahrungen in Gleichaltrigenbeziehungen, offen ausgetragenen sozialen Konflikten, gleichberechtigter Kommunikation und Mitwirkung an Entscheidungen sowie von einsichtigem Lernen entwickeln. Vertreter psychoanalytischer Positionen und sozialer Lerntheorien stellen dagegen den Einfluss der Eltern, stabile emotionale Wertschätzung, angemessene Ausübung sozialer Kontrolle und Formen umweltabhängigen Lernens heraus. Im vorliegenden Kapitel geht es um einen Beitrag zur Klärung dieser drei Fragen, wobei Lernmechanismen im Vordergrund stehen.

Für umweltabhängiges Lernen benutzen, im Unterschied zur Forschung bis Ende der 1960er Jahre, heute nur wenige Wissenschaftler den Begriff „Sozialisation". Dieser Begriff wird in der aktuellen Forschung insgesamt uneinheitlich verwendet. Angelsächsische Wissenschaftler verstehen darunter für gewöhnlich lediglich Bereiche der sozialen Entwicklung, und nicht soziale Entwicklungsbedingungen und/oder spezifische Lernmechanismen. Viele deutschen Wissenschaftler hingegen fassen darunter Bedingungen und Mechanismen der sozialen Beeinflussung von Entwicklungsverläufen. Die vorliegende Arbeit orientiert sich an letzterer Begriffsvariante. Bezüglich der Lernmechanismen gebrauche ich den Begriff der Sozialisation nicht im Sinne der heutigen Entwicklungspsychologie und Sozialisationsforschung, die damit verschiedene Formen der Wechselwirkung (Interaktion) von Individuum und sozialer Umwelt bezeichnen (vgl. Geulen 1991; 2005; Hurrelmann/Grundmann/Walper 2008; Lempert 2006; Nunner-Winkler/Meyer-Nikele/Wohlrab 2006; Oerter/Montada 2008; Petermann/Niebank/Scheithauer 2004; Veith 2008; S. Weinert/F.E. Weinert 2006). Dem bis Ende der 1960er Jahre verbreiteten, auch für Kohlberg maßgeblichen Begriffsverständnis folgend, bezeichne ich damit vielmehr umweltabhängige Lernprozesse, denn mein vorrangiges Ziel ist es lediglich, die bis dahin von der Psychoanalyse, der sozialen Lerntheorie und von Kohlberg vertretenen Entwicklungskonzepte immanent zu kritisieren. Eine differenzierte eigene Perspektive auf die Bedeutung sozialisatorischer Prozesse für die Moralentwicklung kann hier nicht formuliert werden.

Eine Diskussion der Bedeutung von konstruktivem Lernen und von umweltabhängigem Lernen/Sozialisation auf der Grundlage der Positionen Kohlbergs, Piagets, Freuds und sozialer Lerntheorien läuft heute Gefahr, als hoffnungslos veraltet zu erscheinen, denn zumindest die ersten drei Positionen gelten mittlerweile vielen Wissenschaftlern als überholt. Neuere Arbeiten zur Sozialisationsproblematik insgesamt zeigen die Veränderung in den theoretischen Bezugspunkten. Grusec und Davidov etwa formulierten vor kurzem mit Blick auf die Eltern-Kind-Beziehung ein auf Theorieintegration zielendes Bereichsmodell der Sozialisation (vgl. Grusec und Davidov 2010). Prozesse der sozialen Entwicklung umfassen in ihren Augen sehr unterschiedliche Persönlichkeitsaspekte, wobei deren Ausbildung jeweils spezifische soziale Interaktionen erfordere. Sie identifizieren insgesamt fünf Typen sozialer Interaktion und fünf Persönlichkeitsaspekte, auf die sich einzelne Theorien beziehen: Formen der Ausübung von Kontrolle durch Autoritätspersonen, welche zur Internalisierung von Normen sowie zur Unterlassung problematischer Handlungen führen (traditionelle soziale Lerntheorien), Einbindung in die Aktivitäten von Gruppen, was den Erwerb von Verhaltensroutinen und einer sozialen Identität erlaubt (Banduras sozial-kognitive Lerntheorie, kulturpsychologische Theorien), Gewährung von Hilfe und Unterstützung, was beim Kind Gefühle der Sicherheit und des Vertrauens erzeugt (Bindungstheorie), auf die Bewältigung kognitiver Aufgaben gerichtete, durch Erwachsene gelenkte Formen der Interaktion, was zum Erlernen verschiedener kognitiver Fertigkeiten beiträgt (Wygotskis Theorie) sowie durch Gleichheit bestimmte Formen sozialer Reziprozität, die die Ausbildung kooperativer Fähigkeiten ermöglichen (neuere Forschung zu reziprokem Verhalten). Die jeweils anderen Praktiken können in den Augen von Grusec und Davidov die entsprechenden Entwicklungsresultate nicht herbeiführen. Eine Einordnung der Psychoanalyse und von Theorien der Piaget-Tradition nehmen Grusec und Davidov dabei nicht vor.

Insbesondere vor dem Hintergrund der Resultate neuerer Forschungen und klinisch-praktischer Erfahrungen erscheint Freuds Perspektive auf das psychodynamische Unbewusste jedoch fruchtbar: Die gegenwärtige kognitionspsychologische Forschung arbeitet neben bewussten Prozessen verstärkt die Bedeutung von außerhalb des Bewusstseins ablaufenden Prozessen heraus, und klinisch-praktische Erfahrungen machen die Eigengesetzlichkeiten unwillkürlicher, unbewusster Prozesse deutlich; im Rahmen kognitiver Therapieverfahren werden etwa „automatische Gedanken", d.h. schnell wirksame, sich häufig wieder-holende, oft zu einer verzerrten Wahrnehmung führende, selbstschädigende Schemata, thematisiert (vgl. Asendorpf 2007; Schmitt/Altstötter-Gleich 2010). Alle diese Vorgänge sind dem Bewusstsein freilich ohne große innere Widerstände zugänglich, d.h. sie stellen „vor-bewusste Prozesse" dar. Hinzu kommen unbewusste psychodynamische Vorgänge, auf die Freuds Psychoanalyse aufmerksam macht. Deren Bewusstmachung setzt die Überwindung starker innerer Widerstände voraus.

Henry diskutiert als eine der wenigen psychoanalytischen Autoren Kohlbergs Ansatz. Sie orientiert sich dabei vorwiegend an Freuds traditioneller Position.

Lerntheorien bezogen sich zunächst auf konditionierte Erlebens- und Verhaltensmus-ter. Änderungen des Verhaltens führen die behaioristischen Lerntheoretiker entweder zu-rück auf die dem Verhalten vorausgehenden Umweltveränderungen („Klassische Konditio-nierung"/„Signallernen") oder auf Veränderungen in den positiven oder negativen Konse-quenzen, die dem Verhalten folgen („Operante Konditionierung"/„Instrumentelle Konditi-onierung"/„Lernen am Effekt"/„Lernen durch Versuch und Irrtum"). Bei der klassischen Konditionierung geht einer angeborenen Reaktion auf einen Reiz, einem „Reflex" (etwa dem Saugreflex des Säuglings beim Hineinstecken des Saugers einer Milchflasche in den Mund), häufig ein spezifischer Reiz voraus, durch den dann der Reflex bereits ausgelöst wird (z.B. Saugreflex bereits beim bloßen Anblick der Milchflasche). Bei der operanten Kon-ditionierung wird ein spontan gezeigtes Verhalten mit einem nachfolgenden Reiz verbun-den, der die Wahrscheinlichkeit des Auftretens dieser Verhaltensweise erhöht oder verrin-gert („positive Verstärkung" im Sinne des Eintretens eines positiven Zustands, „negative Verstärkung" im Sinne der Beseitigung eines negativen Zustands, „Bestrafung" im Sinne des Eintretens eines negativen Zustands). Die behavioristische Lerntheorie, die ja in den 1920er- bis 1950er Jahren der dominierende Theorieansatz in der US-amerikanischen Psy-chologie war, hat in der dortigen Entwicklungspsychologie in den 1950er- und 1960er Jah-ren an Einfluss gewonnen. Lerntheorien bezogen sich in Form von frühen, traditionellen sozialen Lerntheorien dann auch auf internalisierte Erlebens- und Verhaltensmuster sowie in Form von sozial-kognitiven Varianten sozialer Lerntheorien auf Fähigkeiten und Orien-tierungen.

Jedoch formulierten nur wenige Autoren eine behavioristische (etwa an Skinner orien-tierte) Perspektive auf die Moralentwicklung (vgl. Kurtines/Gewirtz 1995, S. 135 ff.). Morali-sche Gefühle und moralisches Verhalten sind auch Ergebnisse von Prozessen der Konditio-nierung; hier zeigt sich also die Bedeutung der behavioristischen Lerntheorie. Diese Per-spektive ist aber vor allem deshalb relativ unfruchtbar, weil sie auf beobachtbare Aspekte beschränkt bleibt.

Bandura, Hoffman, Maccoby und W. Mischel sind in der entwicklungspsychologischen Moralforschung innovative, einflussreiche Vertreter sozial-kognitiver Lerntheorien. Die vier Forscher klammern bereits in den 1960er Jahren die Entwicklung moralischen Urteilens nicht aus, tragen hinsichtlich der gesamten Moralentwicklung solchen elterlichen Sozialisa-tionspraktiken Rechnung, die an die Einsicht des Kindes appellieren (z.B. durch Verweis auf Folgen einer Handlung für die betroffene Person) und berücksichtigen kognitive Prozesse der Verarbeitung sozialer Erfahrungen. Hoffman konzentriert sich auf die Moralentwick-lung, beschränkt sich bei deren Analyse jedoch nicht (wie viele anderen Lerntheoretiker) auf

Prozesse der Normeninternalisierung – in den 1970er Jahren entwickelt er auch eine Theorie der Entwicklung der Empathie und des prosozialen Verhaltens, mit der er sich von der traditionellen sozialen Lerntheorie relativ weit entfernt.

Die Bemühungen Maccobys, Banduras und Mischels greifen weit über die moralische Entwicklung hinaus: Maccoby bezieht sich auf die Entwicklung der verschiedenen Formen von Fähigkeiten zwischenmenschlicher Interaktion. Bandura und Mischel analysieren sogar die individuelle Entwicklung insgesamt. Die letzteren beiden Wissenschaftler formulieren zudem (gestützt vor allem auf Rotter) eine sozial-kognitive Theorie der Persönlichkeit. Sie unterscheiden situationsbezogene Annahmen (z.B. Annahmen über die Wahrscheinlichkeit, mit der ein Verhalten zu einer Belohnung führt, und Einschätzungen der Attraktivität der Belohnung) sowie generalisierte Annahmen über die eigenen Problemlösungsfähigkeiten, über die Ursachen für die Zuteilung einer Belohnung und über die Vertrauenswürdigkeit anderer Personen. Auch gehen sie von Phasen des Handelns aus. Fähigkeiten und Orientierungen verstehen sie als Voraussetzungen für die Phasen einer Handlung. Beispielsweise gliedert Bandura den von ihm ins Blickfeld gerückten Lernmechanismus „Lernen am Modell" in vier durch kognitive Prozesse beeinflusste Phasen: Das Verhalten eines Vorbildes werde nur dann nachgeahmt, wenn der Beobachter seine Aufmerksamkeit auf dieses Verhalten richtet, es im Gedächtnis speichert, der eigenen Auffassung nach über Fähigkeiten zu seiner Ausführung verfügt und motiviert ist, das Verhalten auszuführen. Er entwickelt insbesondere das Konzept der Einschätzung eigener Problemlösungsfähigkeiten (die dritte Phase bei der Nachahmung; „Selbstwirksamkeit"). Zudem formuliert Bandura das Prinzip der „reziproken Determinierung", was besagt, dass Umwelt, Verhalten und Kognitionen sich wechselseitig beeinflussen. Zum Beispiel beeinflusse nicht nur die Umwelt das Verhalten, sondern das Verhalten verändere auch die Umwelt. In der Persönlichkeitspsychologie gelten die sozial-kognitiven Positionen von Bandura und W. Mischel derzeit als die attraktivsten Ansätze (vgl. Schmitt/Altstötter-Gleich 2010, S. 67).

Zunächst beschreibe ich Kohlbergs frühe Frontstellung gegenüber der Psychoanalyse und der sozialen Lerntheorie (3.1). Dann erfolgt eine Auseinandersetzung mit der psychoanalytischen Kohlberg-Kritik von Henry. Gegen Henry bzw. die psychoanalytischen Kritiker (3.2) sowie auch gegen Kohlberg (3.3) bringe ich ein, dass sich die Positionen Kohlbergs und Freuds keineswegs vollständig ausschließen, sondern sich teilweise auch ergänzen. Neuerdings gibt es auf beiden Seiten vereinzelte Integrationsbemühungen (3.4). Anschließend werden die von Bandura, Hoffman, Maccoby und W. Mischel gegen Kohlberg vorgetragenen Einwände diskutiert. Es lässt sich einerseits zeigen, dass diese vier Wissenschaftler Kohlbergs Position zum Teil verkürzt darstellen und dass sein Ansatz verschiedene Vorzüge gegenüber ihren Positionen aufweist (3.5). Anknüpfend an ihre Kritik sind andererseits einige Probleme bei Kohlberg herauszuarbeiten; dieser hat insbesondere sein konstruktivistisches Entwicklungskonzept empirisch nicht hinreichend abgestützt bzw. die Sozialisationsmodelle der sozialen Lerntheoretiker nicht zwingend widerlegt (3.6). Gegenwärtig finden sich auf beiden Seiten einige Integrationsbemühungen (3.7). Wie herauszuarbeiten sein wird, bestehen verschiedene der Forschungsdefizite bei Kohlberg, der Psychoanalyse und der sozialen Lerntheorie bis heute. Besonders die Frage, ob ein konstruktivistisches Entwicklungskonzept angemessener ist als ein umweltdeterministisches Sozialisationsmodell, blieb weitgehend ungeklärt.

Kohlbergs Frontstellung gegenüber der Psychoanalyse und der sozialen Lerntheorie ist wenig fruchtbar. Hinsichtlich sozialer Einheiten, Qualitätsdimensionen sozialer Interaktion und Lernmechanismen sind meines Erachtens entsprechende Annäherungen erforderlich:

- Neben den Gleichaltrigen dürfte auch den Eltern eine bedeutende Rolle bei der Moralentwicklung zukommen.

- Fünf Qualitätsdimensionen sozialer Interaktion kann man unterscheiden, nämlich angemessene Ausübung von sozialer Kontrolle, verlässliche emotionale Unterstützung, offene Konfrontation mit moralischen Konflikten, Möglichkeiten der Teilnahme an Formen verständigungsorientierter, gleichberechtigter Kommunikation und Gelegenheiten zur Verantwortungsübernahme in moralrelevanten Kontexten. Wie Grusec und Davidov nehme ich an, dass die Wirkung der Interaktionsdimensionen von den Moralaspekten abhängt. Zum Beispiel setzen emotionale Fähigkeiten insbesondere die Erfahrung verlässlicher emotionaler Unterstützung voraus, und für die Ausbildung handlungsstrukturierender Fähigkeiten sind vor allem Gelegenheiten zur Verantwortungsübernahme erforderlich.

- Es liegt nahe, die Bedeutung konstruktiven Lernens für die Entwicklung der moralischen Urteilsstufen und die Bedeutung umweltabhängigen Lernens für die Entwicklung nicht-kognitiver Moralaspekte anzunehmen. Aber dies würde zu kurz greifen. Nach meiner Auffassung gehen moralische Entwicklungsprozesse jeweils weder allein auf Prozesse konstruktiven Lernens noch allein auf Prozesse umweltdeterminierter Sozialisation zurück; beide Formen von Mechanismen dürften eine Rolle spielen. Im Hinblick auf die individuelle Entwicklung insgesamt vertritt etwa Geulen (1987; 2005) eine solche Position eines – wenn man so will – „sozialisationstheoretisch relativierten Konstruktivismus".

Problematisch ist, so wird gezeigt, neben der bis Ende der 1970er Jahre erfolgten Kohlberg-Rezeption durch die Psychoanalyse und die soziale Lerntheorie auch die bis dahin in der Moralpsychologie insgesamt verbreitete Kohlberg-Rezeption, die hauptsächlich die Vorzüge der Arbeiten Kohlbergs gegenüber den moralpsychologischen Ansätzen der Psychoanalyse und der sozialen Lerntheorie betont, aber ebenso die verbreitete Kohlberg-Rezeption ab den 1980er Jahren, die insbesondere die beiden Richtungen gemeinsamen Defizite herausstellt.

Bislang gibt es kaum Vergleiche zwischen dem Kohlberg-Ansatz und Freuds Psychoanalyse (als Ausnahme vgl. Noam 1993) sowie zwischen dem Kohlberg-Ansatz und der sozialen Lerntheorie (als Ausnahmen vgl. Gibbs 1991; 2003; Gibbs/Schnell 1985).

## 3.1 Die 1960er Jahre: Kohlbergs Frontstellung gegenüber der Psychoanalyse und der sozialen Lerntheorie

Im Laufe der 1960er Jahre stellt Kohlberg seinen Ansatz, den er in der Dissertation begründet hat, in mehreren Artikeln der wissenschaftlichen Öffentlichkeit vor (Kohlberg 1963a; 1963b; 1964; 1968a; 1969). Nachdem er zwischen 1959 und 1961 als Assistant Professor (d.h. als wissenschaftlicher Mitarbeiter) für Psychologie an der Universität von Yale und in Palo Alto als Fellow (d.h. ein durch ein Forschungsstipendium unterstützter Wissenschaftler) tätig war, kehrt er 1962 nach Chicago zurück. Dort wird er zunächst wissenschaftlicher Mitarbeiter, anschließend Associate Professor für Psychologie. 1968 wechselt er dann von Chicago an die Harvard-Universität in Cambridge, wo er als Professor für Erziehungswissenschaft und Sozialpsychologie tätig ist. In Harvard bleibt er bis zu seinem Tode im Jahr 1987 (vgl. Garz 1996; Oser/Althof 1992, S. 83 ff.).

Kohlberg setzt sich in den 1960er Jahren insbesondere mit den damals dominierenden moralpsychologischen Positionen der sozialen Lerntheorie und der Psychoanalyse auseinander (vgl. Kohlberg 1963b; 1964; 1968a; 1969). Sein zentrales Ziel ist es, das den beiden Theorierichtungen zugrunde liegende Entwicklungskonzept zu entkräften, wonach die Moralentwicklung maßgeblich durch die soziale Umwelt – durch Sozialisationsprozesse im Sinne sozialer Prägung – bestimmt wird. Zugleich will er zeigen, dass das von ihm in der Dissertation und von Piaget vertretene Entwicklungskonzept, welches Veränderungen auf das einsichtige, konstruktive Lernen des Individuums zurückführt, sinnvoll ist. Wie Piaget betrachtet Kohlberg die Individuen als „Mit-Urheber" ihrer eigenen Entwicklung. Beide sehen in der Bewältigung kognitiver Konflikte den zentralen Entwicklungsmechanismus: Eine Person, die auf einer bestimmten Stufe moralischen Urteilens argumentiert, erkennt allmählich, dass die Urteilsbildung, die sie praktiziert, spezifischen Erwartungen von anderen Personen, sozialen Beziehungen, Gruppen, Institutionen und Gesellschaften nicht gerecht wird oder nimmt ihr eigenes Urteilen als in sich nicht konsistent wahr. Diese Erfahrung „externer" bzw. „interner" Widersprüche, die Reflexion auf die Grenzen der eigenen Problemlösungskapazität, bringt sie dazu, ihr Denken in Richtung einer höheren Entwicklungsstufe zu verändern. Dabei nehmen beide Autoren an, dass die Individuen die soziale Umwelt zwar nach eigenen, innerpsychischen Gesetzen verarbeiten, dass Erfahrungen mit der Umwelt zugleich aber die individuellen Reflexionsprozesse beeinflussen - Umwelterfahrungen können, so Piaget und Kohlberg, die Entwicklung der Stufen fördern oder auch hemmen. Der Begriff „konstruktives Lernen" bezeichnet genau solche von sozialen Erfahrungen abhängige Prozesse des über Einsicht vermittelten Erwerbs neuer Stufen (vgl. Edelstein 1993; 1996).

Kohlberg verschärft in den 1960er Jahren seine Abgrenzung gegenüber der sozialen Lerntheorie und der Psychoanalyse, die hinsichtlich der moralischen Urteilsbildung alternative Entwicklungspfade und starke Stufenvariationen nahe legen. Er postuliert nunmehr die „Invarianz" und „Universalität" der Stufensequenz. Zugleich nimmt er eine stärkere Stufenkonsistenz an als in der Dissertation – die Stufen betrachtet er jetzt als „strukturierte Ganzheiten":

Zusätzlich zur Sequenz müssen Stufen dem Kriterium der Konsistenz entsprechen, das in dem Begriff der ‚strukturierten Ganzheit' enthalten ist. Auf der logischen Ebene liegt Konsistenz dann vor, wenn die 25 unterschiedlichen Aspekte des moralischen Urteilens von den Kernkonzepten der sechs Stufen aus logisch definiert werden können. Auf der empirischen Ebene ist sowohl Konsistenz über Aspekte als auch Konsistenz über Situationen hinweg zu finden (Kohlberg 1984, S. 61).

Für Kohlberg ist also die Abfolge der Stufen im Entwicklungsverlauf bzw. das Auftreten der Stufen zu einem Messzeitpunkt nicht durch variierende Sozialisationspraktiken veränderbar. Diese Annahme leitet er aus der Prämisse ab, dass die aufeinanderfolgenden Stufen zunehmend komplexere moralische Einsichten, einen Zugewinn an moralischer Rationalität, beinhalten. Auf einer bestimmten Entwicklungsstufe könne eine Person deutlich höhere stufenspezifische Begründungen noch nicht verstehen, während sie niedrigere aufgrund von deren unzureichender moralischer Rationalität ablehne. Lediglich Begründungen, die eine Stufe über der bereits erreichten Stufe liegen, haben, so Kohlberg, einen Einfluss auf das moralische Denken der Person, sind für sie Anregung, die Grenzen der eigenen Urteilsbildung einzusehen und zu überwinden. Ausgehend von seinem konstruktivistischen Entwicklungskonzept hätte Kohlberg allerdings auch die Möglichkeit gehabt, Sequenzanomalien (d.h. ein Überspringen von Stufen und Stufenregressionen) sowie stärkere Stufenvariationen zu postulieren, denn er hätte zwischen dem Urteilspotenzial der Person und ihren Performanzen (ihrem tatsächlichen Urteilen) differenzieren und den von ihm verschärften konstruktivistischen Erklärungsansatz auf die Entwicklung des Urteilspotenzials beschränken können (vgl. Edelstein 1986; Rest 1979). Stattdessen verknüpft er die Annahme konstruktiven Lernens mit der Annahme einer Invarianz der Stufensequenz und einer starken Stufenkonsistenz – eine Verknüpfung, die den konstruktivistischen Erklärungsansatz unnötig angreifbar macht.

Um die an Sozialisationsprozessen orientierten Perspektiven der sozialen Lerntheorie und der Psychoanalyse zu widerlegen, verändert Kohlberg auch den Schwerpunkt seiner empirischen Analyse moralischen Urteilens. War er in der Dissertation – wie Piaget in seiner Moralstudie – hauptsächlich um die differenzierte Beschreibung der einzelnen Urteilsstufen bemüht, so stellt er sich jetzt vor allem die Frage, wie die Stufenübergänge zu erklären sind. Ist konstruktives Lernen wirklich der Motor für die Entwicklung, und wirken soziale Umweltfaktoren lediglich als hemmende oder fördernde Bedingungen für konstruktives Lernen, ist also die konstruktivistische Perspektive allenfalls sozialisationstheoretisch, im Sinne eines „sozialen Konstruktivismus" (vgl. Edelstein 1996), zu erweitern und nicht grundsätzlich zu korrigieren? Oder gehen Veränderungen der Stufen unmittelbar auf Veränderungen der sozialen Umwelt zurück, etwa auf Veränderungen im Urteilsverhalten der Eltern, das von den Kindern nachgeahmt wird, oder auf Veränderungen in der elterlichen Praxis der Belohnung und Bestrafung von Handlungsweisen der Kinder?

Vor allem folgende Einzelfragen waren klärungsbedürftig: Treten unter den unterschiedlichen Erziehungsbedingungen in verschiedenen Kulturen die sechs Stufen in einer anderen Abfolge auf als in den USA? Lässt sich durch experimentelle Interventionen die Abfolge der Stufen verändern? Stellen die späteren Stufen wirklich die moralisch rationaleren Stufen dar? Ferner diskutiert Kohlberg jetzt die Frage, ob auch die Entwicklung nicht-kognitiver Moralaspekte (z.B. des moralischen Handelns) auf konstruktives Lernen zurückgeht. Unter Mitarbeit einiger seiner Doktoranden bemüht er sich darum, seine konstruktivistische Position empirisch zu stützen: Vor allem gemeinsam mit Turiel geht er anhand von Querschnittstudien der Entwicklung moralischen Urteilens in anderen Kulturen nach, etwa in der Türkei, in Mexiko und Taiwan. Turiel (Turiel 1966) schreibt bei ihm seine Dissertation, die sich mit der Veränderbarkeit der Stufensequenz durch experimentelle Interventionen befasst. Rest (Rest 1969; 1973; Rest/Turiel/Kohlberg 1969) prüft empirisch, ob in den sechs Stufen ein Zuwachs an moralischer Rationalität zum Ausdruck kommt. Kramer (Kramer 1968) untersucht die Abfolge der Urteilsstufen auch im Rahmen einer Längsschnittanalyse – bei Kohlbergs Probanden aus den USA wurde im Abstand von jeweils drei bis vier Jahren das MJI mehrmals zum Einsatz gebracht. Besonders mit R.L. Krebs (R.L. Krebs 1967) treibt Kohlberg die Untersuchung moralischen Handelns voran. Kohlbergs Interesse richtet sich nunmehr auch auf die kognitiven Bedingungen der Entwicklung der sechs Urteilsstufen. In Piagets Stufen logisch-kausalen Denkens sieht er notwendige Voraussetzungen für deren Entwicklung. Für die Ausbildung konventionellen Denkens sind, so hält er in dieser Zeit noch fest, konkrete Operationen, für die Ausbildung postkonventionellen Denkens formale Operationen erforderlich (Kohlberg 1984, S. 64). Wenn Kohlberg zeigen könnte, dass für das Erreichen der einzelnen Moralstufen bestimmte Entwicklungsstufen logisch-kausalen Denkens notwendig sind, so wäre dies ein zusätzlicher Beleg für die Bedeutung konstruktiven Lernens, denn dies würde die starke Bedeutung kognitiver Prozesse unterstreichen. Er liefert aber noch keine differenzierte Begründung für die Zuordnung von Piagets Stufen logisch-kausalen Denkens zu den Moralstufen, wie er auch den Einfluss dieser Stufen Piagets noch nicht empirisch untersucht. Erst in den 1970er Jahren unternimmt er dies. Kein anderer entwicklungspsychologischer Moralforscher verfügt bis dahin über einen derart breiten Untersuchungsansatz wie Kohlberg.

Kohlberg formuliert jetzt auch eine konstruktivistische Perspektive auf verschiedene außermoralische Entwicklungsbereiche. Er präsentiert eigene theoretische und empirische Analysen, vor allem zur Entwicklung logisch-kausalen Denkens (Kohlberg 1968b), zur Sprachentwicklung (Kohlberg/Hjertholm/Yaeger 1968), zum Verständnis von Träumen (Kohlberg 1966b), zur emotionalen Bindung an Personen (Kohlberg 1969), zur Entwicklung der Geschlechterrollen (Kohlberg 1966a; Kohlberg/Zigler 1967) sowie zur Entwicklung von Psychopathologien (Kohlberg/LaCrosse/Ricks 1970). Kaum ein anderer Entwicklungspsychologe bearbeitet in diesem Jahrzehnt ein so breites Forschungsfeld.

Darüber hinaus entwickelt Kohlberg einen konstruktivistischen Ansatz zur Moralerziehung. Acht Jahre nach Fertigstellung der Dissertation veröffentlicht er seinen ersten Artikel zu moralpädagogischen Fragen (Kohlberg 1966c). Darin wendet er sich gegen die damals vorherrschende Praxis der Moralerziehung in der Schule, die im Wesentlichen darin bestand, Kindern und Jugendlichen vorgefertigte Werte und bestimmte Tugenden zu vermitteln. Eine solche Praxis der „Indoktrination" betrachtet Kohlberg als Verletzung des Rechts auf Selbstbestimmung. Er dagegen zielt auf Förderung der Urteilsfähigkeit (die auch das Vermögen zur kritischen Prüfung von Werten und Tugenden umfasst), und zwar durch Diskussionen moralischer Dilemmata im Klassenzimmer: Die Konfrontation mit unterschiedlichen Sichtweisen stimuliere die Entwicklung moralischer Urteilsstufen. Auf den beiden postkonventionellen Stufen würden sich die Schüler dann auch bei der Urteilsbildung konsistent für das moralisch richtige Handeln entscheiden, und auf diesen beiden Stufen seien sie primär durch ihre moralischen Einsichten – und nicht durch nicht-kognitive Aspekte, wie etwa Eigeninteressen, Sanktionen oder Schuldgefühle – zum Handeln motiviert. Die postkonventionellen Stufen erlaubten also eine rationale Lösung moralischer Dilemmata sowie vernunftgeleitetes Handeln. Kohlberg gehört in den 1960er Jahren zu den wenigen Moralpsychologen, die sich um die pädagogische Anwendung ihrer Theorie bemühen.

Piagets konstruktivistische Position will Kohlberg also nicht mehr allein – wie noch in der Dissertation – hinsichtlich des moralischen Urteilens weiterentwickeln; er bezieht sich jetzt auch auf von Piaget vernachlässigte Themenfelder, etwa auf verschiedene nicht-kognitive Moralaspekte, zentrale Bereiche der sozialen Entwicklung und die Moralerziehung. In den 1950er Jahren hatte Kohlberg vor allem durch seine Orientierung an Piaget eine Ausnahmestellung unter den Moral- und Entwicklungspsychologen eingenommen, in den 1960-er Jahren verleiht ihm angesichts der wachsenden Piaget-Rezeption die Breite seiner Bemühungen einen besonderen Rang. Er erweitert bzw. verschärft gegenüber der Dissertation seine Abgrenzung zur sozialen Lerntheorie und zur Psychoanalyse, denn eine konstruktivistische Gegenposition formuliert er ja nicht mehr nur hinsichtlich der moralischen Urteilsbildung, sondern ebenso hinsichtlich verschiedener nicht-kognitiver Moralaspekte und Bereichen der sozialen Entwicklung.

## 3.2  Moral als Produkt von Triebunterdrückung: Henrys psychoanalytische Kritik

In den folgenden drei Abschnitten soll insbesondere dargelegt werden, dass Freuds Sozialisationsprozesse betonendes Modell für den konstruktivistischen Ansatz Kohlbergs wichtige Einsichten enthält. Dabei geht es mir nicht um eine differenzierte Erörterung der einzelnen theoretischen, methodischen und empirischen Aspekte von Freuds Moralpsychologie, sondern lediglich um eine Diskussion grundlegender Annahmen.

Wie Piaget ging Freud davon aus, dass die Psychologie des Kindes der Schlüssel zur Psychologie des Erwachsenen ist. In erster Linie war Freud jedoch Klinischer Psychologe und nicht Entwicklungspsychologe. Auch ist seine Theorie der Moralentwicklung nur ein Teilaspekt seiner psychoanalytischen Theorie. Seine Position zur Moralentwicklung begründete er erst in den 1920er Jahren – in dieser Zeit führt er das Konzept des „Über-Ich" ein.

Anfangs konzentrierte sich Freud auf die Analyse biologisch verankerter Mechanismen der Triebbefriedigung („Triebdynamisches Modell"/„Triebtheorie"): Die Psyche betrachtet er als ein System, das eine bestimmte Menge an Energie zur Verfügung hat. Gespeist werde diese Energie aus angeborenen Trieben; in der letzten Fassung seiner Triebtheorie unterscheidet Freud einen „Lebenstrieb", der sich auf Selbsterhaltung und Fortpflanzung richtet und vor allem sexuelle Energie („Libido") erzeugt, und einen „Todestrieb", der nach Zerstörung des Lebendigen strebt und aggressive Energie („Destrudo") hervorbringt. Denken und Handeln erscheinen ihm insgesamt als triebgesteuert.

Aber Freud schrieb der Person auch Bewusstsein zu. Psychische Prozesse würden insgesamt auf drei Bewusstseinsebenen stattfinden, nämlich auf unbewusster, vorbewusster und bewusster Ebene („Topographisches Modell"). Inhalte des Vorbewussten können potenziell bewusst werden. Der Zugang zum Unbewussten hingegen ist ohne psychoanalytische Intervention kaum möglich. Freud betrachtet unbewusste Prozesse nicht zuletzt als Resultat sozialer Erfahrungen, denn er geht davon aus, dass der Mensch von Beginn seiner Entwicklung an Konflikte mit anderen Menschen sowie innere Konflikte zu bewältigen sucht, indem er konfliktträchtige aggressive und sexuelle Impulse sowie die korrespondierenden Kognitionen und Affekte unterdrückt und aus dem Bewusstsein verbannt („Abwehrmechanismen"). Durch verschiedene psychische Mechanismen, die unbewusst operieren, werden diese Impulse, Kognitionen und Affekte zum einen unbewusst gemacht und unbewusst gehalten („Verdrängung"). Zum anderen werden sie mit dem Selbstbild verträglich gemacht. Sie werden zum Beispiel anderen Personen zugeschrieben („Projektion"), als moralkonforme Aspekte umgedeutet („Rationalisierung"), ihres affektiven, angsterzeugenden Gehalts durch gedankliche Abstraktionen beraubt („Intellektualisierung"), durch Ausbildung entgegengesetzter Tendenzen moralischer Vorbildlichkeit unkenntlich gemacht („Reaktionsbildung") oder auf kulturell wertvolle Objekte und Ziele umgelenkt („Sublimierung"). Der Großteil psychischer Prozesse verlaufe unbewusst, d.h. die Person täusche sich häufig über die Motive ihres Handelns; noch hinter den edelsten Absichten können sich unterdrückte aggressive und sexuelle Triebimpulse verbergen. Abwehrmechanismen reduzieren zwar Angst, aber um den Preis, dass die unbewusst gewordenen Inhalte unwillentlich das Handeln leiten.

In den 1920er Jahren erweiterte Freud dann seinen Ansatz um ein allgemeines „Strukturmodell", wobei er zwischen „Es", „Ich" und „Über-Ich" als Strukturaspekten/„psychischen Instanzen" unterscheidet. Dadurch berücksichtigt er stärker normativ-moralische Aspekte und konkretisiert die (topographische) Differenzierung zwischen Unbewusstem, Vorbewusstem und Bewusstem. Das Es stellt das Reservoir angeborener sexueller und aggressiver Triebimpulse dar. Diese Instanz strebt nach sofortiger Befriedigung („Lustprinzip") und besitzt irrationalen, Gesetzen der Logik widersprechenden Charakter. Das Ich beinhaltet vor allem die psychischen Funktionen Wahrnehmung, Lernen, Gedächtnis, Problemlösen, Willensbildung und Handeln. Die Instanz des Ich wird mit den Ansprüchen aus dem Es konfrontiert und mit den Anforderungen der Außenwelt/der Realität; diese Instanz orientiert sich an den Anforderungen der Realität („Realitätsprinzip"), prüft diese im Hinblick auf Möglichkeiten der Triebbefriedigung, verkörpert insofern Rationalität. Triebkontrolle leistet das Ich durch verschiedene Abwehrmechanismen. Mit dem Über-Ich schließlich führt Freud eine Struktur ein, die Kontrolle über die Aktivitäten des Ich ausübt und dabei nicht zuletzt moralische Standards zur Geltung bringt. Diese psychische Instanz äußert sich bei antizipierten oder vollzogenen Normenübertretungen vor allem in Form von Schuldgefühlen. Als Gewissensinstanz enthält sie zum einen die von den Eltern übernommenen moralischen Normen, die zugleich aber andere normative Orientierungen beinhalten: Im Über-Ich wirkt „nicht nur das persönliche Wesen der Eltern, sondern auch der durch sie fortgepflanzte Einfluss von Familien-, Rassen- und Volkstradition sowie die von ihnen vertretenen Anforderungen des jeweiligen sozialen Milieus" (Freud 1953, S. 10 f). Dort schlagen sich zudem andere Sozialisationserfahrungen nieder: „Ebenso nimmt das Über-Ich im Laufe der individuellen Entwicklung Beiträge von Seiten späterer Fortsetzer und Ersatzpersonen der Eltern auf, wie Erzieher, öffentlicher Vorbilder, in der Gesellschaft verehrter Ideale" (Freud 1953, S. 11). Das Ich muss somit gleichzeitig den Ansprüchen des Es, der Außenwelt und des Über-Ich genügen, was zu einer Vielzahl psychischer Konflikte führt und dieser Instanz nur geringe Autonomie ermöglicht. Die gesamten Aktivitäten des Es, aber auch Teile der Aktivitäten des Ich und des Über-Ich verlaufen, so Freud, unbewusst.

Der Erwerb des Über-Ich erfolgt nach seiner Ansicht in einer bestimmten Phase der Entwicklung des Sexualtriebs, der „psychosexuellen Entwicklung": Während das Kind in der „oralen Phase" (erstes Lebensjahr) körperliche Lust vor allem durch den Mundbereich, etwa durch Saugen, Beißen und Kauen, erfahre und in der „analen Phase" (zweites und drittes Lebensjahr) Lust insbesondere über die Ausscheidungsfunktionen beziehe, richte sich in der „phallischen Phase" (viertes bis sechstes Lebensjahr) sein Interesse auf die Genitalien bzw. auf andere Personen. In dieser Phase nehme das Kind dann die moralischen Normen seiner Umwelt als verbindlich für sich selbst an, verinnerliche sie also. Diese Verinnerlichung moralischer Normen hängt, Freud zufolge, mit der Abwehr sexueller und auch aggressiver Triebimpulse zusammen. Das Kind empfinde sexuelle Wünsche gegenüber dem gegengeschlechtlichen und Rivalität gegenüber dem gleichgeschlechtlichen Elternteil, zugleich aber Angst vor Strafe durch die Eltern (z.B. „Kastrationsangst", „Angst vor Liebesentzug"). Diese psychische Konfliktsituation (der „Ödipuskomplex") werde vom Kind durch eine Identifikation mit dem gleichgeschlechtlichen Elternteil gelöst, dem Bemühen, so zu sein wie dieser – insbesondere auch in moralischer Hinsicht. Freud geht dabei vor allem von Prozessen der „Identifikation mit dem Aggressor" aus - um die drohende Bestrafung für eigene aggressive Handlungen abzuwehren, übernimmt das Kind die von den Eltern vertretenen Normen. Freud postuliert darüber hinaus Prozesse „anaklitischer Identifikation" - der Entzug von Liebe nach Normenübertretungen führt zu verstärkten Bemühungen, durch die Orientierung an den Normen der Eltern ihre Liebe zurückzugewinnen. Nach der phallischen Phase werden, so Freud, sexuelle Triebimpulse zunächst nachhaltig unterdrückt („Latenzphase"; sechstes bis elftes Lebensjahr), um danach wieder Bedeutung zu erlangen („genitale Phase"; ab 12 Jahren). In letzterer Phase kommt es zur Integration der verschiedenen sexuellen Impulse. Das Über-Ich bleibe im Kern während des gesamten Lebens unverändert. Das Ich bilde sich ab der analen Phase aus. Im Unterschied zum Über-Ich und zum Ich bestehe das Es von Beginn an. Das Bewusstsein entstehe wesentlich später als das Unbewusste.

Das Über-Ich enthalte aufgrund der Identifikationsprozesse nicht nur negative Pflichten, sondern auch positive Pflichten. Er betont, dass das Über-Ich mit den gesellschaftlichen Normen keineswegs identisch sein müsse. Beispielsweise werde dessen Strenge von der Stärke der abgewehrten aggressiven Triebimpulse mitbestimmt – starke aggressive Impulse führten zu einem strengen Über-Ich. Diese Instanz sei zudem von der Interpretation elterlichen Verhaltens durch das Kind beeinflusst. Insofern weist auch Freud (wie Piaget und Kohlberg) auf eine aktive Rolle des Individuums bei der Gewissensbildung hin. In den 1910er Jahren hatte Freud die Gewissensbildung auch noch auf das Motiv der Aufrechterhaltung eigener Grandiosität zurückgeführt (vgl. Westen 1986). Das Über-Ich ist in seinen Augen beim Knaben stärker ausgeprägt als beim Mädchen.

Während Freud für gewöhnlich nur Erwachsene analysierte, hat er die Pferdephobie des fünfjährigen Hans psychoanalytisch zu deuten versucht. Er entdeckt darin die auf Pferde übertragene Angst vor der Kastration durch den Vater.

Den repressiven, triebunterdrückenden Charakter des Über-Ich bzw. der Moral begründet Freud vor allem mit den Erfordernissen der Arbeit und der sozialen Kooperation. Die Triebausstattung des Menschen stehe diesen Erfordernissen entgegen. Voraussetzung eines jeden gesellschaftlichen Systems sei somit nachhaltige Triebrepression.

Freud geht davon aus, dass Erfahrungen in den frühen Lebensjahren die Persönlichkeit insgesamt, also nicht nur die moralische Persönlichkeit, bestimmen – Erfahrungen beim Durchlaufen der psychosexuellen Phasen seien für die Persönlichkeitsstruktur des Erwachsenen verantwortlich: Werden die entsprechenden Triebe unzureichend oder übermäßig befriedigt, bleibt die Person auf einer bestimmten Stufe stehen („Fixierung"), oder sie fällt auf eine frühere zurück („Regression"), was wiederum die Ausbildung einer Charakterstruktur begünstigt: für den „oralen Charakter" ist der Genuss von Nahrung (z.B. auch von geistiger Nahrung) zentral, der „anale Charakter" ist entweder übermäßig kontrolliert oder verschwenderisch, und der „phallischer Charakter" neigt dazu, seine Fraulichkeit bzw. Männlichkeit zur Schau zu stellen. Die Grenze zwischen Charakterstruktur und Psychopathologie ist für Freud fließend (zu den Grundannahmen Freuds vgl. auch Westen 1998).

Kohlberg übt in den 1960er Jahren an verschiedenen Stellen Kritik an Freuds Annahmen zur Moralentwicklung. Er bemängelt auf theoretischer Ebene, dass Freud die moralische Urteilsbildung vernachlässige. Bei seiner Untersuchung nicht-kognitiver Moralaspekte übersehe dieser autonome moralische Motivationen, die Bedeutung des Einflusses der Gleichaltrigen und des konstruktiven Lernens. Wie viele andere Entwicklungspsychologen in dieser Zeit leistet Kohlberg jedoch keine differenzierte theoretische Auseinandersetzung mit Freuds moralpsychologischem Ansatz.

Kohlberg trägt vor allem empirische Kritik an Freuds Annahmen vor, wobei er sich vorwiegend auf Forschungsergebnisse der sozialen Lerntheoretiker bezieht, die diese Annahmen zu prüfen suchten. Zum Beispiel weist er darauf hin, dass ein von Freud behaupteter Zusammenhang zwischen dem Ausmaß körperlicher Bestrafung durch die Eltern (vor allem durch den Vater) und dem kindlichen Über-Ich, also dem kindlichen Gewissen, nicht bestehe (Kohlberg 1963b, S. 294 f. u. S. 303). Im Widerspruch zu Freud zeige die Forschung zudem, dass emotionale Wärme von Seiten des Vaters ein wichtiges Motiv für die Gewissensbildung beim Knaben ist und nicht – wie Freud annehme – nur die Kastrationsangst (Kohlberg 1963b, S. 309). Die Forschung zeige im Widerspruch zu Freud auch, dass das Über-Ich bei Mädchen keineswegs schwächer ausgeprägt ist als bei Knaben (Kohlberg 1963b, S. 310 f.).

Henry formuliert Ende der 1970er-, Anfang der 1980er Jahre einen an Freuds psychoanalytischen Grundannahmen orientierten „psychodynamischen" Ansatz zur Moralentwicklung (Henry 1983). Zentral bei Henry ist Freuds These zur Bedeutung von kindlichen Prozessen der Identifikation mit den Eltern für die Persönlichkeitsstruktur des Erwachsenen. Dabei betont die Autorin die Rolle elterlicher Erziehungsstile für die Moralentwicklung – sie untersucht, welchen Einfluss elterliche Strategien im Umgang mit den sexuellen und aggressiven Triebimpulsen des Kindes auf dessen Einstellungen gegenüber Autoritäten haben und wie sich die Identifikationsobjekte des Kindes im Lebensverlauf verändern.

Henrys Kohlberg-Kritik ist vor allem eine Antwort auf die Einwände gegen die psychoanalytische Position Freuds, die Kohlberg in den 1960er Jahren vorbrachte (und die viele andere Entwicklungspsychologen in diesem Jahrzehnt vortrugen). An Kohlbergs Ansatz kritisiert sie die Vernachlässigung nicht-kognitiver Moralaspekte (ebd., S. 58). Hinsichtlich des moralischen Urteilens weist sie auf Stufenvariationen hin, die Kohlbergs Stufenkonzept ihrer Ansicht nach empirisch widerlegen (ebd., S. 11), und bezweifelt, dass in der Stufenabfolge eine Zunahme an moralischer Rationalität zum Ausdruck kommt (ebd., S. 10). Vor allem liefert sie eine psychoanalytische Interpretation der Sequenz der sechs Urteilsstufen:

> Während wir älter werden und unsere Eltern ihre ikonenhafte Statur verlieren, wird deren Autorität als gesetzgebende Moralinstanz auf der Ebene bewusster Prozesse zwangsläufig untergraben. Und doch behalten wir als Vermächtnis ihre moralischen Vorschriften (nämlich hinsichtlich des Inhalts), die nun aber der Rechtfertigung bedürfen. Für das Unbewusste bestehen die Eltern als willkürliche und absolute Autoritätsinstanzen noch fort, das Ich hingegen wehrt diese Vorstellung bald ab und entwickelt immer ausgefeiltere Rationalisierungen (d.h. Kohlbergs Stufen) der durch die Eltern geprägten moralischen Grundüberzeugungen. Der Beweggrund ist nicht schwer zu finden – es ist das narzisstische Bedürfnis, die eigene Unterordnung unter die Eltern und die Feindseligkeit, die sich aus ihren schroffen Abweisungen und ihrem Entzug von Zuneigung ergibt, zu leugnen. Der Grund dafür, warum wir die Grundüberzeugungen (definiert durch den Inhalt) beibehalten, besteht darin, dass die ursprünglichen Impulse, die die Vorschriften zügeln sollen, und - wichtiger noch - die Motivation, sich an diese Vorschriften zu halten (nämlich Angst vor Strafe), nach wie vor fest im Unbewussten verankert sind (unabhängig davon, was im Ich geschieht), sodass ihre rationale Beurteilung nahezu unmöglich ist, es sei denn, sie können auf irgendeine Weise bewusst gemacht werden (Henry 1983, S. 62).

Die Orientierung des moralischen Urteils an spezifischen Normen wird somit interpretiert als Ergebnis der Identifikation mit den Eltern; die sechs Urteilsstufen gelten lediglich als Spielarten der „Rationalisierung". Die sechs Urteilsstufen seien jeweils ohne rationalen Gehalt und dienten vornehmlich der Leugnung tief verankerter Abhängigkeiten, der Abwehr unbewusster Motive, Gefühle und Vorstellungen. Henry formuliert also nicht nur ihre Kritik an Kohlbergs Perspektive auf nicht-kognitive Moralaspekte, sondern auch ihre Kritik an seinen Urteilsstufen von einer an Sozialisationsprozessen orientierten psychoanalytischen Position aus.

Henrys Kohlberg-Kritik ist in verschiedener Hinsicht problematisch. Die Forscherin blendet Kohlbergs Analysen nicht-kognitiver Moralaspekte weitgehend aus. Auch schreibt sie ihm hinsichtlich der moralischen Urteilsbildung fälschlicherweise ein strenges Stufenkonzept zu. Vor allem aber bleibt ihre psychoanalytische Alternativinterpretation der Entwicklung moralischen Urteilens theoretische Spekulation, die zudem wenig Überzeugungskraft besitzt. Indem sie moralische Rationalität leugnet, vertritt sie insgesamt einen psychologistisch-reduktionistischen Standpunkt.

Darüber hinaus benennt Henry verschiedene grundlegende Defizite von Freuds moralpsychologischem Ansatz nicht, die von unterschiedlicher Seite heute festgehalten werden (vgl. z.B. Emde 1992; Westen 1986). Die folgenden vier Problembereiche möchte ich – orientiert vor allem an Kohlbergs Position – kurz anführen:

1.  Freud beschränkt sich weitgehend darauf, die Entwicklung von moralischen Motivationen, Formen der Selbstkontrolle und Schuldgefühlen zu analysieren, vernachlässigt also die Analyse der Komponenten „Situationserfassung", „Zielsetzung" und „Handlungsvollzug". Bei den von ihm thematisierten Komponenten bleiben kognitive und kommunikative Fähigkeiten größtenteils ausgeblendet.

2.  Fragwürdig erscheint Freuds Versuch, moralische Motivationen, Formen der Selbstkontrolle und Schuldgefühle aus Erfahrungen in einer bestimmten Phase der Kindheit, nämlich in der phallischen Phase, ableiten zu wollen. Es gibt vielmehr markante Veränderungen der moralischen Persönlichkeit in der späten Kindheit, in der Adoleszenz und im Erwachsenenalter, wie unter anderem die Forschungen Kohlbergs belegen. Zudem entwickelt sich, wie verschiedene neuere Forschungen zeigen, das Gewissen früher, als Freud dies voraussetzt (vgl. auch 3.4).

3.  Freud bezieht sich bei der Analyse nicht-kognitiver Moralaspekte einseitig auf den Beitrag der Eltern zur Moralentwicklung und vernachlässigt die Wirkung anderer sozialer Entwicklungsfaktoren, wie etwa der Gleichaltrigen, der Schule oder der Medien, obwohl er diese Faktoren an einigen Stellen durchaus berücksichtigt (vgl. das Zitat auf S. 142 f.). Zudem vernachlässigt er nicht-affektive Faktoren.

4.  Freuds an Prozessen der Identifikation mit den Eltern orientierte Erklärung der Moralentwicklung, d.h. seine Analyse psychischer Prozesse der Verarbeitung sozialer Erfahrungen, trägt nicht hinreichend den kognitiven Prozessen Rechnung, auf deren Grundlage soziale Erfahrungen verarbeitet werden. Er vernachlässigt besonders die Bedeutung konstruktiven Lernens. Dass Personen moralrelevante Situationen auf der Basis jeweils verfügbarer, strukturell unterschiedlicher Deutungsmuster interpretieren, die sich durch einsichtiges Lernen verändern, bleibt unberücksichtigt.

## 3.3  Probleme der Abgrenzung Kohlbergs gegenüber der Psychoanalyse

Die strikte Abgrenzung von Freuds Perspektive auf die Moralentwicklung, die Kohlberg in den 1960er Jahren vornimmt, erscheint überzogen. Kohlbergs Ansatz ist vielmehr auf Einsichten der Freud'schen Psychoanalyse angewiesen, die seine kognitivistisch-konstruktivistische Perspektive erweitern bzw. korrigieren können.

Kohlbergs empirisch orientierte Freud-Kritik ist vor allem in zweierlei Hinsicht problematisch:

- Kohlberg rekonstruiert die empirischen Annahmen Freuds, an denen seine Kritik ansetzt, zum Teil in fragwürdiger Weise; er vernachlässigt insbesondere, dass dieser seine Annahmen mehrmals modifiziert hat. So geht Freud, wie Kohlberg voraussetzt, zunächst durchaus davon aus, dass ein strenger Vater die Entwicklung eines starken Über-Ichs fördere, später jedoch schreibt er dieselbe Wirkung einem verständnisvollen Vater zu.

- Kohlberg lässt die methodische Eigenständigkeit der Psychoanalyse außer Acht, wenn er die empirischen Ergebnisse der sozialen Lerntheorie heranzieht, um psychoanalytische Annahmen zu widerlegen. Die Forschungsmethoden der sozialen Lerntheorie (z.B. Laborexperimente) eignen sich nicht für die Untersuchung jener unbewussten Prozesse, auf die die Psychoanalyse zielt. Diese Untersuchung setzt – wie noch zu zeigen sein wird – eine bestimmte Form der Kommunikation voraus. An einigen Stellen wirft Kohlberg allerdings selbst die Frage auf, ob Freuds Psychoanalyse mit Hilfe der Forschung der sozialen Lerntheorie sinnvoll geprüft werden kann (vgl. z.B. Kohlberg 1963b, S. 295).

Bis Ende der 1960er Jahre sind im Übrigen verschiedene Alternativen zu bzw. Weiterentwicklungen von Freuds Theorie entstanden, die Kohlberg nicht diskutiert. Die von Freud begründete Psychoanalyse erfuhr relativ schnell eine Vielzahl mehr oder weniger radikaler Modifikationen; zusammen werden diese Positionen für gewöhnlich als „tiefenpsychologisch" oder auch als „psychodynamisch" bezeichnet: Bald distanzierten sich ursprüngliche Schüler Freuds von seiner Position, wobei vor allem seine Trieblehre – insbesondere die Orientierung an psychosexuellen Trieben – auf Kritik stieß (vgl. z.B. Adlers „Individualpsychologie" und Jungs „Analytische Psychologie"). Auch innerhalb der Psychoanalyse entstanden verschiedene Positionen („Neo-Freudianer"). Den neofreudianischen Ansätzen sind Grundannahmen Freuds gemeinsam, etwa dass Psychosexualität und Aggression zentrale Triebkräfte des Handelns darstellen, dass es schwer zugängliche unbewusste Prozesse gibt, dass psychische Prozesse konflikthaltig sind und soziale Erfahrungen in den frühen Lebensjahren die Entwicklung der Persönlichkeit maßgeblich beeinflussen. Die „Ich-Psychologie" zum Beispiel betont die Bedeutung kognitiver Leistungen des Ich, und räumt im Unterschied zu Freud dieser psychischen Instanz Autonomie gegenüber den psychosexuellen und aggressiven Trieben ein. „Objektbeziehungstheorie" und „Selbst-Psychologie" konstatieren Einseitigkeiten von Freuds Theorie psychosexueller Entwicklungsstufen und machen besonders auf Bedürfnisse nach schützenden Beziehungen bzw. auf Bedürfnisse nach Steigerung des Selbstwertgefühls aufmerksam. Die „Feministische Psychoanalyse" arbeitet Unterschiede zwischen der männlichen und der weiblichen Triebentwicklung heraus. Verschiedene Autoren zeigen kulturspezifische Unterschiede in der Triebentwicklung auf („Ethnopsychoanalyse") (als Überblick über diese Entwicklungen in der Psychoanalyse vgl. Eagle 1988; Mertens 1997; Westen/Gabbard 1999). Diese „modernen" psychoanalytischen Ansätze beinhalten jeweils auch eine gegenüber Freud veränderte Perspektive auf die Moralentwicklung. Eine empirische Widerlegung Freud'scher Auffassungen wäre daher noch keine Widerlegung der Psychoanalyse schlechthin.

Von den psychoanalytischen Autoren nach Freud hatten Erikson und Bowlby den größten Einfluss auf die Entwicklungspsychologie:

• Erikson erweiterte ab den 1940er Jahren im Rahmen seines Ansatzes einer Ich-Psychologie Freuds Entwicklungstheorie. Er fügt zu Freuds fünf Stufen drei zusätzliche, das Erwachsenenalter kennzeichnende Stufen hinzu. Auch betont er stärker als dieser die sozialen Aspekte der einzelnen Stufen („Urvertrauen" vs. „Urmisstrauen", „Autonomie" vs. „Selbstzweifel", „Initiative" vs. „Schuldgefühle" etc.); statt von „psychosexuellen" Stufen spricht Erikson deshalb von „psychosozialen" Stufen (vgl. Erikson 1973). Wie in Tab. 2.5 dargestellt, nimmt Kohlberg eine Zuordnung seiner Moralstufen zu den von Erikson unterschiedenen psychosozialen Stufen vor. Daraus kann man auch schlussfolgern, wie er sich den Zusammenhang zwischen seinen Moralstufen und Freuds Stufen der psychosexuellen Entwicklung vorstellt, denn es besteht ja, wie gezeigt, eine Korrespondenz zwischen Freuds und Eriksons Stufen.

- Bowlby analysierte ab den 1950er Jahren im Rahmen seines Ansatzes einer Objektbeziehungstheorie das frühkindliche Bindungsverhalten, das dem hilflosen Kind das Überleben ermöglicht. Er begründete die Bindungstheorie und integrierte vor allem Grundgedanken der Ethologie. Dieser Forscher zeigt, dass Grundlage einer Bindung nicht, wie Freud annahm, die primären Bedürfnisse (z.B. Hunger, Sexualität) sind, sondern vielmehr ein Bedürfnis nach Kontakt. Dieses Bedürfnis sichere ebenfalls das Überleben, indem es das Kind zum Aufenthalt in der Nähe der Mutter bewegt. Bowlby unterscheidet vier Entwicklungsphasen der Bindung an die Mutter: Das Kind ist zunächst vor allem gegenüber Reizen empfänglich, die von Menschen insgesamt ausgehen. Dann lernt es, zwischen vertrauten und weniger vertrauten Menschen zu unterscheiden. Mit ungefähr sieben Monat sucht das Kind aktiv die Nähe der Mutter und zeigt Angst vor fremden Personen. Etwa im dritten Lebensjahr entsteht die Fähigkeit, sich in die Rolle der Mutter zu versetzen, also deren Wahrnehmungen, Denkvorgänge, Gefühle, Absichten und Handlungspläne zu verstehen und diese zu beeinflussen (vgl. Bowlby 1969). Ainsworth entwickelte ein halbstandardisiertes Beobachtungsverfahren zur Ermittlung von Bindung („Fremde Situation") und identifizierte drei Bindungsstile, nämlich „sichere Bindung", „unsicher-ambivalente Bindung" und „unsicher-vermeidende Bindung". Einige Jahre später entdeckte Main auch eine „unsicher-desorganisierte Bindung". Für das Verständnis dieser vier Bindungsstile ist die Unterscheidung von Sichtweisen auf andere Personen und auf das Selbst zentral (sichere Bindung: positive Sicht auf Partner und Selbst; unsicher-ambivalent: positive Sicht auf Partner, negative Sicht auf Selbst; unsicher-vermeidend: negative Sicht auf Partner und Selbst; unsicher-desorganisiert: negative Sicht auf Partner, positive Sicht auf Selbst). In den Bindungsstilen kommen auch verschiedene moralrelevante Einstellungen zu anderen Personen (z.B. Wahrnehmung der Verlässlichkeit der anderen Personen) und zur eigenen Person (z.B. als wertgeschätzte Person) zum Ausdruck.

Auch Henry nimmt übrigens an, dass Freuds moralpsychologische Position mit Mitteln der sozialen Lerntheorie empirisch geprüft werden kann, und sie enthält sich ebenfalls der Diskussion von Weiterentwicklungen der Freud'schen Psychoanalyse.

Verschiedene Aspekte des psychoanalytischen Modells von Freud sind meines Erachtens unverzichtbar für eine vertiefte Analyse der Entwicklung moralischen Denkens, moralischer Kommunikationsprozesse, Gefühle und Handlungen. Im Folgenden lege ich – allerdings nur in sehr groben Umrissen – dar, in welcher Hinsicht eine psychoanalytische Erweiterung der Kohlberg'schen Theorie der Moralentwicklung sinnvoll sein könnte. Henry hat Grundeinsichten Freuds moralpsychologisch umgesetzt, hat sie allerdings nur ansatzweise gegen Kohlberg eingebracht und auch nicht mit dem Ziel einer Integration beider Ansätze.

Kohlberg sieht von psychosexuellen und aggressiven Triebimpulsen weitgehend ab, wohingegen Freud zeigt, dass diese Triebimpulse die moralische Persönlichkeit bestimmen und dass ein wichtiges Ziel der Entwicklung die Regulierung psychosexueller und aggressiver Motive ist. Die beiden Motivarten stehen im Konflikt miteinander sowie im Konflikt mit anderen Motiven, etwa mit Bedürfnissen nach Steigerung des Selbstwertgefühls, Bedürfnissen nach sozialen Kontakten und kognitiven Motiven (d.h. Handlungsantrieben, die sich auf Urteile stützen).

Kohlberg bindet seine Analyse an die Perspektive der Personen, betont die Notwendigkeit eines „phänomenalistischen" Standpunkts. Damit trägt er Formen der Selbsttäuschung nicht hinreichend Rechnung. Freud hingegen macht deutlich, dass sich die Person häufig über die Motive ihres Handelns täuscht. Das Zusammenspiel von unbewussten Impulsen, Vorstellungen, Affekten einerseits und Abwehrmechanismen andererseits, die Verbotenes unbewusst machen oder unbewusst halten, erfasst Kohlbergs Ansatz nicht. Die Bezugnahme auf unbewusste psychodynamische Aspekte scheint jedoch für eine differenzierte Analyse kognitiver und nicht-kognitiver Moralaspekte unerlässlich. Gerade auch die moralische Urteilsbildung kann im Hinblick auf unbewusste psychodynamische Aspekte erforscht werden. Mertens führt folgendes Beispiel an:

> So argumentiert z.B. ein Patient vehement gegen die Abtreibung und fordert eine strenge Bestrafung. Die Heftigkeit, mit der er Frauen das Recht absprechen wollte, sich für oder gegen eine Abtreibung entscheiden zu können, war ihm selbst suspekt. Nach und nach war für ihn erfahrbar, dass er als Kind sehr darunter gelitten hatte, ein eher unerwünschtes Kind gewesen zu sein, weil er die Karrierepläne seiner Mutter zerstört hatte. Deutlich wurde auch, wie sehr er die Frauen bislang entweder in nur liebevolle und aufopferungsbereite oder aggressive und tötende Mütter eingeteilt hatte; sein Ideal war natürlich die Mutter, die ohne jegliche eigene Bedürfnisse ihr Leben für ihr Kind aufopfert. Mit seinem überaus engagierten Eintreten gegen die Abtreibung wollte er auch das Bild einer idealen Mutter aufrechterhalten, um sich nicht mit seinem Enttäuschungshass gegen seine eigene Mutter auseinandersetzen zu müssen (Mertens 1997, S. 59).

Das Beispiel zu Fragen der Strafgerechtigkeit veranschaulicht, wie komplex die unbewussten Motive sein können, die einer bestimmten moralischen Entscheidung zugrunde liegen. Im Rahmen des Kohlberg-Ansatzes werden moralische Entscheidungen nur festgestellt und nicht „tiefenpsychologisch" interpretiert.

Die Thematisierung unbewusster psychodynamischer Aspekte verspricht auch eine vertiefte Analyse der moralischen Urteilsstufen. Beispielsweise lässt sich der Einfluss von Abwehrmechanismen auf die Aktualisierung einer bereits ausgebildeten Urteilsstufe in einer bestimmten Situation untersuchen (vgl. Döbert/Nunner-Winkler 1978; Haan/Aerts/Cooper 1985). Inwieweit verhindern bestimmte Abwehrmechanismen (wie z.B. Projektion, Rationalisierung) in einer Situation die Aktualisierung des Urteilspotenzials der Person? Eine andere Forschungsfrage ist, welche Wirkung die Abwehrmechanismen auf die Entwicklung der Urteilsstufen ausüben. Inwieweit hemmt der häufige Gebrauch von Abwehrmechanismen, der ja mit der Ausblendung von Konflikten einhergeht, die Entwicklung moralischer Urteilskompetenz? Hart und Chmiel (1992) sowie Matsuba und Walker (1998) erforschten die entsprechende Bedeutung von Abwehrmechanismen (z.B. „Intellektualisierung"), wobei sich eine verzögerte Entwicklung bei Personen zeigte, die häufig Abwehrmechanismen gebrauchen.

Ebenso ließe sich Freuds Strukturmodell zugrunde liegende Annahme einer Konflikthaftigkeit psychischer Prozesse für den Kohlberg'schen Ansatz fruchtbar machen. Während Kohlberg bei seiner Analyse nicht-kognitiver Moralaspekte hauptsächlich auf Konflikte zwischen moralischen Pflichten und Eigeninteressen einer Person hinweist, betont Freud auch den konflikthaltigen Charakter der Interessen selbst sowie entsprechende Gefühlsambivalenzen. Er zeigt zum Beispiel, wie – als Ergebnis von Sozialisationsprozessen – in einer Situation gegenüber einer Person gegensätzliche Gefühle (etwa Empathie und Hass) nebeneinander bestehen können. Dass der Prozess der Moralentwicklung zugleich tiefreichende Ambivalenzen sowie seelisches Leiden erzeugen kann, hat Freud eindrucksvoll festgehalten; Kohlberg dagegen betont einseitig die Zunahme an Autonomie. Auch dass moralische Urteile relativ häufig mit starken Affekten verbunden sind, die mit den Vorstellungen über die eigene Person und die Interaktionspartner zusammenhängen, vernachlässigt Kohlberg. Zum Beispiel dürfte die im „Joe"-Dilemma thematisierte Frage des Gehorsams gegenüber einer elterlichen Autoritätsperson, die ihr Versprechen bricht, gerade bei vielen jugendlichen Probanden heftige emotionale Reaktionen auslösen. Mit Hilfe der Psychoanalyse könnte die Isolierung der Urteilsbildung von Affekten und triebbestimmten Vorstellungen womöglich korrigiert werden.

Während Freud auf prägende frühe Sozialisationsprozesse hinweist, zeigt Kohlberg qualitative Unterschiede in der Entwicklung einer moralischen Persönlichkeit auf (vgl. die These der kognitiv-affektiven Parallelität; vgl. 3.6.2). Prozesse der frühen moralischen Prägung einer Person blendet Kohlberg aus. An welchen moralischen Normen sich erwachsene Personen in ihrem Denken, Reden, Fühlen und Handeln orientieren und wie stark diese Orientierung ist, dürfte zum Teil mit Erfahrungen in der Kindheit zusammenhängen. Die Entwicklungsresultate wären also auch im Hinblick auf frühe Sozialisationsprozesse zu analysieren. Dabei scheinen vor allem Freuds Einsichten in die Verwendung von Abwehrmechanismen vielversprechend zu sein – im Verlauf der Entwicklung des Ich bilden sich individuenspezifische Präferenzen von Abwehrmechanismen aus (z.B. häufige Verwendung von Projektionen).

Der Einbau grundlegender theoretischer Einsichten Freuds in Kohlbergs moralpsychologischen Ansatz stößt allerdings auf forschungsmethodische Grenzen; besonders unbewussten psychodynamischen Prozessen kann Kohlbergs Interview- und Auswertungsverfahren nicht Rechnung tragen. Die Berücksichtigung psychoanalytischer Einsichten macht meines Erachtens den Einsatz von Freuds psychoanalytischen Therapieverfahren notwendig. Somit ist die Integration der Ansätze Kohlbergs und Freuds in forschungsmethodischer Hinsicht nur schwer zu realisieren. Durch einen (groben) Vergleich von Kohlbergs und Freuds methodischem Vorgehen möchte ich aufzeigen, dass Kohlbergs Perspektive der Zugang zum psychodynamischen Unbewussten verschlossen bleibt.

Sowohl Kohlberg als auch Freud gehen (im Unterschied etwa zu behavioristischen Lerntheorien) von Formen zielgerichteten, intentionalen Verhaltens aus; Verhalten verweist für beide auf die Interpretationsaktivität der Personen, die ihr Verhalten vor sich selbst und gegenüber anderen begründen können. Im Medium der Kommunikation erforschen Kohlberg und Freud deshalb die Sichtweisen der Personen. Im Unterschied zu vielen anderen hermeneutischen Positionen zielen ihre Ansätze auf unbewusste Strukturen. Dabei analysieren sie unterschiedliche Formen solcher Strukturen: Die Differenz von „know how" und

„know that" drückt den Versuch aller kompetenzbezogenen Ansätze (darunter auch Kohlbergs und Piagets) aus, ein Rationalität ermöglichendes, aber nicht bewusstes Wissen zu rekonstruieren. Kohlbergs Analyse bezieht sich auf ein als Struktur beschreibbares Wissen, das der spontanen Erzeugung einer grundsätzlich unbegrenzten Menge kompetenter moralischer Urteile zugrunde liegt. Freud hingegen setzt an unbewussten psychischen Strukturen an, die zu „irrationalen", hartnäckig unverständlichen Denk-, Sprach-, Gefühls- und Handlungsmustern führen (z.B. zu Formen neurotischer Zwangsstörungen).

Aufgrund der verschiedenen Konzepte unbewusster Strukturen lassen sich Unterschiede in den Grundregeln der Kommunikation zwischen Forscher und Erforschtem feststellen. Im Rahmen des MJIs ist allein das Verhalten anderer Personen Thema der Kommunikation, nämlich das Verhalten der Protagonisten hypothetischer Geschichten. An den Befragten wird dabei die Forderung gerichtet, vernünftig zu argumentieren. Der Forscher (Interviewer) hat sich so zu verhalten, dass er das moralische Urteilspotenzial des Probanden, also die höchste zur Verfügung stehende Urteilsstufe, provoziert. Er hat etwa hartnäckig Begründungs- und Erläuterungsfragen zu stellen, soll nicht mit Suggestivfragen arbeiten und muss darauf achten, dass der Befragte Urteile über das moralisch Gebotene – und keine deskriptiven Aussagen (etwa über eigene Gefühle oder Wünsche) – vorbringt. Neutralität muss er insofern wahren, als er mit dem Befragten nicht diskutiert und sich einer Bewertung der Äußerungen enthält (Colby/Kohlberg 1987, S. 151 ff.).

Dagegen ist im Rahmen der psychoanalytischen Kommunikation zwischen Analytiker und Patient (dem Klienten) hauptsächlich das Verhalten des Befragten selbst Thema. Dabei interessieren den Psychoanalytiker nicht nur die Urteile des Klienten darüber, was dieser unter moralischen Gesichtspunkten tun sollte, sondern auch seine Urteile darüber, was er tun würde und was er getan hat, was er fühlt und gefühlt hat. Dort wird der Analysierte nämlich gerade nicht zu vernünftigem Argumentieren angehalten, vielmehr erlegt ihm die psychoanalytische Kommunikation auf, „alles zu sagen, was ihm in den Sinn kommt", selbst die unvernünftigsten, unmoralischsten Gedanken, Vorstellungen und Gefühle zu äußern („Freie Assoziation"). Dadurch sollen bislang unbewusste Gedanken, Vorstellungen und Gefühle provoziert werden, die in engem Zusammenhang mit den Konflikten und Störungen des Klienten stehen. Eine ähnliche Funktion erfüllt die liegende, vom Analytiker abgewandte Position des Klienten während der Analyse. Vom Analytiker wird Neutralität in der Form verlangt, dass er sich nicht nur (wie bei Kohlbergs Ansatz) Diskussionen und Bewertungen enthält, sondern auch emotional zurückhaltend bleibt, sich beispielsweise in die Belange des Analysierten nicht zu sehr verstrickt. Durch das Ausbleiben emotionaler Reaktionen (wie z.B. Zeigen von Mitgefühl), durch „Leerlaufenlassen", sollen vor allem unbewusste Prozesse der Anwendung erworbener, tiefsitzender Interaktionsmuster auf den Analytiker (Prozesse der „Übertragung") gefördert und bewusst gemacht werden. Insgesamt sollen Regressionen auf ontogenetisch frühe Verhaltensmuster provoziert werden. Der Analytiker hat auf Prozesse der „Gegenübertragung" zu reflektieren, d.h. auf eigene unbewusste Prozesse der Übertragung tiefsitzender Interaktionsmuster auf den Klienten. Anders als in der Kommunikation im Kontext des Kohlberg-Interviews wird also hier die Beziehung zwischen Forscher und Erforschtem ausdrücklich thematisiert.

Die Themen des MJIs könnten ein Stück weit in Richtung der Methode Freuds erweitert werden, etwa in der Weise, dass der Befragte auch selbsterlebte moralische Konfliktsituationen einbringt, zu denen er moralische Urteile fällt, dass er seine Gefühle, Motive und Handlungen bei selbsterlebten Konfliktsituationen schildert oder zu seiner Biographie Auskunft gibt. Diese Erweiterung des Interviews hat aber ihre Grenzen darin, dass Kohlberg mit seiner Methode unbewusste psychodynamische Aspekte nicht gezielt provozieren kann.

Auf einem anderen Weg als Kohlberg gelangt Freud vom Gesprächsmaterial zu unbewussten Strukturen: Bei Kohlberg bezieht sich die Auswertung von Äußerungen lediglich auf die Urteilsbildung des Befragten, während die Psychoanalyse zusätzlich die nonverbalen Signale (z.B. die Gestik) und die Gefühle interpretiert, die dieser im Rahmen der Therapie zeigt. Bei Kohlberg ist die Auswertung von Äußerungen darüber hinaus strikt von deren Erhebung getrennt, Freud hingegen nimmt eine Auswertung von Äußerungen auch während der Erhebungssituation vor – Reaktionen auf angebotene Interpretationen (auf „Deutungen") dienen hier als Ansatzpunkt für weitere Interpretationen. Freud rechnet nämlich damit, dass die dem Klienten unterbreiteten Deutungen bei diesem starke Ablehnung („Widerstand") provozieren, der für die Analyse unbewusster Strukturen relevant ist. Als eine wichtige Quelle des Widerstandes macht Freud dabei das Über-Ich aus – ein besonders strenges Über-Ich gebietet dem Individuum, sich den Bemühungen um Heilung des eigenen psychischen Leidens zu widersetzen, denn es „verdiene nichts Besseres".

Durch Deutung der assoziativ entwickelten Vorstellungen, der Übertragungsphänomene und des Widerstands versucht der Psychoanalytiker, das aktuelle Erleben und Verhalten des Klienten in Zusammenhang mit dessen Biographie zu bringen. Die Rekonstruktion der Lebensgeschichte ist hier also ein zentraler Schlüssel zum Verständnis der Persönlichkeit. Für die von Kohlberg vorgenommene Analyse des moralischen Urteilspotenzials einer Person dagegen sind biographische Informationen nicht notwendig.

Im Unterschied zu Kohlbergs Methode sind bei Freuds Verfahren die Aussagen des Psychologen über unbewusste psychische Strukturen, d.h. die Ergebnisse der Analyse, auf die Zustimmung des Analysierten angewiesen, denn der Analytiker soll dem Klienten sein psychoanalytisch fundiertes Wissen über dessen Persönlichkeitsstruktur und ihre Entwicklung vermitteln, damit diese Struktur durch angestoßene Prozesse kritischer Selbstreflexion verändert werden kann und sich die leidvollen Mechanismen einer unbewussten Psychodynamik ein Stück weit auflösen. Kohlberg dagegen geht es allein um die Rekonstruktion von Strukturen der Person (nämlich von Strukturen der Urteilsbildung) – das Anstoßen von Selbstreflexion beim Analysierten gehört nicht zu den Zielen seines methodischen Vorgehens.

Freud und Kohlberg unterscheidet auch das Konzept der Intervention in den Prozess der individuellen Entwicklung: Die Psychoanalyse betont die „Einheit von Forschen und Heilen"; der Analytiker sucht beim Klienten Prozesse der Selbstreflexion in Gang zu setzen, um damit dessen Persönlichkeitsentwicklung zu fördern. Er will mittels Selbstreflexion das geschwächte Ich im Kampf mit den Triebansprüchen des Es und den Gewissensansprüchen des Über-Ich stärken. Entwicklung versteht Freud insbesondere als Resultat der Auseinandersetzung der Person mit dem Wissen des Analytikers um die eigene psychische Struktur. Bei Kohlberg hingegen meint Intervention in einen Entwicklungsprozess hauptsächlich pädagogische Einflussnahme, etwa durch Konfrontation mit postkonventionellen Argumenten; unterschiedlichen Personen schreibt er dabei grundsätzlich die gleiche entwicklungsfördernde Funktion zu.

Aufgrund der Komplexität der Untersuchungsmethoden und -ziele dauert die Durchführung des psychoanalytischen Verfahrens naturgemäß wesentlich länger als die Durchführung und Auswertung von Kohlbergs Interview (bei Freuds Konzept einige Jahre; drei- bis fünfmal wöchentlich). Auch die Ausbildung zum Analytiker ist erheblich zeitaufwändiger als die Schulung eines kompetenten Interviewers oder Auswerters für die Zwecke des Kohlberg-Ansatzes.

Nach meiner Einschätzung erlauben klinische Interviews der Piaget-Tradition ebenso wie andere Methoden der akademischen Psychologie (d.h. außerhalb der therapeutischen Kommunikation zwischen Analytiker und Patient angesiedelte Verfahren) keinen zuverlässigen Zugang zum psychodynamischen Unbewussten. Da den Methoden der akademischen Psychologie vor allem ein enger zeitlicher Rahmen gesteckt ist, lassen sie die Erfassung komplexer psychischer Vorgänge, wie etwa Prozesse der Übertragung und des Widerstandes, nicht in ausreichendem Maße zu; die Probanden können sich also nicht in ihrer Vielschichtigkeit zeigen. In der Regel interpretieren die Forscher die Äußerungen eines Probanden, ohne diese Interpretationen im Gespräch mit dem Probanden auf ihre Angemessenheit hin zu überprüfen.

### 3.4  Neuere Versuche der Integration von Kohlbergs Theorie und psychoanalytischen Theorien

Wie auch auf andere Einwände von Seiten der Psychoanalyse hat Kohlberg auf Henrys Kritik nicht geantwortet. Gleiches gilt für die Kohlberg-Anhänger. Kritik von Seiten der Psychoanalyse wurde in der Kohlberg-Schule also kaum beachtet.

Wie in den 1950er- und 1960er Jahren grenzt sich Kohlberg in den beiden folgenden Dekaden im Allgemeinen von der Psychoanalyse scharf ab. Der Theorie Freuds – ebenso wie neofreudianischen Ansätzen – schreibt er an einigen Stellen dieselben Grundannahmen zu wie den sozialen Lerntheorien und übt dementsprechend ähnliche Kritik. Man vergleiche etwa die folgende Gegenüberstellung (Kohlberg 1987, S. 311 f.).

| | Kognitiv-entwicklungsbezogene Sichtweisen | | Sichtweisen der sozialen Lerntheorie und der Psychoanalyse |
|---|---|---|---|
| 1 | Moralische Entwicklung beinhaltet eine Abfolge von Stufen in der qualitativen Reorganisation von Urteilen und Denken. | 1 | Moralische Entwicklung beinhaltet verhaltens- und emotionsbezogene Konformität mit moralischen Regeln. |
| 2 | Stufen der Formen moralischen Urteilens gelten kulturübergreifend. | 2 | Der Inhalt moralischen Urteilens ist kulturspezifisch. |
| 3 | Moralische Normen und Prinzipien werden strukturiert durch Erfahrungen des Individuums in seiner Interaktion mit der sozialen Umwelt. | 3 | Externe gesellschaftliche Regeln werden internalisiert durch Manipulation der Belohnung, Strafe, Verbote, Verhalten von Vorbildern. |
| 4 | Die grundlegende Motivation für Moral entspringt dem verallgemeinerten Streben nach Anerkennung, Kompetenz, Selbstachtung oder Selbstverwirklichung. | 4 | Die grundlegende Motivation für Moral entspringt biologischen Bedürfnissen oder Wünschen nach Belohnung und nach Vermeidung von Bestrafung. |

Vor allem bemängelt Kohlberg, dass Freud der moralischen Urteilsbildung und den universell auftretenden moralischen Urteilsstufen nicht gerecht werde. Zudem findet er bei Freud autonome moralische Motivationen, die Bedeutung der Gleichaltrigen und des konstruktiven Lernens nicht berücksichtigt. In ähnlicher Weise grenzen sich für gewöhnlich auch Kohlbergs Anhänger von Freuds Psychoanalyse ab.

Henry modifizierte ab den 1980er Jahren ihre Kohlberg-Kritik kaum (vgl. Henry 1987). Anhänger Freuds diskutieren Kohlbergs Ansatz insgesamt nur selten.

Die wechselseitigen Abgrenzungen bleiben also im Großen und Ganzen erhalten. Allerdings gibt es durchaus einige Integrationsbemühungen (a) in der Kohlberg-Schule und (b) im Rahmen der Psychoanalyse.

*(a) Integrationsbemühungen im Rahmen der Kohlberg-Schule*
Kohlberg gesteht in den 1980er Jahren Freuds Ansatz an einigen Stellen eine Berechtigung zu und betont in allgemeiner Form die Notwendigkeit einer Integration. Beispielsweise räumt er jetzt ein, Freud weise zu Recht auf die „dunkle Seite" der Moralentwicklung hin, etwa auf Formen der Selbstbestrafung. Das „Kind bei Freud" könne als die „Schattenseite der positiven Interessen des Kindes bei Piaget" betrachtet werden. In einem gewissen Sinne sei die Stufe 1 im psychoanalytischen Bild des Über-Ichs erkennbar: Kinder der Stufe 1 glauben, Eltern und Autoritäten hätten immer Recht, und Strafe (sogar grausame Strafe) sei gerechtfertigt. Die psychoanalytische Stufentheorie biete durchaus wichtige Einblicke, die der strukturalistischen Sichtweise fehlen. Zum großen Teil seien diese Einblicke in die kognitiv-stufenbezogene Theorie integrierbar. Solch eine Integration sei eine Aufgabe für die Zukunft (Kohlberg 1987, S. 38).

Auch in methodologischer Hinsicht räumt Kohlberg der Psychoanalyse Freuds nun einen Stellenwert ein: Die psychoanalytische Theorie war seiner Ansicht nach zwar erfolglos als Quelle von empirischen Vorhersagen über die moralische Entwicklung, doch besitzt sie eine emanzipatorische Funktion: die eigene persönliche moralische Ideologie könne Konflikt und Ambivalenz hinsichtlich der Eltern und „defensive" Identifikationen mit ihnen verbergen. Wie Habermas bestimmt Kohlberg Freuds Theorie methodologisch als „tiefenhermeneutischen" Ansatz, der die Aufdeckung tiefsitzender Selbsttäuschungen zum Ziel hat (Kohlberg 1987, S. 261 f.). Die Psychoanalyse könne dem Individuum helfen, die „verborgenen Funktionen" der eigenen „irrationalen moralischen Ideologien" zu entschlüsseln (Kohlberg 2000, S. 22 f.).

In einem zusammen mit Diessner verfassten Artikel (vgl. Kohlberg/Diessner 1990) bewegt sich Kohlberg ebenfalls ein Stück weit auf Freud zu. Dort formuliert er ein theoretisches Modell der Entwicklung eines moralischen Selbst und betont wie Freud die Rolle der Identifikation mit elterlichen Autoritäten sowie den Stellenwert der Entwicklung in der frühen und mittleren Kindheit. Dabei greift er aber weniger auf Freud, sondern stärker auf einige neuere psychoanalytische Theorien zurück, besonders auf diejenigen von Ausubel und Kohut. Daneben knüpft er an symbolisch-interaktionistische Theorien (zum Beispiel an diejenige des Sozialphilosophen Mead) sowie an Piaget an. Kohlberg formuliert in dem Artikel das Konzept einer „moralischen Bindung", womit er die Disposition bezeichnet, moralische Normen aufgrund einer von intensiven positiven Gefühlen geprägten Orientierung an nahe stehenden Personen (wie Eltern, Lehrer, Gleichaltrige) zu achten. Diese zentrale Dimension eines moralischen Selbst soll die Orientierung an bestimmten Werten beim Urteilen, die Übernahme von Verantwortung sowie Gefühle wie Schuld, Scham und Stolz erklären. Er unterscheidet dabei zehn Komponenten der moralischen Bindung an Personen, die er zu den zwei Gruppen „Identifikation" und „Imitation" zusammenfasst.

Eine differenzierte Integration des eigenen Ansatzes mit demjenigen Freuds oder mit modernen psychoanalytischen Positionen leistet Kohlberg also nicht – wie auch die Mehrzahl seiner Anhänger. Seine insgesamt distanzierte Haltung gegenüber der Psychoanalyse wird seit den 1980er Jahren vornehmlich von dem Kohlberg-Schüler und Psychoanalytiker Noam kritisiert. Noam betont die Notwendigkeit einer Integration der Grundannahmen Freuds in Kohlbergs Stufentheorie und entwickelt einen Ansatz, der zugleich Einsichten moderner psychoanalytischer Positionen umfasst (vgl. z.B. Noam 1993). Seiner Auffassung nach trägt Kohlbergs Theorie den häufig auftretenden starken Diskrepanzen zwischen der moralischen Urteilsbildung und dem Handeln einer Person nicht hinreichend Rechnung. Dies setze eine differenzierte Theorie der Entwicklung des Selbst voraus, die sowohl bei Kohlberg als auch bei Freud fehle.

Noams kognitivistisch-konstruktivistische Perspektive auf das Selbst (vgl. auch 2.4) ist auch für seine Perspektive auf die Entwicklung eines moralischen Selbst von zentraler Bedeutung. Er knüpft hier insbesondere an die Objektbeziehungstheorie von Kernberg an, um defizitäre Formen eines moralischen Selbst zu bestimmen, denn er beschreibt Personen („Borderline-Persönlichkeiten"), die in ihren zwischenmenschlichen Beziehungen stark schwanken, sich nicht als kohärent erleben und so sehr mit sich selbst beschäftigt sind, dass sie die für moralisches Handeln nötige Energie und Entschlossenheit oft nicht aufbringen können.

Noam formuliert einen fruchtbaren Ansatz zur Entwicklung der moralischen Persönlichkeit, der kognitivistisch-konstruktivistische und (traditionelle wie moderne) psychoanalytische Einsichten sinnvoll miteinander verbindet. Im Unterschied zu seiner Perspektive auf die Entwicklung von Facetten eines Selbst ist dieser Ansatz aber noch nicht hinreichend differenziert ausgeführt. Auch bleibt seine Perspektive kognitivistisch beschränkt; so besitzen etwa psychosexuelle und aggressive Triebimpulse hier keine große Bedeutung. Eine stärkere Annäherung seiner Position an die Psychoanalyse wäre meines Erachtens erforderlich.

*(b) Integrationsbemühungen im Rahmen der Psychoanalyse*
Die Psychoanalyse verzweigte sich nicht nur auf theoretische Ebene, sondern auch auf klinisch-psychologischer Ebene. Mittlerweile besitzt Freuds Langzeitanalyse keine große Bedeutung in der psychotherapeutischen Praxis mehr; einflussreich sind „psychoanalytisch fundierte Psychotherapien", die kaum mehr als 100 Stunden dauern. Die psychoanalytische Entwicklungspsychologie hat sich im Laufe der Jahre stark verändert und ausdifferenziert, was in den meisten Lehrbüchern der Entwicklungspsychologie aber nicht deutlich wird.

Orientiert an den Theorien von Erikson und Bowlby wurden einige empirische moralpsychologische Studien durchgeführt. In einer Studie stellten van Ijzendoorn und Zward-Woudstra (1995) einen positiven Einfluss einer sicheren Bindung auf die Urteilsentwicklung fest.

Kognitivistische Weiterentwicklungen von Freuds moralpsychologischer Position fehlen weitgehend. Ausnahmen sind die Arbeiten von Loevinger und von Emde.

Loevinger, die einige Zeit bei Erikson arbeitete, bestimmte ab den 1970er Jahren im Rahmen ihres Ansatzes einer Ich-Psychologie wie Erikson globale Stufen der Ich-Entwicklung, integriert im Unterschied zu diesem aber Freuds Theorie mit den Perspektiven von Piaget und Kohlberg. Ihre sechs Stufen sind deshalb nicht an Inhalten, sondern vielmehr an Strukturen orientiert. Insgesamt ist Loevinger eine der wenigen Persönlichkeitspsychologen, die eine strukturgenetische Position vertritt (vgl. Loevinger 1976).

Emde bemüht sich seit den 1980er Jahren um eine Weiterentwicklung von Freuds Position (vgl. Emde et al. 1991; Emde/Johnson/Easterbrook 1987). Emde nimmt, wie etwa auch Lichtenberg, Sander und Stern, auf der Grundlage der psychoanalytischen Kleinkindforschung eine Revision traditioneller psychoanalytischer Annahmen zu Entwicklungsprozessen vor. Dabei führt er auch Moralforschung durch. Emde wirft Freud vor, frühe moralische Fähigkeiten vernachlässigt zu haben. Dieser Forscher sieht Anzeichen moralischer Fähigkeiten schon im ersten Lebensjahr – bestimmte Fähigkeiten (etwa Gefühle der Empathie) seien biologisch angelegt. Im zweiten Lebensjahr erwerbe das Kind bereits einige moralkognitive Fähigkeiten, etwa ein Wissen um einzelne moralische Normen, und internalisiere zugleich Normen. Im dritten Lebensjahr bilden sich auch Aspekte eines moralischen Selbstbewusstseins aus. Um Aufschluss über die moralischen Fähigkeiten der von ihm untersuchten Kinder zu gewinnen, fordert Emde die Kinder beispielsweise auf, vorgelegte Geschichten im Rollenspiel weiterzuführen. Bei Kohlberg vermisst er verschiedene psychoanalytische Grundeinsichten; er kritisiert etwa die Vernachlässigung der Relevanz psychischer Konflikte.

Emdes Ansatz zeigt, dass bei der Integration psychoanalytischer Elemente in Kohlbergs Stufentheorie auch eine Korrektur psychoanalytischer Vorstellungen zur frühen Moral nötig ist. Zwar ist seine moralpsychologische Perspektive nicht hinreichend ausgeführt, doch wird diese durch die neuere Forschung weitgehend gestützt. Bereits in den ersten vier Lebensjahren bildet sich, im Gegensatz zu Freuds Annahme, das Gewissen aus:

- Ein Säugling besitzt (biologisch verankerte) moralrelevante Emotionsbereitschaften, etwa eine spezifische Disposition zur Empathie, in dem Sinne, dass er sich von den Gefühlen eines anderen anstecken lässt, ohne den eigenen Körper von dem Körper des Anderen zu differenzieren. Ein wichtiger Kontext für moralisches Lernen ist Urvertrauen im Sinne Eriksons und eine sichere Bindung im Sinne von Bowlbys Bindungstheorie. Der Erwerb moralischer Regeln erfolgt aber noch allein im Rahmen von Handlungskontexten, vor allem aufgrund von Prozessen der Konditionierung.
- Am Ende des zweiten Lebensjahrs zeigt das Kind selbstbewertende moralische Emotionen, wie etwa Schuldgefühle, Schamgefühle, Verlegenheit und Stolz. Auch moralische Motive und Formen der Selbstkontrolle bilden sich in dieser Altersphase aus. Die drei Moralaspekte gründen jeweils auf Prozessen der Normeninternalisierung.
- Im dritten und vierten Lebensjahr treten selbstbewertenden Emotionen verstärkt auf; gleiches gilt für moralische Motive und Formen der Selbstkontrolle.

Auf der Grundlage internalisierter Standards entstehen im dritten und vierten Lebensjahr auch psychodynamische Persönlichkeitsaspekte: Konfliktreiche Inhalten werden jetzt unterdrückt und ins Unbewusste abgedrängt.

Eine für die Moralforschung vielversprechende integrative Konzeption der Persönlichkeit insgesamt formulierte der Psychoanalytiker Westen (1995). Er unterscheidet drei Dimensionen der Persönlichkeit:

1.  Motive (Wünsche, Ängste, Werteorientierungen, Konflikte zwischen diesen drei Komponenten, unbewusste motivationale Aspekte);
2.  psychischen Ressourcen (kognitive Funktionen, affektive Erfahrungen, verhaltensbezogene Fähigkeiten, wie etwa die Regulation von Affekten und Impulsen);
3.  Erleben der eigenen Person, von anderen Personen und von Beziehungen sowie beziehungsbezogene Fähigkeiten.

Damit integriert Westen Gesichtspunkte der klassischen Triebtheorie Freuds (erste Dimension), der Ich-Psychologie (zweite Dimension) sowie der Selbstpsychologie und die Objektbeziehungstheorie (dritte Dimension). Nicht zuletzt nutzt er auch zentrale Erkenntnisse der akademischen Psychologie und führt die Psychoanalyse dadurch näher an diese heran. Sein integratives Konzept hat er aber noch nicht für die Moralanalyse fruchtbar gemacht.

## 3.5  Moral als Produkt sozialen Lernens: Die Kritiken der sozialen Lerntheoretiker Bandura, Hoffman, Maccoby und Mischel

Die Moralanalysen der frühen sozialen Lerntheoretiker beziehen sich hauptsächlich auf von Sanktionen durch Autoritäten und von Eigeninteressen unabhängige Handlungsmotive, Aspekte der Selbstkontrolle, normenkonformes Handeln in Form des Widerstands gegen Versuchungen, Schuldgefühle nach Normenübertretungen sowie Formen der Übernahme von Verantwortung für Normenübertretungen (z.B. Eingeständnis von Schuld). Diese Verhaltensweisen betrachten die frühen sozialen Lerntheoretiker als Kriterien für die Internalisierung von Normen, d.h. als Anzeichen dafür, dass das Kind existierende Regeln als für sich selbst verbindlich anerkannt hat.

Verschiedene dieser Lerntheoretiker leiten ihre Annahmen über individuelle Differenzen in der Moralentwicklung von Freuds psychoanalytischer Konzeption der Mechanismen der Identifikation ab. Einige Forscher nehmen dabei an, dass eine „machtorientierte Disziplinierung" mittels körperlicher Strafen, dem Entzug materieller Objekte oder der Androhung entsprechender Formen der Bestrafung die Normeninternalisierung fördert, während andere diese Wirkung einer „psychologischen Disziplinierung" (besonders mittels Entzug von Liebe in Form von Nichtbeachtung) zuschreiben. Die Hypothese eines positiven Zusammenhangs zwischen einer machtorientierten Disziplinierungstechnik und der Internalisierung von Normen begründen die Forscher wie folgt: Der häufige Gebrauch dieser Technik löst beim Kind starke Feindseligkeit aus. Um die drohende Bestrafung für eigene aggressive Handlungen abzuwehren, übernimmt das Kind die von den Eltern vertretenen Regeln (Identifikation mit dem Aggressor). Auf diese Weise bildet sich eine innere Strafinstanz aus, die umso strenger ist, je härter die Strafen der Eltern sind. Diejenigen sozialen Lerntheoretiker, die einen engen Zusammenhang von Liebesentzug und Normeninternalisierung annehmen, begründen ihre These damit, dass der Entzug von Liebe nach Übertretungen zu verstärkten Bemühungen des Kindes führt, durch Normenkonformität ihre Liebe zurückzugewinnen (anaklitische Identifikation). Als Nachweis der postulierten Zusammenhänge gelten beiden Forschergruppen Korrelationen zwischen den Internalisierungskriterien und den elterlichen Disziplinierungsstrategien, wobei letztere für gewöhnlich mittels eines Fragebogens erhoben werden.

Es gibt allerdings deutliche Unterschiede im Sozialisationskonzept der Psychoanalyse Freuds und demjenigen der frühen sozialen Lerntheoretiker; letztere nehmen Freuds Konzept den kritischen Stachel. Im Unterschied zu Freud gehen sie nämlich nicht der Frage nach, wie unbewusste Motive und Gefühle entstehen. Der Prozess der Identifikation mit den Eltern und die daraus resultierende Ausbildung des Gewissens ist für sie keine innere Entfremdung des Individuums von den eigenen Bedürfnissen. Während es Freud vor allem um eine Theorie universeller Aspekte der Moralentwicklung geht, bemühen sich diese sozialen Lerntheoretiker hauptsächlich um eine Beschreibung und Erklärung individueller Differenzen. Während Freud seine Aussagen über psychische Prozesse hauptsächlich anhand der Analyse von Psychopathologien aufweisenden Erwachsenen gewinnt und eine aufwändige Interpretation von Symbolen des Unbewussten vornimmt, ermitteln die frühen sozialen Lerntheoretiker ihre Daten vorwiegend bei „normalen" Schulkindern, und zwar mittels der herkömmlichen Methoden der akademischen Psychologie (z.B. Durchführung von Experimenten). Insofern befinden sie sich näher an der behavioristischen Lerntheorie als an Freuds Position.

Kohlberg kritisiert in den 1960er Jahren die Vertreter der traditionellen sozialen Lerntheorie teilweise in ähnlicher Weise wie die Psychoanalyse. Er konfrontierte sie vor allem mit drei Einwänden:

1.   Die Wissenschaftler vernachlässigen die moralische Urteilsbildung und erbringen somit den Nachweis der Bedeutung von Sozialisationsprozessen für die Entwicklung des Urteilens nicht.
2.   Ihre Analyse des Einflusses der sozialen Umwelt auf die Entwicklung nicht-kognitiver Moralaspekte ist verengt, denn sie untersuchen lediglich den Elterneinfluss und lassen vor allem die Wirkung Gleichaltriger außer Acht, deren Rolle bei Entwicklungsprozessen zumindest ähnlich bedeutsam ist wie die der Eltern (Kohlberg 1984, S. 75 ff.). Ihr Sozialisationsmodell ist somit auch in dieser Hinsicht beschränkt.
3.   Die Forscher gehen bei der Erklärung der Entwicklung nicht-kognitiver Moralaspekte ausschließlich von Formen umweltabhängigen Lernens aus und berücksichtigen konstruktive Lernprozesse nicht. Vorrangig deshalb sind verschiedene ihrer empirischen Annahmen zum Einfluss der Disziplinierungsstrategien der Eltern auf die nicht-kognitiven Aspekte durch die Forschung widerlegt worden.

Kohlberg betrachtete zunächst die verschiedenen Annahmen dieser Lerntheoretiker hinsichtlich des Einflusses der Disziplinierungstechniken auf die Normeninternalisierung als widerlegt (Kohlberg 1963b). In den folgenden Jahren (Kohlberg 1964; 1969) greift er aber auf die von den sozialen Lerntheoretikern Hoffman und Aronfreed eingeführte Differenzierung zwischen „Induktion" und „Liebesentzug" zurück und relativiert seine negative Einschätzung der Ergebnisse der Forschung ein Stück weit. An einer Stelle fasst er die Ergebnisse der bis dahin vorliegenden Studien wie folgt zusammen:

> Hinsichtlich der körperlichen Bestrafung finden zwei Studien einen positiven Zusammenhang zwischen ausgeprägter körperlicher Bestrafung und ausgeprägtem Widerstand gegen Versuchungen. Zwei Studien finden keinen Zusammenhang zwischen körperlicher Bestrafung und Widerstand gegen Versuchungen. Zwei Studien ermitteln einen Zusammenhang zwischen häufiger körperlicher Strafe und hoher Kriminalität, d.h. schwach ausgeprägtem Widerstand gegen Versuchungen. Drei Studien zeigen eine Korrelation zwischen häufiger Strafe und niedriger zugeschriebener, projektiver Schuld (niedriger Moral). Drei Studien finden keine Korrelation zwischen Bestrafung und Schuld. Bei diesen Ergebnissen drängt sich die Interpretation auf, dass es sich um ein zufälliges Muster von Korrelationen verteilt um die Basis Null herum handelt.
> Hinsichtlich der psychologischen Bestrafung sind die Ergebnisse konsistenter. Während nur eine von sechs Studien eine Beziehung zwischen psychologischer Disziplinierung und moralischem Verhalten (Widerstand gegen Versuchungen) fand, zeigte sich in einer Mehrzahl von Studien (acht von zwölf) eine Beziehung zwischen psychologischer Bestrafung und ‚Schuld', gewöhnlich definiert als Eingeständnis von Schuld und selbstkritischen Antworten. In den meisten dieser Studien umfasste ‚psychologische Disziplinierung' sowohl elterlichen ‚Liebesentzug' als auch elterliche ‚Induktion' im Sinne Aronfreeds (1961), d.h. ausführliche verbale Vorhaltungen darüber, wie schlimm die Tat und ihre Folgen für andere und einem selbst sind. Unterscheidet man ‚Induktion' von ‚Liebesentzug', so finden sich für erstere Korrelationen sowohl mit verbaler ‚Schuld' als auch mit einem verinnerlichten moralischen Urteilen in der Präadoleszenz (Aronfreed 1961; Hoffman/Saltzstein 1967), was für ‚Liebesentzug' nicht gilt. Allem Anschein nach sind die Ergebnisse zu ‚Liebesentzug' wahrscheinlich ein künstlicher Effekt der Vermischung von Liebesentzug und Induktion, wodurch die Beziehungen in einigen Studien, aber nicht in anderen gefunden wurden (Kohlberg 1984, S. 26 f.).

Kohlberg hält jetzt also fest, dass die Ausbildung nicht-kognitiver Moralaspekte zum Teil mit dem elterlichen Disziplinierungsverhalten zusammenhängt, wobei allerdings unklar bleibt, ob und inwieweit er die ermittelten Korrelationen auf Sozialisationsprozesse zurückführt. Überdies zeigt die Forschung, so Kohlberg, dass der Einfluss elterlicher Wärme und Zuneigung auf die Normeninternalisierung nicht so deutlich ausgeprägt ist, wie dies einige soziale Lerntheoretiker angenommen haben (Kohlberg 1984, S. 27 f.). Er weist darüber hinaus nach, dass durchgeführte Korrelationsstudien die Annahme von Konsistenz in den für eine Person ermittelten Werten zu den Internalisierungskriterien, d.h. das Konzept eines „moralischen Charakters", nicht hinreichend gestützt haben (Kohlberg 1984, S. 33 f.; Kohlberg 1964, S. 386 f.). Zum Beispiel kann ein Kind häufig Verantwortung für eigene Normenübertretungen übernehmen, auch wenn es des Öfteren betrügt, oder es mag in einer Situation der Versuchung zu betrügen widerstehen, ihr in einer anderen aber nachgeben.

Kohlberg betont also gegenüber den sozialen Lerntheoretikern, die Korrelationsstudien durchführen, situationsabhängige Variationen in den moralrelevanten Verhaltensweisen einer Person. Positiver eingestellt als gegenüber diesen Studien ist er gegenüber den experimentellen Forschungen, die in den 1960er Jahren von einigen Vertretern dieser Richtung, etwa von Aronfreed und Gewirtz, ebenfalls durchgeführt und in denen situationsabhängige Variationen aufgezeigt wurden. Diese Variante der Forschung weise auf die methodologischen Schwächen einer alleinigen Erfassung von Verhalten durch Interviews und einer bloßen Analyse von Korrelationen sowie auf die theoretischen Schwächen zugrundeliegender Konstrukte wie „Schuldgefühle" und „Identifikation" hin (Kohlberg 1984, S. 29). Die experimentellen Untersuchungen dieser Lerntheoretiker machen in Kohlbergs Augen die Fragwürdigkeit des Modells einer frühen Sozialisation moralischer Dispositionen deutlich, das den Korrelationsstudien zugrunde liegt. Aber auch die experimentellen Ansätze betrachtet Kohlberg grundsätzlich mit Skepsis (vgl. Kohlberg 1984, S. 81 ff.). Ihnen gegenüber klagt er die Bedeutung konstruktiven Lernens ein. Problematisch sei auch ihre Beschränkung auf experimentelle Methoden, die der Komplexität der Prozesse im Alltag nicht gerecht würden.

Auf Kohlbergs Kritik antworten die Vertreter einer traditionellen sozialen Lerntheorie gegen Ende der 1960er- und in den 1970er Jahren mit Gegeneinwänden. In den 1960er Jahren begannen ja Bandura, Hoffman, Maccoby und W. Mischel, die traditionelle soziale Lerntheorie um kognitive Aspekte zu erweitern, aber ihre Kritik beinhaltet auch typische Vorbehalte der frühen sozialen Lerntheoretiker. Ihre Einwände entsprechen dabei teilweise denjenigen von Henry; doch anders als Henry betonen die vier Forscher gegenüber Kohlberg nicht die Bedeutung unbewusster Vorstellungen, Motive und Gefühle. Im Unterschied zu den Anhängern von Piagets moralpsychologischem Ansatz üben sie kaum Kritik an Kohlbergs MJI und an seiner Beschreibung der sechs Urteilsstufen. Ihre Gegeneinwände lassen sich wie folgt umreißen:

- Bandura (1979, S. 56) und Hoffman (1970a, S. 280) halten Kohlberg entgegen, dass er nicht-kognitive Moralaspekte theoretisch und empirisch vernachlässige. Die Bedeutung konstruktiven Lernens für die Entwicklung dieser Moralaspekte habe er somit nicht nachweisen können. Die wenigen vorliegenden Studien zum moralischen Verhalten zeigten, dass die Beziehung zwischen den moralischen Urteilsstufen, die sich aus Kohlbergs Sicht durch konstruktives Lernen verändern, und dem Verhalten keineswegs so eng ist, wie Kohlberg behaupte; nicht-kognitive Faktoren (etwa antizipierte Schuldgefühle) spielten eine entscheidende Rolle für das Verhalten. Bandura betont überdies, dass moralische Urteile nicht nur – worauf Kohlberg fokussiert – dazu dienen, Normen zu begründen sowie das moralisch richtige Handeln angesichts von Normenkonflikten zu bestimmen, sondern auch dazu, vor sich selbst und vor anderen vollzogene verwerfliche Handlungen zu rechtfertigen oder zu entschuldigen, also die eigene Verantwortung für begangene Normenübertretungen abzuwehren. Das Handeln beeinflusse somit auch das Urteilen. W. Mischel kritisiert an Kohlberg insbesondere die Vernachlässigung der Fähigkeit zur Selbstkontrolle (vgl. W. Mischel/H. N. Mischel 1976). Bekannt geworden ist sein in den 1960er Jahren entwickelter „Mäusespeck-Test" („Marshmallow-Test"), der mit Vierjährigen durchgeführt wurde: Der Versuchsleiter legt dem Kind zwei Packungen mit Süßigkeiten (nämlich Mäusespeck) auf den Tisch und sagt ihm, es könne beide Packungen haben, wenn es noch einige Minuten wartet, anderenfalls gebe es nur eine Packung. Der Versuchsleiter verlässt dann den Raum und kommt erst zurück, wenn das Kind eine kleine Glocke läutet. Einige Kinder warteten nicht, viele aber warteten, wobei manche der Wartenden die Augen verschlossen, um der Versuchung zu naschen zu widerstehen. W. Mischel ermittelte in verschiedenen Längsschnittstudien, dass diejenigen Kinder, die sofort nach dem Mäusespeck gegriffen hatten, in späteren Jahren im Allgemeinen geringere Selbstkontrolle sowie auch geringere emotionale, soziale und schulische Fähigkeiten aufwiesen als Kinder, die einige Zeit gewartet hatten.

- Der zweite Gegeneinwand, den insbesondere Hoffman (1970a, S. 282) gegen die Kohlberg-Forschung vorträgt, besteht darin, dass ihre Analyse des Einflusses der sozialen Umwelt auf die Entwicklung moralischen Urteilens verengt sei. Diese hätte die Wirkung der Eltern auf die Urteilsentwicklung kaum untersucht und sie zudem theoretisch unterschätzt. Kohlbergs konstruktivistisches Modell sei somit auch in dieser Hinsicht beschränkt.

- Der dritte Gegeneinwand lautet, dass Kohlberg bei der Erklärung der Entwicklung moralischen Urteilens konstruktives Lernen einseitig betone und den determinierenden Einfluss der sozialen Umwelt außer Acht lasse. Die Forscher stellen auch in Frage, dass ihm der Nachweis der Bedeutung konstruktiven Lernens für die Entwicklungsprozesse gelungen ist. So weist Hoffman (1977, S. 116 f.) auf Stufenregressionen und Formen des Überspringens von Stufen hin, die in einigen Studien ermittelt wurden, sowie auf starke Stufenvariationen in den zu einem Messzeitpunkt erzielten Werten einer Person. Darin sieht er gravierende Erklärungsprobleme für den konstruktivistischen Ansatz Kohlbergs. Auf starke Stufenvariationen macht auch Maccoby (1980, S. 307) aufmerksam. Maccoby bringt darüber hinaus ein, dass selbst eine ermittelte Invarianz der Sequenz der Urteilsstufen durch Sozialisationsprozesse erklärt werden könne. (Maccoby 1968, S. 252 f.) Diese Wissenschaftlerin bezieht sich dabei auf Untersuchungen von Hoffman (Hoffman/Saltzstein 1967; Hoffman 1970b), der darin die moralische Urteilsbildung empirisch erfasst hat, und vergleicht dessen theoretische Position mit derjenigen von Kohlberg. Anhand der Antworten von Kindern einer siebenten Klasse zu moralischen Urteilsthemen unterschied Hoffman drei „Gewissenstypen" – das „externale", das „konventionell-rigide" und das „humanistisch-flexible" Gewissen. Wenn die moralischen Urteile des Kindes an körperlicher Bestrafung orientiert waren, wurden sie als external kodiert. Wenn sie moralische Konvention oder moralische Autorität betonten, wurden sie als konventionell-rigide klassifiziert. Wenn sie die Folgen der Handlung für andere und zwischenmenschliche Werte, wie etwa gegenseitiges Vertrauen, akzentuierten, wurden sie als humanistisch-flexibel kodiert. Der Hauptunterschied zwischen den Positionen besteht, so Maccoby, darin, dass Kohlberg diese Typen in eine sequenzielle Ordnung gebracht und Belege für ans Alter gebundene regelmäßige Fortschritte von einem zum anderen Typ liefert. Hoffman hingegen nehme an, dass elterliche Erziehungsstile über die Kindheit hinweg relativ konstant sind und dass unterschiedliche elterliche Praktiken zu verschiedenen moralischen Orientierungen führen. Hoffmans Sichtweise lasse nicht die Möglichkeit zu, dass Kinder, die jetzt humanistisch-flexibel sind, in jüngerem Alter dem externalen Typus entsprochen haben. Maccoby stellt fest:

Zum gegenwärtigen Zeitpunkt erscheint es vernünftig anzunehmen, dass sich beide Konzeptionen zu einem gewissen Grade als richtig erweisen werden. Kohlbergs Daten zu altersbezogenen Veränderungen belegen, dass es – die Populationen von Kindern als Ganzes genommen – tatsächlich einen Entwicklungsfortschritt gibt. Aber natürlich kann der soziale Lerntheoretiker argumentieren, dass dieser Fortschritt von systematischen Veränderungen durch die Art der bei Kindern verschiedenen Alters verwendeten Sozialisationstechniken herrührt. Möglicherweise haben kleine Kinder eine ‚externale‘ Orientierung, weil ihre Eltern in diesem Alter körperliche Strafe öfter verwenden als sie es später tun, wenn sie das Kind für alt genug befinden, um auf am Denken orientierte und andere ‚Induktions‘-Techniken anzusprechen (Maccoby 1968, S. 252 f.).

Auch für Bandura kann eine einheitliche Abfolge der moralischen Urteilsstufen auf die einheitliche Veränderung der elterlichen Erziehungspraktiken im Entwicklungsverlauf zurückgehen (Bandura 1979, S. 52 f.).

Zunächst (a) prüfe ich, inwieweit die traditionellen sozialen Lerntheoretiker tatsächlich, wie Kohlberg festhält, bis Ende der 1960er Jahre das Gerechtigkeitsurteil vernachlässigt haben und die Bedeutung von Sozialisationsprozessen für die Entwicklung der Urteilsstufen nicht aufzeigen konnten. Dann (b) wende ich mich der Frage zu, inwieweit sie bis dahin Sozialisationsprozesse hinsichtlich der von ihnen thematisierten nicht-kognitiven Aspekte der Gerechtigkeitsmoral nachweisen konnten.

*(a) Analysen des Gerechtigkeitsurteils*
Die Annahme sozialisationsbedingter Sequenzanomalien hinsichtlich der sechs von Kohlberg unterschiedenen Urteilsstufen hat auf den ersten Blick durchaus eine gewisse Plausibilität. Wenn etwa Eltern ihr Kind vorwiegend durch physische Strafen und durch den Entzug materieller Objekte disziplinieren, liegt die Vermutung nahe, dass sich bei diesem Kind ein hauptsächlich an Bestrafungen und Eigeninteressen orientiertes Denken ausbildet, also ein präkonventionelles Denken. Wenn Eltern dagegen dem Kind von früh an die Verbindlichkeit moralischer Normen einsichtig zu machen versuchen, indem sie auf die Folgen einer Nichtbeachtung von Normen für das Wohl und Wehe anderer Personen hinweisen oder auf notwendige Voraussetzungen für tragfähige soziale Beziehungen, erscheint es nahe liegend anzunehmen, dass ein präkonventionelles Denkmuster übersprungen wird und sich unmittelbar ein Denken ausbildet, das auf das Wohlergehen von Personen oder auf Voraussetzungen für soziale Beziehungen abstellt, also ein Denken der Stufe 3, bzw. eventuell – in abstrakterer Form – sogar postkonventionelles Denken. Allerdings erscheint eine solche Position überzogen, denn es sind auch Prozesse konstruktiven Lernens zu berücksichtigen. Diese Prozesse können dafür verantwortlich sein, dass der Entwicklungsverlauf nicht beliebig veränderbar ist; falls die aufeinanderfolgenden Stufen moralisch rationalere Urteilsformen darstellen, werden die darin zum Ausdruck kommenden moralrelevanten Einsichten erst allmählich erworben. Vor allem beim Übergang von Stufe 2 zu Stufe 3 und beim Übergang von Stufe 4 zu Stufe 5, also bei Übergängen zwischen den drei Niveaus, dürfte konstruktives Lernen eine Rolle spielen, denn hier ist – im Rahmen von Kohlbergs Stufenbestimmung – eine kritische Distanzierung von Eigeninteressen bzw. von den Erwartungen in sozialen Beziehungen, Gruppen und Systemen erforderlich.

Allerdings dürften insbesondere bei den Übergängen innerhalb der drei Niveaus auch Sozialisationsprozesse (etwa Lernen durch Nachahmung) wirksam sein. Innerhalb dieser Niveaus ist nämlich zum Teil zweifelhaft, ob wirklich Unterschiede in der moralischen Rationalität der Urteilsformen bestehen, die im Verlauf der Entwicklung durch konstruktives Lernen „einzuholen" sind. Warum ist eine Bezugnahme auf Eigeninteressen (Stufe 2) in jedem Falle moralisch rationaler als eine Bezugnahme auf Autoritäten (Stufe 1)? Ist bei Dilemmata in engen Beziehungen eine Orientierung an Erwartungen eines sozialen Systems (Stufe 4) wirklich moralisch höherwertiger als eine Orientierung an Erwartungen, die in engen Beziehungen bestehen (Stufe 3)? Warum ist eine Orientierung an Moralprinzipien und -verfahren (Stufe 6) moralisch rationaler als eine Bezugnahme auf Menschenrechte (Stufe 5)? Falls die Entwicklung des Urteilens zu den von Kohlberg vorgelegten Gerechtigkeitsfragen im Sinne der von ihm postulierten Stufensequenz verläuft, dürften Veränderungen also teilweise auf Sozialisationsprozesse zurückgehen. Zudem können umweltbedingte Sequenzanomalien auftreten.

Mit Kohlberg lässt sich zunächst festhalten, dass die sozialen Lerntheoretiker bis Ende der 1960er Jahre kaum empirische Resultate zur Entwicklung moralischen Urteilens liefern, sodass ihr Entwicklungskonzept weitgehend spekulativ bleibt; Hoffman und Bandura gehören zu den wenigen Vertretern dieser Forschungsrichtung, die die Entwicklung moralischen Urteilens analysieren. Überdies lässt sich feststellen, dass die Wissenschaftler – im gegebenen Fall Hoffman und Bandura – ihre Analyse der Urteilsbildung weitgehend auf den Einfluss der Eltern bzw. von Autoritätspersonen beschränken; die sozialisatorische Wirkung etwa der Gleichaltrigen, der Schule oder der Medien bleibt unerforscht. Zudem stützen die Studien Hoffmans und Banduras hinsichtlich des Einflusses von Autoritäten das eigene Sozialisationsmodell nicht überzeugend, wie kurz dargelegt werden soll.

Hoffman (Hoffman 1970b) hat, wie Maccoby im oben angeführten Zitat festhält, im Rahmen seiner Untersuchung US-amerikanischer Mittelschichtkinder im siebten Schuljahr drei Formen der Urteilsbildung unterschieden, nämlich eine externale, eine konventionell-rigide und eine humanistisch-flexible Orientierung. Daneben ermittelt er in dieser Studie auch andere Moralaspekte, etwa Schuldgefühle und die Übernahme von Verantwortung für eigene Normenübertretungen. Seine Fragen zur Erfassung des moralischen Urteils entnimmt er dabei weitgehend Kohlbergs MJI – vorgelegt wurde etwa das „Heinz"-Dilemma. In einer früheren Untersuchung hatte Hoffman (Hoffman/Saltzstein 1967) bei der gleichen Stichprobe aus Mittelschichtkindern sowie bei einer Stichprobe aus Unterschichtkindern lediglich zwischen einer „externalen" und einer „internalen" Urteilsbildung unterschieden, d.h. bei letzterer Form der Urteilsbildung noch nicht zwischen einer konventionell-rigiden und einer humanistisch-flexiblen Orientierung differenziert. In dieser früheren Studie kommt er zu dem Ergebnis, dass eine machtorientierte Disziplinierungstechnik häufig zu externalem und eine induktive Disziplinierungstechnik häufig zu internalem Urteilen führt. Ähnliche Resultate ermittelt er dort für die anderen erhobenen Moralaspekte. In der späteren Studie (Hoffman 1970b) zeigt sich, dass Kinder mit einer konventionell-rigiden Orientierung des Urteilens im Allgemeinen eine induktive Disziplinierung erfahren haben, bei der die Eltern auf die Folgen einer Handlung für sie selbst hinweisen (z.B. auf ihre Verärgerung); ferner zeigt sich, dass diese Kinder mit Liebesentzug diszipliniert wurden. Kinder mit einer humanistisch-flexiblen Orientierung hingegen waren vorwiegend mit einer induktiven Strategie diszipliniert worden, bei der die Eltern auf die „Erfordernisse einer Situation" (z.B. auf die zur Erreichung eines Ziels notwendigen Handlungen) aufmerksam machen, und sie waren selten mit Liebesentzug konfrontiert.

Einige Autoren ziehen daraus die Schlussfolgerung, Hoffman habe mit seinen beiden Korrelationsstudien die Annahme sozialisationsbedingter Sequenzanomalien bezüglich der Kohlberg-Stufen belegt: Hoffman ordne dem externalen Urteilen die präkonventionellen Stufen, dem konventionell-rigiden Urteilen die konventionellen Stufen und dem humanistisch-flexiblen Urteilen die postkonventionellen Stufen zu und gehe von einem durch die entsprechenden Disziplinierungstechniken bedingten Überspringen der Kohlberg-Stufen aus. Hoffman selbst hat aber einen solchen Standpunkt, den ihm etwa Maccoby im oben angeführten Zitat und auch Lempert (1988, S. 69) unterstellt, nicht ausdrücklich formuliert. Seine Analysen hätten eine derartige Position auch gar nicht bestätigen können, weil er nur Personen annähernd gleichen Alters untersucht, also keine Längsschnittstudien durchführt und folglich keine individuellen Entwicklungsverläufe dokumentieren kann. Zudem stellt Hoffmans Differenzierung von Mustern moralischen Urteilens keine überzeugende Grundlage für eine sozialisationstheoretische Gegenposition zu Kohlberg dar, denn es ist vor allem unklar, welche Stufen bzw. Niveaus bei Kohlberg den von Hoffman unterschiedenen Mustern des Urteilens entsprechen. Die Bestimmung einer konventionell-rigiden Orientierung (Bezugnahme auf geltende Regeln in Gruppen) ähnelt den Stufen 3 und 4, aber auch der Stufe 1. Die Bestimmung einer humanistisch-flexiblen Orientierung (Bezugnahme auf Folgen für das Wohlergehen anderer Personen oder auf interpersonelle Werte) ähnelt den Stufen 5 und 6, aber auch der Stufe 3. Eine eindeutige Zuordnung elterlicher Disziplinierungstechniken zu den Niveaus bzw. Stufen Kohlbergs ist ebenfalls schwierig. Zum Beispiel reicht die Differenzierung zwischen den drei Disziplinierungstechniken „machtorientierte Disziplinierung", „Liebesentzug" und „induktive Disziplinierung" nicht aus, um Stufe 4 sozialisationstheoretisch schlüssig zu erklären, da der Verweis auf Funktionsbedingungen sozialer Systeme in dieser Differenzierung nicht enthalten ist. Im Übrigen dürften den externalen Urteilen oft auf Internalisierung gründende Erlebens- und Verhaltensmuster zugrunde liegen, denn auch diese Urteile stellen Begründungen für als verbindlich anerkannte Normen dar. Zu trennen ist also einer kognitiven und einer motivationalen Ebene der Internalisierung.

Bandura bezieht sich in einer zusammen mit McDonald durchgeführten experimentellen Studie (Bandura/McDonald 1963) auf Piagets Analyse des Verantwortlichkeitsurteils, also nicht auf das Gerechtigkeitsurteil. Er will zeigen, dass sich die Sequenz der Stufen zu diesem Urteilsbereich durch die Beobachtung von Modellen verändern lässt. Viele der untersuchten Kinder (Fünf- bis Elfjährige) kehren in der Tat zu objektiven Verantwortlichkeitsurteilen, d.h. zu einer bloßen Orientierung an den Konsequenzen von Handlungen, zurück, wenn ein Erwachsener solche Urteile zeigt. Fraglich ist aber, ob die erzielten Interventionseffekte stabil sind. Bandura und McDonald prüfen die Stabilität der Veränderung nach nur einer Woche. Andere experimentelle Studien belegen indessen, dass sich nach mehreren Wochen kaum mehr Interventionseffekte zeigen (vgl. z.B. Sternlieb/Youniss 1975).

Die Untersuchungen von Hoffman und Bandura haben also sozialisationsbedingte Sequenzanomalien nicht überzeugend aufgezeigt. Studien von Vertretern der Lerntheorie, die Maccobys und Banduras Annahme einer sozialisationsbedingten Invarianz in der Sequenz der Kohlberg'schen Urteilsstufen zu stützen suchen, gab es meines Wissens nicht.

Von Kohlbergs und Piagets Ansatz aus lassen sich darüber hinaus Einwände formulieren, die sich gegen eine ausschließliche Erklärung der Entwicklung des Gerechtigkeitsurteils durch Prozesse sozialer Prägung richten. Forscher, die Entwicklungsprozesse allein auf den Einfluss der sozialen Umwelt zurückführen, übersehen vor allem, dass die Wirkung von Umweltfaktoren durch die eigene Aktivität des Individuums, durch Prozesse konstruktiven Lernens, vermittelt wird. Das Individuum verarbeitet angebotene moralische Begründungen (z.B. Begründungen der Stufe 5) im Rahmen der ihm zur Verfügung stehenden kognitiven Strukturen, wie Kohlbergs und Piagets Forschungen zeigen. Angebotene Begründungen interpretiert und bewertet der Einzelne immer auch. Die Lerntheorie hat folglich Schwierigkeiten, bestimmte Muster des Denkens in der Kindheit zu erklären. Aus ihrer Perspektive lässt sich etwa eine ausschließliche Bezugnahme auf die Konsequenzen von Handlungen bei der Bewertung von Normenübertretungen (objektive Verantwortlichkeit) oder die Vorstellung, Verletzungen moralischer Normen zögen eine Bestrafung durch die natürliche Umwelt nach sich (der Glaube an eine immanente Gerechtigkeit), schwerlich erklären, da diese Formen des Denkens von Erwachsenen selten vermittelt werden dürften. Probleme ergeben sich überdies bei der Erklärung des Befunds, dass konventionelles und insbesondere postkonventionelles Denken erst relativ spät in der Entwicklung auftritt, obwohl es doch in der sozialen Umwelt des Individuums schon früh zu finden ist.

Die Lerntheoretiker schreiben bei ihrer Kritik an Kohlberg diesem zu Unrecht ein „strenges" Stufenkonzept zu. Kohlberg schließt nämlich sowohl in der Dissertation als auch in den 1960er Jahren im Rahmen des MJIs Regressionen bei den Urteilsstufen und Stufenvariationen keineswegs vollständig aus. Regressionen seien unter bestimmten extremen Bedingungen möglich, wie zum Beispiel bei einem Gefängnisaufenthalt (Kohlberg 1984, S. 61). Variationen der Stufenwerte einer Person gesteht er im Allgemeinen über zwei Stufen, an einigen Stellen sogar über drei Stufen zu (vgl. z.B. Kohlberg 1984, S. 59). Die oben beschriebene Verschärfung des Stufenkonzepts (vgl. S. 138 f.) hängt zum Teil mit seiner Rezeption von Piagets Theorie der Entwicklung logisch-kausalen Denkens zusammen; wie andere Autoren orientiert er sich nun hauptsächlich an Piagets später, seit den 1940er Jahren veränderter Perspektive auf die Entwicklung logisch-kausalen Denkens. Piaget vertritt ein strengeres Stufenkonzept als früher, das jedoch keineswegs so strikt ist, wie es ihm oft zugeschrieben wurde (vgl. Chapman 1988; Lapsley 1996).

*(b) Analysen nicht-kognitiver Aspekte der Gerechtigkeitsmoral*
Die sozialen Lerntheoretiker beziehen sich hinsichtlich der nicht-kognitiven Aspekte der Gerechtigkeitsmoral auf die Internalisierung von Normen, wobei sie die Normeninternalisierung vorrangig auf den prägenden Einfluss elterlicher Sozialisationspraktiken zurückführen. Bis Ende der 1960er Jahre hat diese Forschungsrichtung eine Vielzahl von Korrelationsstudien zum Einfluss der Eltern auf die nicht-kognitiven Aspekte der Gerechtigkeitsmoral vorgelegt (vgl. als Übersicht Brody/Shaffer 1982; Hoffman 1970a; 1977; Maccoby 1968).

Anders also als zur Urteilsbildung lieferten die Lerntheoretiker dazu eine große Zahl empirischer Ergebnisse.

Dabei zeigte sich – wie auch Kohlberg im oben angeführten Zitat (S. 159) anmerkt – dass zwischen den beiden Disziplinierungsstrategien „Liebesentzug" und „Induktion" differenziert werden muss: Während Liebesentzug keinen einheitlichen Einfluss auf den Prozess der Normeninternalisierung erkennen ließ, erwies sich Induktion überwiegend als förderlich. Zugleich stellte sich machtorientierte Disziplinierung als überwiegend hinderlich für die Normeninternalisierung heraus. Damit erwies sich sowohl die Annahme eines positiven Effekts von machtorientierter Disziplinierung und als auch die Annahme eines positiven Effekts von Liebesentzug als falsch. Eine weithin akzeptierte Erklärung für die ermittelten Zusammenhänge liefert Hoffman (vgl. z.B. Hoffmann 1970a). Grusec und Goodnow fassen diese wie folgt zusammen:

> Machtbehauptung, so nimmt er [Hoffman; G.B.] an, ist dem Prozess der Sozialisierung abträglich, weil diese im Kind Wut und Feindseligkeit erzeugt, verbunden mit Widerstand oder fehlender Bereitschaft, die Wünsche der Eltern zu erfüllen. Machtbehauptung liefert auch ein Modell aggressiven Verhaltens, das zu unsozialem oder unmoralischem Verhalten führt. Zudem tritt dadurch die Herkunft einer moralischen Botschaft hervor und macht es folglich unwahrscheinlicher, sie als Aspekt der eigenen Person zu betrachten, als wenn die Herkunft nicht mehr erinnert wird. Im Gegensatz dazu ist das Vorbringen von Argumenten oder Induktion, besonders jene Form, die die negativen Effekte des kindlichen Fehlverhaltens für andere Personen betont, wirksamer, weil sie die empathischen Fähigkeiten des Kindes fördert und negative Gefühle erzeugt, die es auch dann besitzt, wenn die sozialisierende Person nicht länger anwesend ist. Solche an anderen Personen orientierte Induktion zeigt auch mögliche Wege zur Wiedergutmachung von durch eine Missetat zugefügtem Schaden auf; sie beinhaltet kognitives Material, das zur Weckung des Bewusstseins für unmoralische Handlungen erforderlich ist, und erlaubt eine angemessene Generalisierung auf neue Situationen. Liebesentzug besitzt hinsichtlich der Effektivität von Disziplinierungsstrategien einen mittleren Rang, weil diese Praktik Wut und Feindseligkeit nicht erzeugt, ebenso wenig aber das Wissen um oder die Sensibilität für die Gefühle und Bedürfnisse anderer fördert (Grusec/ Goodnow 1994, S. 6).

Auch die Wirkung der emotionalen Unterstützung des Kindes wurde untersucht. Dabei zeigte sich eine positive Wirkung dieses Faktors.

In den 1960er Jahren entwickelte Baumrind eine Unterscheidung von Erziehungsstilen, die für die Analyse der Normeninternalisierung später sehr bedeutsam wurde. Diese Wissenschaftlerin differenziert zwischen „autoritativem", „permissivem" und „autoritärem" Erziehungsstil. Später fügt sie noch einen „vernachlässigenden" Erziehungsstil hinzu. Baumrind integriert dabei die Dimension „Disziplinierungstechnik" und „emotionale Unterstützung"; ihre vier Erziehungsstile ergeben sich aus der Kombination der Dimension der Kontrolle/Lenkung (Disziplinierungstechniken sind nur ein Aspekt) und der Dimension der emotionalen Unterstützung/Responsivität. Ein autoritativer Stil ist durch hohe Kontrolle (bzw. hohe Anforderungen) und starke emotionale Unterstützung gekennzeichnet, ein permissiver Stil durch geringe Anforderungen und starke emotionale Unterstützung, ein autoritärer Stil durch hohe Anforderungen und geringe emotionale Unterstützung, ein vernachlässigender Stil durch geringe Anforderungen und geringe emotionale Unterstützung. Baumrind nimmt an, dass vorrangig ein autoritativer Stil die Normeninternalisierung fördert und konnte diese Annahme stützen (vgl. Baumrind 1968).

Die bis Ende der 1960er Jahre von den sozialen Lerntheoretikern durchgeführten Korrelationsstudien zur Normeninternalisierung weisen verschiedene Probleme auf, die heute vielerorts benannt werden. Ich führe hier nur einige an. Kohlberg selbst macht bereits in den 1960er Jahren vorrangig auf verschiedene zentrale Defizite dieser Korrelationsstudien aufmerksam:

- Die empirischen Befunde sind keineswegs nur hinsichtlich des Liebesentzugs, sondern auch hinsichtlich der induktiven und machtorientierten Disziplinierung uneinheitlich. Wie erwähnt (vgl. das Kohlberg-Zitat auf S. 156 f.) weist Kohlberg auf einige wenig ausgeprägte Zusammenhänge zwischen den Disziplinierungsstrategien und dem Widerstand gegen Versuchungen hin – er hält fest, dass eine induktive Strategie nicht in jedem Fall den Widerstand gegen Versuchungen fördert und dass eine machtorientierte Strategie diesen nicht immer verhindert. Es ist allerdings fraglich, ob Kohlberg die Ergebnisse der Lerntheoretiker in dem Zitat angemessen zusammenfasst. So ist die Wirkung der Disziplinierungsstrategie „Machtausübung" bei der Ausbildung von Schuldgefühlen gemäß dem Postulat vieler Lerntheoretiker insgesamt durchaus negativ und nicht, wie Kohlberg im Zitat behauptet, uneinheitlich (vgl. Brody/Shaffer 1982; Hoffman 1970a; Maccoby/Martin 1983). Hinsichtlich der induktiven Disziplinierung zeigte sich, dass die Effektivität dieser Strategie bei der Ausbildung von Schuldgefühlen entgegen der Annahme Kohlbergs und den Erwartungen verschiedener Lerntheoretiker auch vom Geschlecht und der sozialen Schicht der Eltern abhängt: eine induktive Disziplinierung scheint vorwiegend nur bei Müttern aus der Mittelschicht effektiv zu sein (vgl. Hoffman 1970a). Solche unterschiedlichen Effekte einer bestimmten Disziplinierungsmethode stellen die Lerntheoretiker, die Korrelationsstudien durchführen, vor Erklärungsprobleme. Dies gilt auch für die auftretenden Variationen in den Werten einer Person zu den Internalisierungskriterien (vgl. Hoffman 1970a; 1977) – die zum Teil starken Variationen über die verschiedenen Internalisierungskriterien hinweg und bei einem einzelnen Internalisierungskriterium stellen das von ihnen vertretene Konzept eines moralischen Charakters in Frage, wie auch Kohlberg festhält.
- Die Lerntheoretiker beschränken sich auf den Einfluss der Eltern und vernachlässigen die Rolle der Gleichaltrigen. Die Wechselwirkung des Elterneinflusses mit diesem sozialen Entwicklungsfaktor erfassen sie nicht.
- Die Vertreter dieser Richtung lassen die Bedeutung einsichtigen Lernens für die Verarbeitung von Umwelteinflüssen außer Acht. Die Wirksamkeit induktiver Disziplinierung etwa dürfte davon abhängig sein, ob das Kind die stufenspezifischen Begründungen, die seine Eltern für die Geltung von Normen liefern, versteht und ob es sie überzeugend findet. Durch Einsicht gesteuerte Prozesse der Entwicklung des Urteilens können also den Einfluss der elterlichen Disziplinierungsmaßnahmen auf die Norminternalisierung vermitteln.

Die Korrelationsstudien zur Norminternalisierung weisen einige weitere grundlegende Defizite auf, die Kohlberg nicht benennt:

- Sie blenden Entwicklungsresultate weitgehend aus, welche auf konstruktives Lernen hinweisen und tragen qualitativen Unterschieden (Stufenunterschieden) bei moralischen Motiven und Schuldgefühlen nicht hinreichend Rechnung. Zum Beispiel kann eine Person moralisch handeln wollen, um in einer Gruppe einen guten Eindruck zu hinterlassen, aber auch, um ein von ihr als universell gültig verstandenes Moralprinzip nicht zu verletzen. Schuldgefühle können auch aus einer Verletzung eigener Moralprinzipien resultieren. Gerade beim Aufbau solcher Autonomie verkörpernder Entwicklungsresultate dürfte konstruktives Lernen eine wichtige Rolle spielen, denn dafür sind Prozesse der kritischen Prüfung von Normen erforderlich.

- Auf einige methodische Schwachstellen der Studien weist Hoffman selbst hin:

> Trotz der Konsistenz der Befunde haben diese Studien methodische Mängel. Die Disziplin-Daten etwa wurden für gewöhnlich durch Befragung der Eltern gewonnen, was sie abhängig macht von fehlerhafter Erinnerung und möglichen Effekten „sozialer Erwünschtheit". Diese Probleme lassen sich reduzieren in Studien, die sich auf Berichte der Kinder über die Disziplinierungsmethoden der Eltern stützen, doch können hier die Gefühle und Einstellungen des Kindes gegenüber den Eltern seine Antwort einfärben (...). Das Eingeständnis von Schuld wird für gewöhnlich anhand beobachtbaren Verhaltens gemessen; dies kann aber auch einen Versuch darstellen, Anerkennung zu erheischen, und nicht eine moralische Handlung, da Schuldeingeständnisse häufig belohnt werden. Messungen des Widerstands gegen Versuchungen haben den besonderen Vorteil, dass sie beobachtbares moralisches Verhalten in hochstandardisierten Situationen erfassen, aber auch hier kann die Motivation external (z.B. eine starke Angst, entdeckt zu werden, obwohl man allein ist) und nicht internal (z.B. der Wunsch, das Vertrauen des Experimentators nicht zu missbrauchen) sein. Es gibt Hinweise, dass dies mehr ein Problem von Männern als von Frauen ist (Hoffman 1977, S. 90 f.).

Zudem ist die Erfassung von Schuldgefühlen mit Hilfe fiktiver Situationen, in denen ein  Protagonist eine Norm übertreten hat und der Proband diesem Gefühle zuschreiben soll, insofern problematisch, als sie tatsächlich nur Kognitionen aufzeigen kann.

- Die Lerntheoretiker nehmen für gewöhnlich an, dass sich das Erziehungsverhalten der Eltern durch eine bestimmte Disziplinierungsstrategie kennzeichnen lässt. Da die Disziplinierungsstrategien aber, wie festgestellt wurde, auch situationsabhängig variieren, ist eine solche Charakterisierung schwierig. Hoffman selbst stellt fest, dass überwiegend induktiv disziplinierende Eltern sich in manchen Situationen (z.B. bei einer Beschädigung wertvoller Objekte) machtorientiert ihrem Kind gegenüber verhalten (vgl. z.B. Hoffman 1970b). Vorwiegend machtorientierte Eltern weisen bei unterlassener Hilfe auch auf Folgen für andere Personen hin. Zudem trägt die Forschung Unterschieden innerhalb der einzelnen Disziplinierungsstrategien nicht Rechnung; zum Beispiel betonen überwiegend induktiv disziplinierende Eltern bei der Verletzung negativer Pflichten häufig die Folgen für andere Personen, bei der Verletzung von Konventionen hingegen häufig die Folgen für die soziale Ordnung (vgl. Grusec/Goodnow 1994, S. 7 ff.).

- Die Wissenschaftler teilen mit Freud die Annahme, dass sich internale Orientierungen (z.B. Schuldgefühle) erst in der mittleren Kindheit ausbilden. Tatsächlich treten diese aber, wie neuere Forschungen zur frühkindlichen Moralentwicklung zeigen, schon erheblich früher auf (vgl. auch 3.7).

Traditionelle soziale Lerntheoretiker, die Korrelationsstudien zu den nicht-kognitiven Aspekten der Gerechtigkeitsmoral durchführen, sind also mit dem Problem konfrontiert, dass die gleiche Disziplinierungsmethode (z.B. Induktion) zu verschiedenen Entwicklungsergebnissen führt. Die Annahme differentieller Entwicklungsverläufe muss anscheinend radikalisiert werden: Eine bestimmte Disziplinierungsmethode beeinflusst die Normeninternalisierung etwa in Abhängigkeit vom Internalisierungskriterium, dem Geschlecht der Erziehungsperson, der sozialen Schicht, dem moralkognitiven Entwicklungsstand des Kindes, der begangenen Normenverletzung oder den Erfahrungen mit Gleichaltrigen. Erforderlich ist also eine Ausdifferenzierung der umweltzentrierten Erklärungsperspektive der sozialen Lerntheorie (vgl. auch Grusec/Goodnow 1994). Dabei sind auch Prozesse konstruktiven Lernens zu berücksichtigen.

Die experimentelle Forschung, die Lerntheoretiker wie Aronfreed, Bandura und Gewirtz durchführen, weist andere Probleme auf. Insbesondere lässt sich die Komplexität elterlichen Verhaltens im Rahmen von Experimenten nicht angemessen simulieren. Da bei den experimentellen Studien im Wesentlichen dieselben Kriterien für eine Normeninternalisierung wie bei den Korrelationsstudien Verwendung finden, kann die experimentelle Forschung diesbezüglich in gleicher Weise kritisiert werden (vgl. auch Hoffman 1970a; 1977). Wie bei den Forschern, die Korrelationsstudien durchführen, ist die Erklärungsperspektive zu stark an Umweltbedingungen orientiert und blendet konstruktives Lernen aus.

Die soziale Lerntheorie weist also teilweise ähnliche grundlegende Mängel auf, wie sie bei Freuds Perspektive zu finden sind. Im Unterschied zur traditionellen sozialen Lerntheorie berücksichtigen die Ansätze von Bandura, Hoffman, Maccoby und Mischel zwar bei ihrer Analyse der Verarbeitung sozialer Erfahrungen kognitive Prozesse, messen also der Aktivität des Individuums durchaus Bedeutung zu, sie veranschlagen allerdings den Beitrag der Eigenaktivität des Individuums als eher gering (bezüglich Hoffman vgl. Gibbs/Schnell 1985).

## 3.6  Moral als Produkt einsichtigen Lernens: Die Forschung der Kohlberg-Schule

Zunächst steht die Frage im Mittelpunkt, ob Kohlberg nachweisen konnte, dass konstruktives Lernen für die Entwicklung der Stufen des Urteilens zu den von ihm thematisierten Gerechtigkeitsfragen entscheidend ist (3.6.1). Sodann wende ich mich der Frage zu, ob er die Bedeutung konstruktiven Lernens bezüglich der nicht-kognitiven Aspekte der Gerechtigkeitsmoral aufzeigen konnte (3.6.2).

### 3.6.1  Analysen der Urteilsstufen

Kohlberg und seine Mitarbeiter führen in den 1960er Jahren verschiedene empirische Studien durch, die nicht nur das Stufenkonzept, sondern auch die Annahme konstruktiven Lernens stützen sollen. Kohlberg hält fest, dass er selbst am Ende dieser Dekade sein strenger gefasstes Stufenkonzept durch die Ergebnisse, die Kramer (1968) bei der Längsschnittuntersuchung der Stichprobe aus der Dissertation erzielte, in Frage gestellt sah, da sich dort ein beträchtlicher Anteil an Stufenregressionen bei College-Absolventen zeigte (vgl. Kohlberg 1984, S. xxxii). Unklar ist, ob Kohlberg auch sein konstruktivistisches Entwicklungskonzept in Zweifel zog. Vor Kramers Studie hatte er das strengere Stufenkonzept und das konstruktivistische Entwicklungskonzept noch für bestätigt erachtet: Durch eigene Analysen sowie durch Analysen einiger seiner Mitarbeiter – nämlich durch mehrere kulturvergleichende Studien, Turiels Interventionsstudie und Rests Studien zur hierarchischen Integration der Stufen – hatte er sich 1969 in dem für seine frühe Forschung zentralen Aufsatz „Stufe und Sequenz" („Stage and Sequence") zu einer optimistischen Einschätzung der empirischen Tragfähigkeit des eigenen Stufen- und Entwicklungskonzepts veranlasst gesehen (vgl. Kohlberg 1984, S. xxxi). Im Folgenden möchte ich zeigen, dass neben Kramers Studie auch die vor dieser Untersuchung durchgeführten Studien Kohlbergs konstruktivistische Position ein Stück weit in Frage stellen: Die empirischen Resultate widerlegen zum Teil seine Annahmen, zum Teil kann er durch die Anlage der Studien konstruktives Lernen nicht überzeugend aufzeigen und Sozialisationsprozesse (im Sinne umweltabhängigen Lernens) nicht ausschließen. Die Schlussfolgerungen in „Stufe und Sequenz" waren also etwas voreilig. Bandura, Hoffman, Maccoby und W. Mischel setzen sich mit den entsprechenden Untersuchungen nicht differenziert auseinander.

Die Lerntheoretiker werfen Kohlberg ja nicht nur eine problematische (nämlich konstruktivistische) Interpretation des Einflusses der sozialen Umwelt auf das Urteilen vor, sondern auch die verengte Erfassung des Umwelteinflusses, denn ihrer Auffassung nach vernachlässigt Kohlberg den Einfluss der Eltern auf die Stufenentwicklung. Dieser hat aber bereits in der Dissertation die Rolle der Eltern betont und diese Rolle zugleich empirisch untersucht: Zusätzlich zu kognitiven Faktoren (der Intelligenz) führt er verschiedene soziale Faktoren als Entwicklungsbedingungen an – neben dem soziometrischen Status und dem sozioökonomischen Status auch die Identifikation mit den Eltern (genauer: mit dem Vater):

> Um Piagets Theorie der Interaktion mit Gleichrangigen als Quelle von moralischer Autonomie zu untersuchen, verglich ich die moralischen Orientierungen der soziometrischen „Stars" einer Gruppe mit den „Isolierten". Um die Effekte von George Herbert Meads Konzept der Übernahme der Rolle eines „verallgemeinerten Anderen" zu prüfen, verglich ich die moralischen Orientierungen von Männern aus der Arbeiterschicht mit denjenigen von Männern aus der Mittelschicht. Um mehrere psychodynamische Hypothesen zu untersuchen, konstruierte ich für Jungen ein Maß der Identifikation mit dem Vater (Kohlberg 1984, S. 339 f.).

Zudem erhebt Kohlberg mittels eines Fragebogens, den er den Eltern vorlegt, das Ausmaß elterlicher Wärme und Zuneigung dem Kind gegenüber (vgl. Hart 1988). In den 1960er Jahren räumt Kohlberg den Einfluss der Eltern auf die Stufenentwicklung auch im Hinblick auf andere Variablen elterlichen Verhaltens ein. Beispielsweise postuliert er eine negative Wirkung machtorientierter Disziplinierung sowie eine positive Wirkung induktiver Disziplinierung, hoher Urteilsstufen der Eltern und häufiger Diskussionen mit den Kindern (Kohlberg 1984, S. 75 ff.). Allerdings fungieren die Eltern in Kohlbergs Augen nur als ein Entwicklungsfaktor neben anderen. Es gäbe keine Belege, dass die Familie ein einzigartiger oder entscheidender Faktor ist (Kohlberg 1984, S. 75). Gelegenheiten zur Erfahrung kognitiver Konflikte böten auch andere soziale Einheiten, insbesondere Gleichaltrigenbeziehungen. Auch unternehmen er und seine Mitarbeiter in dieser Zeit keine weiteren empirischen Studien zum Elterneinfluss.

Allen Studien, die die Kohlberg-Schule in den 1960er Jahren durchführte, liegt das Aspect Scoring zugrunde, also ein Auswertungsverfahren, das Kohlberg selbst später für unzureichend erachtet. Dagegen ist Kohlbergs Durchführung des MJIs jetzt überzeugender als noch in der Dissertation, weil er die Probanden nun konsequenter zur Begründung ihrer Meinungen auffordert und nicht lediglich Meinungen erhebt.

Im Folgenden diskutiere ich die entsprechenden Untersuchungsfelder der Kohlberg-Schule in den 1960er Jahren, nämlich (a) Kohlbergs kulturvergleichende Studien, (b) Turiels experimentelle Interventionsstudie, (c) Rests Studien zur hierarchischen Integration der Stufen, (d) Analysen von Stufenvariationen und (d) Kramers Längsschnittstudie.

*(a) Kohlbergs kulturvergleichende Studien*
Um die Annahme zu widerlegen, dass Prozesse sozialer Prägung die Entwicklung moralischen Urteilens bestimmen, muss Kohlberg vor allem nachweisen, dass in den verschiedenen Kulturen die Abfolge der sechs Stufen die gleiche ist wie in den USA, d.h. in unterschiedlichen kulturellen Milieus keine Sequenzanomalien zu finden sind.

Mit seinen kulturvergleichenden Studien wendet sich Kohlberg nicht nur gegen die Sozialisationskonzepte der sozialen Lerntheoretiker, sondern ebenso gegen die bei ihnen festzustellenden relativistischen Auffassungen: Er will zeigen, dass in allen untersuchten Kulturen die gleichen moralischen Urteilsstufen zu finden sind. Beim Kulturvergleich orientiert er sich dabei am Untersuchungsansatz der Dissertation:

- Er bringt das in der Dissertation entwickelte MJI zum Einsatz; die Analysen erstrecken sich also auf das Denken zu Gerechtigkeitsfragen, genauer: auf das Denken zu hypothetischen Gerechtigkeitsfragen.
- Die Probanden sind ausschließlich männlich.
- Sie sind zwischen zehn und 16 Jahren alt.
- Bei den Studien handelt es sich um Querschnittstudien, nicht um Längsschnittstudien.

In „Das Kind als Moralphilosoph" („The Child as a Moral Philosopher"; 1968a) stellt er die Ergebnisse einiger seiner kulturvergleichenden Studien erstmals vor und vergleicht sie mit den in der Dissertation erzielten Resultaten (Kohlberg 1968a, S. 29 f.). Die dargestellten Ergebnisse beziehen sich einerseits auf städtische, aus der Mittelschicht stammende Probanden aus den USA, Taiwan und Mexico, andererseits auf Probanden aus zwei isolierten Dörfern, nämlich eines in Yucatan und eines in Mexiko. Die Entwicklung verläuft, so Kohlberg, bei städtischen Probanden in Mexiko und Taiwan etwas langsamer als in den USA. Dabei ist der Anteil von Stufe 5 in den USA deutlich höher als in Mexiko und der Türkei. Für das Dorf in Yucatan und das Dorf in Mexiko ergaben sich ähnliche Resultate. Dort ist allerdings der Anteil konventioneller Stufen geringer als bei städtischen Probanden in den USA, Mexiko und Taiwan.

Kohlberg berichtet nicht, welche beiden Varianten des Aspect Scoring (Sentence Scoring oder Story Rating) und welche Dilemmata des MJIs bei diesen kulturvergleichenden Analysen jeweils verwendet wurden und wie sich die Stichproben im Einzelnen zusammensetzen. Er kann nachweisen, dass in allen Stichproben der Anteil der höheren Stufen mit dem Alter zunimmt, während der Anteil der niedrigeren Stufen abnimmt. Die Invarianz der

Stufensequenz kann er allenfalls plausibilisieren, aber nicht belegen, weil die Studien nur Querschnittstudien und keine Längsschnittstudien darstellen. Wie er selbst mehrfach betont, erlauben Ergebnisse von Querschnittstudien keine zwingenden Rückschlüsse auf die Abfolge der Stufen bei den einzelnen Personen (vgl. z.B. Kohlberg 1963a, S. 17). Ein weiteres methodisches Problem, das die Aussagekraft seiner empirischen Resultate einschränkt, ist, dass er den Faktor „Kultur" mit den Faktoren „Stadt vs. Dorf" und „Mittelschicht vs. Unterschicht" konfundiert, d.h. beim Kulturvergleich keine systematischen Variationen von „Stadt" vs. „Dorf" und „Mittelschicht" vs. „Unterschicht" vornimmt.

Darüber hinaus kann Kohlberg das universelle Auftreten der postkonventionellen Stufen nicht überzeugend belegen. In den beiden Dörfern in der Türkei und in Yucatan treten nämlich die Stufen 5 und 6 kaum auf. Es stellt sich somit die Frage, ob in diesen beiden Populationen vielleicht andere Formen moralisch reifen Denkens zu finden sind, die sich mit seinem anhand der USA-Stichprobe entwickelten Auswertungshandbuch nicht angemessen erfassen lassen. Er selbst führt das fast völlige Fehlen postkonventioneller Stufen in den beiden Stichproben auf ungünstige soziale Bedingungen für konstruktives Lernen zurück. Im Unterschied insbesondere zu den USA seien dort die Werte- und Normenkonflikte, die Anregungsbedingungen für den Übergang zum postkonventionellen Denken darstellen, nur gering ausgeprägt. Für die erzielten Resultate kann aber ebenso die relativ mechanische Anwendung des Auswertungshandbuchs (mit)verantwortlich sein, denn Kohlberg geht nicht von alternativen Formen der Postkonventionalität in verschiedenen Kulturen aus, benutzt vielmehr sein anhand der USA-Stichprobe gewonnenes Auswertungshandbuch für alle untersuchten Kulturen. Überdies könnte die Art der Anwendung des Interviewverfahrens zum geringen Anteil postkonventioneller Stufen beigetragen haben, denn Kohlberg prüft nicht, ob die Probanden in den einzelnen Kulturen die vorgelegten Dilemmata des MJIs überhaupt als Dilemmata erfahren, und er unterlässt eine Anpassung der Dilemmata an die Kulturen. Dadurch wird vielleicht eine selbst nach seinen eigenen Kriterien vorhandene Kompetenz der Stufen 5 und 6 nicht angemessen provoziert.

Um das von Lerntheoretikern vertretene Sozialisationsmodell zu widerlegen, müsste Kohlberg im Übrigen ausschließen, dass die von ihm ermittelten Alterstrends bzw. die Invarianzen in der Stufensequenz auf Prozesse sozialer Prägung zurückgehen. Sozialisationspraktiken könnten sich, worauf ja Maccoby und Bandura hinweisen, mit dem Alter einheitlich verändern und dabei die Urteilsbildung determinieren. Somit liegt die Forderung nahe, Sozialisationspraktiken mitzuerheben und die Unabhängigkeit der Entwicklungsschritte von diesen Praktiken nachzuweisen. Diese Analysen unternimmt Kohlberg nicht. Gewiss ist ein solcher Nachweis ein äußerst aufwändiges und schwer realisierbares Unterfangen, er wäre letztendlich aber erforderlich, um die Relevanz konstruktiven Lernens aufzuzeigen.

*(b) Turiels experimentelle Interventionsstudie*
Aus Sicht eines milieudeterministischen Sozialisationsmodells, wie es soziale Lerntheoretiker vertreten, kann man erwarten, dass es bei einer experimentellen Konfrontation mit Argumenten, die unter bzw. zwei oder mehr Stufen über dem Stufenwert einer Person liegen, zu Stufenregressionen bzw. zu einem Überspringen von Stufen kommt. Entwicklungsprozesse erscheinen im Rahmen dieses Modells ja festgelegt durch die soziale Umwelt. Ist hin-

gegen die konstruktivistische Position im Recht, so dürften Veränderungen lediglich in Richtung der nächsthöheren Stufe auftreten.

Turiels Studie (Turiel 1966) stellt vor allem den Versuch dar, die Aussagekraft der oben beschriebenen experimentellen Interventionsstudie von Bandura und McDonald (1963) zu Sozialisationseffekten in Frage zu stellen und nachzuweisen, dass die Sequenz der Entwicklung von einer heteronomen zu einer autonomen Stufe des Urteilens durch experimentelle Intervention nicht beliebig verändert werden kann. Im Unterschied zu Bandura und McDonald bezieht sich Turiel aber auf das Gerechtigkeitsurteil (und nicht auf das Verantwortlichkeitsurteil), wobei er sich an Kohlbergs Stufentheorie orientiert. Er konfrontiert 12- und 13-jährige Knaben aus der US-amerikanischen Mittelschicht im Rahmen eines Vortests mit einem Teil des MJIs (nämlich mit sechs Dilemmata), um deren Stufenwerte zu ermitteln. 44 Probanden mit einem Wert der Stufe 2, 3 oder 4 als häufigstem („modalem") Stufenwert werden anschließend ausgewählt und einer von vier Gruppen zugeteilt: einer Gruppe, bei der die Intervention eine Stufe über dem modalen Stufenwert der Person liegt (n+1), einer weiteren, bei der sie zwei Stufen darüber liegt (n+2), einer dritten, bei der sie eine Stufe darunter liegt (n-1) und einer Kontrollgruppe, bei der es keine Intervention gab. Zwei Wochen nach dem Vortest erfolgt die Intervention dergestalt, dass den Probanden entsprechende stufenspezifische Argumente zu drei weiteren Dilemmata des MJIs präsentiert werden, und zwar im Rahmen eines Rollenspiels, in dem zwei Erwachsene unterschiedliche Handlungen auf der gleichen Stufe befürworten (z.B. beim „Heinz"-Dilemma „Stehlen" bzw. „Nicht Stehlen"). Um Entwicklungseffekte bei den Probanden zu bestimmen, hat Turiel dann eine Woche nach der Intervention die Urteilsbildung zu allen neun Dilemmata des MJIs erhoben.

Als zentrales Ergebnis der Interventionsstudie hält er fest, dass die Entwicklung in Form einer invarianten Stufensequenz verläuft. Dabei bringt, so Turiel, eine Intervention von n+1 bei einem Großteil der Probanden die Entwicklung voran, wohingegen Interventionen von n-1 und n+2 keine erheblichen Effekte auf die Stufenentwicklung haben.

Die Aussagekraft der Studie Turiels ist jedoch in verschiedener Hinsicht eingeschränkt:

- Den Anteil von Stufenregressionen, Formen des Überspringens von Stufen und Invarianzen in der Stufensequenz weist Turiel nicht aus. Er ermittelt nämlich nur die Veränderungen in den durchschnittlichen Prozentanteilen der sechs Stufen bei den verschiedenen Interventionsformen.
- Experimentelle Interventionsstudien zum moralischen Urteilen sind generell mit verschiedenen Problemen behaftet, auf die vor allem Rest hinweist (Rest 1983, S. 596 f.). Beispielsweise ist die vorgenommene Charakterisierung der Person durch einen bestimmten Stufenwert problematisch, da zu einem Messzeitpunkt die Stufenwerte einer Person in der Regel relativ stark variieren – selbst innerhalb des MJIs (vgl. auch 5.2.1). Auch wird nur der Einfluss einer einzigen Variablen auf die Urteilsentwicklung untersucht, nämlich einer Intervention mit Argumenten einer bestimmten Stufe moralischen Urteilens. Tatsächlich sind die Entwicklungsprozesse jedoch von weiteren Variablen abhängig, etwa von sozialkognitiven Entwicklungsstufen. Diese Variablen lassen sich in Interventionsstudien nicht alle kontrollieren. Vor allem aber ist die Dauer einer ex-

perimentellen Intervention zu gering, als dass von ihr eine Beschleunigung des Entwicklungsprozesses erwartet werden könnte: Ein „natürlicher" Entwicklungsschritt um eine Stufe des Gerechtigkeitsurteils braucht in der Regel mehrere Jahre, experimentelle Interventionen hingegen dauern oft kaum mehr als 20 Minuten. Aufgrund dieser und anderer Probleme ist fraglich, ob ein Nachweis konstruktiven Lernens durch experimentelle Interventionsstudien überhaupt gelingen kann.

- Zudem finden sich in Turiels Ergebnissen deutliche Regressionstendenzen, auf die auch Hoffman (1970a, S. 279) hinweist. Zum Beispiel steigt der Anteil von n-1-Werten bei Intervention von n-1 stärker als der Anteil von n+1-Werten bei Intervention von n+1.

*(c) Rests Studien zur hierarchischen Integration der Stufen*
Durch kulturvergleichende Untersuchungen und experimentelle Interventionsstudien will die Kohlberg-Schule zeigen, dass die Abfolge durch variierende Umweltfaktoren nicht beliebig veränderbar ist, dass also keine sozialisationsbedingten Sequenzanomalien auftreten. Die Annahme einer Invarianz der Sequenz begründen ihre Vertreter insbesondere damit, dass die sechs Stufen zunehmend komplexere moralische Einsichten darstellen, d.h. hierarchisch integriert sind: Jede Entwicklungsstufe stelle ein besseres kognitives Organisationsmuster als dasjenige davor dar; sie berücksichtige alle auf der vorherigen Stufe vorhandenen Aspekte, erlaube aber neue Unterscheidungen und integriere sie in eine ausgewogenere, „äquilibriertere" Struktur (Kohlberg 1968a, S. 30). Eine Person auf Stufe 1 kann Kohlberg zufolge noch nicht die Interessen verschiedener Personen berücksichtigen. Eine Person auf Stufe 2 ist dazu in der Lage, ist jedoch noch unfähig, gemeinsame Interessen, die in sozialen Beziehungen bestehen, zu beachten. Auf Stufe 3 ist dies möglich, aber Interessen und Funktionsbedingungen sozialer Systeme (etwa der Gesellschaft) bleiben dort noch unberücksichtigt. Auf Stufe 4 orientiert sich die Person an Voraussetzungen für die Erhaltung sozialer Systeme, vermag aber noch nicht zwischen legitimen und illegitimen Systemen zu unterscheiden. Diese Differenzierung wird erst auf Stufe 5 möglich. Hinter einmal erworbene moralische Einsichten fällt eine Person nach Kohlbergs Auffassung in der Regel nicht zurück; weit höhere moralische Einsichten als die eigenen kann sie andererseits noch nicht verstehen.

Durch Quer- und Längsschnittanalysen in den USA, kulturvergleichende Studien und experimentelle Interventionsstudien vermag die Kohlberg-Schule gegenüber den Lerntheoretikern allenfalls den Nachweis zu erbringen, dass trotz variierender Sozialisationspraktiken die Sequenz der sechs Stufen invariant ist. Nicht nachweisen kann sie damit, dass die aufeinanderfolgenden Stufen in der Tat zunehmend moralisch komplexere, rationalere Stufen darstellen und dass eine Veränderung zur nächsthöheren Stufe allein aus der Einsicht der Person in die begrenzte Problemlösungskapazität der von ihr bislang benutzten Stufe resultiert. Die Lerntheoretiker können die Annahme einer zunehmenden moralischen Rationalität der sechs Stufen generell bezweifeln, oder sie können argumentieren, eine Zunahme an moralischer Rationalität werde lediglich aus der Perspektive des Theoretikers, nicht aber auch aus der Perspektive der untersuchten Person wahrgenommen. Letztere hat vielleicht überhaupt keine Präferenzen für bestimmte stufenspezifische Argumente, oder sie hat andere Präferenzen als die Kohlberg-Schule postuliert.

Rest versucht, die hierarchische Integration der sechs Urteilsstufen empirisch nachzuweisen. Dabei knüpft er in seiner frühesten Analyse (Rest/Turiel/Kohlberg 1969) direkt an
die Interventionsstudie von Turiel an:

> Zwei Faktoren wurden hypothetisch angenommen, um den +1-Effekt zu erklären – ein Verständ-
> nis-Faktor und ein Präferenz-Faktor. Die Person assimiliert mehr +1-Denken als +2-Denken, weil
> Stufen des Denkens über der eigenen Stufe für sie zunehmend schwerer zu verstehen sind. Ande-
> rerseits assimiliert sie mehr +1-Denken als –1-Denken, weil Stufen des Denkens unterhalb der ei-
> genen Stufe weniger bevorzugt werden, da die Person diese Stufe [die Stufe n-1; G. B.] vermutlich
> bereits auf dem Weg zu einer entwickelteren überwunden hat (Rest 1969, S. 9).

Rest legte 45 US-amerikanischen Mädchen und Jungen im Alter von zehn bis 15 Jahren bei
einem Vortest fünf Dilemmata des MJIs vor, um jeweils ihren modalen Stufenwert zu ermitteln. Zu zwei zusätzlichen Dilemmata aus Kohlbergs Interview präsentiert er den einzelnen
Probanden dann jeweils Argumente, die eine Stufe unter, eine Stufe über und zwei Stufen
über ihrem modalen Stufenwert liegen. Rest prüft das Verständnis der vorgelegten stufenspezifischen Argumente, indem er die Probanden auffordert, diese in eigenen Worten wie-
derzugeben. So kann er klären, wie weit die Probanden Begründungen, die auf einer höheren als der eigenen Stufe angesiedelt sind, an das Denkmuster der eigenen, niedrigeren
Stufe anpassen ("assimilieren"). Sie sollen zugleich entscheiden, welche der vorgelegten
stufenspezifischen Argumente für sie die überzeugendsten sind und welche sie weniger
überzeugen, sowie ihre Präferenz für die Argumente begründen. Mit dieser Vorgehenswei-
se möchte Rest nachweisen, dass Personen Begründungen ablehnen, die auf einer niedrigeren als der eigenen Stufe angesiedelt sind, und zwar deshalb, weil sie die eingeschränkte
moralische Rationalität dieser niedrigeren Stufe erkennen. Begründungen, die zwei Stufen
höher liegen als die eigene Stufe, würden ebenfalls abgelehnt, weil sie nicht angemessen
verstanden werden. Im Rahmen seiner Dissertation (vgl. Rest 1969; 1973) konfrontiert Rest
dann US-amerikanische Schüler der zwölften Klasse mit Argumenten zu allen sechs Stufen
und untersucht wiederum Verständnis sowie Präferenz für die Argumente.

In beiden Studien von Rest zeigen sich zum Teil überraschende Ergebnisse. So liegt das
Verständnis moralischer Argumente des Öfteren zwei Stufen über der Urteilsbildung zum
MJI (der „spontanen Produktion" von Argumenten). Präferiert werden in starkem Maße die
höchsten vorgelegten Stufen; in der zweiten Studie etwa ist Stufe 6 die am häufigsten präfe-
rierte Stufe, selbst bei präkonventionellen Personen (Rest 1973, S. 103, 106). In letzterem
Befund drückt sich ein gravierendes Defizit von Rests Analysen aus: Bei der Präferenz für
bestimmte Argumente spielen sprachliche Faktoren eine entscheidende Rolle, da Personen
sich zum Teil an Gesichtspunkten sprachlicher Komplexität orientieren, die bei Argumenten
der Stufen 5 und 6 für gewöhnlich am größten ist (vgl. auch Hoffman 1970a, S. 280; 1977,
S. 117 f.). Diese Konfundierung von moralischer Einsicht und Präferenz für sprachliche
Komplexität räumt Rest später selbst ein (vgl. Rest 1979, S. 81).

Durch die Anlage seiner Studien kann Rest allenfalls die Bedeutung moralischer Einsicht bei der Auseinandersetzung mit vorgelegten stufenspezifischen Argumenten nachweisen. Er vermag jedoch nicht zu erfassen, welche Bedeutung moralischer Einsicht bei der
Veränderung der Urteilsstufen zukommt, d.h. welche kognitiven Konflikte die Person aufgrund der begrenzten Problemlösungskapazität einer Stufe, auf der sie sich bewegt, wahr-

nimmt und wie sie diese Konflikte zu verarbeiten sucht. Aus Sicht des strukturgenetisch-konstruktivistischen Ansatzes erfasst und bewältigt die Person ja auftretende Widersprüche einsichtsvoll. Diese Prozessaspekte vernachlässigt Rest. Allerdings ist die Erhebung solcher Aspekte ein äußerst schwieriges Unterfangen, denn dies erfordert einen Zugang zu psychischen Verarbeitungsprozessen.

*(d) Analyse von Stufenvariationen*

Die Lerntheoretiker sehen das Ausmaß der Variation der Stufenwerte, die eine Person zu einem Messzeitpunkt erzielt, insbesondere von Sozialisationserfahrungen abhängig. Sie können Stufenvariationen darauf zurückführen, dass verschiedene Situationen bei der Person unterschiedliche einsozialisierte Begründungsmuster aktivieren, zum Beispiel beim „Heinz"-Dilemma vorrangig die Bezugnahme auf Menschenrechte (Stufe 5), beim „Joe"-Dilemma dagegen vorrangig den Verweis auf die Grundlagen einer guten Beziehung (Stufe 3). Auch eine starke Stufenkonsistenz können sie sozialisationstheoretisch erklären, nämlich durch einheitliche Umwelteinflüsse.

Bei der Analyse der Entwicklungssequenzen in den USA und in anderen Kulturen sowie in den Studien von Turiel und Rest wird die Möglichkeit der Klassifizierung von Personen nach Stufen vorausgesetzt, denn die Forscher charakterisieren diese ja durch eine bestimmte (modale) Stufe. Stufenvariationen werden in den meisten der bis Ende der 1960er Jahre durchgeführten Studien aber nicht gezielt untersucht: Kohlberg verweist lediglich auf die Resultate seiner Dissertation, um die Annahme einer relativ starken Stufenkonsistenz als bestätigt auszugeben (Kohlberg 1984, S. 59). In den Ergebnissen der Dissertation, die er auf der Grundlage des Aspect Scoring ermittelt hatte, zeigen sich zudem beträchtliche Stufeninkonsistenzen – selbst die an einigen Stellen von ihm vorgetragene Annahme einer Variation der Werte einer Person über drei Stufen scheint nicht bestätigt. Kohlberg erwähnt in seiner Diskussion der Annahme der Stufenkonsistenz nicht, dass in der Dissertation durchschnittlich ca. 5% der Urteilsbildung zwei Stufen über und durchschnittlich ca. 10% zwei Stufen unter dem von der Person am häufigsten gebrauchten Wert, d.h. dem modalen Stufenwert, liegen. Selbst Abweichungen von drei Stufen über und drei Stufen unter dem Modalwert treten auf, wenn diese auch nicht mehr als 4% betragen (vgl. Kohlberg 1984, S. 59). Das Ausmaß von Stufenvariationen ist insofern erheblich, als in der USA-Stichprobe der Anteil der Stufen 5 und 6 bei den Zehn- und 13-Jährigen eher gering ist und Stufe 6 auch noch bei den 16-Jährigen relativ selten zu finden ist. Ein Teil der Stufenvariationen kann vielleicht auf den prägenden Einfluss von Umweltbedingungen zurückgehen. Kohlberg bleibt in den 1960er Jahren insgesamt eine Erklärung der auftretenden Stufenvariationen schuldig.

*(e) Kramers Längsschnittstudie*

Ende der 1960er Jahre sieht sich Kohlberg durch die Längsschnittuntersuchung der eigenen USA-Stichprobe, die Kramer in seiner Dissertation (Kramer 1968) durchführte, mit Sequenzanomalien in beträchtlichem Ausmaß konfrontiert. In einem gemeinsam mit Kramer verfassten Aufsatz (Kohlberg/Kramer 1969) stellt er fest, dass ca. 20% der untersuchten College-Absolventen in der Zeit zwischen High-School-Abschluss und ersten Collegejahren (also beim Übergang ins Erwachsenenalter) von einer Mischung der Stufen 4 und 5 auf Stufe 2 regrediert waren.

Die Sequenzanomalien sind in dieser Studie noch beträchtlicher als Kohlberg zunächst zugesteht: In den 1970er Jahren räumt er selbst weitere Sequenzanomalien ein – 1976 etwa Regressionen von Stufe 4 zu Stufe 3 und Sprünge von Stufe 3 auf Stufe 5 (Kohlberg 1984, S. 188). Es traten aber noch andere, von Kohlberg nicht erwähnte Anomalien auf, zum Beispiel Regressionen von Stufe 5 zu Stufe 3 und Sprünge von Stufe 1 auf Stufe 4 (Kramer 1968, S. 81 ff.).

Kohlberg und Kramer (1969) erklären die bei einem Teil der College-Absolventen ermittelten Regressionen auf Stufe 2 nicht sozialisationstheoretisch, sondern verstehen sie als Entwicklungsfortschritt. Bei den regredierenden Probanden sei die Fähigkeit zu postkonventionellem Denken keineswegs verloren gegangen; zu unterscheiden sei vielmehr zwischen „funktioneller Regression" und „struktureller Regression":

> Der erste Punkt in unserer Argumentation ist, dass die Rückschritte bei unseren Probanden mehr eine funktionelle Regression als eine strukturelle Regression darstellen. Obgleich unsere regredierenden Personen die Stufe 2 des relativistischen Egoismus benutzen, haben sie ihre frühere Fähigkeit zum Denken auf den Stufen 4 und 5 nicht verloren. Dies lässt sich durch drei Tatsachen belegen. Erstens urteilen die regredierenden Probanden weiterhin ab und an auf den Stufen 4 und 5. Zweitens geben sie, wenn sie gefragt werden, was im Allgemeinen als eine hochentwickelte moralische Antwort auf unsere Geschichten angesehen würde, klare Stufe-4-Antworten. Drittens deutet die Tatsache, dass die regredierenden Personen schließlich zu den Stufen 4 und 5 zurückkehren, stark darauf hin, dass diese Stufen nie verloren gegangen waren. Im Gegensatz zu dieser Gruppe scheint es einige Gruppen zu geben, bei denen Fälle echter struktureller Regressionen im Erwachsenenalter zu finden sind. Wir stießen auf Erwachsene mit reiner Stufe 1, reiner Stufe 2 oder einer Kombinationen der Stufen 1 und 2 unter Schizophrenen, Personen über 65 und inhaftierten Kriminellen (Kohlberg/Kramer 1969, S. 112).

Die partielle Urteilsregression auf einen „relativistischen Egoismus" interpretieren die beiden Autoren als eine Form der Regression „im Dienste des Ich"; sie stelle eine Befreiung von überzogenen Schuldgefühlen dar, zugleich emanzipiere sich die Person von einer überzogenen Idealisierung der eigenen Gesellschaft. Ihr Relativismus sei vor allem ein Protest gegen die Immoralität des gesellschaftlichen Zusammenlebens. Die Regressionen im moralischen Urteilen würden also mit einem Fortschritt in der „Ich-Entwicklung" einhergehen.

Diese Interpretation der auftretenden Regressionen als funktionelle Regressionen ist insofern interessant, als sie die Möglichkeit der Verknüpfung einer kognitivistischen und einer psychoanalytischen Perspektive eröffnet. Die gelieferte Erklärung bleibt allerdings theoretische Spekulation. Eine sozialisationstheoretische Interpretation der Regressionen im Sinne der sozialen Lerntheorie wäre ebenfalls möglich. Demnach hätten die regredierenden Probanden verschiedene relativistische und hedonistische Denkmuster übernommen, von denen die Lebenswelt im College geprägt sein könnte.

Allerdings interpretieren Kohlberg und Kramer ein anderes zentrales Ergebnis der Studie Kramers sozialisationstheoretisch: Die bei vielen Probanden festzustellende Stabilisierung konventionellen Denkens betrachten sie als direktes Resultat von Umwelteinflüssen. Diese Einflüsse führten zwar nicht zu strukturellen Veränderungen im Urteilen, würden aber die durch konstruktives Lernen erworbenen Urteilsstrukturen stärken oder auch schwächen (Kohlberg/Kramer 1969, S. 108 ff.).

### 3.6.2  Analysen nicht-kognitiver Aspekte

Die Lerntheoretiker wählen als Kriterien für eine Normeninternalisierung ja neben einer Urteilsbildung, die von den Erwartungen von Autoritätspersonen und ihren Strafen sowie von Eigeninteressen unabhängig ist, vor allem Handlungsmotive, die gleichermaßen von Autoritätspersonen und Eigeninteressen unabhängig sind, Formen normkonformen Verhaltens in Versuchungssituationen, Schuldgefühle nach begangenen Normenverletzungen sowie Formen des Eingeständnisses von Normenverletzungen. Auch Kohlberg thematisiert in den 1960er Jahren verschiedene Aspekte der Entwicklung eines moralischen Selbst – wenn auch eher am Rande. Er stellt die Frage, wie sich von Autoritätserwartungen, Sanktionen und Eigeninteressen unabhängige Handlungsmotive, normenkonforme Handlungen und Schuldgefühle entwickeln.

Während aber die Lerntheoretiker alternative Entwicklungspfade postulieren, die sie als Resultat von Sozialisationsprozessen (z.B. von Nachahmung und Identifikation) betrachten, geht Kohlberg mit Piaget von einheitlichen Entwicklungssequenzen und von einer zentralen Rolle konstruktiven Lernens aus; die Entwicklung der nicht-kognitiven Aspekte führt er auf die Entwicklung moralischen Urteilens zurück. In Anlehnung an Piaget (vgl. Piaget 1981) vertritt Kohlberg erstens die These eines „kognitiv-affektiven Parallelismus": Die Stufen der Entwicklung moralischer Motive und Gefühle unterscheidet er in gleicher Weise wie die moralischen Urteilsstufen – die Motive und die Gefühle seien in ihrer qualitativen Eigenart durch die Urteilsstufen bestimmt (vgl. Kohlberg 1984, S. 65 ff.). Zweitens nimmt er eine Abhängigkeit moralischen Handelns von den Urteilsstufen an: Die Wahrscheinlichkeit einer moralisch richtigen Handlungsentscheidung nehme mit den Stufen stetig zu, und zugleich fungierten auf den postkonventionellen Stufen nicht vorrangig (wie auf früheren Stufen) Bestrafungen, Belohnungen oder antizipierte Schuldgefühle als Handlungsmotive, sondern Einsichten in das moralisch gebotene Handeln (vgl. Kohlberg 1984, S. 69 ff.).

Bis in die 1960er Jahre hinein war in der Moralpsychologie insgesamt die Auffassung verbreitet, dass zwischen Denken und Handeln kein enger Zusammenhang besteht (vgl. Blasi 1980). Piaget dagegen unterschied bereits in den 1930er Jahren, nämlich in seiner Moralstudie, in Bezug auf die Regeln des Murmelspiels Stufen des Handelns (Stufen der „Regelanwendung") und arbeitete Parallelen zur Entwicklung der Stufen des Regelbewusstseins heraus (vgl. Tab. 2.2). In diesem Zusammenhang wies Piaget auch auf die Möglichkeit hin, dass die Entwicklung des Regelbewusstseins mit der Entwicklung der Regelanwendung nicht Schritt hält. Zum Beispiel berücksichtigen Kinder bei der Regelanwendung bereits Gesichtspunkte der Zusammenarbeit, während ihr Regelbewusstsein noch heteronom ist (Piaget 1979, S. 124). Diese Vorläuferfunktion des Handelns gelte auch im Hinblick auf Probleme der Verantwortlichkeit (Piaget 1979, S. 197 ff.). Piaget gewann empirische Aussagen über die Entwicklung moralischen Handelns dabei lediglich durch Analyse der Regelanwendung beim Murmelspiel. Der Umgang mit Spielregeln eignet sich aber nicht für eine Analyse moralischen Handelns, wie vor allem Turiels Forschungen zeigen. Kohlberg ging in seiner Dissertation wie Piaget von einem Zusammenhang zwischen Urteilsstufen und Handeln aus, unterließ es im Unterschied zu Piaget allerdings, Stufen des Handelns zu unterscheiden. Er nahm lediglich an, dass mit höherer Urteilsstufe die Wahrscheinlichkeit moralisch richtigen Handelns steigt. Kohlberg unternahm dort eine Analyse des Handelns, indem er Lehrer einschätzen ließ, wie fair sich die zehn- bis 16-jährigen Probanden seiner Studie im Schulalltag im Allgemeinen verhalten, und indem er zusätzlich die Urteils- bildung von Kriminellen analysierte.

Kohlberg wendet sich in den 1960er Jahren verstärkt der Analyse moralischen Han- delns zu, denn er muss den Nachweis erbringen, dass ein Zusammenhang zwischen Urteils- stufe und Handeln besteht, da sonst der bei den Lerntheoretikern verbreitete Einwand be- rechtigt erscheint, dass die Urteilsstufe und somit auch konstruktives Lernen für das Han- deln unerheblich ist. Jetzt bezieht er sich unter anderem auch auf eine von der Lerntheorie erfasste Verhaltensklasse, nämlich den Widerstand gegen die Versuchung zu betrügen. In „Stufe und Sequenz" führt er als Beleg für die Annahme eines Zusammenhangs zwischen Urteilsstufe und Handeln zwei eigene experimentelle Studien zum Widerstand gegen die Versuchung zu betrügen sowie eine experimentelle Versuchsanordnung von Milgram zum Widerstand gegen ungerechtfertigte Erwartungen von Autoritäten (vgl. Milgram 1963) und eine Studie von Haan und Mitarbeitern zum politischen Protestverhalten, nämlich Teilnah- me an einem Sitzstreik gegen Einschränkungen des Rechts auf freie Meinungsäußerung (Haan/Smith/Block 1968), an.

Kohlberg erwartete bei seinen beiden Studien, dass postkonventionelle Personen weit seltener betrügen als Personen auf anderen Stufen. Während präkonventionelle und kon- ventionelle Personen der Auffassung seien, „Betrügen ist schlecht" und sich darum bemüh- ten, den Erwartungen anwesender Autoritätspersonen zu entsprechen, hätten diese in Situa- tionen, in denen Autoritäten abwesend sind, und in Situationen, in denen andere ebenfalls betrügen keinen echten Grund, der Versuchung zu betrügen zu widerstehen. Postkonventi- onelle Personen hingegen interpretierten den Widerstand gegen Versuchungen zu betrügen als Erfüllung einer impliziten Vereinbarung mit den Erwachsenen. In einer Stichprobe mit College-Schülern betrogen nur 11% der Postkonventionellen, gegenüber 42% der Konventi- onellen. In einer Stichprobe mit Sechstklässlern täuschten lediglich 20% der Postkonventio- nellen, gegenüber 67% der Konventionellen und 83% der Präkonventionellen. In Situationen dagegen, die Fragen der Konformität mit ungerechtfertigten Erwartungen von Autoritäts- personen aufwerfen, wie etwa der Milgram-Situation oder Formen der Einschränkung des Rechts auf Meinungsfreiheit, erwartet Kohlberg hauptsächlich nur von Personen der Stufe 6 moralkonformes Handeln. In der Milgram-Studie befiehlt der Versuchsleiter der Versuchs- person im Rahmen eines Experiments zu den Lerneffekten von Strafen beim Erwerb von Wörtern, dem Lernenden bei falschen Antworten Stromschläge zu verabreichen, die in ihrer Intensität gesteigert werden (bis zur Gefahr eines Schocks). In dieser Studie sei von Perso- nen der Stufe 6 zu erwarten, dass sie das Recht der Autorität infrage stellen, jemanden auf- zufordern, einem anderen Schmerzen zuzufügen; Personen der Stufe 5 gingen hingegen davon aus, dass die Opfer freiwillig am Experiment teilnähmen und dass sie durch ihre Einwilligung zur Teilnahme an der Studie dazu verpflichtet seien, sich den Anordnungen zu fügen. 75% der Versuchspersonen auf Stufe 6 (einer kleinen Gruppe von sechs Proban- den) widersetzten sich den Anordnungen des Versuchsleiters, gegenüber nur 13% bei den 24 Versuchspersonen auf niedrigeren Stufen. Zu ähnlichen Schlussfolgerungen kommt Kohlberg bezüglich erster Ergebnisse der Haan-Studie zum politischen Protestverhalten von Studenten: 80% der Stufe-6-Studenten nahmen am Sitzstreik teil, verglichen mit 50% der

Stufe-5-Studenten und 10% der konventionellen Studenten. Allerdings nahm auch eine Mehrheit der Stufe-2-Personen am Sitzstreik teil (Kohlberg 1984, S. 69 f.).

Anders als häufig unterstellt, nimmt Kohlberg in den 1960er Jahren, ähnlich wie schon in der Dissertation, keineswegs einen sehr engen Zusammenhang von Urteilsstufe und Handeln an. So hält er an einer Stelle fest, dass Reife im moralischen Urteilen nur einer unter vielen Prädiktoren für das Handeln in moralischen Konfliktsituationen sei (vgl. Kohlberg 1984, S. 71). Allerdings sei die Urteilsstufe als gewichtigster Erklärungsfaktor zu betrachten. Als einen weiteren Erklärungsfaktor benennt er etwa die „Ich-Stärke" – die Fähigkeit, kurzfristige Belohnungen aufzuschieben, mit hoher Aufmerksamkeit eine bestimmte Aufgabe zu erledigen sowie Handlungen intelligent zu planen (vgl. Grim/Kohlberg/White 1968).

Während die Analysen der sozialen Lerntheoretiker auf das Handeln bei isolierten Normen (negativen Pflichten) beschränkt bleiben, rückt Kohlberg zusätzlich das Handeln bei Normenkonflikten ins Blickfeld. Er erfasst im Unterschied zu den Lerntheoretikern auch anspruchsvolle autonome Formen des Handelns. Zudem macht Kohlberg auf die Rolle der moralischen Urteilsstufen und des konstruktiven Lernens aufmerksam: Er weist zum einen auf die Bedeutung der Urteilsstufen bei den kognitiven Prozessen der Entscheidung über das moralisch richtige Handeln hin. Vor allem bei Konflikten zwischen individuellen Rechten und Erwartungen von Autoritätsinstanzen (wie sie zum Teil die Dilemmata des MJIs kennzeichnen) dürfte auf den beiden postkonventionellen Urteilsstufen die Wahrscheinlichkeit einer Entscheidung zugunsten der moralisch richtigen Handlung größer sein als auf den anderen Stufen, da hier das Gewicht verschiedener Normen besser abgewogen werden kann. Zum anderen stellt er die Funktion moralischer Einsichten für die Handlungsmotive heraus. Die Wahrscheinlichkeit, dass moralische Einsichten (Urteile über das moralisch Gebotene) das Handeln motivieren, dürfte dabei wiederum auf den postkonventionellen Stufen insgesamt größer sein als auf den anderen Stufen, da postkonventionell urteilende Personen für gewöhnlich unabhängiger von Autoritätserwartungen, sozialen Sanktionen, Eigeninteressen und moralischen Emotionen sind als Personen auf niedrigeren Stufen. Die frühen Studien der Kohlberg-Forschung zeigen durchaus einen Zusammenhang zwischen Urteilsstufe und Handeln, auch wenn dieser Zusammenhang nicht sehr stark ausgeprägt ist (vgl. Blasi 1980).

Die Analyse moralischen Handelns verlangt auch die Berücksichtigung moralischer Motive und Gefühle. Den Motiven kommt großes Gewicht bei der Erklärung moralischer Handlungen zu, und Gefühle haben sowohl einen starken Einfluss auf die Wahrnehmung einer Situation als auch auf die Abwägung moralischer und nicht-moralischer Werte sowie auf die Ausführung der Handlung (vgl. Rest 1983). Die Untersuchung des Handelns erfordert folglich die Beantwortung der Frage, wie sich moralische Motive und Gefühle im Verlauf des Lebens verändern. Kohlberg geht ja unter strukturellen Gesichtspunkten von einer Parallelität zwischen der affektiv-motivationalen Entwicklung und der Urteilsentwicklung aus. Im Gegensatz zu den Lerntheoretikern rückt er die Entwicklung von Motiven und Schuldgefühlen angesichts von Normenkonflikten ins Blickfeld. Er macht darauf aufmerksam, dass Handlungsmotive und Schuldgefühle sich mit dem Alter qualitativ verändern. Beispielsweise zeigt er, dass die Lerntheoretiker „autonome" Formen von Motiven und Schuldgefühlen nicht berücksichtigen. Die Motive für moralisches Handeln können von Angst vor Strafe bis zur Orientierung an universellen moralischen Prinzipien reichen (Kohlberg 1984, S. 52 f.). Schuldgefühlen nach Normenübertretungen kann die Angst vor Strafe, aber auch die Wahrnehmung einer Verletzung eigener moralischer Prinzipen zugrunde liegen (Kohlberg 1984, S. 66). Kohlberg nimmt dabei in empirischer Hinsicht keineswegs eine strenge Parallelität zwischen der Entwicklung der Urteilsstufen einerseits und der Entwicklung der Motive und Schuldgefühle andererseits an, wie ihm einige Autoren unterstellt haben (vgl. Kohlberg 1986b, S. 498; auch Blasi 1990).

Freilich kann man mit Hilfe der Lerntheorie eine breiter angelegte Perspektive auf die Entwicklung nicht-kognitiver Aspekte einer Gerechtigkeitsmoral formulieren. Neben moralischen Handlungen, Motiven für moralisches Handeln sowie Schuldgefühlen nach Normenübertretungen kommen bei dieser Theorierichtung auch Formen der Verantwortungsabwehr in den Blick. Einige Lerntheoretiker thematisieren zusätzlich verschiedene moralische Tugenden, etwa Aspekte der Selbstkontrolle (vgl. z.B. W. Mischel/H. N. Mischel 1976). Allerdings erweist sich die Sichtweise der Lerntheorie ebenfalls als verengt: Ihre Vertreter thematisieren im Wesentlichen nur Aspekte der Motivation, Planung und Durchführung einer Handlung, vernachlässigen also neben der moralischen Urteilsbildung auch Aspekte der Situationserfassung.

Von der sozialen Lerntheorie aus kann man verschiedene Einwände gegen Kohlbergs in den 1960er Jahren vertretenes Handlungsmodell vortragen. Dadurch dass Kohlberg das Verhalten einer Person hauptsächlich auf ihre Entwicklungsstufe des Urteilens zurückführt, kann er Inkonsistenzen in ihrem Verhalten nicht hinreichend Rechnung tragen. Das Verhalten einer Person variiert in der Tat relativ stark, wie viele Untersuchungen der Lerntheoretiker zeigen (vgl. Hoffman 1970a; 1977). Auch kann Kohlberg Fälle, bei denen ein reifes moralisches Urteilen mit häufigem unmoralischem Handeln einhergeht, nicht hinreichend erklären. Die moralische Urteilsstufe dürfte nicht der gewichtigste Erklärungsfaktor für moralisches Handeln sein. Um Inkonsistenzen des Handelns und permanenten Inkonsistenzen zwischen Urteilen und Handeln Rechnung zu tragen, scheint insbesondere eine Integration sozialisationstheoretischer Elemente der Lerntheorie sinnvoll, wie im Folgenden kurz dargelegt werden soll.

Gegenüber Kohlberg lässt sich einwenden, dass die moralische Urteilsstufe bei der Wahl der moralisch richtigen Handlung häufig nicht entscheidend ist: Zu den Kernpunkten seiner Position gehört ja die Annahme, dass auf postkonventionellem Niveau – und nur dort – ein Konsens bei der Entscheidung über das moralisch richtige Handeln vorhanden sei. Es gibt aber moralische Fragen, bei denen dort ein Konsens unwahrscheinlich ist: Bei Fragen der Sterbehilfe oder des Schwangerschaftsabbruchs etwa kollidieren moralische Normen, die von vielen Personen als gleichrangig betrachtet werden. Bei anderen moralischen Fragen wiederum ist auf allen Stufen eine Übereinstimmung wahrscheinlich, vor allem wenn es um die Verletzung starker negativer Pflichten (etwa nicht zu töten) oder um die Verletzung schwacher negativer Pflichten (Kavaliersdelikte) geht. Bei Personen aller Stufen ist bei ersterem Normentyp eine Normenorientierung, bei letzterem Normentyp dagegen das Fehlen einer Normenorientierung zu erwarten (vgl. auch Garz 1999; Oser/Althof 1992, S. 224 f.). Viele Lerntheoretiker betonen diese Situationsabhängigkeit der Urteilsbildung. Auch führen in manchen Situationen allein emotionale Prozesse zur Entscheidung für das moralisch richtige Handeln; moralische Urteile dienen dann lediglich der nachträglichen Rechtfertigung einer bereits getroffenen Entscheidung. Darüber hinaus können die Handlungsentscheidungen durch Sozialisationsprozesse beeinflusst sein; zum Beispiel kann in einem von hedonistischen Werten geprägten sozialen Milieu die Übernahme von Verantwortung für andere generell abgewertet werden. In allen diesen Fällen relativiert sich jeweils die Bedeutung der postkonventionellen Stufen für die Bestimmung moralisch richtigen Handelns.

Ein weiterer Kernpunkt der Position Kohlbergs ist ja die Annahme eines motiv- bzw. handlungsbestimmenden Einflusses der getroffenen Entscheidung über die moralisch richtige Handlung und auch der Rechtfertigung dieser Entscheidung. Bei postkonventionellen Personen seien Einsichten in die universelle Geltung von Rechten, moralischen Prinzipien und Verfahren die zentralen Handlungsmotive. Demgegenüber machen soziale Lerntheoretiker auf das starke Gewicht nicht-kognitiver Handlungsmotive (wie z.B. Gefühle, Bedürfnisse, soziale Sanktionen) aufmerksam, die selbst bei einem engen Zusammenhang von Urteilsstufe und Handlungsentscheidung die Orientierung an den eigenen moralischen Einsichten verhindern. Zudem können kognitive Strategien der Verantwortungsabwehr für eine geringe Bereitschaft zum moralisch richtigen Handeln sorgen, worauf insbesondere Bandura hinweist. Auch sieht Kohlberg davon ab, dass das Handeln auf das moralische Urteilen zurückwirken kann – nicht nur ist anzunehmen, dass die Urteilsstufen Konsequenzen für das Handeln haben, sondern umgekehrt auch, dass das Handeln Folgen für die Urteilsstufen besitzt. Eine Person mit einer Urteilsfähigkeit der Stufe 5 beispielsweise kann ihr selbstsüchtiges Handeln in einem Fall gebotener Hilfeleistung mit Argumenten der Stufe 5 rechtfertigen, etwa indem sie die Verantwortung für prosoziales Verhalten einem Kollektiv zuweist, dessen Inhumanität sie angeprangert. Auf solche Zusammenhänge macht wiederum vor allem Bandura aufmerksam. Darüber hinaus sind, worauf ebenfalls Lerntheoretiker hinweisen, manche Formen moralischen Handelns von kognitiven Prozessen weitgehend unabhängig, insbesondere im Falle moralischer Routinen und in Situationen, die schnelle Hilfe erfordern, etwa bei drohendem Ertrinken einer Person (vgl. auch D.L. Krebs/Denton 1999). Zudem erscheint Kohlbergs Handlungsmodell für einige Personen besser geeignet als für andere (z.B. für Personen mit ausgeprägter Fähigkeit zur Selbstkontrolle).

Variationen im Verhalten des Individuums und Fälle permanenter Inkonsistenz zwischen Urteilen und Handeln stellen Kohlberg also vor Erklärungsprobleme. Die angeführten Faktoren (z.B. Bedeutung nicht-kognitiver Handlungsmotive und kognitiver Strategien der Verantwortungsabwehr) dürften dazu beitragen, dass der Einfluss der moralischen Urteilsstufen und des konstruktiven Lernens auf das Handeln nicht allzu groß ist. Sein konstruktivistisches Modell des Zusammenhangs von Urteilen und Handeln scheint nur unter bestimmten Voraussetzungen Geltung zu besitzen, nämlich für Situationen, in denen zugleich nur die höheren Urteilsstufen eine Entscheidung für das moralisch gebotene Handeln ermöglichen, in denen überhaupt Raum für Urteilsprozesse besteht und der Einfluss affektiv-motivationaler Widerstände gegen die als moralisch geboten erkannte Handlung gering ist. Außerhalb dieses Situationstyps scheinen besonders Sozialisationseinflüsse wirksam zu sein. Auch kann man mit den Lerntheoretikern geltend machen, dass die Entwicklung der Urteilsstufen sozialisationsbedingt sei, und damit selbst einen ermittelten engen Zusammenhang von Urteilsstufe und Handeln sozialisationstheoretisch erklären, d.h. auch bei einem engen Zusammenhang können Sozialisationseinflüsse wirksam sein, etwa bei Übergängen innerhalb der drei Urteilsniveaus.

Bei Kohlbergs Untersuchung moralischen Handelns ist zudem in forschungsmethodischer Hinsicht fraglich, ob beispielsweise der Widerstand gegen Betrügen unter experimentellen Bedingungen oder die Mitwirkung an einer politischen Protestveranstaltung von den Personen selbst als moralrelevantes Verhalten erlebt wird. Die Studien, auf die sich Kohlberg bezieht, erfassen die Situationsinterpretationen und die Motive der Handelnden nicht. Somit ist es möglich, dass dem normenkonformen Verhalten nicht-moralische Motive zugrunde liegen. Die zitierte methodische Kritik Hoffmans an der Analyse des Verhaltens durch die soziale Lerntheorie trifft zum Teil auch auf Kohlberg zu.

Der Bedeutung der Urteilsstufen und des konstruktiven Lernens für die Entwicklung moralischer Motive und Schuldgefühle geht Kohlberg bis Ende der 1960er Jahre nicht weiter nach. Zu diesen nicht-kognitiven Moralaspekten unternimmt er weder empirische Forschungen, noch formuliert er Annahmen zum Verlauf und den Bedingungen ihrer Entwicklung. Folglich klärt er auch nicht, wann Schuldgefühle erstmals erlebt werden und ob die moralische Urteilsstufe einer Person festlegt, welche Art von Schuldgefühlen sie erlebt. Prozesse konstruktiven Lernens im Bereich moralischen Urteilens dürften entsprechende Entwicklungen nicht hinreichend erklären, wie bereits die Forschungen der Lerntheoretiker zur Ausbildung von moralischen Motiven und Schuldgefühlen zeigen. Sozialisationsprozesse besitzen hier wahrscheinlich – ebenso wie hinsichtlich beim Urteilen und beim Handeln – einen zentralen Stellenwert.

Kohlberg und Mitarbeiter haben, wie gesehen, bis Ende der 1960er Jahre verschiedene Anstrengungen unternommen, um gegenüber den sozialen Lerntheoretikern die Bedeutung konstruktiven Lernens für die Entwicklung der Urteilsstufen zu Gerechtigkeitsfragen und der nicht-kognitiven Aspekte der Gerechtigkeitsmoral aufzuzeigen. Vor allem aufgrund der Defizite des Aspect Scoring, der teilweise beschränkten Anlage der Studien und der erzielten empirischen Resultate bleiben einige Zweifel am Gelingen der Bemühungen.

## 3.7  Neuere Versuche der Integration von Kohlbergs Theorie und sozialen Lerntheorien

Die vorangehenden Abschnitte zur Auseinandersetzung zwischen der Kohlberg-Schule und der sozialen Lerntheorie haben einige Defizite auf beiden Seiten aufgezeigt. Die diskutierten Forschungsergebnisse legen die Schlussfolgerung nahe, dass die Entwicklung der Gerechtigkeitsmoral zu einem Teil auch auf Sozialisationsprozesse (im Sinne der sozialen Lerntheoretiker) zurückgeht. Eine scharfe Abgrenzung gegeneinander erscheint daher unfruchtbar. Zum Beispiel bietet sich eine Öffnung des Kohlberg'schen Ansatzes gegenüber der Lerntheorie an. Man könnte untersuchen, welchen Einfluss die Eltern auf die Entwicklung der Urteilsstufen nehmen. Stoßen sie Prozesse konstruktiven Lernens an oder sind sie Ausgangspunkt von Sozialisationsprozessen? Die Forschung könnte überdies die von der Lerntheorie thematisierte und von der Kohlberg-Schule vernachlässigte Entwicklung von Handlungsmotiven, Formen der Verantwortungsabwehr, Aspekten der Selbstkontrolle sowie Schuldgefühlen analysieren und dabei neben Prozessen konstruktiven Lernens auch Sozialisationsprozessen nachgehen.

Kohlberg hat zur Kritik der sozialen Lerntheoretiker nicht Stellung genommen. Bis zuletzt unternimmt er keinen Versuch der Annäherung an deren Position. Gleiches gilt für die meisten seiner Anhänger. Kohlberg benennt jedoch in den 1980er Jahren zumindest an einer Stelle (Kohlberg 1987, S. 312) eine Integration seines Ansatzes mit dem Ansatz der sozialen Lerntheorie als zukünftige Aufgabe, lässt dort aber offen, wie diese Integration zu leisten sei.

Einige Kohlberg-Anhänger sowie kohlbergianische und neokohlbergianische Forscher bemühen sich um eine Integration: Sie ermitteln bei der empirischen Analyse des Einflusses sozialer Faktoren auf die Entwicklung des Gerechtigkeitsurteils eine große Relevanz der Eltern. Manche dieser Repräsentanten des Kohlberg-Ansatzes gehen von der Wirkung von Sozialisationsprozessen bei den nicht-kognitiven Moralaspekten aus.

Bandura, Hoffman und Maccoby behalten ihre Kohlberg-Kritik im Wesentlichen bei (vgl. Bandura 1991; Hoffman 1988, 2000; Maccoby/Martin 1983). W. Mischel hat sich meines Wissens nicht mehr mit Kohlberg auseinandergesetzt. Ebenso wie sich heute viele Kohlberg-Anhänger, Kohlbergianer und Neo-Kohlbergianer von der sozialen Lerntheorie entschieden abgrenzen, distanzieren sich Vertreter dieser Richtung für gewöhnlich deutlich von Kohlbergs Position. Bei ihnen ist eine Öffnung gegenüber der Kohlberg-Schule weitgehend ausgeblieben.

Zunächst (a) diskutiere ich Bemühungen von Repräsentanten des Kohlbergs-Ansatzes, die Wirkung der Eltern auf die Stufen des Gerechtigkeitsurteils differenzierter als bisher zu berücksichtigen, sowie (b) Bemühungen von Vertretern dieses Ansatzes, bei der Analyse der Entwicklung nicht-kognitiver Aspekte der Gerechtigkeitsmoral Sozialisationsprozessen Rechnung zu tragen. Dann (c) setze ich mich mit Bemühungen um eine kognitivistische Weiterentwicklung der sozialen Lerntheorie auseinander.

*(a) Integrationsbemühungen in der Kohlberg-Schule hinsichtlich der Stufen des Gerechtigkeitsurteils*
Kohlberg und die an ihm orientierte Forschung haben bis Ende der 1960er Jahren die Bedeutung konstruktiven Lernens für die Entwicklung des Gerechtigkeitsurteils, wie ich darlegte, nicht hinreichend belegt. Wurde ab den 1970er Jahren die für Kohlbergs Ansatz zentrale Forschungsaufgabe überzeugender bewältigt? Für die 1970er Jahre ist festzustellen, dass die Kohlberg-Schule den Nachweis konstruktiven Lernens nicht überzeugend erbracht hat, denn häufig wurden die beschriebenen frühen Studien nur repliziert und die erwähnten Probleme somit nicht beseitigt.

Die Kohlberg-Schule erhebt den Anspruch, diesen Nachweis spätestens durch die ab Anfang der 1980er Jahre durchgeführten Studien geleistet zu haben, vor allem durch eine verbesserte Auswertungsmethode und erweiterte empirische Analysen (vgl. Colby/Kohlberg 1987, S. 4 ff.; Walker 1988). Eine gewisse Skepsis gegenüber dieser Einschätzung scheint angebracht:

▪  Die kulturvergleichenden Studien sind jetzt (anders als früher) zum Teil als Längsschnittstudien angelegt. Die Annahme der Invarianz der Stufensequenz bestätigte sich in den kulturvergleichenden Untersuchungen (auf der Ebene aggregierter Form-Werte) weitgehend, und die Forscher benennen kulturspezifische Formen postkonventionellen Denkens (vgl. z.B. Boyes/Walker 1988; Snarey/Keljo 1991). Veränderungen der Sozialisationspraktiken im Entwicklungsverlauf erhoben die Forscher aber nach wie vor nicht, weshalb nicht ausgeschlossen werden kann, dass eine ermittelte Invarianz in der Stufensequenz auf einheitliche Veränderungen in den Sozialisationspraktiken zurückgeht. Ähnliches gilt für die in den USA durchgeführten Studien.

- Verschiedene experimentelle Interventionsstudien (vgl. z.B. Walker 1982; 1983) weisen im Unterschied zu Turiels früher Interventionsstudie Sequenzanomalien und Invarianzen in der Stufensequenz im Einzelnen aus und kontrollieren den Einfluss kognitiver Entwicklungsfaktoren (z.B. von Piagets Stufen logisch-kausalen Denkens und Selmans Stufen der Perspektivenübernahme) auf die moralische Urteilsbildung. Überdies ergaben sich im Allgemeinen Entwicklungsfortschritte zur nächsthöheren Stufe. Was die Effektivität der Interventionen angeht, werden jedoch Ergebnisse berichtet, die den Resultaten Turiels zum Teil widersprechen. Walker etwa findet bei einer Untersuchung von Schulkindern, dass n+2 genauso wirksam ist wie n+1 (Walker 1982). In einer anderen Studie mit Schulkindern (Walker 1983) stellt Walker zudem fest, dass n+1 nicht nur bei einander widersprechenden Standpunkten von Erwachsenen effektiv ist, wie Turiel in seiner frühen Studie voraussetzt: Walker konfrontiert in dieser Studie eine Gruppe von Schülern zusätzlich mit einer Interventionsform, in der im Rahmen des Rollenspiels die Meinungen der beiden Erwachsenen übereinstimmen, aber von der des Kindes abweichen. In einer anderen Gruppe stimmen die Meinungen beider Erwachsenen auch mit der des Kindes überein. Bei beiden Gruppen zeigen sich ebenfalls Entwicklungsfortschritte. Die grundsätzlichen Probleme der experimentellen Interventionsstudien bleiben bestehen: Beispielsweise ist der Einfluss der Intervention zu kurz, um eine im Allgemeinen langsam verlaufende „natürliche" Entwicklung beeinflussen zu können. Die Möglichkeit der Stufentypisierung einer Person wird als unproblematisch vorausgesetzt, ist aber angesichts zum Teil beträchtlicher Stufenvariationen durchaus fragwürdig.
- Bei den wenigen durchgeführten Analysen der hierarchischen Integration der Urteilsstufen halten die Forscher jetzt die sprachliche Komplexität der vorgelegten stufenspezifischen Argumente im Allgemeinen konstant (vgl. z.B. Walker/de Vries/Bichard 1984). Das Verständnis der stufenspezifischen Argumente liegt für gewöhnlich nicht höher als eine Stufe über dem spontanen Urteil, und die Präferenz von Stufen liegt für gewöhnlich nicht höher als das Verständnis der stufenspezifischen Argumente. Ein Problem ergibt sich aber daraus, dass Begründungen für Präferenzen von Argumenten nicht mehr erhoben werden. Dies wäre jedoch sinnvoll, um zu zeigen, dass Personen ihre Präferenzen auf der Basis der von Kohlberg formulierten stufenspezifischen Rationalitätskriterien bilden. Hinsichtlich der Problematik der hierarchischen Integration untersuchen Walker und Taylor (1991) auch die Frage, ob und inwieweit Variationen in den Stufenwerten einer Person zum Entwicklungsfortschritt beitragen. Die beiden Forscher setzen voraus, dass Stufenvariationen von den Personen als Widersprüche im eigenen Urteil (als interne Widersprüche) wahrgenommen werden. Sie legten 227 Probanden (Kindern, Jugendlichen und Erwachsenen) das MJI vor und untersuchten sie nach zwei Jahren erneut. Die Stufenverteilung jedes Probanden beim ersten Messzeitpunkt beschreiben sie nach folgenden Gesichtspunkten: „modaler Wert" (die Stufen 1 bis 5), „positive Mischung" (Prozentanteil des Urteilens über dem Modalwert), „nega-

tive Mischung" (Prozentanteil des Urteilens unter dem Modalwert), „Gesamtmischung" (Summe der positiven und negativen Mischung) und „Überhang" (Differenz von positiver und negativer Mischung). Tatsächlich finden Walker und Taylor, dass sich mit Hilfe der Stufenvariationen Entwicklungsfortschritte – gemessen an Veränderungen in den modalen Stufenwerten – vorhersagen lassen. Beispielsweise zeigen 40% der Personen mit einem positiven Überhang einen Entwicklungsfortschritt gegenüber nur 5% der Personen mit einem negativen Überhang. Personen mit positivem Überhang zeigen vor allem dann einen höheren modalen Stufenwert, wenn sie eine starke positive Mischung besitzen, also ein hoher Prozentanteil ihres Urteils über dem Modalwert liegt. Walker und Taylor untersuchen allerdings nicht, welche kognitiven Konflikte von den Personen auf den einzelnen Stufen jeweils erlebt und wie diese verarbeitet werden. Relevant in diesem Zusammenhang ist der von Boom und Kollegen entwickelte „Moral Judgment Sorting Task" (MJST) (vgl. Boom, Brugman und von der Heijden 2001). Dieser schriftliche Präferenztest enthält Pro- und Contra-Argumente aus dem SIS-Manual, die in eine neunstellige Rangreihe zu bringen sind.

▪ Die Streuung der Stufenwerte einer Person zu einem Messzeitpunkt nimmt zwar auf der Grundlage des SIS etwas ab, bleibt aber insgesamt beträchtlich; häufig treten Variationen über drei Stufen auf (vgl. auch 5.2.1). Der Frage, inwieweit Stufenstreuungen durch determinierende Umwelteinflüsse zu erklären sind, gehen Kohlberg und seine Anhänger nach wie vor nicht nach. Es bleibt folglich ungeklärt, ob bzw. in welchem Maße Stufenvariationen auf Sozialisationsprozesse zurückgehen.

Die an Kohlberg orientierte Forschung sollte bei der Untersuchung der Stufen des Gerechtigkeitsurteils zukünftig also vor allem die Sozialisationspraktiken miterfassen (insbesondere diejenigen der Eltern) und eine differenzierte Analyse von Aspekten der hierarchischen Integration der Urteilsstufen leisten, um ihre konstruktivistische Position gegenüber Einwürfen von den Sozialisationsperspektive der Lerntheoretiker aus überzeugender zu stützen.

Ähnliche offene Fragen bezüglich der Problematik konstruktiven Lernens gibt es bis heute auch bei der an Piaget orientierten Forschung zur Entwicklung moralischen Urteilens. Wie bereits in Kapitel 2 erwähnt, untersucht diese hauptsächlich vier Urteilsaspekte, nämlich das Regelverständnis sowie Urteile zu Problemen der Strafgerechtigkeit, der immanenten Gerechtigkeit und der individuellen Verantwortlichkeit. Dabei wurden vorwiegend Querschnittstudien in westlichen Gesellschaften durchgeführt, d.h. Längsschnittstudien und kulturvergleichende Analysen fehlen weitgehend. Auch experimentelle Interventionsstudien finden sich kaum, ebenso wenig Untersuchungen zur hierarchischen Integration der Stufen. Damit bleibt unklar, inwieweit die ermittelten Alterstrends auf konstruktives Lernen und inwieweit sie auf Sozialisationseinflüsse zurückgehen. Einige empirische Studien geben Hinweise auf Sozialisationswirkungen. So nehmen in manchen Kulturen, zum Beispiel bei den Hopi, das Urteilen im Sinne immanenter Gerechtigkeit und das Verständnis von Regeln als unveränderbar mit dem Alter nicht ab, vielmehr nehmen die beiden Urteilsformen zu (Hoffman 1970a, S. 271). Kohlberg lässt daher Fragen offen, wenn er die Ergebnisse der Piaget-Forschung zur Stützung seiner konstruktivistischen Position zu nutzen sucht (vgl. Kohlberg 1964, S. 396 ff.; 1987, S. 278 ff.).

Viele Moralpsychologen außerhalb, aber auch innerhalb der Kohlberg-Tradition betonen heute den Einfluss der Eltern auf die Entwicklung moralischer Urteilsstufen und werfen Kohlberg vor, deren Wirkung unterschätzt zu haben. Wie gezeigt, ist der Vorwurf nicht berechtigt. Eine zentrale Rolle für die Entwicklung der Urteilsstufen schreibt Kohlberg – wie Piaget – den Eltern aber nicht zu, und er vernachlässigt die Analyse ihres Einflusses. Die Studien, die einige Vertreter der Kohlberg-Schule zum Elterneinfluss (insbesondere auch auf der Basis des SIS) durchgeführt haben, sprechen insgesamt für die Annahme einer relativ starken Bedeutung der Eltern für die Stufenentwicklung. Studien zum Elterneinfluss erfassten dabei vorrangig die Urteilsstufen der Eltern und ihren Diskussionsstil (also zwei zentrale Variablen der Piaget- bzw. der Kohlberg-Tradition) sowie ihre Disziplinierungstechniken und ihre emotionale Wärme (also zwei zentrale Variablen der sozialen Lerntheorie) (vgl. auch Eisenberg/Murphy 1995).

In den frühen, bis Ende der 1970er Jahre durchgeführten Studien zeigte sich eine positive Beziehung zwischen der Stufenhöhe der Eltern und der ihrer Kinder. Die Studie von Speicher (1994) bestätigte dieses Resultat. Anhand einer auf der Basis des SIS durchgeführten Reanalyse von Kohlbergs Längsschnittdaten aus den USA und Querschnittdaten von Haan (vgl. Haan/Langer/Kohlberg 1976) weist Speicher nach, dass die Urteilsbildung der Probanden sowohl in der Adoleszenz als auch im frühen Erwachsenenalter einen Zusammenhang mit der Urteilsstufe ihrer Eltern aufweist. Eltern mit hoher Urteilsstufe, so die Erklärung, vermögen durch moralkognitiv höherstufige Argumente die Entwicklung der Urteilsbildung besser zu stimulieren als Eltern mit niedriger Stufe.

Walker und Taylor (1991) ermittelten den elterlichen Diskussionsstil, indem sie Eltern und Kinder gemeinsam über ein Dilemma von Kohlberg und über einen vom Kind erlebten Moralkonflikt diskutieren ließen. Dabei unterschieden die Autoren vor allem zwischen elterlichen Strategien, die das Denken des Kindes lediglich wiedergeben, „repräsentieren" (z.B. durch Paraphrasierung), und solchen, die sein Denken zu verändern suchen (z.B. durch Kritik). Zugleich erfassten sie das Ausmaß der affektiven Unterstützung des Kindes, einer wohlwollenden Haltung gegenüber seinen Diskussionsbeiträgen. Sie fanden eine beschleunigte Urteilsentwicklung bei Kindern, die bei der Diskussion des selbsterlebten Moralkonflikts von ihren Eltern zum Argumentieren ermutigt wurden und deren Denken diese lediglich wiedergegeben (repräsentiert) haben; nach zwei Jahren erzielten diese Kinder höhere Urteilsstufen als die anderen Kinder. In den Augen von Walker und Taylor charakterisieren die Diskussionen zu Konflikten aus der eigenen Erfahrungswelt die alltäglichen familialen Interaktionen möglicherweise besser als die Diskussionen zu hypothetischen Konflikten. Diskussionsstile, die zu Veränderungen des Denkens führen sollen, dürften oft als feindselige Kritik empfunden werden und Abwehrreaktionen nach sich ziehen. Sie hätten deshalb bei Alltagskonflikten und bei hypothetischen Konflikten keinen großen Einfluss auf die Stufenentwicklung.

In den frühen Untersuchungen zeigte sich, dass vor allem ein induktiver Erziehungsstil und emotionale Wärme die Stufenentwicklung fördern. Auch Hart (1988) fand bei einer auf der Basis des SIS durchgeführten Reanalyse der Daten der USA-Studie von Kohlberg, die ja ausschließlich männliche Probanden umfasst, dass ein liebevoller, um das Wohl des Kindes bemühter Vater die Urteilsentwicklung der Probanden fördert. Ein entsprechender Einfluss der Mutter zeigte sich dort allerdings nicht. Auf der Basis des SIS durchgeführte Studien zur Rolle des induktiven Erziehungsstils sind mir nicht bekannt.

Die beschriebenen, integrativ angelegten Untersuchungen von Vertretern der Kohlberg-Schule machen insgesamt den Einfluss der Eltern auf die Urteilsstufen deutlich und ermöglichen wichtige Einblicke in die Rolle der Variablen elterlichen Verhaltens. Diese Studien weisen allerdings einige Beschränkungen auf, die sie mit den Untersuchungen Kohlbergs wie auch derjenigen der sozialen Lerntheoretiker teilen:

- Wichtige Aspekte des elterlichen Verhaltens bleiben bei den Untersuchungen unberücksichtigt, etwa die Bereitschaft, dem Kind in der Familie Verantwortung zu übertragen. Partizipationserfahrungen sind für die Moralentwicklung sehr bedeutsam; Kohlberg selbst hat sie thematisiert (vgl. Lempert 1988)
- Die Studien unterstellen für gewöhnlich ein konsistentes Erziehungsverhalten der Eltern, was jedoch problematisch ist. Variationen in ihrem Verhalten, etwa die Abhängigkeit der Disziplinierungspraktiken von der Art der Normenverletzung, wären zu berücksichtigen (vgl. Grusec/Goodnow 1994).
- Weitgehend unbeantwortet blieb die Frage, ob und in welcher Weise der Einfluss der Eltern auf die Urteilsbildung mit dem Einfluss von Peers, d.h. von altersgleichen Personen (etwa der Geschwister, Freunde, Mitschüler), in Wechselwirkung tritt. Entsprechende Wechselwirkungen hat die Forschung bisher vernachlässigt (als Ausnahme vgl. Walker/Hennig/Krettenauer 2000). Eine starke Wirkung dürften nicht zuletzt Freunde und Geschwister ausüben (vgl. Keller/Malti 2008). Auch die Interaktion mit anderen sozialen Entwicklungsfaktoren wurde bisher kaum untersucht; beispielsweise sind Verwandtschaften, Liebesbeziehungen, städtische vs. ländliche Umgebung, Schulen, Beruf, Freizeiteinrichtungen und Politik bedeutsame Bedingungen. Die Forschung zum Elterneinfluss müsste sich zudem stärker den sozialstrukturellen Faktoren zuwenden, von denen das elterliche Erziehungsverhalten abhängt. Dieses scheint vor allem vom sozioökonomischen Status beeinflusst zu sein (vgl. Bertram 1978; Hoff-Ginsberg/Tardif 1995).
- Meines Wissens gibt es bisher keine Untersuchungen, die bei der Erforschung des Einflusses der Eltern die Bedeutung nicht-moralischer kognitiver sowie emotionaler und sozialkognitiver Bedingungen berücksichtigen. Lediglich Untersuchungen zu diesen Faktoren per se existieren (vgl. auch 2.4).
- Unklar blieb, wie Personen die sozialen Umweltbedingungen bzw. die elterlichen Sozialisationspraktiken psychisch verarbeiten, d.h. wie die Prozesse konstruktiven Lernens beschaffen sind.
- Das Verhalten der Eltern gegenüber ihren Kindern wird ganz überwiegend mittels Fragebogen, Interviews oder unter experimentellen Bedingungen erfasst. Sinnvoll wäre eine verstärkte Beobachtung des Erziehungsverhaltens im Alltag, um Erziehungsstrategien der Eltern differenzierter erforschen zu können (vgl. Eisenberg/Murphy 1995).

Berkowitz und Grych (1998) formulieren in einem Überblicksartikel über die Forschung zum Einfluss der Eltern auf die gesamte Moralentwicklung eine differenzierte Perspektive auf soziale Faktoren. Sie unterscheiden fünf Variablen: „demokratische Entscheidungsprozesse", „elterliche Wärme und Anerkennung", „induktiver Disziplinierungsstil", „angemessene elterliche Anforderungen an das Kind" und „Modellverhalten". Dabei schreiben sie lediglich den ersten drei Variablen einen förderlichen Einfluss auf die Entwicklung moralischen Urteilens zu – die letzten beiden Variablen würden nur die Entwicklung nicht-kognitiver Moralaspekte fördern (vgl. Berkowitz/Grych 1998, S. 381). Lickona (1989) formuliert einen ähnlich breit angelegten Ansatz zum Elterneinfluss.

Der deutsche Neo-Kohlbergianer Lempert entwirft im Rahmen einer Diskussion verschiedener moralpsychologischer Ansätze (Lempert 1988) ein differenziertes System sozialer Faktoren, das nicht auf die Analyse des Elterneinflusses beschränkt ist, sondern sich beispielsweise auch auf den Beruf erstreckt; er zieht dabei neben Piaget, Kohlberg, Durkheim und Bronfenbrenner auch Hoffman heran. Diese Systematisierung hat er später geringfügig verändert (vgl. Lempert 1993). Sein Modell erlaubt eine differenzierte Analyse der „moralischen Atmosphäre" einer sozialen Einheit: Von Piaget thematisierte Dimensionen (nämlich Chancen zur Teilnahme an symmetrischen Kommunikationsprozessen, Möglichkeiten der Mitwirkung an kooperativen Entscheidungen), von Kohlberg eingebrachte Dimensionen (nämlich offene Konfrontation mit Konflikten, Chancen zur Übernahme von Verantwortung) und eine von der sozialen Lerntheorie eingeführte Dimension (nämlich stabile emotionale Zuwendung) führt Lempert zusammen. Dabei macht er darauf aufmerksam, dass die Variablen niveauspezifisch zu bestimmen sind. Zudem zeigt Lempert, dass die Bedingungen für einzelne Moralkomponenten (Wahrnehmung, kognitive Verarbeitung, emotionale Verarbeitung, Handeln) von unterschiedlicher Bedeutung sind (vgl. Tab. 3.1). Doppelt umrahmt sind die Ergebnisse der Synopse vorliegender Literatur, gestrichelt umrahmt sind Gelegenheiten zur Induktion (im Sinne Hoffmans), einfach umrahmt sind Ergänzungen durch den Verfasser Lempert.

Lempert stützt sich bei seinen Analysen der moralischen Urteilsbildung verschiedener Berufssparten (Metallfacharbeitern, Köchen und Chemielaboranten) allerdings nicht unmittelbar auf Kohlbergs Stufen, sondern modifiziert diese; die Modifikationen betreffen vor allem die Stufen 3 und 4 (vgl. 5.3). Beck hat seiner Untersuchung der Entwicklung moralischer Urteilskompetenz während der kaufmännischen Berufsausbildung Lemperts System von Entwicklungsbedingungen zugrunde gelegt; er orientiert sich im Unterschied zu Lempert an Kohlbergs Urteilsstufen (vgl. Beck 1999; 2000; auch Bienengräber 2002).

Tab. 3.1    *Lemperts Systematisierung von Entwicklungsbedingungen moralischer Urteilsfähigkeit*

| Globale Dimension | Zur Konventionalität (= "Soziozentrierung") | Zur Postkonventionalität (= "Äquilibrierung") | Prozesse der Person-Umwelt-Interaktion |
|---|---|---|---|
| Stabile emotionale Zuwendung und soziale Anerkennung durch Autoritätspersonen und Peers | Wertschätzung als Mitglied/ Rolleninhaber der sozialen Einheit, der sowohl der Sozialisand angehört, vor allem durch Eltern u. andere Autoritätspersonen, u.U. auch durch Peers | Wertschätzung als Mensch und als einzigartige Person vor allem durch Peers (beider Geschlechter) | –Wahrnehmung/ Perspektivenübernahme <br> –emotionale Verarbeitung/ Auseinandersetzung mit normativen Ansprüchen |
| Offene Konfrontation mit sozialen Problemen und Konflikten | Konfrontation vor allem mit Widersprüchen zwischen individuellen Interessen/ Intentionen einerseits und sozialen Regeln/ Normen andererseits | Konfrontation vor allem mit Widersprüchen zwischen verschiedenen sozialen Regeln/ Normen oder zwischen verschiedenen kulturellen Werten oder zwischen Orientierungen beider Arten | –Wahrnehmung <br> –kognitive Verarbeitung/ rationale Koordination der konkurrierenden Orientierungen <br> –emotionale Verarbeitung |
| Chancen zur Teilnahme an (relativ symmetrischen) Kommunikationsprozessen | Kommunikation als Verständigung über die Anwendung von problemlos anerkannten sozialen Regeln/ Normen unter Berücksichtigung individueller Interessen/ Intentionen | Kommunikation als Diskurs über die Legitimität problematisierter Geltungsansprüche von sozialen Regeln/Normen, individuellen Rechten und kulturellen Werten, auf der Grundlage anerkannter rationaler Prinzipien | –Wahrnehmung <br> –kognitive Verarbeitung |
| Möglichkeiten der Mitwirkung an kooperativen Entscheidungen | Kooperation als Reproduktion interpersonaler Beziehungen, sozialer Institutionen und gesellschaftlicher (Sub)systeme in ihrer gegebenen Form | Kooperation als Reproduktion und Transformation sozialer Strukturen unter besonderer Berücksichtigung individueller Rechte aller Beteiligten und Betroffenen | –Emotionale Verarbeitung <br> –Handeln |
| Chancen zur Übernahme von Verantwortung für die Gestaltung des eigenen Lebens und für andere Personen | Verantwortung als Quelle von Informationen über mögliche soziale Folgen des eigenen Verhaltens und Handelns | Verantwortung als Aufforderung zur individuellen und situationsspezifischen Anwendung universeller und allgemeiner Moralprinzipien | –Wahrnehmung <br> –kognitive Verarbeitung <br> –emotionale Verarbeitung <br> –Handeln |

(Quelle: Lempert 1988, S. 75)

Die angeführten integrativen Modelle von Berkowitz und Grych sowie von Lempert lassen aber die Erkenntnisse der Psychoanalyse außer Acht und klären die Frage spezifischer psychischer Entwicklungsmechanismen nicht (z.B. Konditionierungsvorgänge vs. konstruktives Lernen). Lempert blendet die Dimension der sozialen Kontrolle aus, seine Differenzierung zwischen der Mitwirkung an kooperativen Entscheidungen und der Chancen zur Verantwortungsübernahme erscheint dagegen überdifferenziert. Die diskutierten, an Kohlberg orientierten Wissenschaftler, so kann man zusammenfassend festhalten, machen die Bedeutung der Eltern für die Entwicklung der Stufen des Gerechtigkeitsurteils deutlich, lassen aber verschiedene Fragen offen. Vor allem hinterfragen sie das konstruktivistische Entwicklungskonzept Kohlbergs nicht.

*(b) Integrationsbemühungen von Vertretern des Kohlberg-Ansatzes hinsichtlich nicht-kognitiver*
*Aspekte der Gerechtigkeitsmoral*
Kohlberg und die an ihm orientierten Forscher haben ab den 1970er Jahren die Bedeutung konstruktiven Lernens für die Entwicklung nicht-kognitiver Aspekte einer Gerechtigkeitsmoral nicht hinreichend belegt. In den 1980er Jahren gestaltet Kohlberg seine theoretische Perspektive bezüglich des moralischen Handelns dadurch differenzierter, dass er – wie zum Beispiel Rest – ein Verlaufsmodell des Handelns formuliert. Seine empirischen Analysen und diejenigen seiner Anhänger erfassen jedoch weitgehend nur den Zusammenhang von Urteilsstufe und Handeln; Untersuchungen des Einflusses der verschiedenen Moralkomponenten auf das Handeln finden sich kaum (vgl. auch 8.2). Vor allem aber geht die Kohlberg-Schule dem möglichen Einfluss von Sozialisationsprozessen auf das Handeln nicht nach; die Sozialisationspraktiken der Eltern und deren sozialisatorische Wirkungen etwa bleiben unerforscht. Bei den wenigen Analysen zur Entwicklung moralischer Motive wird die Bedeutung von Sozialisationsprozessen im Allgemeinen vernachlässigt. Untersuchungen zur Entwicklung von Schuldgefühlen gibt es nach wie vor nicht.

Einige dem Kohlberg-Ansatz nahe stehende Forscher – vor allem der Kohlberg-Anhänger Oser sowie die Neo-Kohlbergianer Gibbs und Nunner-Winkler – nehmen mit Blick auf nicht-kognitive Moralaspekte eine Integration von Gesichtspunkten der sozialen Lerntheorie vor; wie deren Vertreter weisen sie auf die Bedeutung von Sozialisationsprozessen für die Entwicklung dieser Aspekte hin.

Oser (1998a) bewegt sich ein Stück weit auf die soziale Lerntheorie zu. Er baut Elemente dieser Richtung in Kohlbergs Theorie ein, wenn er die Frage zu beantworten sucht, wie moralische Normen für eine Person bedeutungsvoll werden, wie ein moralisches Selbst entsteht. Gegenüber Kohlberg betont er nämlich die Bedeutung des „Lernens durch Fehler" (des Lernens durch die negativen Konsequenzen regelverletzender Handlungen) und sucht damit besonders die „Irrelevanz der Inhalte" bei Kohlberg zu korrigieren. Zentral bei Oser ist das Konzept des „negativen moralischen Wissens": Damit Regeln wirklich verstanden werden und Handlungsrelevanz gewinnen, benötigen Personen Erfahrungen über die negativen Folgen von Regelverletzungen, etwa über die Ängste, das Leid und die Ungerechtigkeiten, die sie mit sich bringen. Im Unterschied zu vielen sozialen Lerntheoretikern zeigt Oser auch die Bedeutung der Erfahrung von Konsequenzen des Handelns außerhalb der elterlichen Erziehungspraxis auf sowie den Stellenwert stellvertretender Erfahrungen, etwa durch Erzählungen oder Filme. Moralische Handlungen beruhen in der Tat oft nicht auf der formal-strukturellen Urteilsfähigkeit der Person, sondern auf Prozessen des Lernens durch selbst erlebte oder bei Anderen erfahrenen Handlungskonsequenzen.

Oser und Mitarbeiter führen auch differenzierte empirische Analysen moralischen Handelns durch, wobei insbesondere schwache negative Pflichten (Kavaliersdelikten) ein Untersuchungsgegenstand sind (vgl. Althof et al. 1988; Garz 1999; Garz/Oser/Althof 1999).

Ein zentrales Thema von Gibbs ist die Integration von strukturgenetisch-konstruktivistischer Entwicklungstheorie und sozialer Lerntheorie (Gibbs 1991; 2003; Gibbs/Schnell 1985). Gibbs kritisiert an Kohlberg insbesondere die einseitige Betonung kognitiver Handlungsmotive bei der Erklärung moralischen Handelns. Anknüpfend an Hoffmans Theorie der Normeninternalisierung macht Gibbs auf die Rolle der Empathie als eines moralischen Handlungsmotivs aufmerksam. Moralische Überzeugungen und empathische Gefühle seien wahrscheinlich gleichrangige Quellen moralischer Motivation, die auch in Konflikt miteinander stehen könnten. Eine Situation, die als ungerecht beurteilt wird, erzeuge moralische Handlungsmotivation, ebenso wie Empathie gegenüber einer Person, die sich in einer Notlage befindet. Gerechtigkeitsorientierungen und Empathie könnten allerdings auch in Konflikt miteinander stehen, etwa wenn einer der Beteiligten mehr verdient, der andere wiederum bedürftiger ist (Gibbs 1991, S. 207). Zugleich zeigt Gibbs, dass die Entwicklung moralischer Gefühle von Sozialisationsprozessen bestimmt wird; die Ausbildung etwa von Schuldgefühlen geht vorrangig auf den prägenden Einfluss der elterlichen Disziplinierungstechniken zurück. Dass viele Kohlberg-Anhänger die Möglichkeit einer Integration von Kohlbergs Theorie und der Lerntheorie außer Acht lassen, führt Gibbs auf deren auch heute noch verkürztes Bild der Lerntheorie zurück. Ihr werde zu Unrecht ein umweltdeterministisches Modell der Entwicklung zugeschrieben sowie die Ausklammerung der moralischen Urteilsbildung.

Die integrativ angelegten Perspektiven von Oser und Gibbs erfassen allerdings nur wenige Sozialisationsfaktoren; ihre Perspektiven bleiben relativ einseitig.

Auf die Bedeutung von Sozialisationsprozessen für die Entwicklung nicht-kognitiver Aspekte der Gerechtigkeitsmoral macht besonders die deutsche Moralforscherin Nunner-Winkler aufmerksam; ihre Perspektive auf diesen Untersuchungskomplex erscheint mir am vielversprechendsten. Nunner-Winkler kann sich auf differenziert angelegte eigene Studien stützen, in denen sie sowohl Aspekte des Moralverständnisses als auch moralische Motivationen erfasst hat. Sie wirft den traditionellen sozialisationstheoretischen Ansätzen (Lerntheorien und psychoanalytischen Theorien) vor, einen Typus moralischer Motivation vernachlässigt zu haben, bei dem die Einsicht in die Richtigkeit bestimmter Handlungen oder in die Gültigkeit von Normen als Beweggrund für moralisches Handeln dient. Kohlberg habe diesen „intrinsischen" Motivationstypus einer „freiwilligen Selbstbindung durch Einsicht" als Endpunkt eines Stufenmodells gefasst, in das zugleich sozialisationstheoretische Konzepte integriert seien, und habe dabei die Parallelität zwischen Urteilsentwicklung und Motiventwicklung betont: Der Gleichsetzung moralischer Motivation mit einer Orientierung an Bestrafungen und Belohnungen, wie sie viele behavioristische Lerntheoretiker vornehmen, entspreche in Kohlbergs Augen das präkonventionelle Niveau des Urteilens; der Gleichsetzung moralischer Motivation mit einer Orientierung an internen Sanktionen, wie sie bei sozialen Lerntheoretikern, verschiedenen Psychoanalytikern und auch beim Soziologen Parsons zu finden ist, entspreche in seinen Augen das konventionelle Niveau. Eine freiwillige Selbstbindung durch Einsicht sei Kohlberg zufolge erst auf postkonventionellem Niveau möglich. In späteren Schriften habe Kohlberg die These einer kognitiv-affektiven Parallelität dann durch ein differenziertes Handlungsmodell ersetzt (vgl. Nunner-Winkler 2004, S. 306). Nunner-Winkler versucht aufzuzeigen, dass eine freiwillige Selbstbindung durch Einsicht weit früher auftritt, als Kohlberg annimmt, und dass die verschiedenen Motivationsformen nicht so sehr von den moralischen Urteilsstufen, sondern vielmehr von Sozialisationserfahrungen abhängen. In den moralischen Urteilsstufen sieht sie also keine notwendigen Voraussetzungen für spezifische Motivationsformen (vgl. Nunner-Winkler 1992, S. 254).

Während verschiedene Moralpsychologen Kohlbergs These eines Zusammenhangs von moralischem Urteil und moralischer Motivation im Hinblick auf das Jugend- und Erwachsenenalter erforschten (vgl. Edelstein/Nunner-Winkler/Noam 1993), ist Nunner-Winkler eine der wenigen, die diese These im Hinblick auf die Kindheit prüfen (vgl. Nunner-Winkler 1996; 1999a; 1999b; 2003a; 2007). Dabei erhebt sie die moralischen Motivationen im Rahmen der in Abschnitt 2.3.2 dargestellten Studie zur kindlichen Moralentwicklung. Ähnlich wie die sozialen Lerntheoretiker ermittelt sie diese auf Grundlage des Emotionsverständnisses: Die vier-, sechs- und achtjährigen Kinder ihrer Studie wurden anhand hypothetischer Situationen gefragt, wie sich der Protagonist der Geschichte nach Übertretung einer bestimmten Norm fühlt (etwa nachdem er einem Freund unentdeckt Süßigkeiten entwendet hat), und warum der Übeltäter so empfindet. Die Emotionszuschreibung soll anzeigen, welcher der beiden Aspekte der vorgelegten Situation für den Probanden selbst bedeutsamer ist – die Befriedigung von Eigeninteressen oder die Verletzung normativer Standards. Die Emotionsbegründungen hingegen dienen der Erfassung des Typs der moralischen Motivation (z.B. Angst vor Strafe, Eigeninteressen). Dieser Untersuchungsstrategie liegt ein kognitivistisches Emotionsverständnis zugrunde, wonach Gefühle vor allem Urteile über die Bedeutsamkeit von Sachverhalten für das Individuum beinhalten.

Nunner-Winklers Analyse zeigt, dass heteronome und instrumentelle Motive nicht in dem Ausmaß auftreten, wie es von Kohlbergs (früher) Theorie her zu erwarten wäre: Die Begründungen der Vier- bis Achtjährigen für zugeschriebene negative Emotionen bezogen sich relativ selten auf Autoritätserwartungen, Bestrafungen, Belohnungen und Eigeninteressen, es überwogen vielmehr „deontologische Begründungen", d.h. Orientierungen an Regeln (z.B. „Stehlen ist nicht erlaubt"), sowie „moralische Bewertungen" (z.B. „Das wäre gemein"). Auch empathische Orientierungen traten selten auf. In den deontologischen Begründungen und moralischen Bewertungen sieht Nunner-Winkler Formen einer Selbstbindung durch Einsicht. In Widerspruch zu Kohlberg findet sie frühe intrinsische Motivationen – eine beträchtliche Zahl der Kinder sei bereits bestrebt, „das Rechte zu tun, weil es das Rechte ist".

Andererseits legt ihre Untersuchung die Schlussfolgerung nahe, dass bezogen auf Konflikte zwischen Normen und Eigeninteressen moralische Motivationen insgesamt nicht zeitgleich mit dem Wissen um Normen aufgebaut werden, sondern für gewöhnlich erst später. Die Vier- bis Sechsjährigen erwarten nämlich mehrheitlich, dass der Übeltäter sich nach der Normenübertretung „gut" fühlen werde (Happy Victimizer), obwohl sie um die Geltung der übertretenen Norm bereits wissen und deontologische Begründungen oder moralische Bewertungen bei der Rechtfertigung von deren Geltung anführen. In der Diebstahlgeschichte sind es bei den Vierjährigen fast 80% und bei den Sechsjährigen noch fast 60% der Kinder, die dem Protagonisten positive Emotionen nach der Normenübertretung zuschreiben (Nunner-Winkler 2003a, S. 130). Dass die jüngeren Kinder dem Protagonisten, der einer Pflicht nicht nachkommt, häufig keine negativen Gefühle zuschreiben, ist für Nunner-Winkler Zeichen für eine von Kohlberg nicht vorhergesehene Diskrepanz zwischen der Entwicklung des Urteilens und der Entwicklung der Motive. Sie formuliert die These eines „zweistufigen moralischen Lernprozesses": Während ein Kind schon relativ früh ein Wissen um moralische Regeln und ein relativ differenziertes Regelverständnis erwirbt, bilden sich moralische Motive erst mit Verzögerung aus.

Die bei den Vier- bis Achtjährigen ermittelten Formen einer Selbstbindung durch Einsicht und die zugleich auftretenden individuellen Differenzen in der Entwicklung moralischer Motivationen legen den Einfluss von Sozialisationsprozessen nahe, doch kann Nunner-Winkler das Auftreten der unterschiedlichen Motivationstypen in ihrer Studie nicht sozialisationstheoretisch erklären, da sie keine sozialen Umweltbedingungen erfasst hat.

Deren Einfluss erhebt sie dann in einer späteren Untersuchung (Nunner-Winkler 1999c; 2000; 2003b; 2004); dort verfolgt sie die Entwicklung moralischer Motivationen im Erwachsenenalter. Im Rahmen eines Generationenvergleichs werden jeweils ca. 100 Probanden der Altersgruppen 20-30 Jahre, 40-50 Jahre und 65-75 Jahre zum einen zu ihrem allgemeinen Moralverständnis und zu fiktiven Situationen befragt, die Normen der Geschlechterordnung (z.B. Scheidung), der Religion (z.B. Kirchenaustritt), des politischen Systems (z.B. Wehrdienstverweigerung), des umweltbezogenen Handelns (z.B. Müllverwertung), des Handelns gegenüber Personen in Notsituationen (z.B. Spenden) sowie Pflichten gegenüber sich selbst (z.B. Selbstmord) enthalten. Dadurch sollen ihre moralischen Überzeugungen erhoben werden. Daneben müssen die Probanden zu einer fiktiven Situation, in der sie selbst einen Testamentsbetrug begehen, ihre spontanen Empfindungen angeben und dann zu einer Liste von 36 vorgegebenen emotionalen Reaktionen auf diese Situation bzw. von vorgegebenen Motiven (z.B. Angst vor der Strafe Gottes, Angst vor der Abwendung der Freunde, Angst vor Gewissensbissen, Bedauern, Wiedergutmachung) Stellung nehmen, wobei sie auf einer sechsstufigen Skala einschätzen sollen, in welchem Maße die vorgegebenen Reaktionen ihre eigenen wären – das Q-Sort-Verfahren kommt zum Einsatz, bei dem die vorgegebenen sechs Antwortkategorien (von „ich würde ganz genau so empfinden" bis „so könnte ich überhaupt nicht empfinden") gleich häufig zu benutzen sind. Auch in dieser Untersuchung ermittelt sie Formen einer Selbstbindung durch Einsicht, d.h. intrinsische Motivationen (z.B. Bedauern, Wiedergutmachung). Nunner-Winkler findet zudem generationenabhängige Unterschiede: Furcht vor der Strafe Gottes nimmt bei jüngeren Probanden ab, während amoralische Äußerungen bei diesen zunehmen. Nunner-Winkler setzt jetzt die Entwicklung moralischer Motivationen in Relation zu bestimmten Aspekten der Beziehung zwischen den Eltern, nämlich zu ihren Konfliktlösungsstrategien: Hohe Verständigungsbereitschaft und egalitäre Kommunikation der Eltern führen zum Aufbau einer intrinsischen Motivation, während der Einsatz von Machtmitteln und offener Kampf zwischen den Eltern eine instrumentalistische Form moralischer Motivation fördert – so ein zentrales Ergebnis der Studie.

Im Rahmen einer weiteren Untersuchung erfassen Nunner-Winkler und Kollegen die moralischen Motivationen Jugendlicher, nämlich von 16-Jährigen (vgl. Nunner-Winkler/Meyer-Nikele/Wohlrab 2006). Neben moralischen Motivationen werden als kognitive Aspekte verschiedene demokratierelevante Orientierungen erhoben, etwa Ablehnung von Gewalt und Toleranzverständnis. Mit Blick auf moralische Motivationen müssen die Jugendlichen bei fünf moralischen Konflikten (Eigeninteresse vs. Pflicht) und einem moralischen Dilemma ihre Emotionen in der Täter- und in der Opferrolle schildern sowie Begründungen für ihre Emotionen anführen. Verschiedene soziale Bedingungen werden erhoben. Bei ca. der Hälfte der Jugendlichen zeigte sich eine hohe moralische Motivation, wobei die moralische Motivation vor allem von der individuellen Identifikation mit der Geschlechtszugehörigkeit abhing.

Mit dieser komplexen, breit angelegten Untersuchung von moralischen Motivationen und Ziviltugenden nähert sich Nunner-Winkler wieder ihrer ersten größeren empirischen Studie an, in der sie zusammen mit Döbert im Jugendalter den Zusammenhang zwischen Adoleszenzkrise, Identitätsbildung und Moralentwicklung untersucht hatte (vgl. Döbert/Nunner-Winkler 1975). Dabei wurden in dieser frühen Studie noch moralische Urteilsstufen erhoben, und zwar auf der Grundlage von Kohlbergs Theorie.

Ebenso wie der Einfluss der moralischen Urteilsstufen auf das moralrelevante Verhalten nicht sehr stark sein dürfte, ist wahrscheinlich bereits deren Einfluss auf die moralische Handlungsmotivation nicht allzu groß. Die moralische Urteilsstufe einer Person legt zwar fest, welche Entwicklungsstufe der Motivation bei dieser Person auftreten kann, bestimmt aber nicht, ob die verfügbar höchste Entwicklungsstufe tatsächlich realisiert wird. Nunner-Winkler macht auf solche Inkonsistenzen zwischen moralischem Urteilen und moralischer Motivation aufmerksam, sowie auf die Bedeutung von Sozialisationsprozessen für die Entwicklung der Motive. Ihre Analysen weisen allerdings folgende Probleme auf:

- Nunner-Winklers Untersuchungsergebnisse geben zwar Hinweise auf Sozialisationsprozesse, aber sie stellen nicht zwingend eine Widerlegung von Kohlbergs These der Parallelität zwischen der Entwicklung moralischen Urteilens und der Entwicklung moralischer Motive dar. Kohlberg lässt nämlich Formen einer Selbstbindung durch Einsicht weit früher als auf postkonventionellem Niveau zu. So ist seine Beschreibung der Stufe 1 des Urteilens keineswegs, wie Nunner-Winkler unterstellt, auf Strafen verengt, sondern enthält auch deontologische Aspekte im Sinne Nunner-Winklers (vgl. 2.3.2; 2.4). Im Rahmen seiner Überlegungen zur Entwicklung moralischer Motive nimmt Kohlberg Formen einer freiwilligen Selbstbindung durch Einsicht auf präkonventionellem und auf konventionellem Niveau an. Beispielsweise führt er an einer Stelle den „Glauben an die Goldene Regel" als ein mögliches Motiv auf Stufe 3 auf (Kohlberg 1984, S. 174). Auch geht er, wie bereits erwähnt, keineswegs von einer strengen empirischen Parallelität zwischen der Entwicklung moralischer Urteilsstufen und der Entwicklung moralischer Motive aus, wie Nunner-Winkler es ihm zuschreibt.
- Diese Forscherin führt den im Rahmen des Kohlberg-Ansatzes ermittelten Instrumentalismus bei Kindern darauf zurück, dass das MJI präskriptive Handlungsempfehlungen fordert, die die Kinder aufgrund ihrer Defizite in den moralischen Motivationen (dem vorherrschenden Instrumentalismus) aber noch nicht als solche erfassten,

und stattdessen deskriptive Handlungsempfehlungen geben würden; sie unterliefen also den moralischen Gehalt der im MJI vorgelegten Fragestellungen. Das MJI wurde aber in der Moralforschung nur bei Probanden ab zehn Jahren eingesetzt, wo nach Nunner-Winklers eigenen Annahmen und empirischen Ergebnissen viele Personen bereits genuin moralische (d.h. nicht-instrumentalistische) Motive ausgebildet haben.

- Für die kritische Auseinandersetzung mit Kohlbergs Perspektive auf die Entwicklung moralischer Motivationen wäre die Erfassung von dessen Stufen moralischen Urteilens und von Stufen moralischer Motivationen sinnvoll gewesen. Seit den 1980er Jahren erfasst Nunner-Winkler aber Entwicklungsstufen nicht länger.

- Problematisch scheint mir der methodische Weg, auf dem die Forscherin ihre empirischen Daten zur moralischen Motivation gewinnt. Sie ermittelt diese Daten in der Studie bei Kindern ja anhand der Emotionszuschreibungen und Emotionsbegründungen der Probanden zu vorgelegten Geschichten. Schreiben Probanden einem Aktor bei einer Normenübertretung keine Schuldgefühle zu, dann hätten sie noch keine moralische Motivation ausgebildet. Zur Validierung ihres Maßes zur Erfassung moralischer Motivation stützt sich Nunner-Winkler auf eigene experimentelle Studien, in denen bei Kindern ein enger Zusammenhang zwischen Emotionsverständnis und moralischem Verhalten ermittelt werden konnte (vgl. Nunner-Winkler 1996). In den beiden späteren Studien (Kohortenvergleich bei Erwachsenen sowie Analyse Jugendlicher) erhebt sie dann Motivationen anhand des Verständnisses eigener Emotionen. Auch hier wird das Maß zur Erfassung von Motivation zu validieren versucht. Von Fähigkeiten des Verständnisses einzelner Gefühle (einer anderen bzw. der eigenen Person) auf die moralische Motivation zu schließen ist jedoch recht gewagt – eine Person, die dem Aktor oder sich selbst in einer fiktiven Situation nach einer normenverletzenden Handlung positive Emotionen zuschreibt, kann durchaus bereits moralische Motivationen aufgebaut haben und Schuldgefühle empfinden.

Nunner-Winkler bezeichnet ihre moralpsychologische Perspektive auf die Urteilsbildung und auf die Motivationen neuerdings als Modell der „Selbstsozialisation", das nicht wie die traditionellen Theorien (behavioristische Lerntheorie, Psychoanalyse und Kohlbergs kognitivistischer Ansatz) einen spezifischen Lernmechanismus postuliert (vgl. Nunner-Winkler 2009). Im Rahmen ihres Modells identifiziert die Forscherin in der Adoleszenz Prozesse des „Entlernens von Moral": Formal-operatorisches Denken und eine Systemperspektive ermöglichten eine komplexere moralische Urteilsbildung im Sinne der Stufe 4, aber auch ein Abgleiten in eine stark überzogene relativistische Moral.

Oser, Gibbs und Nunner-Winkler unternehmen wichtige Schritte zur Integration der Ansätze von Kohlberg und der sozialen Lerntheorie. Bei ihren Integrationsbemühungen bleiben sie meines Erachtens aber Kohlbergs konstruktivistischem Ansatz zu stark verbunden. Zum Beispiel problematisieren sie nicht die Annahme, dass konstruktives Lernen die Entwicklung der Urteilsstufen vorantreibt. Gibbs zum Beispiel nimmt die Integration von Kohlbergs Theorie und der Lerntheorie in der Weise vor, dass er erstere als für die Erklärung der Entwicklung moralischen Urteilens, letztere hauptsächlich als für die Erklärung der Entwicklung nicht-kognitiver Moralaspekte zuständig betrachtet.

*(c) Integrationsbemühungen bei den sozialen Lerntheoretikern*

Ab den 1970er Jahren legten die sozialen Lerntheoretiker meines Wissens keine weiteren empirischen Belege für die Relevanz umweltdeterminierter Sozialisationsprozesse bei der Entwicklung moralischen Urteilens vor; die Analyse des Urteilens haben sie nach wie vor vernachlässigt. Die angeführten Defizite der Korrelationsstudien und der experimentellen Studien zu nicht-kognitiven Moralaspekten wurden im Wesentlichen nicht beseitigt. In den letzten vier Jahrzehnten ging die Zahl der Studien seitens der sozialen Lerntheoretiker deutlich zurück. Ihre Forschungsperspektive auf die Entwicklung nicht-kognitiver Aspekte der Gerechtigkeitsmoral bleibt also in verschiedener Hinsicht verkürzt. Vor allem zeigen sich die Grenzen eines auf Prozesse sozialer Prägung fixierten Erklärungsansatzes.

Ab den 1970er Jahren legten die sozialen Lerntheoretiker meines Wissens keine weiteren empirischen Belege für die Relevanz umweltdeterminierter Sozialisationsprozesse bei der Entwicklung moralischen Urteilens vor; die Analyse des Urteilens haben sie nach wie vor vernachlässigt. Die angeführten Defizite der Korrelationsstudien und der experimentellen Studien zu nicht-kognitiven Moralaspekten wurden im Wesentlichen nicht beseitigt. In den letzten vier Jahrzehnten ging die Zahl der Studien seitens der sozialen Lerntheoretiker deutlich zurück. Ihre Forschungsperspektive auf die Entwicklung nicht-kognitiver Aspekte der Gerechtigkeitsmoral bleibt also in verschiedener Hinsicht verkürzt. Vor allem zeigen sich die Grenzen eines auf Prozesse sozialer Prägung fixierten Erklärungsansatzes.

Bandura untersuchte in den letzten Jahren vor allem Formen der Verantwortungsabwehr, wobei er seine frühe theoretische Differenzierung der Abwehrformen beibehält (vgl. Bandura et al. 1996). Verschiedene Wissenschaftler (wie etwa Detert, Gino, Trevino) knüpften daran an. W. Mischel setzt seine Untersuchungen der Fähigkeit zur Selbstkontrolle fort und begründet dabei ein Duales Prozessmodell, das rationales Abwägen und intuitive Prozesse gleichermaßen betont (vgl. Metcalfe/W. Mischel 1999).

Die soziale Lerntheorie wurde moralpsychologisch insgesamt kaum weitergeführt. Ausnahmen sind insbesondere die Arbeiten von Cervone, Aquino, Grusec, Kochanska und Thompson. Die beiden letzteren Forscher beziehen sich dabei vorrangig auf die Entwicklung in der frühen Kindheit und eröffnen damit der sozialen Lerntheorie ein neues Untersuchungsfeld.

Cervone entwickelte die sozialkognitiven Konzeptionen von Bandura und W. Mischel weiter, indem er vor allem die von beiden Forschern unterschiedenen Formen sozialer Kognitionen weiter ausdifferenzierte (vgl. Cervone 2004). Er zieht auch Konsequenzen seiner Position im Hinblick auf die Moralpsychologie, wobei er insbesondere die Bedeutung von Selbstkonzepten für das Handeln betont (Cervone/Tripathi 2009).

Aquino thematisiert die moralische Identität und orientiert sich dabei an Banduras Persönlichkeitstheorie. Identität versteht er als im Gedächtnis abgespeicherte komplexe Wissensstruktur, die in Abhängigkeit von den sozialen Erfahrungen der Individuen variiert. Deren Bestandteile seien kognitive Schemata von Zielen, Werten, Einstellungen und Fertigkeiten. Bei der Analyse moralischen Verhaltens nimmt Aquino Situationsfaktoren und Persönlichkeitsdispositionen gleichermaßen an: Die Person besitze als Persönlichkeitsdispositionen kognitive Schemata ihrer moralischen Eigenschaften, die abhängig von der Situation für sie unterschiedlich leicht verfügbar und somit verhaltensbestimmend sind (vgl. Aquino et al. 2009)

Grusec entwickelte zusammen mit Goodnow in den 1980er Jahren einen Ansatz zur Analyse des Einflusses der elterlichen Disziplinierungstechniken auf die Normeninternalisierung, der sowohl Sozialisationsprozessen als auch der Aktivität des Individuums Rechnung zu tragen sucht (vgl. Grusec/Goodnow 1994). Ihre Bemühungen machen deutlich, dass eine Integration von Kohlbergs Theorie mit der sozialen Lerntheorie nicht ohne Revision einiger Grundannahmen der letzteren Position geleistet werden kann. In ihrer Arbeit nehmen sie allerdings nicht auf Kohlbergs Ansatz Bezug, üben also auch keine Kritik daran.

Sie machen zum einen deutlich, dass die uneinheitlichen Resultate zum Einfluss der elterlichen Disziplinierungstechiken möglicherweise Folge der unzureichenden Kontrolle verschiedener Variablengruppen durch die Forschung sind. Die traditionelle Forschung der sozialen Lerntheoretiker lässt nämlich unberücksichtigt, dass die Wirkung der Disziplinierungstechniken abhängig ist von der Art der Normenverletzung (z.B. Verletzung positiver oder negativer Pflichten), dem spezifischen Inhalt einer Technik (z.B. Klarheit einer induktiven Botschaft, Art der Strafe bei einer machtorientierten Technik), Eigenschaften des Kindes (z.B. dessen Temperament) und Merkmalen der Eltern (z.B. ihrer emotionalen Wärme). Zugleich machen Grusec und Goodnow auf die Bedeutung kognitiver Prozesse aufmerksam, wobei sie zwei Schritte unterscheiden – die Wahrnehmung einer Disziplinierungsmaßnahme und deren Akzeptanz. Postuliert wird ein Einfluss der vier aufgeführten Gruppen von Variablen (Art der Normenverletzung, Inhalt der Technik, Eigenschaften des Kindes, Merkmale der Eltern) auf die Wahrnehmung und die Akzeptanz von Disziplinierungsmaßnahmen. Zum Beispiel sei die angemessene Wahrnehmung einer induktiven Disziplinierung abhängig von der Klarheit der Botschaft. Prozesse der Bewertung von Disziplinierungsmaßnahmen seien von ganz verschiedenen Faktoren abhängig – vor allem vom Zusammenhang dieser Techniken mit dem Typus der Normenübertretung (z.B. gelten machtorientierte Techniken bei der Übertretung moralischer Normen als akzeptabler als bei der Übertretung von Konventionen), von Persönlichkeitsfaktoren beim Kind (z.B. akzeptieren wenig ängstliche Kinder Disziplinierungsmaßnahmen im Allgemeinen weniger als ängstliche) sowie von elterlichen Eigenschaften (z.B. wird die Akzeptanz einer machtorientierten Technik von der emotionalen Wärme des Elternteils begünstigt). Abb. 3.1 fasst die Grundzüge ihres Modells zusammen. Die Autoren unterscheiden Bedingungen (Erziehungsverhalten der Eltern), Prozesse („genaue Wahrnehmung der Botschaft", „Akzeptanz der Botschaft") und Resultate der Sozialisationsprozesse („Internalisierung").

Grusec und Goodnow bleiben insofern noch der sozialen Lerntheorie verhaftet, als sie die Frage der Entwicklung moralischen Urteilens vernachlässigen, wie auch die Frage der Entwicklung nicht-kognitiver Moralaspekte angesichts von Normenkonflikten. Überdies scheint ihr stark kognitivistisches Modell für die Analyse der Entwicklung in der frühen Kindheit weniger geeignet als für Vorschul- und Schulalter, da in ersterer Lebensphase affektive Prozesse eine deutlich größere Rolle spielen dürften als kognitive Prozesse. Insgesamt aber entwarfen Grusec und Goodnow einen differenzierten und fruchtbaren Ansatz zum Einfluss elterlicher Disziplinierungstechniken auf die Normeninternalisierung, die moralische Sozialisation. Ihr Ansatz wird der Komplexität dieser differentialpsychologischen Prozesse weit besser gerecht als die Positionen sozialer Lerntheoretiker.

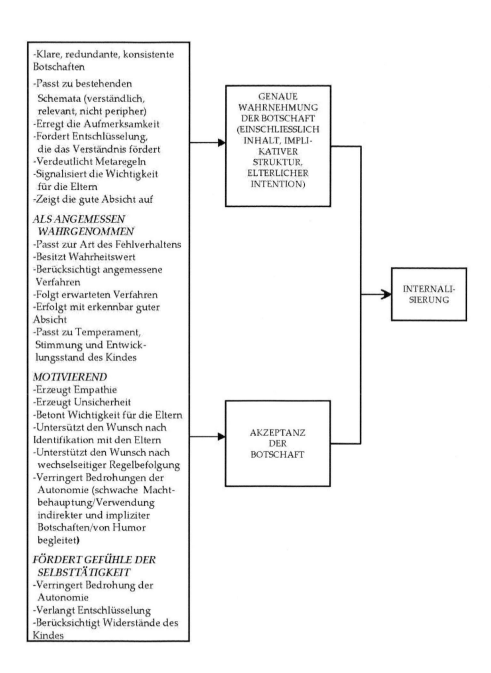

*Abb. 3.1    Die Internalisierung fördernde Aspekte elterlicher Disziplinierungsmethoden*
(Quelle: modifiziert nach Grusec/Goodnow 1994; S.15)

Wie Dunn und Emde befassen sich Kochanska und Thompson seit den 1980er Jahren vorrangig mit der Untersuchung der Moralentwicklung in den ersten Lebensjahren, wobei sie vor allem die Positionen der sozialen Lerntheorie weiterzuentwickeln suchen. Sie greifen dabei auch auf die Ergebnisse der Forschung zur Theory of Mind zurück.

Kochanska (vgl. z.B. Kochanska 1993; 1997; Kochanska/Aksan 2006) thematisiert insbesondere frühkindliche Prozesse der Internalisierung moralischer Normen (der Gewissensbildung) und untersucht dabei nicht zuletzt den Widerstand gegen Versuchungen und Schuldgefühle. Grundlage ihres Ansatzes ist ein zwei Komponenten umfassendes Modell der frühkindlichen Gewissensbildung, wobei sich die erste Komponente auf die Ausbildung von Angst vor Normenübertretungen bezieht und die zweite Komponente auf die Fähigkeit, Impulse zu kontrollieren und normenkonform zu handeln. Neben verhaltensbezogenen und emotionsbezogenen Aspekten erfasst sie aber auch kognitive Aspekte. Sie findet, dass diese drei Facetten des Gewissens eng zusammenhängen. Nicht nur die Betonung früher Fähigkeiten zur Normeninternalisierung und die Berücksichtigung kognitiver Aspekte unterscheidet Kochanska von der traditionellen sozialen Lerntheorie – im Unterschied zu dieser zeigt sie auch das Temperament des Kindes als wichtige Bedingung von Entwicklungsprozessen auf: ängstlichere Kinder sind leichter moralisch zu sozialisieren als weniger ängstliche, so ein zentrales Resultat ihrer Forschung.

Thompson formuliert einen beziehungsbezogenen Ansatz, d.h. er begreift die Gewissensbildung als Resultat von Erfahrungen in Beziehungen. Der Forscher identifiziert wie Kochanska frühe kognitive, emotionale und handlungsbezogene Fähigkeiten und zeigt die Eigenaktivität des Kindes auf (vgl. Thompson 2009). Mit seiner Arbeitsgruppe (vgl. z.B. Thompson/Laible/Ontai 2003) erfasst Thompson insbesondere Dialoge zwischen Eltern und Vorschulkindern und macht auf die erstaunlichen Argumentationsfähigkeiten dieser Kinder aufmerksam.

Die Forschergruppen um Kochanska und Thompson machen deutlich, dass kognitive bzw. nicht-kognitive moralische Fähigkeiten früher auftreten, als es Kohlberg sowie viele Kohlberg-Kritiker annehmen. Möglicherweise schreiben die beiden Forschergruppen aber Kindern im ersten und zweiten Lebensjahr zum Teil vorschnell moralische Fähigkeiten zu (vgl. Blasi 2000).

W. Mischel hat sein in den 1970er Jahre entwickeltes sozial-kognitives Persönlichkeitsmodell neuerdings in weitreichender Weise ausgebaut. Er unterscheidet nunmehr sechs Ebenen: neben der sozialkognitiven Ebene eine eigenschaftsbezogen-dispositionelle, biologische, psychodynamisch-motivationale, verhaltensbezogen-konditionierte und eine phänomenologisch-humanistische Ebene (vgl. W. Mischel/Shoda/Ayduk 2008). Sein integratives Sechs-Ebenen-Konzept hat er aber bisher noch nicht für die Moralanalyse fruchtbar gemacht. Eine bedeutsame nicht-moralische Entwicklungsbedingung ist das besonders von Mischel und auch von Bandura untersuchte Vertrauen in die eigene Handlungsfähigkeit.

# 4   Keine Fortschritte bei Erhebung und Auswertung des Gerechtigkeitsurteils? Psychometrische Kritik

In den vorangehenden beiden Kapiteln wurde dargelegt, dass Kohlbergs Forschungsansatz, wie er ihn bis Ende der 1960er Jahre ausformuliert hatte, ähnlich wie die Ansätze von Piaget, Freud und der Lerntheoretiker einige Probleme aufweist, die teilweise auch später noch bestehen. Ich benannte insbesondere Mängel seiner Perspektive auf das von ihm untersuchte Gerechtigkeitsurteil: Problematisch ist die Beschreibung der beiden präkonventionellen Stufen, und auch der Nachweis, dass die Entwicklung der Urteilsstufen von der Kindheit bis ins Erwachsenenalter auf konstruktivem Lernen gründet, ist nicht überzeugend erbracht worden. In den 1970er Jahren üben Moralpsychologen aber hauptsächlich Kritik an den Positionen der Lerntheorie, der Psychoanalyse und von Piaget, dies nicht zuletzt unter dem Einfluss von Kohlbergs Einwänden gegen diese Positionen. Defizite bei Kohlberg führen sie hingegen seltener an – seine Theorie übt in dieser Dekade den stärksten Einfluss auf die Moralpsychologie aus (vgl. 1.2).

In den 1970er Jahren liegt der Schwerpunkt von Kohlbergs Bemühungen auf der Konstruktion einer angemessenen Kodiermethode. Während seine Theorie der Entwicklung moralischen Urteilens jetzt großen Anklang findet, zeigen sich in verschiedenen empirischen Studien, welche die Theorie testen, Anomalien, auf die in seinen Augen vor allem mit der Modifikation des Auswertungsverfahrens zu antworten ist. Kohlberg selbst charakterisiert die 1970er Jahre als eine Forschungsphase, in der es ihm vornehmlich um eine überzeugende Kodiermethode gegangen sei (vgl. Kohlberg 1979, S. x).

Für die einzelnen Theorierichtungen sind bestimmte Forschungsmethoden charakteristisch. Biologische Ansätze präferieren psychobiologische Verfahren (z.B. bildgebende Verfahren), Vertreter der psychometrischen Tradition schriftliche Befragungen, behavioristische und soziale Lerntheorien Beobachtungen unter Laborbedingungen, psychoanalytische Positionen projektive Verfahren, Theorien der Informationsverarbeitung reaktionszeitgestützte Verfahren, Vertreter der Humanistischen Psychologie Analyse von Tagebüchern, Repräsentanten der Piaget-Tradition und Bereichstheorien halbstandardisierte mündliche Befragungen (klinische Interviews) sowie soziokulturelle Ansätze weitere gering standardisierte Forschungsmethoden, etwa Formen teilnehmender Beobachtung, narrative, durch Erzählungen geprägte Interviews, Formen der qualitativen Textanalyse und Varianten zur Untersuchung von Diskussionsprozessen. In den letzten Jahren entstanden vermehrt computerbasierte Verfahren. Äußerst vielfältig ist deshalb heute das Methodenspektrum der Psychologie (vgl. Eid/Gollwitzer/Schmitt 2010). Dies gilt auch für die Sozialwissenschaften Soziologie, Politologie und Ökonomie, d.h. für die Empirische Sozialforschung (vgl. Diekmann 2008). Die vorliegenden Forschungsmethoden lassen sich danach systematisieren, inwieweit sie den Naturwissenschaften oder den Geistes- und Sozialwissenschaften nahestehen (z.B.

psychobiologische Methoden vs. Formen narrativer Interviews). Weitere Ordnungsgesichtspunkte sind ihr Standardisierungsgrad („qualitative" vs. „quantitative" Methoden) und ihre Komplexität (vgl. die acht Ebenen der Persönlichkeit). Sie lassen sich zudem danach gruppieren, inwieweit die Probanden bewusst ist, dass sie untersucht werden („reaktive" vs. „nicht-reaktive" Methoden), die Probanden um den Zweck der Untersuchung und um die Bedeutung der Daten wissen („transparente" vs. „intransparente" Methoden), die Erhebung sich nur auf einen Probanden erstreckt („Einzelerhebung" vs. „Gruppenerhebung"), die Forscher an den Aktivitäten der Probanden teilnehmen („Teilnahme" vs. „Nicht-Teilnahme" der Forschenden) und inwieweit Maximalleistungen oder Formen typischen Verhaltens erfasst werden („Leistungstest" vs. „Persönlichkeitstest") (vgl. Eid/Gollwitzer/Schmitt 2010, S. 20 ff.). Ein weiterer Ordnungsgesichtspunkt ist ihr Verbreitungsgrad. Kohlbergs Methodik steht den Geistes- und Sozialwissenschaften nahe, ist ein qualitatives, komplexes, reaktives, transparentes, auf Einzelerhebung gestütztes und die Nicht-Teilnahme der Forschenden gebundenes Vorgehen, das einen Leistungstest darstellt.

Kapitel 4 behandelt Kritik durch Vertreter der psychometrischen Tradition. Diese Tradition dominiert bis heute die Persönlichkeitspsychologie; Forscher wie Stern und Allport haben sie Anfang des letzten Jahrhunderts begründet. Psychische Aspekte gelten hier als über Situationen und die Lebenszeit hinweg weitgehend stabile, interindividuelle Differenzen erklärende Dispositionen (als „Persönlichkeitseigenschaften"/„Wesenszüge"). Zudem entstanden in dieser Tradition standardisierte Messmethoden, nämlich standardisierte Fragebögen, die das typische Erleben und Verhalten von Personen erfassen sollen (Persönlichkeitstest; z.B. Fragebögen zur Ermittlung emotionaler Persönlichkeitsaspekte), sowie standardisierte Tests, die auf die maximale Leistungsfähigkeit einer Person zielen (Leistungstests; z.B. Intelligenztests). Auch wurden Kriterien für die Güte von Tests formuliert (z.B. Objektivität, Reliabilität, Validität) sowie statistische Methoden ausgearbeitet (z.B. Faktorenanalyse).

Ich setze mich zum einen deshalb mit der psychometrischen Kohlberg-Kritik auseinander, um auch Kohlbergs Methodik zur Erhebung und Auswertung des Urteilens zu den von ihm thematisierten Gerechtigkeitsfragen zu diskutieren; diese bezieht sich ja vorrangig auf die Urteilsbildung von Jugendlichen und Erwachsenen. Es geht besonders um eine Abwägung der Vor- und Nachteile des SIS, das Ende der 1970er-Jahre entstand. Die Kohlberg-Rezeption der 1970er Jahre hat über Mängel seiner Kodiermethode für gewöhnlich hinweggesehen, und die heute verbreitete Kohlberg-Rezeption unterzieht sich im Allgemeinen nicht der Mühe einer Auseinandersetzung mit seinem relativ komplexen Auswertungsverfahren, da der Forschungsansatz im Ganzen als problematisch angesehen wird. Fragen der Auswertung des Urteils sind für die Moralpsychologie zentral, denn die verwendeten Auswertungsverfahren beeinflussen in erheblichem Maße die empirischen Resultate; diese Fragen sind insgesamt jedoch selten Gegenstand von Diskussionen. Zum anderen soll die Auseinandersetzung mit der psychometrischen Kohlberg-Kritik dazu dienen, jetzt auch die Rolle der von psychometrischen Persönlichkeitskonzeptionen herausgestellten elementaren Persönlichkeitsunterschiede für die Moral zu beleuchten.

Kohlberg stützt sich bei der Datenerhebung ja auf ein klinisches Interview und verfolgt bei der Datenauswertung eine vorwiegend hermeneutische Strategie, womit er sich gegen zentrale Elemente der psychometrischen Tradition wendet; Ansätze aus dieser Tradition, etwa die Fragebogenforschung und die Position von Hartshorne und May, kritisiert er. Kurtines und Greif bringen Mitte der 1970er Jahre Gesichtspunkte der psychometrischen Tradition gegen seine frühe klinisch-hermeneutische Forschungsmethodik zur Geltung. Bereits in den 1970er Jahren setzt sich Kohlberg mit ihrer Kritik auseinander.

Zudem sind die forschungsmethodischen Einwände der Neo-Kohlbergianer Rest und Gibbs Gegenstand meiner Diskussion. Beide Forscher knüpfen in dieser Dekade ebenfalls an die psychometrische Tradition an und beziehen sich dabei auch auf seine spätere Forschungsmethodik; als ehemalige Mitarbeiter Kohlbergs sind sie mit dessen Auswertungsmethode bestens vertraut – Gibbs hat selbst am SIS mitgearbeitet. Rest und Gibbs präsentieren jeweils auch ein eigenes Kodierverfahren und zielen dabei wie Kohlberg auf die Urteilsbildung zu Gerechtigkeitsfragen, zudem kritisieren sie das MJI und entwickeln jeweils eine eigene Erhebungsmethode: Rest begründet den „Defining Issue Test" (DIT), eine schriftliche Befragung mit vorgegebenen Antwortalternativen. Gibbs entwirft den „Sociomoral Reflection Measure" (SRM), eine schriftliche Befragung, die das Niederschreiben von Begründungen für vorgenommene Bewertungen und Handlungsentscheidungen verlangt. DIT und SRM lassen sich ähnlich einordnen wie Kohlbergs Forschungsmethodik; beispielsweise stellen diese drei Zugänge Leistungstests dar, denn sie zielen auf die Ermittlung der moralkognitiven Leistungsfähigkeit eines Individuums. Der Verbreitungsgrad unterscheidet sich jedoch: Während in der psychologischen Forschung und in der Empirischen Sozialforschung der Verbreitungsgrad halbstandardisierter mündlicher Befragungen (wie des MJI) eher gering ist, stellt die Fragebogenmethode „die mit Abstand am häufigsten verwendete Forschungsmethode in der Psychologie" dar (Eid/Gollwitzer/Schmitt 2010, S. 29), und diese wird auch in der Empirischen Sozialforschung oft verwendet (vgl. Diekmann 2008, S. 435 f.). Rest und Gibbs entwickeln aber nicht nur forschungsmethodische Alternativen: Auf Gibbs' Versuch einer erweiterten Beschreibung der präkonventionellen Stufen habe ich schon hingewiesen, ebenfalls erwähnt wurden seine Bemühungen um eine Integration des konstruktivistischen Ansatzes mit der Lerntheorie sowie Rests Vier-Komponenten-Modell der Moral. Hier interessiert nur solche Kritik der beiden Autoren, die sich auf Kohlbergs Forschungsmethoden richtet. Ihre neokohlbergianischen Ansätze gewannen ab den 1980er Jahren durchaus Einfluss; ihre methodische Kritik an Kohlberg hingegen fand kaum Beachtung.

Zunächst skizziere ich Veränderungen bei Kohlberg, insbesondere Veränderungen bei seiner Forschungsmethodik (4.1). Dann werden zentrale Probleme der psychometrischen Verfahren von Rest und Gibbs benannt (4.2) sowie die gegen Kohlbergs frühe Forschungsmethodik gerichtete Kritik von Kurtines und Greif (4.3) und die wissenschaftstheoretische Kritik von Philipps und Nicolayev diskutiert (4.4). Anschließend arbeite ich Probleme des MJI und des SIS, wie sie in den 1970er Jahren bestehen, heraus (4.5). Auch erörtere ich die gegenwärtige psychometrische Kohlberg-Kritik (4.6). Die Relevanz psychometrischer Persönlichkeitskonzeptionen („Eigenschaftstheorien") für die Moralpsychologie wird beleuchtet; diese zeigen die Bedeutung elementarer Persönlichkeitsunterschiede für die Gerechtigkeitsmoral auf (4.7).

## 4.1   Die 1970er Jahre: Kohlbergs Veränderungen seiner klinisch-hermeneutischen Forschungsmethodik

Kohlberg nimmt in den 1970er Jahren theoretische und empirische Erweiterungen seines Ansatzes, besonders aber Veränderungen in der Forschungsmethodik, vor.

Er stellt gegen Ende des Jahrzehnts seinen ursprünglichen moralpädagogischen Ansatz in Frage, wobei er vor allem den Anspruch relativiert, durch Diskussionen moralischer Dilemmata eine Förderung der Moralentwicklung erreichen zu können, und die Berechtigung indoktrinativer Erziehungsstrategien, gegen die er sich zunächst gewandt hatte, ein Stück weit einräumt (vgl. Kohlberg 1975; 1978, S. 84 f.). Damit reagiert er auch auf die wenig befriedigenden Resultate, die das eigene Programm einer Förderung der moralischen Entwicklung durch Dilemmadiskussionen erbrachte: Sammelberichte von Untersuchungen zu deren Wirkung zeigten, dass bei ca. einem Drittel der Schüler keine Veränderung des Urteilens erfolgte und die durchschnittliche Veränderung nur ca. eine Drittel-Stufe betrug. Auch die Auswirkungen auf das moralische Handeln waren insgesamt eher gering (vgl. auch Oser/Althof 1992; Uhl 1996). Kohlberg entwickelt jetzt den moralpädagogischen Ansatz einer Gerechten Schulgemeinschaft („Just-Community-School"), bei der das gesamte schulische Leben unter dem Gesichtspunkt der Förderung der Moralentwicklung organisiert ist – und nicht nur Dilemmadiskussionen im Klassenzimmer stattfinden. Im Rahmen dieses Ansatzes soll insbesondere durch die Verankerung partizipatorischer Entscheidungsprozeduren in der Schule den Schülern ein moralisches Wertesystem vermittelt, die Entwicklung moralischer Urteilsstufen stimuliert und ein Gefüge moralischer Handlungsdispositionen ausgebildet werden. Die Schüler wirken (etwa in Form von Vollversammlungen) an der Regelung der schulischen Angelegenheiten mit; sie erstellen zum Beispiel die in der Schule geltenden moralrelevanten Regeln und sind für deren Einhaltung verantwortlich.

Auf moralpsychologischer Ebene relativiert Kohlberg mit Blick auf das Urteilen zu hypothetischen Gerechtigkeitsfragen den Stellenwert von Stufe 6, indem er zusätzlich eine Stufe 7 aufführt. Diese bestimmt er als Argumentationsform, bei der universelle Gerechtigkeitsprinzipien und moralische Verfahren in den Kontext von Reflexionen über den Sinn des Lebens und über den Kosmos eingebettet sind. Auf Stufe 7 geben Personen differenzierte Antworten auf Fragen wie: „Warum moralisch sein in einer Welt, die weitgehend unmoralisch ist? "; „Warum lebt man?" (vgl. Kohlberg 1981, S. 311 ff.). Solche Fragen könnten auf Stufe 6 nicht überzeugend beantwortet werden; dafür seien religiöse oder metaphysische Reflexionen erforderlich. Die Stufe 7 versteht Kohlberg allerdings nicht als Teil einer rational begründbaren Stufenhierarchie.

Was Stufe 6 selbst angeht, entwickelt Kohlberg das Verfahren einer „idealen wechselseitigen Rollenübernahme", der „Moral Musical Chairs", um eine vollständig rationale moralische Urteilsbildung zu bestimmen. Er betrachtet dieses Verfahren als eine komplexere Form der Goldenen Regel, der Übernahme des Standpunkts einer anderen Person. Anhand des „Heinz"-Dilemmas illustriert er das Verfahren wie folgt (Kohlberg 1973, S. 643):

> Im ‚Heinz'-Dilemma muss sich Heinz vorstellen, ob sich der Apotheker in die Lage der Ehefrau versetzen und dann immer noch seinen Anspruch aufrechterhalten könnte, und ob sich die Ehefrau in die Lage des Apothekers versetzen und ihren Anspruch aufrecht erhalten könnte. Intuitiv finden wir, dass die Ehefrau dies könnte, nicht aber der Apotheker . Daher ist es für den Ehemann

fair, auf der Grundlage des Anspruchs der Ehefrau zu handeln. Wir nennen den Prozess, bei dem eine reversible moralische Entscheidung gefunden wird, ‚ideale Rollenübernahme'. Moralische Urteile der Stufe 6 beruhen auf der Übernahme des Anspruchs jedes Handelnden unter der Annahme, dass die Ansprüche aller anderen Handelnden ebenfalls aufgrund der Goldenen Regel bewertet und entsprechend angepasst werden. Dies ist gemeint, wenn wir die Reversibilität der Stufe 6 als Anwendung der Goldenen Regel zweiter Ordnung bezeichnen. Ein Handelnder, der solch eine auf idealer Rollenübernahme basierende Entscheidung trifft, macht folgende Schritte:
1. Sich in die Lage einer jeden Person in dieser Situation versetzen (einschließlich der eigenen) und alle Ansprüche, die diese erheben könnte (oder die das Selbst in dieser Lage machen könnte), berücksichtigen.
2. Sich anschließend vorstellen, dass das Individuum nicht weiß, welche Person es in dieser Situation ist und sich fragen, ob es seinen Anspruch noch aufrechterhalten kann.
3. Dann in Übereinstimmung mit diesen reversiblen Ansprüchen in der Situation handeln.

Kants formales Prüfverfahren – „nur so zu handeln, dass man wollen kann, dass die Motive des eigenen Tuns allgemeines Gesetz werden" – wird also neu bestimmt durch die Prozedur einer wechselseitigen Berücksichtigung der Interessen-, Problem- und Gefühlslagen von Personen, die die Zustimmungsfähigkeit einer Handlung garantieren soll. Kohlberg orientiert sich jetzt stärker an der Anfang der 1970er Jahre publizierten und in der Philosophie sehr bald einflussreich gewordenen Moraltheorie seines Harvard-Kollegen Rawls als an der Moraltheorie Kants. (Rawls steht freilich auch in der kantianischen Tradition.) Was die moralischen Prinzipien betrifft, bestimmt Kohlberg Stufe 6 nur noch durch „Prinzipien der Gerechtigkeit", die der kantianischen Tradition entstammen, und nicht länger durch Prinzipien allgemein – wie in der Dissertation und in den 1960er Jahren (vgl. 2.3.1). Insgesamt gewinnen in Kohlbergs Arbeiten moralphilosophische Reflexionen nunmehr stark an Bedeutung (vgl. Kohlberg 1981).

Hinsichtlich der empirischen Analyse des Gerechtigkeitsurteils betrachtet er jetzt die Beschränkung auf hypothetische Dilemmata als Problem und bezieht sich in ersten Ansätzen auf die Urteilsbildung zu alltagsnäheren Normenkonflikten. Beispielsweise werden in einer gemeinsam mit Hickey und Scharf publizierten Studie (1972) Gefängnisinsassen zu Dilemmata befragt, die Situationen des Gefängnisalltags widerspiegeln.

Bei der empirischen Untersuchung des hypothetischen Gerechtigkeitsurteils zieht Kohlberg neben männlichen nunmehr auch weibliche Probanden heran, vor allem wohl, um den möglichen Vorwurf der Geschlechtsspezifität der Stufen zu entkräften: 1968 initiiert er eine Längsschnittstudie in Israel, die 1978 abgeschlossen wird (Snarey/Reimer/Kohlberg 1985). Die Längsschnittstudien in den USA (Colby et al. 1983) und in der Türkei (Nisan/Kohlberg 1982), die jeweils nur männliche Probanden umfassten, werden beide 1976 abgeschlossen. Von den drei Studien ist aber nicht die Israel-Studie, sondern die USA-Studie am differenziertesten angelegt:

- Hier hat die Gruppe um Kohlberg die Urteilsbildung der Probanden zu allen neun Dilemmata des MJIs erhoben, während in den beiden anderen Studien die Urteilsbildung zu höchstens sechs Dilemmata des Interviews erfasst wurde.
- In den USA wurden die Argumentationen der Probanden längsschnittlich über mehr als 20 Jahre hinweg verfolgt, während sie in der Türkei über 12 Jahre und in Israel über sieben Jahre hinweg erhoben wurden.

- In der USA-Studie gingen die Forscher der Wirkung einer großen Zahl von Entwicklungsbedingungen des Urteilens nach, zum Beispiel dem Erziehungsverhalten der Eltern, dem sozioökonomischen Status der Eltern, dem sozioökonomischen Status der Probanden, der Ausbildung, der Religionszugehörigkeit, dem soziometrischen Status und der Intelligenz der Probanden (vgl. Hart 1992), wohingegen sie in den beiden anderen Studien hauptsächlich nur den sozioökonomischen Status der Eltern und das Aufwachsen in einer dörflichen oder urbanen Umgebung erhoben.

Kohlberg treibt jetzt auch die empirische Analyse der kognitiven Entwicklungsbedingungen des hypothetischen Gerechtigkeitsurteils voran, die sich zunächst nur auf den Faktor „Intelligenz" erstreckte. Beispielsweise untersucht er den Einfluss von Piagets Stufen logisch-kausalen Denkens auf die Moralstufen, wobei er seine Annahmen gegenüber den 1960er Jahren verändert: Als notwendige kognitive Voraussetzungen für die Stufen 3 und 4 gelten nicht länger konkrete Operationen, sondern Unterstufen formaler Operationen (vgl. Kuhn et al. 1977). Zudem verweist Kohlberg jetzt auch auf notwendige sozialkognitive Bedingungen für die Entwicklung der Stufen des Gerechtigkeitsurteils. Die sozialkognitive Forschung hat – angeregt vor allem durch die Arbeiten von Flavell, Feffer und Selman – in den 1970er Jahren einen Aufschwung erlebt (vgl. Edelstein/Keller 1982; Geulen 1982). Kohlberg greift bei seiner Bestimmung sozialkognitiver Entwicklungsbedingungen, wie bereits dargestellt, insbesondere auf die Analysen von Selman zurück. Zum Einfluss der sozialkognitiven Entwicklungsbedingungen auf das Gerechtigkeitsurteil unternimmt er in diesem Jahrzehnt allerdings noch keine empirischen Studien.

Kohlbergs Anhänger konzentrieren sich in den 1970er Jahren – wie Kohlberg selbst – auf die Analyse des hypothetischen Gerechtigkeitsurteils. Wie er beziehen sie sich hauptsächlich auf die Annahme der Invarianz der Stufensequenz; die Fragen nach der Variation der Stufenwerte einer Person zu einem Messzeitpunkt und nach den Faktoren, die zu Stufenvariationen führen, stehen dagegen eher am Rande. Vor allem in den USA wird in dieser Zeit auf der Basis des MJIs die Annahme einer invarianten Sequenz überprüft. Dabei sind die Mehrzahl dieser Studien Querschnittstudien, es gibt aber auch einige Längsschnittstudien (vgl. Rest 1979; Colby et al. 1983). In anderen Ländern, etwa in Indien, Kenia, Neuseeland und Nigeria, erfolgen ebenfalls Untersuchungen der Annahme einer invarianten Stufensequenz (vgl. Edwards 1981; Snarey 1985). Die Sequenz der Stufen bei beiden Geschlechtern wird jetzt für gewöhnlich auch in den Studien in den USA (vgl. Walker 1984) und in verschiedenen kulturvergleichenden Studien überprüft (vgl. Snarey 1985). Zudem vergleichen Wissenschaftler in mehreren dieser Untersuchungen die Urteilsbildung in unterschiedlichen sozialen Schichten (vgl. Edwards 1981, Snarey 1985). Turiels Studie zur experimentellen Manipulation der Stufensequenz regt ebenfalls Forschungen an (vgl. Tracy/Cross 1973; Walker 1982). Darüber hinaus gibt es einige empirische Untersuchungen zur hierarchischen Integration der Stufen, d.h. zum Verständnis und zur Präferenz stufenspezifischer Argumente, die sich an Rests frühen Studien orientieren (vgl. Rest 1979; Walker/de Vries/Bichard 1984). Einige Forscher knüpfen auch an die erwähnten empirischen Annahmen zu den kognitiven Entwicklungsbedingungen (vgl. Walker 1980) und zu den sozialkognitiven Entwicklungsbedingungen (vgl. Kurdek 1978) an.

Kohlberg selbst räumt Anfang der 1970er Jahre Mängel seiner frühen Auswertungsmethode - des in Abschnitt 2.2 umrissenen Aspect Scoring - ein. Insbesondere seien die Kriterien für die Stufenzuordnung im Auswertungshandbuch zu sehr an den Inhaltsaspekten des Urteilens (z.B. an der Handlungsentscheidung oder an eingebrachten Normen) orientiert gewesen. Offenkundig wurde das Problem angesichts der Regressionen bei postkonventionellen Personen, die in der Längsschnittstudie von Kramer auftraten. Diese Sequenzanomalien führt Kohlberg nunmehr vornehmlich auf die Unzulänglichkeiten des Aspect Scoring zurück, und nicht länger auf Prozesse der Ich-Entwicklung (vgl. 3.6.1). Dabei unternimmt er mehrere Versuche, ein angemessenes Auswertungsverfahren zu entwickeln, bis er Ende der 1970er Jahre schließlich das Standard Issue Scoring (SIS) vorlegt, das bis heute gültig geblieben ist. Mit dem SIS nähert sich Kohlberg der psychometrischen Tradition ein Stück weit an.

Stufen moralischen Urteilens, etwa Kohlbergs Stufen, mögen theoretisch sinnvoll unterschieden worden sein – wie aber sind diese Stufen in dem von der Person gelieferten Interviewmaterial zu kodieren? Verschiedene grundlegende Fragen stellen sich bei der Kodierung eines Interviews, darunter vor allem die folgenden drei:

- Soll man die Urteilsstufe einer Person jeweils anhand von einzelnen Sätzen zu dem Dilemma oder anhand ihrer gesamten Stellungnahme zum Dilemma identifizieren?
- Können bei der Bestimmung des Stufenwerts der Person auch Inhaltsaspekte des Urteilens herangezogen werden? Weist etwa die Entscheidung einer Person zugunsten des Diebstahls und ihre Orientierung am Wert des Lebens auf eine bestimmte Stufe hin?
- Sind im Auswertungshandbuch, in dem die einzelnen Stufen durch prototypische Begründungen dilemmaspezifisch operationalisiert sind, auch präzise formulierte Kriterien für die Zuordnung einer Interviewaussage zu einem prototypischen Argument zu benennen, um Unklarheiten über die Passung von Interviewaussage und prototypischer Begründung zu beseitigen?

Im Rahmen des Aspect Scoring wählte Kohlberg ja als Auswertungseinheit einzelne Sätze (beim Sentence Scoring) bzw. die gesamte Stellungnahme zu einem Dilemma (beim Story Rating) und orientierte sich bei der Kodierung von Stufen zum Teil an den Inhaltsaspekten des Urteilens. Zuordnungskriterien führte er dort jeweils nicht an. Die Notwendigkeit einer Revision des Aspect Scoring ergab sich Anfang der 1970er Jahre vor allem dadurch, dass Kohlberg zwei Kriterien nicht erfüllt fand, die an jeden Test üblicherweise herangetragen werden: Die Anwendung des Verfahrens soll zum einen zu verschiedenen (nahe beieinander liegenden) Zeitpunkten oder bei verschiedenen Auswertern zu gleichen Ergebnissen für eine Person führen, soll „reliable" Kodierungen sicherstellen. Zum anderen soll das Verfahren die theoretisch unterschiedenen Kategorien (Stufen) in dem von der Person gelieferten Datenmaterial angemessen identifizieren – das Verfahren soll „valide" sein. Die Reliabilität fand Kohlberg durch die zu große Auswertungseinheit beim Story Rating sowie unter anderem durch das Fehlen von Zuordnungskriterien beim Sentence Scoring gemindert. Zudem sei bei diesen beiden Varianten des Aspect Scoring die Kodierung von Stufen zu stark an den Inhaltsaspekten des Urteilens orientiert, was zu einer unzureichenden Validität geführt habe. Kohlberg selbst erklärt Ende der 1970er Jahre, er habe um diese Defizite des Aspect Scoring immer schon gewusst:

Ich selbst war nicht der Ansicht, dass meine Dissertation einen ‚Test' oder eine ‚Skala' der moralischen Urteilsentwicklung lieferte, sondern dachte eher, dass sie eine explorative Auswertungsmethode darstellt. In Bezug auf die Reliabilität zeigten die Daten der Dissertation, dass die Methode eine auseichend hohe Übereinstimmung bei verschiedenen Auswertern bzw. Dilemmata erzielte, die es erlaubte, Gruppen zu untersuchen und Durchschnittswerte bei Altersgruppen (oder anderen Gruppen) in Bezug auf theoretische Hypothesen zu vergleichen. Die Daten rechtfertigten die Methode nicht als individuenbezogenen Test in Bezug auf die Test-Retest-Reliabiltät und andere Kriterien der Testreliabilität, welche sich auf einzelne Personen beziehen (Kohlberg 1979, S. x).

Wenn er sich über diese Mängel schon so früh im Klaren war, bleibt allerdings zu fragen, weshalb er dann – etwa in Kohlberg/Kramer (1969) – die auftretenden Sequenzanomalien nicht gleich auf diese Defizite zurückführte und die Mängel Ende der 1950er und in den 1960er Jahren meines Wissens in seinen Publikationen nirgends ansprach.

Nach eigener Darstellung gelangte Kohlberg dann 1970 gemeinsam mit Rest zu der Überzeugung, dass mit der Konstruktion eines validen und reliablen Auswertungsverfahrens begonnen werden müsse (Kohlberg 1979, S. x). Während Rest Mitte der 1970er Jahre ein eigenes Verfahren zur Diagnose moralischen Urteilens (nämlich den DIT) vorlegte, benötigte Kohlberg selbst fast das gesamte Jahrzehnt zur Konstruktion eines validen und reliablen Urteilstests. Tatsächlich gestaltete sich diese Konstruktion schwieriger als zunächst erwartet. Verschiedene Anläufe hat er unternommen, bei denen neben Forschern wie Candee, Colby und Lieberman auch Gibbs beteiligt war. 1971 hat die Kohlberg-Gruppe zunächst das „Structural Issue Scoring" entwickelt, Ende der Dekade dann das SIS. Dazwischen wurde das Auswertungsverfahren alle ein bis zwei Jahre verändert (vgl. Rest 1979). Das Structural Issue Scoring war bei der Kohlberg-Gruppe zwischen 1972 und 1975 im Einsatz (vgl. Kohlberg 1984, S. xxxiii). Das SIS hat diese erstmals Ende des Jahrzehnts im Rahmen der Längsschnittstudie in den USA eingesetzt.

Kohlberg versteht die von ihm vorgenommene Modifizierung der Auswertungsmethode – wie auch die Veränderung der theoretischen Stufendefinition – in methodologischer Hinsicht als „Bootstrapping": Operationale Stufendefinitionen im Manual und theoretische Stufendefinitionen wurden ihm zufolge vor allem aufgrund der Ergebnisse eigener Interviewanalysen korrigiert. Die entsprechend veränderten Methoden und theoretischen Konzepte erbrachten wiederum veränderte Resultate bei den Interviewanalysen. „Bootstrapping" meint also den Prozess der wechselseitigen Korrektur von Methode und Theorie einerseits und Empirie andererseits.

Wie unterscheiden sich nun Structural Issue Scoring und SIS vom Aspect Scoring? Beim Structural Issue Scoring ist die Auswertungseinheit nicht mehr die gesamte Stellungnahme der Person zu einem Dilemma (wie beim Story Rating) oder ein einzelner Satz (wie beim Sentence Rating), sondern die gesamte Stellungnahme der Person zu einer von ihr angesprochenen Norm (beim „Heinz"-Dilemma etwa der Norm, Leben zu erhalten). Vor allem aber wird eine Trennung der Kodierung von Strukturen von der Kodierung von Inhaltsaspekten vorgenommen: Kohlberg hält fest, er habe in den 1950er Jahren entwickelten Verfahren (Story Rating und Sentence Scoring) noch nicht berücksichtigt, dass jeder Inhaltsaspekt auf jeder Stufe verwendet werden kann. Aufgrund der Stufenunabhängigkeit der Inhaltsaspekte sollte man Antworten zu einem Dilemma nicht als Ganzes heranziehen und gestützt auf die angesprochenen Inhalte Stufen zuweisen; vielmehr müsse man fragen, auf welcher Entwicklungsstufe die Person einen Aspekt konstruiert. Die Gesichtspunkte, die in den Auswertungssystemen der 1950er Jahre Kriterien für bestimmte Stufen waren, bilden im Structural Issue Scoring-System, so Kohlberg, die Inhaltsdimension der Stufenanalyse (Colby/Kohlberg 1987, S. 39). Das Manual des Structural Issue Scoring beschreibt, wie die von den Personen angesprochenen Normen auf den sechs Stufen jeweils verstanden werden. Spezifische Kriterien für die Zuordnung von Interviewaussagen zu prototypischen Stufenkennzeichnungen im Manual sind darin nicht formuliert. Nach Kohlbergs eigenem Bekunden ist dieser Test aufgrund der Trennung von Struktur und Inhalt valide, jedoch nicht hinreichend reliabel (vor allem in der Hand wenig erfahrener Auswerter), besonders weil die Auswertungseinheit zu groß ist.

Das SIS soll die Auswertung valide und zugleich reliabel gestalten. Hier wählt die Kohlberg-Gruppe wieder eine kleinere Auswertungseinheit, nämlich wie beim Sentence Scoring isolierte Argumente – im Manual sind einzelne Argumentationsprototypen, sog. Criterion Judgments (CJs), aufgeführt. Im Unterschied zum Sentence Scoring und zum Story Rating wird eine Trennung von Struktur und Inhalt vorgenommen. Auch ist die Kodierung im Gegensatz zum Sentence Scoring, Story Rating und Structural Issue Scoring an spezifischen Kriterien für die Zuordnung einer Interviewaussage zu einem prototypischen Argument orientiert: Die Stufenstruktur eines prototypischen Arguments („Stage Structure") wird definiert. Komponenten des Arguments („Critical Indicators") sind angegeben. Unterschiede zu ähnlich klingenden, aber konzeptuell verschiedenen Argumenten auf der gleichen oder auf anderen Stufen werden herausgearbeitet („Distinctions"). Expliziert wird zudem, wie sich das prototypische Argument auf höheren Stufen verändert und in welchen höherwertigen Begründungen es enthalten sein kann („Inclusions"). Auch sind Beispiele für Interviewaussagen, die dem prototypischen Argument entsprechen, angegeben („Match Examples"). Man betrachte folgendes Criterion Judgment zum „Heinz"-Dilemmat:

Criterion Judgment 13 („Heinz"-Dilemma)
DILEMMA:     III
ISSUE:     Leben
NORM:     Bindung
ELEMENT:     Eine Pflicht haben (5)
STUFE:     3
CRITERION JUDGMENT
1. [Heinz sollte das Medikament stehlen, oder es ist Heinz' Pflicht, das Medikament zu stehlen] weil er für sie sorgen soll, oder sie lieben soll; „ODER" weil man von ihm erwartet, dass er zu ihr hält; „ODER" weil er sich nicht einfach zurücklehnen und zusehen sollte, wie sie stirbt .
2. [Heinz sollte das Medikament stehlen, selbst wenn er seine Frau nicht liebt] weil er sie einmal geliebt haben muss oder sich immer noch um sie sorgen sollte; „ODER" weil er immer noch ihr Ehemann ist.
STAGE STRUCTURE
Wie im Criterion Judgment 12 wird das Stehlen gerechtfertigt insofern, als es wie in diesem Fall einer Norm der Zugehörigkeit und gegenseitiger Fürsorge zwischen Ehemann und Ehefrau oder Freunden entspricht. Dieses Criterion Judgment enthält einen Fokus auf Verpflichtungen, die auf geteilten Erwartungen an prosoziales Rollenverhalten basieren.
CRITICAL INDICATORS
Erforderlich für ein Match ist eine Berufung darauf: (a) wie sich Heinz fühlen sollte (sollte sich um sie sorgen, sie lieben, muss sie einmal geliebt haben, sollte sich immer noch um sie kümmern, usw.); oder (b) angemessenes mitfühlendes Verhalten (sie nicht tatenlos sterben lassen).

DISTINCTIONS UND INCLUSIONS
*„Innerhalb der Stufe 3"*
Nicht zu verwechseln mit alternativen Aspekten der Stufe 3, die sich auf Heinz' prosoziale Motive im Allgemeinen (CJ 16), oder auf die Sorge konzentrieren, die Heinz empfinden würde (CJ 12).
*„Zwischen anderen Stufen"*
Diese Vorschrift für Heinz, sich zu sorgen, ist nicht zu verwechseln mit der ambivalenten Stufe-3/4-Idee von der Verantwortung, die Heinz empfinden würde (CJ 21). Sie ist zu unterscheiden vom Stufe-4-Verständnis von Rollennormen mit Bezug auf Verantwortung gegenüber der Gesellschaft oder vertragliche Verpflichtungen (CJ 27). Dieser Punkt sollte in den zitierten Stufe-3/4- oder Stufe-4-Urteilen eingeschlossen werden.
MATCH EXAMPLES
1. Gibt es einen guten Grund zu stehlen, wenn Heinz seine Frau nicht liebt?
Ja, einfach um zu versuchen, ein Leben zu retten. Er muss sie einmal geliebt haben, und er ist noch ihr Ehemann.
2. Ist es die Pflicht eines Ehemannes, die Arznei für seine Frau zu stehlen, wenn er sie nicht anders beschaffen kann? Würde ein Ehemann dies tun?
Ich glaube nicht, dass sich irgendein Ehemann zurücklehnen und zusehen sollte, wie seine Frau stirbt. Es ist seine Pflicht, ihr Leben zu retten.

Kohlbergs Rekonstruktion der Geschichte seines Auswertungsverfahrens ist im Wesentlichen auf die erwähnten drei Gesichtspunkte beschränkt. Ob und in welcher Weise eine Trennung von Struktur und Inhalt vorzunehmen ist, welche Auswertungseinheit zu wählen ist und ob präzise definierte Zuordnungskriterien sinnvoll sind, waren aber nur einige der Fragen, die sich ihm bei der Kodierung des Urteilens nach Stufen stellten. Verschiedene andere Fragen waren ebenfalls zu klären, besonders die folgenden:

- Ist die Einführung von Zwischenstufen im Auswertungshandbuch notwendig?
- Wie lassen sich die einzelnen Stufenwerte einer Person sinnvoll zu einem Gesamtwert (einem „globalen" Wert) für diese Person zusammenfassen?
- Nach welchen Gesichtspunkten sind die Inhaltsaspekte des Urteilens zu kodieren?
- Wie können die verschiedenen Dilemmata des MJIs so gruppiert werden, dass die daraus entstehenden, weniger Dilemmata umfassenden Tests bei einer Person jeweils zu den gleichen Ergebnissen führen, d.h. „parallele Formen" des Interviews bilden?

Auch im Hinblick auf diese Fragen gibt es zum Teil starke Veränderungen. Ich möchte diese Veränderungen kurz beschreiben:

1. Während sich im Manual des Aspect Scoring noch keine Zwischenstufen finden, führt Kohlberg beim Structural Issue Scoring die Zwischenstufe 4/5 ein. Grund dafür waren vor allem die relativistischen Äußerungen von Probanden der Längsschnittstudie Kramers, die sich der frühen Beschreibung der sechs Stufen nicht fügten. Ein Relativismus der Stufe 4/5 kommt etwa in der Aussage zum Ausdruck, dass Heinz nur dann stehlen solle, wenn er denkt, das Recht auf Leben sei wichtiger als das Eigentumsrecht des Apothekers. Die Person verweist also auf eine subjektive Präferenz, was eigentlich für Stufe 2 kennzeichnend ist; die Bezugnahme auf die subjektive Präferenz erfolgt jedoch auf hohem Reflexionsniveau, nämlich in Form einer Abwägung verschiedener Rechte. Diese Abwägung beinhaltet die Über-

windung einer Systemperspektive, umfasst aber noch keinen Standpunkt der Stufe 5, bei dem die Urteilsbildung an universellen Standards orientiert ist.

Im Manual des SIS treten zusätzlich die Zwischenstufen 1/2, 2/3 und 3/4 auf. Man betrachte die folgende Begründung der Stufe 2/3:

> HEINZ, ISSUE: Gesetz, CJ 11: [Es ist wichtig, das Gesetz zu befolgen] denn wenn jemand das Gesetz bricht, werden es andere auch tun, und alle hätten Ärger (...)

Die Aussage enthält sowohl einen Aspekt von Kohlbergs Stufe 2, nämlich eine instrumentalistische Orientierung an den negativen Folgen von Handlungen für einzelne Individuen, als auch einen Aspekt der Stufe 3, nämlich die Bezugnahme auf das Wohl anderer. Die prosozial-empathische Orientierung kommt noch nicht in einer Form zum Ausdruck, die für eine volle Stufe 3 kennzeichnend wäre. Der maßgebliche Grund für die Einführung dieser drei weiteren Zwischenstufen war, dass auch bezüglich früher Stufen qualitativ bestimmbare Übergangsschritte festgestellt wurden.

2. Es gibt verschiedene Möglichkeiten, aus den zum MJI für eine Person ermittelten Stufenwerten einen zusammenfassenden, globalen Stufenwert für diese Person zu bilden. Beispielsweise kann man sich an ihrem höchsten Stufenwert orientieren, man kann den am häufigsten verwendeten Wert (den Modalwert) heranziehen, oder man kann einen Durchschnittswert bilden. Im Rahmen des SIS ermittelt Kohlberg neben den Stufenwerten für die einzelnen CJs Werte für die gesamte Stellungnahme zu einer der beiden durch das Dilemma vorrangig angesprochenen Normen (zu einem „Issue"; beim „Heinz"-Dilemma zu „Leben" und „Gesetz") sowie Werte für die aus der Gruppierung der Dilemmata entstandenen parallelen „Formen" des MJIs, die jeweils drei Dilemmata enthalten. Werte für die CJs werden dabei zu einem „Issue-Wert" zusammengefasst, die sechs Issue-Werte zu einer Form werden wiederum zu einem „Form-Wert" aggregiert. Kohlberg orientiert sich bei dieser Zusammenfassung von Werten jeweils in spezifischer Weise am Modalwert und neutralisiert damit Stufen: Bei der Aggregierung von CJ-Werten zu einem Issue-Wert und von Issue-Werten zu einem Form-Wert ermittelt er zunächst die Prozentanteile, die die vollen Stufen (die Stufen 1, 2, 3, 4 und 5) bei den CJs zu einem Issue bzw. bei den sechs Issues zu einer Form haben. Für die auf CJ- und Issue-Ebene auftretenden Zwischenstufen errechnet er keine eigenständigen Prozentanteile – die Anteile von Zwischenstufen werden jeweils als Anteile der vollen Stufen verrechnet. Dann ermittelt er globale Werte. Sowohl bei der Zusammenfassung der CJ-Werte zu einem Issue-Wert als auch bei der Zusammenfassung der Issue-Werte zu einem Form-Wert werden dabei nur volle Stufen berücksichtigt, die innerhalb eines Issues bzw. bei den sechs Issues einer Form einen Anteil von 20% oder mehr besitzen, d.h. die anderen Stufen fallen weg. Haben mehrere Stufen einen Anteil von 20% oder mehr, so ergeben sich jeweils Übergangsstufen. In den 1980er Jahren wendet Kohlberg dann statt der 20%-Regel eine 25%-Regel an, um selten auftretende Stufen zu neutralisieren. Ansonsten bleibt die Ermittlung globaler Werte unverändert (Colby/Kohlberg 1987, S. 186 ff.). Beim Aspect Scoring orientierte sich Kohlberg ebenfalls am Modalwert, verwendet aber noch keine 20%- bzw. keine 25%-Regel zur Neutralisierung von Stufen. Beim Structural Issue Scoring stützte er sich wiederum auf den Modalwert, wendete dabei aber die 20%-Regel an. Übergangsstufen für die globalen Werte sieht er auch bei diesen beiden frühen Verfahren vor.

3. Mit der in den 1970er Jahren vorgenommenen Trennung der Inhaltsaspekte von den Strukturaspekten des Urteilens stellt sich die Frage, wie die Inhaltsaspekte zu differenzieren sind. Zu diesen Aspekten zählen einerseits die bei einem Dilemma zu treffenden beiden Handlungsentscheidungen – zum Beispiel sind beim „Joe"-Dilemma folgende Handlungsentscheidungen möglich: „Joe soll dem Vater das Geld verweigern" und „Joe soll dem Vater das Geld geben". Bei der Begründung einer Handlungsentscheidung auf einer bestimmten Stufe können Personen verschiedene moralische Normen ins Spiel bringen. Zum Beispiel lässt sich beim „Joe"-Dilemma auf Stufe 4 die Handlungsentscheidung, dem Vater das Geld zu verweigern, mit Bezugnahme auf die Norm, Eigentum zu achten, rechtfertigen:

> Joe, Issue: Versprechen, CJ 24
> [Die Tatsache, dass Joe das Geld verdient, ist wichtig] weil Achtung vor dem Eigentum bedeutsam für Ordnung in der Gesellschaft ist.

Oder man kann sich auf die Norm beziehen, berechtigte Autoritätsansprüche zu achten:

> Joe, Issue: Versprechen, CJ 27
> [Joe sollte dem Vater das Geld verweigern] weil der Vater seine Autorität missbraucht oder seine Macht nicht verantwortungsvoll nutzt.

Oder man kann die Norm, Versprechen zu halten, einbringen.

> Joe, Issue: Versprechen, CJ 33
> [Es ist wichtig, ein Versprechen zu halten, oder der Vater hat nicht das Recht, das Geld zu fordern] denn ein Versprechen ist als Pakt, Vertrag, Verpflichtung, heiliger Bund, förmliche Absprache oder letztes Wort zu betrachten.

Inhaltsaspekte stellen aber nicht nur die Handlungsentscheidungen und die bei der Begründung einer Handlungsentscheidung angesprochenen Normen dar. Die gleiche Norm kann nämlich auf der gleichen Stufe in verschiedener Weise angesprochen werden. Eine Person kann etwa beim „Joe"-Dilemma auf Stufe 4 die Eigentumsnorm in solcher Weise einbringen, dass sie auf die Bedeutung dieser Norm für die Gesellschaft hinweist (vgl. das erwähnte CJ 24). Sie kann aber auch Folgen der Nichtbeachtung der Norm für ein Individuum anführen:

> Joe, Issue: Versprechen, CJ 23
> [Joes Vater hat nicht das Recht, das Geld zu fordern] weil Joe den Wert von harter Arbeit, Verantwortung und des Geldes erlernen sollte.

Oder sie kann die Berechtigung von Ansprüchen der Individuen auf Eigentum geltend machen:

> Joe, Issue: Versprechen, CJ 25
> [Joe sollte dem Vater das Geld verweigern] weil Joe eine faire Gegenleistung für den Einsatz von Zeit und Energie bekommen sollte.

Entsprechend differenziert Kohlberg hinsichtlich der Inhaltsaspekte zwischen „Issues", „Norms" und „Elements". Mit „Issue" meint er die beiden Handlungsalternativen, zwischen denen sich die Person entscheiden muss, d.h. die konfligierenden, zentralen Normen eines Dilemmas. „Norm" bezeichnet die Norm, welche die Person anführt, wenn sie ihre Entscheidung für eine bestimmte Handlung, ein bestimmtes Issue, begründet. Unter „Element" versteht Kohlberg den von der Person eingebrachten moralischen Gesichtspunkt, der zum Ausdruck bringt, warum und inwiefern eine von ihr angeführte Norm für sie Bedeutung besitzt.

Kohlberg unterscheidet Ende der 1970er Jahre 12 Issues, nämlich „Leben", „Eigentum", „Wahrheit", „Bindung", „erotische Liebe und Sexualität", „Autorität", „Gesetz", „Vertrag", „Bürgerrechte", „Religion", „Gewissen" und „Strafe" (Colby et al. 1979, S. 45). Diese Issues stellen zugleich die Norms dar. Er betont, dass sich Issues und Norms lediglich in ihrer Funktion im Kodierprozess unterscheiden: Die Issues werden vom Forscher einer bestimmten Handlungsentscheidung zugeordnet, die Norms hingegen bringt der Befragte selbst ein (Colby et al. 1979, S. 7). An dieser Differenzierung zwischen Issues bzw. Norms hält Kohlberg später fest (Colby/Kohlberg 1987, S. 42). Die Issues und Norms versteht er als Menschenrechte bzw. als Bürgerrechte, die in allen Kulturen auftreten. Er stellt fest:

> Alle Bürger haben ein Recht auf (1) Freiheit von willkürlichen Strafen, (2) Eigentum, (3) Freiheit, Beziehungen aufzunehmen oder eine Familie zu gründen, (4) faire Ausübung von Autorität und politischen Rechten demokratischer Mitbestimmung, (5) moralische Achtung oder Würde, (6) gesetzesorientierte Justiz, (7) Freiheit, vertragliche Vereinbarungen zu treffen, (8) Zugang zu Informationen, (9) bestimmte Bürgerrechte und (10) ein Recht auf Leben (Colby et al. 1979, S. 53 f.).

Jedes Dilemma des MJIs wird durch den Konflikt zwischen zwei Issues gekennzeichnet – das „Heinz"-Dilemma etwa durch den Konflikt zwischen den Issues „Leben" und „Gesetz", das „Joe"-Dilemma durch den Konflikt zwischen den Issues „Vertrag" und „Autorität". Dagegen treten bei den einzelnen Dilemmata dieses Interviews jeweils mehr als zwei Norms auf, zum Beispiel beim „Heinz"-Dilemma die Norms „Leben", „Bindung", „Eigentum", „Gesetz" und „Gewissen". Kohlberg führt aber auch Issues und Norms an, die nicht durch das MJI angesprochen bzw. von den Interviewten thematisiert werden, nämlich „Erotische Liebe und Sexualität", „Bürgerrechte" und „Religion". Er ist also um ein möglichst vollständiges System von Issues und Norms bemüht. Ihm zufolge ist dieses System zwar vor allem empirisch, also aus Interviewaussagen, gewonnen, es spiegelten sich darin aber auch philosophische Überlegungen (Colby/Kohlberg 1987, S. 49).

Kohlberg unterscheidet Ende der 1970er Jahre 17 Elements, wobei er diese zu „Modal Elements" und „Value Elements" zusammenfasst und auch innerhalb der „Value Elements" Gruppierungen vornimmt. Modal Elements beziehen sich auf normative Ordnungen, Value-Elements umfassen egoistische, utilitaristische, an innerer und sozialer Harmonie orientierte Konsequenzen sowie Fairnessaspekte; die Gruppen bilden sogenannte moralische Orientierungen (Colby et al. 1979, S. 45):

I. Modal-Elements
1. Personen oder einem Gott gehorchen (sie um Erlaubnis fragen). Sollte gehorchen, Rat einholen. (sollte beraten, überzeugen).
2. Tadeln (gutheißen). Sollte getadelt, missbilligt werden (sollte gutgeheißen werden).
3. Vergelten (freisprechen). Sollte vergelten (sollte freisprechen).
4. Ein Recht haben (kein Recht haben).
5. Eine Pflicht haben (keine Pflicht haben).
II. Value-Elements
a)  Egoistische Konsequenzen:
6. Guter Ruf (schlechter Ruf).
7. Belohnung suchen (Bestrafung vermeiden).
b)  Utilitaristische Konsequenzen:
8. Gute Konsequenzen für das Individuum (schlechte Konsequenzen für das Individuum).
9. Gute Konsequenzen für die Gruppe (schlechte Konsequenzen für die Gruppe).

c) Einem Ideal oder der Harmonie dienende Konsequenzen:
10. Den Charakter wahren.
11. Die Selbstachtung wahren.
12. Einem sozialen Ideal oder sozialer Harmonie dienen.
13. Der menschlichen Würde und Autonomie dienen.
d) Fairness:
14. Perspektiven gegeneinander abwägen oder Rollenübernahme.
15. Reziprozität oder positives Verdienst.
16. Billigkeit wahren.
17. Soziale Verträge oder freie Übereinkünfte wahren.

Die Liste der Elements bleibt später gültig (vgl. Colby/Kohlberg 1987, S. 42). Bei den einzelnen Dilemmata des MJIs treten im Manual des SIS die verschiedenen Elements jeweils fast vollständig auf.

Er betont, dass auch die Differenzierung und Gruppierung der Elements einerseits auf einer Analyse der Interviews gründet, andererseits philosophische Unterscheidungen spiegelt. In dem 1976 verfassten Artikel „Moralische Entwicklung und moralische Sozialisation" („Moral Development and Moral Socialisation") stellt er zum Beispiel die Entsprechungen der Elements-Gruppen mit zentralen moralphilosophischen Theorien heraus:

> Es gibt vier mögliche Gruppen von Hauptkategorien, genannt moralische Orientierungen. Sie treten auf jeder unserer moralischen Stufen auf und definieren vier Arten von Entscheidungsstrategien, die wiederum jeweils auf eines von vier universalen Aspekten in jeder sozialen Situation fokussieren. Diese Orientierungen und Aspekte sind die folgenden:
> 1. *Normative Ordnung*: Orientierung an vorgeschriebenen Regeln und Rollen der sozialen und moralischen Ordnung. Die grundlegenden Überlegungen bei der Entscheidungsbildung konzentrieren sich auf die Inhalte von Regeln.
> 2. *Utilitaristische Konsequenzen*: Orientierung an den guten oder schlechten Folgen der Handlung in der Situation für das Wohlergehen anderer und/oder von einem selbst.
> 3. *Gerechtigkeit oder Fairness*: Orientierung an Zusammenhängen von Freiheit, Gleichheit, Reziprozität und Vertrag zwischen Personen.
> 4. *Ideales Selbst*: Orientierung am Bild des Handelnden als guter Person oder als jemand mit Gewissen und Orientierung an den Motiven des Selbst oder seiner Tugend (relativ unabhängig von der Billigung durch andere).
> Bei der Bestimmung der Spezifik von Moral betonen einige Autoren das Konzept der Regel und der Achtung von Regeln (Kant, Durkheim, Piaget). Andere setzen Moral gleich mit einer Berücksichtigung von Handlungsfolgen für das Wohlergehen anderer (Mill, Dewey). Wieder andere identifizieren Moral mit einem idealisierten moralischen Selbst (Bradley, Royce, Baldwin). Einige schließlich (Rawls und ich selbst) identifizieren Moral mit Gerechtigkeit (Kohlberg 1984, S. 183 f.).

Bis Ende der 1960er Jahre hatte Kohlberg die Inhaltsaspekte des Urteilens noch nach Aspects kodiert. Anfang der 1970er Jahre, beim Structural Issue Scoring, kodiert er sie dann nur nach Norms, noch nicht nach Elements. Auf theoretischer Ebene hat er aber bereits zu diesem Zeitpunkt zwischen Issues, Norms und Elements differenziert (vgl. Kohlberg/Turiel 1971, S. 432). In den 1970er Jahren verändert Kohlberg auch die jeweilige Liste der einzelnen Issues, Norms und Elements mehrmals. Starke Modifikationen nimmt er bezüglich der Elements vor (vgl. etwa die aufgeführte Liste der 17 Elements von 1979 mit der älteren Liste in Kohlberg/Turiel 1971, S. 432).

4. Kohlberg versucht in den 1970er Jahren parallele Formen des MJIs zu bilden, insbesondere um den Urteilstest weniger aufwändig zu gestalten und die psychometrische Kontrolle der Ergebnisse moralpädagogischer Interventionen zu ermöglichen. Die Bildung paralleler Interviewformen nimmt er dabei anhand von Issues vor. In seinen Augen hat es lange gebraucht, bis parallele Formen des Interviews gefunden waren, die die gleichen Issues enthalten. Aus den Dilemmata des MJIs werden Ende der 1970er Jahre die drei Formen A, B und C gebildet; dabei enthalten

Form A die Dilemmata „Heinz" (III), „Heinz-Strafe" (III') und „Joe" (I);
Form B die Dilemmata „Sterbehilfe" (IV), „Sterbehilfe-Strafe" (IV') und „Judy" (II) – eine Modifikation des früheren „Alex"-Dilemmas;
Form C die Dilemmata „Korea" (V), „Valjean" (VIII) – eine Modifikation von „Wohltäter Heinz" – sowie „Karl und Bob" (VII), das dem früheren Dilemma „Joe und Alex" entspricht (vgl. Colby et al. 1983, S. 77 ff.).

Die einzelnen Formen des Interviews sollen jeweils dieselben sechs Issues zum Thema haben:

Das Standard Issue Moral Judgment Interview besteht aus drei parallelen Formen. Jede Form umfasst drei hypothetische moralische Dilemmata, und jedem Dilemma folgen neun bis 12 standardisierte Nachfragen, die dem Subjekt Rechtfertigungen, Elaborationen und Klärungen seiner moralischen Urteile entlocken sollen. Bei jedem Dilemma beziehen sich diese Fragen auf jene zwei moralischen Issues, die gewählt wurden, um den zentralen Wertekonflikt in diesem Dilemma zu repräsentieren. (...) das erste Dilemma in den Interviewformen A und B fokussiert auf dieselben zwei Issues, nämlich Leben und Gesetz. Das zweite Dilemma der beiden Formen betrifft den Konflikt zwischen Moral/Gewissen (inwieweit verdient jemand Nachsicht, der das Gesetz aus Gewissensgründen übertreten hat) und Strafe (inwieweit soll ein Gesetzesbrecher bestraft werden). Das dritte Dilemma beinhaltet einen Konflikt zwischen Autorität (z.B. den Eltern gehorchen) und Versprechen (das Einhalten oder Einfordern einer Vereinbarung). Form C umfasst dieselben sechs Issues, aber in etwas anderen Paaren als in den Formen A und B (Colby/Kohlberg 1987, S. 41).

Im Rahmen des Structural Issue Scoring wurden noch die ersten vier Dilemmata des Interviews, nämlich „Joe" (I), „Judy" (II), „Heinz" (III) und „Sterbehilfe" (IV) zu Form A gruppiert. Die nächsten vier Dilemmata, nämlich „Korea" (V), „Unruhestifter" (VI), „Karl und Bob" (VII) sowie „Valjean" (VIII) bildeten Form B. Die Gruppierung hat Kohlberg bis Ende der 1970er Jahre dann mehrmals revidiert (vgl. auch 4.5/Punkt h).

Durch die Modifikation der Auswertung und die entsprechend veränderten empirischen Resultate ergibt sich ein Dilemma für Kohlberg: Er entwertet die Bemühungen der eigenen Anhänger, seine empirischen Annahmen zu stützen. Verschiedene Forscher versuchen ja in den 1970er Jahren, Kohlbergs Annahme der Invarianz der Stufensequenz und der Konsistenz der Stufenwerte zu bestätigen, verwenden dabei aber die beiden Auswertungsmethoden, die er selbst nun als problematisch betrachtet, nämlich das Aspect Scoring und das Structural Issue Scoring. Diese Forscher geben die Validität und Reliabilität beider Verfahren für gewöhnlich als zufriedenstellend aus, während Kohlberg sie inzwischen für unzureichend erachtet. Die Bemühungen der Anhänger Kohlbergs um eine empirische Analyse der Bedingungen der Stufenentwicklung werden durch seine Selbstkorrekturen auf Methodenebene ebenfalls ein Stück weit entwertet.

Aus der veränderten Auswertung ergeben sich auch Konsequenzen für die empirische Analyse moralischen Handelns: Die Kohlberg-Forschung knüpft nicht an Kohlbergs in den 1960er Jahren vorgetragene Überlegungen zur Entwicklung moralischer Motive und Schuldgefühle an, baut aber seine Analyse moralischen Handelns aus. Untersucht wird nicht nur der Zusammenhang zwischen den Urteilsstufen und dem Widerstand gegen die Versuchung, einen Betrug zu begehen, sowie dem Widerstand gegen Autoritäten, die ungerechte Befehle erteilen, sondern – im Unterschied zu Kohlberg – auch der Zusammenhang der Urteilsstufen mit prosozialem Verhalten (vgl. Blasi 1980). Methodische Grundlage der Analysen moralischen Handelns ist dabei hauptsächlich das Aspect Scoring. Durch die Veränderung der Auswertungsmethode werden diese empirischen Studien zum Handeln nunmehr ein Stück weit entwertet.

## 4.2  Probleme psychometrischer Verfahren: Defining Issue Test und Sociomoral Reflection Measure

Psychometrische Verfahren entwickelten in den 1970er Jahren Rest mit dem Defining Issue Test (DIT) und Gibbs mit dem Sociomoral Reflection Measure (SRM). Diese beiden Verfahren weisen, wie gezeigt werden soll, jeweils einige gravierende Probleme auf.

Rest setzt daran an, dass Personen im Alltag nicht nur Argumente zu entwickeln haben, sondern auch zu vorgelegten oder vorgetragenen Begründungen Stellung nehmen müssen. Der DIT umfasst sechs Dilemmata, nämlich „Heinz", „Sterbehilfe" und „Valjean" (drei Dilemmata von Kohlberg), sowie drei weitere (nicht von Kohlberg stammende) Dilemmata, nämlich Verhinderung einer Schülerzeitung, Besetzung eines Universitätsgebäudes durch Studierende und Beschäftigung eines Mechanikers aus China (vgl. Rest 1979). Bei jedem Dilemma muss die Person zunächst eine Handlungsentscheidung treffen. Dann ist sie mit Antwortalternativen konfrontiert, nämlich mit zwölf stufenspezifischen Begründungsgesichtspunkte, die für die Lösung eines Dilemmas relevant sein können; diese sind nach ihrer Wichtigkeit zu bewerten. Auch nicht-stufenspezifische Items (Kontroll-Items) sind als Begründungen aufgeführt. Schließlich sind die vier wichtigsten Begründungen in eine Rangreihe zu bringen. Zum „Heinz"-Dilemma konfrontiert Rest die Probanden mit folgenden Fragen bzw. Antwortalternativen (vgl. Tab. 4.1).

Der DIT enthält Argumente der Stufen 2 bis 6. Allgemeine Fragen zu einzelnen moralischen Normen legt Rest im Unterschied zu Kohlberg nicht vor. Die Bearbeitung des DIT dauert etwa 45 Minuten. Durch die Vorgabe einzelner Antwortalternativen von verschiedenen Stufen erübrigt sich die Schulung von Auswertern – der Computer kann zum Einsatz kommen.

*Tab. 4.1    Rests „Defining Issue Test": „Heinz"-Dilemma*

[Sollte Heinz das Medikament stehlen?] (Kreuze ein Feld an)

____ Sollte es stehlen          ____ Kann mich nicht entscheiden          ____Sollte es nicht stehlen

Wichtigkeit:

| Sehr | Ziemlich | Etwas | Kaum | Nicht | |
|------|----------|-------|------|-------|---|
| | | | | | 1. Ob die Gesetze der Gemeinschaft aufrechterhalten bleiben. |
| | | | | | 2. Ist es nicht selbstverständlich, dass einem liebenden Ehemann seine Frau so wichtig ist, dass er stehlen würde? |
| | | | | | 3. Ist Heinz bereit zu riskieren, als Einbrecher erschossen zu werden oder ins Gefängnis zu kommen für die Chance, dass die gestohlene Arznei helfen könnte? |
| | | | | | 4. Ob Heinz ein Berufsringer ist oder gute Kontakte zu Berufsringern hat. |
| | | | | | 5. Ob Heinz für sich selbst stiehlt oder es nur tut, um einem Anderen zu helfen. |
| | | | | | 6. Ob die Rechte des Apothekers auf seine Erfindung zu respektieren sind. |
| | | | | | 7. Ob der Wert des Lebens an sich, vom Individuum und der Gesellschaft aus gesehen, übergreifender ist als die Beendigung des Sterbens. |
| | | | | | 8. Welche Werte bilden die Grundlage für die Regelung dessen, wie sich Personen zueinander verhalten sollen. |
| | | | | | 9. Ob es dem Apotheker erlaubt werden soll, sich hinter einem wertlosen Gesetz zu verstecken, das ohnehin nur die Reichen schützt. |
| | | | | | 10. Ob das Gesetz in diesem Fall die grundlegendsten Rechte eines Mitglieds der Gesellschaft behindert |
| | | | | | 11. Ob der Apotheker es verdient, wegen seines grausamen und habgierigen Verhaltens beraubt zu werden |
| | | | | | 12. Würde Stehlen in einem solchen Fall zum Gesamtwohl der Gesellschaft beitragen oder nicht? |

| | |
|---|---|
| Wähle aus der Liste der obigen Fragen die vier wichtigsten aus: | |
| Die wichtigste _____ | Die zweitwichtigste _____ |
| Die drittwichtigste _____ | Die viertwichtigste _____ |

(Quelle: modifiziert nach Rest 1979, S. 291)

Auch Gibbs (vgl. Gibbs/Widaman 1982) nutzt die Methode der schriftlichen Befragung, lässt die Probanden aber – wie Kohlberg im MJI – Begründungen von Handlungsentscheidungen selbst entwickeln; im Unterschied zum DIT ist der SRM also kein Fragebogen im strengen Sinne. Gibbs legt die Dilemmata der Formen A und B des MJIs vor sowie auch allgemeine Fragen zu den durch diese Dilemmata thematisierten Normen. Für die Bearbeitung des SRM werden 35 bis 45 Minuten benötigt. Gibbs reduziert den Kodieraufwand dadurch, dass er nicht nach Kohlbergs Inhaltsaspekten (nämlich zwei Issues, 12 Norms und 17 Elements) kodiert, sondern nur nach „Aspekten" („Aspects") von Stufen. Zum Beispiel wird eine Äußerung auf Stufe 2 nach folgenden sechs Aspekten ausgewertet: „Austausch", „strikte Gleichheit", „konkrete Rechte oder Freiheiten", „Präferenzen oder Dispositionen", „pragmatische Bedürfnisse" und „kalkulierte Vorteile oder Nachteile". Auch formuliert Gibbs – anders als Kohlberg – im Auswertungshandbuch keine Zuordnungskriterien, also keine Stage Structure, Distinctions und Inclusions. Für die Auswertung eines einzelnen Fragebogens werden 35 bis 45 Minuten benötigt.

Vor allem dadurch, dass Rest und Gibbs ihren Urteilstest als schriftliche Befragung anlegen, reduzieren sie den zeitlichen Aufwand, der für die Durchführung von Befragungen erforderlich ist: Im Unterschied zu Interviews ist die Anwendung des Urteilstests in der Gruppe möglich, und die Schulung in der Befragungstechnik ist nicht erforderlich. Die Auswertung kann beim DIT mit Hilfe eines Computers vorgenommen werden, beim SRM wird der Prozess der Kodierung von vorgebrachten Argumenten deutlich vereinfacht.

Der geringere Zeitaufwand für die von Rest und Gibbs entwickelten Methoden bringt allerdings jeweils verschiedene Probleme und Einschränkungen – insbesondere auch Nachteile gegenüber Kohlbergs Verfahren – mit sich, wie beide Autoren durchaus eingestehen:

- Die Antwortalternativen des DIT repräsentieren die Urteile der Probanden zu den Dilemmata nicht vollständig. Auch kann der DIT ihre Urteilsfähigkeit überschätzen, indem sich beispielsweise einige Probanden hauptsächlich an der sprachlichen Komplexität der vorgelegten Argumente orientieren, die bei höheren Stufen insgesamt größer ist. Zudem ist das Verfahren nur bei Personen ab 12 Jahren anwendbar, da es eine weit entwickelte Lesefähigkeit voraussetzt (vgl. Rest 1983, S. 586; vgl. auch Krettenauer/ Becker 2001).

- Der SRM ermöglicht ebenfalls keinen differenzierten Einblick in die Urteilsbildung der Person, was vor allem Interviews mit Erläuterungs- und Begründungsfragen, d.h. klinische Interviews, erforderlich macht. Die Probanden dürften beispielsweise häufig lediglich Meinungen äußern, sofern sie nicht durch Nachfragen zu Begründungen ihrer Meinungen angehalten werden. Damit birgt der SRM auch die Gefahr, dass die Urteilsfähigkeit der Probanden unterschätzt wird. Neben Lesefähigkeit setzt der SRM zusätzlich noch eine weit entwickelte Fähigkeit zum schriftlichen Ausdruck voraus (Gibbs/ Widaman 1982, S. 14 f.).

Nunner-Winkler hat bereits früh (vgl. Nunner-Winkler 1978) grundsätzliche Probleme stark standardisierter Verfahren zur Messung moralischen Urteilsfähigkeit, d.h. von Fragebögen mit vorgegebenen Antwortalternativen, benannt: Zum einen interpretieren Personen, gerade Personen auf verschiedenen Stufen, die vorgelegten Situationsbeschreibungen bzw. Aufgaben oft unterschiedlich; Vereindeutigungen der Situationsdefinition sind nur im mündlichen Gespräch möglich. Zudem können sie die gleiche Antwortvorgabe aus mehreren nicht auf die Urteilsfähigkeit zurückgehenden Gründen wählen. Solche Gründe sind vor allem willkürliches Ankreuzen aufgrund von Müdigkeit oder Meinungslosigkeit, individueller Antworthabitus (z.B. die Tendenz einer Person, Vorgaben eher zu bejahen als abzulehnen), Präferenz für die sozial erwünschte Reaktion, positive Haltung gegenüber allen Argumenten für die selbst befürwortete Handlungsentscheidung, Bevorzugung höherer Stufen aufgrund von Selbstdarstellungsinteressen und Bevorzugung niedrigerer Stufen als Ausdruck subkultureller Zugehörigkeiten (z.B. Widerwillen gegen hochtrabende Worte in bestimmten Jugendmilieus).

Rest und Gibbs betrachten deshalb auch ihr jeweiliges Erhebungs- und Auswertungsverfahren nicht als Ersatz für Kohlbergs Methode, sondern lediglich als Ergänzung dazu. Rest etwa betont, dass sein eigenes Verfahren sensibler für postkonventionelle Urteile sei als dasjenige Kohlbergs, indem es nur am Verständnis und an der Präferenz vorgelegter postkonventioneller Argumente ansetzt, und nicht die Formulierung postkonventioneller Argumente verlangt. Beide Methoden stellen folglich keine überzeugenden Alternativen zu Kohlbergs Interview und Auswertung dar.

## 4.3    Die Kritik von Kurtines und Greif an Kohlbergs ursprünglicher Forschungsmethodik

Die von Kurtines und Greif betriebene Auseinandersetzung mit Kohlbergs Ansatz (vgl. Kurtines/Greif 1974) hat bereits in den 1970er Jahren verschiedene Moralpsychologen beeinflusst. Selbst auf Kohlberg hatte sie einige Wirkung: sein in Abschnitt 4.1 beschriebener Versuch der Standardisierung der Auswertungs- und Interviewmethode war zum Teil eine Reaktion auf die Einwände dieser beiden Forscher.

Die Arbeit von Kurtines und Greif ist zum einen deshalb bedeutsam, weil die Autoren erstmals in differenzierter Weise aufzeigen, dass die auf der Basis des Aspect Scoring ermittelten Resultate Kohlbergs verschärftes Stufenkonzept in Frage stellen. Kurtines und Greif beziehen sich insbesondere auf Kohlbergs kulturvergleichenden Studien, Turiels Interventionsstudie, Rests Analysen zur hierarchischen Integration der Stufen und Kramers Längsschnittuntersuchung. Die Ergebnisse dieser Forschungen der Kohlberg-Schule machen deutlich, dass im Rahmen des MJIs zum Teil erhebliche Sequenzanomalien auftreten und die Werte einer Person zu einem Messzeitpunkt sogar über mehr als drei Stufen variieren (vgl. 3.6.1).

Kurtines und Greif kritisieren Kohlberg vor allem auch auf der Basis psychometrischer Kriterien (z.B. dem Kriterium der Reliabilität des Testverfahrens), denen dieser in seiner empirischen Forschung schon von Beginn an gerecht zu werden suchte. Sie weisen erstmals in differenzierter Form darauf hin, dass die empirische Prüfung seiner Annahmen lange Zeit auf einer problematischen methodischen Grundlage erfolgte: So hat die Kohlberg-Gruppe das MJI in den verschiedenen Studien uneinheitlich angewendet – es wurden in den Studien unterschiedliche Dilemmata vorgelegt sowie zum gleichen Dilemma unterschiedliche Fragen. Auch das Kodierverfahren (das Aspect Scoring) hat sie nicht einheitlich angewendet –

in einigen Studien kam das Global Rating, in anderen das Sentence Rating zum Einsatz. Die auf der Grundlage der beiden Varianten des Aspect Scoring ermittelten Ergebnisse weichen aber voneinander ab, wie Kohlberg selbst berichtet (vgl. Kohlberg 1958, S. 92). Des Weiteren lagen bis dahin kaum Untersuchungen zur Reliabilität der beiden Varianten vor. Zudem blieb die Auswertungsmethode unveröffentlicht, so dass eine unabhängige Überprüfung der Annahmen nur eingeschränkt möglich war: Um sich mit dem Aspect Scoring vertraut zu machen, musste man an einem der von der Kohlberg-Gruppe veranstalteten Scoring-Workshops in Harvard teilnehmen.

Mit der in Abschnitt 4.1 geschilderten Standardisierung des Interview- und Auswertungsverfahrens, die Kohlberg – nicht zuletzt in Reaktion auf die Einwände von Kurtines und Greif – vorgenommen hat, wurde diese psychometrische Kritik aber größtenteils hinfällig. Auch das Ausmaß von Stufenvariationen und Sequenzanomalien verringerte sich im Zuge der Standardisierung (vgl. auch 4.5; ebenso Broughton 1978). Zudem schreiben Kurtines und Greif Kohlberg fälschlicherweise ein strenges Stufenkonzept, nämlich die Annahme einer strikten Stufenkonsistenz, zu.

## 4.4   Die wissenschaftstheoretische Kritik von Philipps und Nicolayev

Philipps und Nicolayev (1978) bringen vorwiegend wissenschaftstheoretische Kritikpunkte gegen Kohlberg vor. Sie orientieren sich dabei vor allem an der damals einflussreichen Wissenschaftstheorie von Lakatos, die sich auf die Entwicklung von Forschungsansätzen („Forschungsprogrammen") bezieht. Forscher stellen, so Lakatos, die Grundannahmen ihres Ansatzes (den „harten Kern" ihrer Theorie) im Allgemeinen nicht zur Disposition. Um diesen „harten Kern" gegen empirische Widerlegungen zu schützen, formulieren sie Zusatzannahmen, die sie ständig modifizieren und an erzielte empirische Resultate anpassen – sie errichten einen „Schutzgürtel". Wissenschaft folgt nach Auffassung von Lakatos nur eingeschränkt den von Popper beschriebenen Grundsätzen der Widerlegung (der „Falsifikation") von Theorien: Eine Theorie werde erst dann fallengelassen, wenn eine „bessere", erklärungskräftigere zu Verfügung stehe. Philipps und Nicolayev bestimmen vor diesem wissenschaftstheoretischen Hintergrund Kohlbergs Theorie als Forschungsprogramm. Die Annahme einer strukturierten Ganzheit, einer Invarianz der Stufensequenz und einer hierarchischen Integration der Stufen betrachten sie als den harten Kern bei Kohlberg, insbesondere die von ihm und seinen Mitarbeitern vorgenommenen Veränderungen des Auswertungsverfahrens und die von ihnen gelieferten Interpretationen ermittelter Sequenzanomalien (z.B. die Unterscheidung von struktureller und funktioneller Regression; vgl. 3.6.1) verstehen sie als den Schutzgürtel.

Wie Kurtines und Greif weisen Philipps und Nicolayev auf starke Stufenvariationen und Sequenzanomalien in den frühen Studien hin, im Unterschied zu diesen beiden Autoren verdächtigen sie Kohlberg aber, sich dagegen „immunisieren" zu wollen. Sie kritisieren also seinen Umgang mit empirischen Anomalien: Das SIS-Manual sei in der Weise angelegt worden, dass das theoretisch erwartete Resultat – insbesondere Invarianz der Stufensequenz und starke Stufenkonsistenz – leichter als bei den früheren Auswertungsverfahren erzielt werden kann. Die CJs im SIS-Manual seien nämlich keineswegs nur nach theoretischen Gesichtspunkten einer Stufe zugeordnet; vielmehr habe sich diese Zuordnung nicht zuletzt daran orientiert, ob die CJs in einer Vielzahl von Interviews zusammen auftraten. Durch die Regeln des SIS für die Ermittlung globaler Stufenwerte (nämlich der Issue- und Form-Werte) würden Stufenvariationen ebenfalls reduziert. Insgesamt halten sie fest: „(...) der Eindruck bleibt, dass Forscher innerhalb der Kohlberg-Tradition damit beschäftigt sind, ihre Auswertungsverfahren so anzupassen, dass die Ergebnisse mit den theoretischen Annahmen übereinstimmen" (Philipps/Nicolayev 1978, S. 295).

Die Kritik am SIS-Manual trifft Kohlberg indes nicht, der ausdrücklich vermerkt, die CJs nur anhand weniger Fälle gewonnen und vorrangig nach theoretischen Gesichtspunkten klassifiziert zu haben. Den Prozess der Konstruktion des SIS-Manuals beschreibt er wie folgt:

> (...) sieben Fälle wurden aus Kohlbergs Längsschnittstichprobe ausgewählt. Diese Konstruktions-Fälle (‚construction cases'), eine Zufallsauswahl aus Probanden, die zu allen sechs Messzeitpunkten getestet wurden, bekamen globale Stufenwerte zugewiesen, die auf intensiven Diskussionen und Analysen mit Hilfe von Konzepten des Structural Issue Scoring basierten. Die Antworten zu jedem Dilemma wurden dann gruppiert in klar definierte Auswertungseinheiten oder ‚Interview Judgments'. Jedes dieser Interview Judgments bildete die Basis für ein ‚Criterion Judgment', das ins Auswertungshandbuch Eingang fand. Der Stufenwert für jedes Criterion Judgment wurde zugewiesen anhand des globalen Stufenwerts für ein Interview, aus dem es entstammte, und einer konzeptuellen Analyse der Idee, die es beinhaltet. Die aus den sieben Konstruktions-Fällen entstandenen Criterion Judgments wurden später verwendet, um die restlichen Interviews der Längsschnittstudie durch einen Prozess des Vergleichens zwischen Interviewmaterial und im Handbuch enthaltenen Criterion Judgments zu kodieren. Diejenigen Fälle, die nicht Teil des Konstruktions-Samples waren, bildeten eine ‚blinde Stichprobe', die erst herangezogen wurde, als das Auswertungshandbuch fertig gestellt war (Colby/Kohlberg 1983, S. 8 f.).

Die Kritik an den Verrechnungsregeln für die Stufenwerte ist nur mit Einschränkungen berechtigt: Wie in Abschnitt 4.5/Punkt f zu zeigen ist, werden Stufenwerte durch diese Regeln zwar eliminiert, doch geschieht dies lediglich in relativ geringem Ausmaß.

Auch gegenüber Kohlbergs Interpretationen von auftretenden empirischen Anomalien erheben Philipps und Nicolayev den Vorwurf der Immunisierung: Kohlberg habe durch fragwürdige, zumindest aber ungeprüfte Interpretationen versucht, ermittelte Stufenregressionen doch noch mit seiner Theorie zu vereinbaren. Beispielsweise wenden sie ein, dass sein Verweis auf die unzureichende Trennung von Struktur und Inhalt beim Aspect Scoring nur einen geringen Anteil der Regressionen erklärt (Philipps/Nicolayev 1978, S. 296 ff.). Ein durchaus erheblicher Anteil an Regressionen dürfte jedoch auf dieses methodische Problem beim Aspect Scoring zurückgehen, wie eine Analyse des Auswertungsmanuals zeigt. Andererseits ist die Kritik beider Forscher an Kohlbergs Umgang mit Sequenzanomalien nicht ganz unberechtigt, da Kohlberg im Bemühen, auftretende Sequenzanomalien zu erklären, tatsächlich mitunter recht kühn vorgeht: Beispielsweise vermag die von ihm eingeführte Unterscheidung zwischen funktioneller und struktureller Regression nur einen relativ geringen Teil der in der Kramer-Studie festgestellten Anomalien zu erklären. Ebenso lassen seine häufigen Hinweise auf Messfehler der Auswerter konkrete Nachweise vermissen.

Die an wissenschaftstheoretischen Gesichtspunkten orientierte Kritik von Philipps und Nicolayev ist Die an wissenschaftstheoretischen Gesichtspunkten orientierte Kritik von Philipps und Nicolayev ist deshalb bedeutsam, weil sie auf einige „Immunisierungstendenzen" beim frühen Kohlberg aufmerksam macht. Insgesamt gesehen ist sie aber überzogen. Zudem ist fraglich, ob die Autoren den Ansatz von Lakatos überhaupt in angemessener Weise auf Kohlbergs Theorie angewandt haben (vgl. Lapsley/Serlin 1984).

## 4.5  Probleme von Kohlbergs Forschungsmethodik in den 1970er Jahren

1979 sind die Auswertungsregeln für das SIS fertig gestellt, und das Auswertungshandbuch liegt vor. Letzteres umfasst mehr als 900 Seiten und enthält 708 Criterion Judgments. Es ist wesentlich umfangreicher als die Manuale für das Aspect Scoring und das Structural Issue Scoring. Manual und Auswertungsregeln für das SIS hat die Kohlberg-Gruppe dann aber erst 1987 veröffentlicht (Colby/Kohlberg 1987); das SIS veränderte sie in den 1980er Jahren kaum. Stellt dieses Verfahren wirklich einen methodischen Fortschritt gegenüber den früheren Verfahren dar? Ist beim SIS im Unterschied zum Aspect Scoring die Trennung von Struktur und Inhalt tatsächlich gelungen und wurde eine größere Validität der Kodierung erreicht? Besitzt das SIS wirklich eine höhere Reliabilität als das Structural Issue Scoring?

Mit dem SIS haben Kohlberg und Mitarbeiter ein hochdifferenziertes Verfahren zur Auswertung des Gerechtigkeitsurteils entwickelt. Darin ging auch eine Vielzahl von Kodiererfahrungen ein. Dieses Verfahren sucht bis heute seinesgleichen in der Moralpsychologie. Es stellt ohne Zweifel eine Weiterentwicklung gegenüber dem Aspect Scoring dar.

Allerdings weist auch noch das SIS verschiedene Defizite auf, wie vor allem Rest und Gibbs bereits Ende der 1970er Jahre zeigen. Im Folgenden werde ich – teilweise im Anschluss an ihre Kohlberg-Kritik – aufzuzeigen suchen, dass das Verfahren hinsichtlich der in Abschnitt 4.1 genannten sieben methodischen Grundfragen jeweils einige Probleme beinhaltet, das „Bootstrapping" also noch nicht abgeschlossen ist (vgl. die Punkte a bis i).

Dies heißt freilich keineswegs, dass auf das SIS verzichtet werden sollte, vielmehr erscheint seine immanente Weiterentwicklung sinnvoll. Andere Verfahren (etwa der DIT und der SRM) sowie auch Kohlbergs frühe Verfahren (Aspect Scoring und Structural Issue Scoring) enthalten ebenfalls verschiedene Probleme. Einen Königsweg bei der Auswertung des von Kohlberg untersuchten Gerechtigkeitsurteils gibt es wohl nicht.

*(a) Die Zeitaufwändigkeit des Interview- und Auswertungsverfahrens*
Rest und Gibbs kritisieren mit Recht, dass Kohlbergs neue Auswertungsmethode, ähnlich wie seine früheren, zeitaufwändig ist. Um das SIS zu beherrschen, sind mehrere Monate Kodierpraxis erforderlich, und für die Kodierung der Stellungnahmen einer Person zu einer Form des MJIs (also von Form A, B oder C) ist ein Zeitumfang bis zu einer Stunde nötig. Auch die Durchführung des MJI ist zeitaufwändig – eine Form des Interviews beansprucht ca. 45 Minuten. Hinzu kommt der Aufwand für die Transkription.

Rest macht hinsichtlich Kohlbergs Interview auch darauf aufmerksam, dass durch die dort von den Befragten verlangte spontane Entwicklung („Produktion") von Argumenten Urteilsfähigkeiten der Befragten unterschätzt werden. Diese zeigen auf der Ebene „intuitiven Urteilens", das der DIT erfasst, für gewöhnlich eine höhere Urteilsstufe als auf der Ebene des Argumentierens, das Kohlbergs MJI erfasst. Zudem weist Rest darauf hin, dass bei der Auswertung des MJIs die gleiche Stellungnahme von den Auswertern häufig unterschiedlich interpretiert wird. Neben dem hohen Zeitaufwand sind die Gefahr der Unterschätzung individueller Urteilsfähigkeit und das Risiko einer verzerrten Interpretation der Urteilsbildung grundlegende Probleme aller Verfahren, die vom Befragten verlangen, Argumente spontan zu entwickeln (von „production measures", wie dem MJI und dem SRM). Verfahren hingegen, bei denen vorgelegte Argumente zu beurteilen sind („recognition measures", wie dem DIT), weisen diese Probleme nicht auf.

Gibbs benennt ein weiteres Problem des Interviewverfahrens von Kohlberg, das von Beginn an besteht, nämlich die unsystematische Variation von Situationsbedingungen bei den Dilemmata und von allgemeinen Fragen zu einzelnen Normen. Er selbst führt im SRM nicht nur (wie Kohlberg im MJI) bei „Heinz" Situationsvarianten ein; er tut dies bei jedem Dilemma. Bei „Joe" etwa stellt er folgende Fragen zusätzlich (Gibbs/Widaman 1982, S. 13):

> Und wenn Joe das Geld nicht selbst verdient hätte? Was wäre, wenn der Vater Joe das Geld einfach gegeben und ihm versprochen hätte, dass er es für das Zeltlager verwenden könnte, jetzt aber das Geld für den Angelausflug zurückhaben will?
> Und wenn Joes Vater nicht gesagt hätte, er müsse ihm das Geld geben, sondern nur gefragt hätte, ob er ihm das Geld leiht?
> Und wenn Joe das Geld selbst verdient, aber Joes Vater ihm nicht versprochen hätte, dass er das Geld behalten kann?
> Und wenn der Vater das Geld nicht für einen Angelausflug, sondern für die Bezahlung von Essen für die Familie benötigt?

Zudem verwendet Gibbs allgemeine Fragen zu Normen bei jedem Dilemma, Kohlberg hingegen nicht bei jedem Dilemma. Eine Weiterentwicklung der Fragetechnik Kohlbergs durch diejenige von Gibbs erscheint vielversprechend. Damit wäre ein differenzierteres Ausleuchten des moralischen Urteilspotenzials von Personen möglich. Es lässt sich nicht ausschließen, dass es bei Kohlbergs Interview durch die unsystematische Variation von situationsbezogenen Fragen und von allgemeinen Fragen zu einzelnen Normen zu einer Verzerrung der empirischen Resultate kommt. Geprüft hat die Forschung diese Annahme bisher nicht. Neben der Erweiterung des MJIs um Fragen der Regelgeltung (vgl. 2.2) scheint also in der Erweiterung um Gibbs' Fragetechnik eine weitere sinnvolle Möglichkeit der Fortentwicklung dieses Interviews zu liegen.

*(b) Die Abhängigkeit der Inhaltsaspekte von den Strukturen im Auswertungshandbuch*
Kohlberg beansprucht für sich, mit dem SIS eine strikte Trennung der Stufen (der Strukturen) von den Inhaltsaspekten des Urteilens – insbesondere den Elements – vorgenommen zu haben (vgl. z.B. Kohlberg 1984, S. 183). Rest bestreitet das Gelingen sowie letztlich den Sinn dieser Trennung:

Ich bezweifle, dass im neuen Auswertungssystem die ‚Struktur' (welche die Stufen voneinander abgrenzt) deutlich vom ‚Inhalt' unterschieden wird, und ich bezweifle auch den Wert einer solchen Unterscheidung. Kann die Stufenstruktur wirklich von den Inhaltsaspekten der Issues, Norms und Elements getrennt werden? Kohlberg scheint anzudeuten, dass dies möglich ist, wenn er bei der Untersuchung der Struktur vom ‚Konstanthalten der Inhalte' und von der Notwendigkeit, Inhalt nicht mit Struktur zu vermengen, spricht. (...) Stufe 1 kann nicht durch den ‚Inhalt' von Element #17, ‚Aufrechterhaltung sozialer Verträge oder freier Übereinkommen', definiert werden. In ähnlicher Weise fehlt auf höheren Stufen das Element #1, ‚Personen oder Gott gehorchen'. Jede Stufe lässt sich keineswegs in Bezug auf jede Inhaltskategorie definieren (Rest 1979, S. 43).

Rests Kritik wird durch die Auszählung der Elements im SIS-Manual gestützt. Eckensberger (1984; 1986) hat für drei Dilemmata des MJIs eine Auszählung vorgenommen, nämlich für „Heinz", „Sterbehilfe" und „Judy". Im Projekt „Kohlberg-Rekonstruktion" (Reuss/Becker 1996) wurde für alle neun Dilemmata eine Auszählung durchgeführt. Unsere Analyse des SIS-Manuals führte zu dem Ergebnis, dass ganze Gruppen von Elements auf präkonventionellem Niveau noch nicht bzw. auf postkonventionellem Niveau nicht mehr auftreten; lediglich auf konventionellem Niveau sind alle vier Elements-Gruppen vertreten. Auf präkonventionellem Niveau kommen die perfektionistischen und die Fairness-Elements nicht vor, mit Ausnahme der Elements „Ausbalancieren von Perspektiven" und „Reziprozität", die beide auf Stufe 2 vereinzelt auftreten. Auf postkonventionellem Niveau treten weder die Modal-Elements noch die utilitaristischen Elements in Erscheinung, mit Ausnahme des Elements „Folgen für die soziale Gruppe". Dabei ist zu erwähnen, dass Stufe 6 im SIS-Manual nicht mehr vertreten ist, da Kohlberg diese Stufe in seinen eigenen Interviewdaten nicht länger repräsentiert sieht.

Aufgrund des stark stufenabhängigen Auftretens der Elements gibt es bei den einzelnen Dilemmata auch wenige CJs mit der Kombination von gleicher Norm und gleichem Element auf verschiedenen Stufen. Die einzelnen Norms allerdings finden sich im Manual auf allen Stufen.

Auch eine Stufenabhängigkeit der Handlungsentscheidungen ist im Manual festzustellen. Zum Beispiel finden sich bei den Dilemmata „Heinz", „Joe", „Sterbehilfe", „Judy" sowie „Karl und Bob" auf Stufe 5 keine Begründungen von Entscheidungen für eine Konformität mit dem Gesetz bzw. mit den Erwartungen von Autoritätspersonen, also für ein heteronomes Issue. Für das heteronome Issue sind bei diesen Dilemmata auf Stufe 5 nur Begründungen zu allgemeinen Fragen bezüglich einzelner Normen aufgeführt. Bei „Heinz" etwa fehlen Begründungen dafür, dass der Aktor nicht stehlen soll; es gibt dort nur Begründungen dafür, warum es im Allgemeinen wichtig ist, dem Gesetz zu folgen.

In den 1980er Jahren räumt Kohlberg dann aber die Stufenabhängigkeit der Elements durchaus ein. Er hält fest, dass die Elements-Gruppe „Aufrechterhaltung der normativen Ordnung" (d.h. die Modal-Elements) sowie das Element „Belohnungen suchen, Strafen vermeiden" auf Stufe 5 nicht auftreten können. Am anderen Ende der Stufenleiter, d.h. auf Stufe 1, seien die Elements „Ausbalancierung von Perspektiven" und „Aufrechterhaltung sozialer Verträge oder freier Übereinkünfte" nicht zu finden (Colby/Kohlberg 1987, S. 56). Wie gezeigt, reicht aber die Stufenabhängigkeit der Elements weiter, als Kohlberg ausdrücklich zugesteht.

*(c) Die eingeschränkte Validität des Auswertungsverfahrens*
Beim SIS trennt Kohlberg stärker zwischen Strukturen und Inhaltsaspekten des Urteilens als beim Aspect Scoring, doch ist ihm diese Trennung nicht vollständig gelungen. Die aufgewiesenen Schwierigkeiten bei der Trennung beeinträchtigen in meinen Augen jedoch nicht (wie beim Aspect Scoring) die Validität der Kodierung. Diese wird besonders durch die relativ kleine Auswertungseinheit und spezifische Kriterien für die Zuordnung einer Interviewaussage zu einem prototypischen Argument im Manual eingeschränkt – der Versuch, die Reliabilität gegenüber dem Structural Issue Scoring durch eine kleinere Auswertungseinheit und spezifische Zuordnungskriterien zu steigern, geht zum Teil auf Kosten der Validität. Verschiedene isolierte Argumente nämlich, deren Bedeutung im Hinblick auf Kohlbergs Stufen bestenfalls aus dem größeren Zusammenhang des Interviews eindeutig bestimmbar ist, werden im Manual durch das Zuordnungskriterium „Stage Structure" in problematischer Weise vereindeutigt. Es kommt zu zweifelhaften „Bedeutungsunterstellungen", vor allem auf den Stufen 2, 3 und 4 (vgl. auch Reuss/Becker 1996).
Insbesondere vier Gruppen solcher Bedeutungsunterstellungen sind festzuhalten:

- Auf präkonventionellem Niveau werden Argumente, bei denen sich die Person möglicherweise mitfühlend in die Interessen-, Problem- und Gefühlslage einer anderen Person versetzt, im Sinne eines instrumentalistischen Egoismus der Stufe 2 interpretiert, worauf auch Keller (1990; 1996) hinweist.
  Beispiel: Heinz, Issue: Leben, CJ 3
  [Heinz sollte das Medikament stehlen] denn seine Ehefrau braucht es oder sie wird ohne die Arznei sterben.
  Stage Structure:
  Regeln brechen ist gerechtfertigt, wenn es angesichts der Bedürfnisse der Ehefrau von Heinz instrumentell notwendig ist. Der Zusammenhang zwischen dem Wunsch zu leben und der Angemessenheit des Stehlens ist direkt und unmittelbar. Das heißt, der Wunsch der Frau zu leben genügt als Begründung, ohne dass dabei Begriffe der Empathie oder Überlegungen einer moralischen Person, die ihren Wunsch berücksichtigt, genannt werden.
- Auf konventionellem Niveau werden bei Dilemmata in sozialen Systemen und Institutionen (etwa „Korea") gelegentlich Argumente im Sinne einer Beziehungsperspektive der Stufe 3 vereindeutigt. (Beim „Korea"-Dilemma geht es ja um die Frage, ob ein Kompaniechef einem Soldaten einen Befehl erteilen soll, der für diesen den Tod bedeutet.)
  Beispiel: Korea, Issue: Leben (Quantität), CJ 9
  [Der Kompaniechef hat das Recht, den Mann auf die Mission zu schicken, oder ein Soldat hat nicht das Recht, einen Befehl zu verweigern] denn der Kompaniechef, als höchstrangiger Offizier (Leiter, Verantwortlicher), hat die Entscheidungen zu treffen und Befehle zu geben.
  Stage Structure:
  In diesem Urteil leitet sich Autorität aus der übernommenen Rolle ab. Es wird angenommen, dass man mit der Übernahme einer Rolle auch das stereotype Verhalten zeigt, wie man es von den Inhabern dieser Rolle normalerweise erwartet. Im vorliegenden Dilemma gilt daher der Kompaniechef als gute Autorität und als Führungsperson mit höherer Weisheit, Kompetenz und Erfahrung.
- Ebenfalls auf konventionellem Niveau werden bei Dilemmata in engen Beziehungen (etwa „Joe") einige Argumente im Sinne einer Systemperspektive der Stufe 4 vereindeutigt.

Beispiel: Joe, Issue: Versprechen, CJ 28

[Joe soll seinem Vater das Geld verweigern] denn Joe wird bald erwachsen und sollte nicht von seinem Vater beherrscht werden.

Stage Structure:

Dieses Urteil erkennt eine gesellschaftlich definierte Rolle des Elternteils als einer Autorität über einen Minderjährigen an, wägt sie aber gegen die Tatsache ab, dass der Sohn bald erwachsen sein wird und zwischen ihnen eine Norm der Billigkeit leitend sein sollte.

- Einige der beim Aspect Scoring noch auf Stufe 5 oder Stufe 6 angesiedelten universalistischen Argumente hat die Kohlberg-Gruppe im Sinne einer Beziehungsperspektive der Stufe 3 oder einer Systemperspektive der Stufe 4 vereindeutigt. Es sind Argumente, die in bestimmten Argumentationszusammenhängen durchaus die Kriterien für Postkonventionalität erfüllen können:

Beispiel für Stufe 3: Heinz, Issue: Leben, CJ 9

[Heinz sollte das Medikament selbst dann stehlen, wenn er seine Frau nicht liebt, oder sogar für einen Fremden] weil wir alle Menschen sind und einander helfen sollten; „oder" weil es unmenschlich wäre, sie nicht zu retten, nur weil er sie nicht liebt; „oder" weil seine Ehefrau ein Mensch ist „oder" weil menschliches Leben immer wertvoll ist.

Stage Structure:

In diesem Urteil der Stufe 3 wird die Liebe zu einer Frau oder einem Freund (CJ 12) auf alle menschlichen Wesen verallgemeinernd ausgeweitet.

Beispiel für Stufe 4: Heinz, Issue: Leben, CJ 25

[Heinz sollte das Medikament stellen] weil der Wert menschlichen Lebens bedeutsamer ist als Eigentumsrechte oder die gesellschaftliche Notwendigkeit von Gesetzen in diesem Fall.

Stage Structure:

Dieses Urteil geht von der Höchstrangigkeit menschlichen Lebens als eines abstrakten und universellen Werts aus. Es wird angenommen, dass der Wert eines Lebens durch die Gesetze der Gesellschaft als höchstrangig und als jedem kodifizierten Gesetz übergeordnet anerkannt werden sollte. Kennzeichnend für diese hierarchische Einordnung des Lebens über andere Werte ist eine Ordnung moralischer Werte, die die Gesellschaft vornimmt oder vornehmen sollte, und nicht ein logisches oder rationales Verständnis des Rechts auf Leben als eine Voraussetzung für andere moralische oder soziale Werte (Stufe 5).

Die Bedeutungsunterstellungen auf Stufe 2 verweisen auch auf die nötige inhaltliche Erweiterung dieser Stufe (vgl. 2.4). Die Bedeutungsunterstellungen auf konventionellem Niveau verlangen wahrscheinlich Umstufungen innerhalb dieses Niveaus bzw. Höherstufungen auf das postkonventionelle Niveau. Somit zeigen sich neben den Problemen bei der Operationalisierung präkonventioneller Stufen auch Probleme bei der Operationalisierung konventioneller und postkonventioneller Stufen. Durch die Bedeutungsunterstellungen der vierten Gruppe tendiert das SIS-Manual dahin, postkonventionelle Urteilsfähigkeit zu unterschätzen (vgl. auch Punkt i).

Zudem werden, worauf Rest (1979, S. 44) hinweist, bei einigen CJs mit der gleichen Kombination von Norm und Element auf verschiedenen Stufen Unterschiede in der moralischen Urteilsfähigkeit festgeschrieben, obwohl dort wahrscheinlich nur Unterschiede in der sprachlichen Elaboration vorliegen.

Rest macht aber wie Gibbs auf die erwähnten vier Gruppen von Bedeutungsunterstellungen, d.h. auf die genannten Defizite hinsichtlich der Validität der Auswertungsmethode, nicht aufmerksam; beide Forscher betrachten das Testkriterium der Validität als erfüllt.

*(d) Die Problematik der Interrater-Reliabilität des Auswertungsverfahrens*

Auch seinen Anspruch, mit einer kleineren Auswertungseinheit und spezifischen Zuordnungskriterien die Reliabilität der Kodierung von Stufen gesteigert zu haben, hat Kohlberg meines Erachtens nicht überzeugend eingelöst. Es gibt wahrscheinlich keine hinreichende Übereinstimmung der Auswerter, also keine hinreichende Interrater-Reliabilität auf der Ebene der Criterion Judgments. Rest und Gibbs dagegen betrachten das Testkriterium der Reliabilität als erfüllt.

In den 1970er- und auch in den 1980er Jahren überprüfte Kohlberg die Interrater-Reliabilität bei der Kodierung von Stufen ausschließlich nur auf der Ebene der Form-Werte, d.h. nicht auf den Ebenen der Issue-Werte und der CJ-Werte. Dabei ergaben sich jeweils hohe Reliabilitäten: Für diese globalen Stufenwerte zu den einzelnen Formen (A, B und C) berichtet Kohlberg von einer Interrater-Reliabilität zwischen 75% und 88% auf der 9-Stufen-Skala (mit fünf vollen Stufen und vier Zwischenstufen) (Colby et al. 1983, S. 20 f.).

Auch die an Kohlberg orientierte Forschung ermittelte Resultate zur Interrater-Reliabilität bei den Stufen nur für die Form-Werte. Dabei ergaben sich (vgl. z.B. Walker 1988) ähnlich hohe Reliabilitäten wie bei Kohlberg. Pratt, Golding und Hunter (1984) sowie Walker (1989) informieren zudem über Interrater-Reliabilitäten bei der Kodierung von Elements – Walker berichtet von einer Reliabilität von 80%; Pratt, Goldberg und Hunter verzeichnen Reliabilitätswerte zwischen 54% und 92%. Die Autoren prüfen aber nur, ob sich die vier Elements-Gruppen reliabel kodieren lassen, erfassen also nicht die Reliabilität für die Kodierung einzelner Elements.

Kohlberg und die an ihm orientierten Forscher haben überdies nicht differenziert untersucht, wie stark die erzielten Reliabilitätswerte vom Ausmaß der Kodiererfahrung abhängen. Mit dem SIS verknüpft Kohlberg den Anspruch, dass selbst relativ unerfahrene Auswerter das Verfahren reliabel handhaben können. Er meint nachgewiesen zu haben, dass auch wenig erfahrene Rater hohe Interrater-Reliabilitäten erzielen:

> Rater, die diese Reliabilitätsdaten kodierten, unterschieden sich im Grad der Erfahrung bei der Anwendung des Handbuchs. Von den fünf Ratern der Form A waren zwei sowohl mit dem Structural Issue Scoring als auch mit dem Standard Issue Scoring vertraut, und tatsächlich waren sie die Autoren der Standard-Issue-Formen A und B (Colby und Gibbs). Der dritte Rater war zwar sehr erfahren, allerdings kein Autor des Handbuchs. Die übrigen zwei, nicht ganz so erfahrenen Rater hatten das Kodieren innerhalb der vorangegangenen sechs bis acht Monaten durch Anwendung des Handbuchs erlernt. Sie berieten sich mit erfahreneren Auswertern, während sie das Handbuch bei der Kodierung eigener Fälle anzuwenden lernten, aber diese Beratung war nicht umfassender als der einwöchige, jedes Jahr in Harvard abgehaltene Trainingsworkshop. Die Werte zur Interrater-Reliabilität zwischen den zwei ‚neuen Auswertern' und zwischen jedem von ihnen und einem erfahrenen Auswerter waren mindestens ebenso hoch wie die Reliabilitätswerte zwischen den erfahrenen Ratern. Ebenso war es bei der Interrater-Reliabilität für die Form B, die bei zwei erfahrenen und zwei neuen Ratern ermittelt wurde. So erscheint die Schlussfolgerung berechtigt, dass sich das Standard-Issue-Handbuch von relativ unerfahrenen Auswertern reliabel anwenden lässt (Colby/Kohlberg et al. 1983, S. 20 f.).

Es ist aber problematisch, Auswerter mit einer Kodierpraxis von sechs bis acht Monaten als unerfahrene Rater zu bezeichnen. Überdies bedeutet eine hohe Übereinstimmung, die zwischen mehr oder weniger erfahrenen Ratern bei der Kodierung von Form-Werten erzielt wird, nicht unbedingt eine hohe Übereinstimmung bei der Kodierung von CJ- oder Issue-

Werten. Kohlbergs Behauptung, dass selbst relativ unerfahrene Auswerter mit dem SIS-Manual reliabel umgehen können, scheint folglich nicht überzeugend belegt. Um zu klären, in welchem Maße die erzielten Reliabilitäten von der Kodiererfahrung abhängen, müssten auch Rater mit wesentlich weniger Kodierpraxis herangezogen und Unterschiede in der Reliabilität der Kodierung von Werten auf verschiedenen Aggregationsniveaus berücksichtigt werden.

Aber nicht nur Informationen über die Interrater-Reliabilität für die niedrig aggregierten Stufenwerte und Resultate zum Einfluss der Kodiererfahrung auf die Interrater-Reliabilität fehlen – auch nach den möglichen Ursachen für Abweichungen in den Kodierergebnissen verschiedener Rater hat die Kohlberg-Gruppe nicht gefragt. Somit ist ungeklärt, ob die einzelnen Kodierschritte beim SIS in unterschiedlichem Maße für eine Einschränkung der Reliabilität verantwortlich sind.

Das SIS beinhaltet 17 Kodierschritte mit drei großen Kodierphasen. Der Rater hat zunächst insbesondere eine Entscheidung darüber zu treffen, welche Aussagen des Probanden zu einem Dilemma überhaupt moralische Urteile darstellen. Die Aussagen müssen drei Kriterien genügen, um als kodierbare moralische Urteile zu zählen. Es dürfen (a) nur Stellungnahmen berücksichtigt werden, die präskriptiven Charakter haben, zum Beispiel: „Heinz soll stehlen, weil...". Deskriptive Aussagen wie: „Heinz wird stehlen, weil..." bleiben unberücksichtigt. Zugleich müssen (b) die präskriptiven Aussagen eine Begründung für die Verbindlichkeit von bestimmten Handlungen oder Werten beinhalten und nicht nur Präferenzen des Probanden für Handlungen oder Werte zum Ausdruck bringen. Es sind (c) nur solche Begründungen heranzuziehen, die die Person selbst als stichhaltig betrachtet (die „subjektiv valide" sind); Aussagen etwa über Begründungen, die andere Personen bei den vorgelegten Fragen anführen könnten, werden nicht herangezogen. In der zweiten Kodierphase hat der Rater dann zu entscheiden, ob die im Manual vorgegebenen Kriterien für die CJs von den als moralisch klassifizierten Aussagen erfüllt werden. In der dritten Kodierphase hat er schließlich die für die Aussagen bzw. CJs ermittelten Stufenwerte nach bestimmten Verrechnungsregeln zu globalen Werten zusammenzufassen, wobei (wie bereits erwähnt) die Stufenwerte für die CJs zu Issue-Werten und die Issue-Werte zu Form-Werten zu aggregieren sind.

Eine Abweichung in den Ergebnissen der Kodierung kann deshalb zum ersten dadurch zustande kommen, dass sich die Auswerter bei ihrer Einschätzung unterscheiden, ob eine bestimmte Aussage für die Kodierung relevant ist oder nicht. Während ein Rater die Aussage als moralisches Urteil interpretiert und die Stellungnahme kodiert oder bei der Kodierung anderer Aussagen berücksichtigt, lässt ein anderer dieselbe Aussage unberücksichtigt, weil sie in seinen Augen eines oder mehrere der drei Kriterien für ein moralisches Urteil nicht erfüllt. Eine Abweichung in den Kodierergebnissen kann des Weiteren aus unterschiedlichen Einschätzungen der Rater in der zweiten Kodierphase resultieren: Die Rater klassifizieren eine bestimmte Aussage zwar jeweils als moralische Stellungnahme, unterscheiden sich aber in ihrer Bewertung, ob diese Stellungnahme einer im Manual angegebenen prototypischen Argumentation (einem CJ) entspricht. Schließlich kann der Prozess der Aggregierung von Werten für Abweichungen in den Kodierergebnissen verantwortlich sein, weil Fehler bei der Aggregierung die Reliabilität der höher aggregierten Werte mindern.

Die erste und die zweite Kodierphase führen möglicherweise zu einer beträchtlichen Einschränkung der Interrater-Reliabilität. Diese Phasen erfordern nämlich jeweils relativ komplexe Prozesse der Bewertung von Aussagen.

In der ersten Kodierphase sind vornehmlich die drei Kriterien für moralische Urteile anzuwenden. Die Differenzierung zwischen moralischen und nicht-moralischen Äußerungen lässt sich aber nicht immer eindeutig vornehmen. Insbesondere ist es häufig schwierig, die Aussagen auf ihren präskriptiven Gehalt hin zu bestimmen und ihre subjektive Validität einzuschätzen. Entsprechende Unterschiede in der Bewertung von Äußerungen können also zu abweichenden Kodierergebnissen führen.

In der zweiten Kodierphase soll vor allem durch die Anwendung von Kriterien für die Zuordnung eines CJ zu einer einzelnen Interviewaussage – zu einer Interviewicheinheit (IJ) – eine Übereinstimmung bei der Kodierung präskriptiver Urteile sichergestellt werden. Dadurch, dass die Rater bei ihrer Kodierentscheidung einerseits zu prüfen haben, ob die das CJ definierenden Critical Indicators erfüllt sind, andererseits zu untersuchen haben, ob die entsprechende Aussage mit der Stage Structure des CJ übereinstimmt, sucht die Kohlberg-Gruppe nicht nur eine hohe Reliabilität, sondern auch eine hohe Validität der Kodierung zu erreichen:

> (...) um einen IJ-CJ-Vergleich als ein Match zu betrachten, muss (1) das IJ die Oberflächeneigenschaften des in Frage kommenden CJ erfüllen, und (2) das IJ mit der Stage Structure dieses CJ im Einklang stehen. Unsere Forderung, dass das IJ die Oberflächeneigenschaften zu erfüllen hat, soll eine übermäßig lockere Interpretation verhindern, bei der der Auswerter einer Person Vorstellungen zuschreibt, die sie in Wirklichkeit nicht zum Ausdruck gebracht hat. Unsere Forderung, dass das IJ auch mit der zugrundeliegenden moralischen Urteilsstruktur der das CJ repräsentierenden Stufe im Einklang stehen muss, ist der Versuch, ungültige Zuordnungen zu minimieren, die durch das bloße Matching von Oberflächeneigenschaften des IJ und des CJ zustande kommen (Colby/Kohlberg 1987, S. 172 f.).

Mit der Prüfung der Critical Indicators und der Stage Structure ist aber der Prozess der Kodierung der Interviewicheinheit noch nicht abgeschlossen. Der Rater hat zusätzlich zu prüfen, ob die zwei anderen im Manual vorgegebenen Zuordnungskriterien erfüllt sind, nämlich die Distinctions und Inclusions des CJ:

> Das IJ muss nicht nur mit der Stage Structure des CJ im Einklang stehen, es darf auch kein besseres Match mit einem anderen CJ geben. Um diese Entscheidung zu treffen, sollten die Distinctions und Inclusions jedes relevanten CJs untersucht werden. Bei den Distinctions wird das in Frage kommende CJ von parallelen oder ähnlichen CJs auf derselben und verschiedenen moralischen Stufen unterschieden. Die Distinctions-Erläuterungen haben das Ziel, die Stage Structure genauer zu klären und zu verhindern, dass einem IJ voreilig ein spezifisches CJ zugewiesen wird, obwohl ein wesentlich besseres Match mit einem ähnlich klingenden – aber konzeptuell unterschiedlichen – CJ (entweder ein CJ auf einer anderen Stufe oder ein CJ auf derselben Stufe, aber mit einer anderen Norm und/oder einem anderen Element) vorhanden ist (...) Wann immer das Interviewmaterial zwei CJs mit derselben Norm und demselben Element, aber verschiedenen Stufen entspricht, wird das CJ mit der niedrigeren Stufe als im CJ mit der höheren Stufe inkludiert betrachtet. Nur der Wert für das höchste Match findet bei der Ermittlung des Issue-Werts Berücksichtigung. Dieselbe Inklusionsbeziehung zeigt sich gelegentlich auch bei CJs mit verschiedenen Elements, aber derselben Norm (Colby/Kohlberg 1987, S. 177 f.).

Die Klärung der Frage, inwieweit die vier Zuordnungskriterien erfüllt sind, stellt also eine komplexe Aufgabe dar. Hier dürfte eine wesentliche Ursache für abweichende Kodierergebnisse liegen. Beim SIS können Auswerter aber nicht nur in der Vergabe von CJs voneinander abweichen, sondern auch in ihrer Einschätzung, ob Schätzwerte („Guess-Scores") zu vergeben sind bzw. welche Guess-Scores man zuweisen soll. Guess-Scores hat der Rater dann zu ermitteln, wenn bei einem Issue eines Dilemmas kein einziges CJ vergeben werden kann:

> In solchen Fällen, muss der Rater beim Vorliegen eines moralischen Urteils zum fraglichen Problem dem Issue einen Guess-Score zuweisen, und sei das Material auch noch so uneindeutig (...) Das Konzept eines Guess-Scores führten wir ein, um (a) die Wahrscheinlichkeit zu erhöhen, dass jede Person einen Wert für jedes der sechs Standard Issues erhalten kann – und damit eine maximale Standardisierung in der Stichprobenerhebung über den Bereich des moralischen Urteils hinweg zu erzielen; um (b) die Kodierung neuartiger Antworten, die nicht im Handbuch vertreten sind, zu ermöglichen; um (c) den Einfluss von Voreinstellungen zu minimieren – der Gebrauch von Guess-Scores soll die Gefahr verringern, dass Rater Daten als unkodierbar klassifizieren, die ihren Erwartungen nicht entsprechen; und um (d) einen Ausgleich dafür zu schaffen, dass Rater häufig hinsichtlich der Frage nicht übereinstimmen, bis zu welchem Punkt das Material als nach Stufen kodierbar zu betrachten ist (Colby/Kohlberg 1987, S. 181 f.).

Guess-Scores kann der Rater zum einen auf der Grundlage der CJs vergeben, wobei die Zuordnungskriterien weniger streng angewandt werden. Er kann sie aber auch durch eine intuitive Gesamteinschätzung des präskriptiven Interviewmaterials zu einem Issue, die sich auf die allgemeine Stufendefinition stützt, ermitteln. Um Guess-Scores zuzuweisen, kann der Rater zudem auf Stellungnahmen zurückgreifen, die keinen präskriptiven Charakter besitzen. Bei der Vergabe eines Guess-Scores stellt insbesondere das zum Teil heterogene und mehrdeutige Interviewmaterial den Auswerter vor Schwierigkeiten. Unterschiedliche Kodierresultate können zum Beispiel dadurch zustande kommen, dass ein Rater den Wert für ein Issue auf der Grundlage eines bestimmten CJs ermittelt hat, ein anderer dagegen auf der Grundlage einer intuitiven Gesamteinschätzung der präskriptiven Äußerungen des Probanden zu dem Issue.

In der zweiten Kodierphase des SIS können somit unterschiedliche Einschätzungen der Auswerter hinsichtlich der Critical Indicators, der Stage Structure, der Distinctions, der Inclusions sowie der Guess-Scores die abweichenden Ergebnisse bei der Kodierung verursacht haben. Kohlberg selbst stellt fest, dass die zweite Phase diejenige ist, in der die stärksten Reliabilitätseinbußen auftreten (vgl. Colby/Kohlberg 1987, S. 172).

Die dritte Kodierphase trägt wahrscheinlich am wenigsten zur Einschränkung der Interrater-Reliabilität bei. Die vorzunehmende Aggregierung von Stufenwerten verlangt jeweils nur die mechanische Anwendung der Verrechnungsregeln. Obwohl beim SIS die Regeln für die Aggregierung von Werten relativ komplex sind, dürften Rater nach einiger Kodierpraxis keine Fehler bei der Aggregierung mehr machen.

Da besonders die zweite Kodierphase hohe Anforderungen an die Auswerter stellt, ist zu erwarten, dass *unerfahrene* Auswerter keine hohe Interrater-Reliabilität erzielen. Der Versuch, den Auswertungsprozess zu standardisieren, hat zu einer Vielzahl von Kodierregeln geführt, die Rater ohne große Kodierpraxis nur schwer vollständig berücksichtigen können. An die Stelle der Unsicherheiten des unerfahrenen Raters im Umgang mit dem stärker hermeneutischen Structural Issue Scoring sind die Unsicherheiten des unerfahrenen Raters im Umgang mit dem psychometrisch durchstandardisierten SIS getreten.

Im Projekt „Kohlberg-Rekonstruktion" wurde anhand der Daten von Kohlbergs USA-Stichprobe in ersten Ansätzen empirisch die Frage zu klären versucht, inwieweit *erfahrene* Rater eine hohe Interrater-Reliabilität bei der Kodierung von CJs erzielen können. Wir wollten dabei auch prüfen, ob die Interrater-Reliabilitäten für die CJ-Werte ähnlich hoch liegen wie die Interrater-Reliabilitäten, die die Kohlberg-Forschung für die Form-Werte ermittelt hat. Darüber hinaus wollten wir untersuchen, welche spezifischen Kodierschritte für abweichende Kodierergebnisse vor allem verantwortlich sind. Eine Prüfung der von unerfahrenen Ratern erzielten Interrater-Reliabilität führten wir nicht durch.

Die Interrater-Reliabilität für die Kodierung von CJs wurde zunächst bei zwei Ratern ermittelt, die mehrmonatige Kodierpraxis hatten und mit Kohlbergs theoretischen Konzepten vertraut waren. Das Ausmaß an Übereinstimmung, das diese erfahrenen Rater bei der Kodierung von CJs erzielten, war eher gering. Auch der Anteil an Übereinstimmung mit den Kodierungen, die in den Auswertungsbögen von Kohlberg für die USA-Studie ausgewiesen sind, war nicht wesentlich höher. Die Interrater-Reliabilität lag jeweils deutlich unter den von der Kohlberg-Forschung für die Form-Werte für gewöhnlich ermittelten ca. 80%.

Wir fragten nach den Ursachen für die relativ geringe Interrater-Reliabilität bei den CJ-Werten. Die Phase des Eintrainierens neuer Rater haben wir noch um einige Monate verlängert, und diese mussten nur zu den bereits von den beiden anderen Ratern vorgenommenen Kodierungen Stellung nehmen. Dabei hatten sie festzustellen, bei welchen Kodierschritten sie untereinander abwichen. Die Analyse von Ursachen für abweichende Kodierungen von CJs zeigte, dass ein großer Teil der Abweichungen auf Unterschiede in der Erfassung der kodierrelevanten moralischen Urteile und auf Unterschiede in der Anwendung der Critical Indicators und der Stage Structure zurückzuführen ist. Die Übereinstimmung darüber, ob Guess-Scores zu vergeben sind und welche Guess-Scores festzuhalten sind, war ebenfalls nicht hoch. Der Anteil der Guess-Scores war insgesamt erheblich; bei Kohlberg selbst beträgt er in der USA-Studie ca. 40%. Vor allem bruchstückhafte und mehrdeutige Interviewtexte sorgten für kaum zu behebende Unsicherheiten bei der Kodierung (vgl. auch Reuss/Becker 1996).

Unsere eigene, eher exploratorische Analyse der Interrater-Reliabilität auf der Ebene von Criterion Judgments zeigte also: das SIS dürfte selbst bei erfahrenen Ratern nicht zu hoher Übereinstimmung führen, und insbesondere die zweite Kodierphase sorgt für abweichende Kodierergebnisse.

*(e) Der unklare Status der Zwischenstufen im Auswertungshandbuch*
Im Rahmen des SIS sind neben den vollen Stufen 1, 2, 3, 4 und 5 auch die Zwischenstufen 1/2, 2/3, 3/4 und 4/5 zu kodieren. Mit der Einführung von Zwischenstufen im Manual verfolgt Kohlberg das Ziel, qualitativ bestimmbare Übergangsschritte von einer Stufe „n" zur Stufe „n+1" zu identifizieren. Es gibt dabei einen beträchtlichen Anteil von Zwischenstufen im Manual. Bei „Heinz" zum Beispiel beträgt das Verhältnis von CJs auf vollen Stufen zu CJs auf Zwischenstufen 49:26. Kohlbergs Konzept der Zwischenstufen weist freilich Probleme auf und lässt Fragen offen, auf die ich hier nur kurz eingehen kann (vgl. auch Reuss/Becker 1996). Rest und Gibbs problematisieren dieses Konzept nicht.

Zum einen hat Kohlberg die Frage nicht geklärt, ob die Zwischenstufen schnell verschwindende Urteilsformen sind oder ob sie über längere Zeit hinweg erhalten bleiben. Dazu macht er meines Wissens keine Aussagen.

Ein beträchtlicher Anteil der Zwischenstufen im Manual ist lediglich methodisch bedingt. Man betrachte folgendes Beispiel:

> Heinz: Issue: Leben, CJ 8
> [Heinz sollte das Medikament für die Frau oder einen Freund stehlen] wenn er verzweifelt ist.
> Stage Structure:
> Diese Rechtfertigung beruht auf der Überlegung, dass Heinz für das Stehlen nicht verantwortlich gemacht werden soll, da er keine unsozialen Motive besitzt (Stufe 3), oder der Überlegung, dass Heinz' Diebstahl eine instrumentell vernünftige Sache wäre (Stufe 2). Bei dieser Rechtfertigung kann die Vorstellung der Stufe 3 nicht von der Vorstellung der Stufe 2 unterschieden werden. Auf Nachfrage lässt sich die Rechtfertigung für gewöhnlich entweder als Stufe 2 identifizieren (CJ 4, 7) oder als inkludiert in Aspekte der Stufe 3 betrachten (CJ 12, 16).

Bei den Zwischenstufen im Manual, die nicht auf methodische Probleme hinweisen, sind die qualitativen Übergänge manchmal schwer zu identifizieren. Schon die Differenzierung zwischen den vollen Stufen ist schwierig; die Unterscheidung der vollen Stufen von den Zwischenstufen ist noch schwieriger. Man betrachte folgendes Beispiel:

> Heinz, Issue: Leben, CJ 2
> [Heinz sollte das Medikament für die Ehefrau oder einen Freund stehlen] denn wenn du jemanden sterben lässt, könnten sie dich für lange Zeit ins Gefängnis sperren (oder wirst du für längere Zeit ins Gefängnis kommen).
> Stage Structure:
> Dieses Urteil enthält eine Überlegung zur Wahrscheinlichkeit von Strafe, die Taten falsch macht, eine Überlegung, die zwischen den Stufen 1 und 2 angesiedelt ist. Die Sorge ist mehr rational und klugheitsorientiert (Stufe 2) als unvermeidlich oder unberechenbar (Stufe 1). Verwechsle das Urteil nicht mit der auf Stufe 2 zu findenden Einschätzung von Strafe als einem (instrumentell) zu vermeidenden Risiko (CJ 6).

Die bei diesem CJ vorgenommene Abgrenzung von den Stufen 1 und 2 stellt in meinen Augen eine überzogene Interpretation dar.

*(f) Die problematischen Regeln zur Verrechnung von Stufenwerten*
Rest kritisiert mit Recht, dass bei der Ermittlung globaler Werte für eine Person, d.h. bei der Ermittlung der Issue- und Form-Werte, Stufen dieser Person eliminiert werden, so dass auch ihr Urteilspotenzial in diesen Werten nicht angemessen zum Ausdruck komme (Rest 1979, S. 71). Allerdings geht er auf die Verrechnungsregeln nicht genauer ein.

Speziell durch die 25%-Regel bei der Errechnung eines Form-Werts ist eine Eliminierung der höchsten Stufe möglich (vgl. auch S. 211). Um etwa einen Form-Wert der Stufe 5 zu erzielen, muss die Person bei der Mehrzahl der sechs Issues einer Form Werte dieser Stufe aufweisen. Ist der prozentuale Anteil anderer Stufen ähnlich hoch oder höher als der Anteil von Stufe 5, ergeben sich lediglich Übergangsstufen. Tritt ein Issue-Wert der Stufe 5 nur einmal auf und ist zugleich Stufe 5 nicht häufiger in Übergangsstufen enthalten, so wird diese Stufe aufgrund der 25%-Regel vollständig eliminiert. Auch bei der Verrechnung der CJ-Werte zu einem Issue-Wert müssen starke Anteile der höchsten Stufe vorhanden sein, damit diese Stufe als volle Stufe und nicht als Zwischenstufe in Erscheinung tritt. Weil zu einem Issue für gewöhnlich nicht mehr als vier CJs kodiert werden, dürften hier Stufen durch die 25%-Regel jedoch selten vollständig neutralisiert werden.

Kohlberg und die an ihm orientierten Forscher erheben den Anspruch, mit Hilfe des MJIs das Urteilspotenzial einer Person erfassen zu können. Wie in 4.1 beschrieben, orientiert sich Kohlberg bei der Bestimmung von Issue- und Form-Werten aber nicht an Maximalwerten, sondern an Modalwerten. Eine als Maximalwert auftretende volle Stufe muss in konsolidierter, ausgeprägter Form vorliegen, um den globalen Wert zu bilden. Die globalen Aussagen über das Urteilspotenzial einer Person sind also bei Kohlberg am Kriterium der Konsolidierung von Strukturen bzw. Stufen orientiert.

Findet in der USA-Studie, in der Kohlberg Ende der 1970er Jahre das SIS erstmals einsetzte, die theoretisch mögliche Eliminierung von Postkonventionalität tatsächlich in stärkerem Ausmaß statt? Eine Analyse der Stufenverteilungen für die zu allen drei Formen des Interviews (A, B und C) erzielten Issue-Werte zeigt, dass die Gesamtanteile der Stufen 4/5 und 5 nicht wesentlich höher sind als bei den Form-Werten (vgl. Teo/Becker/Edelstein 1995, Tab. 1). Ab dem Alter von 24-26 Jahren tritt Stufe 5 im Gegensatz zur Verteilung bei den Form-Werten bei einigen Personen zwar auf, die Anteile bei den einzelnen Altersgruppen bleiben aber unter 3%. Stufe 4/5 findet sich erstmals ab dem Alter von 20-22 Jahren in nennenswertem Umfang, kommt aber über einen Anteil von 10% nicht hinaus (vgl. auch Colby 1983 et al., S. 24, 46). Der relativ geringe Gesamtanteil von Stufe 5 und Stufe 4/5 auf Issue-Ebene lässt auch den Schluss auf ein seltenes Auftreten von Stufe 5 auf CJ-Ebene zu: Weil bei einer maximalen Anzahl von vier CJs zu einem Issue CJ-Werte der Stufe 5 zumindest als Issue-Werte der Stufe 4/5 in Erscheinung treten müssten, der Häufigkeitsanteil aber selbst von Stufe 4/5 gering bleibt, kann angenommen werden, dass auch auf CJ-Ebene Werte der Stufe 5 nur selten auftreten. Eine systematische Analyse der Stufenanteile auf CJ-Ebene führten wir im Projekt „Kohlberg-Rekonstruktion" nicht durch, doch bestätigte eine erste Sichtung der vorliegenden CJ-Werte diese Vermutung. Zudem zeigte sich, dass selbst Stufe 4/5 relativ selten auftritt. Somit ist festzuhalten: der Gesamtanteil der postkonventionellen Stufen 4/5 und 5 auf der Ebene der Issue- und CJ-Werte ist bei weitem nicht so hoch, wie es möglich wäre. Was das Auftreten der Stufen 4/5 und 5 auf der Ebene der Issue-Werte angeht, so ist zusätzlich festzuhalten, dass deren Anteile über die unterschiedlichen Issues und Dilemmata hinweg in etwa gleich niedrig sind, also spezifische Issues oder Dilemmata für den relativ geringen Gesamtanteil nicht verantwortlich sind.

Dass der Gesamtanteil postkonventioneller Stufen bei den Issue- und CJ-Werten recht gering ist, heißt aber nicht, dass keine postkonventionellen Werte eliminiert werden. Betrachtet man nämlich die einzelnen Fälle, die in einer Form des Interviews postkonventionelle Issue-Werte erzielen, so zeigt sich, dass Maximalwerte der Stufe 4/5 und 5 bei der Bildung von Form-Werten öfters neutralisiert werden. So erhalten alle Personen mit einem oder zwei Maximalwerten der Stufe 4/5 nur konventionelle Form-Werte. Und allen Personen, die einen oder zwei Maximalwerte der Stufe 5 erzielen, bekommen nur einen Form-Wert der Stufe 4/5 zugewiesen. Beim fünften Messzeitpunkt erzielen beispielsweise in Form A drei Fälle, in Form B drei Fälle und in Form C sechs Fälle einen oder zwei Maximalwerte der Stufe 4/5. Beim sechsten Messzeitpunkt erhalten in Form A fünf Fälle und in Form B fünf Fälle einen oder zwei Maximalwerte der Stufe 4/5 – Form C wurde bei diesem Messzeitpunkt nicht verwendet. Alle diese Fälle erhalten nur einen konventionellen Form-Wert der Stufe 3/4 oder 4. Während Issue-Werte der Stufe 4/5 bereits ab dem zweiten Messzeitpunkt vorhanden sind, treten Issue-Werte der Stufe 5 erstmals zum fünften Messzeitpunkt auf. Beim fünften Messzeitpunkt ist in Form A und Form B jeweils ein Fall mit einem oder zwei Issue-Werten der Stufe 5 vorhanden; in Form C findet sich kein Fall mit Stufe 5. Beim sechsten Messzeitpunkt erreichen in Form A drei Fälle und in Form B vier Fälle einen oder zwei Issue-Werte der Stufe 5. Diese Fälle erhalten alle einen Form-Wert der Stufe 4/5.

Selbst bei einigen Fällen mit drei Maximalwerten der Stufe 4/5 bzw. 5 bilden die Maximalwerte nicht die Form-Werte. Zum Beispiel erzielt Fall 44 beim vierten Messzeitpunkt dreimal Stufe 4/5 und zweimal Stufe 3 (ein Issue wurde nicht kodiert!), erhält aber nur einen Form-Wert der Stufe 3/4. Fall 2 erreicht beim fünften Messzeitpunkt dreimal Stufe 5, zweimal Stufe 4/5 und einmal Stufe 4 und erhält einen Form-Wert der Stufe 4/5. Von insgesamt sechs Fällen mit drei Maximalwerten der Stufe 4/5 erzielen drei Fälle konventionelle Form-Werte. Von insgesamt vier Fällen mit drei Maximalwerten der Stufe 5 werden drei Fällen Form-Werte der Stufe 4/5 zugewiesen. Dabei ist festzuhalten, dass Fälle mit mehr als drei Maximalwerten der Stufe 5 zu einer Form überhaupt nicht vorkommen. Fälle mit mehr als drei Maximalwerten der Stufe 4/5 treten dagegen vereinzelt auf (vier Fälle erzielen vier Maximalwerte der Stufe 4/5, zwei Fälle erzielen fünf Maximalwerte der Stufe 4/5, kein Fall erzielt sechs Maximalwerte der Stufe 4/5).

Für Kohlbergs USA-Studie ist zusammenfassend zu sagen, dass der Gesamtanteil von Postkonventionalität auf der Ebene der Issue- und der CJ-Werte zwar bei weitem nicht so hoch ist, wie es aufgrund der Verrechnungsregeln für die Stufenwerte möglich wäre. Der Anteil postkonventioneller Maximalwerte, die bei der Aggregierung von CJ- zu Issue-Werten und von Issue- zu Form-Werten neutralisiert werden, ist aber durchaus bedeutsam. Es wäre zu prüfen, ob in anderen Studien, die auf der Grundlage des SIS durchgeführt wurden, ähnliche Ergebnisse festzustellen sind. Dabei wären zusätzlich die Verteilungen für die CJ-Werte differenziert zu analysieren und zu den Verteilungen für die Issue- und Form-Werte in Beziehung zu setzen.

Die für die USA-Studie ermittelten Ergebnisse hinsichtlich der CJ- und der Issue-Werte lassen es zum einen fraglich erscheinen, ob die spezifische Form der Zusammenfassung der CJ-Werte zu Issue-Werten und der Issue-Werte zu Form-Werten mit Kohlbergs kompetenztheoretischen Ansprüchen vereinbar ist. Seine Orientierung an einer konsolidierten Struktur, wie sie in den Aggregierungsregeln zum Ausdruck kommt, hat den Nachteil, dass den Maximalwerten der Personen nicht angemessen Rechnung getragen wird. Während das Interviewverfahren auf die oberste Leistungsgrenze des Individuums zielt, tendiert das Verfahren zur Ermittlung aggregierter Stufenwerte dahin, diese oberste Leistungsgrenze zugunsten von Modalwerten zu unterlaufen. Die hier berichtete Analyse zeigt, dass beim Aggregationsprozess Maximalwerte von Personen in nicht unerheblichem Ausmaß neutralisiert wurden. Um den Maximalwerten besser Rechnung tragen zu können, müsste sich die Bestimmung globaler Werte an schwächeren Kriterien orientieren. Wie die entsprechenden Kriterien festzulegen sind, ist eine schwierige Frage. Ich habe darauf keine zufriedenstellende Antwort gefunden.

Die ermittelten Ergebnisse lassen zum anderen Kohlbergs Bestimmung von Postkonventionalität im SIS-Manual fragwürdig erscheinen. Dass die Anteile postkonventioneller Stufen in der USA-Studie nicht nur bei den Form-Werten, sondern auch bei den Issue- und CJ-Werten insgesamt recht niedrig sind, dürfte unter anderem Ausdruck einer zum Teil problematischen operationalen Definition von Postkonventionalität bei Kohlberg sein. Wie bereits unter Punkt c festgehalten, beinhalten einige der im Manual als konventionell eingestuften CJs möglicherweise postkonventionelles Denken. Während die Stufenbestimmungen im Manual die Anzahl kodierter postkonventioneller Äußerungen schon einschränken, haben die Verrechnungsregeln zur Folge, dass der Anteil postkonventioneller CJ-Werte weiter reduziert wird.

Neben der 25%-Regel ist meines Erachtens auch das Gewichtungssystem, das bei der Verrechnung von Issue-Werten zu einem Form-Wert ins Spiel kommt, kritisch zu betrachten. Die ermittelten Stufen zu den gewählten Issues, d.h. zu den präferierten Handlungsentscheidungen, erhalten jeweils drei Punkte, die ermittelten Stufen zu den nicht-gewählten Issues erhalten zwei Punkte. Dieses Punktesystem spiegelt die Überzeugung, dass das gewählte Issue die Urteilskompetenz der Person besser repräsentiert als das nicht-gewählte – eine Annahme, die einer empirischen Prüfung möglicherweise nicht standhält: De Vries und Walker (1986) stellten bei einer Analyse des Denkens zu Fragen der Todesstrafe fest, dass beim nicht gewählten Issue die Stufenwerte zum Teil höher liegen als beim gewählten (vgl. auch 5.2.2).

Die Zerschlagung von Zwischenstufen zu vollen Stufen, die (wie auf S. 211 beschrieben) bei der Aggregation von CJ-Werten zu Issue-Werten vorgenommen wird, erscheint ebenfalls problematisch. Dem Anspruch nach qualitativ eigenständige Zwischenstufen verrechnet die Kohlberg-Gruppe als Prozentanteile von vollen Stufen.

Unklar bleibt im Übrigen, warum die Kohlberg-Gruppe keine Regeln für die Ermittlung von Dilemma-Werten formuliert hat. Dilemma-Werte sind ja insbesondere für die Prüfung des Einflusses einzelner Dilemmata des MJIs auf die Urteilsstufen einer Person erforderlich.

*(g) Probleme bei der Kodierung von Norms und Elements*
Während ich bisher vorwiegend Kritik an der Kodierung von Stufen und Zwischenstufen vorgetragen habe, mache ich in den folgenden beiden Abschnitten auf einige Probleme bei der Kodierung der Inhaltsaspekte des Urteilens – der Norms, Elements und Issues – aufmerksam. Rest und Gibbs haben diese Probleme nicht benannt.

Die im SIS-Manual vorgenommenen Zuordnungen der Norms und Elements zu CJs bestimmen, wie das Interviewmaterial nach Inhaltsaspekten kodiert wird, da die Auswertung von Inhaltsaspekten auf der Grundlage der CJs erfolgt. Es gibt im Manual einige problematische Zuordnungen von Norms zu CJs. Ein Beispiel ist das CJ 5 bei „Heinz", Issue „Leben": [Heinz sollte das Medikament stehlen] um es dem Apotheker heimzuzahlen (...). Diesem CJ wird die Norm „Eigentum" zugeordnet, was aber schwer nachzuvollziehen ist.

Des weiteren ist die Differenzierung zwischen dem Norm-Aspekt und dem Element-Aspekt eines CJ manchmal schwierig: Ein Beispiel ist das CJ 22 bei „Heinz", Issue „Leben": [Heinz sollte das Medikament stehlen] denn wenn er sie wirklich liebt, wäre das aus seiner Sicht richtig, oder dann wäre sie ihm wichtig genug, das Risiko einzugehen, ins Gefängnis zu kommen (...). Dem CJ wird die Norm „Gewissen" und das Element „Den Charakter wahren" zugeordnet. Wie aber lassen sich hier beide Aspekte sinnvoll unterscheiden?

Manchmal ist auch die Zuordnung des Elements zu einem CJ fragwürdig: Ein Beispiel ist das CJ 1 bei „Heinz", Issue: „Leben": [Heinz sollte das Medikament stehlen] denn seine Frau könnte eine sehr wichtige Person sein (...). Dem CJ ist unverständlicherweise das Element „Folgen für die Gruppe" zugewiesen. Die Gruppe um Kohlberg gibt insgesamt keine genaue Definition der Bedeutung der einzelnen Elements; diese Bedeutung lässt sich daher erst aus der Praxis der Zuordnung der Elements zu CJs im SIS-Manual erschließen.

Bei der Zuweisung von Norms und Elements zu CJs ist sich die Kohlberg-Gruppe selbst gelegentlich unsicher. Dies zeigt sich zum Beispiel darin, dass sie in dem 1987 publizierten SIS-Manual einige Veränderungen gegenüber der früheren, unveröffentlichten Fassung des SIS-Manuals von 1978 vorgenommen hat. Während zum Beispiel beim „Heinz"-Dilemma in der Fassung von 1978 die Aussage „[Heinz sollte das Medikament für seine Ehefrau stehlen] denn wenn du (oder ich) in Heinz's Lage wäre, würdest du auch stehlen oder würdest du das gleiche tun" noch durch die Norm „Zuneigung" und das Element „Tadeln" charakterisiert wurde, wird sie 1987 dann durch die Norm „Leben" und das Element „Ausbalancieren von Perspektiven" gekennzeichnet. Beim „Joe"-Dilemma wird die Aussage „[Joe sollte dem Vater das Geld verweigern] weil es Joes Geld ist" 1987 durch die Norm „Eigentum" und das Element „ein Recht haben" charakterisiert, während sie 1978 noch durch die Norm „Eigentum" und das Element „Reziprozität" gekennzeichnet wurde.

*(h) Unklarheiten bei der Zuordnung von Issues zu Dilemmata*
Die Zuordnung von Issues zu Dilemmata – und damit die Parallelität der drei Interviewformen A, B und C – weist ebenfalls Probleme auf.

Zunächst ist festzuhalten: Die Gruppierung der Dilemmata des MJIs zu parallelen Interviewformen, die Kohlberg während der 1970er Jahre vornahm, geht mit der Eliminierung einiger Dilemmata einher. Über die heute verwendeten Situationen hinaus hatte das MJI in der Dissertation noch folgende drei zusätzliche Situationen enthalten:

> „Unruhestifter", Dilemma VI: Ein Kompaniechef steht während des Koreakrieges vor der Frage, ob er einem Soldaten einen lebensgefährlichen Einsatzbefehl erteilen soll, der als unerschrocken und tüchtig gilt, aber häufig Unruhe in der Kompanie stiftet, oder einem Soldaten, von dem er weiß, dass er aufgrund einer schweren Krankheit nicht mehr lange zu leben hat.
> „Diesing", Dilemma IX: Der Feuerwehrhauptmann Diesing verlässt während eines schweren Bombenangriffs seinen Posten, um nach seiner Familie zu sehen, weil er befürchtet, dass sein eigenes Haus vom Brand betroffen ist.
> „Sklaverei": Einige Personen beherbergen während des amerikanischen Bürgerkriegs entlaufene Sklaven und missachten damit die Gesetzesvorschrift, demzufolge Sklaven ihren „Herren" auszuliefern sind.

Kohlberg gruppierte Anfang der 1970er Jahre die Dilemmata des MJIs zunächst zu zwei Formen: „Joe", „Judy", „Heinz" und „Sterbehilfe" bilden Form A, „Korea", „Unruhestifter", „Karl und Bob" sowie „Valjean" bilden Form B. Die Konstruktion zweier paralleler Formen geht also zunächst mit der Eliminierung von zwei Situationen, nämlich „Diesing" (Situation IX) und „Sklaverei", einher. 1976 ändert Kohlberg die Gruppierung nochmals. Durch diese bis heute gültige Gruppierung fällt auch „Unruhestifter" (Situation VI) fort. Aus „Heinz" werden jetzt die darin enthaltenen Fragen zur Strafgerechtigkeit abgespalten, und aus diesen Fragen wird ein eigenes Dilemma gebildet, nämlich „Heinz-Strafe". „Heinz" und „Heinz-Strafe" bilden mit „Joe" Form A. Aus „Sterbehilfe" werden ebenfalls die darin enthaltenen Fragen zur Strafgerechtigkeit abgespalten und daraus ein eigenes Dilemma gebildet, nämlich „Sterbehilfe-Strafe". „Sterbehilfe" und „Sterbehilfe-Strafe" bilden mit „Judy" Form B. „Korea", „Valjean" sowie „Karl und Bob" bilden Form C. Die Eliminierung von Dilemmata schmälert die Vergleichbarkeit der Ergebnisse der Längsschnittstudien in den USA, in Israel und in der Türkei, da dort verschiedene Auswertungsverfahren mit unterschiedlichen Dilemmata angewendet worden sind.

Kohlberg nimmt zum Teil auch Veränderungen bei den Dilemmata selbst sowie bei den Standardfragen zu den Dilemmata vor. Dies dürfte die Vergleichbarkeit der Ergebnisse seiner drei Längsschnittstudien ebenfalls einschränken. Er modifiziert etwa das „Alex"-Dilemma Mitte der 1970er Jahre vor allem in der Weise, dass weibliche statt männliche Akteure gewählt werden (das „Judy"-Dilemma). Was die Veränderung der Standardfragen angeht, so fällt beispielsweise bei „Heinz" in den 1970er Jahren die Frage fort, ob Heinz das lebensrettende Medikament auch für einen krebskranken Freund stehlen sollte; hinzu kommt bei diesem Dilemma etwa die Frage, warum die Befolgung der Gesetze wichtig ist.

Die Gründe für die Veränderungen der Dilemmata und der Standardfragen sind mir nicht bekannt. Ein Grund für die beschriebene Eliminierung einiger Dilemmata könnte gewesen sein, dass bei diesen die Argumentationen der Probanden zum Teil ausscheren. Zum Beispiel weisen, wie eine Durchsicht der Interviews aus der USA-Stichprobe von Kohlberg zeigt, bei „Sklaverei" verschiedene Probanden schon früh auf Menschenrechte hin und bringen damit einen zentralen Aspekt der Stufe 5 zur Geltung, während dieselben Probanden bei den anderen Dilemmata des Interviews zum Teil deutlich niedrigere Stufenwerte zeigen.

Die Eliminierung von Dilemmata und auch die Veränderung in der Gruppierung der Dilemmata beruht aber wahrscheinlich vor allem auf der Unsicherheit Kohlbergs darüber, durch welche Issues die Dilemmata zu charakterisieren sind: Die Kennzeichnung des „Heinz"-Dilemmas ist im Wesentlichen gleich geblieben; es wird immer durch einen Konflikt zwischen den Issues „Leben" und „Gesetz" beschrieben. Aber bei anderen Dilemmata (beispielsweise bei „Joe") hat Kohlberg die Kennzeichnung verändert. Beispielsweise charakterisierte er „Joe" 1970 noch durch den Konflikt zwischen den Issues „Zuneigung" und „Eigentum". Er räumt Mitte der 1980er Jahre ein, dass seine Kennzeichnung der einzelnen Dilemmata durch jeweils zwei spezifische Issues nur der Sicht postkonventioneller Personen gerecht werde (Colby/Kohlberg 1987, S. 47). Kohlbergs Unsicherheit zeigt sich des Weiteren darin, dass er im Manual zur Kennzeichnung der Dilemmata weitere Issues in Klammern aufführt. Die Zuordnung der Issues zu den Dilemmata des MJIs suggeriert die Möglichkeit einer eindeutigen Charakterisierung, die aber bei den meisten Dilemmata nicht gegeben ist. Von einer Parallelität der drei Interviewformen unter konzeptuellen Gesichtspunkten kann in meinen Augen nur eingeschränkt die Rede sein. Daher erscheint eine skeptische Haltung gegenüber Aussagen über den Stufenwert für ein Issue angebracht.

*(i) Die fragwürdige Reduzierung postkonventioneller Werte*

Structural Issue Scoring und SIS führen gegenüber dem Aspect Scoring in empirischer Hinsicht zu einem Fortschritt – sie sorgen nicht zuletzt für einen geringeren Anteil von Sequenzanomalien in der USA-Stichprobe. Bei den Werten für diese Stichprobe, die Mitte der 1970er Jahre auf der Grundlage des Structural Issue Scoring ermittelt wurden, regrediert nur noch eine einzige Person bei einem Messzeitpunkt (Kohlberg 1981, S. 255). Bei den auf Grundlage des SIS für die USA-Stichprobe ermittelten Werten regredieren (bezogen auf eine 13-Stufen-Skala mit vollen Stufen und Zwischenstufen) 7% der Fälle in Form A, 6% der Fälle in Form B und 6% der Fälle in Form C (Colby et al. 1983, S. 28). Formen des Überspringens von Stufen treten in dieser Stichprobe sowohl auf der Grundlage des Structural Issue Scoring als auch auf der Basis des SIS nach Kohlbergs Angaben überhaupt nicht mehr auf. Die Veränderung der Auswertung führt andererseits aber zu einem deutlich geringeren Anteil postkonventioneller Werte (der Stufen 5 und 6) in der USA-Stichprobe – beim SIS wie schon beim Structural Issue Scoring. Vergleicht man etwa die Werte, die Kohlberg in der USA-Studie auf Grundlage des Sentence Scoring für die zehn- bis 24-jährigen Mittelschichtsangehörigen der Stichprobe erzielt, mit den Werten, die er dort auf der Grundlage des SIS für diese Personengruppe ermittelt, dann ergeben sich dramatische Verschiebungen (vgl. Abb. 4.1).

In Abb. 4.1 sind die Resultate für beide Auswertungsverfahren bezüglich Personen aus der Mittelschicht im Einzelnen dargestellt. Auf der Basis des Sentence Scoring werden selbst Zehn- und 13-Jährigen noch postkonventionelle Werte zugewiesen. Bei den Zehnjährigen treten die Stufen 5 und 6 jeweils mit einem Anteil von etwas weniger als 5% auf. Bei den 13-Jährigen erreicht Stufe 5 einen Anteil von ca. 10%, Stufe 6 einen Anteil von ca. 3%. Bei den 16-Jährigen dann ist Stufe 5 sogar die am häufigsten auftretende Stufe, mit etwas mehr als 25%. Bei den 20-Jährigen nimmt der Anteil von Stufe 5 etwas ab, um dann bei den 24-Jährigen wieder leicht zuzunehmen. Der Anteil von Stufe 6 zwischen dem Alter von 16 und 24 Jahren liegt jeweils etwas unter 10%. Auf der Basis des SIS hingegen tritt bei diesen Mittelschichtsangehörigen der USA-Studie Stufe 5 erst ab dem Alter von 24 Jahren in nennenswertem Umfang auf. Nur eine einzige Person erreicht dabei Stufe 5 auf der Ebene der Form-Werte. Stufe 6 ist überhaupt nicht mehr vertreten.

Dass Rest und Gibbs ihre Kriterien für eine moralisch reife Urteilsstufe weniger anspruchsvoll formulieren als Kohlberg, ist auch eine Reaktion auf die deutliche Verringerung des Anteils postkonventioneller Werte bei Kohlberg. Diese Verringerung hängt hauptsächlich mit der Anfang der 1970er Jahre auf der Ebene des Manuals vorgenommenen Herabstufung zunächst als postkonventionell kodierter Argumente zusammen. Kohlbergs Schlussfolgerung, dass postkonventionelles Denken insgesamt wenig verbreitet sei, ist in den Augen Rests unzulässig; vielmehr sieht er im geringen Anteil postkonventioneller Werte vor allem ein Ergebnis der zu anspruchsvoll gefassten Stufenkriterien und auch der Beschränkung Kohlbergs auf die spontane Produktion von Argumenten. Würde man Personen – wie bei seinen eigenen frühen Studien zur hierarchischen Integration der Stufen oder wie beim DIT – moralische Begründungen vorlegen bzw. das Verständnis oder die Präferenz von Begründungen erheben, so könnten diese ihre postkonventionelle Urteilsfähigkeit weit besser zeigen (vgl. Rest 1983). Gibbs dagegen führt den geringen Anteil postkonventioneller

Werte insbesondere auf den stark philosophischen Charakter von Kohlbergs Beschreibung der beiden postkonventionellen Stufen zurück (vgl. Gibbs/Widaman 1982).

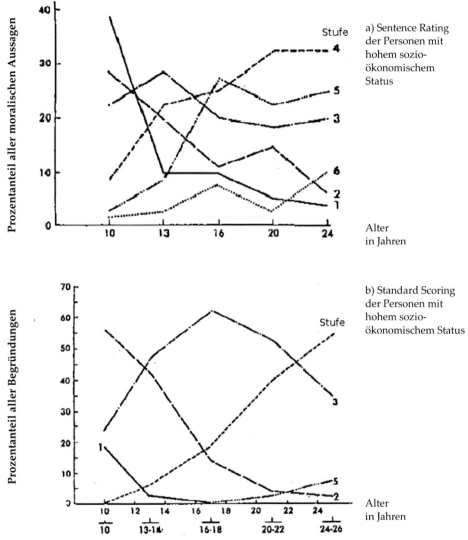

Abb. 4.1  *Verteilung des Stufengebrauchs*
(Quelle: modifiziert nach Colby et al. 1983, S. 68)

Auch bezüglich der konventionellen Werte gibt es einige Verschiebungen in der USA-Stichprobe. So trat im Rahmen des frühen Verfahrens bei den Zehn- bis 14-Jährigen neben Stufe 3 auch Stufe 4 noch in nennenswertem Umfang auf (und zwar mit einem Anteil von ca. 10%), während diese Stufe bei den auf der Basis des SIS ermittelten Werten in dieser

Altersgruppe fast nicht mehr zu finden ist. Hinsichtlich der für die beiden präkonventionellen Stufen ermittelten Häufigkeitsanteile lassen sich ebenfalls Veränderungen feststellen. Auf der Grundlage des SIS, das ja drei parallele Formen des MJIs mit jeweils drei Dilemmata beinhaltet, findet sich beispielsweise in der USA-Studie Kohlbergs bei der jüngsten Altersklasse, den Zehnjährigen, d.h. in der späten Kindheit, Stufe 1 nur selten; der Anteil dieser Stufe beträgt insgesamt weniger als 5 %. Die Stufen 1/2 und 2 sind in dieser Altersklasse die am häufigsten auftretenden Stufen (bei Form A des Interviews 26% für Stufe 1/2 und 42% für Stufe 2; bei Form B 52% für Stufe 1/2 und 33% für Stufe 2; bei Form C 57% für Stufe 1/2 und 19 % für Stufe 2). Bei den 13- und 14-Jährigen, d.h. im frühen Jugendalter, nimmt der Anteil von Stufe 1 sowie auch von Stufe 1/2 und Stufe 2 ab, wobei Stufe 2 – mit Ausnahme von Form A – noch relativ häufig auftritt (vgl. Colby/Kohlberg et. al. 1983, S. 24). Auf der Grundlage des Sentence Scoring hingegen war bei den zehnjährigen Mittelschichtsangehörigen der USA-Studie die Stufe 1 über alle drei Formen des Interviews hinweg die häufigste Stufe – mit einem Anteil von ca. 40%. Stufe 2 hatte einen geringeren Anteil als beim SIS, nämlich ca. 15%. Bei den 13- und 14-Jährigen nahm der Anteil von Stufe 1 zwar ab, dieser lag aber höher als beim SIS, nämlich bei ca. 10%. Stufe 2 nahm ebenfalls ab und trat insgesamt seltener auf als beim SIS (Stufe 1/2 ist hier nicht aufgeführt.). Bezüglich der präkonventionellen Stufen führte das SIS also zu höheren Anteilen von Stufe 2.

Angesichts der mit Hilfe des SIS für die USA-Stichprobe erzielten Ergebnisse zu Postkonventionalität erscheint zweifelhaft, ob Stufe 5 noch die Funktion eines Prädiktors für moralisches Handeln erfüllen kann, denn diese Stufe tritt ja nur noch selten auf.

Hat das Ende der 1970er Jahre entwickelte SIS in der Tat, wie Kohlberg behauptet, einen Fortschritt gegenüber den beiden früheren Auswertungsverfahren erbracht? Welche Konsequenzen sind aus den festgehaltenen Defiziten des SIS zu ziehen? Habe ich die Defizite in überzogener Weise beschrieben, ist also das SIS problemlos anwendbar? Oder sind vielmehr bestimmte Korrekturen daran notwendig, zum Beispiel Veränderungen der Regeln zur Errechnung globaler Werte und Veränderungen bei der Zuordnung von Norms und Elements im Manual? Oder sind die grundlegenden Entscheidungen, die Kohlberg in den 1970er Jahren getroffen hat, problematisch, etwa der Versuch der strikten Trennung von Struktur und Inhalt, die atomistische Kodierung, die Formulierung von präzisen Zuordnungskriterien, die Einführung von Zwischenstufen? Ist vielleicht das Structural Issue Scoring sinnvoller als das SIS? Wäre gar die Verwendung stärker standardisierter, an der psychometrischen Tradition ausgerichteter Verfahren, wie etwa des DIT von Rest oder des SRM von Gibbs, der angemessenste Weg, um die Urteilsbildung zu den von Kohlberg thematisierten Gerechtigkeitsfragen zu erheben und auszuwerten?

Gegenüber dem SIS und den damit erzielten empirischen Resultaten ist in meinen Augen eine kritische Haltung angemessen. Zugespitzt formuliert: Die Kohlberg-Anhänger bleiben tendenziell einem naiven Realismus verhaftet, wenn sie ermittelte Werte unkritisch als objektive Aussagen über psychische Realitäten verstehen. Dennoch betrachte ich das SIS als bedeutenden Fortschritt: Es weist unbestreitbare Vorzüge nicht nur gegenüber dem Aspect Scoring, sondern auch gegenüber dem Structural Issue Scoring auf. Bei letzterem scheint vor allem die Auswertungseinheit zu groß gewählt. Auf zentrale Probleme der psychometrischen Verfahren von Rest und Gibbs habe ich schon hingewiesen.

Mir scheint, dass der sinnvollste Umgang mit dem SIS seine immanente Weiterentwicklung ist. Allerdings bin ich mir nicht ganz im Klaren darüber, in welcher Form das SIS im Einzelnen weiterzuentwickeln wäre bzw. ob sich bestimmte Defizite dieses Verfahrens überhaupt beseitigen lassen. Ich kann hier nur grob umreißen, wie ich mir die notwendige Weiterentwicklung des SIS vorstelle:

- Der Anspruch einer Trennung von Struktur und Inhalt wäre entsprechend den dargestellten Ergebnissen der Manual-Analyse einzuschränken. Die einzelnen Elements können, wie gesehen, nicht auf allen Stufen auftreten.
- Bei mehrdeutigen Äußerungen sollte man den größeren Interviewkontext heranziehen, um die notwendige Vereindeutigung herbeiführen zu können. Zugleich sollten nicht-vereindeutigbare Äußerungen bei der Kodierung unberücksichtigt bleiben.
- Eine sparsamere Kodierung von CJs scheint notwendig, vor allem dort, wo unter den Ratern keine Übereinstimmung hinsichtlich der Stage Structure und der Critical Indicators besteht.
- Die Kodierung von Zwischenstufen sollte mit großer Behutsamkeit vorgenommen werden und auf eindeutige Fälle beschränkt bleiben.
- Die Bestimmung globaler Stufenwerte sollte sich stärker an Maximalwerten orientieren, und gewählte sowie nicht-gewählte Issues sollten bei der Errechnung von Form-Werten gleich behandelt werden.
- Verschiedene Zuordnungen von Norms und Elements zu Criterion Judgments im Manual sind zu korrigieren.
- Problematische Zuordnungen von Issues zu Dilemmata wären ebenfalls, soweit möglich, zu korrigieren.
- Fragwürdige operationale Bestimmungen von Postkonventionalität sollten beseitigt werden.

Für sehr erfahrene Rater bleibt jedoch das Structural Issue Scoring eine sinnvolle Alternative zum SIS. Wie Kohlberg selbst festhält, ist nämlich die Interrater-Reliabilität des Structural Issue Scoring bei solchen Ratern recht hoch.

Um den für Durchführung und Auswertung des MJIs benötigten Zeitaufwand zu reduzieren, wäre es vielleicht sinnvoll, diesen Erhebungsansatz in Form eines Fragebogens vorzulegen und die Auswertung von Stellungnahmen anhand des weniger komplexen Verfahrens von Gibbs vorzunehmen. Dann aber müsste man den Probanden (etwa durch Illustrationen) nachhaltig klarmachen, was eine moralische Begründung ausmacht, um zu vermeiden, dass diese nur Präferenzen, d.h. lediglich Meinungen, anführen.

Zu Beginn von Abschnitt 4.1 sind einige von Kohlberg in den 1970er Jahren vorgenommene Veränderungen seines Ansatzes beschrieben worden, die nicht im Zusammenhang mit der Modifikation des Auswertungsverfahrens stehen. Es gibt auch wichtige Veränderungen, die im Zusammenhang damit stehen. Vornehmlich drei Konsequenzen hat die Modifikation des Auswertungsverfahrens in diesem Jahrzehnt, nämlich veränderte empirische Ergebnisse für die Stufen (vgl. Punkt i), Veränderungen bei den Stufenbestimmungen und die Einführung von „Unterstufen".

Aufgrund der unzureichenden Trennung von Stufe und Inhalt beim Aspect Scoring sieht sich Kohlberg Anfang der 1970er Jahre vor die Frage gestellt, durch welches einheitsstiftende Muster des Denkens die einzelnen Aspekte einer Stufe zu kennzeichnen sind. Er entwickelt deshalb das Konzept der soziomoralischen Perspektiven zur Strukturbestimmung der Stufen (vgl. 2.4). Im Unterschied zur dilemmaspezifischen Operationalisierung der Stufen im Manual hat Kohlberg die allgemeine, zusammenfassende Kennzeichnung der Stufen nicht erheblich verändert: Bereits 1969 hatte er eine gegenüber der frühesten Fassung (vgl. Tab. 2.3) nur leicht modifizierte zusammenfassende Stufenkennzeichnung vorgelegt (vgl. Kohlberg/Kramer 1969, S. 100 f.), die er in seinen Publikationen bis Mitte der 1970er Jahre verwendete. 1976 präsentiert er dann eine neue Beschreibung der Stufen, die sich von den beiden früheren kaum unterscheidet. In der dort vorgenommenen zusammenfassenden Stufenkennzeichnung schlägt sich nicht nieder, dass Kohlberg Anfang der 1970er Jahre bei der operationalen Stufendefinition eine Herabstufung ursprünglich als postkonventionell klassifizierter Argumente vornahm, womit er die konventionellen Stufen um autonome und universalistische Aspekte erweitert hat; auf konventionellem Niveau werden jetzt zum Beispiel auch Formen einer Orientierung am Gewissen und Hierarchisierungen von moralischen Werten aufgeführt. Damit sind aber die mit der Modifikation des Auswertungsverfahrens zusammenhängenden Veränderungen von Kohlbergs Position hinsichtlich der Stufendefinition noch keineswegs hinreichend beschrieben. Ich erwähnte bereits, dass er im Manual nun auch verschiedene Zwischenstufen (insbesondere eine relativistische Stufe 4/5) aufführt; diese sind in der Tabelle aus 1976 ebenfalls nicht berücksichtigt. Zudem ist im Manual die in der Tabelle ausgewiesene Stufe 6 nicht mehr operationalisiert; Kohlberg betrachtet das Auftreten dieser Stufe nun als seltene Ausnahme.

Mitte und Ende der 1970er Jahre unterscheidet Kohlberg neben den sechs vollen Stufen und den vier Zwischenstufen zusätzlich auf jeder vollen Stufe auch zwei „Unterstufen". Als Folge der mit der veränderten Auswertung verbundenen Herabstufung ursprünglich postkonventioneller Personen sieht er die Möglichkeit, eine empirische Analyse von Entwicklungsprozessen innerhalb der vollen Stufen vorzunehmen. Durch die Herabstufung vieler Argumente, die auf der Grundlage des Aspect Scoring noch als postkonventionell kodiert wurden, enthalten die präkonventionellen und die konventionellen Stufen jeweils Begründungen unterschiedlicher Qualität:

> Mit der allmählichen Trennung von Inhalt und Struktur in den Stufendefinitionen wurden viele der autonomen Eigenschaften, durch die Kohlberg (1958) ursprünglich die postkonventionellen Stufen beschrieben hatte, neu definiert als nur stilistische Eigenschaften moralischer Urteile, die sich bei genauer Prüfung ihrer Struktur nicht mehr als strikte Entwicklungsunterschiede bezeichnen lassen. (...) Zur gleichen Zeit als diese Änderungen in seiner Theorie stattfanden, begannen jedoch Kohlberg und seine Kollegen zu erforschen, ob ein autonomer Typ oder ein autonomes Muster moralischen Urteilens innerhalb von jeder Stufe moralischen Denkens identifizierbar ist. Diese ,Mikro'-Untersuchung der Entwicklung von Autonomie innerhalb jeder Stufe, im Unterschied zu ,Makro'-Untersuchung der Entwicklung von Autonomie über die Stufen hinweg, führte Kohlberg (1976) zu der Annahme, dass jede Stufe zwei getrennte ,Unterstufen' einschließen könnte: eine heteronome Unterstufe des 'Typs A' und eine autonome Unterstufe des 'Typs B' (Colby/Kohlberg 1987, S. 316).

Dabei orientiert sich Kohlberg an den Elements, um zwischen heteronomen und autonomen Unterstufen zu differenzieren. Er bestimmt die heteronomen Unterstufen durch die Modal-Elements – also die Elements, die die Notwendigkeit der Aufrechterhaltung der normativen Ordnung betonen – und durch die utilitaristischen Elements. Die autonomen Unterstufen bestimmt er durch die perfektionistischen Elements und die Fairness-Elements. Die Kodierung der Unterstufen erfolgt also mit Hilfe des SIS. Mit dem Unterstufenkonzept knüpfte er auch an Piagets Analyse von Unterstufen logisch-kausaler Kognitionen an.

Rest und Gibbs üben Kritik am Unterstufenkonzept. Gibbs betrachtet Kohlbergs Versuch einer Konstruktion von Unterstufen zwar als sinnvoll, wählt allerdings andere Kriterien, um heteronome und autonome Unterstufen zu differenzieren. Er definiert die autonomen Unterstufen zum Beispiel durch eine Orientierung an grundlegenden, universell gültigen Werten und durch Formen einer Koordinierung unterschiedlicher Perspektiven von Personen (etwa die Orientierung an der Goldenen Regel). Die Kriterien für autonome Unterstufen sieht er bei einigen der von ihm unterschiedenen Aspekte der einzelnen Stufen als erfüllt an (vgl. Gibbs/Widaman 1982). Wie Gibbs betrachtet Rest Kohlbergs Unterstufenkonzept mit Skepsis. Im Unterschied zu Gibbs hält er eine Unterstufenanalyse grundsätzlich nicht für sinnvoll (Rest 1979, S. 42 f., 46). Gibbs' und Rests Kritik an Kohlbergs Unterstufenkonzept bleibt dabei relativ undifferenziert (zur eigenen Kritik am Unterstufenkonzept vgl. 5.3/Punkt b).

## 4.6  Die gegenwärtige Kritik an Kohlbergs Forschungsmethodik

Auf die angeführte frühe psychometrische Kritik hat Kohlberg (a) in den 1980er Jahren nur ansatzweise reagiert. Eine Konsequenz seiner Modifikation des Auswertungsverfahrens war ja die Einführung von Unterstufen des Urteilens; das eher psychometrisch ausgerichtete Konzept der Unterstufen ersetzt er jetzt durch ein eher hermeneutisch ausgerichtetes Typenkonzept. Bei den psychometrischen Kritikern gibt es (b) verschiedene Weiterentwicklungen.

*(a) Kohlbergs Reaktion auf die psychometrischen Kritiker*
Kohlberg reagiert in den 1980er Jahren auf die Kritik, wie sie Kurtines und Greif sowie Philipps und Nicolayev vorgetragen haben: Die Kritik von Kurtines und Greif an der fehlenden Standardisierung von Interview und Auswertung ist für ihn gegenstandslos geworden: Interview und Auswertung seien nunmehr standardisiert. Auch sei beim SIS die Reliabilität differenziert überprüft worden, wobei das Verfahren anerkannt hohe Reliabilitätswerte erzielt hätte (Colby et al. 1983, S. 57). Die Kritik von Nicolayev und Philipps an Immunisierungstendenzen bei der Auswertung hält er für nicht berechtigt. Das SIS-Manual sei auf der Grundlage struktureller Bestimmungen der moralischen Begründungen und lediglich auf der Basis von sieben Fällen (d.h. nicht anhand eines Großteils der Fälle, wie von beiden Autoren behauptet) erstellt worden. Der von den beiden Autoren vorgebrachte Immunisierungsvorwurf hinsichtlich der Interpretation auftretender Sequenzanomalien entbehre jeder Berechtigung (Colby/Kohlberg 1987, S. 36 f.).

Auf die methodische Kritik von Gibbs hat Kohlberg meines Wissens nicht reagiert. Mit der methodischen Kritik von Rest setzt er sich nur am Rande auseinander. Rest gegenüber gesteht er zu, dass sein eigenes Erhebungs- und Auswertungsverfahren im Unterschied zum DIT zeitaufwändig ist. Der DIT sei ein valides und reliables Instrument zur Analyse des Verständnisses und der Präferenz stufenspezifischer Urteile, sein eigenes Verfahren hingegen erfasse nur die spontane Produktion von Argumenten (Kohlberg 1979). Die Kohlberg-Anhänger vernachlässigten (wie Kohlberg) die Auseinandersetzung mit der psychometrischen Kritik von Rest und Gibbs.

In den 1980er Jahren stellt die Ersetzung des Konzepts von Unterstufen durch ein Konzept von „Typen" eine wichtige Entwicklung bei Kohlbergs Analyse des Gerechtigkeitsurteils dar. Das Konzept der Urteilstypen ist erstmals 1984 vorgestellt worden (Kohlberg 1984, S. 625 ff.). Vor allem empirische Anomalien, die das Datenmaterial zu den Unterstufen erbrachten, veranlassten Kohlberg und Mitarbeiter (u.a. Higgins, Schrader und Tappan) zur Einführung dieses Konzepts; es waren in erheblichem Ausmaß Sequenzanomalien (besonders Regressionen) aufgetreten (vgl. Colby/Kohlberg 1987, S. 325). Die Gruppe um Kohlberg hielt jedoch an der Intention fest, die Entwicklung moralischer Autonomie innerhalb von Stufen zu untersuchen:

> Die Annahmen, die dem 1976 entwickelten Unterstufen-Konzept – im Anschluss an Piagets Formulierung von Unterstufen der Entwicklung logisch-mathematischen Denkens – zugrunde lagen, wurden durch das Elements-Kodiersystem nicht gestützt. Das Vorkommen eines autonomen Musters oder Typs moralischen Urteilens innerhalb jeder Stufen moralischen Denkens, besonders der konventionellen Stufen 3 und 4, blieb jedoch nach wie vor ein sehr robustes Phänomen, das der Erklärung bedurfte. Aber das Unterstufen-Konzept lieferte keine angemessene Erklärung dafür (Colby/Kohlberg 1987, S. 325 f.).

Die Kodierung der Typen erfolgt nunmehr nicht (wie die Kodierung von Unterstufen) auf der Grundlage des SIS, sondern mittels eines eigenständigen Verfahrens. In Abschnitt 5.3 stelle ich das Typenkonzept genauer dar und setze mich mit diesem kritisch auseinander.

*(b) Gegenwärtige psychometrische Positionen zur Forschungsmethodik*
Kurtines und Greif sowie Philipps und Nicolayev trugen keine weitere psychometrische Kohlberg-Kritik vor. Ähnliche Kritik wie Philipps und Nicolayev an Immunisierungstendenzen bei Kohlberg übte hierzulande auch Peltzer (vgl. Peltzer 1986).

Rest benennt im Wesentlichen die gleichen grundlegenden Probleme der Forschungsmethodik Kohlbergs wie schon in den 1970er Jahren, nämlich die Zeitaufwändigkeit des Interview- und Auswertungsverfahrens, die ausschließliche Orientierung an spontan produzierten Argumenten, die fragwürdige Trennung von Struktur und Inhalt, die Eliminierung von Stufenwerten durch die Verrechnungsregeln sowie den geringen Anteil postkonventioneller Werte. Er diagnostiziert jetzt auch einige zusätzliche Probleme von Kohlbergs Ansatz – vor allem eine Unterschätzung der Urteilsfähigkeiten der Kinder und eine Vernachlässigung der Kulturspezifität der Urteilsentwicklung (vgl. Rest et al. 1996; 1999). Gibbs behält seine Kritik an Kohlbergs Interview- und Auswertungsmethode ebenfalls weitgehend bei (vgl. Gibbs 2003; Gibbs/Basinger/Fuller 1992).

Rest wendet den DIT unverändert an. Dieser wird zum meistverwendeten diagnostischen Verfahren zur Ermittlung moralischen Urteilens. Über 400 Studien sind bis Ende der 1990er Jahre mit dem DIT durchgeführt worden (vgl. Rest et al. 1999). Allerdings entwickelte die Schule von Rest in den letzten Jahren eine neue Version des DIT (den „DIT 2"), mit der sie hauptsächlich den für den DIT benötigten Zeitaufwand zu reduzieren sucht (vgl. Rest et al. 1999, S. 8). Wichtig wäre allerdings auch die Erfassung der Begründungen von vorgenommenen Präferenzen im Rahmen eines Interviews. Im Projekt „Kohlberg-Rekonstruktion" wurde ein entsprechender Test entwickelt (vgl. Reuss/Becker 1996).

Gibbs bemüht sich ebenfalls um eine Weiterentwicklung seines eigenen methodischen Verfahrens, des SRM – er konstruiert drei weitere Verfahren, die alle das Ziel haben, den für das SRM benötigten Zeitaufwand zu reduzieren. Diese Verfahren brachte Gibbs in verschiedenen Studien zum Einsatz. Beim „Sociomoral Reflection Objective Measure" (SROM) haben die Probanden lediglich eine Auswahl unter vorgegebenen Rechtfertigungen zu den Dilemmata und Fragen des SRM zu treffen (statt Rechtfertigungen selbst zu entwickeln), womit Gibbs hier ähnlich wie Rest verfährt. Der „Sociomoral Reflection Objective Measure - Short Form" (SROM-SF) stellt eine vereinfachte, sprachlich weniger komplexe Version des SROM dar. Beim „Sociomoral Reflection Measure - Short Form" (SRM-SF) schließlich sollen – wie beim SRM – die Probanden ihre Auffassungen selbst begründen, sie haben aber nicht mehr zu Dilemmata Stellung zu nehmen, sondern nur noch zu allgemeinen Fragen zu einzelnen Normen (vgl. Gibbs/Basinger/Fuller 1992). Sie werden im Rahmen dieses Verfahrens gefragt, wie wichtig es ist, ein Versprechen zu halten, den Eltern zu helfen, Leben zu retten, Eigentum zu achten, Gesetze zu befolgen sowie Normenübertretungen zu bestrafen. Wie beim SRM werden beim SRM-SF Haupt- und Zwischenstufen sowie Unterstufen (moralische Urteilstypen) kodiert. Allerdings sind im Manual des SRM-SF nur noch die Stufen 1 bis 4 operationalisiert. Der Zeitaufwand für die Bearbeitung dieses Fragebogens beträgt 15 bis 20 Minuten, der Zeitaufwand für die Kodierung eines Fragebogens bis zu 25 Minuten. Den SRM-SF haben in letzter Zeit verschiedene Forscher eingesetzt.

Der SRM-SF ist meines Erachtens ein sinnvoller methodischer Weg. Obwohl Kohlbergs Erhebungs- und Auswertungsmethode durch dieses Verfahren nicht ersetzt werden kann, ist es damit möglich, die spontane Produktion von Argumenten weit weniger zeitaufwändig und zugleich relativ reliabel sowie einigermaßen valide zu erfassen. Eine deutsche Version des SRM-SF liegt vor (vgl. Krettenauer/Becker 2001). Allerdings wäre, etwa durch beispielhafte Begründungen, sicherzustellen, dass die Probanden bei der Beantwortung der vorgelegten Fragen nicht bloße Präferenzen äußern, sondern diese auch begründen. Zudem könnte der SRM-SF mündlich durchgeführt werden.

Moralpsychologen haben die psychometrische Kritik von Gibbs und Rest am SIS kaum aufgegriffen. Der Weg der Methodenkritik erscheint vielen zu aufwändig und zu wenig lohnend angesichts der großen Zahl der wahrgenommenen Probleme des Ansatzes von Kohlberg; andere wieder überzeugt Kohlbergs methodisches Vorgehen – sie sehen beispielsweise die Reliabilität und Validität des SIS nunmehr gewährleistet.

Im internationalen Raum sind auch die psychometrischen Kritiken von Cortese und Dawson bedeutsam: Wie Rest kritisiert Cortese (1984) die Verrechnungsregeln beim SIS, und er moniert darüber hinaus die Beliebigkeit der Guess-Scores. Dawson, der sich ja auf den Ansatz des Neo-Piagetianers Fischer stützt, wendet sich gegen die Bindung an CJs (vgl. z.B. Dawson 2002).

In Deutschland trat vor allem Lind als psychometrischer Kritiker hervor. Lind (1989) bezweifelt, dass Kohlberg die Trennung von Struktur und Inhalt im SIS-Manual gelungen ist und bringt ein, dass durch die Verrechnungsregeln Stufenvariationen eliminiert werden. Dieser Moralforscher entwickelte wie Rest einen Präferenztest auf der Grundlage eines Fragebogens, den „Moralisches Urteil-Test" (MUT). Dem Test liegt wie dem DIT die frühe Stufenbestimmung Kohlbergs zugrunde. Im Unterschied zum DIT sind die Probanden hinsichtlich eines Dilemmas mit Pro- und Contra-Argumenten für eine Handlung konfrontiert, nämlich bei jedem Dilemma mit sechs Pro- und sechs Contra-Argumenten. Im Unterschied zum DIT sind alle sechs Stufen vertreten. Die vorgelegten stufenspezifischen Argumente haben die Befragten auf einer Zahlenskala von -4 („völlig unakzeptabel") bis +4 („sehr akzeptabel") zu bewerten. Neben dem „Sterbehilfe"-Dilemma (einem Dilemma des MJI) beinhaltet der MUT ein Dilemma, bei dem es um gesetzeswidriges Verhalten geht, durch das Beweismaterial für illegales Abhören sichergestellt werden soll. Lind will mit Hilfe des MUT vor allem untersuchen, ob die Präferenz für eine bestimmte Stufe sich auch bei der zur eigenen Meinung kontroversen Handlungsentscheidung zeigt – damit möchte er affektive und kognitive Aspekte des moralischen Urteilens gleichzeitig, d.h. als Aspekte ein und desselben Urteilsverhaltens, erfassen und in ihrem Verhältnis zueinander analysieren. Die Präferenzen betrachtet er als affektive Aspekte, die Konsistenz der Präferenzen als kognitive Aspekte des Urteilens. Kohlbergs Forschungsmethode könne das Verhältnis von kognitiven und affektiven Aspekten nicht klären, da die Systematik der individuellen Urteilsmuster bei der Auswertung nicht sichtbar wird. Erst der MUT stelle ein geeignetes Messinstrument zur Analyse von Urteilsstrukturen dar. Das Ausfüllen des Fragebogens dauert zwischen zehn und 20 Minuten (vgl. Lind 2000; 2003, vgl. auch Linds vorzügliche Homepage unter http://www.uni-konstanz.de/ag-moral/lind.htm).

Der MUT ist eine sinnvolle Weiterentwicklung des DIT. Er ist ein wenig zeitaufwändiger Urteilstest, der auch die Analyse des Ausmaßes der Konsistenz von Präferenzen erlaubt. Dieser Test besitzt allerdings ähnliche Probleme wie der DIT. Beispielsweise dürfte er die Urteilsfähigkeit der Personen überschätzen.

Schmitt (1982) plädiert wie Lind für die Verwendung von Fragebögen. Er streicht die Vorzüge des MUT gegenüber dem DIT heraus und zeigt Probleme gering standardisierter Methoden auf.

Neben psychometrischer Kritik gibt es hierzulande auch einige hermeneutische Kritiken an Kohlbergs Forschungsmethodik. Bedeutsam sind besonders die Arbeiten von Lempert und Eckensberger:

- Lempert wendet sich zusammen mit Spang (vgl. Spang/Lempert 1989) gegen das für das SIS konstitutive fest umrissene System von Argumentationsprototypen (CJs), das der Spontaneität der Argumentationen von Personen nicht gerecht werde und Äußerungen aus ihrem Kontext herauslöse. Die Lempert-Gruppe entwickelt ein Auswertungsverfahren, das durch eine relativ groß gewählte Auswertungseinheit und eher abstrakt bestimmte Kodierkriterien starke Ähnlichkeiten mit dem Structural Issue Scoring aufweist. Ihr Verfahren ist auf beliebige Dilemmata anwendbar, wobei auch die diskursive Klärung von Einstufungsdifferenzen unter den Auswertern vorgesehen ist.
- Eckensberger (vgl. z.B. Eckensberger 1986) kritisiert, dass Kohlbergs Interviewverfahren Prozesse der Wahrnehmung eines moralischen Normenkonflikts nicht erfasst. Um diese Analyse zu ermöglichen, entwickelt Eckensberger eine originelle Methode, die „Dilemmakern-Methode". Dabei wird der Proband beispielsweise beim „Heinz"-Dilemma nur damit konfrontiert, dass Heinz ein Medikament benötigt, das ihm ein Apotheker verweigert. Weitere Informationen, die in den Augen des Probanden für die Lösung des Konflikts relevant sind, hat dieser selbst vom Interviewer einzuholen. Auf diese Weise sucht Eckensberger zu erfassen, welche Gesichtspunkte bei einem moralischen Konflikt für den Probanden bedeutsam sind.

Neben dieser immanenten, sei es stärker psychometrischen, sei es stärker hermeneutischen Kritik aus dem Lager einer konstruktivistischen Stufentheorie ist Kohlberg seit Anfang der 1980er Jahre auch mit methodischen Einwänden von Seiten einer radikal hermeneutischen Position konfrontiert. Diese Forscher wenden sich grundsätzlich gegen die Erfassung von Urteilsstrukturen und nehmen folglich die Errungenschaften einer konstruktivistischen Stufentheorie nicht wahr (vgl. Lapsley 1996; auch 9.1).

Die Forschungsmethoden der kohlbergianischen und neokohlbergianischen Ansätze orientierten sich weitgehend an MJI, SRM und DIT bzw. an deren Grundzügen; diese Ansätze beschränkten sich somit auf halbstandardisierte, klinische Interviews bzw. auf mehr oder weniger stark standardisierte Formen schriftlicher Befragung (vgl. Kap. 5). Die einflussreichen „modernen" moralpsychologischen Ansätze stützten sich größtenteils auf diese Befragungsverfahren oder auf andere traditionelle Varianten, nämlich stark standardisierte, unter Laborbedingungen durchgeführte Beobachtungen (Zugänge der Lerntheorien) und tiefenhermeneutische Verfahren (Zugänge der Psychoanalyse) (vgl. die Kap. 6, 7 und 8). Die traditionellen und die einflussreichen „modernen" Positionen schöpfen somit das Methodenspektrum der Psychologie bzw. der Empirischen Sozialforschung nicht aus. Es fehlen etwa Verfahren teilnehmender Beobachtung, narrative Interviews, diskursive Interviews, quantitative und qualitative Textanalysen, computerbasierte Verfahren, Methoden der Reaktionszeitmessung, psychobiologische Methoden und nicht-reaktive Verfahren. Neuere Ansätze hingegen knüpfen teilweise daran an (vgl. Kap. 9).

### 4.7  Der persönlichkeitspsychologische Beitrag der psychometrischen Tradition zur Analyse der Entwicklung des Gerechtigkeitsurteils

Die diskutierten psychometrischen Kritiker beschränken sich auf Fragen der Messung des Gerechtigkeitsurteils. Im Rahmen der psychometrischen Tradition entstanden jedoch auch verschiedene Persönlichkeitskonzeptionen (Eigenschaftstheorien), die für die Moralanalyse fruchtbar gemacht werden können. Neben den von psychoanalytischen Theorien, sozialen Lerntheorien und behavioristischen Lerntheorien aufgezeigten unbewussten Prozessen – nämlich psychodynamische Aspekte, auf Internalisierung gründende Erlebens- und Verhaltensmuster bzw. konditionierte Erlebens- und Verhaltensmuster – thematisieren diese Konzeptionen eine weitere Form unbewusster Prozesse, nämlich elementare Erlebens- und Verhaltensmuster. Kohlberg geht auf die psychometrischen Persönlichkeitskonzeptionen nicht ein. Diese erlauben meines Erachtens der an Kohlberg orientierten Forschung vor allem eine erweiterte Untersuchung der Entwicklung des Gerechtigkeitsurteils.

Bis Ende der 1960er Jahre waren in der Persönlichkeitspsychologie Eigenschaftstheorien dominierend:

- Stern und Allport gelten als Begründer dieser Theorierichtung und auch der Persönlichkeitspsychologie insgesamt. Beide betonen neben der Analyse interindividueller Differenzen aber auch die Analyse der Person in ihrer Gesamtheit; beispielsweise differenziert Allport zwischen einem „nomothetischen", an allgemeinen Gesetzmäßigkeiten orientierten Ansatz und einem „ideographischen", auf die gesamte einzelne Person zielenden Ansatz. Cattell nimmt im Rahmen der nomothetischen Perspektive eine differenzierte Klassifikation von Persönlichkeitseigenschaften vor, wobei er zwischen Fähigkeiten, Temperamentseigenschaften und dynamische Eigenschaften (wie etwa Bedürfnisse und Ziele) unterscheidet. Zugleich grenzt Cattell Persönlichkeitseigenschaften von Zuständen („States") ab und betont die Interaktion zwischen beiden Dimensionen. Bis Ende der 1950er Jahre folgte die Forschung weitgehend dem nomothetischen Modell; Schwerpunkt war die Untersuchung von Persönlichkeitseigenschaften, die Forschung sah also von Zuständen ab; dabei standen Fähigkeiten der Intelligenz und der Kreativität sowie Temperamentsaspekte im Vordergrund. Prototypisch für diese Zeit war die Forschung Eysencks.
- Eysenck führte in den 1960er Jahren die Unterscheidung von drei Persönlichkeitsfaktoren ein, nämlich „Psychotizismus" (z.B. egozentrisch, hartherzig), „Extraversion" (z.B. gesellig, selbstsicher, dominant) und „Neurotizismus" (z.B. ängstlich, unsicher, schwermütig). Dieses Modell wurde, orientiert an den Anfangsbuchstaben der drei Faktoren, als „PEN-Modell" bezeichnet.

Durch die Arbeiten von Chess und Thomas erlebte in den 1960er Jahren die Temperamentsforschung einen Aufschwung. Sie wurde danach weiter ausgebaut. Die Faktoren des PEN-Modells basieren auf Aspekten des Temperaments, also grundlegenden, sich von Geburt an zeigenden Stilen des Denkens, Sprechens, Fühlen und Handelns; Temperamentsaspekte können als deren ontogenetische Vorläufer betrachtet werden.

Das PEN-Modell bestimmte im darauffolgenden Jahrzehnt die Forschung. Allerdings erlebte die psychometrische Tradition in dieser Zeit eine Krise. Da sie in der Persönlichkeitspsychologie die zentrale Theorietradition darstellte, erschütterte Kritik an ihr auch diese Teildisziplin als Ganze: Vor allem aufgrund der empirischen Forschungsergebnisse von Hartshorne und May hatte die Persönlichkeitspsychologie bereits in den 1930 Jahren eine Krise durchgemacht. Für die erneute Krise war nicht zuletzt die Ende der 1960er Jahre geübte theoretische Kritik von W. Mischel verantwortlich. Mischel zeigte auf, dass das Verhalten oft stärker durch Situationsfaktoren bzw. Zustände als durch Persönlichkeitseigenschaften bestimmt wird. Er vertrat eine Sichtweise, die man heute als „Interaktionismus" bezeichnet und die sowohl dem Eigenschaftsdeterminismus der psychometrischen Tradition und der Psychoanalyse als auch dem Umweltdeterminismus traditioneller Lerntheorie widerspricht.

In den 1980er Jahren fanden interaktionistische Positionen und ideographische Ansätze große Resonanz. Im Rahmen der psychometrischen Tradition selbst entstand das Fünf-Faktoren-Modell der Persönlichkeit; es geht vor allem auf die Arbeiten von Goldberg, Costa und McCrae zurück. Gegenüber dem PEN-Modell kommen hier die Dimensionen „Offenheit" und „Gewissenhaftigkeit" hinzu. Orientiert an den englischsprachigen Begriffen bezeichnet man dieses Modell auch OCEAN-Modell. Das OCEAN-Modell erwuchs zum zentralen Bezugspunkt der Vertreter der psychometrisch Richtung bzw. vieler Persönlichkeitspsychologen. Es regte eine Vielzahl von Studien an und wird als weitgehend empirisch bewährt betrachtet (vgl. Asendorpf 2007; J. D. McAdams 2009a; W. Mischel/Shoda/Ayduk 2008; Schmitt/Altstötter-Gleich 2010).

In Auseinandersetzung nicht zuletzt mit dem OCEAN-Modell entstanden ab den 1990er Jahren vermehrt integrativ angelegte Persönlichkeitstheorien. Mc Crae und Costa etwa begründeten eine „Fünf-Faktoren-Theorie" und entwickelten dadurch das OCEAN-Modell weiter. Sie führen nunmehr auch kontextbezogene Kognitionen und Selbstkonzepte an (vgl. Mc Crae und Costa 2008).

Beim PEN-Modell ist insbesondere Psychotizismus moralrelevant. Die daran orientierte Forschung zeigt Grunddimensionen moralrelevanten Verhaltens auf. Beim OCEAN-Modell beinhaltet vor allem der Faktor „Verträglichkeit" moralrelevante Persönlichkeitszüge. Nach Costa und McCrae umfasst Verträglichkeit „Vertrauen", „Freimütigkeit" „Altruismus", „Entgegenkommen", „Bescheidenheit" und „Gutherzigkeit" (zitiert in Schmitt/Altstötter-Gleich 2010, S. 96). Jedoch dürften auch die anderen vier Faktoren für Moral bedeutsam sein. Beispielsweise ist der Faktor „Neurotizismus", der sich aus „Ängstlichkeit", „Reizbarkeit", „Depression", „sozialer Befangenheit", „Impulsivität" und „Verletzlichkeit" zusammensetzt, wenig förderlich für konsistent moralkonformes Handeln. Das Temperament dürfte hauptsächlich die Moral in der frühen Kindheit beeinflussen. Kinder unterscheiden sich etwa darin, inwieweit sie ihre Gefühle regulieren können.

Persönlichkeitsdimensionen des PEN-Modells und des OCEAN-Modells sowie Temperamentsfaktoren dürften auch das Gerechtigkeitsurteil beeinflussen. Die Art, wie Urteile getroffen werden (etwa überlegt vs. unüberlegt) hängt von diesen Dimensionen maßgeblich ab. Mc Crae und Costa wendeten ihre Fünf-Faktoren-Theorie bisher noch nicht auf den Moralbereich an.

# 5 Starke Variabilität der Stufenwerte und geringe Überzeugungskraft der Stufe 6 des Gerechtigkeitsurteils? Kohlbergianische und neokohlbergianische Kritik

In den vorigen drei Kapiteln diskutierte ich insbesondere die von Kohlberg bis Ende der 1970er Jahre unternommenen Analysen der Entwicklung des Urteilens zu Gerechtigkeitsfragen und hielt dabei auch offene Fragen und Probleme seiner späten, in den 1980er Jahren eingenommenen Perspektive auf die Entwicklung des Gerechtigkeitsurteils fest. In Auseinandersetzung mit der an Piaget orientierten Kritik von Siegal wurde dargelegt, dass Kohlbergs Bestimmung der beiden präkonventionellen Urteilsstufen einige Mängel aufweist (Kapitel 2). Die Erörterung der Einwände von Seiten der Psychoanalyse und der Lerntheorie erbrachte, dass Kohlberg sein konstruktivistisches Entwicklungskonzept nicht hinreichend abgestützt hat (Kapitel 3). In der Diskussion der psychometrischen Kritik kamen Probleme seiner Methoden zur Erhebung und Auswertung des Urteilens zur Sprache (Kapitel 4). Problematisiert wurden bezüglich des Gerechtigkeitsurteils somit Aspekte der Stufendefinition, des Entwicklungskonzepts und der Forschungsmethoden.

Die behandelten Kohlberg-Kritiken sind heute wenig einflussreich. Verschiedene heute einflussreiche Kohlberg-Kritiker vertreten „moderne" Ansätze, die auf die Beschränkungen aus heutiger Sicht „traditioneller" Ansätze antworten. Viele entwicklungspsychologischen Moralforscher betrachten gegenwärtig neben psychometrischen Positionen, psychoanalytischen Theorien, behavioristischen Lerntheorien und sozialen Lerntheorien auch Piagets und Kohlbergs kognitivistisch-strukturgenetische Perspektiven als traditionelle, veraltete Ansätze. Als modern gelten Weiterentwicklungen dieser Ansätze (z.B. Fünf-Faktoren-Modell; Erikson, Bowlby; Bandura; Dawson; kohlbergianische Theorien, neokohlbergianische Theorien) sowie Theorien der Informationsverarbeitung, Bereichstheorien, sozialökologische, marxistisch-dialektische, feministische und kulturpsychologische Theorien, neuere biologische Theorien, Theorien zur Entwicklungspsychologie der Lebensspanne und postmoderne Theorien. Diese Perspektiven entstanden vornehmlich seit den 1970er Jahren. S. Weinert und F. E. Weinert (2006) benannten in Kritik an traditionellen Ansätzen vier zentrale Annahmen „modernen" entwicklungspsychologischen Denkens:

- Entwicklungsprozesse vollziehen sich über den gesamten Lebenslauf hinweg, enden also keineswegs im Kindes- oder Jugendalter.
- Jüngere Kinder sowie ältere Erwachsene sind kompetenter als traditionelle Modelle annehmen.

- Die Entwicklungssequenzen sind kontextspezifisch, nämlich abhängig von Aufgabenbereichen und sozialen Kontexten.
- Es gibt eine Vielzahl von Faktoren, welche die Entwicklungsprozesse beeinflussen, wobei diese Faktoren in Wechselwirkung treten.

In den 1970er Jahren stützt sich eine Gruppe einflussreicher Kohlberg-Kritiker auf die
Grundlagen von Kohlbergs Ansatz (kohlbergianische Kritik an empirischen Annahmen zu
Stufenwerten und neokohlbergianische Kritik an der Definition postkonventioneller Stufen;
vgl. Kap. 5), während eine andere Gruppe Alternativmodelle, nämlich Bereichstheorien
bzw. soziokulturelle Theorien, vertritt (vgl. Kap. 6 bzw. 7; auch Kap. 8). Einige „modernen"
Richtungen wurden erst ab Anfang der 1980er Jahre moralpsychologisch ausgearbeitet,
nämlich neuere biologische Theorien, Theorien der Informationsverarbeitung, humanistische Positionen, Ansätze einer Entwicklungspsychologie der Lebensspanne und postmoderne Perspektiven; diese Richtungen wurden für die entwicklungspsychologische Moralforschung bisher kaum fruchtbar gemacht (vgl. Kap. 9).

In diesem Kapitel stelle ich zunächst Kohlbergs Annäherungen an die einflussreichen
Kritiker kurz dar (5.1). Dann erörtere ich Levines kohlbergianische Kritik am Stufenkonzept
(5.2). Anschließend erfolgt eine Diskussion der neokohlbergianischen Kritik von Gibbs,
Locke und Rest an Kohlbergs Bestimmung der Stufe 6 (5.3). Sozialpsychologische Analysen
erweitern die kohlbergianischen und neokohlbergianischen Konzeptionen und Messungen
des Gerechtigkeitsurteils (5.4).

## 5.1  Die 1980er Jahre: Kohlbergs Annäherung an die einflussreichen Kritiker

Wie in den Kapiteln 2 und 3 beschrieben, hat Kohlberg zu den Einwänden von Seiten der
Anhänger Piagets, der Psychoanalyse und der sozialen Lerntheorie bis zu seinem Tode
keine Stellung bezogen. Wie in Kapitel 4 dargestellt, reagierte er auch nicht auf die Einwände von Gibbs gegen sein methodisches Verfahren. Mit einem Großteil der in den Kapitel 5,
6, 7 und 8 zu diskutierenden einflussreich gewordenen Kritiker dagegen hat sich Kohlberg
Anfang und Mitte der 1980er Jahre auseinandergesetzt (vgl. vor allem Colby/Kohlberg 1987,
S. 1 ff.; Kohlberg 1984, S. 320 ff.; Kohlberg 1986b, S. 485 ff.; Kohlberg 1987, S. 259 ff.). Er
nimmt Stellung zu Levines Kritik am Stufenkonzept, ebenso zu Lockes Kritik an Stufe 6. Er
geht ein auf die Einwürfe der Bereichstheoretiker Damon, Eisenberg und Turiel sowie auf
die Einwände der soziokulturellen Theoretiker Sullivan, Gilligan, Simpson und Shweder.
Auch Blasis Modell moralischen Handelns und Hoffmans Theorie der prosozialen Entwicklung diskutiert er. Allerdings variiert der Grad der Differenziertheit seiner Auseinandersetzung mit diesen Forschern. Relativ differenziert erörtert er die Positionen von Levine, Gilligan, Simpson und Shweder, weniger differenziert ist hingegen seine Diskussion der anderen Autoren. Die Ansätze von Bronfenbrenner, Haan, Sullivan und Oser diskutiert Kohlberg
nicht. Dass Kohlberg in den 1980er Jahren einige der einflussreich gewordenen Kritiken nur
undifferenziert und manche sogar überhaupt nicht diskutiert, dürfte nicht zuletzt auch seiner schlechten gesundheitlichen Verfassung in den letzten Lebensjahren geschuldet sein –
aufgrund einer schweren Virusinfektion war er oft arbeitsunfähig.

Die Auseinandersetzung mit den einflussreichen Kritikern hat Kohlberg zu einer Veränderung seines Standpunkts veranlasst. Vor allem bezeichnet er seine sechs Stufen nicht länger als Stufen des moralischen Urteils schlechthin, sondern lediglich noch als Stufen des Gerechtigkeitsurteils:

> Das Forschungsprogramm von mir und meiner Harvard-Kollegen hat sich von der Beschränkung der Erforschung der Moral auf die Analyse der Moralentwicklung zur Beschränkung auf die Analyse des moralischen Urteils (und seines Zusammenhangs mit dem Handeln) und zur Beschränkung auf die Form oder die kognitiv-strukturellen Stufen moralischen Urteils, wie sie in Gerechtigkeitsurteilen zum Ausdruck kommen, hin bewegt. Selbstverständlich bedeuten diese aufeinanderfolgenden Eingrenzungen auf dem Gebiet der Moral nicht, dass dies der einzige Weg ist, Moral zu bestimmen und psychologisch zu erforschen. (...) Das Gebiet der Moral ist groß und vielgestaltig, und kein einziger Ansatz zu dessen Konzeptualisierung und Messung wird diese Variabilität ausschöpfen oder erklären (Kohlberg 1986b, S. 499 f.).

An anderen Stellen grenzt Kohlberg das eigene Forschungsprogramm zusätzlich noch auf die Stufen des hypothetischen Gerechtigkeitsurteils ein (z.B. Kohlberg 1984, S. xxvii f.). Er gesteht insgesamt die Notwendigkeit einer Integration von Elementen verschiedener einflussreicher Modelle in seinen Ansatz zu.

In einigen neueren Übersichten über die Forschung zur Moralentwicklung betonen die Autoren ebenfalls die Notwendigkeit einer Vermittlung zwischen Kohlbergs Ansatz und einflussreichen Modellen (vgl. vor allem Krettenauer/Montada 2005; Lapsley 1996). Dabei ähneln sich die Ergebnisse der in diesen Übersichten unternommenen Integrationsanstrengungen: Mit Blick auf die moralische Urteilsbildung gehen die Autoren vornehmlich von einer Bereichsspezifität der Entwicklung aus – Kohlbergs Stufen eigneten sich nur zur Beschreibung der Urteilsbildung zu spezifischen Gerechtigkeitsproblemen, nämlich zu einzelnen Rechten, moralischen Normenkonflikten und Fragen der Strafgerechtigkeit; das Modell von Damon sei für die Analyse des Denkens zu Problemen der Verteilungsgerechtigkeit sinnvoll, das Modell von Eisenberg für die Untersuchung prosozialen Urteilens und Turiels Modell für die Analyse des Denkens zu Formen der Differenzierung zwischen Regeln der Moral, Konventionen und persönlichen Angelegenheiten. Die Geschlechtsspezifität der Entwicklung nehmen die Autoren allenfalls hinsichtlich der inhaltlichen Aspekte des Urteilens (etwa bezüglich der von Gilligan unterschiedenen Fürsorge- und Gerechtigkeitsorientierung) an, die Kulturspezifität der Entwicklung nehmen sie allenfalls im Hinblick auf die inhaltlichen Aspekte der postkonventionellen Stufen an. Blasi betone zu Recht die Bedeutung der moralischen Identität für moralisches Handeln, und die Forschung zur prosozialen Entwicklung thematisiere wichtige, von der Forschung lange Zeit vernachlässigte Aspekte der Entwicklung des Handelns, der Motive und Gefühle.

Wie in den Kapiteln 5, 6, 7 und 8 zu zeigen ist, entwirft Kohlberg in den 1980er Jahren in Reaktion auf die einflussreichen Kritiker eine ähnliche integrative Perspektive, wie man sie heute in einigen Überblicksarbeiten findet. Die durch die einflussreichen Kritiker angestoßenen Veränderungen in Kohlbergs Position sind bemerkenswert. Sie sind weitreichender als seine Bemühungen um eine Integration von Gesichtspunkten der Positionen von Piaget, der Psychoanalyse, der Lerntheorie und der Psychometriker.

## 5.2   Starke Variabilität der Stufenwerte: Levines kohlbergianische Kritik

Hinsichtlich des Stufenkonzepts sind im Rahmen des Forschungsansatzes von Kohlberg vor allem zwei Fragen zu klären: Wie stark variieren im Rahmen des MJIs die Stufenwerte der Person zu einem Messzeitpunkt? Wie verändern sich diese Werte im Verlauf der Entwicklung?

An seinem Stufenkonzept kritisch anzusetzen ist deshalb schwierig, weil Kohlberg dieses Konzept im Lauf seiner Forschung veränderte bzw. nicht klar genug formulierte: In der Dissertation geht er noch davon aus, dass die Stufenwerte, die eine Person im Rahmen des MJIs zu einem Messzeitpunkt erzielt, für gewöhnlich recht stark variieren (vgl. 2.3.2). In den 1960er Jahren verschärft er dann seine Position und formuliert an einigen Stellen sogar ein „strenges" Stufenkonzept (die Annahme einer strikten Stufenkonsistenz), nimmt an anderen Stellen jedoch eine Streuung von zwei bzw. drei Stufen an (vgl. 3.6.1). Zudem haben sich im Zuge der Modifizierung des Auswertungsverfahrens die ermittelten Stufenwerte relativ stark verändert (vgl. 4.5/Punkt i).

Die Anhänger Piagets sowie der Psychoanalyse und der Lerntheorie, die vornehmlich an der Stufendefinition bzw. am Entwicklungskonzept ansetzen, stellen auch das Stufenkonzept in Frage, wobei sie sich bis Ende der 1970er Jahre nur auf die Ergebnisse von Studien beziehen, in denen das Aspect Scoring oder das Structural Issue Scoring zum Einsatz kam. Rest dagegen erörtert bereits Ende der 1970er Jahre die von Kohlberg auf der Grundlage des SIS für die USA-Stichprobe ermittelten Resultate und zeigt, dass durch die verbesserte Auswertungsmethode Sequenzanomalien und Stufenvariationen zwar reduziert wurden, die Stufenvariationen indessen immer noch erheblich sind. Rest bezweifelt, dass Kohlberg sein Stufenkonzept durch die auf der Basis des SIS für die USA-Stichprobe erzielten Ergebnisse bestätigt hat. Wie viele andere Forscher schreibt Rest Kohlberg fälschlicherweise ein strenges Stufenkonzept zu (Rest 1979, S. 49 ff.). Ein solches Konzept lässt sich dann relativ einfach widerlegen: Bezüglich des MJIs weist Rest auf auftretende Variationen in den Stufenwerten einer Person hin; er betont zudem die Abhängigkeit der Stufen von der Art des Urteilstests (Test zum spontanen Urteilen vs. Test zum Verständnis von Urteilen von Stufen vs. Test zur Präferenz von Urteilen). An Stelle von Kohlbergs „strengem"/„einfachem" Stufenkonzept („Simple Stage Model") vertritt Rest ein „komplexes" Stufenkonzept – er nimmt starke Inkonsistenzen in den Stufenwerten der Person an.

Levine weist mit Recht auf die starke Variation der Stufenwerte einer Person in den frühen Daten hin, und auch in den auf der Basis des SIS ermittelten Werten zeigen sich im MJI Stufeninkonsistenzen – ein Stufenwert zu einem Dilemma dieses Interviews sagt also relativ wenig über die Stufenwerte der Person zu den anderen Dilemmata des Interviews aus (5.2.1). Hinsichtlich alltagsbezogener Situationen sind ebenfalls starke Inkonsistenzen festzustellen – auf Grundlage der für eine Person zum MJI ermittelten Stufenwerte lassen sich somit keine Schlussfolgerungen über deren Stufenwerte zu alltagsbezogenen Dilemmata ziehen (5.2.2). Zudem variieren die Inhaltsaspekte des Urteilens erheblich, worauf Levine allerdings nicht hinweist (5.2.3).

### 5.2.1   Stufenvariationen beim Urteilen zum Moral Judgment Interview

Levine (1979) greift (a) Kohlbergs Stufenkonzept an, diskutiert aber noch nicht die auf der Basis des SIS ermittelten Resultate, sondern frühere Auswertungsergebnisse. Die Stufenvariationen nehmen (b) auf der Basis des SIS dann ab, bleiben allerdings beträchtlich.

*(a) Stufenvariationen bei den auf der Grundlage früher Auswertungsmethoden ermittelten Werten*
Levine kritisiert zwei unterschiedliche Stufenkonzepte der Kohlberg-Schule: eines, das Inkonsistenzen in den Stufenwerten einer Person lediglich auf Prozesse des Stufenübergangs beschränkt sieht – dieses Konzept vertritt etwa der frühe Turiel (Turiel 1974), und ein zweites, das generell (und nicht nur beim Stufenübergang) Inkonsistenzen annimmt, den Anteil der neben dem Modalwert auftretenden zusätzlichen Stufen aber als gering betrachtet – dieses Konzept vertritt Kohlberg an einigen Stellen. Wie viele andere Kritiker des Kohlberg'schen Stufenkonzepts geht Levine von permanenten und zugleich starken Stufeninkonsistenzen aus.

   Zu deren Erklärung formuliert er eine interessante These, denn er führt Stufenvariationen unter anderem auf Prozesse der Bewertung von dem Individuum verfügbarer stufenspezifischer Begründungen nach Gesichtspunkten der Situationsangemessenheit zurück, weist auf Formen situationsadäquater Urteilsbildung hin:

> Es [Sein Konzept; G.B.] nimmt an, dass ein unabhängiger reflexiver kognitiver Prozess besteht, innerhalb dessen die kognitiv-moralischen Strukturen, die jemand besitzt, geprüft werden, und der festlegt, welches die angemessenere Antwort auf das zu bewältigende Dilemma ist. (...) Es stimmt, dass Kohlberg (1971) argumentiert, jede spätere Stufe des Denkens in seiner Hierarchie sei eine differenziertere, universalistischere und deshalb anpassungsfähigere Stufe. Dies mag unter logischen Gesichtspunkten so sein, dennoch lässt sich daraus nicht ableiten, dass der Antwortende diese anpassungsfähigeren Strukturen, die er erworben hat, fortan immer verwendet, denn sie könnten ihm vielleicht als bedrohlich oder als in bestimmten Situationen unanwendbar erscheinen (Levine 1979, S. 156 f.).

Üblicherweise erklären Moralforscher Stufenvariationen damit, dass bestimmte Dilemmata die Aktivierung des Urteilspotenzials eines Individuums hemmen, etwa aufgrund der hohen Komplexität der Dilemmata; auch Kohlberg neigt zu dieser Erklärung. Levine hingegen postuliert, dass das Individuum dieses Potenzial zwar aktiviert, jedoch nicht zeigt, weil es seine Anwendung auf ein vorgelegtes Dilemma für unangemessen hält. Als unangemessen könne das Individuum beispielsweise die Anwendung einer Systemperspektive (d.h. von Argumenten der Stufe 4) auf ein Dilemma betrachten, das in engen Beziehungen auftritt; in diesem Kontext gelte eine Beziehungsperspektive (Stufe 3) als angemessener. Mit einer Systemperspektive wird von den Interessen von Personen und von Beziehungen abstrahiert.

   Levine weist wie andere Kritiker des Stufenkonzepts darauf hin, dass der Anteil von Stufeninkonsistenzen und Sequenzanomalien in den frühen, auf der Basis des Aspect Scoring und des Structural Issue Scoring durchgeführten Studien größer ist als Kohlberg annimmt, und er plädiert für eine weniger strenge Fassung dieses Konzepts. Er bringt vor allem den Einfluss der Dilemmata auf die Urteilsbildung ins Spiel, um die auftretenden Stufeninkonsistenzen zu erklären. Damit lässt er aber außer Acht, dass Inkonsistenzen nicht nur durch solche kognitiven Kontextfaktoren, sondern ebenso durch Defizite des Interview-verfahrens, des Auswertungsverfahrens, der Durchführung von Interview und Auswertung, der Stufendefinition und des Entwicklungskonzepts erklärt werden können. Ob radikalere Konsequenzen als die Abschwächung des Stufenkonzepts aus den theorie-inkompatiblen empirischen Befunden zu ziehen sind, bleibt also offen: Ist etwa auch eine Veränderung der Auswertungsmethode notwendig? Bedarf es einer Korrektur der Stufendefinition? Wäre möglicherweise sogar ein alternatives Entwicklungskonzept sinnvoll?

In den 1970er Jahren postulieren mehrere Forscher auch hinsichtlich der von Piaget untersuchten Fragen der Verantwortlichkeit und der immanenten Gerechtigkeit eine starke Stufenvariabilität und eine Abhängigkeit der Urteilsbildung von den vorgelegten Aufgaben (vgl. Karniol 1978; Lapsley 1996, S. 23 ff.; auch 2.4). Hier stellen sich ähnliche Fragen.

Levine formuliert auch keine präzisen Annahmen zum Ausmaß der Stufenvariationen und der Sequenzanomalien; sein eigenes Stufenkonzept bleibt also unscharf. In Bezug auf die Stufenwerte, die die Forschung dann auf der Grundlage des SIS erzielte, erscheint sein Konzept darüber hinaus überzogen. Zudem bleibt seine Erklärung von Stufenvariationen durch Prozesse der Bewertung verfügbarer stufenspezifischer Argumente nach Gesichtspunkten einer situationsorientierten moralischen Rationalität relativ abstrakt und letztlich unausgeführt. Diese Überlegungen weiterzuentwickeln erscheint indes lohnenswert (vgl. 5.2.1/Punkt b; 5.2.2).

*(b) Stufenvariationen bei den auf der Basis des SIS ermittelten Werten*
Ob Kohlberg tatsächlich gemäß einer verbreiteten Auffassung ein „strenges", „einfaches" Stufenkonzept vertritt, war lange Zeit unklar. In den 1980er Jahren distanziert er sich dann ausdrücklich von einem solchen Konzept und legt mit dem „Dominant Stage Model" eine präzisierte Fassung des Stufenkonzepts vor. Mit diesem Konzept lässt er im Rahmen des MJIs Variationen der Urteilsbildung über zwei Stufen zu, wobei eine der Stufen dominant sei:

> Mit der Aussage, dass Stufen moralischen Urteilens „strukturierte Ganzheiten" sind, meinen wir, dass unter Bedingungen, die den Ausdruck des reifsten Denkens der Person unterstützen, sein oder ihr Denken ein zusammenhängendes System bildet, das sich am besten durch eine der fünf Kohlberg-Stufen oder durch eine Mischung von höchstens zwei aneinander angrenzenden Stufen beschreiben lässt. Unsere Position ist angemessener als ‚Modell einer dominanten Stufe' (Dominant Stage Model) denn als ein ‚einfaches Stufenmodell' (Simple Stage Model") zu bezeichnen (Colby/Kohlberg et al. 1983, S. 120).

Kohlberg macht verschiedene Faktoren für Stufeninkonsistenzen im Rahmen des MJIs verantwortlich. Zum einen führt er Messfehler an – liegt der Anteil einer dritten oder einer weiteren Stufe bei einer Form des MJIs (die ja drei Dilemmata umfasst) unter 10%, so wird dies als Messfehler interpretiert. Des Weiteren verweist er auf Prozesse des Stufenübergangs, in denen Schwankungen des Urteils, nämlich Variationen über zwei Stufen, zu erwarten sind (Colby et al. 1983, S. 73 f.). Auch rechnet er mit dem Einfluss kognitiver Kontextfaktoren, denn er räumt die Wirkung der Dilemmata und der Issues auf die Stufen ein: Bei den Dilemmata der Form A seien höhere Stufenwerte zu erreichen als bei den Dilemmata der Formen B und C (Colby et al. 1983, S. 23; Kohlberg 1986b, S. 504). Im Rahmen der

Türkei-Studie nimmt er an, dass zum Beispiel bei den Issues „Leben", „Gewissen", „Versprechen" und „Autorität" höhere Werte erzielt werden als bei den Issues „Gesetz" und „Strafe", da erstere drei Issues erfahrungsnäher seien (Nisan/Kohlberg 1982, S. 867). Wie schon früher gesteht Kohlberg unter bestimmten, „extremen" Bedingungen, etwa eines Gefängnisaufenthalts, auch Stufenregressionen zu (Colby et al. 1983, S. 2, 28).

Er versteht jetzt das MJI als „günstigen Kontext" für die Aktualisierung des Urteilspotenzials einer Person, da hier hypothetische Dilemmata vorgelegt werden (die vom Alltag und damit von – die kognitiven Aktivitäten oft beeinträchtigenden – Emotionen entfernt sind) und der Interviewer hartnäckig Nachfragen stellt. Dort sei deshalb auch eine relativ hohe Stufenkonsistenz zu erwarten. Das Dominant Stage Model ist in seinen Augen aber nicht für die Urteilsbildung im Alltag oder zu alltagsnahen Dilemmata geeignet, bei der aufgrund sozialer und psychischer Handlungszwänge stärkere Stufenvariationen zu erwarten seien (Kohlberg 1984, S. 372; Colby/Kohlberg 1987, S. 5).

Indem Kohlberg im Rahmen des MJIs eine Streuung der Werte über zwei Stufen einräumt und außerhalb dieses Kontextes noch stärkere Stufenvariationen nicht ausschließt, kommt er den Kritikern seines Stufenkonzepts (wie etwa Levine) ein Stück weit entgegen. Zugleich aber betrachtet er ihre Einwände als veraltet oder unhaltbar: Beispielsweise hält er fest, dass bei den auf der Basis des SIS durchgeführten Studien die Stufenwerte einer Person im MJI zu einem Messzeitpunkt im Allgemeinen nicht über mehr als zwei Stufen variieren und die Entwicklung im Sinne einer invarianten Stufensequenz verläuft. Levines Forderung nach einer Untersuchung des Einflusses von Dilemmata sowie von sozialen Faktoren und von Persönlichkeitsfaktoren auf die Stufenwerte einer Person stimmt er zu, er betont aber, es sei ihm vornehmlich um eine Untersuchung des Urteilspotenzials und nicht um die Analyse der Performanzvariationen im Alltag gegangen, auf die sich Levine vorrangig beziehe (Kohlberg 1984, S. 372). Auf Levines Konzept situationsadäquaten Urteilens, das ja ebenfalls Stufenvariationen erklären soll, geht er nicht weiter ein.

Kohlberg wendet sich also sowohl gegen ein striktes Stufenkonzept als auch gegen ein Konzept starker Stufenstreuungen und erheblicher Sequenzanomalien. Sein Stufenkonzept hinsichtlich des MJIs bleibt allerdings relativ unklar; folgende Fragen lässt er zum Beispiel offen: Wie verteilen sich aus seiner Sicht die Stufenwerte genau, die eine Person zu einem Messzeitpunkt auf der Ebene der CJs erzielt? Von welchen Veränderungen der Stufenverteilungen im Verlauf der Entwicklung geht er aus? Welchen Einfluss der einzelnen Dilemmata innerhalb einer Form des MJI nimmt er an? Über die Bedingungen, unter denen es zu Stufenregressionen kommt, macht er ebenfalls keine konkreten Aussagen. Vor allem aber stellt sich die Frage, ob sich mit dem Dominant Stage Model die auf der Grundlage des SIS erzielten Daten angemessen beschreiben lassen. Kohlberg konnte diese Fragen nicht mehr abschließend klären.

Levine setzt sich meines Wissens nicht mehr mit der von Kohlberg präzisierten Position auseinander. Somit bleibt unklar, wie er sich dazu stellt und ob er bezüglich der Daten, die auf der Grundlage des SIS ermittelt wurden, noch von starken Stufenvariationen und Sequenzanomalien ausgeht.

Kritiker von Kohlbergs Stufenkonzept postulieren eine erhebliche Variation der Stufenwerte; im Unterschied dazu vertritt Kohlberg in den 1980er Jahren ein Dominant Stage Model mit einer Streuung über lediglich zwei Stufen. Walker und Taylor (1991) haben dieses Modell unter entwicklungsdynamischen Gesichtspunkten ausgebaut, indem sie ein zyklisches Modell des Stufenübergangs mit einander abwechselnden Phasen der Stufenhomogenität und Phasen der Stufenvariabilität konzipieren. Ich möchte im Folgenden darlegen, dass die auf der Basis des SIS erzielten Forschungsergebnisse weder das Dominant Stage Model noch die Annahme einer starken Stufenvariabilität stützen.

Ein Modell mit einer Streuung von nur zwei Stufen ist unter theoretischen Gesichtspunkten wenig plausibel. Innerhalb eines Dilemmas und auch über die Dilemmata hinweg kann das Auftreten stärkerer Stufenvariationen Ergebnis einer rational begründeten Selektion unterschiedlicher Urteilsformen darstellen; genau darauf stellt ja bereits Levine mit seiner These einer situationsadäquaten Urteilsbildung ab. So scheint bei einem Dilemma in einer engen Beziehung (etwa bei „Joe") die teilweise Verwendung einer Beziehungsperspektive (Stufe 3) durch Personen, die Argumente der Stufe 5 verwenden können, situationsangemessener als die konsistente Verwendung einer Stufe-5-Perspektive. Durch eine Verknüpfung von Stufe 5- und Stufe-3-Argumenten lässt sich nämlich sowohl universellen Gerechtigkeitsgesichtspunkten als auch Bedürfnissen einzelner Personen und Folgen für Beziehungen Rechnung tragen, während durch ein konsistentes Urteilen auf Stufe 5 Bedürfnisse von Personen und Folgen für Beziehungen tendenziell ausgeklammert bleiben. Eine abstrakte, an Menschenrechten oder Prinzipien orientierte Sichtweise wird durch eine Beziehungsperspektive „korrigiert".

Prozesse situationsadäquaten Urteilens erklären die bei der Urteilsbildung zum MJI auftretenden (starken oder schwachen) Stufenvariationen vermutlich aber nicht hinreichend. Kohlberg selbst führt, wie oben erwähnt, zur Erklärung von Stufenvariationen vorrangig Messfehler, Prozesse des Stufenübergangs und performanzbestimmende Faktoren an. Des Weiteren können themenabhängige Unterschiede im Urteilspotenzial des Individuums, die über lange Zeit bestehen – Formen moralischer „Segmentierung" – eine Ursache für Stufeninkonsistenzen sein. Beispielsweise kann ein Jugendlicher zu Dilemmata in Beziehungen bereits auf Stufe 3 urteilen, während er Dilemmata in Institutionen nur auf Stufe 2 zu bewältigen vermag (zur Erklärung von Stufenvariationen vgl. auch Beck 1999; Eckensberger 1998; Edelstein/Noam 1982; Lempert 1982; Reuss/Becker 1996).

Die auf der Basis des SIS ermittelten Daten scheinen das von Kohlberg sowie von Walker und Taylor formulierte Dominant Stage Model auf den ersten Blick gut zu bestätigen. Für Kohlbergs Längsschnittstudie in den USA wird hinsichtlich der CJ-Werte berichtet, dass ein recht hoher Anteil der Urteilsbildung einer Person auf der Modalstufe liegt (durchschnittlich 68% für Form A, 72% für Form B und 69% für Form C). Auf den zwei am häufigsten gebrauchten und zugleich benachbarten Stufen liegen durchschnittlich sogar fast 100% (98% für Form A, 97% für Form B und 99% für Form C). Nur 9% der Interviews zu einer Form weisen für eine dritte Stufe einen Anteil auf, der über der von Kohlberg festgelegten Messfehlergrenze von 10% liegt (vgl. Colby et al. 1983, S. 36 f.). In den anderen Studien, in denen die Stufenhomogenität analysiert wurde, zeigten sich ähnliche Ergebnisse (vgl. z.B. Walker 1988; Lei 1994). Auch Walker und Taylor (1991) finden in ihrer Studie zu Prozessen des Stufenübergangs, dass ein großer Teil der Urteilsbildung der Probanden auf der Modalstufe liegt. Zudem sehen die beiden Forscher durch ihre Befunde die Annahme bestätigt, dass sich die Stufen im Sinne eines Modells von abwechselnden Phasen der Stufenhomogenität und Phasen der Stufenvariabilität verändern.

Die Untersuchung der Konsistenz der Stufenwerte einer Person, die Kohlberg und die an ihm orientierten Wissenschaftler durchgeführt haben, teilen jedoch vor allem zwei Beschränkungen, die die Ergebnisse weniger beeindruckend erscheinen lassen:

- Die Analyse der Konsistenz der Stufen erstreckt sich nur auf die Argumentation der Person zu einer Form des MJI (die drei Dilemmata enthält) und nicht auf die Argumentation zu mehreren Formen.
- Bei der Bestimmung der Anteile der Urteilsbildung auf der Modalstufe und auf den benachbarten Stufen wird für gewöhnlich nicht zwischen vollen Stufen und Zwischenstufen differenziert, obwohl ja im Manual die CJs nach vollen Stufen und Zwischenstufen qualitativ unterschieden werden. Qualitativ eigenständige Zwischenstufen verrechnet die Kohlberg-Forschung als Prozentanteile von vollen Stufen. Lediglich Krebs und Mitarbeiter (D. L. Krebs et al. 1991) erfassen auch die Zwischenstufen, wobei sie einen stärkeren Anteil einer dritten Stufe finden. In den anderen durchgeführten Studien dürfte der Anteil einer dritten Stufe ebenfalls nicht unerheblich sein, wenn Zwischenstufen Berücksichtigung fänden.

Da auf der Basis des SIS nicht nur in Kohlbergs USA-Studie, sondern auch in den anderen durchgeführten Studien hauptsächlich die Stufen 2, 3 und 4 auftreten, ist eine starke Inkonsistenz der zu einem Messzeitpunkt ermittelten Werte einer Person zudem von vornherein eher unwahrscheinlich (vgl. auch Eckensberger 1986). In Kapitel 4 habe ich bereits darauf hingewiesen, dass in der USA-Studie Kohlbergs Stufe 6 gänzlich fehlt, dass diese Stufe selbst im Manual nicht mehr zu finden ist sowie Stufe 5 und Stufe 1 auf der Ebene der Form-Werte kaum auftreten. In allen auf der Basis des SIS unternommenen Studien wird Stufe 6 nicht mehr kodiert; hinsichtlich der Stufe 5 erhalten beispielsweise in den bis Ende der 1980er Jahre durchgeführten kulturvergleichenden Untersuchungen nur 27 von mehr als 1.000 Probanden im Alter von zehn bis 80 Jahren einen Form-Wert der Stufe 5 (vgl. Snarey 1995, S. 118; Snarey/Keljo 1991, S. 404). Kohlberg sieht Stufe 6 nun im Wesentlichen Personen mit philosophischer Bildung und „moralischen Vorbildern" (wie z.B. Martin Luther King) vorbehalten, Stufe 5 Personen mit Universitätsausbildung. Doch selbst viele dieser Personen erzielen keine postkonventionellen Form-Werte (bzgl. moralischer Vorbilder vgl. Walker 2004). Was Stufe 5 auf der Ebene von Issue- und CJ-Werten betrifft, dürfte diese Einschätzung allerdings zu relativieren sein (vgl. 4.5/Punkt f). Bezüglich des anderen Endes der Stufenleiter ist zu sagen, dass auch Stufe 1 in den durchgeführten Studien selten auftritt (vgl. z.B. Snarey/Keljo 1991). Dies ist angesichts der weitgehenden Vernachlässigung von Personen unter zehn Jahren wenig überraschend.

Im Übrigen bleiben die Aussagen über die Stufeninkonsistenz, die eine Person zu einem Messzeitpunkt innerhalb einer Form des MJIs erzielt, unzureichend. Kohlberg und die an ihm orientierten Autoren informieren nämlich nicht über die verschiedenen Muster auftretender Inkonsistenzen. Walker und Taylor beispielsweise erfassen neben dem Stufenanteil auf der dominanten Stufe den Stufenanteil darunter und darüber, ohne dabei jedoch das Ausmaß der Abweichungen der Maximal- und Minimalwerte vom Modalwert zu berichten.

Erforderlich ist also eine Analyse der CJ-Werte, die der qualitativen Eigenständigkeit der Zwischenstufen Rechnung trägt. Zugleich wären Stufenstreuungen einer Person über mehrere Formen des MJIs zu erfassen und Muster von Inkonsistenzen differenziert zu erforschen.

Eine solche Untersuchung anhand der von Kohlberg für die USA-Stichprobe ermittelten Daten musste im Projekt „Kohlberg-Rekonstruktion" aufgrund der mangelhaften Datenlage hinsichtlich der CJ-Werte zurückgestellt werden – die uns vorliegende Liste der CJ-Werte war nicht vollständig. Stattdessen gingen wir anhand der USA-Daten der Frage der Konsistenz der Issue-Werte nach, die die Forschung bisher gänzlich vernachlässigt hat. Wie Krebs – und im Gegensatz zu Walker und Taylor sowie zu den Untersuchungen fast aller an Kohlberg orientierten Wissenschaftler – haben wir dabei auch Zwischenstufen berücksichtigt. Zudem haben wir die Stufenhomogenität über alle drei Formen des MJIs hinweg untersucht und Muster von Stufeninkonsistenzen erfasst. Uns interessierte vor allem, ob bei den Issue-Werten noch starke Stufenstreuungen auftreten, inwieweit sich also das Dominant Stage Model, das von Kohlberg sowie von Walker und Taylor zur Beschreibung der Konsistenz der CJ-Werte formuliert wurde, für die Beschreibung der Streuung dieser Werte eignet.

Die Analyse des Ausmaßes der Abweichungen der Minimal- und Maximalwerte (vgl. Teo/Becker/Edelstein 1995, Tab. 2) ergab, dass nur ein geringer Prozentanteil von Fällen eine starke Stufenkonsistenz aufweist: Es findet sich keine Person, die nur eine einzige volle Stufe oder eine einzige Zwischenstufe verwendet, und der Anteil der Fälle mit einer Abweichung der Werte um nur eine halbe Stufe übersteigt kaum 10%. Ein größerer Anteil der Fälle dagegen zeigt eine relativ starke Stufeninkonsistenz: Fälle, die eine Variation von drei Stufen aufweisen, d.h. vier oder fünf halbe Stufen (Zwischenstufen) verwenden, finden sich bei den Zehnjährigen mit einem Anteil von 23%, bei den 13- bis 14-Jährigen mit einem Anteil von 29% und bei den 16- bis 18-Jährigen mit einem Anteil von 17%. Im Erwachsenenalter nimmt der Anteil der relativ inkonsistenten Fälle etwas ab; er liegt dort bei etwa 10%.

Das recht starke Ausmaß der Stufenvariabilität zeigt sich auch daran, dass Personen, die einen oder mehrere Issue-Werte der Stufe 1 haben, nicht nur Werte der Stufen 1/2 oder 2, sondern zum Teil auch Werte der Stufen 2/3 oder 3 aufweisen. Zugleich erzielen Personen, die einen oder mehrere Issue-Werte der Stufe 5 haben, nicht nur Werte der Stufen 4/5 und 4, sondern auch Werte der Stufen 3/4 oder 3. Personen mit Werten der Stufe 4/5 erhalten nicht nur Werte der Stufe 4 und 3/4, sondern zum Teil auch Werte der Stufen 3 oder 2/3. Beispielsweise besetzt der Fall 24 zum ersten Messzeitpunkt zweimal Stufe 1, sechsmal Stufe 1/2, einmal Stufe 2, zweimal Stufe 2/3, zweimal Stufe 3 und einmal sogar Stufe 3/4. Der Fall 27 erhält beim ersten Messzeitpunkt dreimal Stufe 1, keinmal Stufe 1/2, viermal Stufe 2, fünfmal Stufe 2/3, dreimal Stufe 3 und einmal Stufe 3/4. Was die Fälle mit einem oder mehreren Maximalwerten der Stufe 5 angeht, so sollen ebenfalls zwei Fälle zur Veranschaulichung einer relativ starken Stufenvariabilität dienen: Fall 2 beim fünften Messzeitpunkt, der viermal Stufe 5, neunmal Stufe 4/5, viermal Stufe 4 und einmal Stufe 3/4 erzielt, und Fall 67 beim sechsten Messzeitpunkt, der zweimal Stufe 5, zweimal Stufe 4/5, zweimal Stufe 4 und zweimal Stufe 3/4 zugewiesen bekommt. Zur Veranschaulichung einer starken Stufenvariabilität bei Fällen mit einem oder mehreren Maximalwerten der Stufe 4/5 seien die beiden folgenden Fälle aufgeführt: Fall 65 beim zweiten Messzeitpunkt, der zweimal Stufe 4/5, einmal Stufe 4, einmal Stufe 3/4, zweimal Stufe 3, einmal Stufe 2/3 und zweimal sogar Stufe

2 erzielt; Fall 25 beim fünften Messzeitpunkt, der dreimal Stufe 4/5, siebenmal Stufe 4, zweimal Stufe 3/4 und fünfmal Stufe 3 erzielt. Dabei ist zu bedenken, dass Probanden nur selten bei allen 18 Issues des MJIs einen Issue-Wert erhalten.

Die Konsistenzanalyse der Issue-Werte für alle Formen zeigte also: eine Streuung der Werte über drei Stufen tritt häufiger auf. In Form einer vollen Stufe oder einer Zwischenstufe ist des Öfteren eine dritte Stufe festzustellen. Bei Fällen mit einer Stufenvariation von fünf halben Stufen liegt immer eine dritte Stufe vor. Aber auch bei allen Fällen, die eine Streuung über vier halbe Stufen besitzen, wird noch eine dritte Stufe verwendet (z.B. dort, wo der Minimalwert Stufe 1/2 und der Maximalwert Stufe 3 beträgt). Der Anteil dieser Fälle ist nicht unerheblich.

Eine Prüfung der Stufenverteilungen für die einzelnen Probanden ergab auch, dass in verschiedenen Fällen eine dominante Stufe fehlt. So weisen einige relativ inkonsistenten Fälle (Fälle mit vier oder fünf halben Stufen) eine starke Besetzung der Stufenrandbereiche auf.

Andererseits ist aber festzuhalten, dass eine Streuung der Werte über vier oder fünf Stufen insgesamt doch eher selten auftritt (vgl. Teo/Becker/Edelstein 1995, Tab. 2). Auch ist ein großer Teil der individuellen Urteilsbildung auf dem Modus konzentriert: In allen Altersgruppen liegen durchschnittlich etwa 50% der Urteilsbildung auf dem Modus (vgl. Teo/Becker/Edelstein 1995, Tab. 3). Relativ groß ist auch der Anteil der Urteilsbildung, der unmittelbar um den Modus liegt. Durchschnittlich zwischen 30% und 40% der Urteile weichen eine halbe Stufe nach unten oder nach oben vom Modus ab.

Das Dominant Stage Model von Kohlberg sowie von Walker und Taylor eignet sich also nur zum Teil zur Beschreibung der Konsistenz der Issue-Werte über alle Formen des MJIs. Es treten häufig noch Streuungen über mehr als zwei Stufen auf, und nicht selten ist auch kein ausgeprägter Modus vorhanden.

Eine Erklärung von Stufenvariationen durch Prozesse situationsadäquaten Urteilens, durch performanzbestimmende Faktoren oder Formen moralischer Segmentierung setzt jeweils die Kontextabhängigkeit der Stufenwerte voraus. Wie erwähnt, führen die Kritiker von Kohlbergs Stufenkonzept die Stufenvariationen größtenteils auf die Dilemmata des MJIs zurück. Als mögliche kognitive Kontextfaktoren (Aufgabenstellungen), die zu Stufeninkonsistenzen führen, kommen aber auch die einzelnen Issues eines Dilemmas sowie die unterschiedlichen Typen von Fragen in Betracht, nämlich allgemeine Fragen zu einzelnen moralischen Normen („konzeptuelle Fragen") und Fragen zu den Situationsaspekten eines Dilemmas („situationsbezogene Fragen"). Issues und Fragetypen erlauben eine Erklärung der dilemma-internen Stufenvariationen. Während es mittlerweile viele Studien gibt, die die Urteilsbildung zu den hypothetischen Dilemmata des MJIs mit der Urteilsbildung zu alltagsnäheren Dilemmata vergleichen (vgl. 5.2.2), liegen nach wie vor nur wenige Arbeiten vor, die innerhalb des MJIs dem möglichen Einfluss kognitiver Kontextfaktoren (Dilemmata, Issues, Fragetypen) nachgehen. Die Untersuchung der Wirkung einzelner kognitiver Kontextfaktoren bleibt auch heute weitgehend theoretisches Postulat.

Kohlberg hat in seiner Längsschnittstudie in den USA die Dilemmaabhängigkeit der Stufenwerte nicht gezielt untersucht. Er räumt indessen ein, dass sich die Dilemmata der drei Formen des MJIs unterscheiden. Die auftretenden Stufenunterschiede nimmt er dabei zum Anlass, einen Korrekturfaktor einzuführen, mit dem die Parallelität der drei Formen sichergestellt werden soll (Colby et al. 1983, S. 23). Offen bleibt dabei, welche Dilemmata für diese Unterschiede bei den Formen des Interviews im Einzelnen verantwortlich sind. Der Einfluss der Fragetypen hat Kohlberg ebenfalls nicht untersucht. Lediglich in einer Studie erfolgte auf der Ebene von Issue-Werten die Analyse der Wirkung von Issues – in der Längsschnittstudie in der Türkei nämlich erforscht Kohlberg mit Nisan zusammen (Nisan/Kohlberg 1982) unter anderem die Abhängigkeit der Stufen von den sechs Issues einer Interviewform („Leben", „Gesetz", „Gewissen", „Strafe", „Versprechen", „Autorität"), wobei, wie bereits erwähnt, die Autoren annehmen, dass bei den Issues „Gesetz" und „Strafe" niedrigere Werte erzielt werden als bei den anderen Issues. Nisan und Kohlberg überprüfen ihre Annahme an einer Stichprobe von zehn- bis 28-jährigen Probanden. Sie finden, dass die Werte bei den Issues „Gesetz" und „Strafe" in der Tat niedriger liegen als bei den anderen Issues, aber dies allein in der Altersgruppe der Zehn- bis 15-Jährigen. Bei der Altersgruppe der 16- bis 28-Jährigen sind signifikante Unterschiede nicht festzustellen. Nisan und Kohlberg präsentieren lediglich Ergebnisse für die sechs Issues der Form A.

An Kohlberg orientierte Forscher untersuchten den Einfluss der Dilemmata und der Fragetypen des MJIs auf der Basis des SIS ebenfalls nicht. Anhand einer Stichprobe von 17 bis 35 Jahre alten amerikanischen Universitätsstudenten analysierten de Vries und Walker (1986) den Einfluss der Issues auf die Stufenwerte. Ihre Studie bezieht sich allerdings nur auf die Urteilsbildung zu den Issues „Gewissen" und „Strafe" und beschränkt sich darüber hinaus auf Stellungnahmen zu konzeptuellen Fragen. Die Probanden hatten sich nämlich in Form eines schriftlichen Aufsatzes mit dem Für und Wider der Todesstrafe auseinanderzusetzen und damit Fragen zu beantworten, die Bestandteil des Fragenkatalogs zu „Sterbehilfe-Strafe" sind. De Vries und Walker stellten fest, dass nicht die Entscheidungsrichtung, sondern das Issue den stärksten Einfluss auf die Stufenwerte hat: Befürworter der Todesstrafe ebenso wie ihre Gegner erzielten bei der Argumentation gegen diese Form der Strafe (Issue „Gewissen") für gewöhnlich höhere Werte als bei der Argumentation dafür (Issue „Strafe"). Carpendale und D. L. Krebs (1995), die Probanden im Alter zwischen 18 und 37 Jahren untersuchten, fanden hingegen weder bei „Heinz-Strafe" noch bei „Heinz" Issueeffekte, ebenso wenig fanden sie bei diesen beiden Dilemmata einen Einfluss der Entscheidungsrichtung.

Nisan und Kohlberg, de Vries und Walker sowie Carpendale und Krebs liefern somit keine systematische Analyse des Issueeinflusses: Ihre Untersuchungen erstrecken sich nicht auf alle neun Dilemmata des MJIs, womit sich jeweils die Frage nach der Generalisierbarkeit der ermittelten Befunde aufdrängt. Während die Studie von Nisan und Kohlberg den Eindruck vermittelt, dass Issue-Effekte nur in der frühen und mittleren Adoleszenz zu finden sind, legt die Studie von de Vries und Walker die Erwartung von Issue-Effekten in der späten Adoleszenz und im Erwachsenenalter nahe. Von der Analyse Carpendales und Krebs' her sind hingegen ab der späten Adoleszenz keine Issueeffekte zu erwarten.

Hinsichtlich der Frage der Dilemmaabhängigkeit der Stufenwerte ist eine Untersuchung des Neo-Kohlbergianers Eckensberger (1989) bedeutsam. Darin kommen zwar das MJI und das SIS nur in stark modifizierter Form zum Einsatz, aber Eckensberger verwendet die drei Dilemmata der Form A, nämlich „Heinz", „Heinz-Strafe" und „Joe", wobei er letzteres Dilemma leicht modifiziert. Bei der Untersuchung des Dilemmaeinflusses differenziert Eckensberger zwischen „personalen", „transpersonalen" und „uneindeutigen" (gemischten) Dilemmata. Einige Dilemmata fokussieren auf Konflikte zwischen Personen (personale Dilemmata), andere befassen sich mit Funktionen, Rollen oder normative Standards (transpersonale Dilemmata), und wieder andere sind uneindeutig bezüglich dieser beiden „sozialen Räume" (gemischte Dilemmata). Eckensberger klassifiziert „Joe" als personales, „Heinz-Strafe" als transpersonales und „Heinz" als gemischtes Dilemma. Bei der von ihm untersuchten Stichprobe von Personen im Alter zwischen zehn bis 30 Jahren findet er, dass ab dem Alter von 16 Jahren bei „Joe" im Durchschnitt niedrigere Stufenwerte erzielt werden als bei „Heinz-Strafe", während die Werte bei „Heinz" höher liegen als bei „Joe" und niedriger als bei „Heinz-Strafe". Burgard (1989) hat bei der gleichen Stichprobe bezüglich des „Joe"-Dilemmas auch den Einfluss des Fragetyps untersucht. Er ermittelte bei konzeptuellen Fragen für gewöhnlich höhere Werte als bei situationsbezogenen Fragen. Bei Eckensberger und bei Burgard stellt sich wiederum die Frage nach der Generalisierbarkeit der Befunde, da sie sich auf wenige Dilemmata bzw. auf ein einziges Dilemma beschränken.

Im Projekt „Kohlberg-Rekonstruktion" gingen wir im Rahmen einer Reanalyse von Kohlbergs Daten der USA-Stichprobe dem Einfluss der Issues und der Dilemmata nach, wobei die Untersuchung alle Issues und Dilemmata des MJIs umfasste. Ich werde im Folgenden argumentieren, dass sich die auftretenden Stufenvariationen auf konventionellem Niveau zum Teil auf Prozesse situationsadäquater Urteilsbildung zurückführen lassen; Variationen auf präkonventionellem Niveau können dagegen vor allem auf den Einfluss performanzbestimmender Faktoren zurückgeführt werden.

Unserer Untersuchung der Issueabhängigkeit von Stufenwerten lag die Differenzierung zwischen „heteronomen" und „nicht-heteronomen" Issues zugrunde. Die Gruppe der heteronomen Issues („Gesetz", „Strafe", „Autorität") umfasst Fragen zur Bedeutung der Konformität mit bestehenden Institutionen und Autoritätspersonen. Die Gruppe der nicht-heteronomen Issues („Leben", „Gewissen", „Versprechen") umfasst Fragen zur Bedeutung individueller Rechte und Ansprüche. Für präkonventionelle Probanden erwarteten wir, dass diese bei der Begründung heteronomer Issues (etwa bei der Frage, warum es wichtig sei, dem Gesetz zu folgen) vorwiegend auf die Erwartungen und Sanktionen von Autoritäten Bezug nehmen, was im Kohlberg-System als Stufe 1 kodiert wird. Bei der Begründung nicht-heteronomer Issues (etwa bei der Frage, warum es wichtig sei, menschliches Leben zu retten) sollten die präkonventionellen Probanden eher die konkreten Ansprüche und Eigeninteressen von Personen geltend machen, was im Kohlberg-System als Stufe 2 kodiert wird. Hinsichtlich der konventionellen Probanden vermuteten wir keine Issue-Effekte. Im Gegensatz zu Nisan und Kohlberg gingen wir also von einer Niveauabhängigkeit der Issue-Effekte aus, und führten die erwarteten Effekte nicht auf Unterschiede in der Vertrautheit mit den Issues zurück, sondern auf eine durch die Issues nahegelegte Bevorzugung verfügbarer stufentypischer Begründungsgesichtspunkte; wir nahmen also einen Einfluss performanzbestimmender Faktoren an.

Bei der Untersuchung des Dilemmaeinflusses unterschieden wir in Anlehnung an E-ckensberger zwischen personalen, transpersonalen und gemischten Dilemmata. Als perso-nale Dilemmata können in Form A „Joe", in Form B „Judy" und in Form C „Karl und Bob" klassifiziert werden. Als transpersonale Dilemmata lassen sich in Form A „Heinz-Strafe", in Form B „Sterbehilfe-Strafe" und in Form C „Korea" einordnen. Als gemischte Dilemmata können in Form A „Heinz", in Form B „Sterbehilfe" und in Form C „Valjean" betrachtet werden. Ähnlich wie Eckensberger vermuteten wir, dass Personen auf konventionellem Niveau bei personalen Dilemmata vorwiegend eine für Stufe 3 kennzeichnende Bezie-hungsperspektive verwenden, bei transpersonalen Dilemmata hingegen vorwiegend eine für Stufe 4 kennzeichnende Systemperspektive. Bei gemischten Dilemmata sollten die Stu-fenwerte durchschnittlich höher liegen als bei personalen Dilemmata und durchschnittlich niedriger als bei transpersonalen Dilemmata. Wir nahmen an, dass die erwarteten Dilemma-effekte insbesondere durch Prozesse situationsadäquater Urteilsbildung zustande kommen sollten, d.h. durch Prozesse der Reflexion auf verfügbare stufenspezifische Begründungs-muster.

Die Analyse des Issueeinflusses erbrachte folgende Resultate: Bei der Altersgruppe der Zehnjährigen sowie bei der Altersgruppe der 13- bis 14-Jährigen, in der jeweils präkonven-tionelle Stufen vorherrschen, liegt der Mittelwert für die nicht-heteronomen Issues erwar-tungsgemäß signifikant höher als der Mittelwert für die heteronomen Issues. In den späte-ren Altersgruppen treten keine signifikanten Unterschiede bei den Mittelwerten mehr auf (vgl. Teo/Becker/Edelstein 1995, Tab. 4).

Hinsichtlich des Einflusses der Dilemmata lässt sich feststellen, dass bei der Alters-gruppe der 16- bis 18-Jährigen, in der die Stufen 3, 3/4 und 4 erstmals stärker auftreten, der Mittelwert für die transpersonalen Issues (d.h. für die transpersonalen Dilemmata) erwar-tungsgemäß höher liegt als der Mittelwert für die personalen Issues (d.h. für die personalen Dilemmata). Auch bei den Altersgruppen der 20- bis 22-Jährigen, der 24- bis 26-Jährigen und der 28- bis 30-Jährigen zeigen sich signifikante Unterschiede im Sinne unserer Erwar-tungen. Bei den letzten beiden Altersgruppen (den 32- bis 33-Jährigen sowie den 36-Jähri-gen) treten allerdings keine signifikanten Unterschiede mehr auf (vgl. Teo/Becker/Edelstein 1995, Tab. 4).

Die Untersuchung der Kontextabhängigkeit der Stufenwerte hinsichtlich einzelner Di-lemmata und einzelner Issues haben wir nicht abgeschlossen. Eine erste Analyse der ent-sprechenden Issue-Werte zeigte aber, dass die auf der globalen Ebene ermittelten Effekte mit gewissen Einschränkungen ebenso auf der Ebene von einzelnen Dilemmata und einzel-nen Issues zu finden sind. So liegen im Alter von 16 bis 30 Jahren die Mittelwerte für die beiden transpersonalen Issues von „Heinz-Strafe", „Sterbehilfe-Strafe" und „Korea" im Allgemeinen höher als die Mittelwerte für die beiden personalen Issues von „Judy" und „Karl und Bob". Allerdings liegen nur die Mittelwerte zu „Heinz-Strafe" höher als die Mit-telwerte zu „Joe", während die Mittelwerte zu „Sterbehilfe-Strafe" und zu „Korea" sich kaum von den Mittelwerten zu „Joe" unterscheiden. Hinsichtlich dieses Dilemmas scheinen sich unsere Erwartungen also nur teilweise zu bestätigen. Darüber hinaus ist festzuhalten, dass die gemischten Dilemmata, nämlich „Heinz", „Sterbehilfe" und „Valjean", häufig ähn-lich hohe Mittelwerte erzielen wie die transpersonalen Dilemmata. Die Differenzierung zwischen transpersonalen und gemischten Dilemmata scheint also empirisch nicht bedeutungsvoll zu sein. Hinsichtlich des Einflusses der heteronomen und nicht-heteronomen Issues eines Dilemmas zeigt sich, dass bei der Altersgruppe der Zehnjährigen mit Ausnahme nur eines Dilemmas (nämlich „Korea") der Mittelwert für das heteronome Issue eines Dilemmas niedriger liegt als der Mittelwert für das nicht-heteronome Issue. Bei der Altersgruppe der 13- bis 14-Jährigen liegen allerdings bei drei Dilemmata (nämlich bei „Joe", „Sterbehilfe" und „Sterbehilfe-Strafe") die Mittelwerte für das heteronome Issue nicht niedriger als für das nicht-heteronome Issue.

Was den Einfluss der Dilemmata betrifft, ist zusammenfassend zu sagen, dass die von Eckensberger eingeführte und von uns übernommene Differenzierung zwischen personalen, transpersonalen und gemischten Dilemmata empirisch nur zum Teil bestätigt werden konnte. Sowohl in Form A als auch in den Formen B und C erreichten transpersonale und gemischte Dilemmata häufig ähnliche Werte. Lediglich eine Differenzierung zwischen personalen und nicht-personalen Dilemmata scheint unter empirischen Gesichtspunkten sinnvoll zu sein. Was den Einfluss der Issues angeht, ist zusammenfassend zu sagen, dass es ähnlich wie in der Studie von Nisan und Kohlberg nur in der frühen und mittleren Adoleszenz zu systematischen Issueeffekten kam. Die durch die Ergebnisse der Studie von deVries und Walker nahegelegte sowie von Nisan und Kohlberg gehegte Erwartung, dass systematische Issueeffekte im Erwachsenenalter auftreten, ließ sich nicht bestätigen. In Kohlbergs Längsschnittstudie in den USA erklären also die Issues und Dilemmata nur zum Teil die doch recht beträchtlichen Stufenvariationen. Somit bleibt die Frage unbeantwortet, wie derjenige Teil der Stufeninkonsistenzen, welcher nicht auf den Einfluss von Issues und Dilemmata zurückzuführen ist, erklärt werden kann.

Während viele Moralpsychologen Kohlbergs Annahme einer Konsistenz der Stufenwerte auch heute noch kritisieren, gilt seine Annahme einer Invarianz der Stufensequenz (also die andere Komponente seines Stufenkonzepts) den meisten Forschern, die die auf der Basis des SIS ermittelten Resultate zur Kenntnis nehmen, als bestätigt. Es zeigt sich ein gewisser Anteil von Stufenregressionen und von Stufensprüngen in den Untersuchungen Kohlbergs und der an ihm orientierten Forscher, der für gewöhnlich als Messfehler interpretiert wird. Wie in Abschnitt 4.5/Punkt i kurz beschrieben, hat mit dem SIS in Kohlbergs USA-Studie der Anteil von Regressionen abgenommen und beträgt jetzt ca. 5%. Auch in anderen auf der Basis des SIS durchgeführten Längsschnittstudien ist dieser Anteil eher gering. Walker fasst die bis Mitte der 1980er Jahre durchgeführten Längsschnittstudien zusammen (vgl. Tab. 5.1). Walkers Zusammenfassung zeigt, dass bei den Modalstufen der Anteil an Stufenregressionen – mit einer Ausnahme – nicht über der von Kohlberg festgelegten Messfehlergrenze von 10% liegt. Der Anteil an Stufensprüngen ist im Allgemeinen noch um einiges geringer als der Anteil an Regressionen.

Die Sequenz der Entwicklung erfasst die Kohlberg-Forschung allerdings nur auf der Ebene von Form-Werten. Form-Werte erlauben keine zwingenden Rückschlüsse auf die Entwicklungssequenzen auf der Ebene von Issue- und CJ-Werten; dort könnten durchaus stärkere Sequenzanomalien auftreten. Lediglich Walker und Taylor (1991) analysieren die Entwicklungssequenz auf der Ebene der CJ-Werte, und zwar im Hinblick auf ihr Modell des Stufenübergangs. Die in den Studien ermittelten Sequenzanomalien werden überdies empirisch nicht genauer untersucht. Unklar bleibt also, ob die Messfehlerbetrachtung wirklich berechtigt ist bzw. inwieweit ungünstige Sozialisationsbedingungen tatsächlich für Regressionen verantwortlich sind, wie Kohlberg annimmt. Bei im Allgemeinen nur drei repräsentierten Stufen (nämlich der Stufen 2, 3 und 4) ist die Zahl von Formen möglichen Überspringens von Stufen und möglicher Stufenregressionen im Übrigen von vornherein eingeschränkt (vgl. auch Eckensberger 1986).

*Tab. 5.1    Längsschnittstudien zur moralischen Entwicklungssequenz*

| Studie | Stichprobe | Untersuchungs-design | Stufen-sprung | Regression | |
|---|---|---|---|---|---|
| | | | | GSSs | Modal-stufe |
| Colby/Kohlberg/ Gibbs/ Lieberman (1983) | 51 (anfangs) jugendliche Männer | zwei bis sechs Interviews über 20 Jahre | 3,6% | 10,9% | 5,2% |
| Erickson (1980) | 21 (anfangs) Studenten im Grundstudium | fünf Interviews über fünf Jahre | 0% | 18,0% | 10,0% |
| Murphy/Gilligan (1980) | 26 (anfangs) Studenten im Grundstudium | vier Interviews über acht Jahre | 2,1% | 29,8% | 17,0% |
| Nisan/Kohlberg (1982) | 23 (anfangs) jugendliche Männer | zwei bis vier Interviews über 12 Jahre | 8,6% | 8,6% | 5,7% |
| Page (1981) | 35 jugendliche Männer | zwei Interviews über zwei Jahre | 0% | 5,7% | 2,9% |
| Snarey/ Reimer/Kohlberg (1985) | 64 (anfangs) Jugendliche aus Israel | zwei oder drei Interviews über sechs bis sieben Jahre | 0% | 7,3% | 1,0% |

(Quelle: modifiziert nach Walker 1986a, S. 120)

Lind (2000) weist darauf hin, dass ausbleibende Bildungsangebote zu Stufenregressionen führen können. Nach den Ergebnissen seiner Untersuchungen, die er mit Hilfe des MUT durchführte, zeigen viele Personen, die relativ früh das Bildungssystem verlassen (nämlich Haupt- und Realschüler), einen erheblichen Anteil von Regressionen. Zugleich kann gefragt werden, ob nicht auch bei Personen mit hohem Bildungsabschluss im späteren Berufsleben Regressionen auftreten. Diese Frage hat die Kohlberg-Forschung bisher kaum untersucht.

Daneben muss hinsichtlich der durchgeführten Untersuchungen der Stufensequenz auch an die in Abschnitt 4.5 angesprochenen Probleme der Auswertung und des Interviews erinnert werden (etwa Bedeutungsunterstellungen im Manual, eingeschränkte Interrater-Reliabilität auf CJ-Ebene und unterschiedlich differenzierte Standardfragen).

*5.2.2    Stufenvariationen beim alltagsbezogenen Urteilen*

Im Rahmen von Kohlbergs Forschungsansatz zum Gerechtigkeitsurteil kann jeweils auf drei Ebenen, nämlich hinsichtlich der Urteilsbildung zu den hypothetischen Dilemmata des MJIs, der Urteilsbildung zu (im Rahmen eines Interview vorgegebenen oder von den Probanden selbst eingebrachten) Alltagsdilemmata sowie der Urteilsbildung im Alltag, analysiert werden, wie stark die Stufenwerte, die eine Person zu einem Messzeitpunkt erzielt, variieren und wie weit kognitive (aufgabenbezogene), soziale und personale Kontextfaktoren Stufenvariationen erklären.

Unter den Bedingungen des *MJIs* scheint eine hohe Stufenkonsistenz noch am wahrscheinlichsten. Kohlbergs Interview ist daraufhin angelegt, den Einfluss von Faktoren, die im Alltag zu beträchtlichen Stufenschwankungen führen, zu minimieren:

- Als Form sozialer Interaktion, in der dem Befragten aufgetragen wird, für einen vorgegebenen Handlungskonflikt eine Lösung zu finden sowie die getroffene Handlungsentscheidung zu rechtfertigen, und bei der der Interviewer durch gezielte Nachfragen zu einer differenzierten Begründung der Handlungsentscheidung anhält, dürfte dieses klinische Interview wohlüberlegte Beurteilungen hervorrufen.
- Da dieses klinische Interview Situationen enthält, die im Alltag der Befragten selten auftreten dürften (also hypothetische Situationen umfasst), und Standardfragen beinhaltet, die Vorstellungen darüber erfassen, was „man" in den vorgelegten hypothetischen Situationen „tun sollte" (und nicht, was der Befragte „tun würde"), dürfte das Verfahren Stufenvariationen, die auf psychodynamische Prozesse zurückgehen, einschränken.
- Als klinisches Interview zu spezifischen hypothetischen Situationen, die einen Konflikt zwischen verschiedenen moralischen Normen beinhalten, kann dieses Verfahren bereichsabhängige Schwankungen der Urteilsbildung minimieren.

Die *Urteilsbildung im Alltag*, die mit Hilfe von Beobachtungsmethoden erfasst werden kann, dürfte von Kontextfaktoren am stärksten beeinflusst sein. In der Auseinandersetzung mit moralischen Konflikten in ihrem Alltag scheinen Personen in den Stufenwerten beträchtlich zu schwanken. Die starke Wechselhaftigkeit der Konfliktinhalte, zu denen sie argumentieren, sowie ausgeprägte Veränderungen der sozialen Handlungsbedingungen und der psychodynamischen Bedingungen, unter denen sie argumentieren, lassen starke Diskrepanzen zwischen dem Urteilpotenzial der Person und den tatsächlich realisierten Urteilsstufen (der Performanz) erwarten. Kontextfaktoren scheinen in der Alltagswelt in komplexer Weise mit moralischen Urteilsstrukturen zu interagieren (vgl. Döbert/Nunner-Winkler 1978; Haan/ Aerts/Cooper 1985; D.L. Krebs/Denton 2005).

Unter den Bedingungen einer klinischen Interviewsituation schließlich, in der der Befragte mit im Alltagsleben wahrscheinlichen Situationen konfrontiert ist oder von ihm selbst erfahrene Situationen einbringt, d.h. hinsichtlich der Urteilsbildung zu *Alltagsdilemmata*, ist zu erwarten, dass die Homogenität der Stufenwerte einer Person nicht so hoch sein wird wie unter den Bedingungen des MJIs, vor allem weil solche Alltagssituationen eine stärkere affektive Wirkung auf die Person haben dürften und zudem höchst verschieden sein können. Die Stufenhomogenität dürfte hier allerdings höher sein als bei der Urteilsbildung im Alltag, besonders weil die klinische Interviewtechnik vermutlich wohlüberlegte Stellungnahmen hervorruft.

Die Urteilsbildung im Alltag haben weder Kohlberg noch die an ihm orientierte Forschung untersucht. Solche Analysen wären eine interessante zukünftige Aufgabe für die Kohlberg-Forschung.

Dagegen wurde in verschiedenen Studien die Urteilsbildung zu Alltagsdilemmata/„Real-Life-Dilemmata" (seien es von den Wissenschaftlern vorgelegte oder von den Probanden selbst eingebrachte) erhoben. Kohlberg hatte bereits in den 1970er Jahren seine Analyse moralischen Urteilens über hypothetische Dilemmata hinaus erweitert, indem er Strafgefangene zu Gerechtigkeitsdilemmata aus dem Gefängnisalltag befragte (vgl. 4.1). Anfang der 1980er Jahre baut er, vor allem in Reaktion auf die Kritik von Gilligan an der Beschränkung auf hypothetische Dilemmata, die Analyse alltagsbezogenen moralischen Urteilens aus: In einer zusammen mit Higgins und Power verfassten Studie (Higgins/Power/Kohlberg 1984) präsentiert er Schülern Gerechtigkeitsdilemmata und prosoziale Konflikte aus dem Schulalltag. Bei seiner Analyse der alltagsbezogenen Urteilsbildung legt Kohlberg also Konfliktsituationen vor und erfasst nicht (wie Gilligan) das Urteilen zu selbsterlebten moralischen Konfliktsituationen. Die entsprechenden Stufen des Gerechtigkeitsurteils kodiert er dabei nicht auf der Basis des SIS-Manuals, sondern mit Hilfe eigens formulierter Stufenkriterien, d.h. einem eigenständigen Manual. Kohlberg-Anhänger sowie Vertreter kohlbergianischer Positionen analysierten seit Anfang der 1980er Jahre relativ intensiv das alltagsbezogene Gerechtigkeitsurteil; teilweise erhoben sie auch die Urteilsbildung zu selbsterlebten Dilemmata. Kodiert wurde ausschließlich anhand des SIS-Manuals (als Überblick vgl. Walker et al. 1995).

Auf diesem Feld konnte die Forschung eine Vielzahl interessanter Ergebnisse ermitteln. Es zeigte sich, dass die Urteilsbildung zu Real-Life-Dilemmata von einer Vielzahl kognitiver Faktoren (z.B. Dilemmatyp), sozialer Faktoren (z.B. Art der Zuhörer) und personaler Faktoren (z.B. emotionaler Zustand des Befragten) abhängt. D. L. Krebs entwickelte ein interaktionistisches Modell, das dem Einfluss der unterschiedlichen Faktoren Rechnung trägt (vgl. D. L. Krebs et al. 1991; D. L. Krebs/Denton 2005; D. L. Krebs/Denton/Wark 1997).

Die von Kohlberg-Anhängern und Vertretern kohlbergianischer Positionen durchgeführte Forschung zu Alltagsdilemmata weist einige Defizite auf:

- Wie bezüglich des MJIs wurden Stufenvariationen nicht differenziert untersucht. Untersuchungen, die die Homogenität der Stufenwerte einer Person im Rahmen des hypothetische Dilemmata enthaltenden Interviews von Kohlberg mit der Homogenität der Werte dieser Person bei ihrer Auseinandersetzung mit (vorgelegten oder von ihr selbst eingebrachten) Alltagsdilemmata vergleichen, gibt es meines Wissens bisher nicht. Auch Analysen der Stufenhomogenität bei der Urteilsbildung zu Alltagsdilemmata per se haben die Forscher kaum durchgeführt. Argumentationen zu Alltagskonflikten haben sie vorwiegend im Hinblick auf nur einen einzigen Konflikt untersucht; nur relativ wenige Studien schlossen mehrere Konflikte ein (vgl. z.B. Higgins/Power/Kohlberg 1984; Pratt et al. 1991; Wark/D.L. Krebs 1996). Sowohl in den Studien mit einem Dilemma, als auch in den Studien mit mehreren Dilemmata ermittelten sie meistens lediglich einen einzigen globalen, d.h. einen zusammenfassenden Stufenwert für eine Person. Sofern sie neben der Urteilsbildung zu Real-Life-Dilemmata die Urteilsbildung zu hypothetischen Konflikten von Kohlbergs Interview untersuchten, ging es deshalb allein um den Vergleich des globalen Stufenwerts für den Real-Life-Kontext mit dem globalen Stufenwert für den hypothetischen Kontext. Stufenvariationen bei Real-Life-Konflikten und Kontexteinflüsse sollten indessen differenziert erfasst werden.

- Im Gegensatz zu den Untersuchungen der Urteilsbildung zu hypothetischen MJI-Dilemmata sind die vorliegenden Untersuchungen zu Alltagsdilemmata für gewöhnlich lediglich als Querschnittstudien angelegt. Entwicklungssequenzen wurden folglich selten analysiert, was jedoch geschehen müsste, um das Ausmaß von Sequenzanomalien bestimmen zu können (vgl. als Ausnahmen Walker/de Vries/Trevethan 1987).

- Eine beim Vergleich von globalen Stufenwerten erzielte hohe Konsistenz der Werte zu Kohlbergs hypothetischen Dilemmata und zu Real-Life-Dilemmata interpretierten die Wissenschaftler für gewöhnlich als Bestätigung, eine geringe Konsistenz als Widerlegung von Kohlbergs Stufenkonzept. Zum Beispiel fasst D. L. Krebs in einer Überblicksarbeit die Ergebnisse der bis Ende der 1980er Jahre vorliegenden Studien zusammen, indem er darauf hinweist, wie wenig die erzielten Resultate zu hypothetischen Dilemmata und zu Real-Life-Dilemmata (ermittelt mit Hilfe der frühen Auswertungsverfahren oder des SIS) Kohlbergs Annahme einer starken Konsistenz der Stufenwerte bestätigen konnten (D. L. Krebs et al. 1991, S. 142):

> Mindestens zehn Studien haben die Konsistenz zwischen dem Stufengebrauch bei den Tests von Kohlberg und bei anderen Typen moralischer Dilemmata untersucht. Drei Studien unterstützen Kohlbergs Homogenitätsannahme; sieben tun dies nicht. Die drei Studien beinhalten Dilemmata bezüglich der Rechtsordnung (Lockwood 1975), die Rechtfertigung israelischer Soldaten für ihre Weigerung, im Libanon-Krieg zu kämpfen (Linn 1987) und reale moralische Konflikte (Walker/de Vries/Trevethan 1987). Fünf Studien fanden, dass Personen bei nicht-Kohlberg'schen Dilemmata signifikant niedriger urteilten als bei Kohlbergs Dilemmata. Die nicht-Kohlberg'schen Dilemmata in diesen Studien schlossen moralische Themen in Zusammenhang mit sexuellen Beziehungen (Gilligan/Kohlberg/Lerner/Belenky 1971), Probleme im Gefängnis (Kohlberg/Scharf/Hickey 1972), Beziehungen in der High School (Higgins/Power/Kohlberg 1984), Probleme in einer Tagesstätte (Linn 1984) und einen realen Streik von 50 israelischen Ärzten (Linn 1987) ein. Zwei Studien schließlich fanden höhere Urteilsstufen bei nicht-Kohlberg'schen Dilemmata; sie betrafen die Bewegung für Redefreiheit in den 1960er Jahren in Berkely (Haan 1975) und persönliche Entscheidungen über Abtreibung (Gilligan/Belenky 1980).

Kohlberg postuliert jedoch eine starke Konsistenz der Stufenwerte lediglich für die Urteilsbildung im Rahmen des MJIs, außerhalb dieses Interviews rechnet er dagegen mit beträchtlichen Schwankungen der Werte. Er schließt nur aus, dass die Stufenwerte – wie in den letzten beiden im Zitat von D. L. Krebs angeführten Studien von Haan sowie von Gilligan und Belenky – bei den Real-Life-Dilemmata höher liegen als bei den hypothetischen Dilemmata des MJI (Colby/Kohlberg 1987, S. 5, 8). Die performanztheoretische Perspektive Kohlbergs bleibt allerdings unklar, da er keine genauen Aussagen darüber macht, welches Ausmaß von Inkonsistenzen in der Auseinandersetzung mit Real-Life-Dilemmata zu erwarten ist und welche spezifischen kognitiven, sozialen und personalen Faktoren die Aktualisierung des Urteilspotenzials einer Person bei der Argumentation zu diesen Alltagskonflikten beschränken.

- Die auf der Basis von Criterion Judgments im SIS-Manual erfolgende Kodierung von Stellungnahmen zu Real-Life-Dilemmata scheint nicht unproblematisch. Das SIS-Manual wurde ja auf der Grundlage der hypothetischen Konflikte des MJIs gewonnen; die Argumente, die die Forschung zu Real-Life-Dilemmata ermittelt, scheinen nur mit einiger Gewalt auf das Manual abbildbar zu sein – die Forscher müssen im SIS-Manual mühsam nach Entsprechungen suchen. Sinnvoller wäre eine Kodierung nach stärker theoretischen Stufenkriterien, wie sie Kohlberg vorgenommen hat (vgl. Higgins/Power/ Kohlberg 1984) und wie sie auch bei dem Neo-Kohlbergianer Lempert zu finden ist (vgl. z.B. Corsten/Lempert 1997; Hoff/Lempert/Lappe 1991).

- Da sich die Wissenschaftler an Kohlbergs Stufendefinition orientieren, nehmen sie die Probleme seiner Beschreibung der präkonventionellen, konventionellen und postkonventionellen Stufen nicht zur Kenntnis.

- Die Forschung zu Alltagsdilemmata setzt die Gültigkeit eines bereichsübergreifenden Entwicklungskonzepts voraus. Sie hat es aber nicht nur mit Normenkonflikten, d.h. mit spezifischen Fragen der Gerechtigkeit, zu tun – vor allem durch die Erhebung selbsterlebter Dilemmata urteilen die Probanden auch zu anderen Moralbereichen, etwa zu prosozialen Fragen. Somit sind qualitativ andere Argumentationsmuster bei diesen Bereichen zu erwarten, wie Kohlberg selbst festhält. Der Schicht- und der Kulturspezifität des Urteilens wird ebenfalls nicht hinreichend Rechnung getragen, da die Analyse sich auf das SIS-Manual stützt, das stark auf Personen aus modernen, individualistischen Kulturen und auf Mittelschichtsangehörige zugeschnitten ist.

In Deutschland nahm K. Beck, Vertreter einer kohlbergianischen Position, die differenzierteste Untersuchung der Urteilsbildung zu Alltagsdilemmata vor. Im Rahmen seiner Analyse zur Entwicklung der moralischen Urteilskompetenz in der kaufmännischen Erstausbildung präsentierte Beck und seine Mainzer Gruppe 174 Probanden zusätzlich zum „Heinz"-Dilemma drei Alltagsdilemmata, wobei die vier Dilemmata unterschiedlichen Lebensbereichen zugeordnet werden – Familie („Heinz"), Freundeskreis („Diebstahl"), betriebliche Innenbeziehung („Herr Holm") sowie betriebliche Außenbeziehung („Frau Weber"). Die Probanden hatten einen Fragebogen zu bearbeiten, der sich an der Struktur des SRM von Gibbs orientiert. Stufenvariationen in den zu einem Messzeitpunkt ermittelten Stufenwerten einer Person wurden differenziert analysiert und Entwicklungsprozesse im Längsschnitt verfolgt (jährliche Erhebung von 1994 bis 1999). Mit einer Subgruppe von ca. sechs Personen (insgesamt mit 48 Personen), die bei der Ersterhebung ein homogenes oder ein stark heterogenes Urteilsprofil aufwiesen, führte die Beck-Gruppe jährlich zusätzlich klinische Interviews zu den gleichen Dilemmata durch. Auch ein Fragebogen zu den sozialen Entwicklungsbedingungen moralischer Urteilsfähigkeit, der sich an Lemperts Konzeption von Entwicklungsbedingungen orientiert, kam zum Einsatz (vgl. Beck 1999; 2000).

Beck schreibt Kohlberg die These einer strukturierten Ganzheit (eine „Homogenitätshypothese") zu und nimmt im Unterschied zu diesem die Abhängigkeit der Urteilsbildung einer Person von den Lebensbereichen an, in denen die Dilemmata angesiedelt sind („Segmentierungshypothese"). Er geht davon aus, dass in den variierenden Stufenwerten ein Wissen der Person um die spezifischen Rollenerwartungen bzw. moralischen Rationalitätsformen sozialer Subsysteme zum Ausdruck kommt. Mit Blick auf moderne Gesellschaften könne man soziale Subsysteme nach ihrer Funktion unterscheiden („'Konkurrenz", „Kooperation", „Koordination" und „Konstitution"). So gehe es im ökonomischen Bereich um die optimale Versorgung mit Gütern und Dienstleistungen (Konkurrenz), in Familien und Freundschaftsbeziehungen um die Erfüllung zwischenmenschlicher Erwartungen (Kooperation), im Bereich der Rechtspflege um die Erhaltung eines bestimmten abstrakten

Systems, nämlich des geltenden Rechts (Koordination), und im Bereich der parlamentarischen Gesetzgebung um die Schaffung und Veränderung von abstrakten Systemen (Konstitution). Diesen vier Funktionen bzw. Situationstypen würden neben verschiedenen Rollenerwartungen auch unterschiedliche stufenspezifische Urteilsmuster entsprechen – in Konkurrenzsituationen die eigene Vorteilssuche (Stufe 2), in Kooperationssituationen eine Beziehungsperspektive (Stufe 3), in Koordinationssituationen eine Systemperspektive (Stufe 4) und in Konstitutionssituationen eine universalistische Perspektive (Stufe 5) (vgl. Beck 2006).

Da Beck in seiner empirischen Studie den Probanden zwei betriebliche Dilemmata sowie ein Familien- und ein Freundschaftsdilemma vorlegt, sind vor allem Werte der Stufe 2 bzw. der Stufe 3 zu erwarten, nämlich bei den beiden betrieblichen Dilemmata hauptsächlich Werte der Stufe 2, beim Familien- und beim Freundschaftsdilemma vornehmlich Werte der Stufe 3. Koordinationssituationen und Konstitutionssituationen bleiben in seiner Studie ausgeblendet.

Die Daten der Studie bestätigten die theoretische Position Becks weitgehend. Er ermittelt

- ein häufiges Auftreten präkonventioneller Stufen noch im Erwachsenenalter (ca. 60% der Probanden weisen einen globalen, zusammenfassenden Stufenwert der Stufe 1 oder Stufe 2 auf) sowie ein häufiges Auftreten der Stufe 3 (ca. 40% der Probanden besitzen einen globalen Wert dieser Stufe);
- starke Inkonsistenzen in den für eine Person zu einem Messzeitpunkt ermittelten Stufenwerten (z.B. zeigt sich bei ca. 40% der Fälle eine Variation der Werte über drei Stufen hinweg);
- eine Dilemmaabhängigkeit der Stufenwerte (bei den beiden betrieblichen Dilemmata tritt häufig Stufe 2 auf, beim Familiendilemma und beim Freundschaftsdilemma findet man häufig Stufe 3; beispielsweise wird ein Problem unter Freunden, nämlich Diebstahl für einen in Not befindlichen Freund, häufig auf einer höheren Urteilsstufe diskutiert als ein innerbetriebliches Problem, nämlich Fälschen einer Umsatzstatistik);
- erhebliche Stufenregressionen (z.B. ca. 30% Regressionen beim globalen Stufenwert).

Becks theoretische Perspektive kann den starken, von Lebensbereichen abhängigen Schwankungen der Urteilsbildung der Person zu Alltagsdilemmata Rechnung tragen. Die Orientierung an den Funktionen, Rollenerwartungen und moralischen Rationalitätsformen sozialer Subsysteme stellt eine vielversprechende Perspektive bei der Erklärung von Stufenvariationen dar.

Außerhalb von Konstitutionssituationen indes dürfte Beck das postkonventionelle Urteilspotenzial von Personen unterschätzen. Bei Dilemmata innerhalb des ökonomischen Subsystems, bei Dilemmata im Bereich von Familie und Freundschaft sowie bei Koordinationssituationen dürfte jeweils auch postkonventionelles Urteilen zu finden sein: Das Zusammenleben in allen sozialen Subsystemen erfordert die Orientierung an universalistischen Moralstandards (vgl. Lempert 1996; 2010). Moralische Urteilskompetenz zeigt sich vor allem in der Fähigkeit, postkonventionelle Argumente bezüglich der verschiedenen Subsysteme entwickeln zu können, diese zugleich aber auch als nicht situationsadäquat verwerfen zu können.

Seine empirischen Ergebnisse versteht Beck als Widerlegung von Kohlbergs strengem Stufenkonzept. Jedoch hat Kohlberg selbst ein strenges Stufenkonzept hinsichtlich der Urteilsbildung zu Alltagsdilemmata (wie oben bereits erwähnt) nicht vertreten. Darüber hinaus weisen Becks empirische Analysen einige der aufgeführten Beschränkungen und Probleme der Forschung zur Urteilsbildung zu Alltagsdilemmata auf (z.B. Kodierung auf der Basis des SIS-Manuals, fehlende Hinterfragung von Kohlbergs Stufendefinition, Orientierung an einem bereichsübergreifenden und universalistischen Entwicklungskonzept).

### 5.2.3  *Variabilität der Inhaltsaspekte des Urteilens*

Vor allem Gilligans Kritik führte im Rahmen der Kohlberg-Schule zu verstärkten Bemühungen um eine Analyse der Inhaltsaspekte des Gerechtigkeitsurteils, nämlich von Handlungsentscheidungen, Norms, Elements, Unterstufen und Typen. Die einflussreichen Kritiker vernachlässigten die Inhaltsaspekte des Kohlberg-Ansatzes weitgehend.

Im Folgenden argumentiere ich vor allem, dass sowohl (a) von einer Kontextabhängigkeit der Handlungsentscheidungen, Norms und Elements als auch (b) von einer Kontextabhängigkeit der Unterstufen und Typen auszugehen ist.

*(a) Handlungsentscheidungen, Norms und Elements*
Mit dem SIS eröffnete sich im Rahmen des Kohlberg-Ansatzes die Möglichkeit einer differenzierten Erforschung der Inhaltsaspekte. Untersuchen lässt sich zum Beispiel, welchen Einfluss soziale Faktoren (wie Geschlecht, soziale Schicht oder Kultur) auf die Handlungsentscheidungen, Norms und Elements haben; auch die Wirkung der Urteilsstufe der Person und der Dilemmata des MJIs können Untersuchungsgegenstände sein.

Verschiedene Kritiken werden Kohlbergs Positionen zu diesen drei Arten der Inhaltsaspekte nicht gerecht:

- Mit Blick auf die Handlungsentscheidungen schreiben einige Autoren Kohlberg die Position eines „strikten Universalismus" zu. Zu Unrecht gehe er von einem Konsens bei den Handlungsentscheidungen auf postkonventionellem Niveau aus; zu bestimmten moralischen Fragen (z.B. Sterbehilfe) sei bei postkonventionellen Personen eine Übereinstimmung in der Handlungsentscheidung unwahrscheinlich (vgl. z.B. Nunner-Winkler 1986; Döbert 1986). Kohlberg vertritt in den 1980er Jahren eine solche Position jedoch nicht mehr (vgl. auch 5.3).
- Mit Blick auf die Norms halten einige Wissenschaftler Kohlberg insbesondere vor, dass seine Liste der Norms entgegen dem eigenen Anspruch unvollständig sei. Er gesteht dies in den 1980er Jahren aber durchaus zu (Kohlberg 1984, S. 287).
- Mit Blick auf die Elements kritisieren manche Forscher, dass er seinen Anspruch der Stufenunabhängigkeit der Elements nicht eingelöst habe (vgl. z.B. Eckensberger 1984; 1986). Kohlberg räumt in den 1980er Jahren jedoch eine Stufenabhängigkeit der Elements durchaus ein, etwa ein seltenes Auftreten von Modal-Elements auf postkonventionellem Niveau; andererseits ist die Kritik berechtigt, da es stärkere Abhängigkeiten der Elements von den Stufen gibt, als er dies zugesteht (vgl. 4.5/Punkt b).

Kohlberg und die an ihm orientierten Forscher vernachlässigten die Untersuchung dieser drei Arten von Inhaltsaspekten. In den wenigen auf der Basis von MJI und SIS dazu durchgeführten Studien wurde zudem nur eine geringe Zahl möglicher Einflussfaktoren erforscht; insbesondere der Einfluss der Dilemmata fand wenig Beachtung:

- Kohlberg führte keine Untersuchung der Norms und Elements durch. Die Handlungsentscheidungen untersuchte er nur ansatzweise: In Israel erforscht er, welche Wirkung das Aufwachsen in einem Kibbuz und in einer traditionalen Lebenswelt im Mittleren Osten auf die Handlungsentscheidungen hat (Snarey/Reimer/Kohlberg 1985, S. 11 ff.). In der Türkei vergleicht er die Handlungsentscheidungen von in Städten lebenden Personen mit denjenigen von Bewohnern ländlicher Gebiete (Nisan/ Kohlberg 1982). In den USA analysiert er den Zusammenhang der Stufe mit der Handlungsentscheidung (Kohlberg 1984, S. 527).
- Auch die an Kohlberg orientierten Forscher analysierten die Norms nicht, und sie bezogen sich nur vereinzelt auf die Handlungsentscheidungen (vgl. z.B. Tietjen/Walker 1985; Snarey 1985). Verschiedene Studien dagegen liegen zu den Elements vor, wobei insbesondere der Einfluss des Geschlechts Thema war (vgl. z.B. Pratt/Golding/Hunter 1984; Walker 1986b). Walker und Mitarbeiter (vgl. z.B. Tietjen/Walker 1985; Walker/Moran 1991) untersuchten zudem die Wirkung der Kultur auf die Elements. Einige Forscher, wie etwa Pratt und Walker, gingen auch der Bedeutung der Urteilsstufen für die Elements nach.

Snarey, Reimer und Kohlberg (1985) legten in ihrer Studie in Israel den Probanden die drei Dilemmata der Form A vor und erfassten die Handlungsentscheidung. Bei „Heinz" unterscheiden sich die im Kibbuz aufgewachsenen Personen und die Personen aus dem Mittleren Osten in allen Altersgruppen bzw. auf allen Stufen nur unwesentlich; im Durchschnitt entscheiden sich die beiden Personengruppen fast immer für das Stehlen (96% bzw. 94 %). Bei „Heinz-Strafe" sind die Häufigkeitsanteile für beide Gruppen wiederum unabhängig von Alter bzw. Stufe; jeweils ist der Anteil der Entscheidung für ein mildes Urteil geringfügig höher (55 % bzw. 63 %). Bei „Joe" schreibt die Stichprobe aus dem Mittleren Osten mit etwas geringerer Wahrscheinlichkeit als die Kibbuz-Stichprobe das Einhalten des Versprechens vor. Diese Ergebnisse differieren von den Ergebnissen der USA-Studie Kohlbergs; dort präferieren 67 % den Diebstahl, 45 % argumentieren für eine milde Strafe für Officer Brown, und 61 % sind der Auffassung, dass der Vater sein Versprechen zu halten hat (verglichen mit 93 % der Kibbuz-Geborenen). Die Kibbuz-Resultate stehen auch im Gegensatz zu den Ergebnissen der Türkei-Studie: Die türkischen Dorfbewohner entscheiden sich häufiger als die türkische Stadtbewohner für die Einhaltung des Gesetzes und für eine strengen Strafe, bei „Joe" gibt es keine großen Unterschiede zwischen beiden Stichproben (vgl. Snarey/Reimer/Kohlberg 1985, S. 13).

Die Ergebnisse für Israel und die USA zeigen also auch Dilemmaeffekte für Form A – bei „Heinz" und „Joe" liegt der Anteil der autonomen Handlungsentscheidung jeweils höher als bei „Heinz-Strafe". Für die USA weist Kohlberg an anderer Stelle (Kohlberg 1984, S. 527) die Anteile der Handlungsentscheidungen für alle neun Dilemmata des MJIs und für die einzelnen Stufen aus. Dabei zeigt sich auch eine Dilemmaabhängigkeit des Zusammenhangs von Stufe und Handlungsentscheidung. Keinesfalls nimmt bei jedem Dilemma die autonome Handlungsentscheidung mit den Stufen kontinuierlich zu, wie Kohlberg an manchen Stellen annimmt, aber die Werte sind ebenso wenig permanent hoch bzw. permanent niedrig: Bei einem Dilemma („Valjean") nimmt der Anteil der autonomen Handlungsentscheidung (ab Stufe 2) kontinuierlich zu, bei einem anderen („Sterbehilfe") nimmt er dagegen kontinuierlich ab (mit Ausnahme von Stufe 4/5). Bei drei Dilemmata („Heinz", „Joe" und „Korea") liegt der Anteil der autonomen Handlungsentscheidung auf fast allen Stufen relativ hoch. Bei den restlichen Dilemmata zeigt sich kein klarer Trend. Kohlbergs Analyse des Zusammenhangs von Stufe und Handlungsentscheidung in der USA-Studie ist methodisch insofern problematisch, als er nicht die Stufenwerte für die einzelnen Dilemmata zur Grundlage nimmt, sondern nur den globalen Form-Wert einer Person, der aus ihren drei Form-Werten gebildet wird.

Die Dilemmaabhängigkeit der Handlungsentscheidung betonen auch Eckensberger und Reinshagen (1980) sowie Nisan (1984). Eckensberger und Reinshagen nehmen „hochsignifikante Zusammenhänge zwischen Entscheidungsrichtung und Stufe an, die dilemmaspezifisch sind" (Eckensberger und Reinshagen 1980, S. 98). Nisan spricht davon, dass die Vorstellung einer stetigen Zunahme der autonomen Handlungsentscheidung mit der Stufe für einige Dilemmata, aber nicht für andere berechtigt sein kann (Nisan 1984, S. 211).

Forscher wie Pratt und Walker waren um eine empirische Überprüfung von Gilligans These der Geschlechtsspezifität der moralischen Orientierungen (Gerechtigkeit vs. Fürsorge) bemüht und gingen dabei auch von einer Parallelität zwischen Gilligans und Kohlbergs System moralischer Orientierungen aus. Walker hält fest, dass Aspekte der normativen Ordnung und der Fairness Gilligans Gerechtigkeitsorientierung sowie utilitaristische und perfektionistische Aspekte Gilligans Fürsorgeorientierung korrespondieren und sich entsprechende geschlechtsbezogene Hypothesen formulieren lassen (Walker 1986b, S. 115).

Die Forschung zu den Elements bzw. zu den moralischen Orientierungen zeigt im Großen und Ganzen keine Geschlechtseffekte im Sinne Gilligans. Walker stellt Mitte der 1990er Jahre zusammenfassend fest:

> Die vorhandenen Daten bezüglich Geschlechterunterschiede bei Kohlbergs moralischen Orientierungen sind beschränkt. Pratt, Golding und Hunter (1984) untersuchten die Verwendung von Orientierungen bei der Antwort zu Kohlbergs MJI anhand einer Stichprobe von Erwachsenen und fanden bei keiner der Orientierungen Geschlechterunterschiede. Jedoch neigten bei der kleinen Zahl von Probanden mit höheren Stufen Männer stärker zu Fairnessorientierungen als Frauen, wohingegen Frauen mehr zu perfektionistischen Orientierungen neigten als Männer. In einer anderen Studie mit Erwachsenen fand Walker (1986b) keine Geschlechterunterschiede hinsichtlich utilitaristischer und perfektionistischer Orientierungen, aber Männer gebrauchten im Vergleich zu Frauen mehr normative Orientierungen, während (entgegen den Vorhersagen) Frauen häufiger als Männer Fairnessorientierungen verwendeten. Drei andere Studien erbrachten keine Geschlechterunterschiede im Gebrauch von Orientierungen in den Stellungnahmen zu hypothetischen moralischen Dilemmata: Pratt et al. (1988) mit einer Stichprobe von Erwachsenen; Walker (1989) mit einer Stichprobe von Kindern, Jugendlichen und Erwachsenen; sowie Walker und Moran (1991) mit einer Stichprobe von chinesischen Studenten und Erwachsenen (Walker 1995, S. 99).

Hinsichtlich des MJIs wurden neben den von Kohlberg unterschiedenen moralischen Orientierungen in einigen Studien auch die von Gilligan unterschiedenen moralischen Orientierungen (Fürsorge vs. Gerechtigkeit) untersucht. Dabei zeigten sich ebenfalls kaum Geschlechtseffekte (vgl. Walker 1991; 1995). Mit Blick auf die Urteilsbildung zum MJI scheint also insgesamt Skepsis gegenüber Gilligans These geschlechtsspezifischer Orientierungen angebracht.

Tietjen und Walker (1985) sowie Walker und Moran (1991) berichten hingegen über einige Kultureffekte: In China und Papua-Neuguinea sei der Anteil der utilitaristischen Elements höher, der Anteil der perfektionistischen Elements hingegen niedriger als in den USA und in Kanada. In einigen Studien – aber nicht in allen – wird als Ergebnis der Analysen auch ein Zusammenhang der Elements mit den Stufen festgehalten. Die utilitaristischen Elements und jene, die sich auf die normative Ordnung beziehen, nehmen mit höheren Stufen ab, Fairness-Elements und perfektionistische Elements dagegen nehmen zu (vgl. z.B. Walker 1989, S. 163).

Die in einigen Studien ermittelten Zusammenhänge zwischen den Stufen und den Elements sind wenig überraschend. Sie sind zumindest teilweise durch die Konstruktion des SIS-Manuals vorgezeichnet, denn perfektionistische Elements und Fairness-Elements treten im SIS-Manual auf den Stufen 1 und 2 kaum auf, ebenso wenig sind dort auf Stufe 5 utilitaristische Elements und solche, die die Aufrechterhaltung der normativen Ordnung betonen, in größerem Umfang zu finden (vgl. 4.5/Punkt b).

Eine Überprüfung von Gilligans Annahmen mit Hilfe der Elements, wie sie Walker und Pratt versuchen, erscheint insgesamt problematisch: Gilligans Intention einer Differenzierung zwischen Fürsorge und Gerechtigkeit wird eine solche Überprüfung nicht gerecht, denn bei ihr sind die Konzepte enger gefasst. Was etwa haben einige der Elements, die sich auf die normative Ordnung beziehen (etwa „Tadeln"), mit Gilligans Gerechtigkeitsorientierung zu tun? Und was haben einige utilitaristische Elements (etwa „egoistische Konsequenzen") mit ihrer Fürsorgeorientierung zu tun? Dass Gilligans und Kohlbergs Konzepte einander nicht voll entsprechen, räumt Walker an einigen Stellen selbst ein (vgl. z.B. Walker 1991, S. 346). Darüber hinaus leiden die vorliegenden empirischen Analysen der Elements an der zum Teil problematischen Zuordnung von Elements zu CJs im SIS-Manual (vgl. 4.5/Punkt g).

Es stellt sich die Frage, wie stark die einzelnen Elements bzw. Kohlbergs moralische Orientierungen bei der Urteilsbildung einer Person zum MJI variieren und ob sich auftretende Inkonsistenzen durch kognitive Kontextfaktoren (wie z.B. Dilemmata oder Issues) erklären lassen. Inkonsistenzen waren aber bislang kein Untersuchungsgegenstand, ebenso wenig Kontexteinflüsse. Eine Wirkung vor allem der Dilemmata kann aber, gestützt auf die Ergebnisse anderer Studien, angenommen werden: Dilemmaeffekte zeigen sich etwa beim Vergleich der hypothetischen Dilemmata Kohlbergs mit alltagsnahen Dilemmata in einigen Studien (vgl. Walker 1989; Walker/Moran 1991) – bei hypothetischen Dilemmata treten mehr Fairness-Elements und mehr an der normativen Ordnung orientierte Elements auf. Bezüglich Gilligans Orientierungen (Fürsorge vs. Gerechtigkeit) zeigen sich auch innerhalb des hypothetischen Interviews von Kohlberg (des MJI) Dilemmaeffekte – bei „Heinz" zum Beispiel finden sich häufiger Fürsorge-Orientierungen als bei „Heinz-Strafe" und bei „Joe" (Walker 1995, S. 95; Walker/de Vries/Trevethan 1987). Von diesen Ergebnissen der Studie Walkers aus lässt sich annehmen, dass bei „Heinz" utilitaristische und perfektionistische Elements häufiger auftreten als bei den beiden anderen Dilemmata der Form A, denn diese beiden Elements-Gruppen entsprechen am ehesten Gilligans Fürsorgeorientierung.

Ein anderer Erklärungsfaktor für das Auftreten der Elements, nämlich die Handlungsentscheidung, lässt sich im Anschluss an Kellers Analyse von Inhaltsaspekten einbringen.
Keller (vgl. Keller 1996) bemüht sich um eine strenge Trennung von Struktur und Inhalt und
entwickelt dabei ein eigenes System der Inhaltsklassifikation – allerdings nicht auf Grundlage von Äußerungen zu Kohlbergs Dilemmata, sondern von Aussagen zu ihrem Freundschaftsdilemma. Sie unterscheidet sieben inhaltliche Orientierungen des Urteils: „Objekt-
interesse", „Beziehungsinteresse", „Empathie", „Freundschaft", „Versprechen", „Freund-
schaftsverpflichtung" sowie „Folgen für sich selbst (Ego), Folgen für andere (Alter) und
Folgen für Beziehungen". Dabei zeigt ihre Analyse von sieben- bis 15-jährigen isländischen
Probanden zum einen, dass das Auftreten der inhaltlichen Orientierungen von den Stufen
abhängt; beispielsweise nehmen die Anteile der Kategorien „Empathie" und „Versprechen"
mit der Stufe tendenziell zu. Aber ebenso übt die Handlungsentscheidung einen Einfluss
aus. Zum Beispiel ist auf Stufe 2 eine empathische Orientierung bei der Entscheidung für die
Freundin seltener zu finden als bei der Entscheidung für das neue Kind. Diese Ergebnisse
zum Einfluss der Handlungsentscheidung bestätigten sich auch im kulturvergleichenden
Kontext, nämlich in einer Studie in China (Keller et al. 1998).

Was das alltagsbezogene Urteilen angeht, waren die Inhaltsaspekte nur selten Forschungsgegenstand. Handlungsentscheidungen und Norms des Urteilens wurden überhaupt nicht thematisiert. Lediglich Walker (Walker 1989; Walker/Moran 1991) untersuchte
die Elements. Ähnliche Fragen wie hinsichtlich des Auftretens der Inhaltsaspekte bei Kohlbergs hypothetischen Dilemmata lassen sich stellen. Zum Beispiel kann die Kontextabhängigkeit der Inhaltsaspekte erforscht werden.

Die moralische Lebensführung einer Person zeigt sich vor allem in den inhaltlichen
Aspekten des Urteilens. Personen lassen sich dadurch charakterisieren, welche Handlungsentscheidungen sie für gewöhnlich treffen, an welchen Werten und Normen sie sich orientieren und von welchen Gesichtspunkten aus sie die das eigene Leben leitenden Werte sowie Normen rechtfertigen (z.B. Bezugnahme auf Folgen für das Wohl einzelner Personen,
Bezugnahme auf Folgen für das Wohl eines sozialen Ganzen). Die Analyse von Inhaltsaspekten des Urteilens erscheint von daher zumindest ähnlich relevant wie die Analyse von
Urteilsstrukturen. Letztere erscheinen gegenüber den Inhaltsaspekten eher als etwas „Formales", „Abstraktes" – einer phänomenologischen, d.h. der Sichtweise der Personen Rechnung tragenden, Perspektive stehen die Inhaltsaspekte näher als die strukturellen Aspekte.

*(b) Unterstufen des Urteilens und Urteilstypen*
Die von Kohlberg und Mitarbeitern in den 1970er Jahren unternommene Analyse von Unterstufen des Urteilens (vgl. 4.6/Punkt a) war aus verschiedenen Gründen problematisch:

- Die Kennzeichnung der Unterstufen durch die Elements ist zum Teil recht mechanisch.
  So ist der Autonomiecharakter einiger „autonomer" Elements nicht klar ersichtlich,
  zum Beispiel der des Elements „Dient der sozialen Harmonie". Unter diesem Element
  werden für gewöhnlich Argumente gefasst, die die Notwendigkeit des sozialen Zu-
  sammenhalts einer Gruppe betonen, Argumente also, die wenig mit moralischer Autonomie zu tun haben.

- Es stellt sich die Frage nach dem Unterschied von Unterstufen, Zwischenstufen auf Theorie- und Manual-Ebene sowie rechnerisch ermittelten Zwischenstufen. Die ohnehin hohe Komplexität der Kodierung des Urteilens im Rahmen von Kohlbergs Ansatz wird durch diesen Forschungszugang noch gesteigert.
- Einige der angeführten Probleme des SIS machen auch die Analyse von Unterstufen fragwürdig. Aus dem Befund etwa, dass die Elements-Gruppen nur auf bestimmten Stufen auftreten, ergibt sich, dass die Unterstufen entgegen der Annahme Kohlbergs stark stufenabhängig sind – autonome Unterstufen können auf präkonventionellem Niveau nur schwerlich auftreten, ebenso heteronome Unterstufen auf postkonventionellem Niveau (vgl. auch Eckensberger 1984; 1986). Des Weiteren beeinträchtigt die unzureichende Reliabilität und Validität bei der Kodierung von CJs die Kodierung von Unterstufen, ebenso die zum Teil problematische Zuordnung der Elements zu den prototypischen Argumenten im SIS-Manual.
- Die Verrechnungsregeln zur Ermittlung der Unterstufe einer Person erscheinen fragwürdig. Für eine autonome Unterstufe bei einer Form des MJIs sind lediglich mehr als 50% autonome Elements erforderlich (Colby/Kohlberg 1987, S. 324), was aber nicht dem Gedanken konsistenter Urteilsweisen entspricht, der mit dem Unterstufenkonzept verbunden ist.
- Problematisch ist die dem Unterstufenkonzept zugrunde liegende Vorstellung, dass heteronome bzw. autonome Elements von einer Person konsistent verwendet werden. Verschiedene empirische Studien zeigen eine Abhängigkeit der Elements etwa von den Dilemmata (vgl. 5.2.3/Punkt a).

Die von Kohlberg und Mitarbeitern in den 1980er Jahren durchgeführte Analyse von Typen des Urteilens unterscheidet sich vor allem in folgenden Punkten von der Unterstufenanalyse:

- Zur theoretischen und operationalen Bestimmung autonomer und heteronomer Orientierungen werden andere Kriterien herangezogen; an die Stelle der Elements treten neun Typenkriterien (vgl. Tab. 5.2). Kohlberg und Mitarbeiter konstruierten ein Manual, in dem diese neun Kriterien dilemmaspezifisch operationalisiert sind, d.h. in dem für jedes Dilemma des MJIs angegeben ist, wie die Urteilsbildung beschaffen sein muss, damit sie im Hinblick auf die verschiedenen Kriterien als autonom (Typus B) bzw. als heteronom (Typus A) gelten kann. Bei der Formulierung der Typenkriterien stützt sich Kohlberg auf unterschiedliche Moraltheorien: Die Kriterien „Hierarchisierung", „intrinsische Geltung", „Präskriptivität" und „Universalität" entnimmt er hauptsächlich den Theorien von Kant und Baldwin, die Kriterien „Selbstbestimmung", „gegenseitige Achtung", „Reversibilität" und „Konstruktivismus" hauptsächlich der Theorie von Piaget. Diese acht Typenkriterien gehen aber nicht allein auf die Nutzung theoretischer Ansätze zurück, sondern sind auch aus der Analyse der Urteilsbildung zum MJI gewonnen (Colby/Kohlberg 1987, S. 327). Das Kriterium „Entscheidungsrichtung" wurde allein empirisch, nämlich auf der Grundlage von Korrelationen mit den anderen Typenkriterien, ermittelt (Colby/Kohlberg 1987, S. 348).

*Tab. 5.2    Moralische Typen – Allgemeine Kriterien*

| |
|---|
| *Entscheidungsrichtung:* Autonome Entscheidungen stützen und rechtfertigen eine Lösung des Dilemmas, die gerecht und fair vom Standpunkt der postkonventionellen Stufen moralischen Urteilens ist (d. h. diese beruhen auf Grundsätzen der Gerechtigkeit, Fairness, Billigkeit). Heteronome Entscheidungen stützen eine Lösung des Dilemmas, die auf anderen Aspekten als Gerechtigkeit und Fairness beruht UND die gegen postkonventionelle Urteile gerichtet ist. |
| *Hierarchisierung:* Autonome Urteile zeichnen sich durch eine klare Hierarchie von moralischen Werten und Pflichten aus, die pragmatische, deskriptive, folgenorientierte oder ästhetische Aspekte übersteigen. Heteronome Urteile enthalten keine klare Hierarchie von Werten, ODER pragmatische, deskriptive, folgenorientierte oder ästhetische Aspekte übersteigen moralische Werte. |
| *Intrinsische Geltung:* Autonome Urteile zeichnen sich aus durch die Achtung der Person als Zweck an sich, und diese Bewertung beruht auf Respekt für die moralische Person, moralische Autonomie und menschliche Würde. Heteronome Urteile befürworten die Behandlung von Personen als Mittel für andere (instrumentelle oder pragmatische) Zwecke. |
| *Präskriptivität:* Eine autonome Moral orientiert sich an Verpflichtungen und an Handlungen, die unabhängig von den Neigungen des Handelnden oder pragmatischen Rücksichten sind. (Moralische Pflicht beruht auf innerem Zwang, moralischer Notwendigkeit oder Gewissen.) Heteronome Urteile bestreiten moralische Pflichten, Verpflichtungen oder Handlungen als Notwendigkeiten und nehmen eine instrumentalistische oder hypothetische Perspektive auf moralische Pflicht ein. |
| *Universalität:* Autonome moralische Urteile werden getroffen und angewandt auf Grundlage der Überlegung, dass sie gegenüber allen und jedermann in gleichen oder ähnlichen Situationen gültig sind oder gültig sein sollten. Heteronome Urteile orientieren sich an kritiklos übernommenen und akzeptierten Werten oder erfolgen in Abhängigkeit von instrumentellen Eigeninteressen. |
| *Selbstbestimmung:* Autonome Urteile werden getroffen ohne Zuhilfenahme externer Parameter (wie Autorität, Tradition oder Gesetz). Heteronome Urteile bleiben auf externe Parameter beschränkt und werden unter Berufung auf diese Parameter getroffen. |
| *Gegenseitige Achtung:* Autonome Urteile bringen die Bedeutung der Zusammenarbeit unter Gleichen und die Bedeutung des Umgangs mit anderen in der Weise, wie man selbst behandelt werden möchte, zum Ausdruck. Heteronome Urteile zeigen einseitige Achtung vor Autorität, Gesetz, Tradition oder Macht, entweder verkörpert durch Personen oder durch Institutionen. |
| *Reversibilität:* Autonome Urteile zeichnen sich durch die Fähigkeit zur gegenseitigen oder wechselseitigen Rollenübernahme aus. Heteronome Urteile bleiben dadurch beschränkt, dass sie ein Problem nur von einer Perspektive aus betrachten. |
| *Konstruktivismus:* Autonome Urteile betrachten Regeln und Gesetze als von Menschen konstruierte Richtlinien, die daher flexibel sind und sich an spezielle Situationen sowie Umstände anpassen lassen. Heteronome Urteile betrachten Gesetze und Regeln als von höherer Autorität vorgegeben; diese müssen deshalb starr und unflexibel angewendet werden. |

(Quelle: modifiziert nach Colby/Kohlberg 1987, S. 913 f.)

- Das Auswertungsverfahren im Rahmen der Typenanalyse ist stärker hermeneutisch ausgerichtet. Die Einschätzung, ob ein Kriterium erfüllt ist, wird nämlich größtenteils mit Bezug auf das gesamte Interview zu einem Dilemma vorgenommen und nicht länger mit Bezug auf einzelne Aussagen. Auch werden spezielle Zuordnungskriterien (wie bei der Kodierung nach Elements) nicht mehr formuliert. Kohlberg stellt strengere

Anforderungen bei der Errechnung von autonomen Werten zu einer Form des MJIs. Im Rahmen des Unterstufenkonzepts genügte es ja, wenn bei einer Form über 50% der Elements autonom waren, um der Person eine autonome Unterstufe für diese Form zuzuweisen. Nunmehr wird bei jedem Dilemma zunächst zwischen „kritischen" und „nicht-kritischen" Kriterien unterschieden; kritische Kriterien sind solche, die bei einem Dilemma häufig angesprochen werden. Wenn nur eines der kritischen Kriterien heteronom ist, ist der Wert für das gesamte Dilemma heteronom, und mindestens zwei der drei Dilemmata einer Form müssen einen autonomen Dilemma-Wert aufweisen, damit die Form autonom ist. Die Werte zu den Typenkriterien eines Dilemmas werden also zu einem Dilemma-Wert, die drei Dilemma-Werte werden zu einem Form-Wert zusammengefasst. Da Kohlberg jetzt an der Erfassung konsistenter Autonomie orientiert ist und von Übergangsformen abstrahiert, bezeichnet er seine Analyse von Urteilstypen auch als „idealtypologischen Ansatz".

- Eine Entwicklung von der Heteronomie zur Autonomie postuliert Kohlberg nicht mehr (wie beim Unterstufenkonzept) in Bezug auf jede einzelne Stufe, sondern nur noch in Bezug auf den gesamten Entwicklungsverlauf. Falls die Person, so nimmt er an, zu einem bestimmten Zeitpunkt autonom wird, bleibt sie es später im Allgemeinen auch. Er räumt jetzt allerdings ausdrücklich Regressionen ein, die er auf den Wechsel in ein „autoritäres" Sozialisationsmilieu zurückführt. Zudem schließt er nicht länger aus, dass Personen immer heteronom bleiben (vgl. Colby/Kohlberg 1987, S. 350 f.).

Das Konzept der Urteilstypen hat die Kohlberg-Forschung anhand von Stichproben in den USA, der Türkei, Israel und Taiwan überprüft. Bisher fand dieses Konzept auf dem Feld der empirischen Forschung eher wenig Resonanz; auch die heute einflussreichen Kritiker bezogen sich bislang nicht darauf. Allerdings diskutierten es einige Autoren, die Kohlbergs Ansatz nahe stehen (vgl. Gibbs/Basinger/Fuller 1992; Logan/Snarey/Schrader 1990). Am differenziertesten waren dabei die Diskussionen deutscher Forscher (vgl. Eckensberger 1984, 1986, 1998; Krettenauer 1998; Krettenauer/Edelstein 1999; Weyers 2004).

Einerseits erscheint das Typenkonzept aus verschiedenen Gründen vielversprechend. Krettenauer und Edelstein (1999, S. 903) führen einige wichtige Gründe an – vor allem erlaubt es Differenzierungen innerhalb der konventionellen Stufen, die zur Erklärung moralischen Handelns beitragen können. Das Typenkonzept weist andererseits theoretisch-konzeptuelle, empirische und methodische Probleme auf.

Ein naheliegendes *theoretisch-konzeptuelles Problem* benennt Eckensberger (1986, S. 416): Durch die Stufendefinition ist, so Eckensberger, von vornherein festgelegt, dass ein autonomer Typus nicht auf Stufe 1 und ein heteronomer Typus nicht auf Stufe 5 auftreten könne. Kohlberg räumt die Stufenabhängigkeit der Typen aber ein: Ein autonomer Typus auf Stufe 1 sei logisch ausgeschlossen, während ein heteronomer Typus auf Stufe 5 zwar nicht logisch ausgeschlossen, empirisch aber unwahrscheinlich sei (Colby/Kohlberg 1987, S. 378). Im Unterschied zum Unterstufenkonzept, bei dem er von einer Stufenunabhängigkeit der Unterstufen ausging, hält Kohlberg hier also auf theoretischer Ebene die Differenzierung zwischen einer heteronomen und einer autonomen Orientierung im Wesentlichen nur auf den Stufen 2, 3 und 4 für sinnvoll.

Verschiedene theoretisch-konzeptuelle Probleme sind hingegen gravierend. Ein zentrales Problem ist die Unterscheidung des autonomen Typus auf konventionellem Niveau von Stufe 5 und Stufe 6 (vgl. auch Eckensberger 1986, S. 415 f.). Kohlberg versteht den autonomen Typus auf konventionellem Niveau als „intuitive Form von Postkonventionalität". Er setzt einen Konsens bei postkonventionellen Personen hinsichtlich der durch die Typenkriterien angesprochenen Aspekte der Autonomie voraus und nimmt an, dass diese Aspekte durch den autonomen Typus (Typus B) vorweggenommen werden, ohne dass bereits Menschenrechte, moralische Prinzipien und Verfahren elaboriert werden können - was allein für Postkonventionelle charakteristisch sei:

> Ein Beispiel für ein Urteilen der Unterstufe B ist dessen Intuition eines Vorrangs des Lebens vor dem Eigentum und der Gebrauch dieser Wertehierarchie, um in universalistischer Weise die moralische Pflicht zu rechtfertigen, ein Leben zu retten (z.B. Leben zu retten unabhängig von Beziehungen der Zuneigung). Ein solches Denken würde entweder eine 3B- oder eine 4B-Lösung des „Heinz"-Dilemmas darstellen, abhängig von den anderen Eigenschaften der Antwort. Ein anderes Beispiel kann in der Geschichte von Joe und seinem Vater (Dilemma I) gesehen werden. Unterstufe-B-Antworten auf dieses Dilemma bringen eine intuitive moralische Hierarchie zum Ausdruck, in der das Einlösen eines Versprechens als höherwertiger betrachtet wird als die Autoritätsansprüche in der Eltern-Kind-Beziehung. Dieses Denken postuliert eine universale moralische Verpflichtung, Versprechen zu halten. Damit spiegelt Unterstufe B-Denken zwei Eigenschaften wider: (a) eine Intuition jener Hierarchie moralischer Inhalte, für die unsere Personen der Stufe 5 explizit eintreten und für die sie sich entscheiden, sowie (b) die vollständig universalisierte und moralisch präskriptive Form der Urteile über das Rechte und das Verpflichtende, die unser theoretisches Konzept der Stufe 6 beinhaltet. Dennoch fehlt diesen Orientierungen der Unterstufe B, was für unser theoretisches Konzept der Stufe 6 entscheidend ist, nämlich die Ausrichtung des moralischen Urteils auf ein klar formuliertes moralisches Prinzip der Gerechtigkeit und der Achtung von Personen als dem Grundprinzip, von dem sich eine Wertehierarchie ableitet. Unterstufe B repräsentiert daher eine Intuition von Teilen der Form und des Inhalts von Lösungen, die mit dem Denken der Stufe 5 oder 6 erreicht werden, sie kann aber noch nicht das zentrale Prinzip der Gerechtigkeit artikulieren, das diesen Inhalt und diese Form in vernünftiger Weise rechtfertigt (Kohlberg 1984, S. 270 f.).

Möglich scheint der Nachweis, dass als „autonom" und zugleich „konventionell" kodierte Personen bei entsprechender Fragetechnik auf Menschenrechte, moralische Prinzipien oder Verfahren durchaus Bezug nehmen können, d.h. autonome konventionelle Personen erweisen sich als in Wirklichkeit postkonventionell. Die Differenzierung zwischen einer Autonomie auf den Stufen 3 und 4 und dem Urteilen auf den Stufen 5 und 6 könnte also zum Teil ein methodisch bedingter Unterschied in der sprachlichen Elaboration des Urteilens sein. Vor allem bei den stark an Kant angelehnten Autonomiekriterien (besonders bei „Hierarchisierung" und „intrinsischer Geltung") scheint die entsprechende Abgrenzung von den Stufen 5 und 6 schwierig, weil diese Kriterien anspruchsvoll formuliert sind. Die stark an Piaget angelehnten, weniger anspruchsvoll gefassten Autonomiekriterien „Selbstbestimmung", „gegenseitige Achtung", „Reversibilität" und „Konstruktivismus" können dagegen eher von Stufe 5 und Stufe 6 unterschieden werden. Die als autonom kodierten konventionellen Personen dürften sich daher als Kandidaten für eine mögliche Höherstufung entpuppen. Eine Sichtung des Datenmaterials zum MJI unter diesem Gesichtspunkt wäre eine lohnende Aufgabe.

Es gibt weitere gravierende theoretisch-konzeptuelle Probleme:

- Kohlberg verbindet seine Definition des autonomen Urteilstyps ja mit der Vorstellung, dass postkonventionelle Personen bei einem Dilemma hinsichtlich der Typenkriterien (z.B. der Entscheidungsrichtung und der Hierarchisierung von Werten) eine Übereinstimmung erzielen. Dies ist jedoch fraglich. Er definiert die postkonventionellen Stufen 5 und 6 durch ganz verschiedene moralphilosophische Positionen (etwa durch kantianische, kontraktualistische und utilitaristische Positionen), womit auf den beiden Stufen Unterschiede beispielsweise in der Entscheidungsrichtung und in der Hierarchisierung von Werten bei einem Dilemmata zu erwarten sind. Bei der Stufenbestimmung räumt er selbst an einigen Stellen sogar auf Stufe 6 einen Dissens der Personen in der Handlungsentscheidung ein (vgl. 5.3).

- Kohlberg bestimmt die Kriterien für den autonomen Typus hauptsächlich auf der Grundlage kantianischer Theorien; Urteile, die etwa utilitaristische Gesichtspunkte oder Fürsorgegesichtspunkte zur Geltung bringen, klassifiziert er im Wesentlichen als heteronom. Er nimmt somit fragwürdige Hierarchisierungen von moralphilosophischen Positionen vor. Dagegen verengt er die Beschreibung des Endpunkts der Stufenentwicklung nicht auf kantianische Theorien (vgl. 5.3).

- Die einzelnen Typenkriterien sind zum Teil nicht unabhängig voneinander. Immer wenn etwa das Kriterium „Hierarchisierung" erfüllt ist, dürfte auch das Kriterium „intrinsische Geltung" erfüllt sein. Zum Beispiel impliziert beim „Heinz"-Dilemma die Überordnung des Wertes „Leben" über den Wert „Eigentum" („Hierarchisierung"), dass das Leben als unbedingter Wert verstanden wird („intrinsische Geltung") (vgl. auch Eckensberger 1984; Krettenauer 1998).

- Während Kohlberg hinsichtlich der postkonventionellen Stufen alternative kulturspezifische Formen des Argumentierens annimmt (vgl. 7.3), trägt er hinsichtlich der Typen kulturspezifischen Denkmustern nicht Rechnung. Er geht also von der universellen Anwendbarkeit des Konzepts aus. Wenn er allerdings den autonomen Typus als intuitive Form von Postkonventionalität versteht und auf der ersteren Ebene (d.h. bei den Stufen) alternative, kulturspezifische Formen reifen Denkens zugesteht, müsste er dies ebenfalls auf der letzteren Ebene tun. Beispielsweise dürfte die Hierarchisierung einzelner Werte stark von kulturellen Faktoren abhängen.

Das Typenkonzept weist auch *empirische Probleme* auf. Kohlberg muss bei seiner Typenanalyse eine starke Konsistenz in den Werten, die eine Person zu einem Messzeitpunkt erzielt, voraussetzen, da anderenfalls die Rede von Urteilstypen wenig Sinn machen würde. Anomalien in der Sequenz von Typen (d.h. Regressionen) müssen sich darüber hinaus im Sinne Kohlbergs auf Sozialisationseinflüsse zurückführen lassen. Wie einige im Folgenden darzustellende Forschungsergebnisse zeigen, ist die unterstellte Konsistenz der Werte zu den Typenkriterien bzw. zu den Dilemmata und Interviewformen aber kaum gegeben; vor allem gibt es relativ starke Dilemma- und Formeffekte. Auch Sequenzanomalien treten in beträchtlichem Maße auf, ohne dass Kohlberg sie auf Sozialisationsprozesse zurückführt.

Kohlberg und die an ihm orientierten Forscher haben die Werte für die einzelnen Typenkriterien nicht untersucht, ebenso wenig die Dilemma-Werte; ihre Analyse bezog sich bisher nur auf die Form-Werte. Um das Typenkonzept überzeugend zu prüfen, ist indes eine Mikroanalyse, also eine Analyse der Werte für die einzelnen Typenkriterien und auch der Dilemma-Werte, notwendig – dies hat Kohlberg selbst gesehen (Colby/Kohlberg 1987, S. 380). Bei den Form-Werten zeigt sich in seiner USA-Stichprobe dabei eine deutliche Kontextabhängigkeit (vgl. Tab. 5.3):

*Tab. 5.3    Amerikanische Längsschnitt-Stichprobe – Prozentanteile der auf jeder Stufe nach dem Typus kodierten Interviews*

**Form A: Prozentanteile der auf jeder Stufe nach dem Typus kodierten Interviews**

|          | 1    | 1/2  | 2    | 2/3  | 3    | 3/4  | 4    | 4/5  |
|----------|------|------|------|------|------|------|------|------|
| Typus A  | 100% | 100% | 100% | 84%  | 62%  | 66%  | 42%  | 7%   |
|          | (1)  | (9)  | (12) | (27) | (28) | (63) | (8)  | (1)  |
| Typus B  |      |      |      | 16%  | 38%  | 34%  | 58%  | 93%  |
|          | (0)  | (0)  | (0)  | (5)  | (17) | (33) | (11) | (13) |

**Form B: Prozentanteile der auf jeder Stufe nach dem Typus kodierten Interviews**

|          | 1    | 1/2  | 2    | 2/3  | 3    | 3/4  | 4    | 4/5  |
|----------|------|------|------|------|------|------|------|------|
| Typus A  | 100% | 100% | 88%  | 79%  | 80%  | 87%  | 71%  | 10%  |
|          | (1)  | (14) | (22) | (23) | (43) | (56) | (15) | (1)  |
| Typus B  |      |      | 12%  | 21%  | 20%  | 13%  | 29%  | 90%  |
|          | (0)  | (0)  | (3)  | (6)  | (11) | (8)  | (6)  | (9)  |

**Form C: Prozentanteile der auf jeder Stufe nach dem Typus kodierten Interviews**

|          | 1    | 1/2  | 2    | 2/3  | 3    | 3/4  | 4    | 4/5  |
|----------|------|------|------|------|------|------|------|------|
| Typus A  | 100% | 87%  | 67%  | 59%  | 45%  | 44%  | 25%  |      |
|          | (1)  | (13) | (8)  | (17) | (17) | (24) | (2)  | (0)  |
| Typus B  |      | 13%  | 23%  | 41%  | 55%  | 56%  | 75%  | 100% |
|          | (0)  | (2)  | (4)  | (12) | (21) | (30) | (6)  | (1)  |

(Quelle: modifiziert nach Colby/Kohlberg 1987, S. 366)

Die Anteile autonomer Werte sind über die Stufen hinweg bei Form C am höchsten und bei Form B am geringsten (vgl. auch Colby/Kohlberg 1987, S. 361).

Auch bei den für die Person ermittelten Sequenzmustern zeigen sich Formeffekte. Zum Beispiel weisen bei Form A 38%, bei Form B 52% und bei Form C 21% der Personen immer heteronome Werte auf (Colby/Kohlberg 1987, S. 364 f.). Darüber hinaus ist ein beträchtlicher Anteil von Sequenzanomalien (Regressionen) festzustellen, nämlich bei Form A 24%, bei Form B 19% und bei Form C 25%. Theoretisch führt Kohlberg die Sequenzanomalien auf Sozialisationseinflüsse zurück, empirisch weist er diese Einflüsse aber nicht nach, denn Veränderungen im Sozialisationsmilieu erhebt er nicht.

Eine explorative, im Projekt „Kohlberg-Rekonstruktion" durchgeführte Untersuchung der von der Kohlberg-Gruppe zu Form A ermittelten Dilemma-Werte der USA-Studie zeigt ebenfalls eine relativ starke Kontextabhängigkeit und relativ starke Inkonsistenzen der Werte einer Person: „Joe" besitzt den höchsten Anteil von autonomen Dilemma-Werten, „Heinz" den geringsten; Personen sind zu einem Messzeitpunkt nur selten konsistent heteronom bzw. autonom. Hier sind die Sequenzmuster ebenfalls kontextabhängig und die Anteile von Sequenzanomalien recht hoch.

Kohlbergs Typenanalyse weist auch einige *methodische Probleme* auf. Kontexteffekte bei Form- und Dilemma-Werten erklären sich wahrscheinlich zum Teil durch eine uneinheitliche Operationalisierung der neun Typenkriterien im Manual. Die Zahl der kritischen Kriterien, die erfüllt sein müssen, um einen autonomen Dilemma-Wert zugewiesen zu bekommen, unterscheidet sich bei den einzelnen Dilemmata, womit autonome Dilemma-Werte unterschiedlich leicht erreicht werden können. Wie die Auszählung der Typenkriterien im Manual zeigt, sind zum Beispiel bei Form A für „Heinz" vier kritische Kriterien operationalisiert, für „Heinz-Strafe" jedoch nur zwei; entgegen der Behauptung Kohlbergs (Colby/Kohlberg 1987, S. 354) werden also nicht bei jedem Dilemma vier oder fünf kritische Kriterien operationalisiert. Ihre Anzahl ist bei Form C am geringsten, bei Form B am höchsten. Zudem werden, anders als Kohlberg (Colby/Kohlberg 1987, S. 910) konstatiert, keineswegs alle nicht-kritischen Kriterien operationalisiert (besonders bei Dilemmata der Form C nicht). Nur bei „Heinz" ist dies der Fall.

Die Kontexteffekte erklären sich wahrscheinlich zum Teil auch durch eine uneinheitliche Kodierung kritischer Kriterien über die Dilemmata hinweg, denn diese Kriterien werden etwa in der USA-Studie unterschiedlich häufig realisiert: Eine explorative Analyse der Auswertungsbögen für Form A ergab, dass besonders bei „Heinz-Strafe" kritische Kriterien selten kodiert werden. Somit ist hier ein autonomer Dilemma-Wert leichter zu erreichen als bei den anderen Dilemmata.

Die beiden methodischen Probleme deuten darauf hin, dass Kohlbergs Fragetechnik nicht ausreichend Material für die Auswertung der einzelnen Typenkriterien liefert. Eine erweiterte Fragetechnik, die sich an den einzelnen Typenkriterien orientiert, wäre notwendig, um bei jedem Dilemma des MJIs alle neun Kriterien operationalisieren und damit kodieren zu können. Beispielsweise müsste bei jedem Dilemma (und nicht nur bei „Heinz") der Grad der emotionalen Nähe der handelnden Personen variiert werden, um Aspekte des Kriteriums „Präskriptivität" durchgehend zu erfassen.

Aufgrund der Ergebnisse zur Operationalisierung und zur Kodierung kritischer Kriterien könnte man erwarten, dass der Anteil autonomer Dilemma-Werte zu Form A bei „Heinz" am geringsten und bei „Heinz-Strafe" am größten ist. Zwar treten, wie erwähnt, in der USA-Studie bei „Heinz" tatsächlich autonome Werte am seltensten auf, doch zeigt sich der höchste Anteil autonomer Werte bei „Joe" und nicht bei „Heinz-Strafe". Dies deutet auf ein weiteres methodisches Problem hin: Kontexteffekte erklären sich wahrscheinlich ein Stück weit auch durch eine problematische Bestimmung der einzelnen Kriterien im Manual. Dass Kohlberg zum Beispiel bei dem Kriterium „Entscheidungsrichtung" einen Konsens bei postkonventionellen Personen voraussetzt, erscheint zumindest bei einigen Dilemmata problematisch, insbesondere bei „Heinz-Strafe", „Sterbehilfe-Strafe" und „Korea". Postkonventionell Urteilende können etwa bei „Heinz-Strafe" durchaus für eine Gefängnisstrafe plädieren. Andere Kriterien werden ebenfalls in teilweise fragwürdiger Weise operationalisiert. Zum Beispiel wird bei „Heinz" Personen beim Kriterium „Universalität" nur dann ein autonomer Wert zugeschrieben, wenn sie fordern, Heinz solle auch für einen Fremden stehlen. Damit aber erscheint der Begriff der moralischen Verantwortung überzogen bestimmt.

Es gibt zudem Probleme bei der Auswertung der Typen. Krettenauer (1998) weist darauf hin, dass aufgrund der bisherigen ausschließlichen Auswertung globaler Form-Werte qualitativen Differenzen zwischen den Kriterien der Autonomie nicht Rechnung getragen wird. Eine Person etwa, die die Piaget'schen Autonomiekriterien erfüllt, urteilt anders als eine, die den Kant'schen Kriterien gerecht wird. Die Argumentation der ersteren ist stärker an den Bedürfnissen von Individuen und an Beziehungen, die der letzteren stärker an universellen normativen Standards ausgerichtet. Diese Unterschiede im autonomen Urteilen verschwinden hinter globalen Form-Werten. Auch die Interrater-Reliabilität bei der Kodierung der Typen scheint fraglich – es dürfte ähnliche Probleme wie bei der Kodierung der Stufen anhand von Criterion Judgments geben. Zum Beispiel ist die Entscheidung darüber, was als präskriptives Interviewmaterial zu betrachten ist, nicht einfach.

Was das alltagsbezogene Urteilen angeht, wurde die Untersuchung von Typen des Urteilens bisher vernachlässigt. Die Analyse beschränkte sich hier auf die Stufen und die Elements.

Ich bin mir nicht im Klaren darüber, welche Konsequenzen aus den dargestellten Problemen von Kohlbergs Typenanalyse zu ziehen sind. Ein möglicher Weg wäre der Verzicht auf die Analyse von Urteilstypen, ein anderer die Formulierung eines alternativen Typenkonzepts mit anderen Kriterien, ein weiterer wäre die Beschränkung auf wenige Kriterien des Kohlberg'schen Konzepts. Krettenauer (1998) plädiert dafür, die Typenanalyse auf Kohlbergs Kriterien „Universalität" und „Präskriptivität" zu beschränken, er bezieht sich dabei aber auf kritische Kriterien, die zusammen lediglich bei „Heinz" kodierbar sind. Wahrscheinlich ist der sinnvollste Weg der Verzicht auf eine Typenanalyse: Kohlbergs Definition der Typen weist relativ große Ähnlichkeiten mit seiner Definition der Unterstufen auf, die er ja aufgrund der Elements vornimmt. Die Autonomiekriterien „Universalität", „gegenseitige Achtung", „Reversibilität" und „Konstruktivismus" entsprechen weitgehend den Fairness-Elements, die Autonomiekriterien „Hierarchisierung", „intrinsische Geltung", „Präskriptivität" und „Selbstbestimmung" im Wesentlichen den perfektionistischen Elements. Die ersten drei Kriterien sind noch am ehesten von den postkonventionellen Stufen sowie voneinander unabhängig. Aber auch für sie gilt, dass die in verschiedenen Studien festgestellte Dilemmaabhängigkeit der inhaltlichen Orientierungen (insbesondere der Elements und der Handlungsentscheidungen) den Sinn einer Typenanalyse grundsätzlich in Frage stellt.


## 5.3  Geringe Überzeugungskraft der Stufe 6: Die neokohlbergianischen Kritiken von Gibbs, Locke und Rest

Empirische Analysen der Stufenwerte und ihrer Veränderungen im Lebenslauf setzen nicht nur eine unproblematische methodische Grundlage, sondern auch eine unproblematische theoretisch-konzeptuelle Grundlage, insbesondere eine angemessene Stufendefinition, voraus. Viele Moralforscher überzeugt heute allenfalls noch Kohlbergs Differenzierung der drei Niveaus der Urteilsbildung. In Kapitel 2 wurde bereits, orientiert vor allem an einigen Neo-Kohlbergianern, auf Defizite und offene Fragen bei Kohlbergs Bestimmung der präkonventionellen Stufen aufmerksam gemacht. Differenzierte Kritik an der Definition der konventionellen Stufen wurde in der Moralpsychologie selten geübt. Ein Großteil der Kritik an der Stufendefinition richtete sich gegen Stufe 6. Kohlberg hat in den 1980er Jahren in Reaktion auf einige seiner Kritiker die Bestimmung der postkonventionellen Stufen zwar modifiziert, insbesondere indem er Stufe 6 erweiterte – doch auch diese Bestimmung weist, wie im Folgenden dargelegt werden soll, einige Problemzonen auf. Vor allem scheint ein Verzicht auf Stufe 6 sinnvoller zu sein als eine Erweiterung dieser Stufe (a). Seine Position wird durch die gegenwärtige Forschung weitgehend bestätigt, wobei auch Kritik an der Definition der konventionellen Stufen erforderlich ist (b). In Deutschland weisen neokohlbergianische Konzeptionen der höheren Stufen des Gerechtigkeitsurteils verschiedene Probleme auf (c).

*(a) Die frühen Kritiken von Gibbs, Locke und Rest*
Kohlberg unterscheidet nicht nur sechs Stufen, sondern postuliert auch eine zunehmende moralische Rationalität, eine hierarchische Integration, dieser Stufen. In den 1970er Jahren sucht er vor allem mit Hilfe der soziomoralischen Perspektiven ihre hierarchische Integration aufzuzeigen; Kohlberg und Kollegen halten fest:

> Hinsichtlich der Frage, was jede Stufe an dem auf niedrigeren Stufen gewonnenem Verständnis voraussetzt, stellt das Niveau der Perspektivenübernahme ein überzeugendes Grundprinzip zur Verfügung. Der Anspruch besteht einfach darin, dass man keine der Gesellschaft vorgeordnete Perspektive übernehmen kann, ohne über die Fähigkeit zu verfügen, in Begriffen eines sozialen Systems zu denken; man kann keine soziale Systemperspektive ohne die Fähigkeit einnehmen, in Begriffen geteilter Normen und Erwartungen einer Gruppe oder an Gegenseitigkeit orientierter dyadischer Beziehungen zu denken; man kann nicht in Begriffen koordinierter individueller Perspektiven antworten, ohne individuelle Perspektiven unterscheiden zu können; und so weiter (Colby et al. 1983, S. 66).

Somit lässt sich seine Stufenbestimmung unter Gesichtspunkten moralischer Rationalität kritisieren.

Stufe 6 dient Kohlberg ebenfalls dazu, die Rationalitätshierarchie der Stufen deutlich zu machen. Diese Stufe soll die adäquateste Form moralischen Begründens darstellen, von der aus sich die anderen Stufen als mehr oder weniger rational bewerten lassen. Zunächst kennzeichnete er diesen Endpunkt der Urteilsentwicklung hauptsächlich durch eine Orientierung an Prinzipien und Verfahren aus verschiedenen moralphilosophischen Traditionen; in den 1970er Jahren fasst er den Endpunkt dann enger, indem er ihn nur noch durch Prinzipien und Verfahren der kantianischen Tradition definiert (vgl. 4.1).

Gegen diese Bestimmung von Stufe 6 können Moralpsychologen besonders folgende Varianten einer an Gesichtspunkten moralischer Rationalität orientierten Kritik vortragen:

- Sie können für eine Erweiterung von Stufe 6 um andere Prinzipien und Verfahren, etwa um utilitaristische Prinzipien, plädieren.
- Sie können bezweifeln, dass ein Denken auf Stufe 6 generell höherwertiger ist als ein Denken auf Stufe 5, also den Sinn der Differenzierung zwischen beiden Stufen in Frage stellen.
- Sie können sogar einen moralischen Rationalitätsfortschritt gegenüber Stufe 4 oder Stufe 3 bestreiten und somit für einen Verzicht auf die beiden postkonventionellen Stufen eintreten.
- Sie können aber auch argumentieren, dass Stufe 6 nicht den Endpunkt der Urteilsentwicklung darstellt und daher durch eine Stufe 7 oder weitere Stufen zu ergänzen sei.

Rest (vgl. Rest 1979) plädiert, wie verschiedene andere Moralpsychologen, für eine Erweiterung der Stufe 6, d.h. er trägt die erste Variante der Kritik vor. Rest hält es nicht für sinnvoll, diese Stufe ausschließlich durch Prinzipien und Verfahren der kantianischen Tradition zu bestimmen; auf ihr seien vielmehr fast alle Moralphilosophien anzusiedeln (vgl. Rest 1979, S. 46). Seine Bestimmung der strukturellen Grundlagen der einzelnen Stufen unterscheidet sich hingegen kaum von derjenigen Kohlbergs – er bestimmt die Urteilsstrukturen durch „Mechanismen sozialer Kooperation".

Gibbs (vgl. Gibbs 1979; Gibbs/Widaman 1982) geht es ebenfalls um ein weniger anspruchsvolles Konzept reifen moralischen Denkens; er vertritt dabei die dritte Variante der Kritik, die wenig verbreitet ist. Die postkonventionellen Stufen 5 und 6 seien kognitiv-strukturell keineswegs höherwertiger als die konventionellen Stufen 3 und 4. Vor allem durch die Herabstufung ursprünglich postkonventioneller Argumente sei unklar, was die höhere moralische Rationalität der Stufen 5 und 6 gegenüber den Stufen 3 und 4 ausmache. Gibbs bezweifelt den Sinn der Stufen 5 und 6 bzw. den Sinn der entsprechenden soziomoralischen Perspektiven noch in anderer Hinsicht: Nach der Modifikation des Auswertungsverfahrens seien diese beiden Stufen zu Stufen bloßer philosophischer Reflexion geworden – beide seien kaum mehr empirisch repräsentiert. Gibbs betrachtet folglich bereits die Stufen 3 und 4 als Endpunkt der natürlichen Entwicklung. Von Kohlberg weicht Gibbs des Weiteren darin ab, dass er einen Teil der von Kohlberg auf Stufe 5 angesiedelten Argumente als Stufe 4 kodiert, und zwar vor allem Rechtfertigungen, die sich auf Menschenrechte beziehen. Dies sind Begründungen, die er als nicht-philosophische betrachtet. Hinsichtlich des konventionellen Niveaus hält Gibbs kritisch fest, dass es mit den beiden soziomoralischen Perspektiven Kohlbergs nicht möglich ist, die verschiedenen Argumente im SIS-Manual angemessen zu erfassen, besonders nicht die durch die Veränderung der Auswertung herabgestuften autonomen und universalistischen Begründungen. Seine Bestimmung der strukturellen Grundlagen der einzelnen Stufen unterscheidet sich dagegen nur wenig von derjenigen Kohlbergs – er hält Fähigkeiten zur „Dezentrierung von Perspektiven" fest.

Der deutsche Philosoph und Soziologe Habermas sucht die Stufe 6 durch eine Stufe 7 zu „überbieten", vertritt also die vierte Variante der Kritik (vgl. Habermas 1976). Wie in Abschnitt 4.1 erwähnt, postuliert Kohlberg selbst eine Stufe 7, versteht diese aber nicht als Teil einer rational begründbaren Stufenhierarchie. Habermas dagegen konzipiert die Stufe 7 als rational rechtfertigbaren Endpunkt der Entwicklung, und zwar auf der Grundlage seiner Diskurstheorie. In den 1970er Jahren führten in Deutschland Moraltheoretiker wie Apel (vgl. Apel 1988) und Habermas den „Diskurs" als moralisches Verfahren ein. Moralische Normen seien im Rahmen einer „herrschaftsfreien Kommunikation" (einer „idealen Sprechsituation") zu prüfen, bei der die Konsequenzen einer allgemeinen Normenbefolgung und die geltend gemachten Interessen (deren Erfüllung durch diese Normenbefolgung sichergestellt werden soll) unter dem „zwanglosen Zwang des besseren Arguments" thematisiert werden. Nur durch Diskurse sei die moralische Rationalität, d.h. die Unparteilichkeit, des Urteils gewährleistet. Moralische („praktische") Diskurse sind mehr als Diskussionen und Verhandlungen: Kein Teilnehmer darf einen anderen Teilnehmer über seine Auffassungen täuschen und Zwang auf die Diskussionspartner ausüben. Zugleich ist jeder Teilnehmer verpflichtet, sich in die Lage jedes anderen Teilnehmers zu versetzen. Habermas wendet sich gegen Verfahren, die (wie bei Kohlbergs Moral Musical Chairs) eine monologische, lediglich gedankenexperimentelle Prüfung der Verallgemeinerungsfähigkeit bestimmter Handlungsentscheidungen oder Normen beinhalten:

> Erst auf der Stufe einer universalen Sprachethik können auch die Bedürfnisinterpretationen selber, also das, was jeder Einzelne als seine ‚wahren' Interessen verstehen und vertreten zu sollen glaubt, Gegenstand des praktischen Diskurses werden. Diese Stufe ist bei Kohlberg nicht von Stufe 6 differenziert, obwohl ein qualitativer Unterschied besteht: das Prinzip der Rechtfertigung von Normen ist nun nicht mehr der monologisch anwendbare Grundsatz der Verallgemeinerungsfähigkeit, sondern das gemeinschaftlich befolgte Verfahren der diskursiven Einlösung von normativen Geltungsansprüchen (Habermas 1976, S. 84 f.).

Moralische Rationalität erscheint damit als diskursive Rationalität, die an herrschaftsfreien Umgang gebunden ist.

Locke (1979; 1980) schließlich ist ein wichtiger Repräsentant der zweiten Variante der Kritik an Stufe 6, die man (wie die von Gibbs vertretene Strategie) eher selten findet. Locke ist von Hause aus Philosoph, er bringt aber auch moralpsychologische Einwände gegen Kohlberg vor.

Die in den 1970er Jahren vorgenommene Charakterisierung von Stufe 6 ausschließlich durch kantianische Prinzipien und Verfahren begründet Kohlberg unter anderem damit, dass andere Prinzipien und Verfahren zu ungerechten Lösungen von moralischen Problemen führen können. Beispielsweise kann eine Orientierung am utilitaristischen Grundsatz der Maximierung des allgemeinen Wohls unter Umständen mit der Missachtung der Rechte von Minderheiten einhergehen. In ihrer Funktion ähneln sich die unterschiedlichen Prinzipien oder Verfahren freilich. Das kantianische Prinzip der Achtung der menschlichen Würde, das utilitaristische Prinzip des „größten Glücks der größten Zahl" oder Kohlbergs Moral Musical Chairs dienen gleichermaßen als allgemeine Richtschnur für die unparteiische Prüfung von Normen sowie für die unparteiische Lösung von Normenkonflikten. Ausgehend vor allem von ihrer gemeinsamen Funktion wendet sich Locke gegen jede Hierarchisierung moralischer Prinzipien und Verfahren. Das kantianische Prinzip der Achtung der Menschenwürde oder Kohlbergs Verfahren der Moral Musical Chairs seien moralisch keineswegs höherwertiger als etwa die utilitaristische Bezugnahme auf das allgemeine Wohl.

Locke stellt zugleich Kohlbergs Anspruch in Frage, dass das Verfahren der Moral Musical Chairs zu einer Übereinstimmung in den Handlungsentscheidungen der Personen bei Normenkonflikten führt, sowie zu Urteilen, die aus der Sicht eines jeden an einem Normenkonflikt Beteiligten akzeptabel sind. Kohlbergs Auffassung etwa, dass Heinz' Diebstahl der Arznei für alle Personen, die dieses Verfahren anwenden, moralisch geboten und für jeden Aktor des Dilemmas fair sei, betrachtet Locke als Ausdruck von Kohlbergs persönlicher Höherbewertung des Wertes „Leben" gegenüber dem Wert „Eigentum". Diese Auffassung sei lediglich Folge des persönlichen Glaubens von Kohlberg, dass jeder, der ein Verständnis der Werte „Leben" und „Eigentum" besitzt, die größere Bedeutung ersteren Wertes erkennt. Immer wieder seien jedoch Menschen bereit gewesen, Leben – eigenes wie fremdes – hinzugeben für das Recht eines jeden, mit seinem Eigentum zu tun, was er will. Locke stellt fest:

Aus Sicht einer solchen Person kann der Apotheker durchaus sein Eigentumsrecht aufrecht erhalten, selbst wenn er sich in die Lage der Frau versetzt - nicht aber die Frau. In diesem Fall würde die ideale Rollenübernahme tatsächlich den Konflikt in Übereinstimmung mit einem Grundsatz der Gerechtigkeit lösen, die jeder Partei das Angemessene gibt; aber sie würde zu einer *anderen* Lösung führen. (...) Ebenso wenig kann es als gesichert gelten, dass die ideale Rollenübernahme und das Prinzip der Gerechtigkeit eine Lösung hervorbringen, die reversibel, d.h. annehmbar unabhängig davon, auf wessen Seite man zufällig steht, ist. Wenn man der festen Überzeugung ist, dass das Recht auf Leben Vorrang vor dem Recht auf Eigentum hat – oder umgekehrt – dann wird man natürlich zu einem Urteil gelangen, das gültig erscheint unabhängig davon, in welche Position man sich versetzt. Betrachtet man es dagegen – in einem Fall wie diesem – als schwierig, zwischen beiden Seiten zu entscheiden, dann könnte man durch Übernahme zunächst der Sichtweise der Frau und dann der Sichtweise des Apothekers dazu gelangen, beide Ansprüche gleichermaßen überzeugend zu finden, wobei keine Entscheidung reversibel ist (Locke 1980, S. 106).

Locke konfrontiert Kohlbergs Konzept der Moral Musical Chairs mit Einwänden, wie sie von unterschiedlicher Seite gegen „formalistische", an Verfahren orientierte Moralphilosophien (wie diejenige der kantianischen Tradition) vorgebracht werden. Maßgeblich für Entscheidungen in moralischen Konfliktsituationen seien die Werteorientierungen und die inhaltlichen Überzeugungen der Individuen; Verfahren könnten Entscheidungen oft nur legitimieren, und sie könnten auch keinen Konsens der Personen sicherstellen oder die moralische Rationalität einer Entscheidung garantieren.

In Kohlbergs Bestimmung der Stufe 6 sieht Locke nur einen Ausdruck der persönlichen Präferenzen Kohlbergs für eine bestimmte moralphilosophische Tradition, nämlich für die kantianische Tradition. Er betrachtet insgesamt die verschiedenen Aspekte der Stufen 5 und 6 als gleichrangig (vgl. Locke 1980, S. 108).

Locke hält noch andere Defizite von Kohlbergs moralpsychologischem Ansatz fest. Er benennt zum Beispiel Mängel des SIS (etwa die unklare Zuordnung einiger Criterion Judgments im Manual), weist auf starke Stufenvariationen hin, die Kohlbergs Stufenkonzept in Frage stellten, und kritisiert dessen Annahme eines engen Zusammenhangs der Urteilsstufen mit dem Handeln (vgl. Locke 1979).

Die Kritik von Locke an Kohlbergs Differenzierung zwischen den Stufen 5 und 6 macht deutlich, dass die Verengung auf kantianische Theorien problematisch ist. Seine Kritik wirft eine wichtige Frage auf: Sollten Moralpsychologen nicht alle moralischen Prinzipien und Verfahren solange als gleichwertig betrachten, bis der Streit unter Moralphilosophen um das angemessenste Prinzip bzw. Verfahren beigelegt ist (sofern er sich überhaupt beilegen lässt)? Die verschiedenen universalistischen Ansätze zu einer rationalen Normbegründung, nämlich Diskurstheorie, kantianische Theorie, utilitaristische Theorie und Theorie des Gesellschaftsvertrags, sollten unter moralpsychologischen Gesichtspunkten vielleicht als gleichrangig betrachtet werden.

Geht man davon aus, dass bereits eine Differenzierung zwischen Stufe 5 und Stufe 6 problematisch ist, so erscheint erst recht eine zusätzliche Stufe 7 fragwürdig. Das Konzept des praktischen Diskurses, das der von Habermas vorgeschlagenen Stufe 7 zugrunde liegt, weist verschiedene Probleme auf. Zum Beispiel klammert es Fragen der Anwendung moralischer Normen in konkreten Situationen aus, da es sich nur auf die Begründung dieser Normen bezieht. Ungeklärt bleibt auch, wie die im Rahmen eines praktischen Diskurses als universell gültig ausgewiesenen Normen mit dem spezifischen Kontext einer Kultur zu vermitteln sind (vgl. auch Birnbacher 2003; Hoerster 2003). Mit seiner Stufe 7 befrachtet Habermas die Moralpsychologie mit noch höheren philosophischen Rechtfertigungsansprüchen, als Kohlberg dies mit seiner Stufe 6 bereits tut.

Die Bestimmung des Endpunkts der Urteilsentwicklung, die sowohl Kohlberg als auch Habermas in den 1970er Jahren vornehmen, erscheint deshalb unangemessen, weil sie diesen Endpunkt von einigen wenigen Moraltheorien (Theorien der kantianischen Tradition) bzw. von einer einzigen Moraltheorie (Diskurstheorie der Moral) aus definieren – dies führt zu einer zu anspruchsvollen Bestimmung reifen moralischen Urteilens. Gibbs hingegen fasst den Endpunkt zu weit, wenn er sogar Rationalitätsunterschiede zwischen konventionellen und postkonventionellen Argumenten bestreitet: Wie die Analyse des SIS-Manuals zeigt, stellt der Übergang von Stufe 4 zu Stufe 5 insgesamt einen Rationalitätsfortschritt dar; der Horizont der bei der Lösung moralischer Konflikte berücksichtigten Interessen und Erwartungen erweitert sich. Offen bleibt in den 1970er Jahren vor allem, ob eine inhaltliche Erweiterung der Stufe 6 (im Sinne Rests) hinreichend ist oder ob, wie Locke vorschlägt, auf eine Differenzierung zwischen Stufe 5 und Stufe 6 verzichtet werden sollte.

*(b) Die späteren Kritiken von Gibbs, Locke und Rest*
Während Kohlberg in den 1970er Jahren die moralischen Rationalitätsunterschiede zwischen den sechs Stufen insbesondere mit Hilfe des Konzepts soziomoralischer Perspektiven herauszuarbeiten suchte, verweist er im darauffolgenden Jahrzehnt auch auf unterschiedlich komplexe Denkoperationen, die bei Gerechtigkeitsproblemen angewandt werden ("Gerechtigkeitsoperationen"). Er unterscheidet zwischen der Operation "Gleichheit" (gleiche Berücksichtigung von Ansprüchen), der Operation "Billigkeit" (Kompensation von bestehenden Ungleichheiten), der Operation "Reziprozität" (Formen des Ausgleichs für tugendhaftes Verhalten bzw. für normenverletzendes Verhalten) sowie den beiden stärker auf formale Gerechtigkeit zielenden Operationen "präskriptive Rollenübernahme" und "Universalisierung". Bei den Fairness-Elements kämen diese fünf Gerechtigkeitsoperationen direkt zum Ausdruck, während sie in den anderen Elements implizit enthalten seien (Kohlberg 1984, S. 308 ff., 621). Die Gerechtigkeitsoperationen auf konventionellem Niveau bleiben aus Kohlbergs Sicht noch an die partikularistischen Standards sozialer Gruppen und Systeme gebunden. Erst auf Stufe 6 befreie sich die Person von dieser Bindung und orientiere ihre Urteilsbildung allein an kognitiven Operationen, die nun bewusst verfügbar seien. (vgl. auch Lapsley 1996, S. 70 ff.).

Kohlberg hält in den 1980er Jahren an Stufe 6 nach wie vor fest. Sie soll den Gipfelpunkt der Entwicklung des Gerechtigkeitsurteils darstellen, auf dem sich mit rationalen Mitteln Übereinstimmung bei moralischen Fragen erzielen lässt. In Auseinandersetzung mit seinen Kritikern schwächt er allerdings seine Bestimmung in verschiedener Hinsicht ab:

- Indem er die Beschreibung der Stufe 6 erweitert, kommt er der Position von Rest entgegen. Diese Stufe wird jetzt insgesamt durch verschiedene Aspekte des Wohlwollens gekennzeichnet – Personen auf dieser Stufe gehe es nicht nur um die Vermeidung einer Verletzung universeller Rechte oder die überzeugende Abwägung dieser Rechte, sondern auch um die Förderung des Wohlergehens der Betroffenen. Sie suchten also eine Lösung von Normenkonflikten, die universelle Rechte und zugleich das Wohlergehen der Betroffenen berücksichtigt. Im Begriff der „Achtung von Personen" fasst Kohlberg beide Aspekte des Wohlwollens zusammen (Kohlberg/ Boyd/Levine 1986, S. 212 f.). Auf Stufe 6 siedelt er nun an manchen Stellen auch das utilitaristische Prinzip der Maximierung des Wohls aller an (vgl. z.B. Kohlberg 1984, S. 636). Er führt ganz unterschiedliche Verfahren, unter anderem das utilitaristische Konzept von Harsanyi, auf:

Verfahren dieser Art werden auf verschiedene Weise formalisiert. Eine Formalisierung ist Rawls ursprüngliche Position der Entscheidung unter einem ‚Schleier der Unwissenheit', bei der das Individuum ohne Kenntnis darüber ist, welche Person in welcher Situation oder Gesellschaft es verkörpert, und ein Prinzip oder eine Ordnung wählen muss, mit dem bzw. mit der es sich am besten in jeder der Positionen leben ließe, insbesondere auch in der Position der in der Gesellschaft am meisten benachteiligten Person(en). Eine zweite Formalisierung ist jene der „Moral Musical Chairs", eine zweite Ebene der Anwendung der Goldenen Regel. Nicht nur soll Heinz die Perspektive der Sterbenden und des Apothekers sowie seine eigene Perspektive einnehmen, sondern es wird von jeder Person (Apotheker, Sterbender) erwartet, dass sie beim Vorbringen ihres Anspruchs den Standpunkt jedes Anderen einnimmt und so den eigenen Anspruch modifiziert. Eine dritte Formalisierung wird durch eine Betonung des realen Dialogs ausgedrückt, was Habermas eine ideale Sprechsituation nennt, die ein Äquivalent zu dem von Kohlberg beschriebenen inneren Dialog darstellt. Eine vierte, utilitaristische, Formalisierung durch Harsanyi ist die Betrachtung von Vorlieben unter der Bedingung, dass diese mit gleicher Wahrscheinlichkeit jede beliebige Position innerhalb einer Situation oder einer Gesellschaft ausdrücken (Kohlberg 1984, S. 636 f).

- Indem Kohlberg auf Stufe 6 jetzt auch den moralischen Diskurs aufführt, kommt er Habermas entgegen. Er wendet sich aber gegen Habermas' Versuch, eine diskursethische Stufe 7 zu konzipieren, denn die Orientierung der Urteilsbildung am Verfahren des Diskurses versteht er nicht als eine eigene Stufe 7, sondern als einen Aspekt der Stufe 6. Bei den Dilemmata des MJIs sei die Bezugnahme auf den moralischen Diskurs wenig wahrscheinlich, vor allem weil (wie etwa im „Heinz"-Dilemma) bei den handelnden Personen die Bereitschaft zum Dialog im Allgemeinen nicht gegeben sei (Kohlberg 1984, S. 385 f.; Kohlberg/Boyd/Levine 1986, S. 218 ff.). Andererseits spekuliert Kohlberg erneut über eine Stufe 7 (Kohlberg/Ryncarz 1990).

- Der Kritik von Gibbs kommt er insofern entgegen, als er Stufe 6 jetzt für gewöhnlich nur als Stufe philosophischer Reflexion und nicht länger als Stufe der natürlichen Entwicklung versteht (vgl. z.B. Kohlberg 1984, S. 375). Kohlberg war es nicht gelungen, ein Denken dieser Stufe in den Interviewdaten seiner Studien zu identifizieren, woraus er folgert, dass Stufe 6 lediglich den normativen Bezugspunkt, das normative Kriterium der Theorie darstellt. Im Unterschied zu Gibbs betrachtet er jedoch Stufe 5 als Stufe der natürlichen Entwicklung; diese Stufe trete in verschiedenen empirischen Studien auf. Des Weiteren hält er gegenüber Gibbs fest, dass durchaus ein deutlicher moralischer Rationalitätsunterschied zwischen den Stufen 3 und 4 und den beiden postkonventionellen Stufen besteht. Die Stufen 5 und 6 wiesen entwickeltere moralische Denkoperationen auf als die beiden konventionellen Stufen (vgl. Kohlberg 1984, S. 374 f.).

- Gegenüber Locke schließlich gesteht Kohlberg zu, dass Stufe 6 nicht bei jedem moralischen Dilemma einen Konsens bei der Handlungsentscheidung und die Reversibilität des Urteilens gewährleistet (vgl. Kohlberg 1986b, S. 527). Er richtet sich allerdings gegen den von Locke vorgebrachten Einwand, Stufe 6 sei nicht moralisch rationaler als Stufe 5, hält also an der Differenzierung zwischen Stufe 5 und Stufe 6 grundsätzlich fest. Eine Urteilsbildung auf Stufe 5 ist in seinen Augen noch zu sehr an partikulare soziale Übereinkünfte gebunden (vgl. z.B. Kohlberg/Boyd/Levine 1986, S. 238).

Nachdem Kohlberg seinen Forschungsansatz zur Analyse moralischer Urteilsstufen methodologisch zunächst (im Anschluss an Max Weber) als idealtypologischen bestimmt hatte (vgl. 2.3.2) und dann (im Anschluss an Charles S. Peirce) als Resultat eines „Bootstrapping"-Prozesses interpretierte (vgl. 4.1), versteht er ihn im Sinne von Habermas nunmehr auch als Ansatz rationaler Rekonstruktion. Er hält fest: „Unsere Theorie ist eine rationale Rekonstruktion, denn sie beschreibt (a) die dem Gerechtigkeitsdenken innewohnende Entwicklungslogik unter Zuhilfenahme (b) des normativen Kriteriums der Stufe 6, die als angemessenste (d.h. als reversibelste) Stufe des Gerechtigkeitsdenkens gilt" (Kohlberg 1984, S. 221).

Habermas übt in den 1980er Jahren hauptsächlich methodologische Kritik an Kohlberg – er wendet sich gegen die These einer „Identität" von Moralpsychologie und Moralphilosophie, die Kohlberg an einigen Stellen formulierte. Kohlberg geht dort davon aus, dass eine psychologische Untersuchung von Formen und Bedingungen der Stufenentwicklung und eine philosophische Analyse dessen, was eine spätere Stufe zu einer moralisch höherwertigeren macht, Aspekte einer Theorie sind. Habermas hingegen besteht auf der Eigenständigkeit der philosophischen Analyse (der rationalen Rekonstruktion der Stufen), deren Ergebnisse durch die moralpsychologische Forschung nicht zwingend widerlegt oder bestätigt werden könnten. Er selbst bestimmt das Verhältnis von Moralpsychologie und Moralphilosophie als „komplementär" (Habermas 1983; 1991). Auf diese methodologische Kritik reagiert Kohlberg, indem er anstelle einer „Identitätsthese" ebenfalls eine „Komplementaritätsthese" bei der Bestimmung des Verhältnisses von Moralphilosophie und Moralpsychologie vertritt; die Widerlegung oder Bestätigung empirischer Hypothesen bedeute nicht zwingend die Widerlegung oder Bestätigung normativ-philosophischer Erwägungen (vgl. Kohlberg 1984, S. 217 ff.).

Habermas nimmt die Veränderungen bei Kohlberg hinsichtlich der Stufe 6 zur Kenntnis und schwächt seine eigene moralpsychologische Perspektive ab (vgl. Habermas 1983; 1991): Er hält fest, dass das Konzept des praktischen Diskurses nur auf die Begründung von Normen zielt. Wie Kohlberg siedelt er den moralischen Diskurs jetzt auf Stufe 6 an und bezeichnet diese Stufe als Stufe philosophischer Reflexion. Im Unterschied zu Kohlberg charakterisiert er im Anschluss an Gibbs selbst noch Stufe 5 als Stufe philosophischer Reflexion. Stufe 5 kennzeichnet Habermas dabei durch eine Prinzipienorientierung, Stufe 6 durch eine Orientierung an Verfahren.

Die von Kohlberg in den 1980er Jahren vorgenommenen inhaltlichen und methodologischen Veränderungen bei der Definition von Stufe 6 rezipierten die meisten seiner Kritiker und auch viele seiner Anhänger nicht. Verschiedene Autoren etwa bemühen sich um eine erweiterte Definition der Stufe 6 oder argumentieren für einen Verzicht auf diese Stufe, wobei sie Kohlberg eine einseitige kantianische Ausrichtung zuschreiben, die es zu korrigieren gelte (vgl. z.B. Puka 1991a).

Bei seinem Versuch, die vormals kantianische Bestimmung von Stufe 6 zu erweitern, schwankt Kohlberg allerdings. Beispielsweise ordnet er an manchen Stellen utilitaristische Prinzipien noch der Stufe 5 zu (vgl. z.B. Kohlberg/Boyd/Levine 1986, S. 236). Der Status utilitaristischen Denkens in seiner Stufentheorie bleibt somit unklar. Auch betrachtet er Stufe 6 stellenweise noch als natürliche Stufe (vgl. z.B. Kohlberg/Boyd/Levine 1986, S. 208 ff.).

Locke setzte sich mit Kohlbergs später Definition der Stufe 6 meines Wissens nicht auseinander. Er weist jetzt vornehmlich darauf hin, dass die höheren Urteilsstufen auch als raffiniertere kognitive Strategien der Verantwortungsabwehr „missbraucht" werden können (Locke 1986).

Locke bestreitet den Sinn der von Kohlberg vorgenommenen Differenzierung der Stufen 5 und 6 zu Recht, denn worin der moralische Rationalitätsunterschied zwischen beiden postkonventionellen Stufen letztlich bestehen soll, bleibt unklar. Für Kohlberg selbst scheint sich dieser Unterschied zu verwischen: An verschiedenen Stellen geht er zwar noch von der problematischen Annahme aus, dass bei der Handlungsentscheidung zu einem Dilemma Personen der Stufe 6 Konsens erzielen, nicht dagegen Personen der Stufe 5 (vgl. z.B. Kohlberg/Boyd/Levine 1986); an anderer Stelle vertritt er aber (wie erwähnt) die plausiblere Annahme, dass auf Stufe 6 nicht bei allen Konfliktsituationen eine Übereinstimmung bei der Handlungsentscheidung möglich ist. Damit trägt er unter anderem der Tatsache Rechnung, dass die Kalkulation der Folgen einer Handlung oft auf ungesicherten Annahmen basiert, die je nach Person unterschiedlich sein können (vgl. auch Nunner-Winklers Position eines „eingeschränkten Universalismus"; Nunner-Winkler 1986). Seine ursprüngliche These, Stufe 6 sei im Unterschied zu Stufe 5 vollständig reversibel, relativiert er an einigen Stellen ja ebenfalls.

Auch sind Repräsentanten der kantianischen, utilitaristischen und diskursethischen Tradition seit den 1980er Jahren mit neueren moralphilosophischen Richtungen konfrontiert. Einfluss besitzen neben Varianten einer feministischen Ethik (z.B. Butler) insbesondere Varianten kommunitaristischer, neoaristotelischer, neopragmatischer und postmoderner Ansätze. Die Kommunitaristen (z.B. Etzioni, Mac Intyre, Sandel, Taylor und Walzer) bringen nicht zuletzt Aspekte der Theorie des Philosophen Aristoteles zur Geltung. Hauptangriffspunkt dieser Autoren ist die Gerechtigkeitstheorie von Rawls. Als Ausgangspunkt wählen sie statt einer Grenzen überschreitenden Vernunft unabhängiger und gleicher Personen, die in einem Gedankenexperiment nach universell gültigen Gerechtigkeitsgrundsätzen suchen, die unterschiedlichen sozialen Gemeinschaften, in die Personen eingebunden sind. Gemeinschaften würden spezifische Konzepte des Gerechten und Guten vorgeben. Kommunitaristen diagnostizieren eine Krise moderner, individualistischer Gesellschaften, etwa in Form von Entsolidarisierung und Werteverfall (für einen Überblick vgl. Honneth 1993). Neo-Aristoteliker (z.B. Nussbaum und Sen) und Neo-Pragmatisten (z.B. Rorty) gehen ebenfalls von einer kontextualistisch eingeschränkten Vernunft aus. Repräsentanten einer postmodernen Ethik (z.B. Foucault, Lyotard) stellen hingegen auch eine kontextualistisch eingeschränkte Vernunft in Frage, indem sie den engen Zusammenhang von Vernunft und Repression betonen. Postmoderne Autoren greifen insbesondere auf die Moraltheorie Nietzsches zurück.

Solange der Streit unter Philosophen um die Gültigkeit der verschiedenen Moralprinzipien und Moralverfahren nicht geschlichtet ist, bleibt die Differenzierung zwischen den Stufen 5 und 6 fragwürdig. Diese Differenzierung spiegelt weniger reale Differenzen wider als vielmehr die moralphilosophischen Präferenzen des Moralpsychologen Kohlberg. Insgesamt ist vor einem zu starken Einfluss moralphilosophischer Theorien auf die moralpsychologische Forschung zu warnen (vgl. Blasi 1986).

Aber auch Kohlbergs Bestimmung von Stufe 5 als Stufe einer „natürlichen" Entwick-lung erscheint in verschiedener Hinsicht fragwürdig. Zum einen ist davon auszugehen, dass der Erwerb von Postkonventionalität mit einer häufig durch philosophische Bildung ange-leiteten Reflexion auf die eigenen moralischen Intuitionen einhergeht, eine Trennung von natürlicher und philosophischer Denkweise also schwierig sein dürfte. Zweitens ist der Anteil dieser Stufe in den auf der Basis des SIS durchgeführten Studien relativ gering. Drit-tens sind im SIS-Manual (etwa bei „Joe") einige Stufe-5-Argumente in einer eher philosophi-schen Sprache formuliert. Man betrachte das CJ 40 beim „Joe"-Dilemma: „[Es ist wichtig, ein Versprechen zu halten] denn dies bestätigt den Wert und die Würde der anderen Person."

Gibbs verändert seine Stufenbestimmungen ab den 1980er Jahren kaum. Anders als Gibbs betrachte ich Stufe 5 nicht ausschließlich als Stufe philosophischer Reflexion und gehe von moralischen Rationalitätsunterschieden zwischen konventionellen und postkonventio-nellen Argumenten aus. Diese Unterschiede würden freilich markanter ausfallen, wenn man einen Teil der von Kohlberg in den 1970er Jahren vorgenommenen Rückstufungen zurück-nähme (d.h. Höherstufungen vornähme), sodass die auf konventionellem Niveau aufge-führten Argumente den Kriterien für Konventionalität besser genügen. Gibbs hinterfragt diese Rückstufungen Kohlbergs nicht. Damit sieht er sich dann natürlich vor die Frage nach dem eigenständigen Stellenwert der Stufe 5 gestellt. Auch Gibbs' Strategie, einige beim SIS auf Stufe 5 aufgeführte Argumente (z.B. den Verweis auf Menschenrechte) als Stufe 4 zu klassifizieren, erscheint problematisch, denn sie führt ebenfalls zur Verwischung morali-scher Rationalitätsunterschiede.

Rest nimmt jetzt eine weitreichende Modifikation der Stufenbestimmung vor: Er unter-scheidet zwischen drei Schemata, nämlich „persönlichen Interessen", „Aufrechterhaltung von Normen" und „Postkonventionalität", wobei das erste Schema im Wesentlichen den Kohlberg-Stufen 2 und 3 und das zweite Schema der Kohlberg-Stufe 4 entspricht (vgl. Rest et al. 1999). Er differenziert nicht länger zwischen Stufe 5 und Stufe 6. Mit dem Schema „persönliche Interessen" werden jedoch Unterschiede zwischen den Kohlberg–Stufen 1 bis 3 verwischt.

Der Stellenwert relativistischen Denkens in Kohlbergs Ansatz ist unklar: Kohlberg setzt voraus, dass Personen auf der Zwischenstufe 4/5, auf der er dieses Denken ansiedelt, konsi-stent relativistisch argumentieren. Damit versäumt er es, der Möglichkeit Rechnung zu tragen, dass Personen zu den situationsspezifischen und konzeptuellen Fragen des MJIs universalistisch, zu den dort ebenfalls gestellten metaethischen Fragen zu den Grundlagen der Moral (zum Beispiel: „Gibt es eine korrekte Lösung für moralische Probleme?") dagegen relativistisch argumentieren. Solche möglicherweise verbreiteten Inkonsistenzen in der moralischen Urteilsbildung einer Person wären ein interessanter Forschungsgegenstand. Empirisch ungeklärt lässt der Kohlberg-Ansatz zudem die Frage, ob die relativistische Stufe 4/5 auf dem Weg zu Stufe 5 überhaupt durchlaufen werden muss. Wie der frühe Gibbs tendiere ich dahin, relativistisches Denken auf postkonventionellem Niveau anzusiedeln, nicht zuletzt weil diese Argumentationsform moralisch sehr komplex angelegt sein kann, wie etwa die Reflexionen des Philosophen Nietzsche zeigen. Ein in metaethischer Hinsicht relativistisches Moralbewusstsein kann dabei auch universalistische Moralintuitionen ver-zerren. Formen des Zynismus (d.h. der Abwertung moralischer Werte) lassen sich ebenfalls als Spielarten der Postkonventionalität verstehen.

Der Stellenwert religiösen Denkens in Kohlbergs Ansatz ist ebenfalls unklar. Moralische Urteile, die sich auf religiöse Standards stützen, werden höchstens auf den konventionellen Stufen platziert. Dies jedoch wird dem universalistischen moralischen Gehalt verschiedener Religionen nicht gerecht. Zum Beispiel orientieren sich alle Weltreligionen am Prinzip der Nächstenliebe (vgl. auch 7.4).

Was die konventionellen Stufen angeht, erscheint die Überordnung einer Systemperspektive über eine Beziehungsperspektive nicht immer angemessen. Es gibt, wie die Alltagserfahrung zeigt, anspruchsvolle, differenzierte Formen einer Beziehungsperspektive sowie wenig anspruchsvolle, einfache Formen einer Systemperspektive.

Den Kern postkonventionellen Denkens stellt die Fähigkeit zur Transzendierung partikularistischer Moralvorstellungen einer Beziehung, Gruppe, Institution oder Gesellschaft dar (vgl. Reuss/Becker 1996). Die Person orientiert sich an universellen Rechten, Verfahren und Prinzipien. Eine rollengebundene (konventionelle) Moral wird auf diesem Urteilsniveau überwunden, was jedoch keineswegs „Prinzipienreiterei" bedeutet – neben der Orientierung an Menschenrechten, an Verfahren und Prinzipien zeichnet sich postkonventionelles Denken aus durch die Berücksichtigung der Besonderheit einzelner Situationen und der Einzigartigkeit von Personen sowie durch die Abschätzung längerfristiger Folgen von Handlungsalternativen (vgl. Lempert 1996).

*(c) Deutsche neokohlbergianische Konzeptionen von Postkonventionalität und Konventionalität*
In Deutschland liegt Kohlbergs Bestimmung der Stufen des Gerechtigkeitsurteils einigen Ansätzen zugrunde – verschiedene Forscher vertreten eine kohlbergianische Position (vgl. Beck, Bienengräber, Brumlik, Garz, Heinrichs, Krappmann, Krettenauer, Lind, M. Miller, Montada, Sutter, Weyers). Gegenüber den kohlbergianischen Ansätzen lassen sich die in Abschnitt 2.4 und die in diesem Abschnitt 5.3 vorgetragenen Kritikpunkte an Kohlbergs Stufendefinition einbringen.

Hierzulande stellen viele vorliegende moralpsychologische Untersuchungsperspektiven neokohlbergianische Konzeptionen dar: neben der Position von Habermas sind insbesondere die Positionen von Döbert, Eckensberger/Burgard, Edelstein/Keller, Lempert, Minnameier, Nunner-Winkler und Oerter als neokohlbergianisch einzuordnen.

Döbert, Edelstein/Keller und Nunner-Winkler konzentrieren sich auf die präkonventionellen Stufen. Während die vier Forscher überzeugende Kritik an Kohlbergs Bestimmung der präkonventionellen Stufen üben (vgl. 2.4), bleiben ihre Positionen bezüglich der konventionellen und der postkonventionellen Stufen eher unklar.

Oerter identifiziert Probleme der Beschreibung der konventionellen Stufen, Habermas und Lempert benennen vorwiegend Probleme der Bestimmung konventioneller oder postkonventioneller Stufen, während Eckensberger und Minnameier am gesamten Stufensystem Kohlbergs kritisch ansetzen.

Oerter entwarf ein strukturgenetisches Modell moralischen Urteilens und stellte dieses in den Kontext der Analyse von „Menschenbildern"; sein Stufenmodell ist dabei stark an denjenigen von Kohlberg und Selman orientiert. Menschenbilder beziehen sich auf Vorstellungen über andere Personen („Persönlichkeitstheorien") und auf Vorstellungen über Beziehungen zwischen Personen („Sozialtheorien"). Sie werden abgegrenzt von Vorstellungen über das eigene Selbst, wie etwa Selbstkonzept und Identität. Menschenbilder umfassen dabei auch Handlungstheorien, die Konzepte von Pflichten beinhalten. Dieser Wissenschaftler fügt Piagets formal-operatorischer Stufe eine relativistische und zwei dialektische Stufen hinzu. Oerter versucht die Beziehungsperspektive differenzierter als Kohlberg zu bestimmen (vgl. Oerter 2007a). Allerdings ist seine moralische Urteilstheorie bisher wenig ausgearbeitet.

Die bereits skizzierte Stufendefinition von Habermas weist ähnliche Problemzonen wie diejenige von Gibbs auf.

Lempert entnimmt seine Stufenkriterien der Theorie von Haan (zu deren Theorie vgl. 6.1). Im Unterschied zu Haan wendet er diese Stufenkriterien nicht nur auf den Bereich sozialer Beziehungen und Gruppen, sondern auch auf Institutionen und Gesellschaften an. Auf Stufe 1 dominiert, so Lempert, das Eigeninteresse, auf Stufe 2 finden fremde Interessen Berücksichtigung, auf Stufe 3 werden die Eigeninteressen den Belangen einer Beziehung, Gruppe, Institution oder Gesellschaft untergeordnet, auf Stufe 4 berücksichtigen Personen – allerdings noch auf Kosten inkompatibler Interessen – die gemeinsamen Interessen in diesen sozialen Kontexten, auf Stufe 5 schließlich koordinieren sie eigene, fremde und gemeinsame Interessen (vgl. Lempert 1982; 1986). Lempert ermittelt auf seiner theoretisch-konzeptuellen Grundlage sowie auf Basis seiner Interview- und Auswertungsmethode postkonventionelles Denken bei Facharbeitern, die zwischen 20 und 30 Jahren alt sind (vgl. Corsten/Lempert 1997; Hoff/Lempert/Lappe 1991; Lempert 1982; 1998; 2004).

Bei diesem Moralforscher gehen also die Ebenen sozialer Kooperation, „sozialer Aggregation", nicht wie bei Kohlberg in die Strukturdefinition ein, sondern er betrachtet sie als Anwendungsbereiche. Ich teile die Kritik von Lempert an Kohlbergs Bestimmung von Konventionalität. Lempert hält gegenüber Kohlberg kritisch fest, dass eine Systemperspektive (d.h. Stufe 4) nicht per se moralisch rationaler ist als eine Beziehungsperspektive (d.h. Stufe 3). Der Autor weist auf anspruchsvolle Formen einer Beziehungsperspektive sowie auf wenig anspruchsvolle Formen einer Systemperspektive hin. Auch differenziert er mit Recht nicht zwischen Stufe 5 und Stufe 6.

Allerdings erfasst er mit seiner Stufendifferenzierung hinsichtlich Konventionalität wahrscheinlich eher Typenunterschiede als Stufenunterschiede: Die Interessen einzelner sozialer Einheiten dürften sich nur schwer von gemeinsamen Interessen unterscheiden lassen. Zudem bleibt seine Position zu den präkonventionellen Stufen auf spezifische Inhaltsaspekte (nämlich Folgen für Ego) verengt.

Eckensberger argumentiert von der kulturvergleichenden Psychologie und der psychologischen Handlungstheorie aus; mit beiden hatte er sich bereits Anfang der 1970er Jahre beschäftigt. Ausgangspunkt ist die Grundeinsicht, dass die Kultur das Handeln der Individuen beeinflusst, dass aber umgekehrt individuelles Handeln zur Veränderung der Kultur führt. Zusammen mit Reinshagen formuliert er zunächst eine an der kulturvergleichenden Forschung ausgerichtete und handlungstheoretisch fundierte Stufentheorie der Entwicklung moralischen Urteilens, die sieben Stufen umfasst (Eckensberger/Reinshagen 1980). Erstens verändern Eckensberger und Reinshagen die Zuordnung der Kohlberg-Stufen zu den Niveaus: Auf den Stufen 1, 2 und 3 stehen konkrete Personen und ihre Beziehungen im Zentrum („interpersonale Ebene"), auf den Stufen 4, 4/5 und 5 sind es soziale Systeme („transpersonale Ebene"), darüber hinaus gibt es Formen moralphilosophischer Reflexion, nämlich auf Stufe 6. Dieser modifizierten Zuordnung der Kohlberg-Stufen zu Niveaus liegt die Annahme zugrunde, dass in „face to face Gesellschaften" ein Argumentieren auf der Stufe 3 bereits moralisch angemessen ist, und der Erwerb einer Systemperspektive und einer post-konventionellen Perspektive spezifische soziale Erfahrungen, nämlich Erfahrungen in komplexen, modernen Gesellschaften, verlangt. Zweitens schlagen Eckensberger und Reinshagen für die ersten beiden ihrer Niveaus (die Kohlberg-Stufen 1 bis 5) eine handlungstheoretisch begründete Stufenhierarchisierung vor, indem sie für die Charakterisierung der kognitiven Struktur einer Stufe anstatt der von Kohlberg verwendeten soziomoralischen Perspektiven unterschiedliche Handlungselemente wählen: das Urteilen sei zentriert zunächst auf objektive Phänomene (Autoritäten, Regeln, Konsequenzen; die Stufen 1 und 4); dann auf subjektive Phänomene (Bedürfnisse und Präferenzen von Personen; die Stufen 2 und 4/5), anschließend erfolge eine Integration beider Phänomenbereiche (die Stufen 3 und 5). Auf transpersonaler Ebene würden die gleichen Handlungselemente wie auf interpersonalen Ebene angesprochen, jedoch in verallgemeinerter Form. Diese Stufencharakterisierung erklärt aus ihrer Sicht auch die Schwierigkeiten im Rahmen des Kohlberg-Ansatzes, bei der Auswertung von Interviews zwischen den Stufen 1 und 4, den Stufen 2 und 4/5 sowie den Stufen 3 und 5 klar zu unterscheiden. Eckensberger und Reinshagen haben ihre Stufenbestimmung auf der Grundlage einer Analyse der im Auswertungsmanual der Kohlberg-Gruppe Mitte der 1970er-Jahre enthaltenen stufenspezifischen Argumente gewonnen.

Ab Anfang der 1980er Jahre unterscheidet Eckensberger dann, vor allem in Zusammenarbeit mit Burgard, elf Stufen moralischen Urteilens, wobei er erneut handlungstheoretische Gesichtspunkte zugrunde legt (vgl. Eckensberger 1984; 1986; 1998; 2010). Er nimmt nach wie vor eine interpersonale und eine transpersonale Ebene an, unterscheidet aber nicht länger zwei, sondern vielmehr vier Niveaus. Darüber hinaus orientiert er sich jetzt bei der Niveaudifferenzierung an der von Piaget aufgezeigten Stufensequenz von Heteronomie zu Autonomie: Nicht bloß auf der interpersonalen, sondern auch auf der transpersonalen Ebene vollzieht sich, so Eckensberger, die Urteilsentwicklung im Sinne einer Sequenz von der Heteronomie zur Autonomie. Auf dem zweiten Niveau werden dabei zwei Stufen, auf den anderen drei Niveaus jeweils drei Stufen aufgeführt. Auf der Grundlage seiner nun modifizierten Stufenbestimmung untersucht Eckensberger empirisch die Entwicklung moralischen Urteilens, wobei drei (leicht modifizierte) Dilemmata aus Kohlbergs MJI Verwendung finden.

Eckensbergers Theorieansatz ist meines Erachtens etwas zu stark an Gesichtspunkten logisch-philosophischer Rekonstruktion orientiert. Die formale Eleganz des Systems wird doch ein wenig erkauft mit teilweise fragwürdigen Binnendifferenzierungen der Niveaus.

Ähnlich wie Eckensberger entwickelt Minnameier ein elegantes und unter formalen Gesichtspunkten stringentes Stufensystem, das sich auf den gesamten Lebenslauf bezieht (vgl. Minnameier 2000, 2010). Minnameier unternimmt den Versuch einer Neubestimmung von Kohlbergs Urteilsstufen, die den Ansprüchen rationaler Rekonstruktion gerecht wird. Ihm geht es um die rationale Rekonstruktion sowohl der Ontogenese als auch der Geschichte der Ethik. Der Autor unterscheidet dabei 27 (!) Urteilsstufen.

Bei seinem Versuch einer Neubestimmung von Kohlbergs Urteilsstufen scheint mir Minnameier der Gefahr zu erliegen, die mit einem zu starken Einfluss rationaler Rekonstruktion bzw. moralphilosophischer Theorien verbunden ist. Viele seiner Stufen dürften lediglich Formen philosophischer Reflexion darstellen, die im Laufe der Philosophiegeschich-

te entstanden sind. Bei Minnameier tritt, zugespitzt formuliert, an die Stelle einer phänome-
nologisch-psychologischen Rekonstruktion eine logisch-philosophische Konstruktion, für
die empirische Korrelate teilweise nur schwer zu finden sein dürften.

Die deutschen Neo-Kohlbergianer haben die alltagsbezogene Urteilsbildung weitgehend vernachlässigt. Lempert hat die differenzierteste Untersuchung des Urteilens zu All-
tagsdilemma vorgenommen (Corsten/Lempert 1997; Hoff/Lempert/Lappe 1991). In ihrer
Untersuchung junger Metallfacharbeiter finden Hoff, Lempert und Lappe (1991), dass einige
Probanden beispielsweise ein Problem aus dem Privatleben (Auseinandersetzung eines
Fußballspielers mit seiner Ehefrau) auf einer höheren Stufe beurteilen als ein innerbetriebliches Problem (Grenzen der gesetzlichen Schweigepflicht von Betriebsräten), während es
sich bei anderen Probanden genau umgekehrt verhält. Formen von Stufeninkonsistenzen
traten sieben Jahre später in ihrer Längsschnittstudie kaum mehr auf; Stufeninkonsistenzen
nahmen insgesamt ab (Hoff/Lempert/Lappe 1991, S. 204 ff.).

Die deutschen Neo-Kohlbergianer vernachlässigten auch, mit Ausnahme von Edelstein, Keller und Nunner-Winkler, die Inhaltsaspekte des Urteilens.

## 5.4  Erweiterte Analyse der Entwicklung des Gerechtigkeitsurteils durch die sozialpsychologische Forschung

Die Sozialpsychologie stand bis Ende der 1960er Jahre in scharfem Gegensatz zur Persönlichkeitspsychologie: Während erstere auf theoretischer Ebene Personfaktoren betonte
und bei der Datenerhebung vorwiegend schriftliche Befragungen zum Einsatz brachte,
akzentuierte letztere soziale Faktoren und stützte sich vorrangig auf Beobachtungen unter
Laborbedingungen. Moralaspekte fanden bis dahin kein großes Interesse:

- Bis Ende der 1950er Jahre waren hauptsächlich antisoziale Verhaltensweisen (z.B. aggressives Verhalten) Gegenstand der Forschung. Nur wenige Autoren beschäftigten
  sich mit moralischen Aspekten: Bis zu dieser Zeit übten vor allem die Einstellungsforschung und die Theorien von Lewin und Heider Einfluss aus: In den 1930er Jahren
  wurde die Einstellungsforschung begründet. Lewin, einer der Begründer der experimentellen Sozialpsychologie, widmete sich seit den 1930er Jahren der Untersuchung
  sozialen Verhaltens, wobei er sich nicht zuletzt auf die Gestaltpsychologie stützte; er
  entwickelte die Feldtheorie. In dieser Dekade entstand zudem, orientiert vor allem an
  Lewins Theorie, die Kleingruppenforschung, die sich unter anderem auf moralische
  Phänomene bezog und sich auf das Handeln im Alltag erstreckte (vgl. z.B. Lewins
  Analysen des Einflusses von Führungsstilen auf das „moralische Klima" in Gruppen).
  Heider legte in den 1940er Jahren einen Ansatz zur Einstellungsänderung vor, die „Balancetheorie". Kern dieser Theorie ist die Annahme, dass Personen Inkonsistenzen
  („Dissonanzen") in ihren Kognitionen sowie Inkonsistenzen zwischen Kognitionen
  und nicht-kognitiven Aspekten dadurch zu beseitigen suchen, dass sie die Realität
  umdefinieren. Das folgende Jahrzehnt war zum einen die Zeit der nunmehr unter Laborbedingungen durchgeführten Kleingruppenforschung (z.B. die Forschung von Ash
  zur Konformität in der Gruppe). Festinger, ein Schüler von Lewin, entwickelte in dieser

Zeit wie Heider einen Ansatz zur Einstellungsänderung, nämlich die Theorie der kognitiven Dissonanz. Dieser Psychologe entwickelte zudem eine Theorie sozialer Vergleiche, in der er davon ausgeht, dass sich Personen permanent mit anderen Personen vergleichen. Heider publizierte jetzt auch Arbeiten zur Zuschreibung von Verantwortlichkeit; seine Attributionstheorie identifiziert unterschiedliche Formen der Erklärung eigenen und fremden Verhaltens.

▪ In den 1960er Jahren fanden neben Einstellungen verstärkt auch Werte das Interesse der Sozialpsychologen; die Werteforschung kam allmählich in Gang, und zwar nicht zuletzt durch die Arbeiten von Rokeach: Dieser systematisiert die verschiedenen Werteorientierungen und unterscheidet dabei 18 „terminale Werte" (erwünschte Zielzustände, z.B. Freiheit und Gleichheit) und 18 „instrumentale Werte" (Formen der Lebensführung, z.B. Klugheit, Ehrenhaftigkeit und Altruismus). Heiders Attributionstheorie stößt ebenfalls Forschungen an. Zudem entstand jetzt die sozialpsychologische Gerechtigkeitsforschung. Deren Wegbereiter waren Homans' Austauschtheorie sozialen Verhaltens, Heiders Balancetheorie, Festingers Theorie der kognitiven Dissonanz sowie dessen Theorie der sozialen Vergleiche. Homans führte in seiner Austauschtheorie des sozialen Verhaltens erstmals ein Konzept der Verteilungsgerechtigkeit ein; J.S. McAdams knüpfte mit seiner Equity-Theorie an dessen Austauschtheorie an, wobei er zu Fragen der Verteilungsgerechtigkeit die Leistung als Kriterium für die Fairness einer Entscheidung betonte. Mitte der 1960er Jahre begründete Lerner die Theorie des Gerechte-Welt-Glaubens. Lerners zentrale These ist, dass Menschen ein Bedürfnis haben, an eine gerechte Welt zu glauben, und diesen Glauben zu schützen suchen. Situationen der Ungerechtigkeit können nach dieser Theorie durch Versuche der Wiederherstellung von Gerechtigkeit (z.B. durch Mitarbeit bei einer sozialen Bewegung) oder durch Abwertung der Opfer (z.B. „Sie haben ihr Schicksal verdient") „bewältigt" werden. Lerner rückt damit Personfaktoren auch ins Blickfeld der sozialpsychologischen Gerechtigkeitsforschung Blick. Ins Blickfeld der Sozialpsychologie trat Ende der 1960er Jahre auch die prosoziale Moral. So analysierte etwa L. Berkowitz das prosoziale Verhalten, wobei dieser Autor die Bedeutung der Norm der sozialen Verantwortung betont. Angestoßen durch den Mord an einer Frau namens Kitty Genovese – eine große Zahl New Yorker Bürger sah längere Zeit teilnahmslos zu, wie der Täter auf offener Straße mehrmals auf diese Frau einstach – unternahmen Darley und Latane experimentelle Studien zum Hilfeverhalten in anonymen Situationen. Sie entwickelten das Konzept der Verantwortungsdiffusion.

In den 1970er Jahren wurde die sozialpsychologische Forschung zur prosozialen Moral ausgebaut. Einige Forscher legten integrativ angelegte kognitivistische Verlaufsmodelle prosozialen Handelns vor – insbesondere Darley und Latane sowie Schwartz. Das Modell von Latane und Darley besteht aus fünf Phasen: Handeln setzt voraus, dass die Person das Hilfe erfordernde Ereignis überhaupt bemerkt, dieses als Situation interpretiert, die tatsächlich Hilfe erfordert, sich als für die Hilfeleistung verantwortlich betrachtet, sich als handlungskompetent einschätzt und die Kosten der Hilfe als nicht zu hoch bewertet. Schwartz unterscheidet acht Phasen, nämlich Wahrnehmung von Notlagen, Erfassung von Handlungsmöglichkeiten, Erkennen eigener Fähigkeiten, Erfassen von Verantwortlichkeit, Ver-

antwortlichkeitsübernahme/persönliche Norm, Einschätzung der Kosten, mögliche Verantwortlichkeitsabwehr und Ausführung der Handlung. Zentrale kognitive Aspekte prosozialer Moral bzw. der Moral insgesamt können durch solche Prozessmodelle integriert werden.
Auch emotionstheoretische Ansätze, die auf die Bedeutung der Empathie abstellen, entstehen. Die sozialpsychologische Forschung zur Gerechtigkeitsmoral erlebte ebenfalls einen
Aufschwung; dabei dominierte die Analyse von Formen des Gerechte-Welt-Glaubens. Auch
die Werteforschung intensivierte sich.

Ich skizziere zunächst (a) Entwicklungen seit den 1970er Jahren in der Gerechtigkeits
In den 1970er Jahren wurden mit der wachsenden Forschung zu prosozialen Fähigkeiten, zum Gerechte-Welt-Glauben und zu Werten zwar verstärkt Personfaktoren analysiert,
aber nach wie vor dominierten situationsbezogene Konzepte. In dieser Dekade geriet die
Sozialpsychologie (wie die Persönlichkeitspsychologie) in eine Krise, die sich auf die grundlegenden Konzeptionen (z.B. Situationsdeterminismus) und Methoden (z.B. Dominanz von
Experimenten) erstreckte.

In der Forschung zur prosozialen Moral gewannen ab den 1980er Jahren besonders
emotionstheoretische und biologische Ansätze Einfluss. Batson stößt mit seiner „Empathie-
Altruismus-Hypothese" auf große Resonanz. Diese Hypothese besagt, dass stark ausgeprägtes Mitgefühl große Bereitschaft zu hilfreichem Verhalten nach sich zieht, während gering
ausgeprägtes Mitgefühl nur dann zu hilfreichem Verhalten führt, wenn ein Verlassen der
Situation schwierig ist. Batson nimmt also ein unabhängiges altruistisches Motivsystem an
(als Überblick vgl. Batson 1998; Bierhoff 2007; 2010; Dovido et al. 2006).

Vor allem durch die Gerechtigkeitsforschung, häufig von ihren Akteuren auch „Gerechtigkeitspsychologie" genannt, sowie durch die Werte-, Einstellungs- und Attributionsforschung lassen sich die an der Entwicklung des Gerechtigkeitsurteils ansetzenden Analysen der Kohlberg-Anhänger, Kohlbergianer und Neo-Kohlbergianer erweitern. Entwicklungspsychologische Analysen des Gerechtigkeitsurteils durch diese drei Gruppen von an
Kohlberg orientierten Positionen beziehen sich hauptsächlich auf das Urteilen zu negativen
Pflichten, Normenkonflikten und Fragen der Strafgerechtigkeit, wobei vorrangig das Denken zu Problemen auf interpersonaler Ebene ermittelt wird. Durch die Nutzung der sozialpsychologischen Gerechtigkeitsforschung könnten verschiedene bisher vernachlässigte
Bereiche der Gerechtigkeit, nämlich Probleme der Verteilungsgerechtigkeit, der Verfahrensgerechtigkeit und der interaktionalen Gerechtigkeit sowie Fragen der Gerechtigkeit sozialer
Kontexte einer entwicklungspsychologischen Analyse zugänglich werden; schon früh hat
Montada darauf hingewiesen (vgl. Montada 1980). Die Nutzung der Werte-, Einstellungs-
und Attributionsforschung erlaubt die Untersuchung weiterer gerechtigkeitsbezogener
Urteilsaspekte. Einstellungen besitzen dabei in der Sozialpsychologie einen ähnlich zentralen Stellenwert wie elementare Persönlichkeitsdispositionen (Eigenschaften/Traits) in der
Persönlichkeitspsychologie (vgl. Schmitt/Altstötter-Gleich 2010, S. 147).

Ich skizziere zunächst (a) Entwicklungen seit den 1970er Jahren in der Gerechtigkeitspsychologie, dann (b) Entwicklungen seit dieser Zeit in der Werte-, Einstellungs- und Attributionsforschung.

*(a) Gerechtigkeitspsychologie*

Die Gerechtigkeitspsychologie thematisiert Bewertungen, Entscheidungen, Kommunikationen, Emotionen und Handlungen von Personen. Sie steht in engem Kontakt mit im Rahmen der Sozialwissenschaften durchgeführten Forschungen. Beide Zugänge werden zusammen oft als „Gerechtigkeitsforschung" bezeichnet (zentrales Publikationsorgan ist die Zeitschrift „Social Justice Research"). Mit Blick auf Kognitionen bearbeiten die Sozialpsychologen vor allem folgende grundlegende Fragestellungen:

- Was betrachten Individuen als gerecht bzw. als ungerecht, und welche Gründe haben sie für ihre Auffassungen?
- Welche Faktoren beeinflussen diese Kognitionen?
- Was sind die emotionalen, verhaltensbezogenen und interpersonalen Folgen der Kognitionen über Gerechtigkeit bzw. Ungerechtigkeit?
- Wie beeinflussen diese kognitiven und nicht-kognitiven psychischen Prozesse die gerechtigkeitsrelevanten Strukturen sozialer Kontexte, etwa die Güterverteilung in einer Gesellschaft?

Die Gerechtigkeitspsychologie erlebte, wie erwähnt, in den 1970er Jahren einen Aufschwung (als Überblick vgl. Gollwitzer et al. 2009; Gollwitzer/Schmitt 2006, S. 44 ff.; Montada 2003; Schmitt 1980; 1993, Tyler et al. 1997). In Kritik an der Equity-Theorie von J.S. McAdams, die das Kriterium der Leistung betont, brachten einige Autoren (z.B. Deutsch) weitere Verteilungskriterien ins Spiel, nicht zuletzt Gleichheit und Bedürftigkeit. Darüber hinaus beleuchteten Forscher wie Thibaut und Walker sowie Leventhal Prozesse der Einschätzung der Gerechtigkeit von Verfahren (z.B. Verfahren zur Benotung der Leistungen einzelner Studenten), von denen auch abhängt, ob Verteilungen als angemessen betrachtet werden. Leventhal betont Kriterien wie Neutralität und Korrigierbarkeit von Entscheidungen als Kriterien für Verfahrensgerechtigkeit. Eine anderes Untersuchungsgebiet zeigte, dass die Ansprüche und Erwartungen der Individuen in den verschiedenen Gerechtigkeitsbereichen stark abhängen vom Vergleich mit anderen Personen, die ihnen ähnlich sind: Die bereits in den 1960er entstandenen Theorien der relativen Deprivierung (z.B. die Ansätze von Stouffer und von Runciman) betonten die Bedeutung solcher Vergleiche bei der Einschätzung eigener sozialer Benachteiligungen. Erleben von Ungerechtigkeit, Gefühle des Neids, Beeinträchtigungen der Lebenszufriedenheit und der seelischen Gesundheit können Folgen dieser Vergleiche sein. Die in den 1970er Jahren entstandenen Theorien der relativen Privilegierung nahmen an, dass auch die eigene relative Besserstellung als ungerecht betrachtet werden kann, nicht zuletzt dann, wenn die eigenen Vorteile und die Nachteile anderer als ungerechtfertigt wahrgenommen werden. Ärger und Empörung treten auf, wenn das Individuum die Verantwortung für die ungerechte Situation anderen Personen zuschreibt, Existenzielle Schuld (im Sinne von Hoffman) zeigt sich, wenn das Individuum sich selbst dafür verantwortlich fühlt.

In den 1980er Jahren verzweigte sich die Gerechtigkeitspsychologie erheblich. Nunmehr wurden auch Fragen der interaktionalen Gerechtigkeit und der Strafgerechtigkeit verstärkt untersucht. Die Gerechtigkeitstheorien der vorherigen Dekade setzten die Abhängigkeit der verschiedenen Gerechtigkeitskriterien vom situativen Kontext voraus; situative

Faktoren umfassen vor allem die Art des Gutes, um dessen Zuteilung oder Entzug es geht (z.B. materielle Werte), den sozialen Kontext, in dem sich ein Problem stellt (z.B. Eltern-Kind-Beziehung, Freundschaft), die Art der Interaktion, die innerhalb eines sozialen Kontextes besteht (z.B. wettbewerborientiert vs. kooperativ), sowie die Merkmale, die einen Anspruch auf ein Gut begründen (z.B. Anstrengung, Begabung, Bedürfnis). Jetzt hingegen berücksichtigten Sozialpsychologen verstärkt die Bedeutung von Personfaktoren sowie Formen der Interaktion von Umwelt und Person; es gab also vermehrt interaktionistische Positionen. Großen Einflussreich besaß die Theorie des Gerechte-Welt-Glaubens. Zudem entstanden Theorien der Sensibilität für Ungerechtigkeiten, die Unterschiede in der Disposition, auf Ungerechtigkeit zu reagieren, annehmen (z.B. die Theorie von Husemann).

Ab den 1990er Jahren haben sich die Theorieansätze in Richtung von Mehr-System-Modellen weiterentwickelt, bei denen insbesondere auch Intuitionen Berücksichtigung fanden (vgl. auch 9.5).

Der Einfluss personaler Faktoren lässt sich im Unterschied zu situativen Faktoren nicht experimentell, sondern nur quasi-experimentell oder korrelativ ermitteln. (Dies gilt auch für die Wirkung bestimmter Kontextfaktoren, etwa Zugehörigkeit zu einer Kultur, Subkultur oder Gemeinschaft mit bestimmten Weltanschauungen und Traditionen.) Die Messungen des Gerechtigkeitsurteils durch die Sozialpsychologen stützten sich vor allem auf Fragebögen. Es fehlen klinische Interviews und Analysen von Urteilsstrukturen. Entwicklungspsychologische Analysen stehen bisher aus, was nicht verwunderlich ist, denn die Forschung wird von Sozialpsychologen betrieben.

Die an Kohlberg orientierten Moralforscher könnten die Ontogenese der von Sozialpsychologen untersuchten Gerechtigkeitskognitionen über die Lebensspanne hinweg erfassen. Umgekehrt könnten Vertreter der Gerechtigkeitspsychologie die Angebote der an Kohlberg orientierten Moralforschung nutzen, wie es Skitka praktiziert. Diese Wissenschaftlerin betont die Notwendigkeit der Analyse von Strukturaspekten des Urteils. Orientiert an Turiels Bereichstheorie nimmt sie zudem an, dass Einstellungen, die sich auf moralische Auffassungen stützen, eine größere motivierende Kraft besitzen als auf Vorstellungen von Konventionen und persönliche Angelegenheiten gestützte Auffassungen (vgl. Skitka 2009).

*(b) Werte-, Einstellungs- und Attributionsforschung*
Wie die Gerechtigkeitsforschung erlebte die Forschung zu Werten, Einstellungen und Attributionen in den 1970er Jahren einen Aufschwung. Rokeachs Systematisierung der Werteorientierungen stieß auf große Resonanz. Im Kontext der Forschung zur politischen Sozialisation entwickelte Inglehart eine Theorie des Wertewandels, wobei er davon ausgeht, dass ab den 1960er Jahren „materialistische Werte" (Aufrechterhaltung von Ruhe und Ordnung, Kampf gegen steigende Preise) allmählich durch „postmaterialistischer Werte" (Schutz des Rechts auf freie Meinungsäußerung, mehr Einfluss der Bürger auf die Entscheidung der Regierung) ersetzt wurden. Hofstedt nimmt kulturvergleichende Untersuchungen arbeitsbezogener Werte vor. Triandis untersuchte die Verteilung kollektivistischer (an Kollektiven orientierter) und individualistischer (am Individuum orientierter) Werte über die Kulturen hinweg. Die Ansätze von Heider und Festinger zu Einstellungsänderungen fanden starke Beachtung und regten eine Vielzahl von Studien an. Die Studien zu Attributionen stützten sich vor allem auf die Arbeiten von Heider.

Die drei Untersuchungsfelder verzweigten sich in den 1980er Jahren stark. In dieser Zeit intensivierte sich insbesondere durch die Arbeiten von Schwartz, der an Rokeach anknüpft, die Forschung zu Werten. Schwartz geht wie Rokeach von einer begrenzten Anzahl von Wertehaltungen aus. Auf der Grundlage kulturvergleichender Forschung sucht er universelle Werte zu identifizieren. Dabei gelangt er zu 50 Werten, die er im Rahmen eines „Wertekreises" zu zehn Wertetypen gruppiert, nämlich Universalismus, Wohlwollen, Konformität, Tradition, Sicherheit, Macht, Leistung, Hedonismus, Stimulation und Selbstbestimmung („Circumplexmodell der Werte"). Vier dieser Wertetypen stellen explizit moralische Werte dar, nämlich „Universalismus", „Wohlwollen", „Konformität" und „Tradition". Auf Grundlage seines Fragebogens, dem „Schwartz-Werte-Inventar" („Schwartz Value Inventory") wurden verstärkt kulturvergleichende Untersuchungen zu Werten durchgeführt. Einfluss fanden auch die Ansätze von Hofsted, Triandis und Inglehart (als Überblick vgl. Oerter 2007b; M. Strack/Gennerich/Hopf 2008). Andererseits gewann die kulturpsychologische Position von Markus und Kitayama (1991) an Einfluss, die eine Differenzierung zwischen individualistischen und kollektivistischen Kulturen vornehmen. Eine Vielzahl von Studien zu Attributionen wurde durchgeführt. Insgesamt herrschten interaktionistische Positionen vor.

An dieser Differenzierung wird ab den 1990er Jahren Kritik geübt. Bedeutsam erlangt das Konzept der „geschützten Werte"(Tanner/Ryf/Hanselmann 2009). Geschützte Werte sind solche Werte, die von Individuen oder einer Gemeinschaft als unantastbar und nicht ersetzbar betrachtet werden (z.B. Achtung menschliches Leben, Schutz der Umwelt). Intuitionen werden jetzt verstärkt analysiert; es entstanden Mehr-System-Theorien (vgl. auch 9.5).

Die an Kohlberg orientierten Moralforscher könnten die Entwicklung von Werten, Einstellungen und Attributionen über die Lebensspanne hinweg untersuchen.

In Deutschland machten Montada und Kollegen im Rahmen der Arbeitsgruppe „Verantwortung, Gerechtigkeit, Moral" – von Montada 1980 an der Universität Trier gegründet – die verschiedenen sozialpsychologischen Gerechtigkeits-, Werte-, Einstellungs- und Attributionstheorien vor allem in zwei großen Forschungsprojekten fruchtbar, nämlich in den Projekten „Entwicklung von interpersonaler Verantwortlichkeit und interpersonaler Schuld" und „Gerechtigkeit als innerdeutsches Problem". Die Forscher gehen dabei jeweils von der Interaktion situativer und personaler Faktoren aus und legen ihren Analysen ein integratives Verlaufsmodell des Handelns zugrunde. Sie stützten sich in ihrer empirischen Forschung jeweils auf Korrelationsstudien mittels Fragebögen und führten Längsschnittuntersuchungen durch. Die Homepage der Arbeitsgruppe (http://www.gerechtigkeitsforschung.de) veranschaulicht die Differenziertheit, Komplexität und Fruchtbarkeit der beiden Großprojekte.

In dem während der 1980er Jahre durchgeführten Projekt „Entwicklung von interpersonaler Verantwortlichkeit und interpersonaler Schuld" stellt die Montada-Gruppe (neben Schmitt etwa auch Dalbert, Reichle und Schneider) den Zusammenhang von Kognitionen, Emotionen (vor allem Schuldgefühle, Anteilnahme, Empörung) und verantwortlichem, prosozialem Handeln bzw. Handlungsbereitschaften in den Mittelpunkt (vgl. Montada 1993; Montada/Schmitt/Dalbert 1986; Schmitt 1980). Die Wissenschaftler untersuchen kognitive Faktoren, indem sie vor allem anknüpfen an Kohlbergs Urteilstheorie (Urteilsstufen mit Hilfe von Linds MUT ermittelt), verschiedene Theorien der Verteilungsgerechtigkeit und Lerners Theorie des Glaubens an eine gerechte Welt sowie Theorien der relativen Privilegierung. Dem Projekt liegt nicht zuletzt eine eigene Theorie der relativen Privilegierung zugrunde. Prosoziales Handeln sei zum einen unmittelbar durch Wahrnehmung von Ungerechtigkeiten bzw. durch Gerechtigkeitsurteile motiviert; andererseits seien Emotionen ein wichtiger Schlüssel zur Erklärung des Handelns. Ein Ausgangspunkt ist die Annahme, dass Emotionen am besten anzeigen, ob eine Person moralische Normen verinnerlicht hat – und nicht Wissen um Normen, Urteilen oder Verhalten. Die Forscher betrachten Emotionen als abhängig von Verantwortungsurteilen und von Gerechtigkeitsurteilen, die wiederum von kognitiven Dispositionen (z.B. Präferenzen von Gerechtigkeitskriterien, Glauben an eine gerechte Welt) abhingen. Montada und Kollegen erfassen die Handlungsbereitschaft in zwei interpersonalen Kontexten, nämlich Eltern-Kind-Beziehung (Verhalten von Töchtern gegenüber ihren greisen Eltern) und Verhältnis zu unterprivilegierten Personengruppen, nämlich Körperbehinderte, Arbeitslose, türkische Gastarbeiter in der Bundesrepublik und Arme in der Dritten Welt. Die ursprünglich ca. 1100 Probanden, die sich im späten Jugend- oder im Erwachsenenalter befanden, wurden im Abstand von drei Monaten erneut befragt.

In dem während der 1990er Jahre durchgeführten Projekt „Gerechtigkeit als innerdeutsches Problem" (vgl. Schmitt/Maes/Schmal 1999) wählt die Montada-Gruppe (neben Schmitt etwa auch Maes, Neumann und Schmal) zusätzlich zu Theorien der relativen Privilegierung Theorien der relativen Deprivierung als zentralen Bezugspunkt. Auch Theorien der Verteilungsgerechtigkeit, des Glaubens an eine Gerechte Welt und der Ungerechtigkeitssensibilität leiten ihre Analysen. So sind im Rahmen des Projekts die vorhandenen Konzepte des Glaubens an eine gerechte Welt und der Sensibilität für Ungerechtigkeiten weiterentwickelt worden: Der Glauben an eine gerechte Welt umfasst, so wird herausgestellt, eine „immanente Gerechtigkeit" (gute und schlechte Taten werden sofort vergolten) und eine „ultimative Gerechtigkeit" (irgendwann wird man für gute Taten belohnt und für schlechte Taten bestraft). Die Sensibilität für selbst erlittene Ungerechtigkeiten wird ermittelt im Hinblick auf zwei kognitive Faktoren, nämlich Wahrnehmen von Ungerechtigkeiten sowie Aufdringlichkeit von Gedanken, die sich mit erlittener Ungerechtigkeit befassen, sowie im Hinblick auf zwei nicht-kognitive Indikatoren, nämlich emotionale Reaktionen (z.B. Neigung zu Ärger) und Punitivität (z.B. Einforderung von Wiedergutmachung, Vergeltung). Sensibilität wird dabei bezüglich erlittener Ungerechtigkeiten, selbstverursachter Ungerechtigkeiten und beobachteter Ungerechtigkeiten zu den eigenen Gunsten erfasst (Opfer-, Beobachter- bzw. Nutznießersensibilität). Montada und Kollegen befragten Probanden aus Ost- und Westdeutschland zur Ost-West-Verteilung der Lebensqualität in fünf Bereichen, nämlich Arbeit und Beruf, Wohlstand, Wohnsituation und Stadtqualität, Umwelt und Natur sowie menschliches Klima, und sie analysierten die Wahrnehmung von Ungerechtigkeiten in den fünf Bereichen. Darüber hinaus untersuchten sie die Wirkung der Wahrnehmung von Ungerechtigkeit auf moralische Emotionen (z.B. Mitleid, Schuldgefühle, Empörung) sowie den Einfluss der entsprechenden („lagebezogenen") Kognitionen und Emotionen auf die empfohlenen Maßnahmen, die eigenen Handlungsbereitschaften, die Handlungen und die seelische Gesundheit. Auch der Einfluss von demographischen Variablen (z.B. Alter, Geschlecht), individuellen Lebensbedingungen (z.B. eigenes Einkommen),

Persönlichkeitseigenschaften (z.B. Kontrollüberzeugungen), Wertehaltungen und Einstellungen (z.B. Einstellung gegenüber Kriterien der Verteilungsgerechtigkeit) auf die lagebezogenen Kognitionen, Emotionen, Motivationen, Handlungen und auf die seelische Gesundheit fand Berücksichtigung. Die Probanden waren mindestens 15 Jahre alt. Die ursprünglich ca. 2500 Probanden wurden im Abstand von zwei Jahren zu drei Untersuchungszeitpunkten (nämlich 1996, 1998 und 2000) befragt.

Einige wichtige Ergebnisse des Projekts sind:

- Ost- und Westdeutsche schätzen die Situation im Osten in drei Bereichen (nämlich Arbeit und Beruf, Wohlstand, Wohnsituation und Stadtqualität) als deutlich schlechter ein und bewerten diese Schlechterstellung des Ostens als ungerecht.
- Ostdeutsche berichten über mehr negative Emotionen angesichts der Lage in Deutschland. Dies gilt vor allem für den Bereich „Arbeit und Beruf". Mit Blick auf diesen Bereich überwiegen in Ost und West Gefühle der Angst, Hoffnungslosigkeit und Empörung.
- Schuldgefühle aufgrund einer als relativ besser wahrgenommenen Situation im eigenen Landesteil motivieren Westdeutsche zu Solidarität und Verzichtsbereitschaft zugunsten des Ostens, beeinträchtigen aber die seelische Gesundheit.

Vor allem Dalbert differenzierte später den Glauben an eine gerechte Welt weiter aus. Sie unterscheidet diesen Glauben im Hinblick darauf, ob er sich auf den weiteren Lebenskreis oder auf das nähere Lebensumfeld bezieht und identifiziert drei zentrale Funktionen, denen der Gerechte-Welt-Glaube bei der Bewältigung der alltäglichen Anforderungen in den verschiedenen Lebensbereichen (z.B. Familie, Schule, Beruf) und Lebenssituationen (z.B. schwere Krankheit, Arbeitslosigkeit) erfüllt:

- Er hilft, mit eigenen und beobachteten Erfahrungen von Ungerechtigkeit umzugehen.
- Er stärkt das Vertrauen in die eigene Zukunft.
- Er ist eine Motivationsquelle für faires Handeln.

Auch untersucht Dalbert die Entwicklung dieser Vorstellungen im Verlauf des Lebens. Sie machte das Konzept den Glaubens an eine gerechte Welt auch bei Schülern fruchtbar (vgl. Dalbert 2009).

Bei Schmitt rückte das Konzept der Ungerechtigkeitssensibilität in den Vordergrund. Er erweitert dieses um die Sensibilität für die Ungerechtigkeit eigener Taten (Tätersensibilität). Der in seiner Landauer Arbeitsgruppe entwickelte Fragebogen erfasst vor allem emotionale Reaktionen angesichts von Formen der Ungerechtigkeit und beinhaltet jeweils zehn Items umfassende, 6-stufige Skalen zu Opfer-, Beobachter-, Nutznießer- und Tätersensibilität, wobei bei diesen vier Sensibilitätsdimensionen immer die gleichen Aspekte angesprochen werden. Die vier Dimensionen sind unabhängig voneinander, und sie korrelieren mit prosozialen Dispositionen, antisozialen/egoistischen Dispositionen und gerechtigkeitsbezogenem Verhalten (vgl. Schmitt et al. 2009).

Oerter machte hierzulande bereits früh die sozialpsychologische Werteforschung entwicklungspsychologisch fruchtbar. Anfang der 1960er Jahren hatte er in seiner Dissertation die Werteorientierungen von Jugendlichen untersucht und seine Ergebnisse einige Jahre später in dem Buch „Entwicklung von Werthaltungen in der Reifezeit" (Oerter 1966) präsentiert. In der 1961 durchgeführten empirischen Untersuchung hatte er 12-, 13- und 15-jährige katholische Volks- und Berufsschüler herangezogen und ihnen einen Fragebogen vorgelegt. Oerter stellt die Entwicklung moralischer Werte in den Kontext der Entwicklung von Werten insgesamt – neben dem moralischen („sittlichen") Wertebereich analysiert er die Wertebereiche „soziales Prestige", „Arbeit und Leistung", „körperliche Tüchtigkeit" sowie „Hygiene und äußere Erscheinung". Oerter diskutiert in seinem Buch neben wichtigen moralpsychologischen Arbeiten deutscher Autoren (die dem Kontext der Reifungstheorie entstammen) auch internationale Arbeiten, etwa die moralpsychologischen Studien von Hartshorne und May, von Piaget sowie von Havinghurst. Die Forschungen der Lerntheoretiker zur Werte- und Normeninternalisierung rezipiert er in diesem Buch indes nicht. Er nahm das Moralthema in den letzten Jahren wieder auf (vgl. 2.4). Zudem setzt sich Oerter erneut, wie bereits in den 1960er-Jahren, mit Fragen der Werteentwicklung auseinander (vgl. Oerter 2007b).

In Deutschland brachten M. Strack, Gennerich und Hopf (2008) den Fragebogen von Schwartz zum Einsatz, wobei sich die Trennung der Werte „Tradition" und „Sicherheit" als nicht empirisch bedeutsam erwies.

# 6 Bereichsabhängige Geltung der Stufen des Gerechtigkeitsurteils? Kritik durch Bereichstheorien

Auf dem Feld der psychologischen Kognitionsforschung entstanden in den 1970er Jahren vermehrt bereichsspezifische Positionen (vgl. z.B. Carey, Fodor, Gardner). Die Bereichstheorien richteten sich vor allem gegen Theorien der Piaget-Tradition und Theorien der Informationsverarbeitung. Sie grenzten sich aber auch ab von einer Position der Domänenabhängigkeit, die auf die Annahme einer kontextabhängigen Variabilität der Stufenwerte beschränkt bleibt (als Überblick vgl. Sodian 2008).

Die in Kapitel 6 zu diskutierenden Kritiker vertreten Bereichstheorien. In der vorliegenden Arbeit waren bisher hauptsächlich theoretische und empirische Analysen der Urteilsentwicklung Gegenstand der Diskussion, die sich auf das von Kohlberg erforschte Gerechtigkeitsurteil richten – Haan (6.1), Damon (6.2), Eisenberg (6.3) und Turiel (6.4) hingegen erfassen das Urteilen zu anderen Domänen, wobei sie in Kritik an Kohlberg die Bereichsspezifität der Stufensequenz annehmen. Während sich Haan (wie Kohlberg) vorwiegend auf die Urteilsbildung im Jugend- und jungen Erwachsenenalter bezieht, setzen Damon, Eisenberg und Turiel vorwiegend an der kindlichen Urteilsbildung an.

Auf ihre Kritik an seinem bereichsübergreifenden Entwicklungskonzept hat Kohlberg in den 1980er Jahren vor allem reagiert, indem er für seine sechs Stufen nunmehr lediglich Gültigkeit im Hinblick auf das Urteilen zu Gerechtigkeitsfragen beansprucht. Probleme weist aber auch diese späte Position auf. Hier scheint, wie dargelegt werden soll, eine stärkere Annäherung an die Positionen der Bereichstheoretiker sinnvoll. Andererseits dürfte eine Annäherung der Kritiker an Kohlbergs Position erforderlich sein – von einer eingeschränkten Bereichsspezifität der Strukturen ist auszugehen. Mit dieser „gemäßigten bereichstheoretischen Position" wende ich mich auch gegen Moralpsychologen (wie etwa Dawson), die voraussetzen, dass eine bestimmte Stufensequenz allen Bereichen der menschlichen Entwicklung zugrunde liegt.

## 6.1 Die Eigenständigkeit des Urteilens zu Gerechtigkeitsfragen in Beziehungen und Gruppen: Haans Kritik

Das MJI erfasst Stellungnahmen zu allgemeinen Fragen nach den Rechten von Personen, eine unparteiliche Abwägung konfligierender Rechte sowie eine Bewertung der Gerechtigkeit von Strafen. Das Urteilen zu Problemen der Gerechtigkeitsmoral in Beziehungen und Gruppen ermittelt dieses Interviewverfahren nicht gezielt. In jeder engen zwischenmenschlichen Beziehung (etwa Eltern-Kind-Beziehung, Geschwisterbeziehung, Freundschaftsbeziehung) und in jeder Gruppe (etwa Gruppe der Gleichaltrigen) hat die Person zum einen zu Situationen Stellung zu nehmen, in denen andere Personen hilfsbedürftig sind. Neben solchen Fragen prosozialer Moral stellen sich auch Fragen der Gerechtigkeit, wie zum Beispiel: Wer trifft Entscheidungen und mit welchem Recht? Sind bestimmte Interaktionsmuster im Interesse aller Partner? Inwieweit sind aufgetragene Pflichten der Hilfeleistung gerecht? Haan thematisiert solche Fragen der Gerechtigkeitsmoral in Beziehungen und Gruppen.

*(a) Haans frühe Kritik*

Haan wählt statt der Prinzipien und Verfahren des urteilenden Individuums die Kommunikation als Ausgangspunkt ihrer Moralanalyse. Die Urteilsbildung des Individuums betrachtet sie also nicht als monologische Aktivität, bei der dieses sich allein an Prinzipien und Verfahren orientiert, sondern als Tätigkeit, die auch an der Urteilsbildung der Anderen ausgerichtet ist und einen Ausgleich von Interessen herstellen soll.

In einer differenziert angelegten Studie untersucht Haan (1978), wie Personen im Alter von 13 bis 17 Jahren ihre Interessen und Handlungen koordinieren. Sie zieht dabei Gruppen von Freunden heran, legt den Probanden im Rahmen eines klinischen Interviews neben Kohlberg-Dilemmata auch beziehungs- und gruppenbezogene Dilemmata vor, lässt die Probanden an Spielen teilnehmen, wobei deren Aussagen und deren Verhalten erfasst werden, und erhebt psychodynamische Prozesse der Abwehr und Bewältigung.

Die Forscherin erweitert im Rahmen dieser Studie Kohlbergs System von sechs Stufen der an Rechten orientierten Gerechtigkeitsmoral (einer „formalen Moral") um fünf Stufen einer an Beziehung und Gruppen orientierten Gerechtigkeitsmoral (einer „interpersonalen Moral"). Letztere unterscheiden sich danach, inwieweit Interessen wahrgenommen und berücksichtigt werden. Die Stufen zu dieser Moralart bestimmt sie durch Unterschiede in der Gewichtung eigener, fremder und gemeinsamer Interessen: Auf Stufe 1 dominieren Eigeninteressen, wobei fremde Interessen noch nicht wahrgenommen werden; auf Stufe 2 stehen wiederum Eigeninteressen im Vordergrund, wobei aber auch fremde Interessen erfasst und berücksichtigt werden; auf Stufe 3 ordnen die Personen ihre Eigeninteressen fremden Interessen unter; auf Stufe 4 berücksichtigen sie gemeinsame Interessen; auf Stufe 5 kommt es schließlich zur Koordinierung eigener, fremder und gemeinsamer Interessen.

Haan zeigt damit auf, dass Kohlbergs Konzept konventioneller und postkonventioneller Stufen bei der Urteilsbildung zu Fragen der Gerechtigkeit in Beziehungen und Gruppen Probleme nach sich zieht: Vor allem sind unterschiedliche Formen einer interpersonalen Gerechtigkeitsmoral anzunehmen, denn systemorientierte und postkonventionelle Standards abstrahieren von Erwartungen in Beziehungen und Gruppen. Allerdings bleibt unklar, inwieweit Haan die interpersonale Moral als Persönlichkeitsdisposition oder als Urteilsbereich versteht.

*(b) Haans spätere Kritik*

Die Forscherin entwickelt ab den 1980er Jahren ihr Konzept einer interpersonalen Moral weiter. Sie erforscht jetzt auch Personen im jungen Erwachsenenalter. Wiederum führt sie Spiele durch. Bei einem der Spiele werden zwei Gruppen gebildet: die eine ist gleichheitsorientiert, aber kompetitiv, die andere sexistisch, aber nicht kompetitiv. Jede Gruppe beobachtet die andere und hat an ihrem Leben teilzunehmen. Insbesondere untersucht Haan jetzt verstärkt die Rolle von Abwehrmechanismen (vgl. Haan/Aerts/Cooper 1985).

Entwicklungspsychologische Moralforscher vernachlässigten bisher Probleme der Gerechtigkeit in Beziehungen und Gruppen. Als eine von wenigen Forschern thematisierte Goodnow (1998) solche Fragen. Sie stellte zum Beispiel fest, dass eine Übertragung spezifischer Pflichten auf eine Person, die für deren Erfüllung nicht zuständig ist (zum Beispiel das Bett des Bruders zu machen), von Personen aller Altersgruppen als ungerecht wahrgenommen wird. Stufen der Urteilsbildung formuliert Goodnow allerdings nicht.

## 6.2 Die Eigenständigkeit des Urteilens zu Fragen distributiver Gerechtigkeit: Damons Kritik

Ein weiterer wichtiger Bereich der Gerechtigkeit bleibt bei Kohlberg ausgeklammert, nämlich Fragen der gerechten Verteilung von Gütern und Lasten. Damon geht, anknüpfend an Piaget, der Urteilsbildung zu diesen Fragen distributiver Gerechtigkeit nach (er selbst spricht von „positiver Gerechtigkeit").

*(a) Damons frühe Kritik*

Piaget legte bei seiner Untersuchung des distributiven Gerechtigkeitsurteils fiktive Situationen vor, in denen materielle Güter und Belastungen auf gehorsame und ungehorsame Kinder, auf Kinder gleichen Alters bzw. auf Kinder unterschiedlichen Alters zu verteilen sind. Er fand, dass die Kleinsten (Fünf- bis Siebenjährige) gehorsame Kinder gegenüber ungehorsamen bevorzugen, während ältere Kinder Gesichtspunkte der Gleichheit geltend machen. Piaget fand zudem, dass bei Verteilungsproblemen unter Kindern gleichen Alters schon die Kleinsten am Kriterium der gleichen Verteilung orientiert sind. Wenn hingegen jüngere und ältere Kinder bei Verteilungsproblemen im Spiel sind, bevorzugen Piaget zufolge die Kleinsten die älteren Kinder, in etwas höherem Alter wird im Sinne strikter Gleichheit verteilt, und schließlich werden die jüngeren Kinder bevorzugt (Orientierung an Bedürftigkeit) (vgl. 2.2; 2.3.2).

Damon führt neben „Gehorsam" und „Alter" auch andere verteilungsrelevante Gesichtspunkte ein, etwa den des Verdienstes; ihm geht es um die systematische Variation von Gesichtspunkten der Verteilungsgerechtigkeit. Er untersucht Kinder im Alter von vier bis 12 Jahren (vgl. Damon 1975). Anhand der im Rahmen klinischer Interviews vorgelegten Geschichten gewinnt Damon sechs Stufen („Niveaus") des Urteilens zu Fragen der Verteilungsgerechtigkeit (der „positiven Gerechtigkeit"), die in Tab. 6.1 dargestellt sind.

*Tab. 6.1    Damons Beschreibung der frühen Stufen („Niveaus") des distributiven*
*Gerechtigkeitsurteils*

| |
|---|
| *Niveau 0-A:*<br>Die Entscheidungen für eine gerechte Verteilung von Gütern folgen dem Wunsch des Subjekts nach einer ganz bestimmten Handlung. In den Begründungen werden die Entscheidungen eigentlich nur verteidigt und gar nicht gerechtfertigt (etwa: „Ich sollte es kriegen, weil ich es gern haben möchte"). |
| *Niveau 0-B:*<br>Die Entscheidungen spiegeln immer noch die Wünsche des Subjekts wider, werden nun aber durch äußere, beobachtbare Tatsachen wie Größe, Geschlecht oder andere physische Merkmale von Personen gerechtfertigt (etwa: „Wir sollten das meiste kriegen, weil wir Mädchen sind"). Derartige Rechtfertigungen wechseln sprunghaft, werden im nachhinein vorgebracht und dienen schließlich doch immer nur dem Interesse des Subjekts. |
| *Niveau 1-A:*<br>Die Entscheidungen für eine gerechte Verteilung von Gütern entspringen Vorstellungen von unbedingter Gleichbehandlung (d.h.: Jeder sollte das gleiche bekommen). Die Rechtfertigungen folgen ebenfalls diesem Prinzip, sind aber einseitig und rigide. |
| *Niveau 1-B:*<br>Die Entscheidungen werden getragen von der Vorstellung der Reziprozität von Handlungen, d.h., es sollte im Falle guter wie schlechter Taten Gleiches mit Gleichem vergolten werden. Die Vorstellung des Verdienstes taucht auf. Die Begründungen sind einseitig und inflexibel. |
| *Niveau 2-A:*<br>Aus der Einsicht, daß verschiedene Personen unterschiedliche, dennoch gleichermaßen triftige Gründe für ihre Ansprüche haben können, entwickelt sich eine relativistische Moralvorstellung. Die Ansprüche von Personen, die besonders bedürftig sind (d.h. die Ansprüche der Armen), werden besonders stark gewichtet. In den Entscheidungen werden zwischen den konkurrierenden Ansprüchen Kompromisse quantitativer Art angestrebt (etwa: „Er sollte das meiste bekommen, aber sie sollte auch etwas kriegen"). |
| *Niveau 2-B:*<br>Die Vorstellungen von Gleichheit und Reziprozität werden so koordiniert, daß bei Entscheidungen für die gerechte Verteilung von Gütern die Ansprüche der verschiedenen Personen und die Gegebenheiten der spezifischen Situation berücksichtigt werden. Die Entscheidungen sind klar und sicher; in den Begründungen spiegelt sich jedoch die Erkenntnis wider, daß jeder das ihm Zustehende bekommen sollte (auch wenn dies in vielen Situationen nicht Gleichbehandlung bedeutet). |

(Quelle: Damon 1984, S. 105 f.)

Damon erweitert Piagets Stufen des distributiven Gerechtigkeitsurteils vor allem durch die Stufen 0-A, 1-B und 2-B: Die ausschließliche Bezugnahme auf die eigenen Bedürfnisse, die Orientierung am Kriterium des Verdienstes sowie die Koordinierung der unterschiedlichen verteilungsrelevanten Kriterien ist in Piagets Stufen des distributiven Gerechtigkeitsurteils nicht enthalten.

Die ermittelte Stufensequenz konnte er dann auch in Längsschnittstudien bestätigen. Die Stufe 1-A zeigte sich dabei mit ca. fünf bis sechs Jahren, die Stufe 2-A mit ca. acht bis neun Jahren (Damon 1980a; 1984).

Damons Analysen zeigen zudem, dass auch Kohlbergs Moralstufen das Denken zu den von Damon vorgelegten Fragen der Verteilungsgerechtigkeit nicht angemessen charakterisieren. Zwar gibt es einige Gemeinsamkeiten zwischen beiden Stufenbeschreibungen – hauptsächlich Entsprechungen zwischen Damons Stufe 0-A und Kohlbergs Stufe 0 (nämlich das Fehlen moralischer Rechtfertigungen), zwischen Damons Stufe 0-B und Kohlbergs Stufe 1 (nämlich eine Orientierung an beobachtbaren Merkmalen von Personen), zwischen Damons Stufe 1-B und Kohlbergs Stufe 2 (nämlich eine Orientierung an konkreter Reziprozität und an Verdienst) sowie zwischen Damons Stufe 2-A und Kohlbergs Stufe 3 (nämlich eine Orientierung an der Bedürftigkeit von Personen). Zugleich aber weisen die Stufensysteme Unterschiede auf – beispielsweise erfassen Kohlbergs Stufen nicht die Stufen 1-A und 2-B. Auch definiert Damon die Stufe 0-B durch ein an beobachtbaren Merkmalen orientiertes Konzept von Personen allgemein, während Kohlberg seine Stufe 1 vorwiegend durch ein an beobachtbaren Merkmalen orientiertes Konzept von Autoritätspersonen kennzeichnet.

Auf zwei Probleme von Damons frühem Ansatz zum distributiven Gerechtigkeitsurteil soll hingewiesen werden: Er setzt voraus, dass die von ihm ermittelte Entwicklungssequenz bei allen Verteilungsproblemen zu finden ist, untersucht aber nur ein kleines Spektrum solcher Probleme; Piagets dargestellte Forschungsergebnisse legen die Annahme nahe, dass die Stufensequenz zu Verteilungsproblemen von den Aufgaben abhängt. Des weiteren vernachlässigt Damon (wie auch Piaget) die Urteilsbildung zu Fragen der Verteilungsgerechtigkeit in der Adoleszenz und im Erwachsenenalter. Offen bleibt also, ob Stufe 2-B das Denken in diesen Altersphasen noch hinreichend beschreibt und inwieweit dort bereichsspezifische Sequenzen auftreten.

In seiner Kritik an Kohlbergs Entwicklungskonzept ist Damon radikal. Er geht nämlich von einer Bereichsspezifität des Urteilens selbst hinsichtlich der durch das MJI erhobenen moralischen Normen aus:

> Meine eigene Ansicht ist, dass alle moralischen Issues Kohlbergs potenziell unterschiedlich sind. Ich sehe keinen Grund von vorneherein anzunehmen, dass diese getrennten Aspekte Teile eines kohärenten, einheitlichen ‚moralischen' Systems sind; und Kohlberg hat niemals in überzeugender Weise empirische Beziehungen zwischen ihnen aufgezeigt [Kurtines/Greif 1974]. Warum sollten wir annehmen, dass beispielsweise das Gerechtigkeitskonzept eines Kindes irgendetwas mit seinem Konzept des Lebens zu tun hat? (Damon 1980b, S. 52).

Damon belegt diese Kritik durch eigene empirische Untersuchungen jedoch nicht, und er kann sich auch nicht auf entsprechende Analysen anderer Forscher stützen. Neben dem Urteilen zu Verteilungsproblemen analysiert er selbst lediglich das Urteilen zum Verbot des Stehlens (und zwar im Rahmen einer Untersuchung von Leistungen der Differenzierung zwischen Regeln der Moral und Konventionen) sowie das Verständnis von Autoritäts- und Freundschaftsbeziehungen, wobei er sich jeweils wiederum auf die Entwicklung in der mittleren und späten Kindheit beschränkt. Wie Turiel will Damon zeigen, dass eine Differenzierung hinsichtlich der Geltung von moralischen Regeln und von Konventionen nicht erst auf postkonventionellem Niveau vorgenommen wird, und wie Turiel schreibt er Kohlberg die Annahme zu, die Differenzierung sei erst auf diesem Niveau möglich. (Damon geht dabei nur von einer Differenzierung auf präkonventionellem Niveau aus und nicht auch, wie Turiel, von einer Differenzierung auf konventionellem Niveau). Er konstruiert jedoch im Rahmen dieser Analyse Stufen des Urteilens zum Diebstahlsverbot, die stark an Kohlbergs Stufen angelehnt sind (vgl. Damon 1982, S. 127 f.). Gleiches gilt für Damons Stufen des Verständnisses von Autoritätsbeziehungen (vgl. Damon 1982, S. 121 ff.). Bei der Analyse des Verständnisses von Freundschaftsbeziehungen orientiert er sich an der Methode von Selman (Selman 1980): Um das Freundschaftsverständnis zu ermitteln, fragt er seine Probanden beispielsweise, was einen guten Freund ausmacht, wie eine Freundschaft geknüpft, wie sie fortgesetzt und wann sie beendet wird. Die Untersuchungsergebnisse Damons zeigen, dass Freundschaft zunächst vor allem als Austausch materieller Güter (etwa von Spielzeug) verstanden wird (Stufe 1), dann als Beziehung, in der man einander hilft und wechselseitige Berücksichtigung der Bedürfnisse erwartet (Stufe 2), und schließlich als enge Beziehung, in der die Partner einander intime Gedanken, Gefühle und Wünsche anvertrauen (Stufe 3). Nur hinsichtlich des Freundschaftsverständnisses unterscheiden sich Damons und Kohlbergs Stufen relativ deutlich – die Stufen 1 und 2 des Freundschaftsverständnisses weichen von Kohlbergs Stufen ab. Auch sind Damons Analysen des Denkens zu Autoritäts- und Freundschaftsbeziehungen eher dem Bereich deskriptiver sozialer Kognition als dem Bereich präskriptiver sozialer Kognition zuzuordnen, denn Damon fragt nicht gezielt nach moralischen Verpflichtungen (vgl. Keller 1996).

Ebenso wenig wie Kohlbergs bereichsübergreifende Position scheint also die scharfe bereichsspezifische Gegenposition Damons haltbar.

*(b) Damons spätere Kritik*

In den 1980er Jahren versteht Kohlberg wie bereits erwähnt seine Stufen moralischen Urteilens lediglich als Stufen des Gerechtigkeitsurteils, und nicht länger als Stufen moralischen Urteilens schlechthin. Im Anschluss an Aristoteles unterscheidet er dabei drei Typen von Gerechtigkeitsproblemen, die alle durch das MJI angesprochen werden sollen:

> Unsere moralischen Dilemmata behandeln drei Arten von Gerechtigkeitsproblemen, die in Aristoteles ,Nikomachischer Ethik' identifiziert wurden. Das erste Problem betrifft die austeilende Gerechtigkeit, also die Art und Weise, mit der eine Gesellschaft oder eine dritte Instanz ,Ehre, Wohlstand und andere wünschenswerte Güter' verteilt. (...) Der zweite Typ eines Gerechtigkeitsproblems ist die ausgleichende Gerechtigkeit, die sich auf freiwillige Vereinbarung, Vertrag und fairen Austausch konzentriert. Ein dritter und nahe verwandter Typ eines Gerechtigkeitsproblems ist das Problem der wiederherstellenden Gerechtigkeit; diese liefert korrektive Prinzipien zum Ausgleich ungleicher oder unfairer privater Transaktionen, die Restitution oder Entschädigung erfordern. Außerdem befasst sich die wiederherstellende Gerechtigkeit mit Verbrechen oder Vergehen, die die Rechte eines unfreiwillig Beteiligten verletzen und daher Restitution oder Vergeltung verlangen (Kohlberg 1984, S. 621 f.).

Kohlberg verwendet also einen breiteren Begriff distributiver, austeilender Gerechtigkeit als Damon – dieser Begriff umfasst bei ihm auch Normenkonflikte. Vor dem Hintergrund seiner Differenzierung von Gerechtigkeitsproblemen interpretiert er die von Damon thematisierten Fragen der gerechten Verteilung materieller Güter als einen wichtigen Aspekt distributiver Gerechtigkeit, den er selbst vernachlässigt habe.

An einer Stelle scheint Kohlberg sogar Damons Urteilsstufen zu Fragen der Verteilungsgerechtigkeit zu akzeptieren, d.h. noch innerhalb des Bereichs der Gerechtigkeit eine Bereichsspezifität der Urteilsentwicklung anzunehmen. Zwar deute seine Forschung wie auch Piagets Forschung darauf hin, dass bei jüngeren Kindern eine heteronome Moral vorherrschend ist und diese das zentrale Charakteristika einer Moral der Stufe 1 darstellt; doch zeige die Arbeit von Damon, dass eine autonome Moral zur gleichen Zeit besteht und bei Gerechtigkeitsproblemen unter gleichaltrigen Kindern gefunden werden kann (Kohlberg 1987, S. 324). Bei diesen Problemen könne demnach schon früh eine autonome Moral auftreten. Piaget freilich hatte eine frühe autonome Moral bei Problemen der Verteilungsgerechtigkeit unter gleichaltrigen Kindern durchaus angenommen (vgl. 2.3.2).

An anderer Stelle relativiert Kohlberg Damons Stufen jedoch. Dort trägt er dessen Differenzierung der Stufen 1-A, 1-B, 2-A und 2-B nicht Rechnung; die entsprechenden Urteilsformen führt er sämtlich auf der eigenen Stufe 2 an (Kohlberg 1984, S. 627 f.). Eine Person auf Stufe 2 könne bei Fragen der Verteilungsgerechtigkeit auf Gesichtspunkte der Gleichheit, der Reziprozität und der Billigkeit gleichermaßen Bezug nehmen oder könne diese Kriterien koordinieren. Statt wie Damon die Stufen durch spezifische Gerechtigkeitsoperationen zu kennzeichnen, hält er jeweils Entwicklungsstufen bei diesen Operationen fest. Indem Kohlberg auch nach Stufe 2 stufenspezifische Formen der einzelnen Gerechtigkeitsoperationen bestimmt, geht er über Damons Ansatz ebenfalls hinaus, denn dieser bleibt auf die kindliche Urteilsbildung beschränkt.

Damon hat seit den 1980er Jahren seine frühe Analyse moralischen Urteilens nicht weitergeführt. Er nimmt Kohlbergs Reaktion auf seine Einwände nicht zur Kenntnis, schwächt jedoch die Kohlberg-Kritik ab, indem er keine radikale bereichsspezifische Kritik an dessen Urteilsstufen mehr vorträgt (vgl. Damon 1988).

Es blieb somit offen, ob und inwieweit sich Kohlberg an Damons Stufen des distributiven Gerechtigkeitsurteils tatsächlich anschließt. Offen blieb zudem, inwieweit Kohlbergs eigene Stufenbestimmung zu den von Damon thematisierten Fragen distributiver Gerechtigkeit überhaupt tragfähig ist, denn Kohlberg und seine Anhänger liefern keine empirischen Analysen dazu, während Damon keine Analyse der Urteilsbildung in der Adoleszenz und im Erwachsenenalter vornimmt. Mir scheint indes nicht nur eine Annäherung an Damons Position notwendig, sondern auch eine Modifizierung derselben dahingehend, dass eine Bereichsspezifität der Entwicklung selbst innerhalb des Bereichs der distributiven Gerechtigkeit angenommen wird; Damons Stufen scheinen nur bei einem bestimmten Typus von Leistungssituationen gültig zu sein. Diese Einschätzung legen besonders zwei Weiterentwicklungen von Damons Analysen nahe, die Kohlberg nicht mehr zur Kenntnis nehmen konnte, weil sie erst nach seinem Tod entstanden: Sigelman und Waitzman (1991) erfassen das Urteilen zu Fragen der Verteilungsgerechtigkeit außerhalb von Leistungssituationen, Thorkildsen (vgl. z.B. Torkildsen 1995) thematisiert im Rahmen von Leistungssituationen Probleme der Fairness institutioneller Praktiken, die Damon ebenfalls vernachlässigte.

Eine Annäherung an Damons Position ist erforderlich: Im Hinblick auf das MJI wurde die radikale bereichsspezifische Position, wie Damon sie zunächst vertreten hatte, nicht belegt, denn bereichsspezifische Sequenzen bei der Urteilsbildung hierzu traten nicht auf; hingegen bestätigte die Forschung Damons Stufen des distributiven Gerechtigkeitsurteils hinsichtlich des von ihm entwickelten klinischen Interviews weitgehend (vgl. Lapsley 1996).

Zugleich aber ist Damons Position zu modifizieren:

- Sigelman und Waitzman (1991) erfassen bei fünf bis 13 Jahren alten Probanden neben dem Urteil zu den von Damon vorgelegten Verteilungsproblemen in Leistungssituationen das Urteil zu Verteilungsproblemen in Situationen, in denen Personen hilfsbedürftig sind, sowie zu Verteilungsproblemen in Situationen, in denen es um ein angemessenes Verfahren für eine demokratische Wahlentscheidung geht. Sie nehmen an, dass ältere Kinder bei den unterschiedlichen Problemtypen verschiedene Gerechtigkeitskriterien für angemessen erachten, nämlich in Wahlsituationen „Gleichheit", in Leistungssituationen „Verdienst" und in Hilfe erfordernden Situationen „Bedürftigkeit". Tatsächlich finden sie, dass die älteren Kinder (die Neun- bis 13-Jährigen) die Gerechtigkeitskriterien in diesem Sinne bereichsspezifisch anwenden, während die jüngeren Kinder (die Fünfjährigen) kontextunabhängig allein an Gesichtspunkten der Gleichheit orientiert sind. Von hier aus scheinen Damons Stufen nur für einen bestimmten Bereich distributiver Gerechtigkeit Gültigkeit beanspruchen zu können, nämlich für Leistungssituationen. Stufen des distributiven Gerechtigkeitsurteils formulieren Sigelman und Waitzman sowie die an sie anknüpfenden Forscher jedoch nicht. Kienbaum und Wilkening (2009) ermittelten neuerdings eine Bezugnahme auf das Bedürftigkeitskriterium schon bei Sechsjährigen.

- Thorkildsen (1995) macht darauf aufmerksam, dass Kohlbergs MJI in erster Linie auf das Handeln von Personen abzielt und Fragen der Gerechtigkeit von Institutionen ausklammert. Beispielsweise muss beim „Heinz"-Dilemma Heinz entscheiden, ob er das lebensrettende Medikament stehlen soll, weil er es auf legalen Wegen nicht erwerben kann. Die Probanden werden nicht aufgefordert, die Gerechtigkeit der gesellschaftlichen Institutionen zu bewerten, die das „Heinz"-Dilemma erst entstehen lässt. Auch werden sie nicht nach Handlungsmöglichkeiten gefragt, die zu einem gerechteren System der Gesundheitsfürsorge führen könnten (Thorkildsen 1995, S. 513). Thorkildsen untersucht die Urteilsbildung von Kindern und Adoleszenten zu diesen Fragen sozialer Gerechtigkeit mit Blick auf Leistungssituationen, indem sie Lernmethoden und Testpraktiken in der Schule thematisiert. Sie stellt dabei Unterschiede zwischen den Stufen zu Lernmethoden und den Stufen zu Testpraktiken fest: Zunächst werden Lernmethoden als fair betrachtet, die für alle die gleichen Belohnungen bereitstellen, dann Lernmethoden, die allen den gleichen Abschluss ihrer Arbeit möglich machen. Dagegen werden zunächst Testmethoden als fair betrachtet, die die gleichen Testergebnisse ermöglichen, anschließend solche, die gleiche Anstrengungen erlauben. Die Stufen in den beiden Leistungskontexten unterscheiden sich also voneinander, und sie unterscheiden sich zugleich von denjenigen Damons. Selbst bei Verteilungsproblemen in Leistungssituationen können die Stufen also kontextabhängig sein.

Durch die Analysen von Sigelman und Waitzman sowie von Thorkildsen wird auch Enrights Weiterentwicklung von Damons Analyse der Urteilsbildung zu Fragen der Verteilungsgerechtigkeit ein Stück weit in Frage gestellt, denn Enright orientiert sich an Damons Stufenbestimmung. Er benennt hauptsächlich lediglich Defizite der klinischen Methode von Damon und entwickelt einen Fragebogen, die „Distributive Justice Scale" (DJS). Diese Messmethode besteht aus zwei Dilemmata, wobei Kindern Bilder zu möglichen Lösungen von

Verteilungsproblemen vorgelegt werden, welche die Stufen repräsentieren sollen. Enright und Mitarbeiter ermitteln ähnliche Alterstrends wie Damon, und zwar in Studien in den USA und in anderen Kulturen (vgl. z.B. Enright et al. 1984). Die mit Hilfe eines standardisierten methodischen Verfahrens durchgeführten Analysen bestätigen also Damons Stufen für den von ihm untersuchten Problembereich.

Hinsichtlich des distributiven Gerechtigkeitsurteils blieb vor allem offen, wie die Entwicklung im Jugend- und im Erwachsenenalter verläuft, denn die durchgeführten Studien beschränken sich für gewöhnlich auf die Kindheit. Zu prüfen wäre nicht zuletzt, inwieweit sich Kohlbergs konventionelle und postkonventionelle Stufen zur Beschreibung entsprechender Entwicklungssequenzen eignen. Die sozialpsychologische Gerechtigkeitsforschung, deren Themen und Gesichtspunkte Sigelman und Waitzman sowie Thorkildsen einbringen, analysiert das Denken von Erwachsenen zu verschiedenen Fragen der Gerechtigkeit, wobei die Wissenschaftler auf diesem Feld die Kontextabhängigkeit der von den Personen eingebrachten Gerechtigkeitsprinzipien betonen (vgl. 5.4). Eine Rezeption der sozialpsychologischen Gerechtigkeitsforschung durch die entwicklungspsychologische Forschung zum Denken über Verteilungsgerechtigkeit wäre fruchtbar. Verschiedene bisher vernachlässigte Probleme der interpersonalen Verteilungsgerechtigkeit und spezifische Fragen der sozialen Verteilungsgerechtigkeit (etwa Konflikte zwischen verschiedenen sozialen Gruppen) könnten dadurch thematisiert werden.

### 6.3   Die Eigenständigkeit prosozialen Urteilens: Eisenbergs Kritik

Negative Pflichten einer Person, denen immer auch Rechte anderer entsprechen, gebieten die Unterlassung eigener Handlungen, die andere schädigen. Normenkonflikte, Gerechtigkeitsprobleme in Beziehungen sowie Verteilungsprobleme verlangen eine unparteiliche Abwägung eigener und fremder Interessen. Fragen „prosozialen" Verhaltens, d.h. Situationen, in denen es um Fürsorgepflichten, Pflichten der Hilfe gegenüber Personen oder Gruppen in Not sowie um supererogatorische Aspekte geht, erfordern ebenfalls die Zurückstellung eigener Interessen. Einige von Kohlbergs Dilemmata beinhalten auch Fragen prosozialen Handelns – vor allem „Heinz" und „Sterbehilfe": Soll Heinz seiner krebskranken Ehefrau beistehen, indem er das lebensrettende Medikament stiehlt? Soll der Arzt dem Wunsch einer unheilbar krebskranken, schwer leidenden Patientin nachkommen, ihr Sterbehilfe zu leisten? Bei diesen beiden Dilemmata sind prosoziale Handlungen mit hohen Kosten für den Aktor verbunden (z.B. harte Bestrafung bei der Verletzung von Gesetzen). Zugleich stellen die Ansprüche der Not leidenden Personen aber auch Rechte dar. So kann die Ehefrau von Heinz ein Recht auf Leben, die unheilbar kranke Patientin, die um Sterbehilfe bittet, ein Recht auf Selbstbestimmung geltend machen.

Auch der Ansatz von Piagets sowie die Ansätze von Freud, der Lerntheoretiker und der Vertreter psychometrischer Positionen ignorierten weitgehend die prosoziale Entwicklung; die Forschung dazu ist im Wesentlichen ein Produkt der 1970er Jahre. Während im einflussreichen „Handbook of Child Psychology" von 1970 (Mussen 1970) die prosoziale Entwicklung noch kaum Erwähnung findet, räumt die darauf folgende Ausgabe von 1983 (Mussen 1983) diesem Thema ein eigenes Kapitel ein – und zwar eines von zwei Kapiteln zur Moralentwicklung; das andere behandelt die Entwicklung der Moral insgesamt, wobei dort die Kohlberg-Forschung im Zentrum steht. Der Schwerpunkt der in den 1970er Jahren durchgeführten Analysen der prosozialen Entwicklung liegt dabei auf dem prosozialen Verhalten, und zwar hauptsächlich auf demjenigen von Vorschul- und Schulkindern. Im Mittelpunkt stand die Frage, wie sich die Häufigkeit prosozialen Verhaltens mit dem Alter verändert. Bei der Erklärung entsprechender Entwicklungsprozesse betonen die Forscher neben sozialen Faktoren auch kognitive Faktoren – vielen Wissenschaftlern dienen traditionelle soziale Lerntheorien oder kognitivistische Stufentheorien als theoretische Grundlage (vgl. Radke-Yarrow/Zahn-Waxler/Chapman 1983).

Autoren wie Hoffman, Eisenberg, Radke-Yarrow und Zahn-Waxler setzen in den 1970er Jahren andere Akzente. Die vier Forscher analysieren neben dem prosozialen Verhalten auch die Entwicklung der Empathie, thematisieren neben der mittleren und späten Kindheit die frühe Kindheit, rekonstruieren qualitative Veränderungen in der Empathieentwicklung und betonen unter anderem die Bedeutung evolutionsbiologischer Faktoren (z.B. Brutpflege als evolutionärer Vorläufer für fürsorgliches Verhalten des Menschen). Dabei haben die Arbeiten Hoffmans Eisenberg, Radke-Yarrow und Zahn-Waxler maßgeblich beeinflusst.

Die vier Forscher wählen insofern andere Schwerpunkte als Kohlberg, als sie prosoziales Verhalten sowie Empathie analysieren und hauptsächlich Kinder untersuchen. Eisenberg untersucht als einige der wenigen Forscher in den 1970er Jahren die Urteilsbildung zu Fragen prosozialer Moral.

*(a) Eisenbergs frühe Kritik*

Eisenberg legt moralische Fragen vor, bei denen prosoziales Handeln hohe Kosten für den Helfer mit sich bringt, wobei jedoch keine moralischen Pflichten bzw. keine Rechte im Spiel sind, etwa weil die zu lindernde Not nicht unmittelbar lebensbedrohlich ist oder Helfer und Hilfsbedürftiger einander nicht nahe stehen (vgl. Eisenberg-Berg 1979). Das Urteil zu den von ihr vorgelegten Problemen supererogatorischen Handelns bezeichnet sie als „prosoziales Urteil". Sie konfrontiert Kinder und Jugendliche zum Beispiel mit folgenden beiden Problemen: Soll ein junger Mann in einer Klinik über mehrere Wochen dringend benötigtes Blut spenden, selbst wenn er dadurch physisch geschwächt würde? Soll eine Dorfgemeinschaft den Großteil ihrer Ernte einem Nachbardorf überlassen, das überflutet wurde, selbst wenn die Bewohner der Dorfgemeinschaft daraufhin Hunger leiden müssten?

Auf Grundlage ihrer Interviewdaten unterscheidet Eisenberg zunächst nur einzelne Begründungskategorien prosozialen Urteilens, nämlich die Kategorien „Strafe und Gehorsam", „hedonistisches Denken", „nicht-hedonistischer Pragmatismus", „an Bedürfnissen orientiert", „stereotypes Denken", „Anerkennung und soziale Akzeptanz", „empathische Orientierung", „Verweis auf Menschlichkeit", „internalisierter Affekt" und „abstraktes Denken (vgl. Eisenberg-Berg 1979). Mittels faktorenanalytischer Verfahren, die an den empirischen Ergebnissen zu den Begründungskategorien ansetzen, ermitteln Eisenberg und Mitarbeiter (Eisenberg/Lennon/Roth 1983) dann fünf Stufen („Niveaus") der Entwicklung prosozialen Urteilens (vgl. Tabelle 6.2).

Tab. 6.2    *Eisenbergs Beschreibung der Stufen („Niveaus") des prosozialen Urteilens*

| NI-VEAU | Orientierung | Charakterisierung | Alters-gruppe |
|---|---|---|---|
| 1 | Hedonistisch, selbstbezogen | Die Person ist mit Folgen für sich selbst beschäftigt, nicht mit moralischen Rücksichten. Gründe für die Unterstützung oder die fehlende Unterstützung eines Anderen sind der unmittelbare eigene Vorteil, eine zukünftige Reziprozität und eine Sorge um andere Individuen, die die Person braucht und/oder mag (wegen affektiver Bindung). | Vorschüler und jüngere Grundschüler |
| 2 | Bedürfnisse anderer | Die Person drückt Sorge um die physischen, materiellen und psychologischen Bedürfnisse des Anderer aus, auch wenn dessen Bedürfnisse mit den eigenen Bedürfnissen in Konflikt stehen. Diese Sorge wird in einfachsten Begriffen zum Ausdruck gebracht, ohne klaren Hinweis auf selbstreflexive Rollenübernahme, verbale Äußerung von Mitgefühl oder Bezugnahme auf internalisierte Affekte, wie etwa Schuldgefühle. | Vorschüler und Grundschüler |
| 3 | Anerkennung und interpersonal und/oder stereotyp | Stereotype Vorstellungen von guten und schlechten Personen und Verhaltensweisen und/oder der Wunsch nach Anerkennung und Akzeptanz durch andere werden bei der Rechtfertigung helfenden oder nicht-helfenden Verhaltens verwendet. | Grundschüler und Schüler der High School |
| 4a | Empathisch | Die Urteile der Person beinhalten mitfühlendes Reagieren, selbstreflexive Rollenübernahme, Wahrnehmung des Menschseins des Anderen und/oder Schuldgefühle oder positive Affekte, die als Folge eigener Handlungen auftreten. | Ältere Grundschüler und Schüler der High School |
| 4b | Im Übergang (sowohl empathisch als auch internalisiert) | Rechtfertigungen für Hilfe oder ausbleibende Hilfe beinhalten verinnerlichte Werte, Normen, Pflichten oder Verantwortlichkeiten, oder beziehen sich auf die Notwendigkeit, die Rechte und die Würde anderer zu schützen; diese Gedanken werden jedoch nicht klar formuliert. | Minderheit von Schülern der High School |
| 5 | Stark internalisiert | Rechtfertigungen für Hilfe oder ausbleibende Hilfe beruhen auf verinnerlichten Werten, Normen oder Verantwortlichkeiten, dem Wunsch, individuelle und sozial-vertragliche Verpflichtungen zu wahren, sowie dem Glauben an Würde, Recht und Gleichheit aller Personen. Diese Stufe charakterisieren ebenfalls positive oder negative Gefühle, die sich auf die Wahrung der Selbstachtung beziehen, wie sie aus einem an eigenen Werten und an akzeptierten Normen orientierten Leben erwächst. | Nur eine kleine Minderheit von High-School-Schülern und fast keine Grundschüler |

(Quelle: modifiziert nach Eisenberg/Lennon/Roth 1983, S. 850)

Dabei umfasst Stufe 1 die Kategorie „hedonistisches Denken", Stufe 2 die Kategorie „an Bedürfnissen orientiert", Stufe 3 die Kategorien „stereotypes Denken" und „Anerkennung und soziale Akzeptanz", Stufe 4a die Kategorien „empathische Orientierung", „Verweis auf Menschlichkeit" und „internalisierter Affekt" (wenig entwickelte Formen, wie etwa Bezugnahme auf Schuldgefühle) sowie Stufe 4b die Kategorie „empathische Orientierung", „internalisierter Affekt" und „abstraktes Denken". Stufe 5 umfasst ebenfalls die Kategorie „abstraktes Denken", im Unterschied zu Stufe 4b allerdings in expliziter Form, und sie beinhaltet Aspekte der Kategorie „internalisierter Affekt", und zwar entwickeltere Formen, die Gesichtspunkte der Selbstachtung enthalten. Bei der Gewinnung der in Tabelle 6.2 aufgeführten prosozialen Urteilsstufen blieben einige aufgeführten Begründungskategorien unberücksichtigt, vor allem, weil sie bei den empirischen Analysen selten auftraten. Dies trifft etwa auf die Kategorie „Strafe und Gehorsam" zu.

Eisenbergs Untersuchungen zeigen also, dass bei den von ihr vorgelegten prosozialen Situationen Orientierungen an Autoritäten und Strafen (d.h. Aspekte von Kohlbergs Stufe 1) fast vollkommen fehlen – Eisenbergs Stufensequenz beginnt mit einer Orientierung an Eigeninteressen. Zugleich tritt eine Orientierung an den Bedürfnissen anderer (Eisenbergs Stufe 2) weit früher auf, als dies von Kohlbergs Theorie her zu erwarten wäre, nämlich bereits im Vor- und Grundschulalter. Auch legen ihre Untersuchungen die Vermutung nahe, dass der Stufe der Orientierung an Eigeninteressen eine eigenständige Stufe der Orientierung an den Bedürfnissen anderer folgt.

In verschiedener Hinsicht konnte also Kohlbergs frühes Konzept kindlichen Urteilens bezüglich supererogatorischer Themen durch Eisenbergs Studien nicht belegt werden. Im Unterschied zu Damon vertritt Eisenberg aber keine radikale bereichsspezifische Alternativposition zu Kohlberg; sie will lediglich nachweisen, dass eine Anwendung der Moralstufen Kohlbergs auf den Bereich prosozialer Urteilsbildung problematisch wäre.

Eisenbergs Forschungen machen zudem bereichsspezifische Unterschiede hinsichtlich des Denkens im Jugendalter deutlich, die sie selbst nicht ausdrücklich erwähnt. Die Definition der Stufen 3, 4a, 4b und 5 entspricht nämlich nicht Kohlbergs Definition der Stufen 3, 4 und 5. Vor allem werden Komponenten von Kohlbergs Stufe 3 bei ihrem Stufensystem zu eigenen Stufen (den Stufen 3 und 4a): Sowohl prosoziale Rollenstereotype und die Sorge um den eigenen „guten Ruf", als auch die Bezugnahme auf die Goldene Regel, die Orientierung am Wert menschlichen Lebens und die Orientierung an moralischen Gefühlen sind Aspekte von Kohlbergs Stufe 3. Beim Urteilen zu den von Eisenberg untersuchten prosozialen Situationen scheinen diese beiden Gruppen von Begründungskategorien also eine altersbezogene Sequenz zu bilden.

Von Kohlberg weicht Eisenberg auch hinsichtlich des Stufenkonzepts ab: Sie nimmt eine hierarchische Integration der prosozialen Urteilsstufen nicht an und geht von einer starken Variation der Stufenwerte der Person zu einem Messzeitpunkt aus, wie auch von Stufenregressionen und einem Überspringen der Stufen. Diese Abweichungen erscheinen durch ihre Daten gerechtfertigt.

Problematisch bei Eisenbergs Untersuchungsperspektive erscheint die Definition des Endpunkts der Entwicklung. Insbesondere ist die Abgrenzung der Stufe 5 von Stufe 4b schwierig: Wann ist eine Idee „klar ausgedrückt" und wann nicht? Auch hat Eisenberg die Stufe 5 nicht konsistent definiert: Diese Stufe beinhaltet Aspekte unterschiedlicher moralischer Qualität – beispielsweise neben der Orientierung an geltenden Normen auch die Bezugnahme auf Ideale sozialer Kooperation. Wenn (anders als in Eisenbergs Arbeiten) bei prosozialen Situationen Autoritätspersonen als Akteure auftreten, scheint im Übrigen eine Bezugnahme auf Autoritäten und Strafen durch Autoritäten, d.h. eine heteronome Anfangsstufe im Sinne Kohlbergs, durchaus wahrscheinlich, was Eisenberg ausschließt. Das Auftreten von Autoritätspersonen kann nämlich die Perspektive des Kindes auf deren Haltungen und Handlungen hinlenken. Zudem beschränkt sich Eisenberg nur auf einen Aspekt prosozialen Urteilens, nämlich auf Fragen supererogatorischen Handelns – bei anderen prosozialen Aspekten (z.B. Fürsorgepflichten) könnten sich vielleicht Urteilsmuster im Sinne Kohlbergs zeigen.

*(b) Eisenbergs spätere Kritik*
In den 1980er Jahren sucht Kohlberg zu rechtfertigen, warum er bei seiner Analyse moralischen Urteilens vorrangig am Gerechtigkeitsurteil angesetzt hat: Dies sei ein Urteilsbereich, bei dem sich strukturelle Unterschiede eher finden ließen als bei anderen Urteilsdomänen (1984, S. 304 ff.). Mit Blick auf Eisenberg räumt Kohlberg ein, dass diese mit dem prosozialen Urteilen einen von ihm vernachlässigten Bereich thematisiere, und dass das Denken zu Fragen prosozialen Handelns einer eigenen Stufensequenz folgen könne:

> Indem wir uns auf Gerechtigkeit konzentrieren, bestreiten wir nicht die Möglichkeit, dass das Konzept von Stufen moralischen Urteilens auch auf andere und vielleicht breitere Konzeptionen des Moralbereichs ausgedehnt werden kann. Insbesondere fehlt in unseren Studien die Orientierung am moralischen Denken zu Entscheidungen, die über Pflicht und Gerechtigkeit hinausgehen (...) (Kohlberg 1984, S. 307).

Kohlberg unternimmt nun selbst eine Analyse prosozialer Kognitionen, wobei er Schülern einer High-School verschiedene prosoziale Situationen vorlegt. In einer der Situationen steht ein Schüler vor der Frage, ob er seinen Kommilitonen, der einen wichtigen Termin nicht versäumen darf, morgens mit dem Auto zum College mitnehmen soll, obwohl er selbst dann wesentlich früher aufstehen müsste (Higgins/Power/Kohlberg 1984). Eisenbergs Stufenmodell prosozialen Urteilens scheint Kohlberg allerdings kritisch gegenüberzustehen, denn er formuliert in dieser Studie eigene Stufen prosozialen Urteils, die stark an seinen Stufen des Gerechtigkeitsurteils angelehnt sind. Abweichend von Eisenbergs Stufen behält er zum Beispiel ein heteronomes Anfangsstadium bei und bestimmt die verschiedenen Komponenten der Stufe 3 des Gerechtigkeitsurteils nicht als eigene Stufen prosozialen Urteilens (ebd., S. 80). Damit relativiert er Eisenbergs Annahme bereichsspezifischer Unterschiede des Urteilens. Diese Relativierung treibt Kohlberg an anderer Stelle noch weiter, indem er dort bereichsabhängige moralische Denkmuster abstreitet – prosoziale Situationen könnten durchaus auch durch eine Gerechtigkeitsmoral bewältigt werden (vgl. z.B. Kohlberg 1984, S. 228, 233) bzw. bei prosozialen Situationen könne eine Gerechtigkeitsmoral prosoziale Denkmuster ergänzen (vgl. z.B. Kohlberg 1984, S. 229). Seine Stufen prosozialen Urteilens hat Kohlberg nicht durch weitere empirische Analysen abgestützt.

Eisenbergs Stufen des prosozialen Urteilens bezeichnet Kohlberg als „weiche Stufen", die eigenen Stufen des Gerechtigkeitsurteils (ebenso wie Piagets Stufen logisch-kausalen Denkens und Selmans Stufen der Perspektivenübernahme) hingegen als „harte Stufen" – allein letztere erfüllten die von Piaget formulierten strengen Stufenkriterien „hierarchische Integration", „strukturierte Ganzheit" und „Invarianz der Sequenz". Da weiche Stufen auch inhaltliche Aspekte umfassen, verlaufe die Entwicklung dieser Stufen nicht einheitlich (vgl. auch Snarey/Kohlberg/Noam 1983).

Eisenberg nimmt Kohlbergs Analyse prosozialen Urteilens zur Kenntnis. Sie benennt aber die Abweichungen von ihrer eigenen Analyse nicht (Eisenberg 1986, S. 126 ff.).

In der Kontroverse zwischen Kohlberg und Eisenberg blieb somit vor allem offen, ob Kohlbergs Stufen prosozialen Urteilens empirisch tragfähiger sind als diejenigen Eisenbergs. Deren Stufen sind, so zeigen Untersuchungen ihrer Gruppe, empirisch wahrscheinlich angemessener als die Stufen Kohlbergs. Die Ergebnisse dieser Untersuchungen legen erstens die Annahme nahe, dass entgegen Kohlbergs Auffassung eine Orientierung an den Erwartungen von Autoritäten und an deren Strafen bei den prosozialen Situationen Eisenbergs, bei denen ja keine Autoritätspersonen im Spiel sind, kaum auftritt. Zweitens dürften Komponenten von Kohlbergs Stufe 3 des Gerechtigkeitsurteils eine altersabhängige Stufensequenz bilden.

Eisenberg und Mitarbeiter verfolgten die Entwicklung prosozialen Urteilens im Rahmen einer Längsschnittstudie bis in die späte Adoleszenz (vgl. Eisenberg et al. 1995). Dabei konnten sie die von ihnen postulierte Stufensequenz weitgehend bestätigen. Überraschenderweise fanden Eisenberg und Mitarbeiter allerdings auch, dass in der späten Adoleszenz unter Gesichtspunkten moralischer Rationalität wenig entwickelte Argumentationsmuster, nämlich hedonistische Argumente, Gesichtspunkte direkter Reziprozität und die Besorgnis um den eigenen guten Ruf, nicht – wie erwartet – abnehmen, sondern vielmehr wieder zunehmen. Die Anomalien erklärt die Eisenberg-Gruppe vor allem damit, dass Personen dieser Altersgruppe die Kosten prosozialer Handlungen genauer und realistischer wahrnehmen als Personen jüngeren Alters.

Methodisch erweitert wurde Eisenbergs Ansatz insbesondere durch Carlo, der einen Fragebogen zur Erfassung prosozialen Urteilens entwickelte (Carlo/Eisenberg/Knight 1992). Dieser Forscher verwendet Eisenbergs prosoziale Situationen in leicht modifizierter Form und lässt die Probanden das Gewicht verschiedener vorgelegter Begründungen für eine Handlungsentscheidung einschätzen. Seine empirischen Resultate bestätigen weitgehend die Ergebnisse von Eisenbergs Analysen.

Eisenbergs heutige Forschungsbemühungen weisen allerdings ähnliche Probleme auf wie in den 1970er Jahren: Die Stufe 5 enthält eine eher beliebig wirkende Ansammlung von Urteilsaspekten, und zugleich ist die Abgrenzung dieser Stufe von Stufe 4b schwierig. Vor allem aber hat Eisenberg ihr Spektrum an prosozialen Situationen nicht erweitert. Ihr Untersuchungsansatz bleibt also insgesamt auf Fragen supererogatorischen Handelns beschränkt – Fürsorgepflichten und Verpflichtungen zur Hilfe in Notsituationen klammert sie aus. Somit bleibt unklar, ob ihre Stufen für die prosoziale Urteilsbildung insgesamt gelten. Die Stufen des Urteilens zu unterschiedlichen prosozialen Bereichen dürften sich durchaus unterscheiden. Bei Situationen supererogatorischen Handelns, in denen Autoritäten im Spiel sind, scheint zudem ein heteronomes Anfangsstadium im Sinne Kohlbergs wahrscheinlich, denn die Anwesenheit von Autoritätspersonen dürfte den Blick auf deren Erwartungen lenken.

Andere Autoren (z.B. Krebs/van Hesteren 1994) vertreten hinsichtlich des prosozialen Urteilens dagegen ein uneingeschränkt bereichsübergreifendes Entwicklungskonzept. Somit wäre erst noch differenziert zu untersuchen, ob und inwieweit von einer Bereichsspezifität der Urteilsentwicklung innerhalb des prosozialen Bereichs auszugehen ist.

Wichtig wäre zukünftig auch die Erweiterung der an Kohlberg orientierte Forschung bzw. der entwicklungspsychologischen Moralforschung durch Themen und Gesichtspunkte der sozialpsychologischen Forschung zu prosozialen moralischen Kognitionen. Diese Forschung thematisiert neuerdings das Urteilen in ganz unterschiedlichen Kontexten, etwa auch in Gruppen und Institutionen (vgl. Dovido et al. 2006).

## 6.4  Die Eigenständigkeit des Urteilens zu Konventionen und persönlichen Angelegenheiten: Turiels Kritik

Kohlberg bezieht sich bei seiner Analyse der moralischen Urteilsbildung vor allem auf einzelne Normen und auf Normenkonflikte. Bezüglich der einzelnen Regeln fragt er die Probanden nach Gründen für deren Geltung („Warum ist es wichtig, eine Norm x zu befolgen?"). Seine Befragungstechnik lässt offen, wie die Probanden die Geltung einer moralischen Regel interpretieren, ob sie etwa annehmen, dass diese unabhängig von Strafandrohungen, den Erwartungen von Autoritäten, persönlichen Präferenzen oder den Erwartungen in Beziehungen, Gruppen, Institutionen und Kulturen gilt. Er vernachlässigt das Denken zu anderen Arten von Normen, etwa zu Konventionen und Spielregeln. Somit lässt er ungeklärt, ob sich das Verständnis der Geltung der verschiedenen Arten von Normen unterscheidet und ob seine sechs Stufen die Entwicklung von Begründungen zu den unterschiedlichen Normenarten in angemessener Weise beschreiben. Ansätze zur Analyse des Verständnisses der Geltung moralischer und nicht-moralischer Normen waren bei Piaget noch zu finden (vgl. 2.2). Turiel ermittelt im Rückgriff auf Piaget das Verständnis der Geltung einzelner moralischer Regeln und legt seinen Probanden neben moralischen Regeln auch nicht-moralische Regeln vor.

*(a) Turiels frühe Kritik*
Nachdem Turiel sich in den 1960er Jahren noch an Kohlbergs Forschungsansatz orientiert hatte (vgl. 3.6.1), geht er im darauffolgenden Jahrzehnt eigene Wege, indem er mit Hilfe klinischer Interviews analysiert, ob und in welcher Weise Personen zwischen Regeln der Moral und anderen sozialen Regeln bei Fragen der Regelgeltung sowie bei Regelbegründungen differenzieren. Turiel entwickelt dabei Piagets Analyse in verschiedener Hinsicht weiter:

- Er erfasst das Verständnis von zusätzlichen Aspekten der Geltung moralischer Regeln – neben der Unveränderbarkeit, der Strafunabhängigkeit und der Unabhängigkeit von Kulturen untersucht er unter anderem die Unabhängigkeit von den Erwartungen von Autoritätsinstanzen sowie von den Erwartungen sozialer Gruppen.
- Zusätzlich zu allgemeinen Fragen zu moralischen Regeln legt er fiktive Situationen vor, die Übertretungen einzelner moralischer Regeln beinhalten.
- Neben Spielregeln konfrontiert Turiel die Probanden mit Konventionen, womit er in Bezug auf nicht-moralische Regeln das Verständnis von Aspekten der Regelgeltung und die Regelbegründungen differenzierter als Piaget erfassen kann.

Turiel will vor allem zeigen, dass Personen bei den Fragen zur Regelgeltung zwischen moralischen Normen und Konventionen differenzieren. Eine moralische Regel (wie z.B. „einen Mitschüler nicht zu verletzen") verkörpert eine Regel, die das Wohl von Personen sichern soll. Diese Regel werde deshalb als nicht veränderbar interpretiert und selbst dann als gültig verstanden, wenn sie in bestimmten sozialen Gruppen und Institutionen oder in anderen Ländern nicht als verbindlich gilt, d.h. wenn die moralisch fragwürdige Handlung erlaubt ist. Eine Konvention demgegenüber (wie z.B. eine spezifische Kleidungsvorschrift) ist eine Regel, die innerhalb einer sozialen Gemeinschaft eine bestimmte Funktion erfüllt, etwa Distanz zu schaffen. Diese Funktion kann durch ganz verschiedene Regeln erfüllt werden. Konventionen werden daher als veränderbar, als abhängig von sozialen Übereinkünften und als kulturspezifisch verstanden:

> Sozial-konventionelle Handlungen an sich sind dahingehend willkürlich, dass sie keine intrinsische präskriptive Grundlage besitzen: alternative Handlungen können ähnliche Funktionen erfüllen. Eine konventionelle Regel kann innerhalb eines sozialen Systems dieselbe Aufgabe erfüllen wie eine andere konventionelle Regel in einem anderen sozialen System. Beispielsweise sind Kleidungsvorschriften (z.B. formelle Kleidung in bestimmten sozialen Zusammenhängen) willkürlich festgelegt; ein alternativer Kleidungsstil könnte dieselbe Funktion erfüllen. Somit gelten soziale Konventionen als abhängig vom sozialen Kontext. Entsprechend würden Individuen nur Ereignisse als (konventionelle) Normenverletzungen betrachten, die Übertretungen impliziter oder expliziter Regulierungen beinhalten. Im Bereich der Moral dagegen sind Handlungen nicht willkürlich, und es bedarf keiner sozialen Regulierung, damit der Einzelne ein Ereignis als eine (moralische) Normenverletzung betrachtet. Ein Beispiel für diese Art von Handlung wäre, dass eine Person eine andere schlägt und dadurch körperlichen Schaden verursacht. Die Wahrnehmung eines solchen Ereignistyps als Normenübertretung würde sich an intrinsischen Faktoren des Ereignisses (z.B. der Wahrnehmung der Folgen für das Opfer) orientieren. Moralische Probleme sind also weder abhängig vom sozialen Kontext noch bestimmt durch soziale Regulierungen; sie werden strukturiert durch zugrundeliegende Konzepte der Gerechtigkeit (Nucci/Turiel 1978, S. 400f.).

Ende der 1970er Jahre betont Turiel nicht nur, dass Personen die Geltung der beiden Arten von Regeln unterschiedlich interpretieren, sondern auch, dass bereits jüngere Kinder, nämlich Drei- und Vierjährige, über die Fähigkeit zu ihrer Unterscheidung verfügen (vgl. Turiel 1983). Im Laufe der 1970er Jahre hatte er diese Fähigkeit bei immer jüngeren Probanden festgestellt:

- War Turiel in einer Arbeit aus dem Jahre 1974 noch davon ausgegangen, dass eine Differenzierung von Moral und Konvention erst auf postkonventionellem Niveau, nämlich frühestens im Jugendalter, möglich ist (Turiel 1974, S. 24), hält er ein Jahr später (Turiel 1975) entsprechende Differenzierungsleistungen bereits bei Neunjährigen fest. Er erforscht bei Neun- bis 30-jährigen Probanden das Verständnis moralischer Regeln hier noch mittels Zusatzfragen zu den Dilemmata Kohlbergs, wobei er die Unabhängigkeit der Geltung einer moralischen Regel von sozialen Übereinkünften untersucht. Beispielsweise erweitert Turiel Kohlbergs Fragetechnik zum „Karl und Bob"-Dilemma, in dem es um die Frage geht, ob es schlimmer sei, einen alten Mann zu betrügen oder ihn zu bestehlen:

Beispiel „Mark" (Turiel 1975, S. 21):

*Frage: Angenommen, alle wären der Ansicht, es würde nichts machen, wenn man einen alten Mann um sein Geld betrügt. Sie fänden dies akzeptabel, wenn die Person dumm genug war, sich erst beschwindeln zu lassen.*

Antw.: Ich finde immer noch, dass es falsch wäre.

*Frage: Warum?*

Antw.: Weil man immer noch den alten Mann betrügt. Es macht nichts, ob er dumm ist oder nicht, und es ist nicht wirklich fair, das Geld zu nehmen.

*Frage: Was meinst du, wenn du sagst, dass es nicht fair ist zu stehlen?*

Antw.: Es ist nicht nett, das zu tun, denn vielleicht braucht er es auch.

*Frage: Was wäre, wenn die Regel geändert würde, dass man Leute mit ihrem Vornamen anredet, so dass alle ihre Lehrer mit dem Vornamen anreden würden? Denkst du, dass es in diesem Fall richtig oder falsch sein würde, dies zu tun?*

Antw.: Ich denke, dass es dann ganz okay wäre, weil die Regel sich geändert hat. Richtig? Und alle anderen würden es wahrscheinlich auch tun.

*Frage: Wie kommt es, dass die zwei Dinge verschieden sind? Beim Betrug sagst du, wenn die Regel geändert würde, wäre es immer noch falsch, aber wenn man die Regel des Anredens der Leute ändern würde, dann könntest du es tun.*

Antw.: Weil die Geschichte irgendwie anders ist. Einen alten Mann betrügen, das sollte man nie tun, sogar wenn alle sagen, man darf es tun. Man sollte trotzdem niemals einen alten Mann betrügen.

*Frage: Warum?*

Antw.: Weil er irgendwie hilflos ist. Er kann es sich nicht zurückholen, und man kann es ihm ganz leicht wegnehmen, weil er sich nicht verteidigen kann.

Der Betrug ist also für Mark selbst dann noch falsch, wenn er in einer bestimmten sozialen Gruppe oder Institution erlaubt ist. Die kategorische Gültigkeit des Betrugsverbots ergibt sich für Mark aus den negativen Folgen des Betrugs für das Wohl und Wehe des alten Mannes.

- Einige Jahre später (Turiel 1978a; 1978b) ermittelt Turiel schon bei Sechsjährigen die Fähigkeit zur Differenzierung zwischen Moral und Konvention: Nun erfasst er auch, ob eine moralische Norm als kulturübergreifend gültig verstanden wird (z.B.: „Angenommen, es gibt ein anderes Land, in dem es keine Regel gibt, die die Handlung x verbietet. Ist die Handlung x dann richtig?"). Die Probanden befragt er dabei zu Normen, die sie selbst als konstitutiv für das Leben zu Hause und das Leben in der Schule erleben. Des Weiteren sind sie mit Fragen zur moralischen Norm, nicht zu stehlen, sowie mit verschiedenen konventionellen Regeln konfrontiert. Turiel findet, dass schon viele der Sechsjährigen moralische Normen im Unterschied zu Konventionen als universell verbindlich verstehen, es zum Beispiel auch dann nicht richtig finden zu stehlen, wenn dies in einem anderen Land erlaubt wäre. Jetzt legt er erstmals empirische Resultate zu entsprechenden Differenzierungsleistungen vor.

- Etwa zur gleichen Zeit führt Turiel zusammen mit seinem Mitarbeiter Nucci (Nucci/Turiel 1978) eine Studie durch, in der sie ermittelten, dass bereits Dreijährige moralische Normen von Konventionen unterscheiden. In der Studie werden Drei- bis Fünfjährige zu von ihnen selbst beobachteten Normenverletzungen in der Vorschule befragt. Die Kinder betrachten Übertretungen moralischer Normen im Unterschied zu Übertretungen von Konventionen auch dann als falsch, wenn es in der Schule kein entsprechendes Verbot gibt.

Smetana, eine Mitarbeiterin von Turiel, bestätigt das Ergebnis letzterer Untersuchung in einer Studie, die ebenfalls Drei- bis Fünfjährige umfasst (vgl. Smetana 1981). Neben der Unabhängigkeit einer Norm von sozialen Übereinkünften ist auch die universelle Geltung einer Norm Gegenstand ihrer Untersuchung. Dabei entwirft Smetana als eine der ersten im Rahmen der Turiel-Schule kindgemäße fiktive Situationen der Normenübertretung, zum Beispiel eine Situation, in der ein Kind ein anderes schlägt (Beispiel für die Übertretung einer moralischen Norm), oder eine Situation, in der ein Kind im Klassenzimmer nicht auf dem ihm zugewiesenen Platz sitzt (Beispiel für die Übertretung einer Konvention). Die Vorschulkinder sehen, so das Ergebnis von Smetanas Studie, Übertretungen moralischer Normen als gravierender an als Übertretungen konventioneller Regeln, zudem bewerten sie Übertretungen moralischer Normen im Unterschied zu Übertretungen von Konventionen selbst dann als falsch, wenn keine Verbote existieren. Allerdings verstehen die Dreijährigen im Unterschied zu den Fünfjährigen die moralischen Normen für gewöhnlich noch nicht als universell gültig.

Zur gleichen Zeit untersucht Nucci anhand einer Population von sieben- bis 20-jährigen Probanden einen weiteren Aspekt der Geltung moralischer Normen, nämlich die Unabhängigkeit von persönlichen Präferenzen (vgl. Nucci 1981). Gilt einer Person eine moralische Norm auch dann noch als verbindlich, wenn durch deren Befolgung eigene Interessen verletzt werden oder wenn keine Neigung zu normenkonformem Handeln besteht? Nucci unterscheidet dabei neben Moral und Konvention den Bereich der persönlichen Angelegenheiten, in dem allein persönliche Präferenzen zählen, und nimmt in Bezug auf diesen Bereich ebenfalls frühe Differenzierungsleistungen an. Die Wahl etwa von Freunden, Freizeitaktivitäten oder Körperschmuck sind Handlungen, die keine soziale Normierung erfordern, da sie im Allgemeinen die Interessen anderer Personen nicht verletzen oder soziale Funktionen nicht beeinträchtigen. Während moralische Normen, so das Ergebnis von Nuccis Studie, ebenso wie Konventionen in allen Altersgruppen als unabhängig von persönlichen Präferenzen gültig verstanden werden, erscheinen persönliche Angelegenheiten als abhängig von persönlichen Präferenzen.

Turiel und Mitarbeiter machen also auf frühe Fähigkeiten zur Differenzierung verschiedener Domänen (Moral, Konvention, persönliche Angelegenheiten) aufmerksam. Folglich betrachtet Turiel die von seiner Forschergruppe erzielten Ergebnisse zu Aspekten des Verständnisses der Regelgeltung als Widerlegung der entsprechenden Position Piagets – er weist nach, dass sich entgegen Piagets Annahme das Verständnis moralischer Normen vom Verständnis anderer sozialer Normen (etwa Spielregeln und Konventionen) schon früh unterscheidet.

Turiel fasst seine Resultate zudem als Widerlegung von Kohlbergs Position auf. Wie Piagets Theorie sei Kohlbergs Theorie zu global angelegt; Kohlberg unterstelle zu Unrecht, dass die Entwicklung des Denkens zu Konventionen in gleicher Weise verläuft wie die Entwicklung des Denkens zu moralischen Fragen. Kohlbergs Stufen interpretiert Turiel als Aussagen über Differenzierungsleistungen hinsichtlich Fragen der Regelgeltung; er schreibt Kohlberg die Auffassung zu, Personen könnten erst auf postkonventionellem Niveau Regeln der Moral von Konventionen unterscheiden (z.B. Turiel 1979, S. 111). Turiel zufolge geht Kohlberg davon aus, dass die Geltung moralischer Regeln ebenso wie die Geltung konventioneller Regeln zunächst als abhängig verstanden wird von den Erwartungen von

Autoritätspersonen oder von deren Strafen (Stufe 1), dann von persönlichen Präferenzen (Stufe 2), dann von gruppenspezifischen Erwartungen (Stufe 3) und schließlich von den in einer Institution oder Gesellschaft geltenden Regeln (Stufe 4). Mit dem Begriff „konventionelles Niveau" halte Kohlberg die Unfähigkeit zur frühen Differenzierung zwischen Moral und Konvention auch begrifflich fest.

Die Kohlberg zugeschriebene Position findet sich jedoch meines Wissens von diesem nirgends formuliert. Die Textstellen, auf die sich Turiel zum Beleg seiner Interpretation von Kohlbergs Position stützt, sind wahrscheinlich als Aussagen über die Entwicklung von moralischen Begründungen zu verstehen und nicht als Aussagen über die Entwicklung des Verständnisses der Geltung moralischer Regeln. Gleiches gilt für den Begriff „konventionelles Niveau". Kohlbergs Begriff von Konventionalität bezieht sich auf spezifische moralische Begründungen, nämlich auf solche, die auf die Notwendigkeit der Regulierung und Koordinierung des Handelns der Individuen durch die moralischen Normen einer Gruppe, Institution oder Gesellschaft verweisen. Mit konventionellen Begründungen kann zum Beispiel auch die universelle Geltung einer moralischen Regel gerechtfertigt werden. Notwendig ist also eine Differenzierung zwischen dem Verständnis der Geltung moralischer Regeln (dem Regelverständnis) und den Begründungen für deren Geltung. Kohlberg kann deshalb im Rahmen seiner Stufentheorie durchaus annehmen, dass Kinder die Geltung moralischer Normen schon früh als unabhängig von Strafen, Autoritäten, persönlichen Präferenzen und sozialen Übereinkünften auffassen sowie als universell gültig interpretieren. Turiel leistet in dieser Hinsicht also nicht, wie er meint, eine Widerlegung des Kohlberg'schen Ansatzes, sondern vielmehr eine Erweiterung. Er macht auf das dort vernachlässigte Verständnis der Geltung moralischer Regeln aufmerksam sowie auf Unterschiede zum Verständnis konventioneller Regeln.

Zudem ist zweifelhaft, ob Personen – wie Turiel unterstellt – beim Regelverständnis zwischen Moral und Konvention einheitlich differenzieren, denn seine Schule legt in den 1970er Jahren nur prototypische Fälle von Normenverletzungen vor, also Fälle, in denen eindeutig bestimmbar ist, ob es sich um Übertretungen von moralischen Normen oder um Übertretungen von Konventionen handelt. Häufig sind aber Personen uneins darüber, ob ein bestimmtes Problem ein moralisches oder ein nicht-moralisches Problem darstellt, zum Beispiel bei Fragen im Zusammenhang mit Pornographie, Inzest oder Homosexualität. Die Turiel-Schule untersucht die Differenzierung zwischen Moral und Konvention in den 1970er Jahren im Übrigen nur in den USA, sodass unklar bleibt, ob die Differenzierung in anderen Kulturen in gleicher Weise vorgenommen wird. Werden dort etwa Regeln, die in den USA als Konventionen gelten, als moralische Regeln verstanden?

Hinsichtlich der Begründungen für die Geltung von Regeln (der „Begründungskategorien", „justification categories") kritisiert Turiel die Annahme von Kohlberg und auch von Selman, dass die Fähigkeit zur Perspektivenübernahme die strukturelle Grundlage sozialer und moralischer Kognitionen darstellt (vgl. auch Keller/Edelstein 1991). Er wirft Kohlberg insbesondere vor, dessen Stufen würden – entgegen dem eigenen Anspruch – die Entwicklung von Begründungen zu Konventionen nicht angemessen beschreiben. Bei Konventionen sei von anderen Stufen auszugehen als bei moralischen Normen. Turiel ermittelt anhand der Analyse von Interviews folgende sieben Stufen zu Konventionen (vgl. Tabelle 6.3):

*Tab. 6.3    Turiels Beschreibung der Stufen des Urteilens zu Konventionen*

| | | Ungefähres Alter |
|---|---|---|
| 1 | Konvention als deskriptive soziale Gleichförmigkeit. Konvention wird als Verhaltensgleichförmigkeit verstanden. Sie wird nicht als Teil der Struktur oder Funktion sozialer Interaktion aufgefasst. Konventionelle Gleichförmigkeiten beschreiben, was existiert. Konvention wird aufrechterhalten, um die Verletzung empirischer Gleichförmigkeiten zu vermeiden. | 6-7 |
| 2 | Ablehnung der Konvention als deskriptive soziale Gleichförmigkeit. Empirische Gleichförmigkeit ist keine tragfähige Basis für die Aufrechterhaltung von Konventionen. Konventionelle Handlungen werden als willkürlich betrachtet. Konvention gilt als Teil sozialer Interaktionen. | 8-9 |
| 3 | Konvention als Bestätigung des Regelsystems; frühe, konkrete Vorstellung über ein soziales System. Konvention wird als willkürlich und veränderlich gesehen. Festhalten an Konventionen, die auf konkreten Regeln und Autoritätserwartungen basieren. Keine Koordinierung der Vorstellung von konventionellen Handlungen mit der Vorstellung von Regeln. | 10-11 |
| 4 | Ablehnung von Konvention als Bestätigung des Regelsystems. Konvention wird jetzt als willkürlich und veränderlich unabhängig von der einzelnen Regel aufgefasst. Die Bewertung der Regel, die auf die konventionelle Handlung Bezug nimmt, wird koordiniert mit der Bewertung der Handlung. Konventionen sind ‚nichts weiter als' soziale Erwartungen. | 12-13 |
| 5 | Konvention als durch das gesellschaftliche System vermittelter Standard. Das Auftreten systematischer Konzepte der sozialen Struktur. Konvention als normative Regulierung im System, mit Gleichförmigkeit, feststehenden Rollen und statisch-hierarchischer Organisation. | 14-16 |
| 6 | Ablehnung von Konvention als durch das gesellschaftliche System vermittelter Standard. Konvention wird als kodifizierter gesellschaftlicher Standard aufgefasst. Gleichförmigkeit der Konvention scheint ihrer Funktion, das soziale System aufrechtzuerhalten, nicht mehr gerecht zu werden. Konventionen sind ‚nichts weiter als' gesellschaftliche Standards, die durch gewohnheitsmäßigen Gebrauch fortbestehen. | 17-18 |
| 7 | Konvention als Koordination sozialer Interaktionen. Konvention als Gleichförmigkeit, die der Koordinierung sozialer Interaktionen dient. Geteiltes Wissen (in Form von Konventionen) unter Mitgliedern von sozialen Gruppen erleichtert die Interaktion und das Funktionieren des gesellschaftlichen Systems. | 18-25 |

(Quelle: modifiziert nach Turiel 1979, S. 83)

Kohlberg hat jedoch, wenn ich recht sehe, den ihm von Turiel zugeschriebenen Anspruch keineswegs erhoben. Die Unterschiede zwischen Turiels Stufen der Konventionen und Kohlbergs Moralstufen sind überdies nicht beträchtlich. Ein Vergleich der sieben Stufen mit Kohlbergs Moralstufen zeigt große Gemeinsamkeiten: Die Stufen 1, 2 und 3 entsprechen weitgehend Kohlbergs Stufen 1, 2 bzw. 3, die Stufen 5 und 7 weitgehend Kohlbergs Stufen 4 bzw. 5. Nur die Stufen 4 und 6 treten zusätzlich auf.

Auch an Kohlbergs Stufen der Begründungen zu moralischen Fragen übt Turiel Kritik. Bei den Argumentationen zu moralischen Normen herrschten Fairnessorientierungen und empathische Orientierungen vor, selbst bei den Argumentationen jüngerer Kinder; Kohlbergs Beschreibung des präkonventionellen Urteilsniveaus kenne solche Rechtfertigungen nicht. Eigene Stufen der Entwicklung von Begründungen zu moralischen Fragen formuliert Turiel jedoch nicht; die Rechtfertigungen zu den von ihr untersuchten moralischen Normen werden in den 1970er Jahren von der Turiel-Schule für gewöhnlich vernachlässigt, und in den wenigen Studien, in denen die Forscher entsprechende Rechtfertigungen analysieren (vgl. z.B. Nucci 1981), ermitteln sie keine Stufen, keine strukturellen Muster moralischen Urteilens. Somit bleibt Turiels diesbezügliche Kohlberg-Kritik weitgehend spekulativ. Durch eine systematische Analyse von Begründungen hätte Turiel Kohlbergs Stufen auch nur bezüglich „einfacher", d.h. geringe kognitive Fähigkeiten voraussetzender moralischer Normen (wie „eine andere Person nicht zu schlagen") und bezüglich einzelner, „isolierter" moralischer Normen widerlegen können. In den 1970er Jahren bezieht sich die Turiel-Schule nämlich nur auf einfache Normen – die Urteilsbildung zu Grundrechten etwa bleibt unerforscht. Auch legt die Turiel-Schule den Probanden lediglich isolierte moralische Normen vor – moralische Normenkonflikte werden nicht unterbreitet. Im Denken von Kindern und auch noch von Jugendlichen dürfte bei vielen komplexen Normen, wie sie Kohlbergs MJI thematisiert, eine Orientierung an Autoritäten, Strafen oder Eigeninteressen wahrscheinlicher sein als etwa eine empathische Orientierung, vor allem weil komplexe Normen die Urteilskapazität der Kinder und Jugendlichen überfordern dürften. Bei den Normenkonflikten des MJIs dürften solche heteronomen bzw. egoistisch-instrumentalistischen Orientierungen ebenfalls wahrscheinlicher sein, vor allem weil diese Konflikte schwierige Prozesse der Abwägung von Normen erfordern, und weil hier Autoritäten und Gesetze im Spiel sind (vgl. 2.3.2). Allerdings legen es die Ergebnisse der Turiel-Schule nahe, insbesondere bezüglich einfacher, isolierter Normen empathische Begründungen bei jüngeren Kindern anzunehmen und von dort aus Kohlbergs Bestimmung des frühen moralischen Urteilens zu korrigieren.

Zudem sind die an prototypischen Fällen in den USA gewonnenen empirischen Resultate nicht so konsistent, wie Turiel unterstellt. Die bis Ende der 1970er Jahre durchgeführten Studien zeigen nämlich, dass bei Fragen der Regelgeltung eine Differenzierung von Moral und Konvention nicht immer in Turiels Sinne vorgenommen wird. Beispielsweise verstehen einige Probanden moralische Normen in gleicher Weise wie Konventionen. In der oben angeführten Studie interpretieren ca. 45% der Sechs- bis 17-Jährigen jene moralischen Regeln, die sie als konstitutiv für das Leben in der Familie erleben, nicht als universell gültig (vgl. Turiel 1978b, S. 55). Zudem verweisen die Probanden entgegen Turiels Annahme bei den Begründungen zu moralischen Normen nicht ausschließlich auf empathische Aspekte oder Fairnessgesichtspunkte und bei den Begründungen zu Konventionen nicht ausschließlich auf existierende Regeln, Autoritäten, Strafen oder Folgen für die soziale Ordnung. In der aufgeführten Studie von Nucci (1981) etwa rechtfertigen einige die Verbindlichkeit von Konventionen mit moralischen Argumenten (vgl. auch Shantz 1982).

Darüber hinaus bleibt Turiels bereichsspezifisches Entwicklungskonzept in den 1970er Jahren auf Unterschiede zwischen dem Moralverständnis und dem Verständnis nicht-moralischer Bereiche beschränkt. Wie die Forschungen von Haan, Damon und Eisenberg zeigen, verläuft die Entwicklung des moralischen Urteilens selbst auch bereichsspezifisch.

Kritisch gegenüber Turiel ist zudem festzuhalten, dass er die Frage nach den Mechanismen für die Entwicklung der Fähigkeit zur Differenzierung von Moral und Konvention weitgehend ungeklärt lässt. Diese Fähigkeit führt er auf bereichsabhängige Unterschiede in den Interaktionserfahrungen der Kinder zurück: Moralische Normenverletzungen würden in der Regel zu heftigen Reaktionen der geschädigten Person führen, etwa nachdrücklichen Hinweise auf die Folgen einer Handlung für die davon betroffene Person, Betonung der Ungerechtigkeit der Handlung oder Bekundung von Verärgerung. Verletzungen von Konventionen hingegen würden häufig zu Reaktionen führen, die Hinweise auf existierende Normen und Erwartungen sowie auf die Folgen für eine soziale Gruppe oder ein soziales System beinhalten. Vor allem aus den intensiven, oft Mitgefühl auslösenden Reaktionen der Betroffenen auf moralische Normenübertretungen ergibt sich Turiel zufolge für das Kind der größere Verpflichtungsgehalt moralischer Normen beim Regelverständnis sowie die Orientierung an Fairness und Wohlergehen bei der Regelbegründung. Die Turiel-Schule untersucht in den 1970er Jahren aber nicht, wie das Kind die sozialen Reaktionen auf Normenverletzungen kognitiv verarbeitet.

Turiels Forschungsarbeiten in den 1970er Jahren sind sehr bedeutsam: Im Unterschied zu Kohlberg erfasst der Wissenschaftler das Verständnis von Aspekten der Geltung moralischer Regeln und weist auf bereichsspezifische Unterschiede im Denken zu Regeln der Moral und Konventionen hin – bezüglich Regelverständnis und Regelbegründungen. Seine Kohlberg-Kritik wie auch seine eigene Position in dieser Zeit überzeugen aber nicht immer.

*(b) Turiels spätere Kritik*
Kohlberg geht in den 1980er Jahren wie Turiel davon aus, dass jüngere Kinder Fähigkeiten zur Differenzierung zwischen Regeln der Moral und Konventionen bei Fragen zur Regelgeltung besitzen. Zum Beispiel seien durchaus frühe Universalisierungen von moralischen Regeln möglich; eine moralische Regel könne bereits auf Stufe 1 als universell gültig verstanden werden (Kohlberg 1984, S. 625 ff.). Zugleich gesteht er zu, dass die Entwicklung von Begründungen zu Konventionen einer anderen Logik folgt als die Entwicklung von Begründungen zu moralischen Regeln:

> Bei dieser Charakterisierung des Moralbereichs ist es wichtig, unsere Position hinsichtlich der Unterscheidung zwischen moralischen Urteilen und sozial-konventionellen Urteilen (Urteile über Themen wie Manieren, Kleidung, Fragen des Protokolls und so weiter) zu klären. Weil Kohlberg die Begriffe „präkonventionell", „konventionell" und „postkonventionell" gebraucht hat, um die Entwicklungsniveaus moralischen Urteilens zu beschreiben (...), haben manche Leser fälschlicherweise angenommen, dass dies die Annahme beinhalte, der moralische Bereich werde vom Bereich der sozialen Konvention auf präkonventionellem und konventionellem Niveau nicht unterschieden. Uns ist durchaus bewusst, dass bei kleinen Kindern die Fähigkeit beobachtet wurde, zwischen den beiden Bereichen zu unterscheiden (Turiel 1983), zumindest in eindeutigen Fällen. Unser Gebrauch des Begriffs ,konventionell' zur Beschreibung des zweiten Entwicklungsniveaus meint nicht eine Unfähigkeit, die zwei Bereiche zu trennen, sondern eher einen Fokus auf gesellschaftlich anerkannte moralische Normen und Rollen als Basis für die Bildung moralisch präskriptiver Urteile über Rechte, Verantwortungen usw. (Colby/Kohlberg 1987, S. 10 f.).

Kohlberg betont jetzt also die Notwendigkeit der Unterscheidung zwischen Regelgeltung und Regelbegründung. Sein eigener Untersuchungsansatz beschränkt sich auf die Analyse von Begründungen zu moralischen Regeln. Wie im Zitat angedeutet, bringt Kohlberg gegen Turiel allerdings vor, dass bei bestimmten Fragen (als Beispiel nennt er den Konsum von Marihuana) Uneinigkeit der Personen darüber bestehen dürfte, ob sie als Fragen der Moral oder als nicht-moralische Fragen zu betrachten sind. Auch sei die Differenzierung zwischen Moral und Konvention möglicherweise kulturabhängig (Kohlberg 1984, S. 235); er weist unter anderem auf eine Studie von Nisan (1987) hin, in der festgestellt wurde, dass arabische Jugendlichen die Anrede eines Lehrers mit „Du" als Übertretung einer moralischen Norm betrachten. Differenziert ist Kohlbergs Auseinandersetzung mit Turiel jedoch nicht.

Turiel und seine Forschergruppe werfen Kohlberg auch ab den 1980er Jahren vor, bezüglich der Regelgeltung eine Differenzierung zwischen Moral und Konvention erst auf postkonventionellem Niveau anzunehmen (vgl. z.B. Nucci 2001; 2009; Smetana 1995; 2006; Turiel 1998; 2002; 2006). Turiel schreibt Kohlbergs Moralstufen (wie er sie versteht) jetzt allerdings Relevanz hinsichtlich moralischer Normenkonflikte zu:

> Kohlbergs Stufenbestimmung, in der die moralischen Urteile jüngerer Kinder auf Folgsamkeit und Sanktionen beruhen, leiteten sich aus Antworten auf komplexe Situationen ab, die konkurrierende und widerstreitende Aspekte darstellten. (...) In diesem Sinne versuchte Kohlberg, kontextualisierte Urteile zu erforschen. Er konstruierte hypothetische Situationen, in denen der Rückgriff auf einfach anwendbare Werte (z.B. es ist falsch zu stehlen) durch Situationsumstände in Frage gestellt wird (z.B. wenn du nicht stiehlst, opferst du ein Leben). Mit diesen Situationen freilich legte man den Kindern vielschichtige Probleme (multifaceted problems) vor, die von ihnen verlangen, konkurrierende moralische Aspekte ebenso wie nicht-moralische Aspekte gegeneinander abzuwägen und miteinander zu koordinieren. (...) Die Komplexität der bei diesen Situationen erforderlichen Urteile führte zu dem Eindruck, dass die moralischen Urteile jüngerer Kinder von Sanktionen abhängen, dass sie nicht auf Auffassungen von Moral als generalisierbaren Regulierungen beruhen (...) (Turiel 1998, S. 901).

Der späte Kohlberg steht der Position Turiels somit nahe, ohne dass dieser es wahrnimmt. Verschiedene grundlegende Fragen blieben offen: Betrachtet Kohlberg Turiels Ergebnisse zu moralischen Begründungskategorien (zu „justification categories") als Widerlegung seiner präkonventionellen Stufen? Hält er eine Erweiterung seiner Interviewtechnik im Sinne von Turiels Befragungstechnik für notwendig? Ungeklärt blieb auch, inwieweit die Forschungen der Turiel-Gruppe Kohlbergs personen- und kulturbezogene Relativierungen der Fähigkeit zur Differenzierung zwischen Moral und Konvention bestätigen.

Kohlberg hält Turiel ja entgegen, dass er einen anderen Begriff von Konventionalität verwende als Turiel ihm zuschreibt; er beziehe sich damit auf spezifische Formen von Begründungen der Geltung moralischer Regeln und nicht auf ein spezifisches Verständnis der Geltung solcher Regeln. In ähnlicher Weise wie Kohlberg antworten die Neo-Kohlbergianer Rest (vgl. Rest et al. 1996; 1999) und Gibbs (vgl. Gibbs/Basinger/Fuller 1992) auf Turiels Kritik am Kohlberg-Ansatz. Rest und Gibbs werfen Turiel überdies vor, er habe hinsichtlich Begründungen der Geltung moralischer Normen eine empirische Analyse kognitiver Strukturen nicht geleistet; eine Widerlegung von Kohlbergs Stufen moralischen Urteilens liefere Turiel nicht.

In der Tat vernachlässigte die Turiel-Schule bis heute die Frage, ob und wie sich die Begründungen zu moralischen Normen mit dem Alter strukturell verändern. In dieser Schule werden nach wie vor nur bereichsspezifische Unterschiede in der Verwendung von Kategorien der Begründung (von justification categories) empirisch analysiert. Zum Beispiel unterscheiden Smetana und Asquith (1994) in einer Studie zum Verständnis der Legitimität elterlicher Autorität 25 Begründungskategorien und ordnen diese verschiedene Domänen des Denkens zu. Dabei führen sie als Formen von Rechtfertigungen neben moralischen, konventionellen und persönlichen Aspekten auch psychologische Aspekte, Aspekte der Klugheit und pragmatische Aspekte an. Smetana und Asquith legen Jugendlichen und Erwachsenen 24 hypothetische Situationen vor. Sie fragen ihre jugendlichen und erwachsenen Probanden zum Beispiel, ob es legitim sei, dass die Eltern angesichts der Übertretung einer moralischen Norm durch das Kind eine Regel aufstellen, welche die entsprechende Handlung ausdrücklich verbietet, und lassen die Probanden aus einer Liste mit den 25 Rechtfertigungen jeweils zwei auswählen, um ihre Entscheidung zu begründen. Strukturelle Veränderungen in den Rechtfertigungen erfassen sie nicht.

Ein wesentlicher Nachteil von Turiels Ansatz gegenüber demjenigen von Kohlberg bleibt also bestehen. In einem Überblicksartikel über die Arbeiten der Turiel-Schule gesteht Smetana diese Vernachlässigung moralischer Urteilsstrukturen zu:

> Obwohl mehrere Studien altersbezogene Unterschiede im moralischen Denken von Kindern zeigten, hat diese Perspektive qualitative Reorganisationen im moralischen Denken größtenteils vernachlässigt. Eine angemessene Theorie der moralischen und sozialen Entwicklung muss die Entwicklungssequenzen moralischen Denkens erfassen. Deshalb sollten Vertreter dieser Perspektive ihre Aufmerksamkeit auf diese Aufgabe richten (Smetana 1995, S. 121).

Die Turiel-Schule kann also ihre These, Kohlbergs Stufen seien für die Beschreibung der Entwicklung von Begründungen zu moralischen Fragen ungeeignet, nicht überzeugend belegen.

Nucci hat in den letzten Jahren als erster im Rahmen der Turiel-Schule Stufen des Urteilens zu Fragen der Moral theoretisch bestimmt sowie diesen Moralstufen Kohlbergs Stufen zugeordnet (vgl. Nucci 2001, S. 83 f.; 2009, S. 43 ff.). Nucci unterscheidet dabei Konzepte negativer und positiver Pflichten von Konzepten distributiver Gerechtigkeit. Zunächst hätten Personen ein absolutistisches Verständnis von Pflichten, dann gewinnen Situationsfaktoren an Bedeutung. Bezüglich distributiver Gerechtigkeit trete zunächst eine Orientierung am Wohlergehen von Betroffenen auf, dann finde sich eine Orientierung an strikter Gleichheit und schließlich eine Orientierung an Bedürftigkeit. Dieser Forscher schränkt den Geltungsbereich von Kohlbergs Moralstufen auf Fragen der Koordinierung von moralischen und konventionellen Regeln ein – genau diese Fragen würden die Dilemmata des MJI beinhalten. Aber die einzelnen MJI-Dilemmata stellen sehr wohl Konflikte zwischen moralischen Normen dar. Nucci hatte vorher schon Stufen des Urteilens zu persönlichen Angelegenheiten identifiziert: Der Bereich persönlicher Angelegenheiten umfasst in den Augen der Personen zunächst beobachtbare körperliche Aspekte und Verhaltensaspekte, dann charakteristische Verhaltensweisen, danach Vorstellungen und Werte und schließlich ein inneres Selbst.

Turiel bezüglich der Fähigkeit zur Differenzierung zwischen der Geltung von morali-schen und konventionellen Regeln die Vernachlässigung kultur- und personenbezogener Unterschiede vorzuwerfen, wie es Kohlberg und auch Rest praktizieren, wird ihm aller-dings nicht gerecht, hat er doch seit den 1980er Jahren seine ursprüngliche Annahme einer Universalität der Differenzierung von Moral und Konvention relativiert und zudem einge-räumt, dass es Themen gibt, bei denen Personen nicht darin übereinstimmen, ob es sich um moralische oder nicht-moralische Themen handelt.

Kulturvergleichende Studien, etwa in Sambia, Indonesien und Korea, bestätigten zu-nächst Turiels frühe These einer universellen Differenzierung zwischen Moral und Konven-tion beim Verständnis der Regelgeltung. In einigen Untersuchungen zeigten sich dann aber kulturelle Unterschiede, besonders in einer Studie von Shweder, Mahapatra und Miller (1987) sowie in einer Studie von Nisan (1987). Shweder und Kollegen fanden, dass in Indien verschiedene Regeln (soziale Praktiken) als moralische Regeln interpretiert werden, die in den USA als Konventionen oder als persönliche Angelegenheit gelten. Zum Beispiel ist das Verbot, unmittelbar nach dem Tode des Vaters Hühnerfleisch zu verzehren, eine Regel, welche die indischen Probanden als unveränderbar und universell gültig interpretieren. In den beiden Ländern fand sich lediglich ein kleiner gemeinsamer Kern von Regeln, die als moralische Regeln verstanden werden, etwa die Norm, ein Versprechen zu halten, oder die Norm, das Eigentum anderer zu achten (Shweder/Mahapatra/Miller 1987, S. 50, S. 69 ff.). Auch Nisans Untersuchung des Denkens arabischer (d.h. vorwiegend islamischer) und jüdischer Kinder in Israel zeigte, dass in den USA üblicherweise als Konventionen interpre-tierte Regeln dort zum Teil als moralische Normen verstanden werden, insbesondere von traditionalistisch geprägten arabischen Kindern. Gabennesch (1990) greift die Resultate von Shweder und Nisan auf und verknüpft sie mit weiteren Ergebnissen der kulturvergleichen-den Forschung zu einer systematischen Kritik an Turiels Position einer universellen Dif-ferenzierung von Moral und Konvention (vgl. auch 7.3.2).

Auf alle angeführten kritischen Beiträge haben Turiel und Mitarbeiter geantwortet (vgl. Helwig/Tisak/Turiel 1990; Turiel/Killen/Helwig 1987; Turiel/Nucci/Smetana 1988). Turiel bestreitet nun nicht länger kulturelle Unterschiede bei der Differenzierung zwischen Moral und Konvention. Dabei verweist er jedoch auf die Bedeutung kultureller Weltbilder, um zu zeigen, dass einige Regeln (soziale Praktiken) nur scheinbar als Konventionen einzustufen sind; er wendet sich gegen eine objektivistische Klassifizierung von Konventionen. Einige scheinbar konventionelle Praktiken etwa fielen unter die Kategorie der „durch Glauben vermittelten außerweltlichen moralischen Ereignisse" („unearthly-belief-mediated moral events"). Diese Kategorie umfasst etwa Situationen, die die Existenz übersinnlicher Wesen implizieren (etwa Geister verstorbener Ahnen). Drei aus Shweders Ethnographie entnom-mene Beispiele solcher Glaubensformen in Indien sind: Wenn der Sohn einen Tag nach dem Tod seines Vaters ein Huhn verspeist, wird die Seele seines Vaters keine Erlösung finden; wenn eine Witwe regelmäßig Fisch isst, beleidigt dies den Geist ihres verstorbenen Mannes und bringt großes Leid für sie; wenn eine menstruierende Frau in die Küche geht, verlassen die Geister der Ahnen über mehrere Generationen hinweg den Haushalt, was wiederum Unglück über die Familie bringt. Die indischen Personen machen, so Turiel, Annahmen über übersinnliche Wesen, die durch irdische Handlungen Schaden erleiden können. Sol-ches Wissen sei sozial vermitteltes Wissen, da Kinder keinen direkten Zugang zu diesen

Erfahrungen haben könnten (Turiel/Killen/Helwig 1987, S. 207). Turiel trennt also zwischen empirischen Annahmen (deskriptivem Wissen) und normativen Standards. Kulturelle Unterschiede in den moralischen Bewertungen müssen nicht auf kulturelle Differenzen in den moralischen Standards zurückgehen, sondern können Ausdruck divergierender empirischer Annahmen sein. Wenn etwa eine Witwe annimmt, dass der regelmäßige Verzehr von Fisch schädlich für das Seelenheils ihres verstorbenen Ehemanns ist, erscheint es aus Sicht dieser Person als moralisch geboten, auf Fischverzehr zu verzichten.

Wainryb (1993), eine Mitarbeiterin Turiels, gesteht darüber hinaus zu, dass moralische Normen nicht in jedem Falle als universell gültig verstanden werden, und auch sie betont dabei die Bedeutung kultureller Weltbilder: Personen aus den USA universalisieren moralische Normen insbesondere dann nicht, wenn sie bestimmten Kulturen andere Vorstellungen über die Folgen von Handlungen zuschreiben als der eigenen Kultur. Schreiben sie zum Beispiel Personen aus einer Kultur die Annahme zu, ungehorsame Kinder seien vom Teufel besessen, gilt es ihnen nicht als moralisch falsch, wenn in einer solchen Kultur ungehorsame Kinder eine körperliche Züchtigung erfahren.

Turiel räumt jetzt auch ein, dass es Themen gibt, bei denen Personen aus der gleichen Kultur in Bezug auf Fragen der Regelgeltung nicht klar zwischen Moral und Konvention zu differenzieren vermögen: Es existieren Themen, bei denen unklar ist, ob sie zu moralisieren sind („uneindeutige Fälle", „ambigious cases"). Turiel und Mitarbeiter untersuchen solche Fälle, indem sie Probanden die vieldiskutierten Fragen von Pornographie, Homosexualität, Inzest und Abtreibung vorlegen (Turiel/Hildebrandt/Wainryb 1991). Dabei verweist die Turiel-Gruppe wiederum auf den Einfluss von Weltbildern: Personen, die solche Themen als moralische Fragen interpretieren, sehen negative Folgen für andere Personen im Spiel, etwa wenn sie beim Problem der Abtreibung den Fötus bereits als menschliches Wesen betrachten, dessen Tötung als Mord aufzufassen sei. Zudem können, so hält die Turiel-Gruppe fest, Übertretungen von Konventionen negative Konsequenzen für andere Personen, d.h. moralisch relevante Konsequenzen, haben, etwa wenn sich jemand an einem öffentlichen Strand entblößt („Konsequenzen zweiter Ordnung"; „second order consequences").

In der Auseinandersetzung mit seinen Kritikern wendet sich Turiel auch gegen das ihrer Argumentation zugrunde liegende Kulturkonzept. Die von den Kritikern vorgenommenen Differenzierungen von Kulturen (etwa zwischen „individualistischen" und „kollektivistischen" Kulturen) seien zu global. Sie spiegelten allenfalls die Ideologie einer Kultur wider, keineswegs aber die realen Einstellungen und sozialen Interaktionen ihrer Mitglieder. Demgegenüber betont Turiel die Heterogenität der Orientierungen innerhalb einer Kultur, vor allem indem er seinen bereichsspezifischen Ansatz zur Geltung bringt. Kinder, Jugendliche und Erwachsene in jeder Kultur würden – in Abhängigkeit vom Problembereich – Ansprüche auf moralische Autonomie, Gesichtspunkte der Aufrechterhaltung einer sozialen Ordnung und Ansprüche auf persönliche Autonomie einbringen. Das Leben in einer Kultur sei zudem durch eine Vielzahl von Konflikten und Widersprüchen gekennzeichnet, denn Personen nähmen unterschiedliche Differenzierungen und Koordinierungen zwischen moralischen Normen, konventionellen Regeln und persönlichen Angelegenheiten vor. Die konfligierenden Orientierungen innerhalb einer Kultur führt Turiel hauptsächlich auf soziale Hierarchien (z.B. Klassen- und Geschlechterordnung) zurück. Soziale Hierarchien bestimmen, welche Orientierungen die Individuen vorbringen und welche Konflikte existieren. Turiel befragt beispielsweise arabische Drusen aus Dorfgemeinschaften in Nordisrael und zeigt, wie die Frauen dort gegen die männliche Dominanz – nicht zuletzt auch mit moralischen Argumenten – aufbegehren (vgl. Turiel 2002; 2006).

Die Forschungen der Turiel-Schule seit den 1980er Jahren stützen also Kohlbergs These kultur- und personenabhängiger Unterschiede im Verständnis der Geltung moralischer und konventioneller Regeln. Turiel nimmt aber nicht nur ähnliche Relativierungen hinsichtlich der Differenzierung zwischen Moral und Konvention vor wie Kohlberg, sondern nähert sich auch Kohlbergs Analyse moralischen Urteilens an:

- In den 1970er Jahren bezog sich die Turiel-Schule ja hauptsächlich auf einfache, geringe kognitive Fähigkeiten voraussetzende moralische Normen (wie beispielsweise ‚eine andere Person nicht zu schlagen'). In den folgenden Jahren wird hingegen in einigen Studien etwa auch das Verständnis des Rechts auf Meinungs- und Religionsfreiheit untersucht. Von Turiels Mitarbeitern ist besonders Helwig mit diesen Analysen befasst. Helwig (1997) findet zum Beispiel, dass schon Sechsjährige das Recht auf Meinungs- und Religionsfreiheit im Kontext von Gesellschaft, Schule und Familie als universell gültiges Recht verstehen, dieses Recht also ähnlich interpretieren wie andere moralische Normen.

- Während in den 1970er Jahren Turiel und Mitarbeiter hauptsächlich nur isolierte, einzelne moralische Normen vorlegten, erfassen sie danach in einigen Studien zusätzlich das Urteil zu moralischen Normenkonflikten wie auch zu Konflikten zwischen moralischen und nicht-moralischen Themen. Helwig (1995) präsentiert unter anderem Situationen, in denen die Verleihung des Rechts auf Redefreiheit rassistische Urteile über eine bestimmte Gruppe oder Aufforderungen zur Gewalt gegenüber rivalisierenden politischen Parteien zur Folge hat. Smetana, Killen und Turiel (1991) konfrontieren die Probanden mit Situationen, in denen die Erfüllung von Erwartungen nahe stehender Personen die Verletzung negativer Pflichten oder Unfairness gegenüber anderen, fern stehenden Personen bedeutet. Killen (1990) erfasst das Urteilen nicht nur zu Konflikten zwischen Gerechtigkeit und interpersonalen Erwartungen, sondern auch zu Konflikten zwischen Gerechtigkeit und den Erwartungen sozialer Systeme. Wainryb (1995) legt neben Konflikten zwischen Gerechtigkeit und interpersonalen Erwartungen Konflikte zwischen Gerechtigkeit und Autoritätserwartungen, zwischen persönlichen Angelegenheiten und interpersonalen Erwartungen sowie zwischen persönlichen Angelegenheiten und Autoritätserwartungen vor.

Wie Kohlberg in den 1980er Jahren greift die Turiel-Schule jetzt auch moralische Themen anderer Bereichsmodelle auf, wobei diese Themen von der eigenen bereichstheoretischen Perspektive aus analysiert werden: Einige Studien beziehen sich, wie Damon in seinen Analysen, auf Fragen der gerechten Verteilung von Gütern (vgl. z.B. Tisak/Ford 1986). Auch ist, wie bei Eisenberg, das Verständnis prosozialer Pflichten Thema; zum Beispiel stellen Kahn (1992) sowie Smetana, Bridgeman und Turiel (1983) fest, dass die amerikanischen Probanden ihrer Studie es nicht als verpflichtend betrachten, Personen zu helfen, die sich in einer Notlage ohne lebensbedrohlichen Charakter befinden. Kahn und Friedman (1995) nehmen eine Analyse des Verständnisses moralischer Pflichten gegenüber der natürlichen Umwelt vor und finden, dass bereits Kinder beispielsweise die Verschmutzung eines Gewässers als Verletzung einer moralischen Pflicht interpretieren.

Zudem nimmt Turiel bezüglich einfacher Normen eine Relativierung der frühen Annahme vor, dass bereits Drei- und Vierjährige aus modernen Kulturen bei Fragen der Regelgeltung und bei Regelbegründungen einheitlich zwischen den Bereichen „Moral" und „Konvention" differenzieren können (vgl. Turiel 1989). Andererseits halten einige Forscher, die die Differenzierung von Moral und Konvention bei 2- und 3-Jährigen untersuchten (vgl. z.B. Nucci/Weber 1995; Smetana/Braeges 1990), Differenzierungsleistungen bereits in diesem Alter fest.

Die Turiel-Schule leistet somit von ihrem Grundansatz her eine differenziertere Analyse moralischen Urteilens, als Kohlberg dies im Rahmen seines MJIs praktiziert: Neben Begründungen werden jeweils Fragen zur Geltung moralischer Normen gestellt. Neben komplexen werden einfache moralische Normen thematisiert. Das Urteilen zu Verletzungen einzelner moralischer Normen wird erfasst. Zusätzlich zu moralischen Normenkonflikten legt die Turiel-Schule Konflikte zwischen moralischen und nicht-moralischen Ansprüchen (z.B. Konventionen) vor; im Rahmen des Turiel-Ansatzes lassen sich im Unterschied zum Kohlberg-Ansatz Prozesse der Differenzierung und Koordinierung von unterschiedlichen Bereichen (Moral, Konvention, persönliche Angelegenheiten, aber auch Recht und Religion) klären. Die Analysen beziehen sich auf die gesamte Lebensspanne, d.h. auf frühe Kindheit bis spätes Erwachsenenalter.

Darüber hinaus lässt sich mit Hilfe von Turiels methodischem Vorgehen die Urteilsbildung zum MJI differenzierter erfassen. Um diese Urteilsbildung breiter auszuleuchten, wäre es sinnvoll, bezüglich der im Rahmen dieses Interviews thematisierten moralischen Normen und moralischen Normenkonflikte Turiels Fragen zum Regelverständnis anzuwenden, d.h. seine Interviewtechnik in das MJI zu integrieren. In Abschnitt 2.2/Punkt b habe ich im Anschluss an Piaget bereits einige mögliche Zusatzfragen formuliert. Dabei könnten sich überraschende empirische Resultate ergeben: Nehmen Personen in ihren Begründungen tatsächlich noch auf Autoritäten, Strafen, Eigeninteressen oder Erwartungen von Gruppen, Institutionen und Gesellschaften Bezug, wenn nachgefragt wird, ob eine Handlung unabhängig von diesen Parametern verbindlich ist? Oder bringen sie bei entsprechenden Nachfragen vielleicht höhere Urteilsformen ein?

Da die Turiel-Schule strukturelle Unterschiede in der Entwicklung der Begründungen zu moralischen Fragen bisher nicht empirisch analysiert hat, sind allerdings keine Aussagen darüber möglich, inwieweit sich Kohlbergs Moralstufen zur Beschreibung des Urteils zu den über das MJI hinausgehenden Themen (etwa Konflikten zwischen moralischen und nicht-moralischen Ansprüchen) eignen. Die vorliegenden Studien zu diesen Konflikten zeigen vor allem, dass – im Widerspruch zu Turiels Annahmen – jüngere Kinder im Unterschied zu älteren Kindern moralische Gesichtspunkte nicht-moralischen Gesichtspunkten häufig keineswegs überordnen, sondern vielmehr unterordnen.

Führt man die zentralen Forschungsergebnisse von Kohlberg und Turiel zusammen, zeigen sich wichtige Meilensteine der Entwicklung des Gerechtigkeitsurteils. Während bereits in der mittleren Kindheit im Grundsatz angemessene Rechtfertigungen einzelner einfacher Normen (z.B. niemanden zu schlagen) erworben werden, treten in dieser Altersphase bei einzelnen komplexen Normen und der bei Normenkonflikten geforderten Koordinierung von Normen zunächst vorwiegend heteronome und egoistisch-instrumentalistische Orientierungen auf, ebenso falls Autoritäten im Spiel sind. Normenhierarchien im Sinne konventionellen moralischen Urteilens finden sich erst im Jugendalter; in dieser Altersphase treten bei einzelnen Normen sowie bei ihrer Koordinierung eine Beziehungs- bzw. eine Systemperspektive auf. Insgesamt dürfte sich die Entwicklung des Gerechtigkeitsurteils zu den von Kohlberg untersuchten Problembereichen in zehn großen Schritten vollziehen: (1.) vollständig prämoralisch, d.h. kein artikuliertes Regelwissen und keine Urteilsbildung (etwa bis Mitte des zweiten Lebensjahrs); (2.) abgeschwächt prämoralisch, d.h. artikuliertes Regelwissen, aber noch kein angemessenes Normenverständnis und Fehlen von Begründungen für Entscheidungen und Bewertungen (etwa Ende des zweiten Lebensjahrs); (3.) artikuliertes Regelwissen, aber noch kein angemessenes Regelverständnis und lediglich Begründungen der Stufe 0, d.h. egozentrisch-physikalistische Begründungen (etwa drittes und viertes Lebensjahr); (4.) Verständnis einfacher Normen und Begründungen der Stufe 1 bei einfachen Normen (etwa ab vier Jahren); (5.) Verständnis komplexer Normen und Begründungen der Stufe 1 bei komplexen Normen und Normenkonflikten (etwa ab sechs Jahren); (6.) Begründungen der Stufe 2 bei einfachen Normen (etwa ab acht Jahren); (7.) Begründungen der Stufe 2 bei komplexen Normen und Normenkonflikten (etwa ab zehn Jahren); (8.) Beziehungsperspektive bei einfachen und komplexen Normen sowie bei Normenkonflikten (etwa ab 12 Jahren); (9.) Systemperspektive (etwa ab 15 Jahren); (10.) postkonventionelles Urteilen (etwa ab 17 Jahren). Im Kindesalter dürfte neben der Entwicklung des Regelverständnisses also auch die Entwicklung der Begründungen von der Komplexität der Normen und der Koordinierung von Normen abhängen. Bei einigen komplexen Normen, etwa bei einigen Normen des MJI, sollte sich ein angemessenes Regelverständnis erst im frühen Jugendalter ausbilden. Die Entwicklung der Stufen des Denkens zu Konventionen und zu persönlichen Angelegenheiten sollte sich im Großen und Ganzen jeweils im Sinne der von der Turiel-Schule postulierten Stufensequenz vollziehen.

Eine wichtige zukünftige Aufgabe wäre also die Integration der Ansätze von Kohlberg und Turiel. Hierzu gibt es bisher nur wenige Bemühungen (vgl. Blasi 1987; Krettenauer 2004).

Die Turiel-Schule hat ihre Analysen der alltagsbezogenen Urteilsbildung seit den 1980er Jahren weitergeführt. Eine solche Weiterentwicklung nimmt zum Beispiel Smetana vor, die von der Perspektive des Turiel'schen Bereichsmodells aus Konflikte zwischen Eltern und Jugendlichen im Alltag untersucht (Smetana 1989). Dabei erfasst sie nicht nur die Art und die Häufigkeit der Konfliktthemen, sondern auch deren Interpretation. Eltern, so Smetana, denken über Konflikte stärker in Begriffen sozialer Konvention, Jugendliche hingegen stärker in Begriffen persönlicher Angelegenheiten. Jugendliche sehen also den Bereich ihrer Entscheidungsautonomie als größer an als die Eltern. Smetanas Studien sind bedeutsam, da sie die Struktur von Alltagskonflikten beleuchten: Konflikte können oft auf die fehlende Übereinstimmung bei der Differenzierung und Koordinierung von Domänen (Moral, Konvention, persönliche Angelegenheiten, Recht, Religion, etc.) zurückgeführt werden.

Während in Deutschland die an Turiels Theorie orientierten Analysen von Nunner-Winkler und Keller auf moralische Regelverletzungen beschränkt bleiben, legt Hoppe-Graf in einer empirischen Studie auch Verletzungen von Konventionen und Verletzungen des Bereichs persönlicher Entscheidungsfreiheit vor. Er untersucht bei Gymnasiasten der sechsten, achten und zehnten Klasse das Verständnis der Lehrerautorität bei Konflikten zwischen Lehrern und Schülern (Hoppe-Graf et al. 1998). Zudem führt er bei 12- und 16-jährigen Probanden, die aus Deutschland und aus Korea stammen, eine Studie zum Verständnis von Rechten und Pflichten durch. Latzko, eine Mitarbeiterin von Hoppe-Graf, setzte sich ebenfalls mit Turiels Ansatz auseinander und beleuchtet diesen auch im Hinblick auf die schulische Werteerziehung (Latzko 2006). Die Gruppe um Eckensberger nutzte den Ansatz der Turiel-Schule bei der Analyse von Rechtsvorstellungen (vgl. 2.4/Punkt d).

Wie die vorherige Darstellung zeigt, bietet Turiels Ansatz ab den 1980er Jahren eine umfassend angelegte Perspektive auf das moralische Urteilen. Ein gravierender Mangel dieses Ansatzes bleibt jedoch die Vernachlässigung der empirischen Analyse struktureller Entwicklungen bei den moralischen Begründungen. Darüber hinaus gibt es vor allem vier weitere Defizite in den bisherigen Analysen der Turiel-Schule:

- Das frühe Urteilen wird wahrscheinlich voreilig im Sinne der eigenen Position interpretiert. Eine Interpretation der Ergebnisse im Sinne Kohlbergs scheint wenigstens teilweise möglich. Blasi (2000, S. 132) macht darauf aufmerksam, dass das Verständnis einer moralischen Norm als universell gültige Regel auch aus einer Orientierung an Eigeninteressen oder an Strafen resultieren kann. Er wirft ein, dass Kinder etwa mit dem Urteil, es sei „böse", anderen Kindern an den Haaren zu ziehen, selbst wenn Erwachsene diese Handlung nicht verbieten, mehrere Dinge sagen können, und zwar jedes für sich: (a) Ziehen an den Haaren ist schlecht, weil alles, was anderen wehtut, schlecht ist, unabhängig davon, ob Regeln existieren, die diese Handlung verbieten (eine moralische Bewertung im Sinne Turiels); (b) Ziehen an den Haaren ist schlecht, weil man wahrscheinlich dafür bestraft wird (eine bloße Kalkulation von Strafen bei der Bewertung); (c) Ziehen an den Haaren verletzt die Kinder (eine bloße Beschreibung des Ereignisses).

- Es sind Zweifel angebracht, ob auch in der mittleren und späten Kindheit, in der Adoleszenz sowie im Erwachsenenalter bei für Turiel eindeutigen Fällen tatsächlich immer klar zwischen Moral, Konvention und persönlichen Angelegenheiten differenziert wird. Die Ergebnisse der Untersuchungen weisen – ähnlich wie in den 1970er Jahren – Anomalien auf. Sie zeigen insbesondere, dass Personen moralische Normen nicht immer als unabhängig von Autoritätserwartungen, Strafen, persönlichen Präferenzen oder Erwartungen von Gruppen gültig sowie als universell gültig verstehen. Hinsichtlich der erfassten Rechtfertigungen treten ebenfalls Anomalien auf. Dies veranschaulicht die Studie von Smetana und Asquith (1994). Dort bringen zum Beispiel ca. 30 Prozent der jugendlichen Probanden hinsichtlich moralischer Normen Gründe ein, die als konventionell klassifiziert wurden. Besonders bei relativistischen Personen dürften Differenzierungsleistungen nicht im Sinne Turiels auftreten. Diese Personen betonen ja gerade die Abhängigkeit moralischer Normen von persönlichen Präferenzen oder existierenden kulturellen Praktiken.

- Turiels bereichsspezifisches Entwicklungskonzept bezieht sich nach wie vor lediglich auf Unterschiede zwischen dem Moralverständnis und dem Verständnis nicht-moralischer Bereiche. Sie wäre auch auf den Moralbereich selbst anzuwenden.
- Die Mechanismen für die Entwicklung der Fähigkeiten zur Differenzierung zwischen Bereichen sind bis heute weitgehend ungeklärt. Wie bestimmte Handlungsfolgen wahrgenommen, wie sie intern verarbeitet werden und welche kognitiven Konflikte sie auslösen, hat die Turiel-Schule bisher kaum zum Thema gemacht (vgl. Glassmann/Zan 1995).

Kohlbergs frühes uneingeschränktes und später eingeschränktes bereichsübergreifendes Entwicklungskonzept ist also aufgrund der Ergebnisse der bereichsspezifischen Ansätze von Haan, Damon, Eisenberg und Turiel zu relativieren. Deren Forschungen machen deutlich, dass seine Urteilsstufen nicht für alle Problembereiche des Urteilens gültig sind. Freilich ergänzen diese Untersuchungsperspektiven lediglich Kohlbergs Analysen und entwerten sie nicht. Die vier Perspektiven liefern nämlich keine überzeugenden Belege dafür, dass die Entwicklung des Urteilens zu den von Kohlberg thematisierten Gerechtigkeitsfragen anders verläuft als dieser behauptet, da sie sich auf andere Urteilsbereiche beziehen (nämlich auf die Gerechtigkeitsmoral in Beziehungen und Gruppen, Verteilungsprobleme, Fragen prosozialen Handelns bzw. Konventionen und persönliche Angelegenheiten). Eisenberg versucht nicht, Kohlbergs Stufen des Gerechtigkeitsurteils zu widerlegen; ihr geht es nur um den Nachweis der Eigenständigkeit prosozialen Urteilens. Haan, Damon und Turiel bemühen sich offenkundig um eine Widerlegung, doch reichen die wenigen von ihnen vorgelegten Situationen dafür nicht aus. Auch gelangt Damon bei seinen Analysen des Denkens zu den Gerechtigkeitsfragen Kohlbergs zu ähnlichen Stufen wie Kohlberg.

Hinsichtlich der von den vier Forschern untersuchten, von Kohlberg hingegen vernachlässigten Urteilsdomänen bleiben einige grundlegende Fragen offen. Unklar bleibt etwa, ob bezüglich dieser Bereiche (Gerechtigkeitsmoral in Beziehungen und Gruppen, Verteilungsprobleme, Fragen prosozialen Handelns bzw. Konventionen und persönliche Angelegenheiten) zwischen den Stufen und den Inhaltsaspekten des Urteilens getrennt werden kann. Eine entsprechende Trennung nimmt keiner der vier Autoren vor; sie ermitteln jeweils Stufen, ohne aber stufenübergreifende Inhaltsaspekte davon abzugrenzen. Zudem lassen sie die Frage unbeantwortet, inwieweit eine Bereichsspezifität der Entwicklung auch innerhalb der von ihnen thematisierten Bereiche besteht.

Bereichstheoretiker (z.B. Carey, Fodor, Gardner) entwickelten in letzter Zeit integrative Perspektiven auf die Persönlichkeit. Allerdings vernachlässigten sie bisher nicht-kognitive Aspekte weitgehend.

# 7 Von sozialen Kontexten abhängige Geltung der Stufen des Gerechtigkeitsurteils? Kritik durch soziokulturelle Theorien

Neben Bereichstheorien fanden in der Psychologie in den 1970er Jahren auch soziokulturelle Theorien zunehmende Resonanz. Während Bereichstheorien sich nicht auf die Annahme einer von Aufgabenstellungen abhängigen Variabilität der Stufenwerte beschränken, vielmehr die Bereichsspezifität der Stufen postulieren, gehen soziokulturelle Theorien über die Annahme sozial bedingter Differenzen in den Stufenwerte hinaus und nehmen die soziale Kontextspezifität der Stufen an – falls beide Theorietypen überhaupt von Stufen ausgehen.

Bedeutsam waren in dieser Dekade vor allem sozialökologische, marxistisch-dialektische, feministische und kulturpsychologische Theorien:

- Bronfenbrenner liefert eine differenzierte Analyse der Bedeutung des sozialen Kontextes für Personen und deren Entwicklung. Er unterscheidet fünf Ebenen der sozialen Umwelt, die für die Entwicklung des Kindes relevant sind: die unmittelbare Umgebung in Form einzelner Lebensbereiche (etwa Beziehung zu Eltern, zu Geschwistern, zu Peers; „Mikrosystem"), das Verhältnis mehrerer Mikrosysteme (etwa von Eltern und Peers; „Mesosystem"), verschiedene soziale Felder, denen das Kind nur mittelbar angehört (etwa die Arbeitswelt der Eltern, die Schulklasse eines Geschwisters; „Exosystem"), größere kulturelle und subkulturelle Lebensbereiche (etwa Ökonomie und Konsumsphäre; „Makrosystem") sowie Veränderungen während der Lebenszeit bzw. gesellschaftlicher Wandel („Chronosystem") (vgl. Bronfenbrenner/Morris 2006).
- Als Alternativen zu herkömmlichen, „bürgerlichen" Theorien der Psyche entstehen marxistische sowie neomarxistische Ansätze, und zwar besonders unter dem Einfluss der Studentenbewegung. Marx hatte sich auf die Analyse der gesellschaftlichen Verhältnisse konzentriert und der Untersuchung der Psyche relativ wenig Beachtung geschenkt. Für die Analyse sozialer Ungleichheiten in kapitalistischen, „bürgerlichen" Gesellschaften verwendete Marx den Begriff der sozialen Klasse; als Resultat der Produktionsverhältnisse dieser Gesellschaften stünden sich Besitzer von Produktionsmitteln („Kapitalisten") und Besitzer von bloßer Arbeitskraft („Lohnarbeiter"/„Proletarier") gegenüber. Die marxistischen und neomarxistischen psychologischen Konzeptionen stützen sich vor allem auf frühe Arbeiten der Freudomarxisten und der Vertreter der Kulturhistorischen Schule: Seit den 1920er Jahren versuchten insbesondere in Deutschland verschiedene Wissenschaftler, Marx mit Freud zu verbinden („Freudomarxismus"; vgl. z.B. Horney, Reich). Im Rahmen der Kritischen Theorie/Frankfurter Schule um Horkheimer und Adorno legt insbesondere Marcuse einen

solchen freudomarxistischen Ansatz vor. In den 1920er Jahren begründete Wygotski in der damaligen Sowjetunion die Kulturhistorische Schule. Vor allem Luria und Leontjew führten seine Arbeiten weiter. Zentrale Konzepte der Kulturhistorischen Schule waren die Kategorien „Naturgeschichte", „gesellschaftliche Entwicklung", „soziale Klasse", „Tätigkeit" und „Aneignung". Gestützt vor allem auf die Arbeiten von Leontjew sowie auf marxistische Philosophie und Soziologie begründet Holzkamp die Kritische Psychologie. Er betont insbesondere die evolutionsbiologischen Grundlagen des Psychischen (die Naturgeschichte), dessen gesellschaftliche Vermitteltheit (gesellschaftliche Entwicklungen und soziale Klassen in der „bürgerlichen" Gesellschaft) sowie individuelle Handlungsfähigkeiten. Im Verlauf des Lebens eigne sich der Einzelne die gesellschaftlichen Handlungsmöglichkeiten an und erwerbe dadurch Handlungsfähigkeiten (vgl. Holzkamp 1983). Weitgehend unabhängig von der Kulturhistorischen Schule begründet Riegel in den USA die Dialektische Psychologie (Riegel 1980).

- Verschiedene Psychologen diskutieren intensiv die Frage der Geschlechtsspezifität psychischer Prozesse, und zwar nicht zuletzt aufgrund des wachsenden Einflusses der feministischen Bewegung. Zwei große Richtungen feministischer psychologischer Forschung lassen sich unterscheiden: eine stärker empiristische und eine stärker hermeneutische, zu deren Mitbegründerinnen Gilligan zu zählen ist. Beide Richtungen stellten die Annahmen ihrer Disziplin zu Fähigkeiten und Verhalten von Frauen in Frage und argumentierten, dass viele Psychologen zu Unrecht Frauen als den Männern unterlegen darstellen. Eagly hält fest:

  Fehlende Zusammenhänge kamen vielen feministischen Psychologen entgegen, nicht nur weil sie Geschlechterstereotypen herausforderten, sondern auch weil - wie man meinte - Gleichheit die Aussichten der Frauen auf Chancengleichheit in der Gesellschaft erhöhten. (...) Während die meisten feministisch-empirischen Forscher für die Ansicht eintraten, dass Geschlechterunterschiede gering oder nicht existent sind, bot die Psychologie in anderen feministischen Schriften eine alternative Perspektive an, in denen das Bestehen bestimmter geschlechterbezogener Unterschiede zugestanden wurde, und zwar in erster Linie solcher Unterschiede, die die weibliche Fürsorge und Sorge für andere Personen hervorheben. Viele dieser Schriften stützten sich hauptsächlich auf qualitative Methoden der Sammlung und Überprüfung von Belegen und orientierten sich damit an einer anderen Tradition als dem formalen Empirismus, der den Schriften feministischer Empiriker zugrunde liegt. Zum Beispiel argumentierte Gilligan (1982), dass sich das moralische Denken von Frauen und Männern darin unterscheide, dass Frauen eher zu einer Fürsorgeperspektive und Männer eher zu einer Gerechtigkeitsperspektive neigten (Eagly 1995, S. 49 f.).

- Manche Wissenschaftler betonten die Kulturspezifität psychischer Phänomene. Diese „kulturpsychologischen" Theoretiker weisen insbesondere hin auf qualitative Unterschiede zwischen psychischen Prozessen in westlichen Kulturen (vor allem Nordamerika und Westeuropa) und in östlichen Kulturen (vor allem Ostasien). Sie grenzen sich ab von einer bloß „kulturvergleichenden Psychologie", die die Universalität der Prozesse voraussetzt (vgl. Eckensberger/Plath 2003).

In den 1970er Jahren entstanden auch soziokulturelle Alternativen zu Kohlbergs Stufenansatz der Urteilsentwicklung. Bedeutsam waren Bronfenbrenners sozialökologische Theorie (7.1), die marxistischen Theorien von Baumrind und Sullivan (7.2), Gilligans feministische Theorie (7.3) sowie die kulturpsychologischen Theorien von Simpson und Shweder (7.4). Diese Wissenschaftler ermittelten alternative kontextabhängige Orientierungen und bestritten vor allem die Universalität der postkonventionellen Stufen bzw. Strukturen. Sofern sie Forschungen durchführten, stützten sich wie die Bereichstheoretiker vorwiegend auf klinische Interviews. (Da mir Bronfenbrenners Position nicht allzu ergiebig erscheint, gehe ich darauf nur kurz ein.)

Der Kritik an seinem universalistischen Konzept der Entwicklung moralischer Urteilsstrukturen kann Kohlberg in verschiedener Weise entgegenkommen:

- Er kann sein System der Inhaltsaspekte des Urteils um die von den soziokulturellen Kritikern eingebrachten alternativen Orientierungen (z.B. um Fürsorgegesichtspunkte) erweitern, ohne jedoch von der sozialen Kontextabhängigkeit der Orientierungen auszugehen.
- Er kann annehmen, dass das Auftreten der von ihm unterschiedenen Inhaltsaspekte des Urteils (z.B. der Elements) von sozialen Kontexteinflüssen abhängt.
- Er kann die soziale Kontextabhängigkeit des Urteilens hinsichtlich eines erweiterten Systems der Inhaltsaspekte annehmen.
- Er kann den Kritikern in der Annahme von sozialen Kontexten abhängiger Strukturen folgen.

Wie gezeigt werden soll, hat Kohlberg diese vier Strategien in unterschiedlicher Weise genutzt. Die empirischen Untersuchungen legen keine Relativierung der Strukturen in Bezug auf soziale Schicht, Geschlecht und Kultur nahe, d.h. kontextspezifische Strukturen scheinen nicht vorzuliegen; doch sind kontextspezifische inhaltliche Orientierungen auf der gleichen Stufe anzunehmen. Ich vertrete somit eine „gemäßigte universalistische Position".

## 7.1  Die soziale Umwelt ist komplex: Bronfenbrenners sozialökologische Kritik

Garbarino und Bronfenbrenner (1976) wenden sich sowohl gegen einen nicht-hierarchischen, „typologischen" Ansatz, den etwa der frühe Bronfenbrenner vertrat, als auch gegen eine kognitivistische Stufentheorie; beide Positionen suchen sie zu integrieren. Bei ihrer empirischen Analyse der Urteilsentwicklung differenzieren Garbarino und Bronfenbrenner zwischen drei Ebenen, nämlich einer hedonistischen Orientierung an eigenen Interessen, einer Orientierung an sozialen Akteuren und einer Orientierung an Prinzipien. Die beiden Forscher unterscheiden zwischen monolithischen, pluralistischen und anomischen Gesellschaften, wobei sie pluralistische gesellschaftliche Strukturen als Voraussetzungen für die dritte Ebene betrachten. Sie gehen davon aus, dass auf der zweiten Ebene alternative Sequenzen auftreten, und zwar sowohl in unterschiedlichen Kulturen als auch innerhalb einer Kultur. An Kohlberg kritisieren sie vor allem die Vernachlässigung der Kulturspezifität der Stufensequenz.

Bronfenbrenner setzte sich später mit dem Kohlberg-Ansatz nicht mehr auseinander; Fragen der Moralentwicklung vernachlässigte er.

Bei seiner Analyse der Moralentwicklung thematisiert Bronfenbrenner die unterschiedlichen Arten von Einflüssen nicht; er legt kein System mikrosozialer Bedingungen der Moralentwicklung (von Aspekten des Mikro-, Meso- und Exosystems) vor und vernachlässigt auch wichtige makrosoziale Voraussetzungen der Entwicklungsprozesse, etwa Individualisierungsprozesse. Bronfenbrenner dürfte alternative Sequenzen zu stark betonen. Auch differenziert er nicht zwischen unterschiedlichen Formen sozialer Kontextspezifität.

## 7.2   In der benachteiligten sozialen Klasse denkt man solidarisch: Die marxistischen Kritiken von Baumrind und Sullivan

Die Moral der Mitglieder einer Gesellschaft ist immer auch Ausdruck ungleicher Lebensbedingungen; die Ausbildung moralischer Fähigkeiten und Orientierungen dürfte nicht zuletzt mit der Stellung in der sozialen Hierarchie bzw. mit Erfahrungen am Arbeitsplatz zusammenhängen. Marxistische Forscher setzen vor allem am Schicksal benachteiligter, unterdrückter Gruppierungen an. Die frühen und späten Freudomarxisten, die frühen und späten Vertreter der Kulturhistorischen Schule sowie Riegel formulierten jedoch keine eigenständige moralpsychologische Position. Sofern die Forscher ein Moralkonzept vorlegten, war dieses weitgehend an der Psychoanalyse Freuds orientiert. Die aus der marxistischen Tradition stammenden Kohlberg-Kritiken beziehen sich direkt auf Marx. Baumrind und Sullivan üben von einem marxistischen Standpunkt her Kritik an Kohlberg (Baumrinds zentraler Forschungsschwerpunkt war jedoch der Einfluss von Erziehungsstilen auf individuelle Entwicklungsprozesse; vgl. 3.5).

*(a) Die frühen Kritiken von Baumrind und Sullivan*
Sowohl Sullivan als auch Baumrind wenden sich gegen Kohlbergs Konzeption von Moralprinzipien, die in allen Kulturen gültig sind. Somit greifen beide Forscher seine Annahme der kulturellen Universalität der Stufensequenz an, die etwa Baumrind lediglich noch für die ersten drei Urteilsstufen gelten lässt. Interessant an der Kritik beider Autoren erscheint mir vor allem aber, dass sie gegen Kohlberg auch die These einer Klassenspezifität der Stufensequenz einbringen. So hält Baumrind (1978, S. 69) fest: „Ein Fortschreiten der Entwicklung muss nicht nur im Hinblick auf eine bestimmte Kultur, sondern auch im Hinblick auf eine bestimmte Klasse innerhalb einer Kultur festgestellt werden." Und Sullivan sieht Kohlbergs Stufenbestimmung als Ausdruck einer bürgerlich-liberalen „Klassenblindheit". Nichts in seiner strukturalistischen Konzeption deute darauf hin, dass Moral von der jeweiligen Stellung in der Gesellschaftsstruktur bestimmt werde. Wie seine Vorgänger in der „liberalen Tradition" (z.B. Kant) blende er den Einfluss des Klassenbewusstseins aus (vgl. Sullivan 1977, S. 374). Nach Ansicht beider Autoren ist seine Stufendefinition Ausdruck einer von Werten der herrschenden „bürgerlichen" Klasse bestimmten Ideologie (wie etwa Individualismus, Autonomie).

Die bis Ende der 1970er Jahre ermittelten empirischen Ergebnisse der Kohlberg-Forschung zeigen für sozial benachteiligte Personen weit seltener postkonventionelle Werte als für sozial bessergestellte Personen (vgl. Snarey 1985). Der Forschung lag dabei das Schichtkonzept zugrunde, das in den 1920er Jahren entstanden war. Von den ermittelten Ergebnissen aus lag der Einwand nahe, dass Kohlberg mit seiner Stufendefinition Personen aus der unterdrückten Klasse nicht gerecht wird, indem er deren moralische Urteilsfähigkeit unterschätzt.

Die Perspektive von Sullivan und Baumrind auf das Gerechtigkeitsurteil in der Unterschicht blieb aber relativ vage; die Wissenschaftler formulieren in den 1970er Jahren keine Urteilsstufen für Personen aus der unterdrückten Klasse, sie führten keine empirischen Analysen durch und können sich auch nicht auf empirische Analysen anderer Forscher stützen.

*(b) Die späteren Kritiken von Baumrind und Sullivan*
Die Einwürfe von Baumrind diskutierte Kohlberg nicht, dafür aber die Einwände Sullivans. Dessen marxistische Kritik an der Formulierung universeller Moralprinzipien weist er vor allem unter Berufung auf den Unterschied zwischen „Genesis" und „Geltung" einer Theorie zurück: die Herkunft einer Theorie aus einem bestimmten soziokulturellen Kontext (etwa aus der Mittelschicht oder einer westlichen Kultur) stelle von vorneherein deren universelle Geltung in Frage (Kohlberg 1984, S. 336).

Sullivan hat sich mit Kohlbergs Theorie meines Wissens nicht weiter auseinandergesetzt, während Baumrind ihre Kohlberg-Kritik vorantreibt. Baumrind stellt in einer theoretischen Arbeit fest, dass der moralische Standpunkt der Unterschicht, gemessen an Kriterien der Gerechtigkeit, sogar das größere moralische Potenzial aufweist:

> Der Standpunkt, der die Interessen (nicht notwendigerweise die Ansichten) der Unterdrückten in jeder Kultur repräsentiert, ist fairer, weil er der Befriedigung grundlegender menschlicher Bedürfnisse aller ihrer Mitglieder deutlich näher kommt als die Interessen einer privilegierten Minderheit; er fördert dadurch in dieser Kultur das größte Glück der größten Zahl (...). Der Standpunkt der Unterdrückten ist *inklusiver* und deshalb weniger voreingenommen, indem er ein Verstehen der Positionen sowohl des Unterdrückers als auch der Unterdrückten verlangt (Inklusivität ist ein Kriterium philosophischer Angemessenheit, das von kognitiv orientierten Metaethikern wie Kohlberg, sowie von Marxisten, wie ich es bin, akzeptiert wird). Während Personen in untergeordneter Position die Interessen ihrer Unterdrücker befolgen und in Betracht ziehen müssen, um sich an diese anpassen oder sie unterlaufen zu können, besteht für Mitglieder der herrschenden Klassen, des herrschenden Geschlechts oder der höherrangigen ethnischen Gruppe dank ihrer Macht nicht die selbe Notwendigkeit, die Interessen denjenigen in Betracht zu ziehen, die sie beherrschen, oder sie als eigenständige und einzigartige Individuen anzusehen (Baumrind 1998, S. 159).

Baumrind geht also von einem solidarischen Potenzial der Benachteiligten aus. Ihre gewiss provokante These erscheint mir vor allem insofern interessant, als sie die herkömmliche Auffassung, Angehörige der herrschenden Klasse seien in ihrem moralischen Potenzial Angehörigen der unterdrückten Klasse überlegen, in recht plausibler Weise auf den Kopf stellt (vgl. unten).

Jedoch sind die Begriffe der traditionellen Klassentheorie für eine Analyse der gegenwärtigen sozialen Ungleichheiten zu eng. Damit werden vor allem die feinen Abstufungen in den Ungleichheitslagen nicht greifbar. Hilfreich erscheint in diesem Zusammenhang das Schichtkonzept.

Viele Moralpsychologen nehmen heute an, dass sich die Urteilsbildung in der Unterschicht mit Kohlbergs Stufen adäquat beschreiben lässt. Allerdings zeigt auch die auf der Basis des SIS durchgeführte Forschung schichtspezifische Differenzen in den ermittelten Stufenwerten. Nach wie vor erreichen Personen aus der Unterschicht im Allgemeinen niedrigere Werte als Personen aus der Mittel- und Oberschicht; postkonventionelle Form-Werte erzielten Unterschichtangehörigen überhaupt nicht (vgl. Snarey 1995). Damit bleibt fraglich, ob die für die Stufen 5 und 6 konstitutiven Aspekte, nämlich Menschenrechte bzw. abstrakte Prinzipien und Verfahren, wirklich einen angemessenen Maßstab für die Bewertung des Urteilens in der Unterschicht darstellen. Die Frage der Klassenspezifität bzw. Schichtspezifität des Urteilens wäre also eine Analyse wert.

Snarey bemühte sich in den letzten Jahren, gestützt auf empirische Daten, um eine Beschreibung alternativer Formen postkonventionellen Urteilens in den verschiedenen Schichten, d.h. um ein inhaltlich erweitertes Konzept universalistischen Denkens (vgl. z.B. Snarey 1995). Er geht davon aus, dass sich in der Unterschicht postkonventionelles Urteilen vor allem in Kategorien der „Gemeinschaft" artikuliert. Während Personen aus höheren Schichten in diesem fortgeschrittenen Stadium der Urteilsentwicklung die Rechte des Individuums sowie abstrakte Prinzipien und Verfahren der Gerechtigkeit in den Mittelpunkt ihrer Argumentationen stellten, betonten Personen aus der Unterschicht Gesichtspunkte wie etwa den Wert der Solidarität, die Suche nach einem nur in der Gemeinschaft zu verwirklichenden Glück oder die Pflege von Traditionen oder.

Snarey postuliert zudem eine Schichtspezifität präkonventionellen und konventionellen Urteilens. Er weist etwa darauf hin, dass eine instrumentalistische Orientierung in der Unterschicht oft eine soziale Funktion in einer Beziehung erfüllt: der Austausch von Gütern orientiert sich an Maßstäben der gegenseitigen Achtung und der Fairness. Somit ist ein solches Denken nicht der Stufe 2 in Kohlbergs Sinne zuzuordnen, sondern als eigenständige Variante eines Denkens der Stufe 3 zu betrachten (Snarey 1995, S. 110).

Im Rahmen der „Kritischen Psychologie" diskutieren in Deutschland Markard und Uhlmann (1983) Kohlbergs Ansatz. Sie werfen ihm eine individualistische Position vor, welche die bürgerlichen Herrschaftsverhältnisse stützt. Empirische Forschungen zu Moral wurden im Rahmen der Kritischen Psychologie allerdings nicht durchgeführt.

Weiterführende Konzeptionen haben in Deutschland vor allem der Philosoph und Soziologe Honneth und der Soziologe Vester formuliert. Honneth orientiert sich an der Kritischen Theorie, Vester an Bourdieus marxistischer Theorie.

Moralpsychologische Forscher, die der Mittel- oder Oberschicht angehören und zumeist auch diesen Schichten entstammen, dürften dazu neigen, die moralischen Autonomie-Ideale ihres eigenen Lebenskontextes in unreflektierter Weise zum normativen Bezugspunkt der Entwicklung zu machen. Möglicherweise artikuliert sich beim Gerechtigkeitsurteil in der Unterschicht aber ein universalistisches, d.h. postkonventionelles, Moralbewusstsein in anderer Weise als durch Formulierung von Menschenrechten oder abstrakten Moralprinzipien und -verfahren. Hier könnte, wie Honneth postuliert, ein „Unrechtsbewusstsein" verbreitet sein, das zugleich stark situationsgebunden ist:

> Der Begriff des ‚Unrechtsbewusstseins' soll hervorheben, dass die Soziomoral unterdrückter Gruppierungen keine situationsabstrahierten Vorstellungen einer moralischen Gesamtordnung oder Projektionen einer gerechten Gesellschaft enthält, sondern ein hochempfindliches Sensorium für Verletzungen von als gerechtfertigt unterstellten Moralitätsansprüchen darstellt (Honneth 1990, S. 187).

Dieses Unrechtsbewusstsein kann ein Potenzial universalistischen, solidarischen Gerechtigkeitsdenkens enthalten. Anders als Angehörige der Mittel- und Oberschicht sind Unterschichtsangehörige nicht dem Druck ausgesetzt, eigene soziale Privilegien durch die positive Formulierung universeller, situationsübergreifender Werte und Standards zu rechtfertigen. Universalistische (also postkonventionelle) Maßstäbe zeigen sich hier deshalb möglicherweise eher in Form situationsbezogener Verurteilung von Unrecht. Da eine solche universalistische Moral weitgehend intuitiv ist, kann sie nur – orientiert an den Maßstäben der Missbilligung von Situationen und Ereignissen – erschlossen werden (Honneth 1990, S. 190).

Aber auch die Kategorien der Schichttheorie sind zu eng. Bedeutsam sind die Konzepte „soziale Lebenslage" und „soziale Milieus". Das Konzept der sozialen Milieus fand in den letzten drei Jahrzehnten in der bundesrepublikanischen bzw. deutschen Soziologie große Resonanz. Es kennzeichnet Gruppen von Personen mit ähnlicher Lebensführung (ähnlichem „Lebensstil") sowie verstärkter Kommunikation untereinander. Das Milieukonzept erlaubt zum einen die Binnendifferenzierung der Klassen- und Schichtungskategorien – wie mit dem Konzept sozialer Lebenslagen wird damit die grobe Differenzierung nach Ober-, Mittel- und Unterschicht überwunden. Darüber hinaus macht es deutlich, dass an die gesellschaftliche Stellung gebundene Erfahrungen von Unterdrückung und Ungerechtigkeit immer auch im Kontext unterschiedlicher Deutungsmuster und Werte verarbeitet werden. Das Milieukonzept zielt nämlich nicht vorrangig – wie die älteren Konzepte der sozialen Klasse und der sozialen Schicht sowie das neuere Konzept der sozialen Lebenslage – auf objektive Lebensbedingungen, sondern auf Kognitionen, Kommunikationsmuster und Handlungspraktiken; worin sich die Art der Verwendung von Ressourcen (wie Einkommen und Bildung) ausdrückt. Dieses Konzept erlaubt des Weiteren die Berücksichtigung von Werteorientierungen (bzw. Kohortenzugehörigkeiten). Es zeigt, dass bei gleicher Lebenslage unterschiedliche Lebensstile möglich sind. Neben der vertikalen Gliederung der Gesellschaft in Klassen bzw. Schichten gibt es eine horizontale Gliederung nach Werteorientierungen, d.h. in einer Gruppe mit ähnlichen Ressourcen unterscheiden sich Lebensformen in der Modernität der Werte (z.B. „traditionelle Werte" wie Sicherheit und Solidarität vs. „moderne Werte" wie Selbstverwirklichung und Hedonismus). Die Milieus werden als durch die Individuen zumindest teilweise wählbar verstanden. Bedeutsam für die Lebensstilanalysen waren vor allem die Individualisierungstheorie von U. Beck und die marxistische Theorie von Bourdieu (vgl. Hradil 1999).

Von einer an Bourdieu orientierten Perspektive aus wird deutlich, dass Personen ihren Lebensstil keineswegs frei wählen können; auf die Individualisierungstheorie von U. Beck gestützte Analysen von Lebensstilen und sozialen Milieus blenden diese Zwänge eher aus. Vester und Kollegen (vgl. Vester et al. 2001) formulieren ein differenziertes, an Bourdieu orientiertes Konzept sozialer Milieus. Die Vester-Gruppe unterscheidet zwischen folgenden „Traditionslinien" (TL): Unterprivilegierte, Kleinbürgertum, Facharbeiter, Jugendkulturen, Besitzbürgertum, Bildungsbürgertum und Avantgarde. Die Autoren kennzeichnen die Milieus im Hinblick auf Ethos, Handlungsorientierung, Lebensführung, Beziehungsmuster sowie Teilung in Gewinner und Verlierer (vgl. Tab. 7.1).

Tab. 7.1    *Vesters Differenzierung zwischen verschiedenen Milieutraditionen*

| Traditionslinie | Ethos | Handlungsorientierung | Lebensführung | Beziehungsmuster | Teilung in Gewinner (G) und Verlierer (V) |
|---|---|---|---|---|---|
| Unterprivilegierte TL (ca. 10%) | realistisch sein/Notwendigkeitsethos | Gelegenheitsorientierung (Flexibilität) | Spontane Situationsbewältigung | Soziales Kapital: Selbsthilfe im engeren Milieu und Anlehnung an Mächtigere | G u. V: teilweise Populismus G: aktive Strategien der Flexibilisierung und Anlehnung V: Resignation bzw. Anomie (bei geringerem sozialen Kapital) |
| Ständisch-Kleinbürgerliche TL (ca. 25%) | loyal sein/Pflichtethos | Sicherheit: Konformität mit den Normen | Einordnung in Hierarchien | Patron-Klient-Muster: Fürsorge gegen Loyalität; Delegation vs. Verantwortung nach oben | G u. V: teilweise Populismus G: Bildungs- und Statusaufstieg V: Resignation (bei veraltetem Bildungs- und Sozialkapital) |
| TL der Facharbeit (ca. 30%) | selbständig sein/Ethos der Eigenverantwortung | Facharbeit: Bildungs- und Leistungsstreben | Methodische und eigenverantwortliche Lebensführung | Persönliche Verantwortung und gegenseitige Solidarität | G u. V: Skeptische Abwendung von der großen Politik G: relativer Aufstieg V: relativer Abstieg |
| Jugendkulturelle TL (ca. 10%) | frei sein/Ablösung von den Älteren | Rebellion gegen Pflicht- u. Leistungsnormen | Selbstverwirklichung in der Jugendkultur | Autonome Gemeinschaftsbildung | G u. V: Abwendung von der großen Politik |
| Besitzbürgerliche TL (ca. 10%) | oben sein/Distinktionen | Contenance und soziale Exklusivität | Pflicht und Geltung | ökonomisch-soziale Hegemonie | G u. V: Elitenkonkurrenz und kombinierte Ideologie: Spreizung der sozialen Hierarchie u. Caritas |
| Bildungsbürgerliche TL (ca. 10%) | exzellent sein/Individualität | Askese und kulturelle Distinktion | Dienst und Selbstverwirklichung | Dienst am Gemeinwohl u. kulturelle Hegemonie | Elitenkonkurrenz und ideologische Teilung in neoliberale Puritaner u. karitative Idealisten |
| TL der Avantgarde-Kultur (ca. 5%) | vorn sein/Trendsetzung | überzeugt von der eigenen Mission/Instrumentalisierung anderer | Stil der ‚neuen Macher', ästhetisch stilisierte Selbstdarstellung | aufstiegsbedingte Einschränkung der Verantwortung für andere | Verstärkte Aufstiegskonkurrenz/'no pity for the poor' |

(Quelle: Vester u.a. 2001, S. 91)

Lebensstile bzw. Milieus lassen sich also auch im Hinblick auf den Stellenwert von Moral differenzieren; soziale Milieus charakterisieren die Autoren vor allem durch Werteorientierungen (Ethos und Handlungsorientierung). Wie der Tabelle zu entnehmen ist, findet man besonders bei Unterprivilegierten die Bezugnahme auf fundamentale menschliche Bedürfnisse, besonders bei Kleinbürgertum und Besitzbürgertum konformistische Dispositionen sowie besonders bei Facharbeitern, Jugendkulturen und Bildungsbürgertum autonomiebezogene Dispositionen.

Ich gehe insgesamt davon aus, dass postkonventionelle moralische Mentalitäten in unterprivilegierten sozialen Klassen/Schichten/Lebenslagen/Milieus anders beschaffen sind als in privilegierten Gruppierungen. Bei ersteren dürfte das Sensorium für Ungerechtigkeiten stärker ausgeprägt sein und solidaritätsorientierte Vorstellungen dürften dort vorherrschen. Es gibt einige Hinweise darauf, dass sich auf der unteren Ebene der sozialen Hierarchie ein postkonventionelles, universalistisches Urteilen in anderen Kategorien artikuliert. Neben kantianischen Verfahren und Prinzipien, anderen Verfahren und Prinzipien der Tradition rationaler Normbegründung (z.B. Gesellschaftsvertrag, utilitaristische Prinzipien, Diskursprinzip) sowie Gesichtspunkte der Fürsorge und der Gemeinschaftsorientierung wären bei der Bestimmung postkonventionellen Gerechtigkeitsurteils auch universalistische gesellschaftskritische Formen (unterschichtspezifisches Unrechtsbewusstsein, dem universalistische Maßstäbe zugrunde liegen) zu berücksichtigen. Die Forschung spricht allerdings nicht für die Annahme kontextspezifischer Strukturen, sondern für eine (inhaltliche) Erweiterung von Kohlbergs Stufen um klassen-, schicht-, lebenslagen- oder milieuspezifische Argumentationsmuster. Allerdings sollte man sich vor Romantisierungen hüten.

Die Kohlberg-Forschung hätte also – statt das geringe Auftreten postkonventioneller Werte in der Unterschicht ausschließlich auf ungünstige Bedingungen für konstruktives Lernen zurückzuführen – künftig stärker nach alternativen Formen von Postkonventionalität Ausschau zu halten. Auch wäre nach alternativen Argumentationsformen auf den Stufen 1 bis 4. In diesem Zusammenhang lassen sich einige Forschungsaufgaben formulieren. Zu prüfen wäre, ob das Selbstverständnis von Personen schichtspezifisch variiert: Wie wirken sich Differenzen im Zugang zu begehrten Gütern wie Einkommen, Macht, Bildung und Prestige auf das Selbstverständnis aus? Ist es in der Unterschicht tatsächlich eher kollektivistisch, während es in der Mittel- und Oberschicht tendenziell individualistisch ist?

Insgesamt fehlen empirische Studien, die alternative Formen des Gerechtigkeitsurteils in der Unterschicht nachweisen, und die vorliegenden theoretischen Reflexionen bleiben abstrakt. Die Analysen von Baumrind, Sullivan, Snarey und Honneth stellen lediglich erste Ansätze zur Abklärung der Schichtspezifität des Urteilens dar. Ihre Analysen zu dieser Problematik sind über theoretische Postulate bisher kaum hinausgelangt. Auch mein eigener Standpunkt hierzu ist bisher eher hypothetisch, abstrakt und unscharf.

Kohlberg war auch von konservativer Seite mit Kritik an seinem universalistischen Stufensystem konfrontiert. Emler und Hogan werfen ihm bereits in den 1970er Jahren eine Unterschätzung der Urteilsfähigkeiten von Personen mit einem konservativen politischen Weltbild vor, in deren Denken die Aufrechterhaltung von Gesetz und Ordnung den zentralen politischen Wert darstellt (vgl. Emler/Renwich/Malone 1983; Hogan/Emler 1978). Die beiden Autoren richten sich dagegen, dass Kohlberg moralische Argumentationen, die die Aufrechterhaltung von Gesetz und Ordnung betonen, nur auf Stufe 4 ansiedelt. In einer

Hinsicht teilen die Autoren die marxistische Kritik an Kohlbergs Definition von Postkonventionalität: diese Definition sei Ausdruck seiner liberalen politischen Ideologie; Kohlberg habe die Struktur- und die Inhaltsaspekte moralischen Urteilens keineswegs, wie er beansprucht, hinreichend getrennt. Politisch konservativ denkende Personen kommen in den Augen von Emler und Hogan deshalb im Gegensatz zu Personen mit liberaler politischer Orientierung über Werte der Stufe 4 nicht hinaus. Die von der Forschung ermittelten Unterschiede hinsichtlich postkonventioneller Werte sind für beide Autoren keine kognitiv-strukturellen Entwicklungsunterschiede des moralischen Urteilens, sondern lediglich Unterschiede der gesellschaftspolitischen Ideologie.

Da aus Hogans und Emlers Sicht keine kognitiv-strukturellen Entwicklungsunterschiede zwischen Stufe 4 und den postkonventionellen Stufen bestehen, schreiben sie politisch konservativen Personen unter bestimmten methodischen Bedingungen auch die Fähigkeit zu postkonventionellem Urteilen zu. Emler, Renwich und Malone (1983) versuchen in einer empirischen Studie zu zeigen, dass im MJI als konventionell eingestufte Konservative durchaus über die Fähigkeit zum Urteilen auf den Stufen 5 und 6 verfügen. Die Autoren bitten ihre schottischen Probanden zunächst, sich im Hinblick darauf einzuschätzen, ob sie politisch eher „rechts" oder eher „links" stehen, nämlich eine konservative oder eine liberale politische Orientierung besitzen. Auf der Grundlage einer modifizierten Fassung des DIT von Rest fragen sie dann die sich selbst als konservativ bezeichnenden Probanden, wie Personen mit liberaler Einstellung zu den vorgelegten moralischen Problemen argumentieren würden, und finden, dass diese Probanden in der Tat in der Lage sind, Liberalen Argumente der Stufen 5 und 6 zuzuschreiben. Offen bleibt in dieser Studie aber, ob der Gebrauch von postkonventionellen Begründungsmustern auch bei der spontanen Produktion von Argumenten im Rahmen des MJI möglich ist und nicht nur bei vorgelegten Argumentationsalternativen. Können Konservative Liberalen auch dann postkonventionelle Argumente zuweisen?

Die Erweiterung postkonventioneller Stufen um konservative Formen des Denkens wäre notwendig, um die Urteilsfähigkeit politisch konservativer Personen nicht länger zu unterschätzen. Diese Personen verfügen bei der Urteilsbildung zu Gerechtigkeitsfragen möglicherweise über ein größeres moralisches Urteilspotenzial, als es im Rahmen von Kohlbergs Erhebungs- und Auswertungsmethode oder dem DIT von Rest für gewöhnlich zum Ausdruck kommt. Allerdings ziehe ich im Unterschied zu Emler und Hogan daraus nicht die Schlussfolgerung, dass moralisches Urteilen auf die politische Ideologie der Person reduziert werden kann und die Stufen 4, 5 und 6 gleichrangig sind, vielmehr wäre eine (inhaltliche) Erweiterung von Postkonventionalität um „konservative" Gesichtspunkte vorzunehmen. Die einseitige Orientierung an Gesetz und Ordnung ist in der Tat von geringerer moralischer Rationalität als ein Denken der Stufe 5 (oder auch der Stufe 6), denn damit ist keine rationale Prüfung der moralischen Legitimität sozialer Systeme möglich. Oft sind allerdings konservative Reflexionen, die die Notwendigkeit der Stabilität einer sozialen Ordnung betonen, mit einer Orientierung an Menschenrechten und an anderen universalistischen Standards verknüpft, wie etwa bei kommunitaristischen Moralphilosophen. Hinsichtlich der konservativen Formen des Urteilens lassen sich also Entwicklungsunterschiede annehmen. Kohlberg hat konservativen Formen von Postkonventionalität in seiner Stufenbestimmung nicht hinreichend Rechnung getragen und tendiert dazu, sie als konventionelles Urteilen zu missdeuten. Rest und Mitarbeiter plädieren ebenfalls für eine entsprechende Erweiterung der postkonventionellen Stufen (vgl. Rest et al. 1999, S. 111 f.).

Unter den heutigen gesellschaftlichen Bedingungen stellen Prozesse moralischer Sozialisation und Erziehung immer auch alle sozialen Klassen und politischen Gruppierungen übergreifende Prozesse der Desensibilisierung des Menschen gegenüber Leid, der Destruktion von Empathie dar. Der im Rahmen der Kritischen Theorie verwendete Begriff des Spätkapitalismus akzentuiert die Interventionen, mit dem das staatliche System die Krisen der kapitalistischen Gesellschaft zu bewältigen sucht; unter anderem zielt dieser auch auf Formen der Entschärfung des Klassenkonflikts. Gestützt auf Adornos Variante einer Kritischen Theorie ging der Erziehungswissenschaftler Gruschka an der Universität Frankfurt im Rahmen seines Ansatzes einer „Negativen Pädagogik" Moral unter den Bedingungen der (spät)kapitalistisch-bürgerlichen Gesellschaft nach (vgl. Gruschka 1994; 1996). Innerhalb des Forschungsprojekts „Ontogenese der bürgerlichen Kälte" setzt er in Abgrenzung von Kohlberg an den moralischen Konflikten im Alltag (und nicht an hypothetischen Konflikten) an. Auch wendet er sich gegen den Versuch, moralische Äußerungen von Personen unter ein bestimmtes Stufenmodell zu subsumieren, d.h. gegen eine Einordnung von erhobenem Datenmaterial in ein spezifisches entwicklungslogisches System. Im Zentrum seiner empirischen Studien stehen Prozesse des Umgangs mit der Kälte in der heutigen Gesellschaft, der Entstehung von Kälte beim Individuum. Grundlegend ist die Frage, wie angesichts des enormen Leids und Unrechts in der Welt die Menschen ihren Alltag bewältigen können. Gleichgültigkeit (als Formen der Gleichgültigkeit werden bloßes Hinsehen, über-etwas-Hinwegsehen und rationalisierendes Einverständnis genannt) und Egoismus gelten als zwar moralisch problematische, aber fast unausweichliche Muster der Alltagsbewältigung.

Die Theorie von Habermas macht deutlich, dass soziale Pathologien vor allem auch als Kommunikationspathologien zu bestimmen sind. Sie lenkt die Aufmerksamkeit auf die Interaktionen zwischen Staat und Ökonomie sowie auf die Wechselwirkungen zwischen solchen, durch instrumentell-strategisches Handeln geprägten Bereichen und auf kommunikatives Handeln angewiesenen Bereichen der Lebenswelt. Mit der Rationalisierung der Lebenswelt sind, so zeigt Habermas auf, durch Macht bzw. Geld gesteuerte, eigendynamisch wachsende Subsysteme entstanden, deren Imperative zunehmend auch die Lebenswelt beherrschen („Kolonialisierung der Lebenswelt") (vgl. Habermas 1981).

U. Beck hingegen setzt marxistischen und neomarxistischen Ansätzen eine „Theorie der reflexiven Modernisierung" entgegen, die er nunmehr auch über die „westliche Moderne" hinaus erweitert hat (vgl. U. Beck/Grande 2010). Die Gruppe um Beck wendet sich zudem gegen Systemtheorien (z.B. Luhmann, Parsons) und Theorien der Postmoderne (z.B. Derrida, Lyotard). Als Folge von Modernisierungsprozessen würden zentrale Institutionen, wie etwa Nationalstaat und Erwerbsarbeit, zerbröckeln. Auch in diesem Theorierahmen werden Entsolidarisierungsprozesse diagnostiziert.

## 7.3    Frauen denken fürsorglich: Gilligans feministische Kritik

Gilligan konfrontiert Kohlberg in den 1970er Jahren sowohl mit der Annahme einer Geschlechtsspezifität der Inhaltsaspekte des Urteilens (Fürsorgeperspektive vs. Gerechtigkeitsperspektive) als auch mit der These einer Geschlechtsspezifität der Stufensequenz. Gilligan kann bei ihrer Kohlberg-Kritik darauf hinweisen, dass Kohlberg seine Stufen und sein Auswertungsmanual zunächst ausschließlich an männlichen Personen gewonnen hatte.

*(a) Gilligans frühe Kritik*
Als Kohlberg-Schülerin schloss sich Gilligan anfangs noch an Kohlbergs Stufenbestimmung an. Ausgangspunkt ihrer Arbeiten war eine Analyse des moralischen Urteilens von Oberschülern beiderlei Geschlechts zu Fragen sexuellen Verhaltens, etwa zur Schwangerschaft bei Teenagern oder zum vorehelichen Geschlechtsverkehr. Die gewonnenen Stellungnahmen kodierte sie noch nach Kohlbergs Stufen (Gilligan et al. 1971).

Einige Jahre später übte Gilligan dann Kritik an Kohlbergs Bestimmung der postkonventionellen Stufen. Sie stützte sich dabei auf die Ergebnisse einer zusammen mit Murphy durchgeführten Untersuchung, in der sie bei Studenten beiderlei Geschlechts das Urteilen zu Kohlbergs moralischen Dilemmata sowie zu selbsterlebten Dilemmata im Längsschnitt erhob (Murphy/Gilligan 1980). In dieser Studie zeigte sich selbst auf der Basis des SIS ein relativ hoher Anteil von Stufenregressionen, und dies vor allem bei postkonventionellen Probanden. Für Gilligan drückt sich in den Stufenregressionen postkonventioneller Personen hauptsächlich aus, dass Kohlberg reifes moralisches Denken an einem unangemessenen Standard moralischer Rationalität misst, nämlich an einem abstrakten universalistischen Standpunkt, der situative Bedingungen ausblendet. Sie führt deshalb die zusätzliche Stufe eines „postkonventionellen Kontextualismus" ein, auf der bei der Anwendung von Rechten oder moralischen Prinzipien auch Aspekte der konkreten Situation Berücksichtigung finden. Leitend auf dieser Stufe 7 ist eine Verantwortungsethik, welche die Folgen von Entscheidungen ins Zentrum rückt (Murphy/Gilligan 1980, S. 83).

Schließlich wirft Gilligan Kohlberg vor, situationsbezogenes, kontextualistisches Denken bereits auf früheren Stufen vernachlässigt zu haben. Dieses Denken schreibt sie jetzt zugleich vornehmlich dem weiblichen Geschlecht zu (Gilligan 1977; 1984). Erst in diesen beiden Arbeiten formuliert Gilligan ihre These einer Geschlechtsspezifität der Stufenentwicklung. Statt Stufenregressionen nimmt sie nunmehr Geschlechterunterschiede in den Stufenwerten zum Anlass dafür, Kohlbergs Stufendefinition zu hinterfragen und zu modifizieren. In vielen durchgeführten Studien zum Urteilen zu Gerechtigkeitsfragen würden weibliche Probanden nicht höher als auf Stufe 3 gelangen, was eine Neubewertung seiner sechs Stufen unter dem Aspekt der Geschlechterdifferenz notwendig mache. Indem Kohlberg über die verschiedenen Stufen hinweg einen Urteilsmodus beschreibe, bei dem moralische Dilemmata auf der Basis von kontextunabhängigen Fairnesserwägungen (einer Abwägung von Rechten) gelöst würden, vernachlässige er eine für weibliche Personen charakteristische „Stimme der Moral", die kontextbezogen operiert und die statt Fairnesserwägungen die Verantwortung für andere Personen und für zwischenmenschliche Beziehungen („Fürsorge") in den Mittelpunkt stellt. Weibliche Personen bringen, so Gilligan, unterschiedlich komplexe Aspekte interpersonaler Verantwortlichkeit ein, die Kohlberg sämtlich nur als

Stufe 3 kodiert. Folglich sei ein neues, geschlechtsbezogenes Konzept moralischer Reife erforderlich, das auch gegen die Positionen von Piaget und Freud gerichtet ist:

> (...) genau die Züge, die traditionell die ‚Güte' der Frauen ausmachten, ihre Fürsorge für andere und ihre Einfühlsamkeit in deren Bedürfnisse, sind dieselben, die sie als defizitär in ihrer moralischen Entwicklung ausweisen. (...) Wenn man mit dem Studium von Frauen beginnt und Entwicklungstheorien aus ihrem Leben ableitet, treten die Umrisse von Moralvorstellungen zutage, die sich von denen Freuds, Piagets oder Kohlbergs unterscheiden und zu einer anderen Darstellung der Entwicklung führen. In dieser Konzeption entsteht das Moralproblem aus einander widersprechenden Verantwortlichkeiten und nicht aus konkurrierenden Rechten, und es setzt zu seiner Lösung eine Denkweise voraus, die kontextbezogen und narrativ und nicht formal und abstrakt ist. Diese Konzeption der Moral, bei der es um care (Fürsorge, Pflege, Zuwendung) geht, stellt das Gefühl für Verantwortung und Beziehungen in den Mittelpunkt, während die Konzeption der Moral als Fairness die moralische Entwicklung vom Verständnis von Rechten und Spielregeln abhängig gemacht hatte. Diese andere Auffassung des Moralproblems durch Frauen kann als der entscheidende Grund für ihr Versagen angesehen werden, sich innerhalb der Grenzen des Kohlberg'schen Systems zu entwickeln (Gilligan 1984, S. 29 f.).

Ausgehend von einer Befragung von Frauen, die einen Schwangerschaftsabbruch erwägen, formuliert Gilligan drei Niveaus einer Fürsorgemoral. Auf Niveau 1 steht die Sorge um die eigene Person noch im Vordergrund; zentral sind die Vermeidung von Sanktionen und die Befriedigung eigener Interessen. In einem Übergangsstadium wird die Haltung des ersten Stadiums als egoistisch erkannt; die Person schwankt zwischen der Sorge für sich selbst und der Sorge für andere. Auf dem zweiten Niveau tritt das Anliegen, für andere zu sorgen und sie zu beschützen, in den Mittelpunkt. Zentral Bedeutung besitzen Werte wie Selbstaufopferung, Hingabe und Anerkennung durch andere; eigene Interessen werden also weitgehend unterdrückt. In einem weiteren Übergangsstadium sucht die Person nach einer Vermittlung zwischen eigenen und fremden Interessen – allerdings oft erfolglos. Auf dem dritten Niveau gelingt ihr diese Vermittlung, wobei sie herkömmliche Geschlechterrollen kritisch hinterfragt. Verantwortung für andere wie auch für sich selbst und gegenseitige Rücksichtnahme gelten auf diesem Niveau als zentrale Moralprinzipien.

Die Geschlechtsspezifität in der Wahrnehmung und Lösung moralischer Konflikte führt Gilligan auf Unterschiede im Verständnis der eigenen Person (des Selbst) sowie im Verständnis von Beziehungen zurück: Weibliche Personen verstünden sich stärker als Teil von Beziehungen, männliche dagegen stärker als unabhängige Individuen. Beziehungen definierten erstere als Verhältnis eng verbundener Personen, die sich gegenseitig unterstützen, letztere hingegen vorwiegend als Interessenausgleich zwischen unabhängigen Individuen. Unterschiedliche frühkindliche Erfahrungen in der Beziehung zur Mutter führen Gilligan zufolge zu diesen geschlechtsspezifischen Unterschieden im Selbst- und Beziehungsverständnis: Die Identität und das Beziehungsverständnis des Mädchens bilde sich auf der Grundlage einer starken affektiven Bindung an die Mutter heraus, dagegen müsse sich der Knabe von der Mutter emotional lösen und die frühkindliche Identifikation mit ihr aufgeben, um die ihm zugewiesene männliche Geschlechtsrolle übernehmen zu können.

Entsprechend setzt Gilligan auch mit ihrem Interviewverfahren eigene Akzente gegenüber Kohlberg: Sie erhebt nicht nur das moralische Urteil, sondern auch die Konfliktwahrnehmung, das Verständnis der eigenen Person und das Verständnis von Beziehungen. In ihren Studien fragt sie etwa: „Worin bestand der Konflikt für dich?", „War deine Handlung richtig?", „Wie beschreibst du dich selbst?", „Siehst du dich heute anders als früher?".

Allerdings bleibt in den 1970er Jahren unklar, wie Gilligan ihre These der Geschlechtsspezifität der Stufenentwicklung genau versteht. An einigen Stellen hält sie etwa fest, dass die von ihr beschriebenen Stufen der Fürsorgemoral keineswegs ausschließlich auf das weibliche Geschlecht beschränkt seien (Gilligan 1984, S. 10). Vor allem aber wird Gilligan Kohlbergs Position nicht gerecht, dessen Stufen nicht nur Orientierungen an Fairnessgesichtspunkten bzw. Rechten, sondern vielmehr auch Fürsorgeorientierungen umfassen. Beispielsweise enthält das SIS-Manual einen relativ hohen Anteil von CJs mit perfektionistischen und utilitaristischen Elements – Elements also, die größtenteils auf Folgen für andere Personen oder für Beziehungen fokussieren (vgl. 4.5./Punkt b).

Auch der empirische Nachweis der Geschlechtsspezifität der Stufensequenz ist Gilligan bis Ende der 1970er Jahre nicht gelungen, denn bis dahin finden sich keine ausgeprägten Geschlechterunterschiede in den Stufenwerten zu Kohlbergs MJI, wie Gilligan voraussetzt – dies zeigen die Überblicksartikel von Broughton (1983), Snarey (1985) und von Walker (1984) über die frühe Forschung zum Einfluss des Geschlechts auf die Urteilsbildung zum MJI. Walker zum Beispiel berichtet, dass von 80 Studien (mit mehr als 8.000 Probanden) nur sehr wenige Studien Effekte im Sinne Gilligans erzielt haben. Auftretende geringere Stufenwerte bei weiblichen Probanden erklären sich hauptsächlich durch Unterschiede in der Bildung (gemessen an Jahren des Schulbesuchs).

Überdies ist die Datenbasis, anhand derer Gilligan ihre Stufen des Fürsorgeurteils gewonnen hat, zu schmal, um ihre These der Geschlechtsspezifität des Urteilens überzeugend stützen zu können – sie umfasst lediglich die Urteilsbildung von Frauen zu einer spezifischen Situation (Schwangerschaftsabbruch). Somit könnten entweder die ermittelten Stufen auf diese einzelne Situation bzw. diesen Situationstyp zurückgehen, also bereichsspezifische Entwicklungen zum Ausdruck bringen, oder Gilligans These der Geschlechtsspezifität könnte allein für diese Situation bestätigt sein. Bereichsspezifische Stufensequenzen zieht Gilligan nicht in Betracht, ebenso wie kulturspezifische Stufensequenzen.

Dennoch ist der von Gilligan in den 1970er Jahren geleistete Forschungsbeitrag sehr bedeutsam und aufschlussreich. Sie macht deutlich, dass eine Erweiterung von Kohlbergs frühem Ansatz zur Analyse moralischen Urteilens in verschiedener Hinsicht angebracht ist:

- Kohlbergs vorrangige Orientierung an Gerechtigkeitsprinzipien bei der Definition der Stufen 5 und 6 des Gerechtigkeitsurteils ist einseitig zu nennen. Eine Erweiterung der beiden postkonventionellen Stufen um die von Gilligan betonten Gesichtspunkte der Fürsorge (des Wohlwollens) erscheint sinnvoll, denn eine Moral der universellen Rechte und der gleichen Achtung von Personen bleibt insgesamt verengt (vgl. auch Habermas 1983).

- Vor allem sensibilisiert Gilligan für geschlechtsspezifische Unterschiede im moralischen Denken. Obwohl ihre These der Geschlechtsspezifität der Entwicklung bezüglich der Strukturen empirisch nicht haltbar scheint, könnte sie bezüglich der inhaltlichen moralischen Orientierungen (Gerechtigkeitsorientierung vs. Fürsorgeorientierung) durchaus fruchtbar sein. Man könnte die Annahme vertreten, dass männliche Personen auf einer bestimmten Stufe des Gerechtigkeitsurteils stärker auf Fairnessgesichtspunkte, weibliche Personen dagegen stärker auf Fürsorgegesichtspunkte fokussieren. Diese Frage der Geschlechtsspezifität der Inhaltsaspekte haben Forscher in den 1970er Jahren noch nicht untersucht.

- Als eine der wenigen Moralpsychologen fragt Gilligan gezielt nach dem Verständnis von Fürsorgepflichten, genauer: von Pflichten zur Hilfeleistung gegenüber nahe stehenden Personen.

- Gilligan erweitert erstmals Kohlbergs Analyse konsequent um moralkognitive Dimensionen außerhalb des moralischen Urteilens, der präskriptiven Kognitionen. Sie arbeitet die Bedeutung der Konfliktwahrnehmung sowie des Selbst- und Beziehungsverständnisses für moralisches Urteilen heraus; beispielsweise erfasst Gilligan, inwieweit Personen ein vorgelegtes Dilemma zu unterlaufen versuchen, indem sie Strategien vorschlagen, mit deren Hilfe sich der Moralkonflikt umgehen ließe (etwa „Heinz soll in einem Gespräch dem Apotheker seine Lage erläutern").

- Die Forscherin hat als eine der ersten die Urteilsbildung zu selbsterlebten moralischen Konflikten untersucht.

*(b) Gilligans spätere Kritik*

Kohlberg macht in den 1980er Jahren verschiedene Zugeständnisse gegenüber Gilligan. Er würdigt, dass diese das Urteilen zu moralischen Pflichten gegenüber nahe stehenden Personen, nicht-präskriptive Dimensionen des Denkens sowie das Urteilen zu selbsterlebten moralischen Dilemmata im Alltag erfasst hat. Die herkömmliche Analyse moralischer Kognitionen habe Gilligan um bisher vernachlässigte Dimensionen ergänzt (vgl. z.B. Kohlberg 1984, S. 228 ff.).

Mit Blick auf das Gerechtigkeitsurteil erweitert Kohlberg Stufe 6 um die von Gilligan eingebrachten Gesichtspunkte des Wohlwollens. Er betont, dass Personen auf dieser Stufe Gesichtspunkte des Wohlwollens mit Prinzipien der Gerechtigkeit vermitteln (vgl. auch 5.3). Zugleich stellt er klar, dass eine kontextsensitive Anwendung moralischer Prinzipien und Verfahren für Stufe 6 konstitutiv ist (vgl. z.B. Kohlberg 1984, S. 298 ff.). In seinen Augen ist Gilligans Unterscheidung inhaltlicher Orientierungen (einer Fürsorge- und einer Gerechtigkeitsorientierung) sinnvoll. Zumindest an einer Stelle räumt Kohlberg sogar eine Geschlechtsabhängigkeit dieser inhaltlichen Orientierungen auf den sechs Stufen und damit die Geschlechtsspezifität des Denkens ein (Colby/Kohlberg 1987, S. 9).

Energisch wendet er sich jedoch gegen Gilligans Annahme geschlechtsspezifischer Strukturen. Diese Annahme sei hinsichtlich des Urteilens zu Gerechtigkeitsfragen empirisch widerlegt worden. Die von Gilligan ermittelten Stufen des Fürsorgeurteils repräsentierten keineswegs spezifisch weibliche Muster des Denkens zu Gerechtigkeitsfragen. Dabei verweist Kohlberg vor allem auf die Übersicht von Walker über die empirische Forschung zum Einfluss des Geschlechts auf die Urteilsstufen (Walker 1984), wonach kaum Geschlechterunterschiede in den Stufenwerten festzustellen sind.

An einigen Stellen verwirft er auch die Annahme einer Geschlechtsabhängigkeit der inhaltlichen Orientierungen Gilligans; er nimmt dort insbesondere einen Einfluss der Dilemmata auf diese Orientierungen an (vgl. z.B. Kohlberg 1984, S. 350).

Gilligan selbst vermerkt meines Wissens Kohlbergs Annäherung an ihren Ansatz nicht. Sie schwächt ihre Position aber ab, indem sie die Geschlechtsspezifität der Urteilsentwicklung nicht länger hinsichtlich der Stufen, sondern nur noch hinsichtlich der inhaltlichen Orientierungen annimmt (Gilligan 1986). Weibliche Personen seien durchaus in der Lage, zu den im Rahmen des MJIs aufgeworfenen Gerechtigkeitsproblemen im Sinne von Kohlbergs Stufen des Gerechtigkeitsdenkens kompetent zu urteilen; nur ihre inhaltlichen Orientierungen unterschieden sich von denjenigen männlicher Personen. Unklar bleibt, welche Funktion Gilligans Stufen des Fürsorgeurteils dann noch haben.

Mit Blick auf das MJI gibt die Forschung seit den 1980er Jahren keinen Anlass, Kohlbergs Stufen des Gerechtigkeitsurteils im Hinblick auf das weibliche Geschlecht zu relativieren, jedoch ist auf den gleichen Stufen eine Geschlechtsspezifität der inhaltlichen Orientierungen Gilligans festzustellen: Die von ihr zunächst vertretene Annahme einer Geschlechtsspezifität der Stufen des Gerechtigkeitsurteils wurde auch durch die auf der Basis des SIS durchgeführten Studien empirisch widerlegt – in den meisten Studien waren keine Geschlechterunterschiede in den Stufenwerten festzustellen. Hingegen zeigte sich eine Geschlechtsabhängigkeit der inhaltlichen Orientierungen (vgl. als Überblick Juranek/Döbert 2002; Nunner-Winkler 1991; 1994; Walker 1991; 1995).

Da im Rahmen von Gilligans Ansatz vor allem das Denken zu selbsterlebten Konflikten erhoben wird, urteilen die Probanden auch zu anderen Problemen als zu den Gerechtigkeitsfragen des MJI bzw. zu Gerechtigkeitsfragen insgesamt. Neuere Forschungsergebnisse legen die Annahme nahe, dass die von Gilligan zunächst als geschlechtsspezifisch verstandenen Stufen des Fürsorgeurteils sich zur Beschreibung der Urteilsentwicklung zu einem bestimmten prosozialen Problembereich eignen, nämlich zu Fürsorgepflichten: Gilligans frühe Annahme der Geschlechtsspezifität der Stufen hat die Forschung auch bezüglich des Urteilens zu anderen moralischen Problembereichen als den im MJI thematisierten widerlegt; es treten wie beim MJI kaum Geschlechterunterschiede in den Stufenwerten auf (vgl. Eisenberg/Fabes/Spinrad 2006; Horster 1998; Jaffee/Hyde 2000; Nunner-Winkler 1991; 1994; Turiel 2006; Walker 1995). Gilligans Stufen des Fürsorgeurteils können allerdings bereichsspezifisch interpretiert werden. Im Unterschied zu Kohlberg differenziert Gilligan bei der Stufenbestimmung nicht zwischen einer Orientierung an Autoritäten und einer Orientierung an Eigeninteressen und führt keine Systemperspektive ein. Im Unterschied zu Eisenberg nimmt sie nicht an, dass die Komponenten von Kohlbergs Stufe 3 eine altersabhängige Sequenz bilden. Dass Gilligans Stufen sich für die Beschreibung des Urteilens zu Fürsorgepflichten besser eignen als die prosozialen Stufen von Kohlberg und von Eisenberg oder auch als Kohlbergs Stufen des Gerechtigkeitsurteils, legen insbesondere die empirischen Analysen von Skoe nahe. Skoe untersuchte die Entwicklung des Urteilens zu Fragen der Fürsorge zunächst nur anhand einer weiblichen Stichprobe (Skoe/Marcia 1991), später auch anhand einer männlichen Stichprobe (Skoe/Diessner 1994), wobei die Forscherin keine Geschlechterunterschiede in der Stufensequenz fand. Skoe ermittelte in ihren Studien bei weiblichen und auch bei männlichen Probanden Gilligans Stufen des Fürsorgeurteils. Sie entwickelte das „Ethik der Fürsorge-Interview" („Ethic of Care"-Interview), das drei alltagsnahe

Situationen umfasst, nämlich das Problem einer ungewollten Schwangerschaft, die Frage, ob ein Ehemann seiner Frau eine außereheliche Liebesbeziehung gestehen soll, und die Frage der Versorgung der greisen Mutter. Zudem erhob sie einen persönlich erlebten moralischen Konflikt. Im Unterschied zu Gilligan konstruiert Skoe ein Manual zur Kodierung der Stufen des Fürsorgeurteils.

Die Forschung untersuchte das Auftreten der von Gilligan unterschiedenen inhaltlichen Orientierungen nicht nur im Rahmen der hypothetischen Dilemmata Kohlbergs, sondern ebenso hinsichtlich verschiedener alltagsnaher fiktiver Konflikte und selbsterlebter Konflikte, womit sie auch das moralische Urteilen zu Fragen außerhalb des von Kohlberg untersuchten Bereichs der Gerechtigkeit erfasste. Die Studien führten zu dem Ergebnis, dass Geschlechtseffekte im Sinne Gilligans außerhalb des MJI durchaus auftreten (als Übersicht vgl. Jaffee/Hyde 2000; Horster 1998; Nunner-Winkler 1991; 1994; Oser/Althof 1992; Walker 1995).

Allerdings zeigte sich in den meisten dieser Studien lediglich eine relativ geringe Konsistenz in den inhaltlichen Orientierungen einer Person zu einem Messzeitpunkt (vgl. Walker 1995, S. 94 f.). Neben dem Geschlecht scheinen die verwendeten Dilemmata ein wichtiger Einflussfaktor für die inhaltlichen Orientierung zu sein. Walker weist darauf hin, dass Geschlechtseffekte beim Urteilen zu selbsterlebten Konflikten zum Teil verschwinden, wenn kontrolliert wird, ob die Person personale Dilemmata (Dilemmata in Beziehungen) oder transpersonale Dilemmata (Dilemmata in Institutionen) thematisiert. Weibliche Probanden bringen nämlich eher personale Dilemmata ein, die stärker Fürsorgeorientierungen nach sich ziehen (vgl. Walker 1995, S. 95 f.). Der Grad der Vertrautheit mit einem Problem und die Betroffenheit beeinflussten ebenfalls die inhaltlichen Orientierungen, was besonders die Analysen von Nunner-Winkler deutlich machen. Diese Forscherin fand in einer Studie, dass bei einem Abtreibungsdilemma 48% der Mädchen und 24% der Jungen Folgen für andere Personen oder Beziehungen berücksichtigen, bei Fragen der Kriegsdienstverweigerung hingegen 12% der Mädchen und 59% der Jungen (vgl. Nunner-Winkler 1984; 1986). Je vertrauter also die Situation bzw. je größer die Betroffenheit durch die Situation desto häufiger finden Fürsorgeorientierungen Verwendung.

In ihrer Metaanalyse der bislang durchgeführten Studien zum Einfluss des Geschlechts auf die inhaltlichen Orientierungen halten Jaffee und Hyde (2000) insgesamt fest, dass das Geschlecht mit anderen Faktoren (wie etwa Dilemmata oder auch sozioökonomischer Status) in Wechselwirkung tritt. Der Einfluss der verschiedenen Faktoren wäre genauer zu prüfen.

Die grundlegende Frage wäre zu klären, in welcher Form sich die Ansätze Kohlbergs und Gilligans vermitteln lassen. Wie Puka (1991b) herausarbeitet, beziehen sich beide Forscher zum Teil auf unterschiedliche Analyseebenen, und ihre Ansätze ergänzen einander. Puka nimmt von Kohlbergs Position aus eine Vermittlung beider Ansätze vor.

## 7.4 In östlichen Kulturen ist kollektivistisches Denken vorherrschend: Die kulturpsychologischen Kritiken von Simpson und Shweder

Der Begriff „Kultur" lässt sich als die Gesamtheit der in Kollektiven verbreiteten Deutungsmuster, Überzeugungen, Werte, Normen, Praktiken sowie materiellen, geistigen und sozialen Produkte bestimmen, die Denken, Reden, Gefühle und Tun ihrer Mitglieder maßgeblich beeinflussen, und im Laufe des Lebens von diesen anzueignen sind. (Dieser weit gefasste, nicht auf Deutungsmuster oder ästhetische Produkte beschränkte Kulturbegriff entspricht dem Gesellschaftsbegriff.) Die Kulturen lassen sich vor allem im Hinblick auf Religionen unterscheiden.

Unterschiedliche Kulturen dürften zu starken Unterschieden in den moralrelevanten Äußerungen führen, nicht zuletzt wegen des Einflusses der Religionen. Die bisher diskutierten soziokulturellen Ansätze bezogen sich nur auf Personen aus westlichen Kulturen. Insbesondere Simpson und Shweder bringen die kulturpsychologische Perspektive gegen Kohlberg zur Geltung. Beide Wissenschaftler gehen von der Kulturspezifität moralischer Urteilsstrukturen aus.

*(a) Die frühen Kritiken von Simpson und Shweder*
Simpson (1974) diskutiert hauptsächlich die in den 1960er Jahren durchgeführten kulturvergleichenden Studien. Diese Autorin wendet ein, dass deren Umfang zu gering war, um den Anspruch auf universelle Geltung der Stufensequenz überzeugend stützen zu können. Ein Jahrzehnt später folgte dann aber eine Vielzahl kulturvergleichender Studien, unter anderem auch in nicht-westlichen Kulturen, etwa in Indien (vgl. Edwards 1981; Snarey 1985). Simpson bezweifelt auch, dass die von Kohlberg vorgelegten Normenkonflikte (die Dilemmata des MJIs) Normen widerspiegeln, die in den unterschiedlichen Kulturen in gleicher Weise relevant sind bzw. dass die Thematisierung der Normenkonflikte durch die Dilemmata des MJIs den jeweiligen kulturellen Alltagswelten gerecht wird. Allerdings haben sich Kohlberg und die an ihm orientierten Forscher in den 1970er Jahren darum bemüht, die vorgelegten Normenkonflikte ein Stück weit den untersuchten Kulturen anzupassen. Zum Beispiel sieht sich in Kohlbergs Türkei-Studie beim „Heinz"-Dilemma der Protagonist Heinz vor die Entscheidung gestellt, ob er in eine Lebensmittelhandlung einbrechen soll, um seiner vor dem Hungertod stehenden Ehefrau das Leben zu retten.

Vor allem aber hält Simpson fest, dass der bis dahin für nicht-westliche Kulturen ermittelte geringe Anteil der Stufen 5 und 6 Kohlbergs Annahme einer universellen Geltung der Stufenbeschreibung in Frage stelle. Der geringe Anteil beider Stufen dort deute auf alternative Stufen reifen Denkens bzw. auf kulturspezifische Stufensequenzen hin. Kohlberg orientiere sich bei der Bestimmung des normativen Bezugspunkts seiner Theorie (des Konzepts reifen Denkens) ausschließlich an westlichen Philosophien, genauer: an philosophischen Theorien der Aufklärungstradition. Indem er unterschiedliche moralphilosophische Theorien auf Stufe 6 anführt, ohne jedoch nicht-westliche Philosophien zu berücksichtigen, bleibe er einer höchst eingeschränkten Form des „Pluralismus" verhaftet:

> Sein Kosmopolitismus ist hemisphärisch beschränkt, weil Kohlbergs ‚Pluralismus' ausschließlich auf die westliche Philosophie begrenzt bleibt. (...) Eine adäquate Erklärung des Konzepts von Moral ‚über die Menschheit hinweg' muss auch eine Untersuchung der Moralauffassungen in der *nicht*-westlichen Welt einschließen – und dies ist ein sehr großer Teil der Menschheit. Jedes philosophische System, das eine *universelle* Theorie der Entwicklung befürwortet, muss konzeptuellen Differenzen Rechnung tragen, wie sie aus divergierenden Wahrnehmungen und Erklärungen der Wirklichkeit hervorgehen, die wiederum mit verschiedenen Gewohnheiten und dem weiteren sozialen Umfeld der unterschiedlichen Gruppen zusammenhängen. Westliche und östliche Philosophien unterscheiden sich viel stärker *voneinander* als diese jeweils *untereinander*, sowohl in der Substanz als auch in der Methodik (Simpson 1974, S. 84).

Simpson lässt allerdings offen, wie die Stufen in nicht-westlichen Kulturen zu kennzeichnen sind.

Der geringe Anteil postkonventioneller Stufenwerte in östlichen Kulturen, der sich bis Ende der 1970er Jahre zeigte (vgl. Edwards 1981; Snarey 1985), dürfte in der Tat weniger im Sinne moralkognitiver Defizite der Probanden zu verstehen sein denn als Defizit der Stufendefinition des Wissenschaftlers Kohlberg. Er trägt meines Erachtens bei seiner Bestimmung von Postkonventionalität der Unterschiedlichkeit kultureller Deutungsmuster nicht angemessen Rechnung, und sein Ansatz ist anfällig dafür, universalistische Orientierungen im Rahmen kultureller Weltbilder als unzulängliche (d.h. nicht-postkonventionelle) Urteilsformen zu missdeuten. Personen in westlichen und in östlichen Kulturen haben, wie die Forschung zeigt, ein unterschiedliches Selbstverständnis: Während sich Personen in westlichen Kulturen eher als autonome, unabhängige Individuen interpretieren, verstehen sich Personen in östlichen Kulturen eher als Teil überpersonaler Ordnungen, seien es religiös oder metaphysisch begründete Deutungssysteme oder soziale Einheiten wie Sippe und Stamm. Während erstere Kulturen eher den Wert der Selbstverwirklichung des Individuums betonen, steht in letzteren die Einordnung in eine Religionsgemeinschaft und die Stabilisierung sozialer Einheiten im Vordergrund (vgl. Fiske et al. 1998; Markus/Kitayama 1991). Eine postkonventionelle Moral in östlichen, kollektivistischen Kulturen wird daher – im Unterschied zu einer postkonventionellen Moral in westlichen, individualistischen Kulturen – eher darin bestehen, dass sich eine universalistische Orientierung etwa in Begriffen der Verbundenheit allen Lebens oder auch der sozialen Harmonie artikuliert. In den großen asiatischen Religionen finden sich diese Aspekte in unterschiedlicher Gewichtung; Konfuzianismus und Taoismus (Religionen chinesischer Herkunft) betonen Ideale sozialer Harmonie, während Buddhismus und Hinduismus (Religionen indischer Herkunft) die Einheit und Verletzbarkeit allen Lebens in den Vordergrund stellen. Gemeinsam ist diesen ostasiatischen Religionen aber, dass sie den Wert der Selbstverwirklichung des Individuums nicht betonen.

Auch in den Augen von Shweder (1982) unterschätzt Kohlberg mit seiner Stufenbestimmung die Urteilskompetenzen von Personen in nicht-westlichen Kulturen. Shweder hat an anderer Stelle kulturelle Unterschiede im Selbst- und Beziehungsverständnis analysiert und festgestellt, dass Personen aus nicht-westlichen Kulturen sich in der Tat stärker als Teil religiöser Gemeinschaften oder sozialer Einheiten erleben, Personen aus westlichen Kulturen dagegen stärker als individuierte, autonome Subjekte (vgl. Shweder/Bourne 1982).

Shweder weist darüber hinaus auf grundlegende Probleme westlicher moralphilosophischer Theorien hin, auf die sich Kohlberg bei der Analyse des Urteilens stützt; auch diese Probleme würden die universalistischen Ansprüche seines Modells in Frage stellen. Was Kohlberg anstrebe, sei eine Konzeptualisierung des Moralischen, die abgeleitet ist von Prämissen, welche keine vernünftige Person bestreiten kann. In Shweders Augen ist Kohlbergs Projekt ein „provokanter" und zugleich „stimulierender Misserfolg". Die beste Stellungnahme, warum dieses scheitern musste, finde man in MacIntyres Buch „Nach der Tugend" („After Virtue"):

> MacIntyre argumentiert in überzeugender Weise, dass seit der Aufklärung jeder beachtenswerte Versuch (...), ein vernünftiges Fundament für eine objektive Moral zu konstruieren, aus nichtrationalen Prämissen bestand, Prämissen, die jede rationale Person vernünftigerweise bestreiten dürfte. (...) Wenn MacIntyre hinsichtlich der ‚neueren' Geschichte der westlichen Moralphilosophie Recht hat, bestehen alternative Philosophien über Hunderte von Jahren hinweg nebeneinander fort und gelangen in periodischen Abständen immer einmal wieder zu Prominenz, um dann erneut an Resonanz zu verlieren. Kants Verteidigung der Stufe 6 folgt Benthams Utilitarismus (Stufe 5), dann Moores Emotivismus (Stufe 2, oder ist es Stufe 4?), und nun MacIntyres Verteidigung von vor-kantischen Konzepten der Tugend (Stufe 4?). Keine dieser Philosophien verschwindet jemals, und es existiert auch kein vernünftiges Kriterium, das moralische Übereinstimmung sichern würde (Shweder 1982, S. 422).

Da moralphilosophische Diskussionen in westlichen Kulturen geprägt sind durch fehlenden Konsens hinsichtlich der Gültigkeit moralischer Prinzipien sowie auch hinsichtlich der Lösung spezifischer Moralprobleme (wie etwa Abtreibung oder Sterbehilfe), erscheint der von Kohlberg vorgenommene Versuch einer Hierarchisierung moralphilosophischer Positionen in der Tat fragwürdig (vgl. auch 5.3).

In den 1970er Jahren bleibt offen, wie die Stufen moralischen Urteilens in nichtwestlichen Kulturen genauer zu bestimmen sind. Simpson und Shweder führen keine empirischen Studien zum moralischen Urteilen durch.

*(b) Die späteren Kritiken von Simpson und Shweder*
Gegenüber den kulturpsychologischen Kritikern Simpson und Shweder macht Kohlberg in den 1980er Jahren Zugeständnisse. Simpson gegenüber hält er fest, dass die Dilemmata und Standardfragen des MJIs sich nur bedingt zur Messung des Gerechtigkeitsurteils in nichtwestlichen, kollektivistischen Kulturen eignen und einer entsprechenden Anpassung bedürfen (Kohlberg 1984, S. 329). Vor allem aber postuliert er jetzt die Kulturspezifität postkonventionellen Urteilens. Zum Beispiel findet sich in einer Antwort auf eine Kritik von Snarey (1985) das Eingeständnis, die Definition von Stufe 5 im SIS-Manual sei auf westliche Kulturen verengt:

> In dörflichen Kulturen gibt es, wie wir glauben, weit größere Einigkeit hinsichtlich zwischenmenschlicher Beziehungen und Regeln einer zivilen oder religiösen Ordnung, wodurch Probleme oder kognitiv-moralische Konflikte, die zu einer Bewegung hin zur Stufe 5 führen, nicht auftreten. Im Gegensatz dazu haben komplexe, alphabetisierte, orientalische Stadtkulturen oder Zivilisationen, wie China und Indien, und auch westliche Kulturen mit ihren Wurzeln in Griechenland und Israel, seit etwa 1000 v. Chr. elaborierte universalistische Ethiken entwickelt. Snarey weist zu Recht darauf hin, dass unser Standard Scoring Manual nicht die Fragestellungen oder ‚Criterion Judgments' der Stufe 5 erschöpft, wie sie in östlichen Kulturen oder sogar in eher kollektivisti

schen Kulturen wie dem Kibbuz bestehen; dennoch haben Forscher, die die Stufentheorie kennen, kaum Schwierigkeiten, das Denken der Stufe 5 in Kulturen, die weniger an ‚liberalen' Begriffen von Rechten und am Gesellschaftsvertrag orientiert sind, als ‚Guess Scores' der Stufe 5 zu identifizieren. Er empfiehlt – und wir stimmen mit ihm überein – dass unser Handbuch um dieses Material erweitert werden sollte (Kohlberg 1987, S. 303).

Kohlberg verteidigt sich zugleich aber gegen Einwände von Simpson und Shweder. Beiden hält er mit Hinweis auf die Übersichten etwa von Edwards (1981) und Snarey (1985) über die empirischen Ergebnisse der kulturvergleichenden Forschung entgegen, dass postkonventionelles Denken durchaus auch in verschiedenen nicht-westlichen Kulturen zu finden ist (vgl. Kohlberg 1984, S. 323, 328). Gegenüber Simpson macht er zudem geltend, dass zwischen „Genesis" und „Geltung" einer Theorie zu unterscheiden sei (Kohlberg 1984, S. 232).

Simpson setzt sich meines Wissens mit Kohlbergs Theorie nicht mehr auseinander. Shweder hingegen bezieht sich nachwievor (vgl. Shweder 1991). Kohlbergs Eingeständnis der Kulturspezifität postkonventionellen Denkens nimmt Shweder nicht wahr. Er führt seit den 1980er Jahren im Anschluss an Turiel hauptsächlich kulturvergleichende Untersuchungen zur Differenzierung zwischen Regeln der Moral und Konventionen in Indien durch. Einerseits gleicht seine Kohlberg-Kritik jetzt der Kritik Turiels, denn er schreibt Kohlberg zu Unrecht die Auffassung zu, erst Personen auf postkonventionellem Niveau würden die Fähigkeit zur Differenzierung zwischen Moral und Konvention besitzen. Andererseits betont er gegenüber Kohlberg und auch gegenüber Turiel kulturelle Unterschiede bei der Differenzierung zwischen Moral und Konvention. An einer Stelle charakterisiert er die Grundzüge der eigenen kulturvergleichenden Moralforschung wie folgt:

> Die Forschung überprüft die zentrale Annahme Kohlbergs, dass konventionelles Verstehen moralischem Verstehen vorausgeht (...). Die Forschung untersucht die zentrale Annahme von Turiel, Nucci und Smetana, dass die Unterscheidung zwischen konventionellen Verpflichtungen und moralischen Verpflichtungen eine Universalie in Kindheit und Erwachsenenalter darstellt, und dass einige Ereignisse von Natur aus moralische, andere von Natur aus nicht-moralische Ereignisse sind. Wir stellten bei unserer Forschung fest, dass sich moralische Ereignisse von konventionellen Ereignissen aus substanziellen Gründen nicht unterscheiden lassen. Zum Beispiel interpretieren orthodoxe Brahmanen und Unberührbare in Indien Praktiken des Speisens, Bekleidens und Benennens sowie verschiedene rituelle Ereignissen eher in moralischen als in konventionellen Begriffen (...) (Shweder/Mahapatra/Miller 1987, S. 34).

Shweder kommt Kohlbergs Ansatz aber insofern entgegen, als er nunmehr kulturspezifische Formen postkonventionellen Denkens festhält (vgl. z.B. Shweder/Mahapatra/Miller 1987, S. 18 ff.). Dabei stützt er sich auf Interviewdaten zum „Heinz"-Dilemma, das er indischen Probanden vorlegte.

Den Forschungen Shweders liegt seit den 1990er Jahren ein erweitertes Konzept moralischer Orientierungen zugrunde: Nachdem Shweder zunächst zwischen zwei Formen der Moral, nämlich einer an individuellen Rechten orientierten Moral und einer an den Erwartungen sozialer Gruppen orientierten Moral, unterschieden hatte, führt er jetzt auch eine von religiösen Werten geprägte Moral ein, um kulturelle Unterschiede zwischen individualistischen und kollektivistischen Kulturen angemessen kennzeichnen zu können; er differenziert jetzt zwischen einer „Ethik der Autonomie", einer „Ethik der Gemeinschaft" und einer „Ethik der Religiosität" (vgl. Shweder et al. 1997). Jensen entwickelte ein Manual zur Kodierung dieser drei Formen moralischer Orientierungen (vgl. Jensen 2008).

In der Kontroverse zwischen Kohlberg und den kulturpsychologischen Kritikern blieb insbesondere strittig, ob bezüglich des Gerechtigkeitsurteils eine Erweiterung der postkonventionellen Stufen um kulturspezifische Muster des Denkens hinreichend ist oder ob von eigenständigen kulturspezifischen Stufen reifen Urteilens auszugehen ist. Ebenso strittig blieb, inwieweit bezüglich der präkonventionellen und konventionellen Stufen des Gerechtigkeitsurteils die Kulturspezifität der Entwicklung anzunehmen wäre.

Verschiedene der Kohlberg-Schule zuzurechnende Moralpsychologen weisen gegenwärtig (wie in den 1980er Jahren Kohlberg ansatzweise selbst) auf die Kulturspezifität der postkonventionellen Stufen hin. Den Anlass, an der universellen Geltung von Kohlbergs früher Beschreibung postkonventioneller Stufen zu zweifeln, gaben zum einen die auch auf der Basis des SIS auftretenden Stufenunterschiede zwischen östlichen, kollektivistischen und westlichen, individualistischen Kulturen: In kollektivistischen Kulturen traten postkonventionelle Werte weit seltener auf als in individualistischen Kulturen. Zum anderen zeigte sich, dass bestimmte kulturspezifische Konzepte mit Hilfe des SIS-Manuals nur schwer kodierbar waren. In Kohlbergs Israel-Studie beispielsweise treten Argumentationen auf, die „sozialistische" Ideale der Gerechtigkeit – das Recht auch der Schwachen auf ein glückliches Leben – betonen. Mit Blick auf China liefert Ma (1988) eine erweiterte Bestimmung der postkonventionellen Stufen. Er formuliert universalistisch interpretierbare Gesichtspunkte des Respekts vor Traditionen und Ideale sozialer Harmonie als zentrale Bestandteile reifer Argumentationen chinesischer Personen. Im Rahmen seiner Übersichten über die kulturvergleichende Forschung zu Kohlbergs Stufentheorie weist Snarey (neben sozialistischen Idealen der Gerechtigkeit sowie Gesichtspunkten des Respekts vor Traditionen und der sozialen Harmonie) auf weitere alternative Muster postkonventionellen Denkens hin, wie etwa das Prinzip der Einheit allen Lebens und das Prinzip des „gegenseitigen Verstehens" (vgl. Snarey 1985; 1995; Snarey/Keljo 1991; auch Boyes/Walker 1988; Eckensberger 2003; Eckensberger/Zimba 1997; Edwards 1986; Keller/Krettenauer 2007). Diese Denkmuster können auf der Grundlage der CJs des SIS höchstens Stufe 3 oder Stufe 4 zugeordnet werden. Die an Kohlberg orientierten Forscher betrachten dabei eine Erweiterung der postkonventionellen Stufen als hinreichend, d.h. sie nehmen alternative kulturspezifische Stufen/Strukturen moralisch reifen Denkens nicht an.

Shweder selbst findet in Indien alternative Formen postkonventionellen Denkens, die „westlichen" Denkweisen so fern liegen, dass sie durch Kohlbergs Stufenbestimmung nicht angemessen erfasst werden können. Dabei stützt sich Shweder vornehmlich auf die ausführliche Interpretation eines einzelnen, sehr umfangreichen Interviews zum „Heinz"-Dilemma (Shweder 1991, S. 202 ff.). Hier wägt der Befragte – ein „Babaji" (ein orthodoxer Hindu mittleren Alters) – nicht etwa die Werte „Leben" und „Eigentum" gegeneinander ab, sondern bezieht sich mehrfach auf eine im Hinduismus verankerte übergeordnete Instanz (Dharma), eine spezifische Ordnung spiritueller und materieller Werte, die der Einsichtsfähigkeit des Menschen in den geordneten Gang der Dinge und seinen Wirkungsmöglichkeiten enge Grenzen setzt. Shweder kennzeichnet die Grundstruktur der Argumentation des Befragten wie folgt:

*Handlung.* Man kann nicht davon ausgehen, dass eine menschliche Handlung die einzige in einer Situation wirksame Instanz ist. Die Absichten eines Gottes setzen der menschlichen Handlungsautorität Grenzen.

*Trennung von verschmolzenen Ursachen.* Man kann nicht davon ausgehen, dass das Verabreichen der Arznei das Leben der Frau retten wird; es wird sie nicht retten, wenn es ihre Bestimmung ist, zu sterben. Man kann nicht annehmen, dass die Arznei die einzig mögliche Intervention ist oder gar eine höherrangige Form der Behandlung. Es kann nicht endgültig festgestellt werden, dass ihre Rettung vor dem Tod eine verantwortungsvolle und barmherzige Handlung darstellt. Da solche Dinge unserem Blick teilweise verborgen sind, verlangen sie eine sensible Prüfung durch richtiges Handeln und eine Beobachtung der Konsequenzen. Das Scheitern aller moralisch erlaubten Versuche, ihr Leben zu retten, beweist, dass ihr Sterben zu diesem Zeitpunkt Teil ihres Schicksals ist.

*Folgen der Handlung.* Sündhafte Handlungen erfüllen nie ihren Zweck, zumindest nicht auf längere Sicht. Sündhafte Handlungen haben derart katastrophale Folgen, dass keine kluge Person eine nicht-tugendhafte Handlung als Ausweg aus einer Notlage wählen würde. Solche Folgen betreffen am allerwenigsten gesetzliche oder soziale Strafen oder auch Aspekte des gesellschaftlichen Konsenses, vielmehr betreffen sie das geistige, körperliche und soziale Wohl des Einzelnen in diesem und im zukünftigen Leben (Shweder 1991, S. 223 f.).

Kohlberg hat, so Shweder, die Argumentation dieses indischen Probanden auf Stufe 3/4 kodiert; tatsächlich liege aber eine alternative Form postkonventionellen Denkens vor. Shweder macht deutlich, dass im Rahmen von kulturvergleichenden Studien bei der Auswertung einzelner Äußerungen zum MJI immer auch die spezifischen Aspekte des kulturellen Weltbildes zu explizieren sind, die die Stellungnahme des Probanden leiten (Shweder 1991, S. 224 f.).

Die angeführten Argumentationsformen stellen Urteilsmuster im Kontext religiös-metaphysischer Weltbilder dar, die universalistisch angelegt sind. Alle Weltreligionen enthalten universalistische Moralvorstellungen. In kollektivistischen Kulturen sind vornehmlich Übergänge von Stufe 4 zu solchen nicht-autonomen, aber universalistischen Begründungsformen zu erwarten. Diese Argumentationen können aber zudem durch autonom-universalistische Argumentationen ersetzt werden, was insbesondere bei Personen zu erwarten ist, die von kollektivistischen Kulturen in individualistische Kulturen wechseln. Unter bestimmten Bedingungen ist auch der umgekehrte Entwicklungsschritt (von autonom-universalistisch zu nicht-autonom, aber universalistisch) zu erwarten, etwa bei Personen, die in kollektivistische Kulturen wechseln (vgl. Reuss/Becker 1996, S. 24 ff.).

Die Kulturspezifität postkonventionellen Denkens ist also mittlerweile gut belegt. Im Unterschied zu Kohlbergs Position ist wahrscheinlich auch von einer Kulturspezifität konventionellen Denkens auszugehen. Hinsichtlich der Stufe 4 machen insbesondere Eckensberger und Zimba (1997) auf kulturspezifische Formen aufmerksam. Sie problematisieren, dass Kohlberg als zentrales Kriterium für Stufe 4 die Bezugnahme auf Funktionsbedingungen der Gesellschaft formuliert – in nicht-westlichen Kulturen ist aber insbesondere eine Systemperspektive, die auf kleinere soziale Einheiten gerichtet ist, zu erwarten. Zum Beispiel können Personen Bedingungen für den Zusammenhalt einer Sippe oder eines Stammes formulieren.

Zudem dürfte in kollektivistischen Kulturen auf Stufe 2 instrumentalistisch-egoistisches Denken selten zu finden sein – eine Orientierung an Normen, eine empathische Orientierung an den Folgen von Handlungen für andere Personen oder eine Orientierung an Folgen für Beziehungen dürfte dort weit stärker auftreten. Dies zeigen die kulturvergleichenden Untersuchungen von Keller und Mitarbeitern in europäischen und in asiatischen Gesellschaften, nämlich in Deutschland, Island, USA, ehemalige DDR, ehemalige Sowjetunion, Japan und China (vgl. Keller/Edelstein 1992; Keller et al. 1998; Keller et al. 2000). In ihren Analysen chinesischer und isländischer Kinder, bei denen sie die Urteilsbildung zu ihrem Freundschaftsdilemma, zum „Judy"-Dilemma sowie zu einzelnen moralischen Normen ermittelten, fanden Keller und Mitarbeiter, dass die chinesischen Kinder auf Stufe 2 häufiger auf Normen sowie auf Folgen für andere Personen oder auf Folgen für Beziehungen Bezug nahmen als die Kinder aus Island. Diese wiederum bezogen sich häufiger auf Folgen für die eigene Person als die chinesische Vergleichsgruppe.

Viele Wissenschaftler sehen durch die kulturvergleichenden Studien die Annahme der Invarianz der Stufensequenz für die Stufen 1 bis 4 kulturübergreifend bestätigt, ebenso die Annahme einer Stufenkonsistenz. Beide Annahmen sind jedoch problematisch (vgl. 5.2.1).

Kohlberg erwägt die Möglichkeiten einer Kulturspezifität des Denkens zu anderen Urteilsbereichen als dem von ihm untersuchten Gerechtigkeitsbereich nicht, ebenso wenig Haan, Damon und Eisenberg, die ja in ihren Forschungen an diesen Bereichen ansetzen. Diese drei Forscher nehmen ebenfalls die Gültigkeit universalistischer Modelle an.

Mit Blick auf Entwicklung des distributiven Gerechtigkeitsurteils scheint aber die Annahme einer Kulturspezifität sinnvoll. So dürften bei Fragen der Verteilungsgerechtigkeit Personen in östlichen Kulturen stärker Gesichtspunkte des Gemeinwohls und der sozialen Harmonie betonen als Personen in westlichen Kulturen. Aufgrund des kollektivistischen Charakters dieser Kulturen tritt dort der Verweis auf individuelle Ansprüche möglicherweise eher selten auf. Studien von Kulturpsychologen zu diesem Urteilsbereich fehlen meines Wissens.

Ähnliche Relativierungen universalistischer Modelle lassen sich hinsichtlich des prosozialen Urteilens vornehmen. J. G. Miller (eine Mitarbeiterin von Shweder) zeigt, dass sich das Verständnis von positiven Pflichten in westlichen und in östlichen Kulturen unterscheidet. Diese Wissenschaftlerin analysierte Jugendliche und Erwachsene in den USA und in Indien. In einer Untersuchung legte sie fiktive Situationen vor, in denen Personen der Hilfe bedürfen, wobei die Situationen verschiedene Grade sowohl der Hilfsbedürftigkeit (lebensbedrohliche Situationen vs. geringere Bedürftigkeit) als auch der emotionalen Nähe zu Hilfsbedürftigen (Fremder, bester Freund, Tochter/Sohn) beinhalten (vgl. J.G. Miller/Bersoff/Harwood 1990). Positive Pflichten verstehen, so das zentrale Ergebnis dieser Studie, die Befragten aus den USA im Allgemeinen als persönliche Angelegenheit, während sie in Indien als moralische Normen gelten. Einige Jahre später unternahm Miller eine Studie zum Urteilen zu Konflikten zwischen Gesichtspunkten der Fürsorge und der Gerechtigkeit (J.G. Miller/Bersoff 1992) und stellte fest, dass Gerechtigkeitsgesichtspunkte in den USA Fürsorgegesichtspunkten übergeordnet werden, während in Indien die Rangfolge umgekehrt ist.

Auch erscheint die Annahme sinnvoll, dass die von der Turiel-Schule ermittelten Differenzierungen zwischen moralischen und nicht-moralischen Bereichen bzw. zwischen moralischen Bereichen nicht in allen Kulturen zu finden sind. Auf kulturelle Unterschiede bei der

Differenzierung zwischen dem Bereich der Moral, der Konvention und der persönlichen Angelegenheiten macht wiederum vor allem die Gruppe um Shweder aufmerksam, die sich auf eine kulturvergleichende Untersuchung mit Probanden aus den USA und aus Indien stützt (vgl. Shweder/Mahapatra/Miller 1987). In dieser Studie wurden die Probanden zu 39 Regeln (sozialen Praktiken) befragt, die aus Sicht von Turiels Theorie moralische Regeln, Konventionen und persönliche Angelegenheiten umfassen. Dabei thematisiert die Shweder-Schule den Schweregrad der Regelverletzung, die Veränderbarkeit der Regeln und ihre Kulturabhängigkeit. Im Unterschied zur Turiel-Schule differenziert sie bezüglich morali-scher Regeln zwischen universellen und kulturspezifischen Regeln. Letztere werden als unveränderbar, aber nicht als universell verbindlich verstanden. Beispielsweise interpretie-ren es die indischen Probanden als Pflicht indischer Eltern, ihre Kinder körperlich zu bestra-fen, wohingegen sie diese Form der Bestrafung nicht als Pflicht amerikanischer Eltern auf-fassen. Shweders kulturvergleichende Studie in den USA und in Indien legt die Vermutung nahe, dass nur wenige Regeln in beiden Kulturen als universelle moralische Verpflichtun-gen angesehen werden (z.B. Versprechen halten, Respekt vor fremdem Eigentum zeigen, gerechte Verteilung von Gütern vornehmen, Schwache schützen). Praktiken, die etwa Ame-rikaner als Konventionen betrachten (z.B. verschiedene Ess- und Kleidungsgewohnheiten), verstehen Inder als universelle oder kulturspezifische moralische Verpflichtungen. Prakti-ken, die indische Probanden als Konventionen interpretieren (z.B. Gewaltverzicht in der Ehe), sind für amerikanische Probanden universelle moralische Verpflichtungen. Die Er-gebnisse der Shweder-Gruppe legen die Annahme nahe, dass die kulturellen Unterschiede im Urteilen größer sind, als die Gruppe um Turiel dies annimmt. Dabei dürften in kollek-tivistischen Kulturen religiöse Konventionen zum Teil auch Vorrang vor moralischen Nor-men haben.

Jensen sucht neuerdings Gesichtspunkte der Kulturpsychologie Shweders und der strukturgenetisch-konstruktivistischen Tradition zu integrieren (vgl. Jensen 2008).

Bronfenbrenner, Baumrind, Sullivan, Gilligan, Simpson und Shweder sensibilisieren hin-sichtlich des Gerechtigkeitsurteils jeweils für alternative Denkmuster bzw. Entwicklungs-pfade in verschiedenen sozialen Einheiten. Unklar bleibt bei diesen Autoren vor allem, ob eine Erweiterung von Kohlbergs Stufen des Gerechtigkeitsurteils um kontextspezifische Denkmuster jeweils hinreichend ist oder ob (wie sie vorschlagen) eigene Stufen zu kon-zipieren wären. Ich halte, wie dargelegt, eine Erweiterung der Stufen des Gerechtigkeitsur-teils für hinreichend. Die Autoren sehen von bereichsspezifischen Stufensequenzen ab.

Da Personen aus westlichen Kulturen gleichzeitig mehreren Personengruppen angehö-ren, übernehmen sie auch heterogene gruppenspezifische Denkmuster. Eine weibliche Per-son kann zum Beispiel der Mittelschicht angehören und eine liberale politische Ideologie besitzen. Die beiden letzteren Zugehörigkeiten legen eine Orientierung an universellen Rechten nahe, während erstere Zugehörigkeit eine Fürsorgeorientierung erwarten lässt. Welche Orientierung die Person tatsächlich zeigt, dürfte zum einen von den vorgelegten spezifischen Problemsituationen abhängen, zum anderen spielt wahrscheinlich das Selbst-verständnis der Person eine Rolle. Durch den Faktor „Kultur" steigert sich die Komplexität der Interaktionen noch: Die Person ist auch mit für westliche Kulturen typischen Deu-tungsmustern konfrontiert.

# 8 Geringer Einfluss der Stufen des Gerechtigkeitsurteils auf nicht-kognitive Moralaspekte? Kritik durch Kohlberg-Anhänger und einflussreiche Theorietypen

Der Schwerpunkt der vorliegenden Arbeit lag bisher auf Kognitionen, genauer: auf der Urteilsbildung, also präskriptiven Kognitionen. Kohlberg kennzeichnet ja den eigenen Forschungsansatz in den 1980er Jahren als Theorie der Stufen des hypothetischen Gerechtigkeitsurteils. Mit dieser Charakterisierung wird Kohlberg seiner Forschung jedoch nicht ganz gerecht, denn er analysierte auch andere kognitive Moralaspekte, und zwar nicht-präskriptive Gerechtigkeitskognitionen (2.4/Punkt c) sowie weitere Facetten des Urteils, nämlich Stufen des alltagsbezogenen Gerechtigkeitsurteils (5.2.2), Inhaltsaspekte bzw. Typen des Gerechtigkeitsurteils (vgl. 5.2.3) und Formen präskriptiver Kognition zu Fragen jenseits des Gerechtigkeitsbereichs (vgl. Kap. 6). Darüber hinaus analysierte er nicht-kognitive Moralaspekte (vgl. Kap. 3). Allerdings behandelte er insbesondere die nicht-kognitiven Moralaspekte weitgehend nur am Rande. Kapitel 8 beschäftigt sich genauer mit der Entwicklung nicht-kognitiver Moralaspekte bzw. mit der Frage, welche Relevanz die Stufen des Gerechtigkeitsurteils für diese Aspekte haben. Positionen von Kohlberg-Anhängern sowie kohlbergianische Perspektiven, neokohlbergianische Perspektiven und Alternativansätze werden erörtert.

Die Forschung zur Gerechtigkeitsmoral hatte die nicht-kognitiven Aspekte vor allem in den 1970er-Jahren vernachlässigt (vgl. Haidt 2008; Walker 2004). Die 1950er- und 1960er Jahre waren dagegen noch bestimmt durch die – wenn auch verengte – Untersuchung nicht-kognitiver Aspekte, denn in dieser Zeit dominierten lerntheoretische und psychoanalytische Theorieansätze. In den letzten Jahren machten die Wissenschaftler diese Aspekte der Gerechtigkeitsmoral wieder verstärkt zum Thema. Die Forschung zur prosozialen Entwicklung hingegen untersuchte seit den 1970er Jahren nicht-kognitive Aspekte intensiv, vernachlässigte dagegen Kognitionen. Mittlerweile gibt es für beide großen Moralbereiche einige differenzierte Modelle einer moralischen Person (als Überblick über diese Modelle vgl. Bergmann 2004; Narváez/Lapsley 2009a).

In Auseinandersetzung mit der Kritik des Kohlberg-Anhängers Oser diskutiere ich die Entwicklung kommunikativer Fähigkeiten im Gerechtigkeitsbereich (8.1), in Auseinandersetzung mit der Kritik des Kohlberg-Anhängers Blasi die Entwicklung emotionsbezogener und handlungsstrukturierender Fähigkeiten in diesem Bereich (8.2) sowie in Auseinandersetzung mit der Kritik von Radke-Yarrow und Zahn-Waxler die Genese nicht-kognitiver Fähigkeiten im prosozialen Bereich (8.3). Die Diskussion der Kritik von Youniss erlaubt die Erörterung der Frage, welche Relevanz die Stufen des Gerechtigkeitsurteils für politisches Handeln haben (8.4).

## 8.1  Dialoge über Gerechtigkeitsfragen folgen eigenen Gesetzen: Osers Kritik

Durch kommunikative Fähigkeiten können die Individuen in Dialogen Zustimmung für die eigenen Argumente finden. Die Untersuchung kommunikativer Prozesse wurde in den 1970er Jahren in der Entwicklungspsychologie zu einem wichtigen Thema (vgl. Shantz 1987).

Kohlberg und viele andere Moralpsychologen vernachlässigten dagegen bis dahin kommunikative Aspekte der Urteilsbildung. Eine Ausnahme stellen die Arbeiten von Haan und Oser dar. Beide Forscher orientieren sich nicht zuletzt an der philosophisch und soziologisch ausgerichteten Kommunikationstheorie von Habermas. Haan hat nicht nur eine Bereichstheorie des Urteilens formuliert, sondern auch eine Analyse von Dialogfähigkeiten vorgenommen (vgl. 6.1). Oser erforschte Dialogfähigkeiten am differenziertesten.

*(a) Osers frühe Kritik*
Oser kritisiert an Kohlberg die Vernachlässigung von Dialogfähigkeiten. Anhand der Gruppendiskussionen von Schülern der Sekundarstufe zu vorgelegten moralischen Dilemmata untersucht Oser Ende der 1970er Jahren die Entwicklung von Dialogfähigkeiten (vgl. Oser 1981b, S. 97 ff.). Dabei ermittelt dieser Forscher vier Stufen: Die Dialogpartner machen zunächst ohne jedwede Rechtfertigungen Handlungsvorschläge bzw. nehmen ohne eine Begründung Handlungsvorschläge an oder lehnen sie ab („funktionale Perspektive"; Stufe 1). Sie bringen dann Rechtfertigungen für Handlungsvorschläge vor und bewerten gemeinsam diese Rechtfertigungen, wobei jedoch nur Bedürfnisse der Personen und Tatsachen im Zentrum ihrer Dialoge stehen („analytische Perspektive"; Stufe 2). Anschließend rekurrieren sie bei Rechtfertigungen auf moralische Normen und Werte („normative Perspektive"; Stufe 3). Schließlich gewinnen philosophische Konzepte und Theorien an Bedeutung („philosophische Perspektive"; Stufe 4).

In diesen vier Stufen kommen, wie man sieht, Kohlbergs Stufen des Gerechtigkeitsurteils nur teilweise zum Ausdruck: Die Stufen 1 bis 3 sind weitgehend an den ersten drei Urteilsstufen Kohlbergs orientiert; die Stufe 4 besitzt Ähnlichkeiten mit dem postkonventionellen Niveau. Es zeigte sich also, dass Kohlbergs Stufen des Gerechtigkeitsurteils wahrscheinlich nur eingeschränkt als Grundlage für die Analyse moralischer Dialoge geeignet sind.

*(b) Osers spätere Kritik*
Ab den 1980er Jahren baut Oser seine Kritik an Kohlbergs Vernachlässigung von Dialogfähigkeiten aus. Die Oser-Gruppe identifiziert nunmehr sechs Stufen der Entwicklung moralischer Dialogfähigkeiten, wobei sie sich auf weitere eigene empirische Untersuchungen von Diskussionen unter gleichaltrigen Schülern stützt (vgl. Berkowitz/Oser/Althof 1987): Zunächst erkennen Personen noch nicht, dass die Rechtfertigung des eigenen Standpunkts erforderlich ist (Stufe 0). Dann tragen sie isolierte, unverbundene Rechtfertigungen des eigenen Standpunkts vor (Stufe 1). Anschließend verbinden sie die eigenen Argumente, bringen diese also in einen Zusammenhang (Stufe 2). Auf der folgenden Stufe finden dann die Argumente des Gegenübers Berücksichtigung; diese werden kritisch geprüft und zu widerlegen versucht (Stufe 3). Danach kann die Person, unter Einbeziehung der in einer

Diskussion geäußerten Argumente, eine gemeinsame Position der Dialogpartner mit entwickeln helfen (Stufe 4). Die Entwicklung mündet schließlich in der Fähigkeit zur Teilnahme am praktischen Diskurs im Sinne der Kommunikationstheorie von Habermas (Stufe 5). Während die Stufen 4 und 5 den ursprünglichen Stufen 3 und 4 entsprechen, entwickelt Oser mit dieser Stufenbestimmung vor allem sein Konzept früher Dialogfähigkeiten weiter, denn die Stufen 1 und 2 werden zusätzlich eingeführt.

Oser wählt jetzt auch Kommunikationsprozesse zwischen Lehrern und Schülern als Untersuchungsgegenstand. Dies geschieht im Rahmen einer Analyse der Berufsmoral von Lehrkräften, des „Lehrerethos" (vgl. Oser 1998b). Er charakterisiert ein entwickeltes „Lehrerethos" nicht zuletzt durch dialogische Fähigkeiten, die jeder Lehrer erlernen kann. Der Forscher unterscheidet fünf Strategien der Verantwortungsübernahme des Lehrers: Der Lehrer

- nimmt einen Handlungsbedarf wahr, geht jedoch nicht darauf ein („Vermeidung");
- nimmt einen Handlungsbedarf wahr und überträgt die Entscheidung und die Verantwortung anderen Instanzen („Absicherung");
- trifft ohne eine Diskussion zu führen eine Entscheidung („Alleinentscheidung");
- führt zwar Diskussionen durch, entscheidet aber alleine („Diskurs 1");
- lässt Schüler mitentscheiden („Diskurs 2").

Dialogfähigkeiten kommen erst bei der fünften Strategie voll zum Ausdruck. Oser hält es für notwendig, dass die Lehrer ihren Schülern Vertrauensvorschuss bei Entscheidungen einräumen.

Orientiert vor allem an der Kommunikationstheorie von Habermas sowie an den Arbeiten von Haan und Oser analysierten auch andere Forscher moralische Dialoge. Besonders bedeutsam waren Studien von Berkowitz und von Walker. In den 1980er Jahren thematisierte Berkowitz Formen moralischer Kommunikation unter Gleichaltrigen (vgl. z.B. Berkowitz/Gibbs 1983). Er erforschte die Strategien, die Personen einsetzen, um Dialogpartner von ihrer Auffassung zu überzeugen, wobei er 18 Typen des Dialogverhaltens unterschied, darunter den Verweis auf logische Unstimmigkeiten in einer Argumentation und die vergleichende Betrachtung von Argumenten. Wie in Abschnitt 3.7 beschrieben, untersuchte Walker in den 1990er Jahren Diskussionen zwischen Eltern und Kindern bzw. Jugendlichen zu den Dilemmata des MJIs.

Oser, Haan, Berkowitz und Walker beziehen sich in ihren empirischen Studien auf die kommunikativen Fähigkeiten von Jugendlichen und Erwachsenen. Zwei deutsche Forschergruppen, nämlich die Gruppe um M. Miller sowie die Gruppe um Krappmann, erfassten hingegen Dialoge zwischen Kindern in der mittleren und späten Kindheit.

M. Miller analysiert die Entwicklung von Argumentationsprozessen unter Kindern, vor allem um seine an Oevermann orientierte These einer sozialen Konstitution individueller Urteilskompetenzen zu belegen. Miller zufolge erwirbt das Individuum moralische Urteilskompetenzen nur über die Teilnahme an Argumentationsprozessen, welche sich wiederum mit den Urteilsfähigkeiten der Beteiligten verändern. Er formuliert vier Stufen der Entwicklung moralischer Dialoge, die er unter anderem anhand von Gruppendiskussionen Fünf- bis Zehnjähriger zum „Heinz"-Dilemma gewonnen hat. Auf Stufe 1 (im Alter von ca.

drei Jahren) sind die Kinder noch nicht um die Rechtfertigung ihrer Aussagen bemüht; auf Stufe 2 geben die Argumentationspartner Gründe für ihre jeweilige Überzeugung an, sind aber noch nicht in der Lage, den Standpunkt der Anderen zu widerlegen. Auf Stufe 3 (etwa im Alter zwischen sechs und neun Jahren) suchen sie den Standpunkt der Anderen durch veränderte Situationsdefinitionen zu widerlegen, und auf Stufe 4 bringen sie auch Normenhierarchien ein, um ihrer eigenen Meinung die Zustimmung zu sichern und die Auffassung der anderen zu entkräften (vgl. M. Miller 1986). Während Oser, Berkowitz und Althof in ihrer angeführten Arbeit zusätzlich eine Stufe der Verknüpfung eigener Argumente aufführen, differenziert Miller hinsichtlich der Widerlegung von Argumenten des Gegenübers zwischen zwei Stufen, nämlich Widerlegung durch Situationsdefinitionen und Widerlegung durch Normenhierarchien.

Krappmann erforscht zusammen mit Oswald (Krappmann/Oswald 1995) moralrelevante Kommunikationsprozesse unter Schülern im schulischen Alltag. Interaktionen und Sozialbeziehungen von Kindern in der Grundschule werden mit Hilfe qualitativer Methoden erfasst (vgl. Krappmann und Oswald 1995).

Während sich Oser und die anderen hier erwähnten Forscher stark an der Kommunikationstheorie von Habermas orientieren, stützen sich verschiedene Wissenschaftler auf Theorien der Informationsverarbeitung:

- Die Gruppe um Kuhn rekonstruierte die Entwicklung moralischer Argumentationsfähigkeiten anhand von Argumentationen Gleichaltriger zur Todesstrafe (vgl. z.B. Kuhn/Udell 2003).
- Thompson, Laible und Ontai (2003) erfassten Dialoge in der frühen Kindheit.
- Die Entwicklung von Diskussionen unter Gleichaltrigen zu zwei in der Spieltheorie verbreiteten ökonomischen Spielen, nämlich „Diktator- Spiel" und „Ultimatum-Spiel", analysierte in Deutschland die Gruppe um Keller (vgl. Gummerum et al. 2008; Wittig 2004). Bei beiden ökonomischen Spielen muss eine Gruppe von drei Schülern gleichen Alters und gleichen Geschlechts entscheiden, ob und in welcher Weise sie einen bestimmten Geldbetrag (in Abhängigkeit vom Alter zwei, vier oder sechs Euro) mit einer anderen, anonymen Gruppe von Schülern teilen will. Die Keller-Gruppe unterscheidet auch verschiedene Formen moralischer Begründungen. Sie sieht dabei Osers Modell weitgehend bestätigt (vgl. Keller/Canz 2007). Von früh an hat Keller auf theoretischer Ebene, orientiert insbesondere an Habermas, kommunikative Aspekte betont (vgl. vor allem Keller/Reuss 1986).

Neben Oser erfassten also verschiedene Wissenschaftler Formen moralischer Urteilsbildung im Kontext kommunikativer Prozesse, d.h. Dialoge über Fragen des moralisch gebotenen Handelns. Osers in den 1980er Jahren entwickeltes Modell erscheint mir am fruchtbarsten – das Stufensystem erfüllt das Kriterium der hierarchischen Integration und wurde empirisch bestätigt.

Wie die anderen Autoren thematisierte Oser aber die Entwicklung moralischer Dialoge im Lebensverlauf nicht und beschränkte sich auf bestimmte Altersphasen. Auch ist mir unklar, inwieweit sein spätes Modell von Dialogstufen einer Relativierung angesichts konkurrierender Forschungsergebnisse bedarf.

Wichtig bei der Analyse der Entwicklung moralischer Dialogfähigkeit wäre die Verschränkung der Analyse von Stellungnahmen des Individuums (etwa zu einem Fragebogen oder einem klinischen Interview) mit der Analyse von Dialogprozessen, in die es eingebunden ist. Zunächst könnten individuelle Stellungnahmen zu den vorgelegten Problemen, dann Dialoge zu diesen Problemen und schließlich Einschätzungen der Dialoge durch die daran Beteiligten ermittelt werden. Erfasst werden kann damit der Zusammenhang zwischen moralischer Urteilsfähigkeit und moralischer Dialogfähigkeit.

## 8.2 Die Identität bestimmt das Handeln bei Gerechtigkeitsproblemen: Blasis Kritik

Neben kognitiven und kommunikativen Fähigkeiten sind emotionsbezogene und handlungsstrukturierende Fähigkeiten wichtige Aspekte der Gerechtigkeitsmoral. Emotionen bzw. emotionale Fähigkeiten regulieren das Handeln. Die in Tab. 1.2 aufgeführten Emotionen können jede Handlungsphase bzw. die handlungsbezogenen Kognitionen beeinflussen. Blasi thematisiert in relativ differenzierter Weise das Handeln bei Gerechtigkeitsproblemen.

*(a) Blasis frühe Kritik*
Blasi diskutiert in den 1970er Jahren Kohlbergs Standpunkt zum Zusammenhang zwischen den Stufen des Gerechtigkeitsurteils und dem moralischen Handeln. Im Unterschied zu Vertretern der sozialen Lerntheorie und der Psychoanalyse formuliert Blasi seine Vorbehalte gegenüber Kohlbergs Handlungstheorie von einer kognitivistisch-strukturgenetischen Grundposition aus – statt nicht-kognitiver Motivationsquellen betont er vor allem die motivierende Kraft des Verständnisses der eigenen Person als unverwechselbares Subjekt, der moralischen Identität. Blasi betrachtet im Unterschied zu Kohlberg die Identität der Person als wichtigste Motivationsquelle, und nicht die Urteilsbildung; ob eine postkonventionell urteilende Person tatsächlich moralisch richtig handelt, hängt ihm zufolge vor allem davon ab, wie stark sie sich moralischen Werten verpflichtet fühlt. Indem Blasi im Rahmen von Kohlbergs Position auf Inkonsistenzen zwischen Urteilsstufe und Handeln aufmerksam zu machen sucht, entspricht seine Kritik an Kohlbergs Position zu den nicht-kognitiven Aspekte der Gerechtigkeitsmoral der Kritik an Kohlbergs Stufenkonzept zum Gerechtigkeitsurteil.

Die Rolle der moralischen Identität hatte die Forschung bis dahin vernachlässigt. Auf moralische Persönlichkeitsdispositionen insgesamt ist in den 1970er Jahren kaum mehr hingewiesen worden, nachdem die Annahme eines moralischen Charakters durch die frühen Untersuchungen von Hartshorne und May sowie die Korrelationsstudien der sozialen Lerntheoretiker keine Bestätigung gefunden hatte. Auch stellten viele Wissenschaftler in dieser Zeit, insbesondere unter dem Einfluss von Mischels Kritik an der herkömmlichen Persönlichkeitspsychologie, das Konzept der Persönlichkeitseigenschaften grundsätzlich in Frage.

Zunächst setzt sich Blasi in einem differenzierten Überblicksartikel (Blasi 1980) mit den bis Ende der 1970er Jahre durchgeführten Studien zum moralischen Handeln auseinander – neben experimentellen Studien zum Widerstand gegen Versuchungen und zum Widerstand gegen ungerechte Befehle von Autoritätspersonen sowie zum prosozialen Verhalten sind es auch nicht-experimentelle Studien zum moralischen Handeln im Alltag (zum Beispiel der

Einhaltung von Versprechen) und zum kriminellen Verhalten. Blasis Ergebnis ist, dass im Sinne Kohlbergs ein deutlicher Zusammenhang zwischen Stufe des Gerechtigkeitsurteils und Handeln festgestellt wurde, allerdings nur bezüglich bestimmter Handlungsbereiche, nämlich Widerstand gegen Versuchungen und kriminelles Verhalten (Blasi 1980, S. 37). Blasi macht zugleich darauf aufmerksam, dass die in den Korrelationsstudien bis dahin ermittelten Zusammenhänge zwischen Urteilsstufe und Handeln weitgehend unerklärt geblieben sind: Die Forschung hatte kaum untersucht, welche psychologischen Prozesse vermitteln zwischen dem Urteil der Person darüber, was ein Protagonist in einer fiktiven Situation unter moralischen Gesichtspunkten tun sollte, und dem eigenen Handeln unter experimentellen und nicht-experimentellen Bedingungen. Kohlbergs theoretisches Modell zum Zusammenhang von Urteilen und Handeln überprüfte die Forschung also nicht konsequent; der Zusammenhang zwischen Urteilsstufe und Handlungsentscheidung blieb genauso ungeklärt wie die Frage, ob moralische Begründungen, wie Kohlberg voraussetzt, Motive für das Handeln darstellen. Blasi plädiert für eine differenziertere Analyse des Handelns, die sowohl den verschiedenen Handlungsbereichen als auch den unterschiedlichen psychologischen Mechanismen Rechnung trägt.

Aufbauend auf seiner Überblicksarbeit formuliert Blasi ein eigenes kognitivistisches Modell, ein „Selbst-Modell" moralischen Handelns (Blasi 1983). Dieses stellt ein Verlaufsmodell mit verschiedenen Handlungsphasen dar. In diesem Zusammenhang führt Blasi zusätzlich zur Dimension der Identität die Dimension des „Verantwortungsurteils" ein: Die Person fragt sich, ob sie das, wozu sie moralisch verpflichtet wäre, wirklich tun will, d.h. ob das gebotene Handeln in einer Situation für sie selbst verpflichtend ist. Dieses Urteil über die eigene Verantwortung ist Blasi zufolge vorrangig davon abhängig, ob moralische Werte Bestandteil der Identität sind. Die moralische Identität bestimme zudem, ob die Person in Übereinstimmung mit ihrem Verantwortungsurteil handelt – die Sicherung von „Selbstkonsistenz" gilt Blasi als ein zentrales Handlungsmotiv. Der Autor wirft zugleich die Frage auf, in welchem Alter moralische Werte Bestandteil der Identität werden (Blasi 1983, S. 201).

Die frühen Arbeiten von Blasi machen insgesamt deutlich, dass die moralische Identität der Person ins Zentrum einer Analyse des Zusammenhangs von Stufen des Gerechtigkeitsurteils und Handeln zu rücken ist. Das Schwergewicht der Erklärung des Handelns legt er zu Recht nicht mehr nur auf die Stufen des Gerechtigkeitsurteils, sondern auch auf die Identitätsentwicklung. Zudem zeigt er die Bedeutung der Handlungsbereiche für das Handeln auf.

Obwohl Blasi in den 1970er Jahren die Frage nach der Entwicklung moralischer Motive bzw. einer moralischen Identität aufwirft, formuliert er Stufen dazu in dieser Zeit noch nicht. Die in Abschnitt 5.3 dargestellten Positionen zur Definition postkonventionellen Urteilens legen eine Erweiterung der Kohlberg-Stufen zu Motiven nahe, denn in der Entwicklung moralischer Motive dürften sich die qualitativen Veränderungen bei der Urteilsbildung niederschlagen. In Bezug auf Blasis Modell wäre darüber hinaus zu fragen, ob dieses für alle Moralbereiche und Personengruppen gültig ist. Angesichts der ermittelten, in Kapitel 6 und 7 beschriebenen kontextspezifischen Entwicklungsverläufe beim Gerechtigkeitsurteil liegt eine kontextspezifische Relativierung der Entwicklungssequenzen nahe (vgl. b).

*(b) Blasis spätere Kritik*

Kohlberg formuliert in den 1980er Jahren eine differenziertere Perspektive auf die Entwicklung moralischen Handelns als früher, und zwar vor allem dadurch, dass er sich Blasis Position annähert: Er erweitert seine theoretische Perspektive, indem er durch unterschiedliche Funktionen gekennzeichnete Phasen des Handelns bestimmt („Funktion") und diesen Phasen verschiedene kognitive Aspekte einer moralischen Person zuordnet („Kognition") (vgl. Abbildung 8.1).

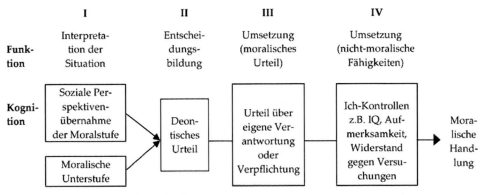

Abb. 8.1   *Kohlbergs Modell moralischen Handelns*
(Quelle: modifiziert nach Kohlberg 1984, S. 537)

In diesem Handlungsmodell kommt neben Stufen, die für die Situationsinterpretation und die Handlungsentscheidung („deontisches Urteil") verantwortlich sind (nämlich Stufe der Perspektivenübernahme bzw. moralische Urteilsstufe) die Bedeutung des „Verantwortungsurteils" in den Blick. Für die Ausführung von moralischen Handlungen erscheinen verschiedene außermoralische Fähigkeiten erforderlich (z.B. Ich-Stärke). Darüber hinaus nimmt Kohlberg jetzt einen Einfluss der moralischen Unterstufen bzw. der Typen auf das Handeln an. Die ersten drei funktionalen Komponenten seines Modells erläutert er wie folgt:

> Für die erste Funktion, Definition des Problems oder Interpretation der Situation, sind Selmans (1980) kognitive Strukturen der sozialen Perspektivenübernahme relevant, die notwendig, aber nicht hinreichend für die moralische Stufe sind. Diese Strukturen interpretieren die moralische Situation, sensibilisieren den Handelnden für die relevanten Ansprüche und Gefühle jeder Person in der Situation. Moralische Stufe und moralische Unterstufe dagegen bestimmen zwei spezifischere Urteile, die direkt an moralisches Handeln gebunden sind. Diese sind die deontischen Urteile (welche der Entscheidungsbildung, der Funktion II, dienen) und Verantwortungsurteile (diese dienen der Umsetzung des Urteils, der Funktion III).
> Das deontische Urteil ist in einer Weise an die Stufe und die Unterstufe gebunden, dass bei allen Fällen, wo universalisierbare moralische Prinzipien zu einer einzigen ‚moralischen' Alternative führen, diese Wahl fast von allen Personen auf der Stufe 5 und auf der Unterstufe B getroffen wird. Weniger häufig wird diese Wahl auf niedrigeren Stufen und auf der Unterstufe A getroffen. Auch Verantwortungsurteile sind sowohl mit der moralischen Stufe und der Unterstufe als auch mit der moralischen Handlung verknüpft, indem Personen auf jeder höheren Stufe und auf der Unterstufe B sich öfters für die Umsetzung ihrer deontischen Entscheidung in die Praxis verantwortlich halten sollten (Kohlberg 1984, S. 536).

Kohlberg begründet diesen Zusammenhang zwischen moralischen Urteilsstufen und Unterstufen einerseits und Verantwortungsurteilen andererseits damit, dass mit steigender Stufe bzw. mit der Ausbildung einer autonomen Unterstufe die Urteilsbildung zunehmend universalistisch und präskriptiv, d.h. unabhängig von eigenen Neigungen und pragmatischen Erwägungen, werde (Kohlberg 1984, S. 522, 535).

Von einem eigenständigen Einfluss der moralischen Identität auf das Verantwortungsurteil und das Handeln geht Kohlberg also nicht aus. Im Unterschied zu Blasi nimmt er nach wie vor eine monotone Beziehung von Urteilsstufe und Handeln an – mit zunehmender Stufe steige die Wahrscheinlichkeit für moralisch richtiges Handeln: In Situationen, in denen lediglich Personen auf postkonventionellen Stufen Konsens über die moralisch gebotene Handlung erzielen, trete mit höher werdender Stufe nicht nur die deontische Entscheidung für die moralisch richtige Handlung und die Übernahme von Verantwortung häufiger auf, sondern auch die Handlung selbst. In Situationen, in denen sogar auf postkonventionellen Stufen keine Übereinstimmung hinsichtlich der Handlungsentscheidung vorhanden ist, nehme die Konsistenz zwischen dem deontischen Urteil und dem Verantwortungsurteil über die Stufen hinweg zu, und damit auch die Wahrscheinlichkeit für moralisch richtiges Handeln (Kohlberg 1984, S. 540; Kohlberg 1987, S. 306 f.; Kohlberg 2000, S. 44 ff.).

Jedoch schließt Kohlberg Fälle nicht aus, bei denen kein Zusammenhang von Urteilsstufe und Handeln besteht (Kohlberg 1984, S. 540). Darüber hinaus gesteht er zu, dass Situationsfaktoren „sehr wichtig" für das Handeln sein können (Kohlberg 1987, S. 308).

Kohlberg untersucht den Einfluss verschiedener Komponenten seines Modells auf das Handeln nicht; seine empirischen Analysen beschränken sich weitgehend auf die Rolle der Urteilsstufen und der Urteilstypen für das Handeln. Um die frühen, teilweise negativen empirischen Resultate im Sinne seiner Theorie zu korrigieren, unternimmt er dabei auf der Basis des SIS Reanalysen der Studien von Haan und Milgram (vgl. Kohlberg 1984, S. 541 ff.; Candee/Kohlberg 1987). Wie bereits beschrieben (vgl. 3. 4) stellt Kohlberg wie Blasi auch theoretische Überlegungen zur Entwicklung einer moralischen Identität an. Deren Entwicklung erforscht er indessen nicht empirisch.

Blasi erweiterte ab Anfang der 1980er Jahre seine Perspektive auf den Zusammenhang von Urteilsstufe, Identität, Motivation und Handeln (vgl. Blasi 1993; 1995; 2004). Die Kritik an Kohlberg behält er im Wesentlichen bei – auf die Veränderungen in Kohlbergs Position geht Blasi nicht ein.

Blasis Analysen geben Anlass, Kohlbergs Perspektive auf die Entwicklung moralischer Motivationen und Handlungen zu problematisieren. Orientiert an Loevingers Theorie der Ich-Entwicklung und gestützt auf eigene empirische Forschungen sowie verschiedene empirische Untersuchungen anderer Autoren formuliert Blasi ein Modell der Ontogenese von moralischer Identität, wobei er davon ausgeht, dass sich Personen nicht nur darin unterscheiden, ob sie eine moralische Identität ausgebildet haben und durch welche Werte sie diese definieren, sondern auch in der Stufe der Entwicklung ihrer moralischen Identität.

Dabei zeigt Blasi, dass (im Unterschied zu Kohlbergs Auffassung) moralische Urteile in der frühen Kindheit noch nicht die Motivationen bestimmen und moralische Handlungen leiten; moralisches Handeln ist in dieser Lebensphase vorwiegend Resultat spontaner Tendenzen, etwa von Gefühlen der Empathie. Erst in der mittleren Kindheit komme es zur Integration des moralischen Urteils in das Motivationssystem – kognitive moralische Motive bildeten sich aus sowie auch Selbstbewusstsein voraussetzende moralische Gefühle, etwa Gefühle der Schuld oder der Reue. Im Jugendalter schließlich werde die Identität bedeutsam für Motivation und Handeln, denn die Orientierung an den eigenen moralischen Überzeugungen wird in dieser Lebensphase als wichtiger Aspekt des Selbst betrachtet.

Blasi unterscheidet dabei vier Stufen der Identitätsentwicklung insgesamt: Eine Person mit einer „sozialen Rollenidentität" definiert sich lediglich durch äußere Merkmale, nämlich durch soziale Rollen; diese Stufe tritt hauptsächlich in der Kindheit auf. Auf der Stufe der „beobachtbaren Identität", die für das Jugendalter kennzeichnend ist, schreibt sich die Person ein „inneres", „wahres" Selbst zu, das sie von einem „äußeren", „öffentlichen" Selbst trennt. Sie erfährt ihr inneres Selbst als aus spontanen Gefühlsregungen und Intuitionen bestehend. Auf der Stufe der „erarbeiteten Identität" wird das Selbst als Ergebnis eigener Aktivität verstanden und Werte sowie Ideale werden zum Maßstab des Handelns. Die Identitätsentwicklung mündet schließlich in die Phase eines „authentischen Selbst", die durch eine prüfende, abwägende Haltung gegenüber eigenen Werten und Idealen gekennzeichnet ist. Der Person geht es nunmehr vor allem um Treue zu sich selbst, d.h. um Integrität. Die beiden letzteren Stufen der Identitätsentwicklung treten hauptsächlich im Erwachsenenalter auf. Die moralische Identität wird, so Blasi, auf den verschiedenen Stufen der Identitätsentwicklung unterschiedlich interpretiert – zunächst als etwas von außen Auferlegtes, dann als Ausdruck eines inneren Selbst, dann als Resultat eigener Aktivität, und schließlich als Ergebnis einer abwägenden Haltung vor dem Hintergrund der eigenen moralischen Maßstäbe.

Blasi macht aber auch deutlich, dass Personen, die moralische Werte ins Zentrum ihrer Identität stellen und zugleich auf einer hohen Stufe der Identitätsentwicklung stehen, nicht in jedem Falle moralischer handeln als andere; moralrelevantes Handeln ist zusätzlich von einer Vielzahl weiterer Faktoren abhängig (Blasi 1993, S. 142 f.).

Seit den 1980er Jahren ließen sich verschiedene Forscher von Blasis Position leiten (als Überblick vgl. Bergmann 2004; Lapsley/Narváez 2004; Narváez/Lapsley 2009a; 2009b). Diese ermittelten ebenfalls einen starken Einfluss der Identität auf das Handeln und einen eher geringen Einfluss von Kohlbergs Urteilsstufen.

In der Kontroverse zwischen Kohlberg und Blasi blieb vor allem offen, wie groß im Bereich der Gerechtigkeitsmoral der Einfluss der moralischen Identität auf Motivation und Handeln ist und ob sich die von Kohlberg unterschiedenen sechs moralischen Urteilsstufen zur Beschreibung der Entwicklung einer moralischen Identität eignen.

Gegenüber Kohlberg weist Blasi zwar mit Recht auf die eingeschränkte Erklärungskraft der Urteilsstufen und der Urteilstypen für die Handlungsmotive und das Handeln hin, allerdings hat Blasi bis jetzt lediglich erste Schritte zur Analyse der Entwicklung moralischer Identitätsmuster und Motivationen unternommen. Gleiches gilt für die an Blasi orientierten Wissenschaftler:

- Kohlberg, Blasi und die an Blasi orientierten Moralpsychologen vernachlässigen die Funktion von verschiedenen nicht-präskriptiven Kognitionen – im Unterschied zu diesen Forschern gehe ich davon aus, dass für das Handeln neben der Urteilsbildung nicht bloß Verantwortungsurteile und Vorstellungen über das Selbst erforderlich sind (vgl. 2.4/Punkt c).

- Es fehlen Studien zur Kommunikation über Situationsdefinitionen, Motivationen, Handlungspläne, Handlungen und Handlungsbewertungen, zu moralischen Emotionen und zu handlungsstrukturierende Fähigkeiten. Relevant für die Analyse des gerechtigkeitsbezogenen Handelns ist das von Nisan formulierte Konzept der „moralischen Bilanz": die Person wägt die moralrelevanten Handlungen, die sie in einer bestimmten Zeitspanne vollzogen hat, d.h. moralisch richtiges Handeln und moralische Verfehlungen, gegeneinander ab und gestattet sich bei einer positiven Bilanz, also beim Überwiegen moralisch richtigen Handelns, moralische Verfehlungen (vgl. Nisan 1986).

- Im Unterschied zum späten Kohlberg nimmt Blasi eine Kontextspezifität der moralischen Urteilentwicklung (eine Bereichsspezifität und eine soziale Kontextspezifität) nicht an. Die Bereichstheoretiker Haan, Damon und Turiel wendeten sich ab den 1980er Jahren ebenfalls nicht-kognitiven Aspekten der Gerechtigkeitsmoral zu: Haan thematisiert das beziehungsbezogene Verhalten (vgl. 6.1). Damon nahm bereits in den 1970er Jahren eine Analyse des distributiven Gerechtigkeitsurteils im Alltag vor und erforschte zusätzlich den Zusammenhang von distributivem Gerechtigkeitsurteil und Handeln (Gerson/Damon 1978). Dabei stellte er fest, dass die untersuchten Kinder im Rahmen experimentell kontrollierter Handlungssituationen, in denen sie sich selbst eine angemessene Belohnung für eine Leistung zuteilen sollen, Güter nicht immer nach den Gesichtspunkten verteilen, die sie im Rahmen des klinischen Interviews zu hypothetischen Situationen einbringen – vor allem übervorteilen sie sich häufig. Nunmehr bezieht sich Damon wie Blasi insbesondere auf die Entwicklung einer moralischen Identität, um gerechtes und auch prosoziales Handeln zu erklären. Zum einen geht er der frühen Identitätsentwicklung nach (Damon 1988). Mittels Einzelfallanalysen untersucht Damon mit Colby zusammen zudem die Identitätsentwicklung bei erwachsenen moralischen Vorbildern (Colby/Damon 1992). In letzterer Studie wurden zunächst Kriterien für moralische Vorbilder formuliert. Diese sollten sich zum Beispiel dadurch auszeichnen, dass sie moralische Ideale nachdrücklich vertreten, große Bereitschaft zur Unterordnung eigener Interessen unter moralische Werte zeigen und fast immer in Übereinstimmung mit ihren moralischen Ansichten handeln. Die nach solchen Kriterien ausgewählten 23 Personen aus den USA wurden dann intensiv zu ihrer Biographie und zu wichtigen Lebensentscheidungen befragt; daneben sind sie mit zwei Dilemmata des MJIs („Heinz" und „Heinz-Strafe") konfrontiert worden. Es zeigte sich, dass die befragten moralischen Vorbilder ihre Identität überwiegend durch moralische Werte definierten; hingegen urteilten nur wenige postkonventionell. Alle Personen zeichneten sich durch eine Integration persönlicher und moralischer Ziele aus – große Sicherheit in den eigenen Entscheidungen sowie eine positive Einstellung gegenüber dem Leben prägten ihre Aktivität. Nicht die Entwicklung moralischen Urteilsstufen, sondern vielmehr die Identitätsentwicklung war also der entscheidende Erklärungsfaktor für moralisch vorbildliches Handeln. Wie Blasi bezieht sich Turiel auf die Entwicklung moralischer Motive. In einem mit Smetana verfassten Artikel (Turiel/Smetana 1984) formuliert er die Annahme, dass das Handeln vor allem davon abhängt, ob die Person ein soziales Problem als Frage der Moral, der Konvention oder der persönlichen Angelegenheiten einstuft; bei Zuordnung einer Frage zum Bereich der Moral sei der Grad der wahrgenommenen Verpflichtung, die in Rede stehende Handlung auszuführen, größer als bei Zuordnung der Frage zum Bereich der Konvention oder dem Bereich der persönlichen Angelegenheiten. Die Motivation, moralisch zu handeln, hänge also hauptsächlich mit dem Verständnis der angesprochenen Regel zusammen (vgl. auch Arsenio/Lemerise 2004).

- Die Vertreter soziokultureller Ansätze, insbesondere Gilligan, Simpson und Shweder, kritisieren an Kohlberg zwar ebenfalls die Vernachlässigung der moralischen Gefühle, Motive und Handlungen, sie haben aber keine eigenständigen Perspektiven auf nicht-kognitive Aspekte der Gerechtigkeitsmoral formuliert.

- Die Modelle von Kohlberg und Blasi lassen des Weiteren verschiedene Ebenen der moralischen Persönlichkeit außer Acht, etwa elementare Erlebens- und Verhaltensmuster.

- Aufschlussreich wäre die Analyse von Aspekten der Gerechtigkeitsmoral bei klinischen Populationen. So könnte untersucht werden, ob und in welcher Weise Persönlichkeitsstörungen z.B. Borderline-Störung, depressive Persönlichkeit, zwanghafte Persönlichkeit) zu Beeinträchtigungen der Moral führen.

Auch die anderen Kohlberg-Kritiker blenden nicht-präskriptive Dimensionen des Denkens weitgehend aus; Gilligan stellt in dieser Hinsicht eine Ausnahme dar. Kommunikative, emotionsbezogene und handlungsstrukturierende Fähigkeiten vernachlässigten diese ebenfalls.

Im Deutschland entwickelten besonders Brumlik, Sutter und Weyers (vgl. Weyers 2004), Garz (vgl. Althof/Garz/Zutavern 1988; Garz 1999; Garz/Oser/Althof 1999), Heinrichs (2006), Hoff (vgl. Hoff 1999), die Montada-Gruppe (vgl. Montada 1993; Montada et al. 1986; Schmitt/Maes/Schmal 1999) und Nunner-Winkler (vgl. Nunner-Winkler 1996; 2004) Modelle des Zusammenhangs von Gerechtigkeitsurteil und Handeln. Bedeutsam sind neben den Arbeiten von Nunner-Winkler insbesondere die Arbeiten von Garz, Hoff und Montada; sie bringen zusätzliche Gesichtspunkte ein:

- Garz geht in seinem „Bereichsmodell moralischen Tuns", welches nicht zuletzt Elemente der Handlungstheorien von Kohlberg und Turiel verknüpft, von der Bereichsabhängigkeit der Zusammenhänge zwischen Urteilsstufe und Handeln aus. Dieser Forscher differenziert zwischen fünf Situationstypen, nämlich Abwehr der Gefährdung des eigenen Lebens („das nackte Leben"; z.B. Notwehrsituationen), starke moralische Normen („Alltag I", z.B. Tötungs- und Diebstahlsverbot), schwache moralische Normen („Alltag II", z.B. Verbot des Schwarzfahrens, Verbot der Steuerhinterziehung), moralische Normenkonflikte („Alltag III") sowie Konflikte zwischen konventionellen und postkonventionellen Gesichtspunkten („das gerechte Leben").

- Hoff erfasst verschiedene Bedingungen für ökologisches Handeln; er thematisiert Formen der Wahrnehmung von Problemen („Gibt es ein Problem?" „Besteht Handlungsbedarf?"), Moralvorstellungen („Bin ich moralisch verpflichtet zu handeln?") und Kontrollvorstellungen („Kann ich wirksam handeln?"). Dabei formuliert Hoff ein differenziertes strukturgenetisches Modell zur Problemwahrnehmung und zu Kontrollvorstellungen. Hinsichtlich der Moralvorstellungen knüpft er an Lemperts Stufendefinition an.

- In dem Forschungsprojekt „Entwicklung von interpersonaler Verantwortlichkeit und interpersonaler Schuld" erfasst die Montada-Gruppe, wie in Abschnitt 5.4 erwähnt, nicht nur Gerechtigkeitskognitionen, sondern auch Emotionen (z.B. existenzielle Schuldgefühle, Empathie, Empörung) und die Bereitschaft zur Verantwortungsübernahme in drei Kontexten, nämlich Eltern-Kind-Beziehungen, Partnerschaften und Verhältnis zu (unterprivilegierten) Fremden (Arme in der Dritten Welt, Arbeitslose). In Anknüpfung an Hoffman macht sie das Gefühl der „existenziellen Schuld" zu einem wichtigen Gegenstand. Sie findet eine negative Korrelation zwischen Glauben an eine gerechte Welt und existenzieller Schuld. Personen mit ausgeprägter existenzieller Schuld sind eher bereit sich sozial zu engagieren. Im Projekt „Gerechtigkeit als innerdeutsches Problem" thematisierte die Montada-Gruppe ebenfalls nicht nur Gerechtigkeitskognitionen. Sie analysierten dort bei Probanden aus Ost- und Westdeutschland die Wahrnehmung von Ungerechtigkeiten sowie die Wirkungen dieser Formen der Wahrnehmung von Ungerechtigkeit auf Emotionen (z.B. Mitleid, Schuldgefühle, Empörung), Handlungsbereitschaften, Handeln und seelische Gesundheit.

## 8.3  Die Eigenständigkeit nicht-kognitiver Aspekte prosozialer Moral: Die Kritiken von Radke-Yarrow und Zahn-Waxler

Die Diskussion der Kritiken von Radke-Yarrow und Zahn-Waxler soll insbesondere zeigen, dass sich Kohlbergs Moralstufen wahrscheinlich nicht zur Beschreibung der Entwicklung von Empathie und prosozialen Handlungsmotiven eignen, dass vielmehr bereichsspezifische Pfade anzunehmen sind. Wie die Bereichstheoretiker hinsichtlich des moralischen Urteilens machen diese beiden Forscher hinsichtlich nicht-kognitiver Moralaspekte gegenüber Kohlbergs Ansatz auf Formen einer nicht-instrumentalistischen Moral in der Kindheit aufmerksam. Wie Blasi kritisieren sie die These einer kognitiv-affektiven Parallelität. Sie orientieren sich stark an der Empathietheorie von Hoffman.

*(a) Die frühen Kritiken von Radke-Yarrow und Zahn-Waxler*
Bezüglich empathischer Reaktionen wird in der Forschung zwischen Gefühlszuständen unterschieden, die um die eigene Person kreisen (persönliches Unbehagen), die ähnliche Gefühle wie das Opfer beinhalten (Mitleid) und die auf das Leiden des Opfers gerichtet sind (Anteilnahme). Hoffman führt das Entstehen der Empathie zum einen auf nicht-kognitive Mechanismen, nämlich Nachahmung von Mimik und Gestik, klassische Konditionierung und direkte Assoziation (im Sinne der Erinnerung an eigene Gefühlszustände), zurück. Zum anderen nimmt er kognitive Mechanismen, nämlich kognitiv vermittelte Assoziationen (im Sinne der Kommunikation von Leid) und Perspektivenübernahme, an.

Hoffman identifiziert Anfang der 1970er Jahre vier Stufen der Entwicklung der Empathie und des prosozialen Verhaltens, wobei er die Rolle sozialkognitiver Faktoren (insbesondere der Perspektivenübernahme) betont. Auf der ersten Stufe (im ersten Lebensjahr) besitzt Hoffman zufolge das Kind noch nicht die sozialkognitive Fähigkeit, zwischen der eigenen Perspektive und der Perspektive einer anderen Person zu differenzieren. Es fehlt auch das Wissen um psychische Prozesse und sogar das Bewusstsein des physischen Getrenntseins. Der Schmerz eines anderen erlebt das Kind deshalb nicht als fremder Schmerz; es empfindet vielmehr nur ein diffuses Unlustgefühl. Seine Handlungen beziehen sich dementsprechend noch nicht auf den anderen. Hoffman erwähnt das Beispiel der elf Monate alten Tochter eines Kollegen, die ein anderes Kind zu Boden fallen sah und selbst zu weinen anfing, den Daumen in den Mund steckte und sich in den Schoß ihrer Mutter vergrub – typische Reaktionen, die sie auch zeigte, wenn sie sich selbst verletzt hatte. Auf der zweiten Stufe (im zweiten Lebensjahr) weiß das Kind um psychische Prozesse, und es trennt zwischen dem Schmerz, den es selbst empfindet, und dem Schmerz einer anderen Person. Allerdings neigt es dazu, eigene Gefühle und Gedanken auf andere zu projizieren. Seine prosozialen Handlungen, die nunmehr auftreten, bestehen deshalb oft darin, dass es anderen gibt, was es selbst als tröstlich empfindet. Hoffman berichtet von einem 13 Monate alten Kind, das auf das traurige Gesicht eines Erwachsenen reagierte, indem es ihm seine geliebte Puppe anbietet. Auf der dritten Stufe (etwa im dritten und vierten Lebensjahr) wird die Einsicht möglich, dass die Perspektiven von Personen häufig unterschiedlich sind. Das Kind versetzt sich nun mitfühlend in die Lage einer anderen Person, und auch seine prosozialen Handlungen sind nicht länger egozentrisch. Auf der vierten Stufe schließlich (ab ungefähr dem siebten Lebensjahr) besitzt das Kind ein Konzept der Identität einer Person und interpretiert die Person im größeren Kontext ihrer Lebensgeschichte. Mitgefühl und prosoziale Handlungen erstrecken sich jetzt auch auf die soziale Lebenssituation der hilfebedürftigen Person, zum Beispiel auf eine permanente materielle Notlage oder auf ihre Zukunftsaussichten (vgl. Hoffman 1977).

Schuldgefühle begreift Hoffman als Resultat einer kognitiv vermittelten Transformation von Gefühlen der Empathie, wobei er wiederum unterschiedliche Entwicklungsstufen postuliert. Er führt diese Stufen auf die gleichen sozialkognitiven Bedingungen zurück wie die Stufen des Mitgefühls und betont die Parallelität zwischen der Empathieentwicklung und der Entwicklung von Schuldgefühlen. Die Stufen der Entwicklung von Schuldgefühlen fasst er wie folgt knapp zusammen:

> (1) Bevor Kinder andere Personen als getrennte physische Entitäten wahrnehmen, reagieren sie auf einfache Äußerungen von Schmerz mit persönlichem Unbehagen; sie können zuweilen ein rudimentäres Schuldgefühl erleben, auch wenn ihnen ein klares Bewusstsein von kausaler Verantwortlichkeit fehlt – dieses bezieht sich schlicht auf das gemeinsame Auftreten von eigenen Handlungen und der Not des Anderen. (2) Sobald sie wissen, dass die Anderen getrennte physische Entitäten sind, erfahren Kinder empathisches Unwohlsein, wenn sie jemanden sehen, der körperlich verletzt ist, aber dieses empathische Unwohlsein kann in Schuldgefühle übergehen, wenn sie ihre eigenen Handlungen als für den Schmerz verantwortlich wahrnehmen. (3) Sind sie sich einmal der Tatsache bewusst, dass andere Personen innere Zustände haben, kann das empathische Unwohlsein in Gegenwart eines Anderen, der schmerzhafte oder leidvolle Gefühle erlebt, sich dann in Schuldgefühle verwandeln, wenn die eigenen Handlungen als Ursache der unangenehmen Gefühle wahrgenommen werden. (4) Wenn der Einzelne schließlich darum weiß, dass die Identität anderer auch außerhalb der unmittelbaren Situation besteht – seien es Gruppen oder Personen –, kann die empathische Reaktion auf deren allgemeine Notlage dann in Schuldgefühle übergehen, wenn sie sich für diese Notlage verantwortlich fühlt (Hoffman 1988, S. 293 f.).

Im Verlauf der Entwicklung vermag sich die Person auch schuldig zu fühlen, ohne selbst direkt Leiden verursacht zu haben; sie kann zum Beispiel Schuld angesichts der großen Armut in vielen Regionen der Welt empfinden („existentielle Schuld").

Hoffman versteht Gefühle der Empathie und Schuldgefühle als wichtige Motive für prosoziales Handeln. Somit postuliert er auch qualitative Veränderungen bei prosozialen Handlungsmotiven.

Er hält also mit Blick auf nicht-kognitive Aspekte der prosozialen Entwicklung ähnliche sozialkognitive Bedingungen fest, wie Kohlberg hinsichtlich der Entwicklung des Gerechtigkeitsurteils. Allerdings wird der Egozentrismus seiner Ansicht nach schon recht früh überwunden. Hoffmans Stufen der Empathie weisen überdies kaum Parallelen zu Kohlbergs Moralstufen auf: die Stufe 2 der Empathieentwicklung entspricht noch am ehesten Kohlbergs Stufe 1; die Stufen 3 und 4 entsprechen noch am ehesten Kohlbergs Stufe 3. Die Entwicklung der Empathie scheint einer eigenen Sequenz zu folgen; Kohlbergs Urteilsstufen dürften sich allenfalls als Grundlage für die Beschreibung der Entwicklung anderer moralischer Gefühle (wie etwa Schuldgefühle) eignen. Zugleich macht Hoffmans Ansatz deutlich, dass es zumindest hinsichtlich des prosozialen Handelns sinnvoll ist, zwischen Stufen moralbezogenen Handelns zu differenzieren.

Während Hoffman ein vorwiegend nur theoretisches Modell formuliert, führen Zahn-Waxler und Radke-Yarrow vor allem empirische Studien zur Entwicklung des prosozialen Verhaltens und des Mitgefühls durch. Die Ergebnisse ihrer Forschungen bestätigen Hoffmans Modell im Wesentlichen:

> Zahn-Waxler und Radke-Yarrow (1982) haben Reaktionen von Kindern auf das Leiden anderer längsschnittlich untersucht. Drei Alterskohorten von zehn, 15 und 20 Monaten wurden über neun Monate hinweg beobachtet. Die Mütter wurden darin geschult, ihre Beobachtungen von Situationen des Leidens in der unmittelbaren Umgebung des Kindes detailliert aufzuzeichnen. Forscher und Mütter täuschten auch schwach ausgeprägte emotionale Notlagen vor. Bei den Kindern zwischen zehn und 12 Monaten erbrachten Ereignisse emotionalen Leidens in ungefähr einem Drittel der Beispiele keine wahrnehmbare Reaktion oder lediglich Aufmerksamkeit. Bei etwa der Hälfte der Ereignisse war die Reaktion ein Stirnrunzeln, ein bekümmertes Gesicht, das Schreien oder die Rückversicherung durch Blickkontakt mit den Eltern (z.B.: ‚S blickte finster, Tränen quollen in ihre Augen, und sie begann zu schreien. Sie sah zu ihrer Mutter hin.'). Im Laufe der folgenden sechs bis acht Monate änderte sich das Verhalten. Allgemeine Aufregung begann aufzutreten. Letzteres schloss zögerndes Tätscheln oder Berühren ein; als würde das Kind versuchen, das emotionale Befinden als Teil der anderen Person in Erfahrung zu bringen. Zwischen 18 bis 24 Monaten wurden solche Kontakte zunehmend differenzierter und häufiger. (...). Mit zwei Jahren bringen Kinder einer leidenden Person Gegenstände, machen Vorschläge, was zu tun sei, äußern verbal Sympathie, holen andere zu Hilfe, schützen aggressiv das Opfer und versuchen, bei der betroffenen Person eine Veränderung der Gefühle herbeizuführen (Radke-Yarrow/Zahn-Waxler/Chapman 1983, S. 481).

Kinder zeigen also schon im zweiten Lebensjahr Formen prosozialer Sensibilität.

Während Hoffman, Radke-Yarrow und Zahn-Waxler den Zusammenhang zwischen prosozialem Urteilen und prosozialem Verhalten ausklammern, steht bei Eisenberg dieser Zusammenhang im Blickpunkt. Eisenberg erfasste in den 1970er Jahren nicht nur die Urteilsbildung zu fiktiven Situationen, sondern auch die alltagsbezogene Urteilsbildung: sie beobachtet etwa das Verhalten von Vorschulkindern und befragt diese zu den Motiven für das von ihnen gezeigte prosoziale Verhalten (Eisenberg-Berg/Neal 1979). Sie erforscht darüber hinaus die Entwicklung prosozialen Verhaltens (Mussen/Eisenberg-Berg 1977). Dabei schenkt sie auch der Rolle der Empathie Beachtung.

Hoffman, Radke-Yarrow, Zahn-Waxler und Eisenberg betonen neben kognitiven und sozialen Faktoren die Bedeutung evolutionsbiologischer Faktoren für die Entwicklung sowohl des prosozialen Verhaltens als auch der Empathie. Beispielsweise sei die Fähigkeit des Kleinkindes, Gefühle der Empathie zu empfinden, biologisch angelegt.

Die vier Forscher werfen Kohlberg in den 1970er Jahren berechtigterweise die Vernachlässigung des prosozialen Verhaltens und der Empathie vor. Darüber hinaus kritisieren sie zu Recht seine Vorstellung, jüngere Kinder seien nur um Konformität mit Autoritäten, Vermeidung von Bestrafungen und Verwirklichung von Eigeninteressen bemüht. Allerdings lassen sie weitgehend offen, wie die prosoziale Entwicklung im Jugendalter und im Erwachsenenalter verläuft. Offen bleibt auch, wieweit die zur prosozialen Entwicklung ermittelten Stufensequenzen von sozialen Kontexten abhängen; sie betonen zwar die Bereichsspezifität, nicht aber die soziale Kontextspezifität der Entwicklung. Hoffmans Stufen zu Schuldgefühlen legen die Frage nahe, ob die Entwicklung von Schuldgefühlen bereichsspezifisch verläuft; die Entwicklung im Kontext prosozialer Moral unterscheidet sich womöglich von der Entwicklung im Kontext einer Gerechtigkeitsmoral.

*(b) Die späteren Kritiken von Radke-Yarrow und Zahn-Waxler*
Kohlberg diskutiert in den 1980er Jahren zumindest an einer Stelle auch die Forschung zur prosozialen Entwicklung; allerdings ist seine Diskussion dieser Forschung nicht sehr differenziert. Er würdigt dort Hoffmans Theorie der Empathieentwicklung:

> Empathietheoretiker wie Hoffman (1976; 1979) interpretieren die Entwicklung von Empathie als Abfolge kognitiver Entwicklungsstufen, die das Individuum durchläuft; Stufen, die früher auftreten als diejenigen, die Selman (1980) beschrieben hat. Hoffman zufolge kann im ersten Lebensjahr die Notlage eines Anderen (durch ‚Ansteckung') eigenes Leiden verursachen. Im zweiten Lebensjahr kann die Wahrnehmung des Anderen als getrennt und verschieden von der eigenen Person tröstende Handlungen auslösen. Mit Beginn von Selmans Stadium der Perspektivenübernahme um das Alter von drei oder vier Jahren herum vermag sich das Kind in Bedürfnisse und Gefühle des Anderen hineinzuversetzen, die von den eigenen verschieden sind. Hoffman und ich würden darin übereinstimmen, dass Stufen der Gerechtigkeit oder des moralischen Denken Stufen der Empathie, der Sympathie oder der Rollenübernahme voraussetzen. Man kann auf die Notlage eines Opfers oder eines Benachteiligten mit Mitgefühl oder dem Empfinden von Empörung oder von Ungerechtigkeit reagieren. Nach der Empathie oder der Rollenübernahme in moralischen Konfliktsituationen bewältigt das moralische Urteil das zusätzliche Gerechtigkeitsproblem, nämlich zu entscheiden, welche Perspektive einzunehmen ist (Kohlberg 1987, S. 312 f.).

Hoffman erwähnt, dass Kohlberg mit ihm zusammen sogar eine Integration beider Theorien in Angriff nehmen wollte (Hoffman 1991b, S. 105). (Diese Integration wurde dann ja, wie in Abschnitt 3.7/Punkt b skizziert, von dem Neo-Kohlbergianer Gibbs versucht.) Mit der positiven Bezugnahme auf Hoffmans Ansatz relativiert Kohlberg sein ursprüngliches Konzept früher moralischer Motivationen, in dem hauptsächlich nur das Bemühen um Konformität mit Autoritäten, die Vermeidung von Strafen und die Verfolgung von Eigeninteressen als Motive für moralisches Handeln galten. Er schreibt jetzt jüngeren Kindern in prosozialen Situationen uneigennütziges, am Wohlergehen Anderer orientiertes Verhalten zu und räumt somit auch die Bereichsspezifität der Entwicklung (Gerechtigkeitsbereich vs. prosozialer Bereich) ein.

In der Auseinandersetzung mit der Forschung zur prosozialen Entwicklung gelangt Kohlberg zwar zu einer neuen, differenzierteren Auffassung bezüglich der moralischen Motivationen von Kindern. Inwieweit die sechs Urteilsstufen als Grundlage für die Beschreibung der Entwicklung des Mitgefühls und des prosozialen Handelns dienen können, klärt er aber nicht.

Zahn-Waxler und Radke-Yarrow sowie Hoffman und Eisenberg tragen ab den 1980er Jahren ähnliche Einwände gegen Kohlbergs Perspektive auf die Entwicklung nicht-kognitiver prosozialer Aspekte wie schon in den 1970er Jahren vor. Sein neues Verständnis der prosozialen Entwicklung nehmen diese vier Wissenschaftler nicht zur Kenntnis.

Die Forschung zur prosozialen Entwicklung hat gegenüber den 1970er Jahren wichtige Akzente hinzugewonnen (vgl. als Übersicht Eisenberg/Fabes/Spinrad 2006; Hastings/Utendale/Sullivan 2007; Hay 1994). Wie damals bereits Hoffman, Radke-Yarrow, Zahn-Waxler und Eisenberg beziehen sich die Wissenschaftler jetzt auch auf die frühe Kindheit und thematisieren neben der Entwicklung prosozialen Verhaltens die Entwicklung des Mitgefühls. Überdies untersuchen sie nunmehr eine Vielzahl von Faktoren, die das Auftreten prosozialen Verhaltens beeinflussen. Die Komplexität der dabei ins Auge gefassten Zusammenhänge vermittelt das folgende Schaubild aus dem Überblicksartikel von Eisenberg, Fabes und Spinrad über die Forschung zur prosozialen Entwicklung, das in der 6. Auflage des „Handbook of Child Psychology" zu finden ist (vgl. Abb. 8.2).

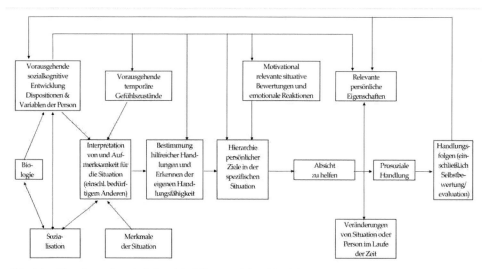

*Abb. 8.2   Eisenbergs heuristisches Modell prosozialen Handelns*
(Quelle: modifiziert nach Eisenberg/Fabes/Spinrad 2006, S. 699)

Dieses „heuristische Modell prosozialen Handelns" weist Ähnlichkeiten mit Kohlbergs und Blasis Modell moralischen Handelns auf, ist aber noch um einiges komplexer: Wie Kohlberg und Blasi berücksichtigen Eisenberg und Kollegen Prozesse der Situationserfassung, der moralischen Entscheidungsbildung, der Abwägung moralischer und nicht-moralischer Motive sowie der Umsetzung eines Handlungsplans. Sie beziehen aber auch die Konse-

quenzen vollzogener Handlungen mit ein und betonen die Rückwirkungen der Handlungsfolgen auf vorauslaufende Prozesse, etwa auf die Situationserfassung. Ihr differenziertes
Modell bietet einen fruchtbaren Rahmen für die Analyse prosozialen Handelns sowie auch
moralischen Handelns insgesamt.

Eisenbergs Forschungsarbeiten der letzten Jahre verdeutlichen die wichtige Rolle einer
von der Forschung insgesamt vernachlässigten Persönlichkeitskomponente, nämlich der
Fähigkeit zur Regulierung von Emotionen (wie etwa Ärger oder Antipathien gegenüber
einer Person). Dem Einfluss der Emotionsregulation auf das prosoziale Verhalten geht Eisenberg in einer Vielzahl von Studien nach (vgl. Eisenberg/Fabes/Spinrad 2006).

Den bedeutendsten Beitrag zur Erforschung der prosozialen Entwicklung leistete in
den letzten Jahren aber Hoffman. Seine in den 1970er Jahren formulierte Theorie der Empathieentwicklung bestätigte die Forschung im Wesentlichen (vgl. Eisenberg/Fabes/Spinrad
2006). Diese Theorie macht Hoffman jetzt auch für die Analyse der Entwicklung verschiedener anderer moralischer Gefühle fruchtbar: Er hält fest, dass eine Person abhängig davon,
wen sie als Verursacher der Notlage und des Leids einer anderen Person wahrnimmt, empathische Affekte jeweils anders erlebt. Sieht sie keinen Verursacher, so empfindet sie Mitgefühl. Nimmt sie eine dritte Person als Verursacher wahr, so empfindet sie „empathischen
Ärger" („empathic anger"); erlebt sie den anderen als Opfer ungerechter Verhältnisse, so
empfindet sie ein „empathisches Gefühl von Ungerechtigkeit" („empathic feeling of injusti-
ce"). Angesicht wahrgenommen eigener Untätigkeit können Schuldgefühle angesichts dieser Untätigkeit entstehen („bystander guilt over inaction"). Betrachtet sich die Person selbst
als Verursacher der Notlage und des Leids einer anderen Person, so empfindet sie Schuldgefühle („transgression guilt"). Schuldgefühle können aber auch in Situationen auftreten, in
denen sich die Person über die eigene Verantwortung für die Notlage eines anderen nicht
im Klaren ist („virtual guilt"), etwa Schuld im Rahmen von Beziehungen und angesichts der
eigenen privilegierten Lage (vgl. Hoffman 1987; 2000).

Zugleich reflektiert Hoffman nunmehr auf die Grenzen einer Moral der Empathie und
erweitert damit ebenfalls seine frühe Perspektive: Anders als in den 1970er Jahren bezieht er
sich jetzt auch auf Situationen, in denen die Akteure vor der Frage stehen, welches Leid sie
lindern sollen, sowie auf Situationen, in denen Hilfeleistungen eine Verletzung von Gerechtigkeitsgesichtspunkten bedeuten. In beiden Typen von Situationen tendiert eine Moral des
Mitgefühls dazu, nahe stehende Personen zu bevorzugen. Deshalb sind moralische Prinzipien erforderlich, die dieser Form der Moral Unparteilichkeit sichern. Hoffman versucht
dabei zu zeigen, dass Empathie in moralischen Prinzipien sowohl des Wohlwollens als auch
der Gerechtigkeit zum Ausdruck kommt (vgl. Hoffman 2000).

Hoffman führt jetzt auch die Entwicklung einiger Aspekte moralischen Urteilens auf
die Entwicklung der Empathie zurück und formuliert damit eine emotivistische Gegenposition zu Kohlbergs Urteilsanalyse (Hoffman 1987; 1991a; 2000). Vor allem stellt er einen Zusammenhang her zwischen Empathie und distributivem Gerechtigkeitsurteil: Individuelle
Unterschiede in den empathischen Reaktionen können zu jeweils unterschiedlichen distributiven Gerechtigkeitsvorstellungen führen. Eine an Verdienst und Leistung orientierte
Gerechtigkeitskonzeption ist besonders bei wenig empathischen Personen zu erwarten, eine
an Gleichheit und Bedürftigkeit orientierte Gerechtigkeitskonzeption hingegen eher bei
stärker empathischen Personen.

Radke-Yarrow und Zahn-Waxler analysieren seit den 1980er Jahren vornehmlich den Einfluss von Persönlichkeitsdispositionen der Eltern auf das prosoziale Verhalten des Kindes. Dabei beziehen sie sich auf Kinder bis zu drei Jahren. Sie weisen zum Beispiel nach, dass eine depressive Persönlichkeitsstruktur der Mutter die Ausbildung prosozialer Verhaltensweisen ihr gegenüber positiv beeinflusst (Radke-Yarrow et al. 1994). Zahn-Waxler und Kollegen untersuchen zudem prosoziale Dispositionen bei ein- und zweieiigen Zwillingen im Alter von 14 bis 36 Monaten und finden einen nur eher schwachen Einfluss genetischer Faktoren (Zahn-Waxler/Robinson/Emde 1992).

Die Positionen von Radke-Yarrow und Zahn-Waxler sowie von Hoffman und Eisenberg weisen verschiedene gemeinsame Probleme auf; diese sind in der Forschung zur prosozialen Entwicklung insgesamt festzustellen:

- Die Rolle der verschiedenen Arten nicht-präskriptiver Kognitionen blieb unberücksichtigt.
- Die Entwicklung kommunikativer Fähigkeiten wurde weitgehend ausgeblendet.
- Hoffmans Perspektive auf moralische Gefühle ist zwar differenziert angelegt, berücksichtigt aber manche wichtige Unterscheidungen nicht. Einige Forscher (vgl. z.B. Tagney et al. 1996) weisen etwa auf die Notwendigkeit einer Differenzierung zwischen Schuld- und Schamgefühlen hin. Vor allem zwei Unterscheidungsmerkmale lassen sich anführen: Bei Schuldgefühlen bewertet die Person ihre normenverletzenden Handlungen und Absichten, bei Schamgefühlen hingegen bewertet sie sich als ganze Person. Schuldgefühle führen für gewöhnlich zum Versuch, verursachten Schaden wiedergutzumachen, während Schamgefühle oft Vermeidungsverhalten nach sich ziehen.
- Die Entwicklung handlungsstrukturierender Fähigkeiten war kaum Gegenstand von Untersuchungen.
- Weitgehend unbeantwortet blieb die Frage, in welchem Ausmaß die Entwicklung der Gefühle bereichsspezifisch verläuft. Entwicklungsstufen sind nur in Bezug auf Empathie und auf Schuldgefühle angesichts eigener Normenverletzungen beschrieben worden; zum Gefühl der Empörung etwa haben die Forscher keine Stufen formuliert. Sie vernachlässigten generell qualitative Veränderungen in der Entwicklung anderer moralischer Gefühle als Empathie und Schuldgefühle. Vor allem die Unterschiedlichkeit der Moralbereiche legt es nahe, bereichsspezifische Entwicklungssequenzen anzunehmen. So dürfte sich die Entwicklung von Schuldgefühlen im Kontext prosozialer Moral von der Entwicklung von Schuldgefühlen im Kontext einer Gerechtigkeitsmoral unterscheiden – lediglich Schuldgefühle, die aus der Verletzung eigener Gerechtigkeitsgesichtspunkte resultieren, setzen Prozesse der Abwägung konkurrierender Rechte voraus.
- Bezüglich des Entwicklungsverlaufs prosozialen Verhaltens hat sich die lange verbreitete Auffassung, prosoziales Verhalten nehme im Verlauf der Kindheit stetig zu, als problematisch erwiesen. Das Auftreten prosozialen Verhaltens hängt insbesondere von Merkmalen der Situation ab. Einige Untersuchungen legen zudem die Annahme nahe, dass die qualitativen Veränderungen bei prosozialen Verhaltensweisen bereichsabhängig sind; unterschiedliche Formen des Verhaltens bilden sich wahrscheinlich auf unterschiedlichen Wegen aus (vgl. Hay 1994).

- Die Frage der sozialen Kontextspezifität der Entwicklung nicht-kognitiver prosozialer Fähigkeiten wurde vernachlässigt. Die meisten Wissenschaftler vertreten ein universalistisches Entwicklungskonzept. Kulturspezifische Entwicklungen sind aber durchaus zu erwarten: So treten Gefühle der Empörung in einer Kultur, die die Rechte des Individuums betont, häufiger auf als in anderen Kulturen (vgl. Rozin et al. 1999). Zudem dürfte sich die Entwicklung prosozialen Verhaltens über die Kulturen hinweg unterscheiden; Hilfeleistungen dürften kulturell unterschiedliche Formen aufweisen.
- Die Forschung blendete psychodynamische Aspekte und andere Persönlichkeitsebenen weitgehend aus.
- Es fehlen insgesamt Analysen von Aspekten prosozialer Moral bei klinischen Populationen.

Tomasello hat in den letzten Jahren das prosoziale Verhalten in der frühen Kindheit differenziert untersucht. Er nimmt an, dass prosoziales Verhalten in der Natur des Menschen liegt; deshalb würde es vor allem auch früh in der Entwicklung auftreten. Seine Gruppe (vor allem Warneken als Mitarbeiter) prüfte diese These bei Einjährigen (12, 14, und 18 Monate alte Kinder) und bei Schimpansen. Drei prosoziale Verhaltensbereiche werden dabei unterschieden, nämlich instrumentelles Helfen, Teilen von Gegenständen und Mitteilen von benötigten Informationen. Die zentralen Ergebnisse der Studien sind: 14 bis 18 Monate alte Kinder sind bereits hilfsbereit. Sie helfen etwa dem Versuchsleiter beim Aufheben eines für ihn nicht erreichbaren Gegenstands, teilen Nahrungsmittel und liefern einem Anderen benötigte Informationen. Schimpansen hingegen können zwar Artgenossen und Menschen mentale Zustände zuschreiben und anderen instrumentell helfen, aber sie teilen nur selten Gegenstände und liefern Artgenossen keine Informationen. Ab etwa drei Jahren, so nimmt Tomasello an, wird prosoziales Verhalten dann zunehmend durch das soziale Umfeld beeinflusst: Kinder lernen jetzt, dass ihre Hilfsbereitschaft teilweise ausgenutzt wird, und dass Helfen eine verbindliche soziale Erwartung darstellt. (vgl. Tomasello 2010).

Die Bereichstheoretiker Damon und Turiel rezipierten auch die Forschung zur prosozialen Entwicklung (vgl. Damon 1988; Turiel 2006), führen diese anders als Eisenberg jedoch kaum weiter. Mit Ausnahme der Shweder-Schule (vgl. 7.4) berücksichtigen Vertreter soziokultureller Ansätze diese Forschung nicht.

In Deutschland untersuchten besonders die Gruppe um Trommsdorff und die Gruppe um Ulich (z.B. Kienbaum) die prosoziale Entwicklung, und zwar im Kulturvergleich (vgl. als Überblick Trommsdorff 1995). Trommsdorff und Kollegen (2007) verglichen bei Vorschulkindern aus Deutschland, Israel, Indonesien und Malaysia die empathischen Reaktionen auf die Traurigkeit einer studentischen Spielpartnerin. Kienbaum (1995) analysierte bei deutschen und sowjetischen Vorschulkindern die gleiche Fragestellung.

## 8.4 Die große Diskrepanz zwischen moralischem Urteilen und politischem Handeln: Die Kritik von Youniss

Moralische Kognitionen, Kommunikationsprozesse, Gefühle und Handlungen werden beeinflusst von der gesellschaftspolitischen Situation, umgekehrt beeinflussen diese Moralaspekte politische Einstellungen und Verhaltensweisen. Deshalb ist die Analyse des Verhältnisses von Moralentwicklung und der Entwicklung politischer Dispositionen erforderlich. Psychologen (auch Entwicklungs- und Moralpsychologen) klammern die gesellschaftspolitische Situation häufig aus und stehen politologischen Reflexionen eher fern. Die Arbeiten Kohlbergs und seiner Anhänger zum Zusammenhang von moralischen Urteilen und politischen Aspekten kommen der Einsicht in die Bedeutung von Politik am nächsten. Kohlberg und seine Anhänger bemühten sich dabei vor allem um die Erklärung konservativer und gesellschaftskritischer Verhaltensweisen.

Vor allem Youniss (vgl. z.B. Youniss/Yates 1997) untersuchte den gegenwärtigen Zusammenhang zwischen Moralentwicklung und der Entwicklung politischer Dispositionen. Der Autor erforschte diesen Zusammenhang hauptsächlich im Rahmen eines Programms zum „Service-Learning", das Engagement der Schüler für das Gemeinwesen beinhaltete, nämlich ein Programm zur Mitarbeit in einer Suppenküche für Obdachlose. Die Schüler reflektierten auf die im Programm gemachten Erfahrungen in Aufsätzen und Gruppendiskussionen. An Kohlberg kritisiert Youniss insbesondere die Vernachlässigung politischer Aspekte.

Die Frage stellt sich, ob die Studien der Kohlberg-Schule und von Youniss der aktuellen gesellschaftlichen Situation noch gerecht werden: Seit einigen Jahren tritt in vielen westlichen Ländern das Phänomen eines sich zum Rechtsextremismus hin verschärfenden Konservativismus verstärkt auf, während sich dort zugleich ein Individualismus ausbreitet, der seine ursprüngliche moralische Grundlage weitgehend verloren hat. Ausländerfeindliche Einstellungen, Gewalt gegen Ausländer, Antisemitismus und Formen der Bagatellisierung der nationalsozialistischen Vergangenheit nahmen ebenso zu wie hedonistische Orientierungsmuster. Erziehungs- und Sozialisationsprozesse scheinen Heranwachsenden immer weniger die Bereitschaft zu wechselseitigem Respekt, sozialem Engagement und solidarischem Handeln vermitteln zu können. Manche Moral- und Sozialforscher diagnostizieren insgesamt eine tiefgreifende moralische Krise (als Überblick vgl. Turiel 1998; 2002). Die zu erforschenden Phänomene sind heute also vornehmlich verschiedene moralisch problematische Resultate politischer Sozialisation, nämlich Rechtsextremismus und hedonistischer Individualismus.

Insbesondere Sozialisationsforscher in der Bundesrepublik gingen den sozialisatorischen Bedingungen dieser Entwicklungsresultate nach. Sie untersuchten die Folgen von Prozessen gesellschaftlicher Modernisierung für die politische Entwicklung bzw. für die Sozialisation. In den Vordergrund treten dabei die Schattenseiten der Modernisierungsprozesse. Der gesellschaftstheoretische Bezugspunkt für die Forschung zum Rechtsextremismus und zum hedonistischen Individualismus war dabei häufig die in den 1980er Jahren entstandene Gesellschaftstheorie von U. Beck, der die gesellschaftlichen Entwicklungstendenzen der letzten vier Jahrzehnte vor allem als einen Prozess der „Individualisierung", der Auflösung Gemeinschaft stiftender Bindungen und Werteorientierungen, beschreibt (vgl. U.

Beck 1986). Die Sozialisationsforscher gehen davon aus, dass durch diese Auflösungspro-
zesse auch solidarische Orientierungen untergraben werden. Rechtsextremistische Orientierungen deuten sie als Reaktionen auf durch den sozialen Wandel entstandene Verun-
sicherungen, Überforderungen und Ohnmachtsgefühle. Diese Orientierungen scheinen ein
Bedürfnis nach einfachen Gewissheiten zu befriedigen. Hedonistische Einstellungen interpretieren die Sozialisationsforscher ebenfalls als selbstbezogene, wenngleich weniger aggressive, Reaktionen auf die gesellschaftlichen Veränderungen (vgl. Heitmeyer 2008).

Einen anderen Forschungsweg wählte Hopf (vgl. z.B. Hopf et al. 1995), die bei ihrer
Analyse rechtsextremistischer Jugendlicher in Anknüpfung an frühe Studien der Kritischen
Theorie zum autoritären Charakter die kindlichen Sozialisationserfahrungen innerhalb der
Familie ins Zentrum der Untersuchung stellt. Während die Kritische Theorie die Bedeutung
eines autoritären Erziehungsstils betonte, setzt Hopf andere Akzente: Zum einen knüpft sie
an die neuere Forschung zur Entwicklung von Bindungen an die Eltern an und gelangt zu
der Feststellung, dass rechtsextremistische Einstellungen bei Jugendlichen mit einer unsi-
cheren Bindung an die Eltern zusammenhängen. Indem sie zugleich auf Hoffmans Theorie
der Normeninternalisierung zurückgreift, sucht sie auch eine moralpsychologischen Zugang zu rechtsextremen Orientierungen zu gewinnen: Die von ihr untersuchten rechtsext-
remistisch eingestellten Jugendlichen weisen einen recht geringen Grad der Normeninternalisierung auf, so ein wichtiges Ergebnis ihrer Analyse.

Krettenauer (1998; 2001) versuchte hingegen nachzuweisen, dass Prozesse der Individualisierung nicht notwendig zur Entsolidarisierung führen, sondern im Gegenteil eine Zunahme solidarischer Orientierungen nach sich ziehen können. Anders als die meisten Autoren greift dieser Autor auf die Gesellschaftstheorie von Durkheim zurück, und zwar hauptsächlich auf dessen Konzept des „moralischen Individualismus": Individualisierungsprozesse, so argumentiert Krettenauer im Anschluss an Durkheim, bergen die Gefahr der Ausbildung egoistischer Handlungsorientierungen, aber auch die Chance der Entwicklung von
Solidarität jenseits traditionaler Gemeinschaften (vgl. auch Bertram 1986). In Krettenauers
Analysen kommt zugleich den Typen moralischen Urteilens, die er freilich anders bestimmt
als Kohlberg (vgl. 5.2.3), eine wichtige Bedeutung zu: Prozesse der Individualisierung könnten die Ausbildung eines autonomen Urteilstyps fördern, der wiederum, vor allem aufgrund seines universalistischen Gehalts, die Wahrscheinlichkeit des Auftretens solidarischer
Handlungsorientierungen erhöht.

Bei einer Untersuchung 15- bis 18-Jähriger aus West- und Ostberlin zeigte sich in der
Tat, dass ein autonomer Urteilstypus – erfasst im Hinblick auf die Kriterien „Universalität"
und „Präskriptivität" – die Ausbildung solidarischer Handlungsorientierungen und die
Bereitschaft zu sozialem Engagement begünstigt. Der Einfluss des Urteilstypus war stärker
als etwa der Effekt der Urteilsstufe oder des sozioökonomischen Status. Mit Hilfe eines an
die Gruppe von Montada angelehnten Fragebogens erfasste Krettenauer die Bereitschaft,
sich für Arbeitslose, ausländische Familien in Deutschland, Menschen in der Dritten Welt
und Umweltschutz einzusetzen. Einen autonomen Urteilstypus wiesen 51% der Jugendlichen mit hoher, 38% mit mittlerer sowie 19% mit geringer Bereitschaft zu sozialem Engagement auf (vgl. Krettenauer 2001. Krettenauer erfasste bei den 15- bis 18-jährigen Probanden
aus Ost- und Westberlin auch den Zusammenhang zwischen moralischer Urteilsentwicklung und Ausländerfeindlichkeit. Erhoben wurde die Bereitschaft, Gewalt gegen Ausländer

als legitim zu betrachten. Es zeigten sich, ähnlich wie hinsichtlich des sozialen Engagements, ein nur schwach ausgeprägter Zusammenhang mit der Urteilsstufe und ein etwas stärker ausgeprägter Zusammenhang mit dem Urteilstyp. Der Autor führte im Rahmen einer weiteren Studie auch eine Intensivbefragung wiederholt gewalttätiger Jugendlicher durch (Krettenauer 2001). Dabei lagen die Stufenwerte der 14 untersuchten Jugendlichen im Durchschnitt etwas niedriger als bei „normalen", nicht gewalttätigen Jugendlichen. Vor allem aber wurde eine Kluft zwischen der Urteilsbildung zum MJI und dem Denken über die eigenen Gewalttaten deutlich: Die Probanden brachten die im Rahmen des MJIs entwickelten moralischen Begründungsgesichtspunkte nicht in die Auseinandersetzung mit den eigenen Gewalttaten ein.

Von Krettenauers Untersuchung des sozialen Engagements her erscheint also die Diagnose einer moralischen Krise als überzogen. Die Resultate der Analysen Nunner-Winklers zum Moralverständnis stellen diese Diagnose ebenfalls in Frage, denn sie belegen, dass bestimmte moralische Normen von Personen aller Altersgruppen als verbindlich aufgefasst werden, nämlich alle negativen Pflichten (z.B. nicht zu stehlen) sowie verschiedene positive Pflichten (z.B. in lebensbedrohlichen Notsituationen Hilfe zu leisten). Dabei waren jedoch in ihrem Kohortenvergleich auch generationenabhängige Unterschiede im Moralverständnis festzustellen. Beispielsweise werden Fragen religiöser Praxis und der Geschlechterordnung von jüngeren Probanden weit weniger moralisiert als von älteren. Umgekehrt moralisieren die jüngeren Probanden manche politischen Entscheidungen (z.B. Entscheidungen zu Fragen des Umweltschutzes) stärker als die älteren (vgl. Nunner-Winkler 2000).

Nunner-Winkler, Meyer-Nikele und Wohlrab (2006) erfassten in ihrer Studie bei 16-jährigen Hauptschülern und Gymnasiasten neben moralischen Motivationen auch demokratierelevante Orientierungen bzw. demokratische Kompetenzen – das ca. drei Stunden dauernde Interview bezog sich etwa auch auf politisches Gerechtigkeitsverständnis, Partikularismus/Ausländerfeindlichkeit, Toleranz bzw. demokratische Basiswerte sowie Einstellung zu relativistischen, deterministischen und ökonomistischen Überzeugungen, die die Autoren als „moralabträgliche Deutungsmuster" verstehen. Das Wissen um Verpflichtungen gegenüber Nahestehenden, die Ablehnung von Gewalt und zugleich eine positive Einstellung gegenüber Ausländern, ein differenziertes Gerechtigkeitsverständnis, das Wissen um die Notwendigkeit von auf Achtung gegründeter Toleranz sowie eine kritische Haltung gegenüber Relativismus, Determinismus und Ökonomismus interpretieren sie als für das Bestehen einer Demokratie erforderliche Orientierungen. Um Entwicklungsbedingungen zu erfassen, erhob diese Forschergruppe biographische Erfahrungen (etwa frühkindliche Sozialisationserfahrungen, Heftigkeit der Adoleszenzkrise) sowie Geschlechterverständnis und Geschlechteridentifikation. Dabei zeigte sich ein uneinheitliches Bild: Für knapp ein Viertel der Fragten besitzt die Befolgung moralischer Normen eine hohe, für weitere zwei Fünftel zumindest eine einigermaßen hohe Bedeutung; etwa die Hälfte der Befragten verurteilt Gewalt; knapp dreiviertel sind Ausländern gegenüber positiv oder zumindest neutral eingestellt; die große Mehrheit befürwortet das Leistungsprinzip, sofern Chancengleichheit und das Bedürfnisprinzip berücksichtigt werden; gut die Hälfte missbilligt Trittbrettfahrerverhalten; zwei Drittel besitzen ein auf Achtung gründendes, bloße Duldung übersteigendes Toleranzverständnis (Nunner-Winkler/Meyer-Nikele/Wohlrab 2005, S. 17). Viele Befragte lehnen moralabträgliche Deutungsmuster ab.

# 9 Von bewusster zu unbewusster moralischer Vernunft? Kritik durch neuere Ansätze

Vertreter der in den 1970er Jahren entstandenen Entwicklungspsychologie der Lebensspanne betonen, dass die Entwicklungssequenzen von Aufgabenbereichen und sozialen Kontexten abhängen und es eine Vielzahl externer und interner Faktoren gibt, welche die Entwicklungsprozesse beeinflussen. Da sich diese Untersuchungsperspektive vorrangig auf das Erwachsenenalter bezieht, erscheint sie auch für die anderen psychologischen Teildisziplinen relevant. In der entwicklungspsychologischen Moralforschung besaß die Lebensspanne-Psychologie bisher wenig Einfluss. Vertreter dieser Richtung vernachlässigten lange Zeit das Thema „Moral". Allerdings erforschten sie das Thema „Weisheit", das auch moralische Aspekte beinhaltet (vgl. 2.4/Punkt d). Die Stärke der Lebensspannen-Psychologie liegt meines Erachtens nicht so sehr in den inhaltlichen Analysen von Moral, sondern vielmehr in ihrem Entwicklungskonzept. In der vorliegenden Arbeit habe ich – vor allem in den Kapitel 6, 7 und 8 – ihr Entwicklungskonzept fruchtbar zu machen versucht.

In der Moralpsychologie vollzog sich das Abrücken von Kohlberg in zwei Schritten. In einem ersten Schritt, der in den 1970er- und 1980er Jahren erfolgte, verbreiteten sich Zweifel an der Bedeutung seiner Theorie der Stufen des Gerechtigkeitsurteils für die Analyse von Kognitionen sowie für die Analyse nicht-kognitiver Aspekte: Verschiedene Moralpsychologen richteten sich, wie in den Kapiteln 5, 6, 7 und 8 gesehen, gegen Kernaspekte dieser Perspektive, insbesondere gegen die Annahme einer strukturierten Ganzheit, die These einer bereichsübergreifenden Geltung der Urteilsstufen, die These einer universellen Geltung der Urteilsstufen und die Annahme des Kognitivismus. Der zweite Schritt, der hauptsächlich ab den 1990er Jahren erfolgte, war noch radikaler, denn nicht allein seine Urteilsstufen, sondern auch Stufen generell, rationales Abwägen und konstruktives Lernen erfuhren eine Relativierung: Eine Gruppe von Wissenschaftlern zweifelte am Sinn von Stufendifferenzierungen. Eine weitere Gruppe entwickelte und überprüfte intuitionistische Theorien. Andere Wissenschaftler suchten den Einfluss biologischer Faktoren auf Entwicklungsprozesse aufzuzeigen. Diese „neueren Ansätze" knüpften insbesondere an aktuelle Theorierichtungen der Sozialpsychologie, Persönlichkeitspsychologie, Allgemeinen Psychologie und Biologischen Psychologie an. Nachdem lange Zeit entwicklungspsychologische Theorien die Moralpsychologie bestimmten, fanden jetzt Theorien aus anderen psychologischen Teildisziplinen große Resonanz. Bisher wurden die „neueren Ansätze" in der entwicklungspsychologischen Moralforschung kaum rezipiert.

Die Kritiken durch diese Ansätze stellen eine weitere Herausforderung für Kohlbergs Modell dar, beinhalten aber ebenso eine Herausforderung für die heutige Kohlberg-Forschung, kohlbergianische Positionen, neokohlbergianische Positionen, Bereichstheorien und soziokulturelle Theorien. Sie machen auf einige bisher in der Arbeit noch nicht angesprochene offene Fragen und Probleme von Kohlbergs Forschungsprogramm aufmerksam: Tappan rückt im Rahmen eines postmodernen Ansatzes narratologische Aspekte ins Blickfeld, wobei er sich gegen die Analyse von Stufen wendet (9.1), Seligman erfasst im Kontext der Humanistischen Psychologie moralische Tugenden (9.2), Crick, Fehr, Hauser und Green identifizieren unterschiedliche Typen der Informationsverarbeitung und akzentuieren dabei intuitive Prozesse (9.3), de Waal und Krebs beziehen sich auf evolutionäre Grundlagen der Moral, Damasio hingegen erfasst neuronale Moralgrundlagen (9.4). Haidt führt eine große Zahl von in den letzten Jahren entstandenen Forschungssträngen zu einer „neuen Synthese in der Moralpsychologie" zusammen (9.5). Mit Ausnahme von Krebs sehen die Forscher von Stufen ab. Während Tappan noch eine bewusste Vernunft voraussetzt, nehmen die Vertreter der Humanistischen Psychologie, von Theorien der Informationsverarbeitung und von biologischen Theorien sowie Haidt eine unbewusste Vernunft an. Ich werde diese Forschungsperspektiven hier nur sehr verkürzt (holzschnittartig) vorstellen und diskutieren, da es mir lediglich darum geht, einige von der Kohlberg-Schule und von den bisher dargestellten Kritikern vernachlässigte Problemstellungen herauszuarbeiten; Ausnahme ist allerdings die Position Haidts, die mir äußerst fruchtbar erscheint.

## 9.1  Die Konstruktion moralischer Individualität durch Erzählungen: Der postmoderne Ansatz von Tappan

Einige Psychologen wenden sich ab den 1980er Jahren in Kritik an der traditionellen Psychologie gegen einen objektivierenden Zugriff auf psychische Phänomene sowie gegen die Analyse allgemeiner Stufen oder Strukturen – sie betonen die Einzigartigkeit der Person bzw. die biographische Dimension („ideographischer Ansatz"). Deshalb führen sie vor allem narrative Interviews durch. Viele dieser Forscher argumentieren von der „postmodernen Psychologie" (der „narrativen Psychologie") aus. Ansätze dieser psychologischen Richtung orientieren sich hauptsächlich an in der Philosophie entwickelte Konzepte der Postmoderne: Postmoderne Philosophen sind skeptisch gegenüber zentralen Elementen modernen Denkens, nämlich Idealen der Objektivität und Wissenschaftlichkeit, Vernunftorientierung, Autonomieidealen, Fortschrittsdenken und Aktivismus. Sie betonen stattdessen Formen des Relativismus, Emotionen, die Integration in Gemeinschaften, historistisches Denken und die Abhängigkeit von übernatürlichen Mächten. Im postmodernen Denken spiegeln sich vor allem Enttäuschungen über die Folgen gesellschaftlicher Modernisierungsprozesse, wie etwa Zerstörung der natürlichen Umwelt und Formen von Anomie. Im Rahmen der Psychologie waren vor allem die Arbeiten von Freud, Murray und Allport für die Diskussion in der postmodernen Psychologie bedeutsam (vgl. Schönpflug 1997).

Tappan, der wichtigste Vertreter einer postmodernen Position in der Moralpsychologie, geht davon aus, dass sich Personen bei der Lösung moralischer Dilemmata auf Erzählstrukturen stützen. In seinem Ansatz gelten Erzählungen als das grundlegende Schema, mit deren Hilfe Individuen ihre Erfahrungen organisieren und sich als einzigartige moralische Person verstehen können (vgl. Tappan 2006). Mit seiner narratologischen Perspektive knüpft Tappan, ähnlich wie andere Repräsentanten dieser Richtung, an Gilligans hermeneutisch akzentuierte Theorie an. Er hat aber auch an der Entwicklung von Kohlbergs Typenkonzept mitgewirkt.

Tappan betont mit Recht die Bedeutung von Erzählungen. Fragwürdig an seiner Position ist vor allem sein Absehen von Stufenaspekten. Da er eine phänomenologische Perspektive vertritt, d.h. das Selbstverständnis der Personen nicht hinterfragt, blendet er unbewusste Aspekte aus.

J.D. McAdams verbindet die Ebene elementarer, dekontextualisierter Persönlichkeitsunterschiede („dispositionelle Eigenschaften"; „dispositional traits"), auf das sich das Fünf-Faktorenmodell bezieht, mit der Ebene stärker kontextualisierter Kognitionen, Motive, Abwehrmechanismen, Werte, Einstellungen und Fertigkeiten („charakteristische Anpassungen", „characteristic adaptions"), auf die unter anderem Stufentheorien ausgerichtet sind, sowie mit der Ebene der eigenen Individualität, wie sie die Person vor allem in Erzählungen über eigene Erfahrungen und den eigenen Lebensweg konstruiert („integrative Lebenserzählungen", „integrative life stories"). Sein Drei-Ebenen-Modell trägt neben biologischen auch soziokulturellen Faktoren Rechnung (vgl. J. D. McAdams/Pals 2006). Er macht dieses Modell neuerdings auch für die Moralanalyse fruchtbar (vgl. J. D. McAdams 2009a). Allerdings bleiben seine moralpsychologischen Analysen noch relativ abstrakt.

## 9.2  Moral als Bündel von Tugenden: Seligmans moderne Variante einer Humanistischen Psychologie

Die Humanistische Psychologie betont die Stärken des Menschen, seine humanen Potenziale. Personen, so die grundlegende Annahme, haben differenzierte Vorstellungen über sich selbst und sie streben danach, die eigenen Potenziale zu entfalten; zentral sind sind hier Kategorien wie „Selbstkonzept" und „Selbstverwirklichung". Maslow entwickelte in den 1950er Jahren das Modell einer Hierarchie menschlicher Grundbedürfnisse, wobei er fünf Formen von Grundbedürfnissen unterscheidet, nämlich körperliche Bedürfnisse, Sicherheit, soziale Beziehungen, soziale Anerkennung und Selbstverwirklichung. Rogers begründete in dieser Zeit die klientenzentrierte Gesprächstherapie, die Gelegenheiten zur Persönlichkeitsentfaltung bieten soll. Die Humanistische Psychologie fand vor allem im Rahmen der Motivationsforschung, der Persönlichkeitspsychologie und der Klinischen Psychologie Resonanz. Allerdings führten deren Vertreter kaum empirische Studien durch.

Ende der 1990er konzipierte Seligman die „Positive Psychologie", die ebenfalls die Stärken des Menschen herausarbeitet, jedoch empirisch fundiert ist. Sie stellt Formen positiven Erlebens (z.B. positive Emotionen, Lebenszufriedenheit, zu Glück führende Lebensstile), positive Persönlichkeitseigenschaften (z.B. Tugenden) und positive Institutionen, d.h. soziale Kontexte, die persönliches Wachstum ermöglichen sollen, in den Mittelpunkt. Dieser

Ansatz lässt sich daher als eine Weiterentwicklung der Humanistischen Psychologie interpretieren (vgl. Seligman 2003).

Seligman und Kollegen (z.B. Park und Peterson) entwarfen vor allem auch ein Konzept
von Tugenden. Tugenden verstehen sie als zentrale Aspekte eines guten Lebens. Sie unterscheiden sechs Tugenden und 24 Charakterstärken, mit deren Hilfe sich die Tugenden realisieren lassen:

- Weisheit und Wissen: Neugier, Liebe zum Lernen, Urteilsvermögen, Kreativität, Weit-
  sicht;
- Mut/Willenslenkung: Tapferkeit, Ausdauer, Authentizität, Tatendrang;
- Liebe/Menschlichkeit: Bindungsfähigkeit, Freundlichkeit, soziale Intelligenz;
- Gerechtigkeit: Teamfähigkeit, Fairness, Führungsvermögen;
- Mäßigung: Vergebungsbereitschaft, Bescheidenheit, Selbstregulation, Umsicht;
- Transzendenz: Sinn für das Schöne, Dankbarkeit, Hoffnung, Humor.

Dabei werden drei Gruppen gebildet: „Stärken des Kopfes", „Stärken des Herzens" und
„Andere Stärken". Grundlage der empirischen Analysen ist ein Fragebogen, der jeweils drei
Items umfasst und im Rahmen von Online-Befragungen zum Einsatz kommt, nämlich der
(„Values in Action Inventory of Strenghts"; VIA-IS).

Mit dem Konzept der Tugenden werden verschiedene Persönlichkeitsebenen integriert.
Problematisch sind jedoch insbesondere (wie bei narratologischen Ansätzen) das Absehen
von Stufenaspekten und die Beschränkung auf die phänomenologische Perspektive.

## 9.3   Moral als Intuition: Die Theorien der Informationsverarbeitung von Crick, Fehr, Hauser und Green

Vor allem moralische Entscheidungen und Bewertungen im Alltag werden häufig durch
unbewusste, automatische Prozesse verursacht, gehen also auf Intuitionen zurück. Das
Urteilen gleicht oft eher der Verteidigung eines Klienten vor Gericht (d.h. der Argumentation eines Rechtsanwalts) als der Wahrheitsfindung. Manchmal laufen bewusste und unbewusste Prozesse der Informationsverarbeitung parallel ab und führen zu unterschiedlichen
Resultaten. Indem Kohlberg annimmt, dass Urteilsprozesse immer der Handlungsentscheidung bzw. der Bewertung von Handlungen und Regeln vorausgehen, hat er womöglich
nicht sehr häufige Ereignisse zum Regelfall erklärt.

Theorien der Informationsverarbeitung führen Erleben und Verhalten sowie Persönlichkeitsunterschiede auf Prozesse der Informationsverarbeitung zurück, etwa auf die Geschwindigkeit der Verarbeitung von Information, die Speicherfähigkeit des Gedächtnisses
und Verlaufsaspekte. Während die Arbeiten der Gruppe um Dodge sowie Vertreter der
Experimentellen Ökonomie rationales Abwägen betonen, akzentuieren Vertreter der Experimentellen Philosophie und neuere psychologische Arbeiten Intuitionen.

Im Bereich der Analyse sozialer Kognition besaß insbesondere die in den 1970er Jahren entstandene Theorie der Informationsverarbeitung von Dodge großen Einfluss, die ein Verlaufsmodell darstellt (vgl. z.B. Crick/Dodge 1994; auch Beauchamp/Anderson 2010). Dodge unterscheidet sechs Phasen der sozialen Informationsverarbeitung, nämlich Wahrnehmung von Informationen, Interpretation von Informationen, Klärung möglicher Handlungsziele, Suche nach Handlungsalternativen, Auswahl einer Handlungsalternative und Handeln. Seine Perspektive richtet sich vor allem auf Störungen des Erlebens und Verhaltens. Mit diesem Modell sozialer Informationsverarbeitung wird erklärbar, wie Informationen aus der sozialen Umwelt wahrgenommen und interpretiert und wie Interpretationen handlungsleitend werden. Beispielsweise wählen Personen mit einer depressiven Störung überwiegend „negative" Reize aus, bewerten wahrgenommene Umweltaspekte eher negativ und betrachten deshalb den sozialen Rückzug häufig als einzig sinnvolle Handlungsalternative. Entwicklungsprozesse bestimmt Dodge im Hinblick auf die sechs Phasen, wenngleich die Entwicklungsprozesse bei ihm eher im Hintergrund bleiben.

Crick nutzte das Modell von Dodge für die Analyse der Entwicklung prosozialer Moral (vgl. Nelson/Crick 1999). Diese Forscherin untersuchte die entsprechenden Prozesse der Informationsverarbeitung bei prosozial handelnden Kindern im Alter von zehn bis 12 Jahren.

Auch einige Wirtschaftswissenschaftler analysierten Prozesse der Informationsverarbeitung, und zwar im Bereich der „Experimentellen Ökonomie". Deren Arbeiten knüpfen insbesondere an die Spieltheorie an, die besonders in Wirtschaftswissenschaft, Soziologie und Mathematik einflussreich ist und die das rationale, an Eigeninteressen orientierte Entscheidungsverhalten in sozialen Situationen betont („Theorien rationaler Entscheidungen"/„Rational Choice Theorien").

Bedeutsam für die Moralforschung sind vor allem die Arbeiten der Gruppe um den Wirtschaftswissenschaftler Fehr (vgl. z.B. Fehr/Rockbach/Bernhard 2008). Fehrs Forschungsmethodik umfasst insbesondere Spiele, etwa das „Ultimatum-Spiel" und das „Diktator-Spiel". Beim Ultimatum-Spiel, 1978 von dem Wirtschaftswissenschaftler Guth entwickelt, hat der Akteur A dem Akteur B einen Teil eines bestimmten Gutes (z.B. Geld) anzubieten. Lehnt B dieses Angebot ab, gehen beide leer aus; nimmt es B an, wird entsprechend dem Angebot verteilt. Beim Diktator-Spiel dagegen kann B das Angebot nicht ablehnen. Fehrs Forschungsergebnisse zum Verteilungsverhalten von Erwachsenen bei solchen Spielen stellen vor allem die Annahme einer Orientierung des Menschen an Eigeninteressen in Frage, die der Theorie rationaler Entscheidungen zugrunde liegt: die Probanden orientierten sich vor allem auch an den Bedürfnissen anderer; es zeigte sich ein „Gerechtigkeitsmotiv" (vgl. Montada 2003). Wie in Abschnitt 8.1 erwähnt, hat die Gruppe um Keller die Entwicklung von Diskussionen unter gleichaltrigen Kindern zum Ultimatum- und dem Diktatorspiel analysiert und ebenfalls Orientierungen an den Bedürfnissen Anderer ermittelt.

Crick und Fehr, so ist kritisch festzuhalten, akzentuieren die Bedeutung rationalen Abwägens zu stark. Sie blenden intuitive Prozesse weitgehend aus.

Verschiedene Philosophen thematisierten hingegen Formen intuitiv-impliziten Wissens, wobei sie auch empirische Analysen durchführten. Die Autoren (z.B. Doris, Knobe, Machery, Mallon, Nichols, Prinz, Sinnott-Amstrong und Stich) bearbeiten vor allem Fragen der Philosophie des Geistes; sie lassen sich als Vertreter einer „Experimentellen Philosophie" einordnen. 2003 schlossen sich diese Philosophen zur „Moral Psychology Research Group" zusammen und gaben vor kurzem die Schrift „The Moral Psychology Handbook" (2010) heraus.

In den letzten drei Jahrzehnten wurden in der Psychologie verstärkt implizit-intuitive Aspekte erforscht; leitend war insbesondere die frühe Position von Simon (vgl. Kihlstrom 1987). Im Rahmen von Theorien der Informationsverarbeitung besaß die Unterscheidung von expliziten und impliziten Aspekten schon immer einen recht großen Stellenwert (z.B. deklaratives vs. prozedurales Wissen, knowing how vs. knowing that), allerdings fehlten empirische Untersuchungen dazu.

In der Moralpsychologie fand insbesondere Hausers Ansatz Anklang. Hauser orientiert sich an der nativistischen Tradition, insbesondere an den Arbeiten von Chomsky: der Bereich der Moral sei ähnlich wie der Bereich der Grammatik zu analysieren; unbewusste Tiefenstrukturen der Moral, nämlich grundlegende Prinzipien (z.B. die Vermeidung von Schaden), würden die Urteilsbildung leiten (vgl. Hauser 2006).

Hauser entwickelte den „Moral Sense Test", einen Online-Test zu moralischen Entscheidungen und Bewertungen, der eine Vielzahl von Dilemmata enthält. Der Test liegt in verschiedenen Sprachen vor (http://moral.wjh.harvard.edu). Erste Analysen zeigen, dass es trotz aller Unterschiede hinsichtlich Religion, Geschlecht oder Kultur eine beträchtliche Übereinstimmung in den Entscheidungen und den Bewertungen der Personen gibt.

Verschiedene Psychologen akzentuierten bei der Analyse moralischen Urteilens ebenfalls intuitiv-automatische Prozesse:

- Damasio betont diese Prozesse in der Weise, dass er an die emotivistische Tradition (z.B. den Philosophen Hume) anknüpft; in seinen Augen bestimmen Gefühle Entscheidungen und Bewertungen (vgl. Damasio 2006).
- Sunstein (vgl. Sunstein 2005) bringt das in der Kognitionspsychologie entwickelte Konzept der Heuristiken ein. Aus Sicht dieses Wissenschaftlers ist die Person im Alltag häufig vor schwierige moralische Probleme gestellt, die in kurzer Zeit sowie auf der Grundlage begrenzten Wissens gelöst werden müssen. Dies erfordert bei der Entscheidungsfindung relativ einfache Regeln, Faustregeln (z.B. „Richtig ist, was die Mehrheit sagt!"), die des Öfteren unbewusst die Entscheidungen leiten. Diese „moralischen Heuristiken" hingen von der sozialen Umwelt und auch von den Urteilsbereichen ab.
- Einige Autoren formulieren einen Expertise-Ansatz: Prozesse rationalen Abwägens würden mit wachsenden Lernerfahrungen zunehmend automatisch ablaufen.

Die erwähnten Philosophen und Psychologen zeigen die Bedeutung automatisch-intuitiver Prozesse bei der Urteilsbildung auf, vernachlässigen allerdings weitgehend die Bedeutung rationalen Abwägens.

In den letzten beiden Jahrzehnten entstanden in der Psychologie Duale Prozessmodelle, und zwar zunächst hinsichtlich kognitiver Aspekte (Kahnemann 2003), dann auch hinsichtlich affektiver Aspekte (vgl. Bargh/Chartrand 1999). Im Bereich der Sozialpsychologie haben Fazio und Greenwald implizite Einstellungen untersucht: Fazio analysierte Formen des „affektive Priming", Greenwald entwickelte den „Impliziten Assoziationstest". Duale Prozessmodelle wurden auch hierzulande entwickelt (vgl. vor allem Friese/Hofmann/Schmitt 2008; Strack/Deutsch 2004).

Einige „duale Prozessmodelle" moralischen Urteilens" wurden ebenfalls begründet (als Überblick vgl. Lapsley/Hill 2008). Bedeutsam ist insbesondere das Modell von Green.

Green war der erste Forscher, der bei der Analyse von Prozessen der Informationsverarbeitung den Probanden moralische Dilemmata vorlegte. Berühmtheit erlangten das Straßenbahn-Dilemma (Trolley-Dilemma), in den 1970er Jahren erfunden von der Philosophin Foot, sowie das Fußgängerbrücken-Dilemma (Footbridge-Dilemma), einer Variante dieser Situation. Beim Straßenbahn-Dilemma löst sich ein Waggon von einer Straßenbahn und fährt ungebremst auf fünf Menschen zu, die an einem defekten Gleis arbeiten. Wenn der Waggon auf dem Gleis weiterfährt, werden diese fünf Personen getötet. Sie sind zu retten, falls der Protagonist, der sich zufällig in der Nähe einer Weiche befindet, die Weiche so stellt, dass der Waggon auf ein Nebengleis gelenkt wird. Auf dem Nebengleis befindet sich jedoch ein Arbeiter, der dann getötet würde. Auch beim Fußgängerbrücke-Dilemma fährt der Waggon einer Straßenbahn unkontrolliert auf die fünf Arbeiter zu. Aber hier steht der Protagonist auf einer Fußgängerbrücke neben einem großen, korpulenten Mann. Der einzige Weg, die fünf Menschen zu retten besteht darin, diesen Mann von der Fußgängerbrücke auf das Gleis zu stoßen (der Körper des Protagonisten wäre zu klein dafür, den Waggon aufzuhalten.). Jeweils stellt sich somit die Frage, ob man die fünf Menschen um den Preis der Tötung einer Person retten soll? Bei moralischen Situationen insgesamt unterscheidet Green zwischen „persönlichen Dilemmata" und „nicht-persönlichen Dilemmata". Erstere beinhalten Pflichten, deren Übertretung Emotionen auslöst, bei letzteren hingegen geht es um die Kalkulation von Handlungsfolgen. Persönliche Dilemmata (wie das Fußgängerbrücke-Dilemma) provozieren, so Green, vor allem Emotionen, nicht-persönliche Dilemmata (wie das Straßenbahn-Dilemma) führen zur nüchternen Abwägung der Handlungsfolgen.

Um seine Theorie zu testen, legten Green und Kollegen (2001) ihren Probanden 60 Dilemmata vor, nämlich 20 nicht-moralische Dilemmata, 20 moralisch-persönliche Dilemmata und 20 moralisch-nicht-persönliche Dilemmata. Sie erwarteten, dass die Entscheidungen mit Aktivitäten in Hirnbereichen einhergehen, die für Emotionen bzw. Kognitionen typisch sind. Green und Kollegen verwenden bildgebende Verfahren und ermitteln zudem die Reaktionszeit. Wie vorausgesagt, aktivierten die persönlichen Dilemmata bevorzugt Gehirngebiete, die mit Gefühlen einhergehen, etwa den ventromedialen präfrontalen Kortex, den orbifrontalen Kortex und den Mandelkern (Amygdala). Ebenfalls im Einklang mit der Theorie führten die nicht-persönlichen moralischen Dilemmas zu verstärkter Tätigkeit in Gebieten, die mit dem Arbeitsgedächtnis verknüpft sind, das sich im dorsolateralen präfrontalen Kortex befindet.

Ein duales Prozessmodell entwickelte auch Pizarro (vgl. Pizarro 2000; Pizzaro und Bloom 2003). Ein anderes duales Prozessmodell formulierten die Neo-Kohlbergianer Lapsley und Narváez (vgl. Lapsley/Narváez 2005; Narváez 2010). Sie bringen auf der

Grundlage von Kohlbergs Stufentheorie Gesichtspunkte von Theorien der Informationsverarbeitung zur Geltung.

In Deutschland entwarfen die Gruppe um Gigerenzer und die Gruppe um Schmitt duale Prozessmodelle:

- Der Kognitionsforscher Gigerenzer arbeitet mit dem Konzept der Heuristiken und orientiert sich dabei an der Theorie von Simon sowie an der Theorie von Kahnemann („Gebundene Rationalität"; „Bounded Rationality") (vgl. Gigerenzer 2007; 2008; 2010). Im Unterschied zu Sunstein betont er die Rationalität moralischer Heuristiken, im Unterschied zu Hauser deren Kontextabhängigkeit.
- Die Gruppe um Schmitt erfasst Prozesse der Informationsverarbeitung bei Aspekten der Sensibilität für Ungerechtigkeiten (Schmitt et al. 2009).

Die intuitionistischen bzw. dualen Modelle eröffnen eine neue Sicht auf den engen Zusammenhang von Kognition und Emotion: rationale Entscheidungen und Begründungen hinterlassen oft ungute Gefühle, umgekehrt können Gefühle „zu denken geben" (vgl. Schirp 2006). Allerdings blenden sie verschiedene Persönlichkeitsebenen aus, wie etwa Fähigkeiten und Orientierungen.

## 9.4   Moral als Produkt von Evolution, Genen und Gehirn: Die biologischen Theorieansätze von de Waal, Krebs und Damasio

Die Moral des Individuums ist nicht nur ein Produkt von konstruktiven Lernvorgängen und von soziokulturellen Faktoren (vgl. Kap. 3 und Kap. 7), sondern auch von biologischen Faktoren, wobei insbesondere evolutionäre, verhaltensgenetische und neuronale Prozesse Bedeutung besitzen. Biologische Theorien bzw. Reifungstheorien formulierten Moralforscher jedoch lange Zeit kaum. Kohlberg, die kohlbergianischen und neokohlbergianischen Positionen sowie die große Mehrheit der einflussreichen Alternativansätze blendeten die biologischen Grundlagen der Moralentwicklung weitgehend aus. Eine Ausnahme sind einige derjenigen Wissenschaftler, die sich mit der Entwicklung prosozialer Moral befassen (vgl. 8.3).

Im Kontext biologisch orientierter Perspektiven erscheinen Erleben und Verhalten des Menschen als Produkt einer unbewussten biologischen Vernunft. Maßstäbe sind hier die Selbsterhaltung des Individuums und die Reproduktion der Gattung Mensch. Bereits zu Anfang des vorherigen Jahrhunderts übten biologische Positionen in der Psychologie Einfluss aus, und zwar in Form von Instinkttheorien und von verhaltensgenetischen Positionen. Mit der Vorherrschaft des Behaviorismus und der darauffolgenden kognitiven Wende verloren diese Positionen jedoch stark an Bedeutung. In den 1970er Jahren gewannen dann die Ethologie (vgl. z.B. Eibel-Eibelsfeld) und die Verhaltensgenetik (vgl. z.B. Plonim) an Einfluss. In den 1980er Jahren erlebte die Soziobiologie, die vor allem auf Wilsons Analyse der evolutionsbiologischen Grundlagen des Sozialverhaltens verschiedener Tierarten – darunter der Mensch – zurückgeht, einen Aufschwung. Auch evolutionsbiologische Emotionstheorien (vgl. z.B. Tomkins, Ekman, Izard) wurden jetzt verstärkt diskutiert. Seit den 1990er

Jahren fanden zum einen molekulargenetische und neurobiologische Perspektiven Resonanz. Darüber hinaus entstand die „Evolutionäre Psychologie", die Erkenntnisse der Biologie mit Erkenntnissen der Kognitiven Psychologie und der Wirtschaftswissenschaften zusammenführt (vgl. z.B. Buss, Cosmides und Tooby); dadurch wurde die evolutionsbiologische Perspektive nun auch um die Analyse kognitiver Prozesse erweitert. Von den biologischen Theorien erhebt die Evolutionäre Psychologie den ehrgeizigsten Anspruch, denn sie versteht sich als Metatheorie der Psychologie (vgl. Buss 2006).

Ethologische, soziobiologische und evolutionspsychologische Theorien befassen sich mit der tierischen Abstammung des Menschen und mit den evolutionären Grundlagen der individuellen Entwicklung – sie erfassen, was Menschen gemeinsam ist und worin sie sich von den Tieren unterscheiden. Verhaltensgenetische und molekulargenetische Perspektiven thematisieren hingegen Unterschiede zwischen den Menschen. Neurobiologische Ansätze zeigen sowohl Gemeinsamkeiten als auch Unterschiede zwischen den Menschen auf.

Für Darwins Evolutionstheorien stellte insbesondere die Erklärung prosozialen Verhaltens ein schwerwiegendes Problem dar, denn mit seiner Theorie wird nicht begreiflich, wie diese Verhaltensklasse die Lebewesen in ihrem „Überlebenskampf" unterstützt und Selektionsvorteile mit sich bringt, denn Hilfeverhalten nützt ja anderen und bringt für den Helfenden Kosten mit sich. Vor allem Hamilton und Trivers schlugen Erklärungen für das Auftreten prosozialen Verhaltens vor: Hamilton ging davon aus, dass Hilfeverhalten gegenüber Verwandten die Verbreitung der eigenen Gene oder derjenigen von Verwandten begünstigt („Gesamtfitnesstheorie"). Trivers suchte Hilfeverhalten gegenüber Personen, die nicht verwandt sind, zu erklären: Indem dieses Verhalten häufig durch Hilfeleistungen vergolten wird, ist dessen Nutzen oft größer als dessen Kosten („Theorie des reziproken Altruismus") (als Überblick vgl. Buss 2006).

In den letzten Jahren gab es eine Vielzahl empirischer Untersuchungen zu Formen der Moral bei Tieren. Tierische Vorformen der Moral wies vor allem de Waal nach, und zwar besonders bei den engsten Verwandten des Menschen, nämlich bei Bonobos und Schimpansen (vgl. de Waal 1996). Beispielsweise beobachtete de Waal, dass Schimpansen Mitleid mit schwächeren Artgenossen zeigen, Trost spenden und Streit schlichten. Er stützte sich vor allem auf die Beobachtungen von Tieren im Zoo. Lange Zeit herrschte in der Biologie die Vorstellung vor, dass Moral nur kennzeichnend für den Menschen ist. Der Evolutionsbiologe Hauser hat in Auseinandersetzung vor allem mit de Waal die evolutionären Grundlagen der Moral auch mit Hilfe von Experimenten erforscht.

D.L. Krebs legte Ende der 1990er Jahre eine evolutionspsychologische Theorie der Moralentwicklung vor. Dieser Wissenschaftler, der seit den 1970er Jahren die Entwicklung des prosozialen Verhaltens und der Empathie sowie die Entwicklung des prosozialen Urteilens untersuchte und sich ab den 1980er Jahren auch mit der Entwicklung des Urteilens zu Gerechtigkeitsfragen beschäftigte, orientiert sich bei seinen Urteilsanalysen weitgehend an Kohlbergs Stufen (vgl. auch 5.2.2). Seit Ende der 1990er Jahre sucht Krebs dann auch zu klären, durch welche moralischen Dispositionen sich der Mensch charakterisieren lässt und wie sich diese Dispositionen stammesgeschichtlich entwickelt haben.

Krebs unterscheidet vier moralische Dispositionen des Menschen, nämlich die Achtung vor Autoritäten, den Widerstand gegen Versuchungen, aus Eigeninteressen Normen zu verletzen, Fähigkeiten zur sozialen Kooperation (Gerechtigkeit) und prosoziales Verhalten.

Diese vier evolutionsgeschichtlich ausgebildeten Dispositionen haben ihm zufolge zur kulturellen Festlegung entsprechender moralischer Normen geführt (Krebs 1998, S. 340, S. 364). Kohlbergs sechs Stufen des Gerechtigkeitsurteils interpretiert Krebs ebenfalls evolutionsbiologisch; seiner Auffassung nach handelt es sich bei diesen Stufen um adaptive Strategien für bestimmte Lebensphasen bzw. soziale Beziehungen: Die Stufe-1-Orientierung an Autorität und Strafe spiegele das Verhältnis des Kindes zu mächtigen Erwachsenen, die Stufe-2-Orientierung an Gegenseitigkeit die Einbindung in Gleichaltrigenbeziehungen, die Stufe-3-Orientierung an Gesichtspunkten der Fürsorge und des Wohlwollens die Einbindung in Freundschaftsbeziehungen. Unlängst hat Krebs seine evolutionspsychologische Untersuchungsperspektive systematisiert (vgl. Krebs 2008).

Der Forscher formulierte seine evolutionspsychologische Theorie der Moralentwicklung bisher nur in groben Umrissen; er selbst versteht seinen Ansatz als vorläufigen und spekulativen. Dennoch sind die von ihm aufgeworfenen Fragen nach evolutionsbiologischen Ursprüngen der Moralentwicklung für die Kohlberg-Forschung bzw. die entwicklungspsychologische Moralforschung insgesamt wichtig.

In den letzten Jahren formulierten einige Forscher auch verhaltensgenetische Perspektiven auf Moral. Sie führen vor allem Studien mit eineiigen und zweieiigen Zwillingen durch.

Einen großen Aufschwung nahm seit Anfang der 1980er Jahre die neurowissenschaftliche Moralforschung, was nicht zuletzt mit neuen Forschungsmethoden (z.B. der Magnetresonanztherapie) zusammenhängt. Verschiedene Wissenschaftler untersuchten die für Moral relevanten Strukturen und Prozesse im Gehirn. Bedeutsam sind diesbezüglich insbesondere die Arbeiten von Damasio. Damasio veröffentlichte in den 1990er Jahren eine Reihe von Studien zur Entscheidungsbildung von Patienten, die Schädigungen eines bestimmten Bereich des präfrontalen Kortex, nämlich des ventromedialen präfrontalen Kortex (VMPFC), aufweisen, ähnlich wie bei den berühmten Fällen von Phineas Gage und von Elliot (Damasio 2006). Erfolgte die Schädigung im Erwachsenenalter, waren viele kognitive Fähigkeiten (z.B. die Urteilsbildung zum MJI) kaum beeinträchtigt, aber die Entscheidungsbildung im Alltag war riskant, chaotisch und selbstschädigend; die Person grübelte stundenlang und kam zu keiner guten Entscheidung. Trat die Schädigung bereits im Kindesalter auf, urteilten die Personen nur auf präkonventionellem Niveau und zeigten im Alltag nicht nur chaotisches selbstschädigendes, sondern auch antisoziales, aggressives Verhalten. Damasio und Kollegen schlossen aus ihren Ergebnissen auf Defizite emotionaler Art, und zudem, dass sich im VMPFC der Sitz von Emotionen befindet. Die Damasio-Gruppe verwendete unter anderem auch den Moral Sense Test von Hauser. Sie betrachtet Emotionen als Voraussetzungen für Vernunft: Emotionen leiten Personen auf intelligente Weise.

Neurobiologische Grundlagen stehen auch bei Blair und Moll im Vordergrund. Blair hat eine größere Zahl von Personen mit dissozialem Verhalten untersucht, und dabei vor allem eine reduzierte Aktivität der Amygdala festgestellt (Blair 1995). Moll analysierte, welche Regionen bei moralischen und nicht-moralischen Stimuli aktiv sind und ist bei ersteren auf verschiedene Hirnregionen gestoßen. Moll erfasst neurobiologische Aspekte bei normalen Personen. Er legt einfache Situationen vor (vgl. Moll et al. 2001). Es zeigte sich wiederum die Bedeutung des VMPFC.

Prehn und Kollegen (2008) untersuchten bei 23 Probanden die bei einer Bewertung der moralischen Angemessenheiten von Handlungen ablaufenden neuronalen Prozesse im Gehirn. Um die moralische Urteilskompetenz der Probanden zu erfassen, legten sie Linds MUT vor. Hier zeigte sich nicht zuletzt die Relevanz des orbifrontalen Kortex, der sich unmittelbar über den Augen befindet und das untere Drittel des präfrontalen Kortex bildet.

Die biologischen Ansätze klammern verschiedene Persönlichkeitsebenen aus. Zum Beispiel geraten Fähigkeiten und Orientierungen kaum in den Blick. Sie vernachlässigen zudem soziale Faktoren.

Hierzulande formulierte Roth (2003; 2007) ein neurobiologisches Modell der Persönlichkeit, das auch moralische Persönlichkeitsaspekte umfasst. Wie in der Einleitung erwähnt ordnet er den unterschiedenen vier Ebenen der Persönlichkeit bestimmte Hirnregionen zu. Roth geht davon aus, dass Moral vor allem im orbifrontalen Kortex zu lokalisieren ist.

## 9.5 Haidts neue Synthese in der Moralpsychologie

Jenseits des von Piaget begründeten und etwa von Kohlberg weitergeführten strukturgenetisch-konstruktivistischen Ansatzes und auch jenseits der sozialen Lerntheorie Banduras bemüht sich der Shweder-Schüler Haidt um eine „neue Synthese in der Moralpsychologie". Er stützt sich bei diesem Syntheseversuch neben der kulturpsychologisch Position Shweders und neben Theorien der Informationsverarbeitung (z.B. Bargh) auch auf die Empathieforschung, auf evolutionsbiologische Ansätze (z.B. de Waal) und auf neurobiologische Perspektiven (z.B. Damasio). Haidt will vor allem Einsichten der aufgrund der Dominanz strukturgenetisch-konstruktivistischer Ansätze lange Zeit im Hintergrund stehenden lerntheoretischen, psychoanalytischen und biologischen Positionen in der Moralpsychologie wieder zur Geltung bringen; statt Piaget sind für diesen Wissenschaftler Skinner, Freud und Darwin die relevanten klassischen Positionen (vgl. Haidt 2008; S. 68 ff.).

Haidt knüpft nicht zuletzt an neuere Forschungen im Bereich der Sozialpsychologie an, welche die Bedeutung von Intuitionen für Entscheidungsprozesse insgesamt betonen. Er nimmt an, dass sich Personen in ihren Handlungsentscheidungen und Bewertungen („judgments") eher von Intuitionen als von Prozessen rationalen Abwägens („reasoning") leiten lassen; moralische Begründungen dienten dann oft nur der Rechtfertigung bereits getroffener, durch Intuitionen entstandener Handlungsentscheidungen und Bewertungen. Indem er den Einfluss der Handlungsentscheidungen, Bewertungen und Begründungen des Individuums auf die Interaktionspartner thematisiert, verankert er das moralische Denken stärker als Kohlberg und die Ansätze zur Informationsverarbeitung in sozialen Interaktionen. Der Autor formuliert ein „sozial-intuitionistisches Modell moralischen Urteilens" („social intuitionist model of moral judgment"). Intuitionen versteht er dabei als emotional fundierte Aspekte, die sowohl kulturell geprägt als auch genetisch verankert sind. In seinem Urteilsmodell sind vier Prozesse emotional-intuitiv, und nur zwei Prozesse sind – im Sinne der kompetenztheoretischen Position Kohlbergs – rational abwägend (vgl. Haidt 2001).

Einige Jahre später präzisiert Haidt seine intuitionistische Perspektive, indem er zwischen fünf, als universell verstandenen Formen moralischer Intuitionen, nämlich Gerechtigkeit, Wohlwollen/Fürsorge, Loyalität, Autorität/Respekt und Reinheit, unterscheidet. Damit sucht er nicht nur das an Gerechtigkeit und Wohlwollen/Fürsorge orientierte Moralkonzept der Kohlberg-Schule weiterzuentwickeln, sondern auch Shweders späteres Konzept von drei Orientierungen der Moral (vgl. Haidt/Joseph 2007). Die ersten beiden Formen von Intuitionen werden als individualistische Moral, die letzteren drei als Bindungs-Moral bezeichnet. In Kritik an Turiel und Kohlberg nimmt Haidt an, dass politisch konservative Personen, Personen aus der Unterschicht, religiöse Personen und Personen aus traditionellen Kulturen ein sich auf alle fünf Formen erstreckendes Moralkonzept besitzen und dass deshalb bei diesen Personengruppen breit angelegte, weit greifende Formen der Moralisierung festzustellen sind – im Unterschied zu politisch liberalen Personen, Personen aus der Mittelschicht und atheistischen Personen in modernen Kulturen, deren Moralkonzept weitgehend auf Aspekte der Gerechtigkeit und des Wohlwollens/der Fürsorge beschränkt bleibe.

Darüber hinaus entwickelt Haidt jetzt eine intuitionistische Perspektive auf moralische Gefühle und Tugenden (vgl. Tabelle 9.1).

Tab. 9.1    *Haidts Unterscheidung von fünf Formen intuitiver Ethik*

|  | Schaden / Fürsorge | Fairness/ Wechsel-seitigkeit | Eigengruppe/ Loyalität | Autorität/ Respekt | Reinheit/ Heiligkeit |
|---|---|---|---|---|---|
| Anforde-rungs-bereiche | Schutz/ Sorge um Junge, ge-fährdete, ver-letzte Nahe-stehende (Sippe) | Belohnung ziehen aus dy-adischer Ko-operation mit Nichtver-wandten | Belohnung ziehen aus Kooperation der Gruppe | Hierarchie aushandeln, selektiv Achtung zollen | Vermeiden von Mikroben und Parasiten |
| Typische Bereichsas-pekte (auslösende Situationen) | Leid, Not oder Bedro-hung gegen-über Familie | Betrügen, Kooperation, Täuschung | Bedrohung oder Heraus-forderung für die Gruppe | Zeichen von Dominanz und Unter-werfung | Abfallproduk-te, kranke Menschen |
| Aktuelle Aspekte (die Klasse aller Situationen) | Robbenjunge, Cartoon-Figuren | Eheliche Treue, defekte Warenauto-maten | Sportmann-schaften, die man unter-stützt | Vorgesetzte (Bosse), geachtete Berufsstände | Tabuisierte Ideen (Kom-munismus, Rassismus) |
| Typische Gefühle | Mitleid | Ärger, Dank-barkeit, Schuldgefühle | Stolz auf Grup-pe, Gefühl der Zugehörigkeit, Wut auf Verrä-ter | Respekt, Furcht | Ekel |
| Relevante Tugenden {und Laster} | Fürsorge, Freundlich-keit {Grausamkeit} | Fairness, Ge-rechtigkeit, Vertrauens-würdigkeit {Unehrlich-keit} | Loyalität, Patriotismus, Aufopferung {Verrat, Feig-heit} | Gehorsam, Achtung {Ungehor-sam, Über-heblichkeit} | Mäßigung, Keuschheit, Frömmigkeit, Reinlichkeit {Gier, Maßlo-sigkeit} |

(Quelle: modifiziert nach Haidt/Joseph 2007, S. 280)

Bei ihren empirischen Analysen moralischen Denkens verwendet die Haidt-Schule vor allem aus Sicht der Turiel-Schule „uneindeutige Fälle", und zwar insbesondere Situationen, die Ekel auslösen, etwa Situationen des Inzests zwischen Bruder und Schwester. Um bei diesem Situationstyp intuitive Prozesse nachzuweisen, nimmt sie vor allem Messungen der Reaktionszeit vor (vgl. Haidt/Björklund 2008a). Gestützt auf das Konzept der fünf Formen moralischer Intuitionen erhebt sie zudem mittels eines Fragebogens („Moral Foundations Questionnaire"; MFQ) grundlegende Intuitionen bei der moralischen Urteilsbildung. Beim MFQ muss die Person einschätzen, welche der vorgegebenen Gesichtspunkte für ihre Urteilsbildung relevant sind (Graham/Haidt/Nosek 2009). Neben den MFQ bringt Haidt eine Vielzahl weiterer Online-Tests zum Einsatz, etwa das Schwartz-Werte-Inventar (vgl. www.YourMorals.org).

Haidt räumt ein, dass beim Urteilen zu den von Kohlberg vorgelegten moralischen Dilemmata rationales Abwägen eine wichtige Rolle spielen kann (vgl. z.B. Haidt 2001, S. 822), ebenso bei Entscheidungen über das eigene moralische Handeln (vgl. z.B. Haidt/Bjorklund 2008b, S. 3 ff.).

Die „neue Synthese in der Moralpsychologie" ist ein vielversprechendes Forschungsprogramm. Mit Recht bringt Haidt Einsichten der lange Zeit im Hintergrund gebliebenen sozialisationstheoretischen und biologischen Ansätze wieder zur Geltung. Mit seinem sozial-intuitionistischen Modell der Urteilsbildung lenkt er den Blick auf die lange vernachlässigten Handlungsentscheidungen und wirft dabei die wichtige Frage auf, ob – wie Kohlberg und viele andere Moralforscher annehmen – Prozesse rationalen Abwägens tatsächlich die Handlungsentscheidungen bestimmen. Er arbeitet die Rolle von Intuitionen bei Handlungsentscheidungen und Bewertungen heraus. Im Unterschied zu anderen Vertretern intuitionistischer Positionen bezieht sich dieser Forscher in differenzierter Weise auch auf nicht-kognitive Moralaspekte. Moralisches Handeln, so zeigt er, steht oft in engerer Beziehung zu moralischen Gefühlen als zur moralischen Urteilsbildung. Das intuitive System ist phylogenetisch und ontogenetisch älter als das rational-reflexive System und beeinflusst Urteilen sowie Handeln des Menschen in entscheidendem Maße.

Der Ansatz von Haidt weist verschiedene Problemzonen auf:

- Neben den durch die Haidt-Gruppe thematisierten genetisch disponierten und kulturell geprägten, vorwiegend auf Emotionen basierenden Intuitionen wären auch Intuitionen zu berücksichtigen, die „abgesunkene" rationale Abwägungen darstellen – rationale psychische Prozesse in der Vergangenheit sind mittlerweile eingeschliffen und laufen deshalb schnell und weitgehend unbewusst ab, stellen also automatisierte Routinen des Denkens dar (vgl. z.B. auch das Konzept der moralischen Heuristiken).
- Wie etwa Hauser vernachlässigt Haidt Prozesse rationalen Abwägens; insgesamt scheint er die Bedeutung von Intuitionen zu überschätzen. Im Sinne verschiedener Dualer Prozessmodelle gehe ich davon aus, dass intuitiv-impulsive Vorgänge häufig, rational-reflektive Vorgänge hingegen gelegentlich wirksam sind; letztere können die Ergebnisse intuitiver Prozesse korrigieren. Das Auftreten beider Mechanismen der Informationsverarbeitung ist insbesondere abhängig von Aufgabentypen, zu denen geurteilt wird. Wichtige aktualgenetische Bedingungen für rationales Abwägen bzw. Intuitionen sind zudem soziale, personale und biologische Kontextfaktoren, unter denen

geurteilt wird. Der Anteil rationalen Abwägens sollte beispielsweise bei der Urteilsbildung im sozialen Kontext des Alltagslebens insgesamt geringer sein als bei der Urteilsbildung im sozialen Kontext klinischer Interviews.

- Wie die Modelle zu intuiven vs. reflektierten Mechanismen der Informationsverarbeitung vernachlässigte seine Theorie Entwicklungsprozesse.

Vielversprechend erscheint mir der Versuch einer Integration der Theorien von Kohlberg,
Turiel und Haidt, wie ich kurz darlegen möchte.

Die Forschungen der Kohlberg- und der Turiel-Schule erlauben wichtige Einsichten in
Prozesse der Urteilsbildung. Dabei wäre Kohlbergs Position mit Turiels Position einerseits
zu erweitern, nämlich durch die Berücsichtigung von moralischem Regelverständnis, Konventionen, persönliche Angelegenheiten, andererseits ist die Kohlberg-Position mit der
Turiel-Position zu relativieren, nämlich durch ein bereichsspezifisches Entwicklungskonzept; letzteres hat Turiel indes nicht konsequent formuliert worden (vgl. Kap. 6). Die beiden
Perspektiven auf das moralische Urteilen vernachlässigen die soziale Kontextspezifität der
Entwicklungssequenzen, Sozialisationsprozesse und biologische Faktoren. Auch klammern
sie die Entwicklung nicht-kognitiver Moralaspekte weitgehend aus, ebenso intuitive Prozesse beim Urteilen und Handeln. Haidt berücksichtigt die von Kohlberg und Turiel vernachlässigten Aspekte, greift also Gesichtspunkte der in Kapitel 7 dargestellten soziokulturellen
Ansätze, Gesichtspunkte der in Kapitel 8 dargestellten Analysen nicht-kognitiver Moralaspekte sowie Gesichtspunkte von Ansätzen zur Informationsverarbeitung und biologischen
Ansätze auf.

Da die Positionen von Haidt, Turiel und Kohlberg unterschiedliche Ebenen des Denkens empirisch erfassen und theoretisch beleuchten (nämlich Intuitionen vs. rationales Abwägen, Regelverständnis und Urteilsstufen), können sie sich grundsätzlich ergänzen. Eine
weitere Möglichkeit ihrer Integration ergibt sich aus der Tatsache, dass sie sich auf unterschiedliche Aufgabenstellungen beziehen und in diesem Kontext entstanden (Haidt: uneindeutige Fälle im Sinne Turiels; Turiel: Situationen der Verletzung einzelner moralischer
Normen, Konventionen und Ansprüchen auf Autonomie bei persönlichen Angelegenheiten;
Kohlberg: Konflikte zwischen moralischen Normen). Die drei Perspektiven könnten somit
allein in ihrem methodischen Kontext gelten (z.B. bei Normenkonflikten Prozesse rationalen
Abwägens, bei Übertretung einzelner Normen Intuitionen). Den deontischen Aussagen und
dem Regelverständnis gehen nicht allein Prozesse rationalen Abwägens, sondern auch intuitive Prozesse voraus.

Das insbesondere auf Kohlberg, Turiel und Haidt gestützte eigene duale Prozessmodell
moralischen Urteilens stellt einen Teilaspekt des dualen Prozessmodells moralischen Handelns dar, denn die Urteilsbildung wird als eine bestimmte Phase des Handlungsprozesses
verstanden. Nicht nur bei der Urteilsbildung/Zielsetzung, sondern auch bei den anderen
Handlungsphasen üben Regelverständnis und Urteilsstufen einen Einfluss aus. Für die
Situationserfassung etwa ist die Fähigkeit bedeutsam, zwischen Fragen der Moral, Fragen
bloßer Konvention und Fragen persönlicher Angelegenheiten differenzieren zu können, und
vor dem Hintergrund der Urteilsstufen werden die erfassten Interessen immer auch als
mehr oder weniger legitime Interessen wahrgenommen. Motive und Handlungspläne bewerten Personen jeweils im Hinblick auf ihre Legitimität, was wiederum Regelverständnis

und Urteilsstufen voraussetzt. Zugleich ist bei jeder Handlungsphase die Berücksichtigung intuitiver Prozesse notwendig. So sind manche Motivationen und Handlungen von kognitiven Prozessen weitgehend unabhängig, etwa in Situationen, die schnelle Hilfe erfordern, im Falle moralischer Routinen oder bei starker Erregtheit. Bei den einzelnen Handlungsphasen laufen rationale und intuitive Prozesse oft gleichzeitig ab und sind verschränkt. Dabei setzen die einzelnen Phasen jeweils Prozesse bei den vorhergehenden Phasen voraus. Im Sinne verschiedener dualer Prozessmodelle nehme ich an, dass intuitiv-impulsive Prozesse häufig wirksam sind und rationale Prozesse nur gelegentlich. Die Mechanismen der Informationsverarbeitung variieren wie bei der Urteilsbildung in Abhängigkeit von Aufgabentypen, sozialen, personalen und biologischen Faktoren. Ein weiterer Faktor ist die Handlungsphase; beispielsweise dürfte bei Situationserfassung und Handlungsvollzug der Einfluss rational-reflektiver Faktoren geringer sein als bei den anderen Phasen.

Einige Moralforscher stützen sich neuerdings auf die integrativen Persönlichkeitsmodelle von McAdams und von Cervone, wodurch auch elementare moralische Persönlichkeitsunterschiede bzw. verschiedene Ebenen der moralischen Persönlichkeit in den Blick geraten (vgl. Narváez/Lapsley 2009a). Während sich die Gruppen um die Kohlberg-Anhänger Walker und Hart an McAdams orientieren, machen die Neo-Kohlbergianer Lapsley und Narváez die Position von Cervone fruchtbar.

In einer Studie erfassten Matsuba und Walker (2004) moralisches Urteil, religiöses Urteil und Selbstverständnis von in Organisationen engagierten Personen und fanden einen starken Einfluss des Selbstverständnisses auf das soziale Engagement: Als entscheidend stellte sich heraus, ob sich die Personen als moralische Person verstehen. In einer weiteren Untersuchung verglich die Walker-Gruppe sozial engagierte und mutige Personen im Hinblick auf die Eigenschaften des Fünf-Faktorenmodells, auf charakteristische Anpassungen (nämlich moralisches Urteilen, epistemische Kognitionen im Sinne Fowlers und persönliche Anliegen) und auf Lebenserzählungen (vgl. Walker/Frimer/Dunlop 2010; Walker/Hennig 2004). Wiederum fanden sie einen starken Einfluss des Selbstverständnisses.

Hart, der lange Zeit mit Damon zusammenarbeitete, betont vor allem auch den Einfluss sozialer Faktoren auf die Bildung einer moralischen Persönlichkeit. Auf der ersten Ebene seines Modells werden soziale Faktoren und elementare Persönlichkeitsunterschiede angeführt, auf der zweiten Ebene moralische Kognitionen, Emotionen und Selbstbild, auf der dritten Ebene die moralische Biographie. Zusammen mit Fegley untersuchte Hart das Selbstverständnis von in der Gemeinde engagierten Personen (vgl. Hart/Fegley 1995). Beide Forscher stellten fest, dass diese Personen vor allem die moralischen Ideale ihrer Eltern verinnerlicht haben. Zudem analysierte Hart die Konsequenzen des Aufwachsens in einer ärmlichen städtischen Umgebung (Hart/Matsuba 2009).

Narváez und Lapsley (2009b) vertreten einen Expertise-Ansatz zur moralischen Persönlichkeit und deren Entwicklung, wobei sie Rests Vier-Komponenten-Modell des Handelns, orientiert vor allem an Cervone, reformulieren.

In Deutschland waren ab den 1980er im Unterschied zu den 1970er Jahren ähnliche Einwände gegen Kohlberg wie im internationalen Raum verbreitet, denn die einflussreichen Kohlberg-Kritiken fanden verstärkt Beachtung. Kohlbergs Ansatz hat hierzulande nach wie vor einen hohen Stellenwert; den meisten Forschern ging es vorrangig um die Kritik bzw. um

die Weiterentwicklung seines Ansatzes: Kohlbergs Bestimmung der Stufen des Gerechtigkeitsurteils liegt einigen Ansätzen zugrunde – manche Forscher beziehen eine kohlbergianische Position. Viele Forscher vertreten neokohlbergianische Positionen. Verschiedene
Schwerpunkte der Forscher lassen sich feststellen:

- Beck, Bienengräber, Döbert, Eckensberger, Lempert, Lind, Nunner-Winkler und Reuss
  üben Kritik an Kohlbergs empirischer Annahme einer strukturierten Ganzheit der Ur-
  teilsstufen und an seiner Annahme einer invarianten Stufensequenz.
- Beck und Lempert betonen die Notwendigkeit einer Analyse alltagsbezogenen Urteilens.
- Eckensberger, Edelstein und Keller, Krettenauer sowie Reuss beziehen sich auf die
  Inhaltsaspekte und die Typen des Urteilens.
- Beck, Bienengräber, Döbert, Lempert, Lind und Nunner-Winkler analysieren die sozialen Bedingungen der Entwicklung der Urteilsstufen.
- Döbert, Edelstein und Keller sowie Nunner-Winkler üben Kritik an seiner theoreti-
  schen Bestimmung von Präkonventionalität.
- Eckensberger, Habermas, Lempert, Minnameier, Oerter und Reuss haben Vorbehalte
  gegenüber seiner theoretischen Bestimmung von Konventionalität und Postkonventio-
  nalität.
- Eckensberger, Hoppe-Graf, Latzko und Weyers erfassen Differenzierungen zwischen
  moralischen und nicht-moralischen Bereichen.
- Nunner-Winkler diskutiert Kohlbergs These der geschlechtsübergreifenden Entwicklung der Urteilsbildung.
- Eckensberger, Edelstein und Keller erörtern Kohlbergs These der kulturübergreifenden
  Entwicklung der Urteilsbildung.
- Eckensberger, Edelstein und Keller, Lempert sowie Reuss wenden sich gegen Kohlbergs Beschränkung auf die präskriptiven Kognitionen und bestimmen Stufen nicht-
  präskriptiver Kognitionen.
- Edelstein und Keller, M. Miller sowie Krappmann erfassen die Genese moralischer Dialogfähigkeiten.
- Montada untersucht die Entwicklung moralischer Emotionen.
- Brumlik, Garz, Heinrichs, Krettenauer, Montada, Nunner-Winkler, Sutter, Trommsdorff und Weyers entwickeln jeweils ein eigenes Modell moralischen Handelns und
  überprüfen dieses.

Montada und Trommsdorff analysieren die prosoziale Entwicklung. Während sich die Forscher in Deutschland lange Zeit auf die Ausformulierung kohlbergianischer und neokohlbergianischer Positionen konzentrierten, gibt es nunmehr andere Akzente (vgl. auch Latz-
ko/Malti 2010). Beispielsweise thematisieren Gigerenzer und Schmitt intuitive Mechanismen. Die Gruppe um Gigerenzer rezipiert zudem die Evolutionäre Psychologie. Insgesamt
fehlen jedoch Mehr-Ebenen-Modell.

# 10 Zusammenfassung und Ausblick

Der Moralpsychologe Kohlberg sah sich mit einer Vielzahl von Einwänden gegen seinen Forschungsansatz konfrontiert. Ziel dieser Arbeit war es, zentrale Einwürfe zu diskutieren, und zwar sowohl heute einflussreiche Kritiken als auch weniger verbreitete, aber bedeutsame Kritiken.

Die moralpsychologische Kritik setzt insbesondere an vier verschiedenen Ebenen von Kohlbergs Analyse moralischer Entwicklungsprozesse an, nämlich an

1.  den Annahmen zu empirischen Werten (z.B. an der These der strukturierten Ganzheit der Stufen),
2.  den methodischen Verfahren (z.B. am Standard Issue Scoring),
3.  der theoretischen Definition der einzelnen Stufen (z. B. an der Beschreibung der post-konventionellen Urteilsstufen 5 und 6),
4.  dem Entwicklungskonzept (z.B. an der Annahme einer bereichsübergreifenden Entwicklungssequenz moralischen Urteilens).

Die Einwände gegen Kohlberg werden über diese vier Ebenen hinweg zunehmend radikaler, denn sie setzen immer weniger Grundannahmen seines Ansatzes als gültig voraus. Verbreitet in der gegenwärtigen Moralpsychologie sind vor allem Einwände gegen Kohlbergs Annahmen zu empirischen Werten für die Urteilsstufen (insbesondere gegen seine These der strukturierten Ganzheit), gegen die theoretische Definition der postkonventionellen Urteilsstufen, gegen das bereichsübergreifende und universalistische Konzept der Entwicklung moralischen Urteilens sowie gegen die Annahme eines starken Einflusses der sechs Urteilsstufen auf Kommunikation, Gefühle und Handlungen.

Viele der heutigen Kritiker, so legte die Arbeit dar, werden Kohlberg nicht gerecht. Sie übersehen, dass er sich im Laufe seiner Forschungsgeschichte der von ihnen jeweils vertretenen Position ein Stück weit angenähert hat; Kohlberg versuchte auf den verschiedenen Analyseebenen ansatzweise alte Fronten aufzubrechen. Andererseits nehmen Vertreter der Kohlberg-Schule im Allgemeinen nicht zur Kenntnis, dass verschiedene Kritiker ihre jeweilige Position an diejenige Kohlbergs annäherten.

Er formulierte einen hochdifferenzierten und erklärungskräftigen moralpsychologischen Forschungsansatz und hielt sich auch gegenüber neuen Forschungsresultaten offen. Sein Ansatz hat aber eine beträchtliche Zahl von Fragen unbeantwortet gelassen. Revisionen und Weiterentwicklungen auf den vier Analyseebenen sind notwendig. Dabei dürfen die Errungenschaften seiner Untersuchungsperspektive keinesfalls preisgegeben werden, etwa das Moral Judgment Interview, das Konzept soziomoralischer Perspektiven sowie die Diffe-

renzierung zwischen präkonventionellen, konventionellen und postkonventionellen Urteilsstufen.

Erforderlich ist nach meiner Auffassung vor allem eine noch stärkere gegenseitige Annäherung der konkurrierenden Positionen Kohlbergs und seiner Kritiker. Auf den einzelnen
Analyseebenen erscheint somit eine Vermittlung der jeweiligen Standpunkte erforderlich.
Hinsichtlich des moralischen Urteilens lässt sich die eigene, vermittelnde Position auf den
vier Analyseebenen wie folgt umreißen.

1.  Annahmen zu empirischen Werten: Kohlbergs Dominant Stage Model, das lediglich
    eine Streuung der Werte über zwei Stufen beim Urteilen zu den hypothetischen Di-
    lemmata des MJIs zulässt, stützen die empirischen Forschungsergebnisse ebenso wenig
    wie das von den Kritikern (etwa Levine) vertretene Konzept starker Stufenvariationen,
    welches auch eine Streuung der Werte über mehr als drei Stufen postuliert. Die Ur-
    teilsbildung einer Person weist im Rahmen des MJIs des Öfteren eine Streuung im Um-
    fang von drei Stufen auf, wobei auch Prozesse situationsadäquaten Urteilens die auf-
    tretenden Stufenvariationen erklären (vgl. 5.2.1). Bei der alltagsnahen Urteilsbildung,
    d.h. außerhalb des MJIs, kommt es zu noch stärkeren Variationen der Werte (5.2.2). Die
    Inhaltsaspekte des Gerechtigkeitsurteils sind ebenfalls relativ stark kontextabhängig
    (vgl. 5.2.3)

2.  Methodische Verfahren: Auf der methodischen Ebene der Datenerhebung und –aus-
    wertung sollten psychometrische Gesichtspunkte, wie sie etwa die Kritiker Kurtines
    und Greif einbringen, stärker Berücksichtigung finden (z.B. einheitlichere Fragetechnik
    beim MJI durch konsistente Verwendung situationsvariierender Fragen zu den Di-
    lemmata und allgemeiner Fragen zu den moralischen Normen; Entwicklung bzw.
    Verwendung von Interview- und Auswertungsverfahren, die eine Reduzierung des
    Zeitaufwands ermöglichen). Allerdings sollte die Forschung an dem von Kohlberg als
    klinisches Interview angelegten MJI und an seinem hermeneutisch ausgerichteten SIS
    festhalten; die vorliegenden psychometrischen Verfahren zur Erhebung des hypotheti-
    schen Gerechtigkeitsurteils (z.B. DIT und SRM) weisen gravierende Probleme auf (vgl.
    4.2 bis 4.6).

3.  Theoretische Stufendefinition: Kohlbergs Bestimmung der präkonventionellen Stufen
    des hypothetischen Gerechtigkeitsurteils, die auf Orientierungen an Strafen und Eigen-
    interessen eingeschränkt ist, wäre um genuin moralische Aspekte, nämlich um norma-
    tive Erwartungen, Fairness, Empathie sowie Folgen für Beziehungen und Gruppen, zu
    erweitern. Letztere Aspekte dürfen ihrerseits jedoch nicht einseitig betont werden, wie
    dies etwa bei Piaget und seinen Anhängern (in Ansätzen) sowie bei verschiedenen Be-
    reichstheoretikern, etwa Turiel, geschieht (vgl. 2.3.2; 2.4). Auch die Definition des End-
    punkts der Entwicklung des hypothetischen Gerechtigkeitsurteils wäre zu erweitern;
    bei dessen Bestimmung kann man im Sinne von Locke und entgegen Kohlbergs An-
    sicht auf die Differenzierung zwischen Stufe 5 und Stufe 6 durchaus verzichten, nicht
    aber, wie Gibbs fordert, auf die Differenzierung zwischen postkonventionellen und
    konventionellen Stufen (vgl. 5.3).

4.  Entwicklungskonzept: Die Entwicklung der Urteilsstufen verläuft im Sinne einer stär-
    keren Bereichsspezifität als Kohlberg behauptet, wenngleich nicht im Sinne einer radi-
    kalen Bereichsspezifität, wie sie der frühe Damon annahm (vgl. Kap. 6). Sie verläuft
    zudem im Sinne einer stärkeren Schicht-, Geschlechts- und Kulturspezifität als Kohl-
    berg postuliert, wenngleich die soziale Kontextspezifität der Entwicklungsprozesse
    nicht so stark ausgeprägt ist, wie einige Kritiker seines Entwicklungskonzepts (z.B.
    Shweder) voraussetzen; insbesondere kontextbezogene Erweiterungen der Stufen
    Kohlbergs scheinen erforderlich (vgl. Kap. 7). Für das Voranschreiten der Entwicklung
    des Urteils zu hypothetischen Gerechtigkeitsfragen sind, entgegen Kohlbergs Auffas-
    sung, neben Prozessen konstruktiven Lernens auch Sozialisationsprozesse verantwort-
    lich, die die behavioristischen und sozialen Lerntheoretiker, freilich in einseitiger Wei-
    se, herausstellen (vgl. 3.5.1; 3.6.1). Daneben besitzen auch biologische Entwicklungsfak-
    toren Relevanz (vgl. 9.4).

Neben Fähigkeiten bzw. Prozessen rationalen Abwägens sind für das Urteilen auch andere
psychische Aspekte relevant, etwa narratologische Aspekte, Intuitionen und psychodynamische Aspekte (vgl. 3.3; 3.4; 3.5.1; 3.6.1; 4.7; 9.1; 9.2; 9.3).

Was die nicht-kognitiven Moralaspekte betrifft, nahm ich ebenfalls eine vermittelnde
Position ein: Kohlbergs Stufen des hypothetischen Gerechtigkeitsurteils haben geringeren
Einfluss auf die Entwicklung moralischer Kommunikationsprozesse, Gefühle und Handlungen, als Kohlberg annimmt. Seine Stufenbestimmungen wären zu erweitern, von der
Bereichsspezifität und der sozialen Kontextspezifität der Stufenentwicklung ist auszugehen,
und Sozialisationsprozesse sowie biologische Faktoren spielen eine bedeutende Rolle. Intuitionen und nicht-stufenbezogene Aspekte sind auch hier zu berücksichtigen. Allerdings
erscheinen die Positionen der Kritiker seiner Position zu nicht-kognitiven Moralaspekten
vielfach überzogen (vgl. 3.5.2; 3.6.2; Kap. 8; Kap. 9).

Für die Kohlberg-Schule sind, so habe ich deutlich zu machen versucht, besonders der
strukturgenetisch-konstruktivistische Ansatz von Turiel (vgl. 6.4) und der soziokulturell-
intuitionistische Ansatz Haidts (vgl. 9.5) bedeutsam. Zugleich dürfte es sinnvoll sein, sieben
Ebenen der moralischen Persönlichkeit zu unterscheiden, nämlich die Konstruktion der
eigenen Individualität, Fähigkeiten und Orientierungen, implizit-intuitive Aspekte, psychodynamische Aspekte, auf Internalisierung gründende Erlebens- und Verhaltensmuster,
konditionierte Erlebens- und Verhaltensmuster sowie elementare Erlebens- und Verhaltensmuster. Ein Verlaufsmodell des Handelns, das sechs Phasen beinhaltet, wurde vorgestellt.

Die Kohlberg-Forschung zur Moralentwicklung hat also viele Fragen offen gelassen.
Zukünftig erscheinen insbesondere folgende Forschungsakzente sinnvoll:

▪   Analyse der Stufen des hypothetischen Gerechtigkeitsurteils auf der Ebene von Criteri-
    on Judgments, und nicht bloß auf der Ebene aggregierter Werte; Untersuchung der Stu-
    fen des alltagsbezogenen Gerechtigkeitsurteils; Analyse der Inhaltsaspekte des Gerech-
    tigkeitsurteils;

▪   einheitliche Fragetechnik beim MJI durch konsistente Verwendung situationsvariie-
    render und konzeptueller Fragen; Weiterentwicklung des SIS, insbesondere des Aus-

wertungshandbuchs; Entwicklung angemessener Messmethoden für das alltagsbezogene Gerechtigkeitsurteil;

- differenziertere Bestimmung der präkonventionellen Stufen des Gerechtigkeitsurteils (z.B. Erweiterung dieser Stufen um Fairnessaspekte und Empathie); Weiterentwicklung des Konzepts der konventionellen und postkonventionellen Stufen (z.B. klare Trennung von Struktur und Inhalt);
- Untersuchung der Bereichsspezifität des Gerechtigkeitsurteils;
- Analyse von Formen der Differenzierung und Koordinierung innerhalb des Moralbereichs (z.B. bzgl. Gerechtigkeits- und Fürsorgemoral) sowie von Formen der Differenzierung und Koordinierung von Moral und nicht-moralischer Bereiche (z.B. Konvention, persönliche Angelegenheiten, Recht, Religion); Untersuchung entsprechender bereichsspezifischer Entwicklungsprozesse;
- Klärung der Milieu- bzw. Schichtspezifität, Geschlechts- und Kulturspezifität des Urteils;
- Klärung des Verhältnisses von konstruktivem Lernen und Sozialisation bei der Urteilsentwicklung;
- Erforschung von evolutionsbiologischen, verhaltensgenetischen und neurobiologischen Entwicklungsfaktoren des Urteils;
- Bestimmung von Stufen bzw. von kontextspezifischen Entwicklungssequenzen hinsichtlich nicht-präskriptiver kognitiver Fähigkeiten (z.B. Konfliktverständnis, Entschuldigungen);
- Analyse der Entwicklung nicht-kognitiver moralischer Fähigkeiten (kommunikative, emotionsbezogene und handlungsstrukturierende Fähigkeiten); Klärung der Bereichs- und Kulturspezifität der Entwicklung nicht-kognitiver Moralaspekte; Klärung des Verhältnisses von konstruktivem Lernen und Sozialisation; Erforschung der evolutionsbiologischen, verhaltensgenetischen und neurobiologischen Entwicklungsfaktoren;
- Untersuchung der Prozesse und Dispositionen auf den anderen Ebenen einer moralischen Persönlichkeit bzw. ihres Verhältnisses zu moralischen Fähigkeiten (z.B. intuitive und narratologische Aspekte);
- Klärung des Verhältnisses der Moralentwicklung zu nicht-moralischen Entwicklungsdimensionen, etwa des Verhältnisses von Moralentwicklung und politischer Sozialisation.

Die entwicklungspsychologische Moralforschung bedarf also der Anbindung an die Moralforschung in den anderen psychologischen Teildisziplinen. Und sie bedarf einer Vermittlung mit der Moralforschung in den Sozialwissenschaften (z.B. Soziologie, Politologie), den Naturwissenschaften (z.B. Biologie) und den Geisteswissenschaften (z.B. Philosophie, Geschichte); für die Analyse der Moralentwicklung scheint also auch die Rezeption der Erkenntnisse nicht-psychologischer Disziplinen erforderlich.

Aus der eigenen moralpsychologischen Position ergeben sich Konsequenzen für die Moralpädagogik, die ich hier nur kurz andeuten kann.

Die Moralpädagogik hat wichtige Veränderungen in Kohlbergs moralpsychologischen Position ausgeblendet, etwa seine Erweiterung der Bestimmung von Stufe 6, die er zunächst nur durch Prinzipien der Gerechtigkeit definierte. Gleichermaßen haben viele Moralpädagogen neuere Entwicklungen in der Moralpsychologie insgesamt ignoriert, etwa verschiedene Bereichstheorien der Urteilsentwicklung.

Kohlbergs zentrale moralpädagogische Strategie, durch im Klassenzimmer stattfindende Diskussionen moralischer Dilemmata die Moralentwicklung zu fördern, führte in der schulischen Praxis hinsichtlich des Urteilens und des Handelns zu eher ernüchternden Ergebnissen, auf die Kohlberg selbst (wie in Abschnitt 4.1 beschrieben) mit dem Ansatz einer Gerechten Schulgemeinschaft antwortete. Von da aus stellt sich die grundsätzliche Frage, ob Dilemmadiskussionen auf der Ebene moralischen Urteilens überhaupt etwas bewirken können bzw. unter welchen spezifischen Voraussetzungen sie wirksam sein können. Dilemmadiskussionen fördern wahrscheinlich vor allem dann die moralische Urteilsfähigkeit, wenn diese Form der moralpädagogischen Intervention in die Schulfächer integriert wird oder wenn alltagsbezogene – vorgelegte, selbsterlebte oder schulfachbezogene – moralische Dilemmata Gegenstand der Auseinandersetzung sind. Herkömmlicherweise fanden aber Dilemmadiskussionen außerhalb der Schulfächer statt, und alltagsferne, hypothetische Dilemmata kamen zum Einsatz (vgl. Edelstein 1986; 1987; Lind 2000; 2003; Oser/Althof 1992). Eine Ursache für die ermittelte wenig durchschlagende Wirkung von Dilemmadiskussionen liegt wahrscheinlich aber auch darin, dass die durchgeführten moralpädagogischen Interventionsstudien verschiedene der angesprochenen Probleme von Kohlbergs Analyse der Entwicklung moralischen Urteilens teilen:

- Probleme der empirischen Annahmen zu Stufenwerten (z.B. Vernachlässigung von Prozessen situationsadäquaten Urteilens);
- Probleme der methodischen Verfahren (z.B. Verwendung der teilweise fragwürdigen Fragetechnik des MJIs);
- Probleme der theoretischen Stufendefinition (z.B. verengte Definition der Stufen 1 und 2);
- Probleme des Entwicklungskonzepts (z.B. Vernachlässigung bereichsspezifischer Entwicklungssequenzen).

Die eher ernüchternden Evaluationsergebnisse zu Dilemmadiskussionen dürften darüber hinaus damit zusammenhängen, dass dort nur moralische Kognitionen – und dabei wiederum nur präskriptive Kognitionen zu Gerechtigkeitsfragen – gezielt gefördert und kommunikative, emotionsbezogene sowie handlungsstrukturierende Fähigkeiten vernachlässigt wurden. Aber auch die nicht-konstruktivistischen Ansätze zur schulischen Moralerziehung, etwa Werteklärung und traditionelle Charaktererziehung, erwiesen sich als nicht sehr wirksam. Sinnvoller als die alleinige Diskussion moralischer Dilemmata wäre eine Form der Intervention, die konstruktivistische und nicht-konstruktivistische Strategien der Erziehung verknüpft (vgl. auch Nucci 2001; Nucci/Narváez 2008; Power/Higgins/Kohlberg 1989).

Die Probleme von im Klassenzimmer stattfindenden Diskussionen moralischer Dilemmata lassen sich durch Weiterentwicklungen beseitigen. Ich schlage verschiedene, moralpsychologisch begründete Erweiterungen dieser Methode vor:

- Hinsichtlich des Gerechtigkeitsurteils kann man Dilemmadiskussionen zum Teil auch anhand von Antwortbeispielen aus vorliegenden Manualen, etwa aus den Manualen von Kohlberg, Keller und Lempert, durchführen. Die Schüler haben dabei zu entscheiden, welche der vorgelegten Argumente sie präferieren, und sie haben ihre Präferenz zu begründen. Zugleich können sie gemeinsam die Unterschiede zwischen den Argumenten einzelner Stufen erarbeiten. Meines Erachtens lassen sich durch solche strukturierten, manualbezogenen Diskussionen zu Gerechtigkeitsfragen Jugendlichen auch gezielt postkonventionelle, d.h. vorbildliche moralische Argumente vermitteln. Im Rahmen des Kohlberg-Ansatzes treten ja kaum mehr postkonventionelle Stufenwerte auf. Die Ergebnisse solcher manualorientierten Dilemmadiskussionen haben zugleich Rückwirkungen auf die moralpsychologische Forschung, denn diese Diskussionen könnten zu einer Korrektur von theoretischen Stufendefinitionen und Manualen führen. Somit könnte sich die Moralpädagogik auch als Korrektiv für die Moralpsychologie erweisen.
- Da sich Dilemmadiskussionen für gewöhnlich auf Kohlbergs Ansatz stützten, wurden hauptsächlich nur moralische Normenkonflikte, d.h. spezifische Gerechtigkeitsfragen, thematisiert. Es wären zusätzlich Diskussionen über Fragen der Verteilungsgerechtigkeit, Fragen prosozialen Handelns sowie über Konflikte zwischen dem Bereich der Moral, der Konvention und der persönlichen Angelegenheiten (z.B. bei Generationenkonflikten und interkulturellen Konflikten) durchzuführen. Dabei wären auch Zusatzfragen im Sinne Turiels zu stellen, womit die Klärung der Frage möglich ist, ob die Schüler moralische Urteile als unabhängig von Sanktionen, persönlichen Präferenzen, Erwartungen in Beziehungen, Gruppen, Institutionen und Kulturen gültig verstehen.
- Dilemmadiskussionen sollten auch auf einem Diskussionsleitfaden basieren, dem ein mehrdimensionales, über präskriptive Kognitionen hinausreichendes Modell moralischen Denkens zugrunde liegt. Die Diskussionen unter den Schülern beziehen sich somit etwa auch auf die Konfliktwahrnehmung, Verantwortungsurteile, Verständnis moralbezogener Handlungsfähigkeiten, Urteile über das tatsächliche Handeln und auf das Gefühlsverständnis.
- Nicht zuletzt ist die gezielte Förderung emotionaler und handlungsstrukturierender Fähigkeiten erforderlich. Dies kann zum Beispiel dadurch erreicht werden, dass die Schüler ein gemeinsames Problem in der Klasse durch eigenes Handeln bewältigen und über ihre Problembewältigung diskutieren.

Die Moralpädagogik hätte die Ergebnisse der neueren Moralpsychologie zu nutzen, umgekehrt sollte jedoch die Moralpsychologie moralpädagogische Erfahrungen verarbeiten (vgl. Becker 2008).

# Literaturverzeichnis

Adalbjarnadottir, S. (2001). Zur Entwicklung von Lehrern und Schülern: Ein soziomoralischer Ansatz in der Schule. In W. Edelstein/F. Oser/P. Schuster (Hrsg.), Moralische Erziehung in der Schule (S. 213-232). Weinheim: Beltz Verlag.

Althof, W./Garz, D./Zutavern, M. (1988). Heilige im Urteilen, Halunken im Handeln? Lebensbereiche, Biographie und Alltagsmoral. Zeitschrift für Sozialisationsforschung und Erziehungssoziologie, 8, 162-181.

Apel, K.O. (1988). Diskurs und Verantwortung. Frankfurt a. M.: Suhrkamp.

Aquino, K./Freeman, D./Reed, A./Lim, V.K.G./Felps, W. (2009). Testing a social cognitive model of moral behavior: The interaction of situational factors and moral identity centrality. Journal of Personality and Social Psychology, 97, 123-141.

Arsenio, W.F./Lemerise, E.A. (2004). Aggression and moral development: Integration of social information processing and moral domain models. Child Development, 75, 987-1002.

Arsenio, W.F./Lover, A. (1995). Children's conceptions of sociomoral affect: Happy victimizers, mixed emotions, and other expectancies. In M. Killen/D. Hart (Eds.), Morality in everyday life: Developmental perspectives (pp. 87-128). Cambridge, England: Cambridge University Press.

Asendorpf, J. (2007). Psychologie der Persönlichkeit. 4., überarbeitete und aktualisierte Auflage. Heidelberg: Springer Medizin Verlag.

Astington, J.W. (2004). Bridging the gap between theory of mind and moral reasoning. New Directions for Child and Adolescent Development, 103, 63-72.

Baltes, P.B. (1990). Entwicklungspsychologie der Lebensspanne. Theoretische Leitsätze. Psychologische Rundschau, 41, 1-24.

Baltes, P.B./Lindenberger, U./Staudinger, U.M. (1998). Life-span theory in developmental psychology. In W. Damon (Ed.), Handbook of Child Psychology, Vol. 1: Theoretical models of human development (pp. 1029-1143). New York: Wiley.

Bandura, A. (1979). Sozial-kognitive Lerntheorie. Stuttgart: Klett-Cotta.

Bandura, A. (1991). Social cognitive theory of thought and action. In W.M. Kurtines/J.L. Gewirtz (Eds.), Handbook of moral behavior and development, Vol. I: Theory (pp. 45-103). Hilsdale, NJ: Erlbaum.

Bandura, A./Barbaranelli, C./Caprara, G.V./Pastorelli, L. (1996). Mechanisms of moral disengagement in the exercise of moral agency. Journal of Personality and Social Psychology, 71, 364-374.

Bandura, A./McDonald, F.J. (1963). The influence of social reinforcement and the behavior models in shaping children's moral judgments. Journal of Abnormal and Social Psychology, 67, 274-281.

Bargh, J.A./Chartrand, T.L. (1999). The unbearable automaticy of being. American Psychologist, 54, 462-479.

Batson (1998). Altruism and prosocial behvior. In D.T. Gilberg/S.T. Fiske/G. Lindzey (Eds.), The Handbook of social psychology, 4th ed., Vol. 2, (pp. 282-316). Boston: McGraw-Hill.

Baumeister, R.F./Bushman, B.J. (2008). Social psychology & human nature. Australia et al.: Thomson Wadsworth.

Baumrind, D. (1968). Authoritarian vs. authoritative parental control. Adolescence, 3, 255-272.

Baumrind, D. (1978). A dialectical materialist's perspective on knowing social reality. New Directions for Child Development, 2, 61-82.

Baumrind, D. (1998). From ought to is: A neo-marxist perspective on the use and misuse of the culture construct. Human Development, 41, 145-165.

Beauchamp, M.H./Anderson, V. (2010). SOCIAL: An integrative framework for the development of social skills. Psychological Bulletin, 136, 39-64.

Beck, K. (1999). Wirtschaftserziehung und Moralerziehung – ein Widerspruch in sich? Pädagogische Rundschau, 53, 9-28.

Beck, K. (2000). Die Moral von Kaufleuten – Über Urteilsleistungen und deren Beeinflussung durch Berufsausbildung. Zeitschrift für Pädagogik, 46, 349-372.

Beck, K. (2006). Relativismus und Rolle – zur Grundlegung einer differentiellen Moralerziehung. In P.H. Gonon/F. Klauer/R.N. Nickolaus (Hrsg.), Bedingungen beruflicher Moralentwicklung und beruflichen Lernens (S. 9-22). Wiesbaden: VS Verlag für Sozialwissenschaften.

Beck, U. (1986). Risikogesellschaft. Frankfurt a. M.: Suhrkamp.

Beck, U./Grande, E. (2010). Jenseits des methodologischen Individualismus. Außereuropäische und europäische Variationen der Zweiten Moderne. Soziale Welt, 61, 187-216.

Becker, G. (2002). Kohlberg und seine Kritiker in der Moralpsychologie. Unveröffentlichte Dissertation. Berlin: Freie Universität Berlin.

Becker, G. (2008). Soziale, moralische und demokratische Kompetenzen fördern. Ein Überblick über schulische Förderkonzepte. Weinheim/Basel: Beltz Verlag.

Becker, G. (2010a). Einführung in die Moralpsychologie. Unveröffentlichtes Manuskript.

Becker, G. (2010b). Sozialisation der Moral. Unveröffentlichtes Manuskript.

Ben-Ze'ev, A. (2009). Die Logik der Gefühle. Frankfurt a. M.: Suhrkamp Verlag.

Bergman, R. (2004). Identity as motivation: Toward a theory of the moral self. In D.K. Lapsley/D. Narváez (Eds.), Moral development, self and identity (pp. 21-46). Mahwah, New Jersey: Lawrence Erlbaum Associates.

Berkowitz, M.W./Gibbs, J.C. (1983). Measuring the developmental features of moral discussion. Merrill-Palmer Quarterly, 29, 399-410.

Berkowitz, M.W./Grych, J.H. (1998). Fostering goodness: Teaching parents to facilitate children's moral development. Journal of Moral Education, 27, 371-391.

Berkowitz, M.W./Oser, F./Althof, W. (1987). The development of sociomoral discourse. In W.M. Kurtines/J.L. Gewirtz (Eds.), Moral development through social interaction (pp. 322-352). New York: Wiley.

Bertram, H. (1978). Gesellschaft, Familie und moralisches Urteil. Weinheim/Basel: Beltz Verlag.

Bertram, H. (1980). Moralische Sozialisation. In K. Hurrelmann/D. Ulich (Hrsg.), Handbuch der Sozialisationsforschung (S. 717-744). Weinheim/Basel: Beltz Verlag.

Bertram, H. (Hrsg.) (1986). Gesellschaftlicher Zwang und moralische Autonomie. Frankfurt a. M.: Suhrkamp.

Bienengräber, T. (2002). Vom Egozentrismus zum Universalismus. Entwicklungsbedingungen moralischer Urteilskompetenz. Wiesbaden: Deutscher Universitätsverlag.

Bierhoff, H.W. (2007). Prosoziales Verhalten. In J. Jonas/W. Stroebe/M. Hewstone (Hrsg.), Sozialpsychologie. Eine Einführung. 5. Auflage (S. 295-327). Heidelberg: Springer.

Bierhoff, H.W. (2010). Psychologie prosozialen Verhaltens. Warum wir anderen helfen. 2., vollständig überarbeitete Auflage. Stuttgart: Verlag W. Kohlhammer.

Birnbacher, D. (2003). Analytische Einführung in die Ethik. Berlin: De Gruyter.

Bischof-Köhler, D. (2011). Soziale Entwicklung in Kindheit und Jugend. Bindung, Empathie, Theory of Mind. Stuttgart: Verlag W. Kohlhammer.

Blair, R.J. (1995). A cognitive developmental approach to morality: investigating the psychopath. Cognition, 57, 1-29.

Blasi, A. (1980). Bridging moral cognition and moral action. A critical review of the literature. Psychological Bulletin, 88, 1-45.

Blasi, A. (1983). Moral cognition and moral action: A theoretical perspective. Developmental Review, 3, 178-210.

Blasi, A. (1986). Psychologische und philosophische Definition der Moral. Schädliche Einflüsse der Philosophie auf die Moralpsychologie. In W. Edelstein/G. Nunner-Winkler (Hrsg.), Zur Bestimmung der Moral. Philosophische und sozialwissenschaftliche Beiträge zur Moralforschung (S. 55-85). Frankfurt a. M.: Suhrkamp.

Blasi, A. (1987). The psychological definition of morality. In J. Kagan/S. Lamb (Eds.), The emergence of morality in young children (pp. 83-90). Chicago: University of Chicago Press.

Blasi, A. (1990). Kohlberg's theory and moral motivation. New Directions for Child Development, 47, 51-57.

Blasi, A. (1993). Die Entwicklung der Identität und ihre Folgen für moralisches Handeln. In W. Edelstein/G. Nunner-Winkler/G. Noam (Hrsg.), Moral und Person (S. 119-147). Frankfurt a. M.: Suhrkamp.

Blasi, A. (1995). Moral understanding and the moral personality: The process of moral integration. In W.M. Kurtines/J.L. Gewirtz (Eds.), Moral development: An introduction (pp. 229-254). Boston: Allyn & Bacon.

Blasi, A. (2000). Was sollte als moralisches Verhalten gelten? Das Wesen der „frühen Moral" in der kindlichen Entwicklung. In W. Edelstein/G. Nunner-Winkler (Hrsg.), Moral im sozialen Kontext (S. 116-145). Frankfurt a. M.: Suhrkamp.

Blasi, A. (2004). Moral functioning: Moral understanding and personality. In D.K. Lapsley/D. Narváez (Eds.), Moral development, self and identity (pp. 335-348). Mahwah, New Jersey: Lawrence Erlbaum Associates.

Boom, J./Brugman, D./von der Heidjen, P.G.M. (2001). Hierarchical structures of moral stages assessed by a sorting task. Child Development, 72, 535-548.

Bowlby, J. (1969). Attachment and loss. Vol. 1: Attachment. New York: Basic Books.

Boyes, M./Walker, L.J. (1988). Implications of cultural diversity for the universality claims of Kohlberg's theory of moral reasoning. Human Development, 31, 44-59.

Brody, G.H./Shaffer, D.R. (1982). Contributions of parents and peers to children's moral sozialization. Developmental Review, 2, 31-75.

Bronfenbrenner, U./Morris, P.A. (2006). The bioecological model of human development. In R.E. Lerner/W. Damon (Eds.), Handbook of child psychology, Vol. 1: Theoretical models of human development (pp. 793-828). Hoboken, New York: Wiley.

Broughton, J. (1978). The cognitive-developmental approach to morality: A reply to Kurtines and Greif. Journal of Moral Education, 7, 231-246.

Broughton, J. (1983). Women's rationality and men's virtues. A critique of gender dualism in Gilligan's theory of moral development. Social Research, 50, 597-642.

Burgard, P. (1989). Consistencies in inconsistencies in moral judgments: Microanalysis of stage variations within moral dilemmas. Poster presented at the session „Moral development", 10th biennial meeting of the International Society for the Study of Behavioural Development (ISSBD), 9.-13.7.1989, Jyväskylä, Finland.

Buss, D.M. (2006). Evolutionäre Psychologie. 2., aktualisierte Auflage. München: Pearson Studium.

Cairns, R.B. (1998). The making of developmental psychology. In W. Damon (Ed.), Handbook of child psychology, Vol. 1: Theoretical models of human development (pp. 25-106). New York: Wiley.

Campbell, R.C./Christopher, J.C. (1996). Moral development theory: A critique of its kantian presuppositions. Developmental Review, 16, 1-47.

Candee, D./Kohlberg, L. (1987). Moral judgment and moral action: A reanalysis of Haan, Smith, and Block's (1986) Free Speech Movement data. Journal of Personality and Social Psychology, 52, 554-564.

Carlo, G./Eisenberg, N./Knight, G.P. (1992). An objective measure of adolescents' prosocial moral reasoning. Journal of Research on Adolescence, 2, 331-349.

Carpendale, J.I.M./Krebs, D.L. (1995). Variations in level of moral judgment as a function of type of dilemma and moral choice. Journal of Personality, 63, 289-313.

Case, R. (1985). Intellectual development: Birth to adulthood. New York: Academic Press.

Cervone, D. (2004). The architecture of personality. Psychological Review, 111, 183-204.

Cervone, D./Pervin, L.A. (2008). Personality. Theory and research. 10th edition. Hoboken, NJ: John Wiley & Sons.

Cervone, D./Tripahi, R. (2009). The moral functioning of the person as the whole: On moral psychology and personality science. In D. Narváez/D.K. Lapsley (Eds.), Personality, identity, and character. Explorations in moral psychology (pp. 30-51). Cambridge: Cambridge University Press.

Chapman, M. (1988). Constructive evolution. Origin and development of Piaget's thought. Cambridge: Cambridge University Press.

Colby, A./Damon, W. (1992). Some do care: Contemporary lives of moral commitment. New York: Free Press.

Colby, A./Gibbs, J./Kohlberg, L./Speicher-Dubin, B./Candee, D. (1979). Standard Form Scoring Manual, Part One, Introduction. Harvard University: Unpublished manuscript.

Colby, A./Kohlberg, L. (1987). The measurement of moral judgment, Vol. I: Theoretical foundations and research validation; Vol. 2: Standard issue scoring manual. New York: Cambridge University Press.

Colby, A./Kohlberg, L./Gibbs, J./Lieberman, M. (1983). A longitudinal study of moral judgment. Monographs of the Society for Research in Child Development, 48 (Serial No. 200).

Corsten, M./Lempert, W. (1997). Beruf und Moral. Weinheim: Deutscher Studien Verlag.

Cortese, A. J. (1984). Standard issue scoring of moral reasoning: A critique. Merrill-Palmer Quarterly, 30, 227-246.

Crick, N.R./Doge, K.A. (1994). A review and reformulation of social-information-processing mechanisms in children's social adjustment. Psychological Bulletin, 115, 74-101.

Dalbert, C. (2009). Belief in a just world. In M.R. Leary/R.H. Hoyle (Eds.), Handbook of individual differences in social behavior (pp. 288-297). New York: Guilford Publications.

Damasio, A.R. (2006). Descartes' Irrtum. Fühlen, Denken und das menschliche Gehirn. 3., aktualisierte Auflage. Berlin: List Taschenbuch.

Damon, W. (1975). Early conceptions of positive justice as related to the development of logical operations. Child Development, 46, 301-321.

Damon, W. (1980a). Patterns of change in children's social reasoning: A two-year longitudinal study. Child Development, 51, 1010-1017.

Damon, W. (1980b). Structural-developmental theory and the study of moral development. In M. Windmiller (Ed.), Moral development and socialization (pp. 35-68). Boston: Allyn & Bacon.

Damon, W. (1982). Zur Entwicklung der sozialen Kognition des Kindes. Zwei Zugänge zum Verständnis von sozialer Kognition. In W. Edelstein/M. Keller (Hrsg.), Perspektivität und Interpretation (S. 110-145). Frankfurt a. M.: Suhrkamp.

Damon, W. (1983). Social and personality development. New York: Norton & Comp.

Damon, W. (1984). Die soziale Welt des Kindes. Frankfurt a. M.: Suhrkamp.

Damon, W. (1988). The moral child: Nurturing children's natural moral growth. New York: Free Press.

Dawson, T.L. (2002). New tools, new insights: Kohlberg's moral judgement stages revisited. International Journal of Behavioral Development, 26, 154-166.

De Vries, B./Walker, L.J. (1986). Moral reasoning and attitudes toward capital punishment. Developmental Psychology, 22, 509-513.

De Waal, F.B.M. (1996). Good natured. The origins of right and wrong in humans and other animals. Cambridge, MA: Harvard University Press.

Diekmann, A. (2008). Empirische Sozialforschung. Grundlagen, Methoden, Anwendungen. 18. Auflage. Reinbek bei Hamburg: Rowohlt Taschenbuch Verlag.

Döbert, R. (1986). Wider die Vernachlässigung des „Inhalts" in den Moraltheorien von Kohlberg und Habermas. Implikationen für die Relativismus/Universalismus-Kontroverse. In W. Edelstein/G. Nunner-Winkler (Hrsg.), Zur Bestimmung der Moral. Philosophische und sozialwissenschaftliche Beiträge zur Moralforschung (S. 86-125). Frankfurt a. M.: Suhrkamp.

Döbert, R. (1987). Horizonte der an Kohlberg orientierten Moralforschung. Zeitschrift für Pädagogik, 33, 491-512.

Döbert, R./Nunner-Winkler, G. (1975). Adoleszenzkrise und Identitätsbildung. Psychische und soziale Aspekte des Jugendalters in modernen Gesellschaften. Frankfurt a. M.: Suhrkamp.

Döbert, R./Nunner-Winkler, G. (1978). Performanzbestimmende Aspekte des moralischen Bewußtseins. In G. Portele (Hrsg.), Sozialisation und Moral (S. 101-121). Weinheim: Beltz Verlag.

Dovido, J.F./ Piliavin, J.A./Schroeder, D.A../Penner, L.A. (2006). The social psychology of prosocial behavior. Mahwah, New Jersey: Lawrence Erlbaum Associates, Inc..

Doris J.M. & the Moral Psychology Research Group (2010). The moral psychology handbook. Oxford: Oxford University Press.

Dunn, J. (1988). The beginnings of social understanding. Cambridge, MA: Harvard University Press.

Eagle, M. (1988). Neuere Entwicklungen in der Psychoanalyse. Eine kritische Würdigung. München/Wien: Verlag Internationale Psychoanalyse.

Eagly, A.H. (1995). The science and politics of comparing women and men. American Psychologist, 50, 145-158.

Eckensberger, L.H. (1983). Research on moral development. The German Journal of Psychology, 7, 195-244.

Eckensberger, L.H. (1984). On structure and content in moral development. Arbeiten der Fachrichtung Psychologie, Universität des Saarlandes, Nr. 92.

Eckensberger, L.H. (1986). Handlung, Konflikt, Reflexion: Zur Dialektik von Struktur und Inhalt im moralischen Urteil. In W. Edelstein/G. Nunner-Winkler (Hrsg.), Zur Bestimmung der Moral. Philosophische und sozialwissenschaftliche Beiträge zur Moralforschung (S. 409-442). Frankfurt a. M.: Suhrkamp.

Eckensberger, L.H. (1989). Consistencies in inconsistencies in moral judgments: Stage variations between dilemmas. Poster presented at the session „Moral development", 10th biennial meeting of the International Society for the Study of Behavioral Development (ISSBD), 9.-13.7.1989, Jyväskylä, Finland.

Eckensberger, L.H. (1998). Die Entwicklung des moralischen Urteilens. In H. Keller (Hrsg.), Lehrbuch Entwicklungspsychologie (S. 475-516). Bern/Göttingen/Toronto/Seattle: Huber.

Eckensberger, L.H. (2003). Kultur und Moral In A. Thomas (Hrsg.), Kulturvergleichende Psychologie. 2., überarbeitete und erweiterte Auflage (S. 309-345). Göttingen: Hogrefe.

Eckensberger, L.H. (2010). Kontextualisierung moralischer Urteile – etwas anderes als moralische Urteile plus Kontextvariablen. In B. Latzko/T. Malti (Hrsg.), Moralische Entwicklung und Erziehung in Kindheit und Adoleszenz (S. 17-45). Göttingen et al.: Hogrefe Verlag.

Eckensberger, L.H./Plath, I. (2003). Möglichkeiten und Grenzen des „variablenorientierten Kulturvergleichs": Von der Kulturvergleichenden Psychologie zur Kulturpsychologie. In H. Kaelble/J. Schriewer (Hrsg.), Vergleich und Transfer – Komparatistik in den Sozial-, Geschichts- und Kulturwissenschaften (S. 55-99). Frankfurt am Main/New York: Campus.

Eckensberger, L.H./Reinshagen, H. (1980). Kohlbergs Stufentheorie der Entwicklung des moralischen Urteils. Ein Versuch ihrer Reinterpretation im Bezugsrahmen handlungstheoretischer Konzepte. In L.H. Eckensberger/R.K. Silbereisen (Hrsg.), Entwicklung sozialer Kognitionen: Modelle, Theorien, Methoden, Anwendung (S. 65-131). Stuttgart: Klett-Cotta.

Eckensberger, L.H./Zimba, R.F. (1997). The development of moral judgment. In P. Dasen/T.S. Saras-wathi (Eds.), Handbook of cross-cultural psychology, 2nd ed., Vol. 3: Developmental psychology (pp. 299-338). Boston: Allyn & Bacon.

Edelstein, W. (1986). Moralische Interventionen in der Schule. Skeptische Überlegungen. In F. Oser/R. Fatke/O. Höffe (Hrsg.), Transformation und Entwicklung. Grundlagen der Moralerziehung (S. 327-349). Frankfurt a. M.: Suhrkamp.

Edelstein, W. (1987). Förderung der moralischen Erziehung in der Schule. Möglichkeiten und Grenzen. Zeitschrift für Pädagogik, 33, 185-205.

Edelstein, W. (1993). Soziale Konstruktion und die Äquilibration kognitiver Strukturen: Zur Entstehung individueller Unterschiede in der Entwicklung. In W. Edelstein/S. Hoppe-Graff (Hrsg.), Die Kon-struktion kognitiver Strukturen (S. 92-196). Bern: Huber.

Edelstein, W. (1996). The social construction of cognitive development. In G. Noam/K. Fischer (Eds.), Development and vulnerability in close relationships (pp. 91-112). Mahwah, NJ: Erlbaum.

Edelstein, W. (2001). Gesellschaftliche Autonomie und moralpädagogische Intervention. Moral im Zeitalter individueller Wirksamkeitserwartungen. In W. Edelstein/F. Oser/P. Schuster (Hrsg.), Mo-ralische Erziehung in der Schule (S. 13-34). Weinheim/Basel: Beltz Verlag.

Edelstein, W./Habermas, J. (Hrsg.) (1984). Soziale Interaktion und soziales Verstehen. Beiträge zur Entwicklung der Interaktionskompetenz. Frankfurt a. M.: Suhrkamp.

Edelstein, W./Keller, M. (Hrsg.) (1982). Perspektivität und Interpretation. Frankfurt a. M.: Suhrkamp.

Edelstein, W./Noam, G. (1982). Regulatory structures of the self and „postformal" stages in adulthood. Human Development, 25, 407-422.

Edelstein, W./Nunner-Winkler, G. (Hrsg.) (1986). Zur Bestimmung der Moral. Philosophische und sozialwissenschaftliche Beiträge zur Moralforschung. Frankfurt a. M.: Suhrkamp.

Edelstein, W./Nunner-Winkler, G. (Hrsg.) (2000). Moral im sozialen Kontext. Frankfurt a. M.: Suhr-kamp.

Edelstein, W./Nunner-Winkler, G./Noam, G. (Hrsg.) (1993). Moral und Person. Frankfurt a. M.: Suhr-kamp.

Edelstein, W./Oser, F./Schuster, P. (Hrsg.) (2001). Moralische Erziehung in der Schule. Weinheim/Basel: Beltz Verlag.

Edwards, C.P. (1981). The comparative study of the development of moral judgment and reasoning. In R.H. Munroe/R.L. Munroe/B. Whiting (Eds.), Handbook of cross-cultural human development, 2nd ed. (pp. 140-158). New York: Garland.

Edwards, C. (1986). Cross-cultural research on Kohlberg's stages: The basis of consensus. In S. Modgil/ C. Modgil (Eds.), Lawrence Kohlberg: Consensus and controversy (pp. 330-360). Philadelphia: Falmer Press.

Eid, M./Gollwitzer, M./Schmitt, M. (2010). Statistik und Forschungsmethoden. Lehrbuch. Wein-heim/Basel: Beltz Verlag.

Eisenberg, N. (1986). Altruistic emotion, cognition, and behavior. Hillsdale, NJ: Erlbaum.

Eisenberg, N./Carlo, G./Murphy, B./van Court, N. (1995). Prosocial development in late adolescence: A longitudinal study. Child Development, 66, 1179-1197.

Eisenberg, N./Fabes, R.A./Spinrad, T.L. (2006). Prosocial development. In W. Damon (Ed.), Handbook of child psychology, Vol. 3: Social and personality development (pp. 646-718). New York: Wiley.

Eisenberg, N./Lennon, R./Roth, K. (1983). Prosocial development: A longitudinal study. Developmental Psychology, 19, 846-855.

Eisenberg, N./Murphy, B. (1995). Parenting and children's moral development. In M. Bornstein (Ed.), Handbook of parenting, Vol. 4 (pp. 227-257). Mahwah, NJ: Lawrence Erlbaum.

Eisenberg-Berg, N. (1979). Development of children's prosocial moral judgment. Developmental Psy-chology, 15, 128-137.

Eisenberg-Berg, N./Neal, C. (1979). Children's moral reasoning about their spontaneous prosocial behavior. Development Psychology, 15, 228-229.

Emde, R.N. (1992). Individual meaning and increasing complexity: Contributions of Sigmund Freud and René Spitz to developmental psychology. Developmental Psychology, 28, 347-359.

Emde, R.N./Biringen, Z./Clyman, R.B./Oppenheim, D. (1991). The moral self of infancy: Affective core and procedural knowledge. Developmental Review, 11, 251-270.

Emde, R.N./Johnson, W.F./Easterbrooks, A. (1987). The do's and don'ts of early moral development. Psychoanalytic tradition and current research. In J. Kagan/S. Lamb (Eds.), The emergence of morality in young children (pp. 245-276). Chicago: University of Chicago Press.

Emler, N./Renwich, S./Malone, B. (1983). The relationship between moral reasoning and political orientation. Journal of Personality and Social Psychology, 45, 1073-1080.

Endler, N.S./Rushton, J.P./Roediger, H.L. (1978). Productivity and scholarly impact (citations) of British, Canadian, and U.S. Departments of Psychology (1975). American Psychologist, 31, 1064-1082.

Enright, R.D. (1991). The moral development of forgiveness. In W.M. Kurtines/J.L. Gewirtz (Eds.), Handbook of moral behavior and development, Vol. 1: Theory (pp. 123-152). Hillsdale, NJ: Erlbaum.

Enright, R.D./Bjerstedt, A./Enright, W.F./Levy, V.M./Lapsley, D.K./Buss, R.R./Harwell, M./Zindler, M. (1984). Distributive justice development: Cross-cultural, contextual and longitudinal evaluations. Child Development, 55, 1737-1751.

Erikson, E.H. (1973). Identität und Lebenszyklus. Frankfurt a. M.: Suhrkamp.

Fehr, E./Rockenbach, B./Bernhard, H. (2008). Egalitarianism in young children. Nature, 454, 1079-1084.

Fiske, A.P./Kitayama, S./Markus, H.R./Nisbett, R.E. (1998). The cultural matrix of social psychology. In D.T. Gilberg/S.T. Fiske/G. Lindzey (Eds.), The Handbook of social psychology (4th ed.), Vol. 2, (pp. 915-981). Boston: McGraw-Hill.

Flammer, A. (2009). Entwicklungstheorien. Psychologische Theorien der menschlichen Entwicklung. 4. vollständig überarbeitete Auflage. Bern: Verlag Hans Huber, Hogrefe AG.

Flavell, J.H. (1963). The developmental psychology of Jean Piaget. Princeton, NJ: Van Nostrand.

Flavell, J.H. (1979). Kognitive Entwicklung. Stuttgart: Klett-Cotta.

Flavell, J.H./Miller, P.H. (1998). Social cognition. In W. Damon (Ed.), Handbook of child psychology, Vol. 2: Cognition, perception, language (pp. 851-898). New York: Wiley.

Freud, S. (1953). Abriß der Psychoanalyse. Das Unbehagen in der Kultur. Frankfurt a. M.: Fischer.

Friese, M./Hofmann, W./Schmitt, M. (2008). When and why do implicit measures predict behaviour? Empirical evidence for the moderating role of opportunity, motivation, and process reliance. European Review of Social Psychology, 19, 285-338.

Gabennesch, H. (1990). The perception of social conventionality by children and adults. Child Development, 61, 2047-2059.

Garbarino, J./Bronfenbrenner, U. (1976). The socialization of moral judgment and behavior in cross-cultural perspective. In T. Lickona (Ed.), Moral development and behavior. Theory, research, and social issues (pp. 70-83). New York: Holt, Rinehart & Winston.

Garz, D. (1996). Lawrence Kohlberg zur Einführung. Hamburg: Junius.

Garz, D. (1999). "Also die Annahme, dass die Welt gerecht ist, das wäre sehr irrational". Urteil, Handeln und die Moral des Alltagslebens. In D. Garz/F. Oser/W. Althof (Hrsg.), Moralisches Urteil und Handeln (S. 377-405). Frankfurt a. M.: Suhrkamp.

Garz, D./Oser, F./Althof, W. (Hrsg.) (1999). Moralisches Urteil und Handeln. Frankfurt a. M.: Suhrkamp.

Gerson, R./Damon, W. (1978). Moral understanding and children's conduct. New Directions for Child Development, 2, 41-60.

Geulen, D. (1977). Das vergesellschaftete Subjekt. Zur Grundlegung der Sozialisationstheorie. Frankfurt a. M.: Suhrkamp.

Geulen, D. (Hrsg.) (1982). Perspektivenübernahme und soziales Handeln. Frankfurt a. M.: Suhrkamp.

Geulen, D. (1987). Zur Integration von entwicklungspsychologischer Theorie und empirischer Sozialisationsforschung. Zeitschrift für Sozialisationsforschung und Erziehungssoziologie, 7, 2-25.

Geulen, D. (1991). Die historische Entwicklung sozialisationstheoretischer Ansätze. In K. Hurrelman/D.
Ulich (Hrsg.), Neues Handbuch der Sozialisationsforschung (S. 21-54). Weinheim: Beltz Verlag.

Geulen, D. (2005). Subjektorientierte Sozialisationstheorie. Weinheim/München: Juventa Verlag.

Gibbs, J.C. (1979). Kohlberg's moral stage theory: A piagetian revision. Human Development, 22, 89-112.

Gibbs, J.C. (1991). Toward an integration of Kohlberg's and Hoffman's theories of morality. In W. M.
Kurtines/J. L. Gewirtz (Eds.), Handbook of moral behavior and development, Vol. 1: Theory (pp.
183-222). Hillsdale, NJ: Erlbaum.

Gibbs, J.C. (1995). The cognitive developmental perspective. In W. M. Kurtines/J. L. Gewirtz (Eds.),
Moral development: An introduction (pp. 27-48). Boston: Allyn & Bacon.

Gibbs, J.C. (2003). Moral development and reality. Thousand Oaks: Sage Publications.

Gibbs, J.C./Basinger, K.S./Fuller, R.L. (1992). Moral maturity. Measuring the development of socio-moral
reflection. Hillsdale, NJ: Erlbaum.

Gibbs, J.C./Schnell, S.V. (1985). Moral development „versus" socialization: A critique. American Psychologist, 40, 1071-1080.

Gibbs, J.C./Widaman, K.F. (1982). Social intelligence. Measuring the development of socio-moral reflection. Englewood Cliffs, NJ: Prentice Hall.

Gigerenzer, G. (2007). Bauchentscheidungen. Die Intelligenz des Unbewussten und die Macht der Intuition. München: C. Bertelsmann Verlag

Gigerenzer, G. (2008). Moral Sense=Fast and frugal heuristics. In W. Sinnott-Armstrong (Ed.), Moral
psychology, Vol. 2, The cognitive science of morality: Intuition and diversity (pp. 1-26). Cambridge, MA: MIT Press.

Gigerenzer, G. (2010). Moral satisficing: Rethinking moral behavior as bounded rationality. Topics in
Cognitive Science, 2, 528-554.

Gilligan, C. (1977). In a different voice: Women's conceptions of self and of morality. Harvard Educational Review, 47, 481-517.

Gilligan, C. (1984). Die andere Stimme. München: Piper.

Gilligan, C. (1986). On in a different voice: An interdisciplinary forum: Reply. Signs, 11, 324-333.

Gilligan, C./Kohlberg, L./Lerner, J./Belenky, M. (1971). Moral reasoning about sexual dilemmas. Techni-
cal report of the Commission on Obscenity and Pornography, Vol. 1 (No. 52560010). Washington
D. C.: U.S. Government Printing Office.

Glassman, M./Zan, B. (1995). Moral activity and domain theory: An alternative interpretation of research with young children. Developmental Review, 15, 434-457.

Gollwitzer, M./Fetchenhauer, D./Baumert, A./Schlösser, T./Schmitt, M. (2009). Soziale Gerechtigkeit. In
N. Goldschmidt/H.G. Nutzinger (Hrsg.), Vom homo oeconomicus zum homo culturalis – Handlung und Verhalten in der Ökonomie (Kulturelle Ökonomik, Band 8, S. 175-195). Münster: Lit.

Gollwitzer, M./Schmitt, M. (2006). Sozialpsychologie. Workbook. Weinheim: Beltz Verlag.

Goodnow, J.J. (1998). Beyond the overall balance: The significance of particular tasks and procedures for
perceptions of fairness in distributions of household work. Social Justice Research, 11, 359-376.

Graham, J./Haidt, J./Nosek, B.A. (2009). Liberals and conservatives rely on different sets of moral foundations. Journal of Personality and Social Psychology, 96, 1029-1046.

Green, J.D./ Sommerville, R.B./Nystrom, L.E./ Darley, J.M. (2001). An fMRI investigation of emotional
engagement in moral judgment. Science, 293, 2105-2108.

Grim, P.F./Kohlberg, L./White, S.H. (1968). Some relationships between conscience and attentional
processes. Journal of Personality and Social Psychology, 8, 239-252.

Grünreich, R. (1982). Issues in the developmental study of how children use intention and consequence
information to make moral judgments. Child Development, 53, 29-43.

Gruschka, A. (1994). Bürgerliche Kälte und Pädagogik. Moral in Gesellschaft und Erziehung. Wetzlar: Büchse der Pandora Verlags-GmbH.

Gruschka, A. (1996). Wie misst und wie stimuliert man moralische Urteilskraft? Von den Konflikten auf dem Weg zum guten und schlechten Menschen (Teil 1). Pädagogische Korrespondenz, 18, 49-72.

Grusec, J. E./Davidov, M. (2010). Integrating different perspectives on socialization theory and research: A domain-specific approach. Child Development, 81, 687-709.

Grusec, J.E./Goodnow, J.J. (1994). Impact of parental discipline methods on the child's internalization of values: A reconceptualization of current points of view. Developmental Psychology, 30, 4-19.

Gummerum, M./Keller, M./Takezawa, M./Mata, J. (2008). To give or not to give: Children's and adolescent's sharing and moral negotiations in economic decision situations. Child Development, 79, 562-576.

Haagbloom, S.J./Warnick, R./Conrads, J. et al. (2002). The 100 most eminent psychologists of the 20 th. century. Review of General Psychology, 6, 139-152.

Haan, N. (1978). Two moralities in action contexts: Relationship to thought, ego regulation, and development. Journal of Personality and Social Psychology, 36, 286-305.

Haan, N./Aerts, E./Cooper, B. (1985). On moral grounds: The search for practical morality. New York: New York University Press.

Haan, N./Langer, J./Kohlberg, L. (1976). Family patterns of moral reasoning. Child Development, 47, 1204-1206.

Haan, N./Smith, M.B./Block, J. (1968). Moral reasoning of young adults. Political social behavior, family background, and personality correlates. Journal of Personality and Social Psychology, 10, 183-201.

Habermas, J. (1976). Moralentwicklung und Ich-Identität. In J. Habermas, Zur Rekonstruktion des Historischen Materialismus (S. 63-91). Frankfurt a. M.: Suhrkamp.

Habermas, J. (1981). Theorie des kommunikativen Handels. Frankfurt a. M.: Suhrkamp.

Habermas, J. (1983). Moralbewusstsein und kommunikatives Handeln. Frankfurt a. M.: Suhrkamp.

Habermas, J. (1991). Erläuterungen zur Diskursethik. Frankfurt a. M.: Suhrkamp.

Haidt, J. (2001). The emotional dog and its rational tail: A social intuitionist approach to moral judgment. Psychological Review, 108, 814-834.

Haidt, J. (2003). Moral emotions. In R.J. Davidson/K.R. Scherer/H.H. Goldsmith (Eds.), Handbook of affective sciences (pp. 852-870). Oxford: Oxford University Press.

Haidt, J. (2008). Morality. Perspectives on Psychological Science, 3, 65-72.

Haidt, J./Björklund, F. (2008a). Social intuitionists answer six questions about moral psychology. In W. Sinnott-Amstrong (Ed.), Moral psychology, Vol. 2: The cognitive science of morality: Intuition and diversity (pp. 181-217). Cambridge, MA: MIT Press.

Haidt, J./Björklund, F. (2008b). Social intuitionists reason, as a normal part of conversation. In W. Sinnott-Amstrong (Ed.), Moral psychology, Vol. 2, The cognitive science of morality: Intuition and diversity (pp. 241-254). Cambridge, MA: MIT Press.

Haidt, J./Joseph, C. (2007). The moral mind: How 5 sets of innate moral intuitions guide the development of many culture-specivic virtues, and perhaps even modules. In P. Carruthers/S. Laurence/S. Stich (Eds.), The innate mind, Vol 3 (pp. 367-391). New York: Oxford.

Hart, D. (1988). A longitudinal study of adolescent's socialization and identification as predictors of adult moral judgment development. Merrill-Palmer Quarterly, 34, 245-260.

Hart, D. (1992). Becoming men. The development of aspirations, values, and adaptational styles. New York/London: Plenaum Press.

Hart, D./Chmiel, S. (1992). Influence of defense mechanisms on moral judgment development: A longitudinal study. Developmental Psychology, 28, 722-730.

Hart, D./Fegley, S. (1995). Prosocial behaviour and caring in adolescence: Relations to self-understanding and social judgment. Child Development, 66, 1346-1359.

Hart, D./Matsuba, M.K. (2009). Urban neighborhoods as contexts for moral identity development. In D. Narváez/D.K. Lapsley (Eds.), Personality, identity, and character. Explorations in moral psychology (pp. 214-231). Cambridge: Cambridge University Press.

Hartshorne, H./May, M.A. (1928-1930). Studies in the nature of character. Vol. 1: Studies in deceit; Vol. 2: Studies in self-control, Vol. 3: Studies in the organization of character. New York: Macmillan.

Hastings, P.D./Utendale, W./Sullivan, C. (2007). The socialization of prosocial development. In J.E. Grusec/P.D. Hastings (Eds.). Handbook of socialization. Theory and research (pp. 638– 664). New York: Guildford Press.

Hauser, M. D. (2006). Moral minds. How nature designed our universal sense of right or wrong. New York: Harper Collins.

Hay, D.F. (1994). Prosocial development. Journal of Child Psychology and Psychiatry, 35, 29-71.

Heckhausen, H./Gollwitzer, P.M. (1987). Thought contents and cognitive functioning in motivational vs. volitional states of mind. Motivation and Emotion, 11, 101-120.

Heidbrink, H. (1991). Stufen der Moral. Zur Gültigkeit der kognitiven Entwicklungstheorie Lawrence Kohlbergs. München: Quintessenz-Verlag.

Heidbrink, H. (2008). Einführung in die Moralpsychologie. 3. Auflage. Weinheim/Basel: Beltz PVU.

Heinrichs, K. (2006). Urteilen und Handeln. Ein Prozessmodell und seine moralpsychologische Spezifizierung. Frankfurt a. M.: Peter Lang GmbH – Europäischer Verlag der Wissenschaften.

Heitmeyer, W. (2008). Deutsche Zustände. Band 6. Frankfurt a. M.: Suhrkamp.

Helwig, C.C. (1995). Adolescent's and young adult's conceptions of civil liberties: Freedom of speech and religion. Child Development, 66, 152-166.

Helwig, C.C. (1997). The role of agent and social context in judgments of freedom of speech and religion. Child Development, 68, 484-495.

Helwig, C.C./Tisak, M.S./Turiel, E. (1990). Children's social reasoning in context. Child Development, 61, 2068-2078.

Henry, R.M. (1983). The psychodynamic foundations of morality. Basel/New York: Karger.

Henry, R.M. (1987). Moral belief structure and content, self-identity and parental favouritism as determinants of moral judgment stage. Journal of Moral Education, 16, 3-17.

Higgins, A./Power, C./Kohlberg, L. (1984). The relationship of moral atmosphere to judgments of responsibility. In W.M. Kurtines/J.L. Gewirtz (Eds.), Morality, moral behavior, and moral development: Basic issues in theory and research (pp. 74-106). New York: Wiley.

Hoerster, N. (2003). Ethik und Interesse. Stuttgart: Reclam.

Hoff, E. (1999). Kollektive Probleme und individuelle Handlungsbereitschaft. Zur Entwicklung von Verantwortungsbewusstsein. In M. Grundmann (Hg.), Konstruktivistische Sozialisationsforschung (S. 240-266). Frankfurt a. M.: Suhrkamp.

Hoff, E./Lempert, W./Lappe, L. (1991). Persönlichkeitsentwicklung in Facharbeiterbiographien. Bern: Huber.

Hoff-Ginsberg, E./Tardiff, T. (1995). Socioeconomic status and parenting. In M. Bornstein (Ed.), Handbook of parenting, Vol. 4 (pp. 161-188). Mahwah, NJ: Lawrence Erlbaum.

Hoffman, M.L. (1970a). Moral development. In P.H. Mussen (Ed.), Carmichael's manual of child psychology, Vol. 2 (pp. 261-359). New York: Wiley.

Hoffman, M.L. (1970b). Conscience, personality, and socialization techniques. Human Development, 13, 90-126.

Hoffman, M.L. (1977). Moral internalization: Current theory and research. In L. Berkowitz (Ed.), Advances in experimental social psychology, Vol. 10 (pp. 85-133). New York: Academic Press.

Hoffman, M.L. (1987). The contribution of empathy to justice and moral judgment. In N. Eisenberg/J. Strayer (Eds.), Empathy and its development (pp. 47-80). Cambridge: Cambridge University Press.

Hoffman, M.L. (1988). Moral development. In M. Lamb/M. Bornstein (Eds.), Developmental psychology: An advanced textbook (2nd ed.) (pp. 497-548). Hillsdale, NJ: Erlbaum.

Hoffman, M.L. (1991a). Empathy, social cognition, and moral action. In W.M. Kurtines/J.L. Gewirtz (Eds.), Handbook of moral behavior and development, Vol. 1: Theory (pp. 275-301). Hillsdale, NJ: Erlbaum.

Hoffman, M.L. (1991b). Commentary on: Toward an integration of Kohlberg's and Hoffman's moral development theories. Human Development, 34, 105-110.

Hoffman, M.L. (2000). Empathy and moral development. Implications for caring and justice. Cambridge, UK: Cambridge University Press.

Hoffman, M.L./Saltzstein, H.D. (1967). Parental discipline and the child's moral development. Journal of Personality and Social Psychology, 5, 45-57.

Hogan, R./Emler, N. (1978). The biases in contemporary social psychology. Social Research, 45, 201-249.

Holzkamp, K. (1983). Grundlegung der Psychologie. Frankfurt a. M.: Campus Verlag.

Holzkamp, K. (1993). Lernen. Subjektwissenschaftliche Grundlegung. Frankfurt a. M./New York: Campus Verlag.

Honneth, A. (1990). Moralbewusstsein und soziale Klassenherrschaft. In A. Honneth, Die zerissene Welt des Sozialen (S. 182-201). Franfurt a. M.: Suhrkamp.

Honneth, A. (1993). Kommunitarimus. Eine Debatte über die moralischen Grundlagen moderner Gesellschaften. Frankfurt a. M.: Campus Verlag.

Hopf, C./Rieker, P./Sanden-Markus, M./Schmidt, C. (1995). Familie und Rechtsextremismus. Weinheim/München: Juventa Verlag.

Hoppe-Graf, S./Latzko, B./Engel, I./Hesse, I./Mainka, A./Waller, M. (1998). Lehrerautorität - Aus der Sicht der Schüler. In N. Seibert (Hrsg.), Erziehungsschwierigkeiten in Schule und Unterricht (S. 127-160). Bad Heilbrunn: Verlag Julius Klinkhardt.

Horster, D. (Hrsg.) (1998). Weibliche Moral – ein Mythos. Frankfurt a. M.: Suhrkamp.

Horster, D. (2006). Was soll ich tun? Moral im 21. Jahrhundert. Leipzig: Reclam Verlag.

Howard, G.S./Day, J.D. (1995). Individual productivity and impact in developmental psychology. Developmental Review, 15, 136-149.

Hradil, S. (1999). Soziale Ungleichheit in Deutschland. 8. Auflage. Opladen: Leske + Budrich.

Hurrelmann, K./Grundmann, M./Walper, S. (Hrsg.) (2008). Handbuch der Sozialisationsforschung. Weinheim/Basel: Beltz Verlag.

van Ijzendoorn, M.H./Zward-Woudstra, H.A. (1995). Adolescent's attachment representations and moral reasoning. The Journal of Genetic Psychology, 156, 359-372.

Jaffee, S./Hyde, J.S. (2000). Gender differences in moral orientation: A meta-analysis. Psychological Bulletin, 126, 703-726.

Jensen, L.A. (2008). Through two lenses. A cultural-developmental approach to moral psychology. Developmental Review, 28, 289-315.

Juranek, N./Döbert, R. (2002). Eine andere Stimme. Universalien oder geschlechtsspezifische Differenzen in der Moral. Heidelberg/Kröning: Asanger Verlag.

Kahn, P.H. (1992). Children's obligatory and discretionary moral judgments. Child Development, 63, 416-430.

Kahn, P.H./Friedman, B. (1995). Environmental views and values of children in an inner-city black community. Child Development, 66, 1403-1417.

Kahneman, D. (2003). Maps of bounded rationality: Psychology for behavioral economics. The American Economic Review, 93, 1449-1475.

Karniol, R. (1978). Children's use of intention cues in evaluating behavior. Psychological Bulletin, 85, 76-85.

Keller, M. (1976). Kognitive Entwicklung und soziale Kompetenz. Stuttgart: Klett.

Keller, M. (1984). Rechtfertigungen. Zur Entwicklung praktischer Erklärungen. In W. Edelstein/J. Habermas (Hrsg.), Soziale Interaktion und soziales Verstehen (S. 253-299). Frankfurt a. M.: Suhrkamp.

Keller, M. (1990). Zur Entwicklung moralischer Reflexion: Eine Kritik und Rekonzeptualisierung der Stufen des präkonventionellen Urteils in der Theorie von L. Kohlberg. In M. Knopf/W. Schneider (Hrsg.), Entwicklung. Allgemeine Verläufe - Individuelle Unterschiede - Pädagogische Konsequenzen. Festschrift für Franz Emanuel Weinert (S. 19-44). Göttingen: Hogrefe.

Keller, M. (1996). Moralische Sensibilität: Entwicklung in Freundschaft und Familie. Weinheim: Psychologie Verlags Union.

Keller, M. (2003). Moralische Entwicklung als soziale Partizipation. In D. Sturzbecher/H. Großmann (Hrsg.), Soziale Partizipation in Vor- und Grundschule (S.143-172). München/Basel: Ernst Reinhardt Verlag.

Keller, M./Becker, G. (2008). Ein handlungstheoretischer Ansatz zur Entwicklung soziomoralischer Kompetenzen von Kindern und Jugendlichen. In T. Malti/S. Perren (Hrsg.), Soziale Kompetenzen bei Kindern und Jugendlichen: Entwicklungsprozesse und Förderungsmöglichkeiten (S. 108-125). Stuttgart: Kohlhammer Verlag.

Keller, M./Canz, T. (2007). Zwischen Fairness und Interesse. Eine entwicklungspsychologische Studie zu Verhandlungen in Gruppen. In A. Bucher (Hrsg.), Moral, Religion, Politik: Psychologisch-pädagogische Zugänge. Festschrift für Fritz Oser. (S. 113-139). Wien: LIT Verlag.

Keller, M./Eckensberger, L.H./ von Rosen, K. (1989). A critical note on the conception of preconventional morality: The case of stage 2 in Kohlberg's theory. International Journal of Behavioral Development, 12, 57-69.

Keller, M./Edelstein, W. (1991). The development of socio-moral meaning making: Domains, categories, and perspective-taking. In W.M. Kurtines/J.L. Gewirtz (Eds.), Handbook of moral behavior and development, Vol. 1: Theory (pp. 89-114). Hillsdale, NJ: Erlbaum.

Keller, M./Edelstein, W. (1992). Zur Universalität des frühen moralischen Denkens: Eine kulturvergleichende Untersuchung zum präkonventionellen moralischen Urteil. Zeitschrift für Entwicklungspsychologie und Pädagogische Psychologe, 1, 3-21.

Keller, M./Edelstein, W./Schmidt, C./Fang, F./Fang, G. (1998). Reasoning about responsibilities and obligations in close relationships: A comparison between two cultures. Developmental Psychology, 34, 731-741.

Keller, M./Krettenauer, T. (2007). Moralentwicklung im Kulturvergleich. In G. Trommsdorf/H.J. Konradt (Hrsg.), Enzyklopädie der Psychologie. Teilband: Kulturvergleichende Psychologie (S. 522-555). Göttingen: Hogrefe.

Keller, M./Lourenco, O./Malti, T./Saalbach, H. (2003). The multifaceted phenomen of ,happy victimizers': a cross-cultural comparison of moral emotions. British Journal of Developmental Psychology, 21, 1-18.

Keller, M./Malti, T. (2008). Sozialisation sozio-moralischer Kompetenzen. Eine kognitiv-entwicklungspsychologische Perspektive. In K. Hurrelmann/M. Grundmann/S. Walper (Hrsg.), Handbuch der Sozialisationsforschung (S. 410-423). Weinheim: Beltz Verlag.

Keller, M./Reuss, S. (1984). An action-theoretical reconstruction of the development of social-cognitive competence. Human Development, 27, 211-220.

Keller, M./Reuss, S. (1986). Der Prozess moralischer Entscheidungsfindung. In F. Oser/R. Fatke/O. Höffe (Hrsg.), Transformation und Entwicklung (S. 124-148). Frankfurt a. M.: Suhrkamp.

Keller, M./Schuster, P./Malti, T./Sigurdardottir, G./Fang F./Tan, H. (2000). Moral cognition and emotion: Early development in cross-cultural context. Max-Planck-Institut für Bildungsforschung, Berlin. Unveröffentlichtes Manuskript.

Kesselring, T. (1999). Jean Piaget. München: Beck.

Kienbaum, J. (1995). Sozialisation von Mitgefühl und prosozialem Verhalten. Ein Vergleich deutscher und sowjetischer Kindergartenkinder. In G. Trommsdorff (Hrsg.), Kindheit und Jugend in verschiedenen Kulturen (S. 83-109). Weinheim: Juventa Verlag.

Kienbaum, J./Wilkening, F. (2009). Children's and adolescent's intuitive judgements about distributive justice: Integrating need, effort, and luck. European Journal of Developmental Psychology, 6, 481-498.

Kihlstrom, J.F. (1987). The cognitive unconscious. Science, 237, 1445-1452.

Killen, M. (1990). Children's evaluations of morality in the context of peer, teacher-child and familial relations. Journal of Genetic Psychology, 151, 395-410.

Killen, M./Smetana. J.G. (Eds.) (2006). Handbook of moral development. Mahwah, NJ: Lawrence Erlbaum Associates.

Kochanska, G. (1993). Toward a synthesis of parental socialization and child temperament in early development of conscience. Child Development, 64, 325-347.

Kochanska, G. (1997). Multiple pathways to conscience for children with different temperaments: From toddlerhood to age 5. Developmental Psychology, 33, 228-240.

Kochanska, G./Aksan, N. (2006). Children's conscience and self-regulation. Journal of Personality, 74, 1587-1617.

Kohlberg, L. (1958). The development of modes of thinking and choices in years 10 to 16. Unpublished doctoral dissertation. University of Chicago.

Kohlberg, L. (1963a). The development of children's orientations toward a moral order: Sequence in the development of moral thought. Vita Humana, 6, 11-33.

Kohlberg, L. (1963b). Moral development and identification. In H.W. Stevenson (Ed.), Child psychology, 62nd Yearbook of the National Society for the Study of Education, Part I (pp. 277-332). Chicago: University of Chicago Press.

Kohlberg, L. (1964). The development of moral character and ideology. In. M.L. Hoffman/L.W. Hoffman (Eds.), Review of child developmental research, Vol. 1 (pp. 383-431). New York: Russell Sage Foundation.

Kohlberg, L. (1966a). A cognitive-developmental analysis of children's sex-role attitudes. In E. Maccoby (Ed.), The development of sex differences (pp. 82-173). Stanford, CA: Stanford University Press.

Kohlberg, L. (1966b). Cognitive stages and preschool education. Human Development, 9, 5-17.

Kohlberg, L. (1966c). Moral education in the school. School Review, 74, 1-30.

Kohlberg, L. (1968a). The child as a moral philosopher. Psychology Today, 7, 25-30.

Kohlberg, L. (1968b). Early education: A cognitive-developmental view. Child Development, 39, 1013-1062.

Kohlberg, L. (1969). Stage and sequence. The cognitive-developmental approach to socialization. In D. A. Goslin (Ed.): Handbook of socialization theory and research (pp. 347-480). Chicago: Rand McNally.

Kohlberg, L. (1973). The claim to moral adequacy of a highest stage of moral judgment. Journal of Philosophy, 70, 630-646.

Kohlberg, L. (1974). Zur kognitiven Entwicklung des Kindes. Frankfurt a. M.: Suhrkamp.

Kohlberg, L. (1975). The cognitive-development approach to moral education. Phi Delta Kappan, 61, 670-677.

Kohlberg, L. (1978). Revisions in the theory and practice of moral development. New Directions for Child Development, 2, 83-87.

Kohlberg, L. (1979). Foreword to ‚Developments in Judging Moral Issues', by James Rest. Minneapolis: University of Minnesota Press.

Kohlberg, L. (1981). Essays on moral development, Vol. 1: The philosophy of moral development. San Francisco, CA: Harper and Row.

Kohlberg, L. (1984). Essays on moral development, Vol. 2: The psychology of moral development. San Francisco, CA: Harper and Row.

Kohlberg, L. (1986a). My search for universal morality. Moral Education Forum, 11, 11-17.

Kohlberg, L. (1986b). A current statement on some theoretical issues. In S. Modgil/C. Modgil (Eds.), Lawrence Kohlberg. Consensus and controversy (pp. 485-546). Philadelphia/London: The Falmer Press.

Kohlberg, L. (1987). Child psychology and childhood education. A cognitive-developmental view. New York/London: Longman.

Kohlberg, L. (1995). Die Psychologie der Moralentwicklung. Hrsg. von W. Althof. Frankfurt a. M.: Suhrkamp.

Kohlberg, L. (2000). Die Psychologie der Lebensspanne. Hrsg. von W. Althof und D. Garz. Frankfurt a. M.: Suhrkamp.

Kohlberg, L./Boyd, D.R./Levine, C. (1986). Die Wiederkehr der sechsten Stufe: Gerechtigkeit, Wohlwollen und der Standpunkt der Moral. In W. Edelstein/G. Nunner-Winkler (Hrsg.), Zur Bestimmung der Moral. Philosophische und sozialwissenschaftliche Beiträge zur Moralforschung (S. 205-240). Frankfurt a. M.: Suhrkamp.

Kohlberg, L./Diessner, R. (1990). A cognitive-developmental approach to moral attachment. In J.L. Gewirtz/W.M. Kurtines (Eds.), Intersections with attachment (pp. 229-246). Hillsdale, NJ: Erlbaum.

Kohlberg, L./Hickey, J./Scharf, P. (1972). The justice structure of the prison: A theory and intervention. Prison journal, 51, 3-14.

Kohlberg, L./Hjertholm, E./Yaeger, J. (1968). Private speech: Four studies and a review of theories. Child Development, 39, 691-736.

Kohlberg, L./Kramer, R. (1969). Continuities and discontinuities in children and adult moral development. Human Development, 12, 93-120.

Kohlberg, L./LaCrosse, J./Ricks, D. (1970). The predictability of adult mental health from childhood behavior. In B. Wolman (Ed.), Handbook of child psychopathology (pp. 1217-1284). New York: McGraw-Hill.

Kohlberg, L./Ryncarz, R.A. (1990). Beyond justice reasoning: Moral development and consideration of a seventh stage. In J.N. Alexander/E.J. Langer (Eds.), Higher stages of human development (pp. 191-207). New York.

Kohlberg, L./Turiel, E. (1971). Moral development and moral education. In G. Lesser (Ed.), Psychology and educational practice (pp. 410-465). Chicago: Scott Foresman.

Kohlberg, L./Zigler, E. (1967). The impact of cognitive maturity upon the development of sex-role attitudes in the years four to eight. Genetic Psychology Monographs, 75, 89-165.

Kramer, R. (1968). Changes in moral judgment response patterns during late adolescence and young adulthood. Retrogression in a developmental sequence. University of Chicago: Unpublished doctoral dissertation.

Krappmann, L./Oswald, H. (1995). Alltag der Schulkinder. Beobachtungen und Analysen von Interaktionen und Sozialbeziehungen. Weinheim/München: Juventa Verlag.

Krebs, D.L. (1998). The evolution of moral behaviors. In C.B. Crawford/D.L. Krebs (Eds.), Handbook of evolutionary psychology (pp. 337-368). Hillsdale, NJ: Erlbaum.

Krebs, D.L. (2008). Morality. An evolutionary account. Perspectives on Psychological Science, 3, 149-172.

Krebs, D.L./Denton, K.L. (1999). Die Beziehung zwischen der Struktur des moralischen Urteilens und dem moralischen Handeln. In D. Garz/F. Oser/W. Althof (Hrsg.), Moralisches Urteil und Handeln (S. 220-263). Frankfurt a. M.: Suhrkamp.

Krebs, D.L./Denton, K.L. (2005). Toward a more pragmatic approach to morality: A critical evaluation of Kohlberg's model. Psychological Review, 112, 629-649.

Krebs, D.L./Denton, K.L./Vermeulen, S.C./Carpendale, J.I.M./Bush, A. (1991). The structural flexibility of moral judgment. Journal of Personality and Social Psychology, 61, 1012-1023.

Krebs, D.L./Denton, K.L./Wark, G. (1997). The forms and functions of real-life moral decisionmaking. Journal of Moral Education, 20, 131-145.

Krebs, D.L./van Hesteren, F. (1994). The development of altruism: Toward an integrative model. Developmental Review, 14, 103-158.

Krebs, D.L./Vermeulen, S.C.A./Carpendale, J.I.M./Denton, K.L. (1991). Structural and situational influences on moral judgment: The interaction between stage and dilemma. In W.M. Kurtines/J.L. Gewirtz (Eds.), Handbook of moral behavior and development, Vol. 2: Research (pp. 139-170). Hillsdale, NJ: Erlbaum.

Krebs, R.L. (1967). Some relations between moral judgment, attention, and resistance to temptation. University of Chicago: Unpublished doctoral dissertation

Krettenauer, T. (1998). Gerechtigkeit als Solidarität. Weinheim: Deutscher Studien Verlag.

Krettenauer, T. (1999). Individualismus, Autonomie und Solidarität. Entwicklungsbedingungen sozialen Engagements im Jugendalter. In H.R. Leu/L. Krappmann (Hrsg.), Zwischen Autonomie und Verbundenheit (S. 266-298). Frankfurt a. M.: Suhrkamp.

Krettenauer, T. (2001). Aktuelle Jugendprobleme im Lichte von Kohlbergs Theorie. Kann Entwicklung noch das Ziel moralischer Erziehung sein? In W. Edelstein/F. Oser/P. Schuster (Hrsg.), Moralische Erziehung in der Schule (S. 93-110). Weinheim/Basel: Beltz Verlag.

Krettenauer, T. (2004). Perspektiven Post-Kohlbergscher Moralentwicklungsforschung. Berlin: Unveröffentlichtes Manuskript.

Krettenauer T./Becker, G. (2001). Entwicklungsniveaus soziomoralischen Denkens: Deutschsprachige Version des Sociomoral Reflection Measure. Diagnostica, 47, 188-195.

Krettenauer, T./Edelstein, W. (1999). From substages to moral types and beyond: An analysis of core criteria for morally autonomous judgments. International Journal of Behavioral Development, 23, 899-920.

Krettenauer, T./Eichler, D. (2006). Adolescent's self attributed moral emotions following a moral transgression: Relations with delinquency, confidence in moral judgment and age. British Journal of Developmental Psychology, 24, 489-506.

Krettenauer, T./Montada, L. (2005). Entwicklung von Moral und Verantwortlichkeit. In J. Asendorpf (Hrsg.), Enzyklopädie der Psychologie, Entwicklungspsychologie, Bd. 3: Soziale, emotionale und Persönlichkeitsentwicklung (S. 141-189). Göttingen: Hogrefe.

Kuhn, D./Langer, J./Kohlberg. L./Haan, N. (1977). The developments of formal operations in logical and moral judgment. Genetic Psychology Monographs, 95, 97-188.

Kuhn, D./Udell, W. (2003). The development of argument skills. Child Development, 74, 1245-1260.

Kurdek, L.A. (1978). Perspective taking as the cognitive basis of children's moral development: A review of the literature. Merrill-Palmer Quarterly, 24, 3-28.

Kurtines, W.M./Gewirtz, J.L. (Eds.) (1991). Handbook of moral behavior and development, Vol. 1-4. Hillsdale, NJ: Erlbaum.

Kurtines, W.M./Gewirtz, J.L. (Eds.) (1995). Moral development: An introduction. Boston: Allyn & Bacon.

Kurtines, W.M./Greif, E.B. (1974). The development of moral thought. Review and evaluation of Kohlberg's approach. Psychological Bulletin, 81, 453-470.

Lagattuta, K.H. (2005). When you shouldn't do what you want to do: Young children's understanding of desires, rules, and emotions. Child Development, 76, 713-733.

Lapsley, D.K. (1996). Moral psychology. Boulder, CO: Westview.

Lapsley, D.K./Hill, P.L. (2008). On dual processing and heuristic approaches to moral cognition. Journal of Moral Education, 37, 313-332.

Lapsley, D.K./ Narváez, D. (Eds.) (2004). Moral development, self and identity. Hahwah, New Jersey: Lawrence Erlbaum Associates.

Lapsley, D.K./ Narváez, D. (2005). Moral psychology at the crossroads. In D.K. Lapsley/D. Narváez (Eds.), Character psychology and character education (pp. 18-35). Notre Dame, Indiana: University of Notre Dame Press.

Lapsley, D.K./Serlin, R. (1984). On the alleged degeneration of the kohlbergian research programme. Educational Theory, 34, 157-170.

Latzko, B. (2006). Werteerziehung in der Schule. Regeln und Autorität im Schulalltag. Opladen: Verlag Barbara Budrich.

Latzko, B./Malti, T. (Hrsg.) (2010). Moralische Entwicklung und Erziehung in Kindheit und Adoleszenz. Göttingen et al.: Hogrefe Verlag.

Lei, T. (1994). Being or becoming moral in a Chinese culture: Unique or universal? Cross-Cultural Research, 28, 58-91.

Lempert, W. (1982). Moralische Urteilsfähigkeit. Zeitschrift für Sozialisationsforschung und Erziehungssoziologie, 2, 113-126.

Lempert, W. (1986). Moralische Urteilsstufen und Niveaus sozialer Aggregation. In F. Oser/W. Althof/D. Garz (Hrsg.), Moralische Zugänge zum Menschen - Zugänge zum moralischen Menschen (S. 84-107). München: Kindt.

Lempert, W. (1988). Soziobiographische Bedingungen der Entwicklung moralischer Urteilsfähigkeit. Kölner Zeitschrift für Soziologie und Sozialpsychologie, 40, 62-92.

Lempert, W. (1993). Moralische Sozialisation im Beruf. Zeitschrift für Sozialisationsforschung und Erziehungssoziologie, 13, 2-35.

Lempert, W. (1996). Postkonventionelle Reflexion als ultima ratio moralischen Denkens und Lernens im Beruf. In K. Beck et al. (Hrsg.), Berufserziehung im Umbruch (S. 143-158). Weinheim: Deutscher Studienverlag.

Lempert, W. (1998). Berufliche Sozialisation oder was Berufe aus Menschen machen. Baltmannsweiler: Schneider Verlag Hohengehren.

Lempert, W. (2004). Berufserziehung als moralischer Diskurs? Perspektiven ihrer kommunikativen Rationalisierung durch professionalisierte Berufspädagogen. Baltmannsweiler: Schneider Verlag Hohengehren.

Lempert, W. (2006). Berufliche Sozialisation. Persönlichkeitsentwicklung in der betrieblichen Ausbildung und Arbeit. Baltmannsweiler: Schneider Verlag Hohengehren.

Lempert, W. (2010). Soziologische Aufklärung als moralische Passion: Pierre Bourdieu. Versuch der Verführung zu einer provozierenden Lektüre. Wiesbaden: VS Verlag für Sozialwisssenschaften.

Lerner, R.M. (1976). Concepts and theories of human development. New York: Random House.

Levine, C.G. (1979). Stage acquisition and stage use: An appraisal of stage displacement explanations of variation in moral reasoning. Human Development, 22, 145-164.

Lickona, T. (Ed.) (1976). Moral development and behavior. Theory, research, and social issues. New York: Holt, Rinehart & Winston.

Lickona, T.(1989). Wie man gute Kinder erzieht. München: Kindt.

Lind, G. (1989). Measuring moral judgment: A review of ‚The measurement of moral judgment‘, by Anne Colby and Lawrence Kohlberg. Human Development, 32, 388-397.

Lind, G. (2000). Ist Moral lehrbar? Ergebnisse der modernen moralpsychologischen Forschung. Berlin: Logos-Verlag.

Lind, G. (2003). Moral ist lehrbar. Handbuch zur Theorie und Praxis moralischer und demokratischer Bildung. München: Oldenbourg Schulbuchverlag.

Locke, D. (1979). Cognitive stages or developmental phases? A critique of Kohlberg's stage-structural theory of moral reasoning. Journal of Moral Education, 8, 168-181.

Locke, D. (1980). The illusion of stage six. Journal of Moral Education, 9, 103-109.

Locke, D. (1986). A psychologist among the philosophers: Philosophical aspects of Kohlberg's theory. In S. Modgil/C. Modgil (Eds.), Lawrence Kohlberg: Consensus and controversy (pp. 21-38). Philadelphia/London: The Falmer Press.

Loevinger, J. (1976). Ego development. San Francisco: Jossey-Bass.

Logan, R./Snarey, J. R./Schrader, D. (1990). Autonomous versus heteronomous moral judment types. Journal of Cross-Cultural Psychology, 21, 71-89.

Lourenco, O. (2003). Making sense of Turiel's dispute with Kohlberg: the case of the child's moral competence. New Ideas in Psychology, 21, 152-177.

Lourenco, O./Machado, A. (1996). In defense of Piaget's theory: A reply to 10 common critics. Psychological Review, 103, 143-164.

Ma, K.H. (1988). Moral orientation in Hong Kong, Mainland China and England. Journal of Cross-Cultural Psychology, 20, 152-177.

Maccoby, E.E. (1968). The development of moral values and behavior in childhood. In J.A. Clausen (Ed.), Socialization and society (pp. 227-269). Boston: Little, Brown.

Maccoby, E.E. (1980). Social development: Psychological growth and the parent-child relationship. New York: Harcourt Brace Jovanovich.

Maccoby, E.E./Martin, J.A. (1983). Socialization in the context of the family: Parent-child interaction. In P.H. Mussen (Ed.), Handbook of child psychology, Vol. 4: Socialization, personality, and social development (pp. 1-102). New York: Wiley.

Markard, M./Uhlmann, G. (1983). Geistig-moralische Erneuerung in der Psychologie. Zur Kritik der Auffassungen L. Kohlbergs. Argument-Sonderband, 99, 11-47.

Markus, H.R./Kitayama, S. (1991). Culture and the self: Implications for cognition, emotion, and motivation. Psychological Review, 98, 224-253.

Matsuba, M.K./Walker, L.J. (1998). Moral reasoning in the context of ego function. Merrill-Palmer Quarterly, 44, 464-483.

Matsuba, M.K./Walker, L.J. (2004). Extraordinary moral commitment: Young adults involved in social organizations. Journal of Personality, 72, 413-436.

McAdams, J.D. (2009a). The person. An introduction to the science of personality psychology (5th ed.). Hoboken, NJ: Wiley.

McAdams, J.D. (2009b). The moral personality. In D. Narváez/D.K. Lapsley (Eds.), Personality, identity, and character. Explorations in moral psychology (pp. 11-29). Cambridge: Cambridge University Press.

McAdams, J.D./Pals, J.L. (2006). A new big five. Fundamental principles for an integrative science of personality. American Psychologist, 61, 206-214.

McCrae, R.R../Costa, P.T., Jr. (2008). The five-factor theory of personality. In O.P. John/R.W. Robins/L.A. Pervin (Eds.), Handbook of personality. Theory and research (3rd ed.). New York/London: The Guilford Press.

Mertens, W. (1997). Psychoanalyse: Geschichte und Methoden. München: Beck.

Metcalfe, J./Mischel, W. (1999). A hot/cool-system analysis of delay of gratification: Dynamics of willpower. Psychological Review, 106, 3-19.

Milgram, S. (1963). Behavioral study of obedience. Journal of Abnormal Psychology, 67, 371-378.

Miller, J.G./Bersoff, D.M. (1992). Culture and moral judgment: How are conflicts between justice and interpersonal responsibilities resolved? Journal of Personality and Social Psychology, 62, 541-554.

Miller, J.G./Bersoff, D.M./Harwood, R.L. (1990). Perceptions of social responsibilities in India and in the United States: Moral imperatives or personal decision? Journal of Personality and Social Psychology, 58, 33-47.

Miller, M. (1986). Kollektive Lernprozesse. Studien zur Ontogenese kommunikativen Handelns. Frankfurt a. M.: Suhrkamp.

Miller, P.H. (1993). Theorien der Entwicklungspsychologie. Heidelberg/Berlin/Oxford: Spektrum Akademischer Verlag.

Minnameier, G. (2000). Strukturgenese moralischen Denkens. Münster/New York/München/Berlin: Waxmann.

Minnameier, G. (2010). Entwicklung moralischen Denkens aus einer neo-kohlbergschen Perspektive. In B. Latzko/T. Malti (Hrsg.), Moralische Entwicklung und Erziehung in Kindheit und Adoleszenz (S. 47-67). Göttingen et al.: Hogrefe Verlag.

Mischel, W./Mischel, H.N. (1976). A cognitive social learning approach to morality and self-regulation. In T. Lickona (Ed.), Moral development and behavior (pp. 84-107). New York: Holt, Rinehardt & Winston.

Mischel, W./Shoda, Y./Ayduk, O. (2008). Introduction to personality. Toward an integrative science of the person (8th ed.). Hoboken, NJ: John Wiley & Sons, Inc..

Modgil, S./Modgil, C. (Eds.) (1986). Lawrence Kohlberg: Consensus and controversy. Philadelphia: Falmer Press.

Moll J./Eslinger, P.J./Oliveira-Souza, R. (2001). Frontopolar and anterior temporal cortex activation in a moral judgment task: preliminary functional MRI results in normal subjects. Arquivos de Neuropsiquiatria, 59, 657-666.

Montada, L. (1980). Gerechtigkeit im Wandel der Entwicklung. In G. Mikula (Hrsg.), Gerechtigkeit und soziale Interaktion (S. 301-329). Bern: Huber.

Montada, L. (1993). Moralische Gefühle. In W. Edelstein/G. Nunner-Winkler/G. Noam (Hrsg.), Moral und Person (S. 259-277). Frankfurt a.M.: Suhrkamp.

Montada, L. (2003). Justice, equity, and fairness in human relations. In I. Weiner (Ed.), Handbook of psychology, Vol. 5. (pp. 537-568). Hoboken, NJ: Wiley.

Montada, L. (2008). Moralische Entwicklung und Sozialisation. In R. Oerter/L. Montada (Hrsg.), Entwicklungspsychologie. Ein Lehrbuch. 6. Auflage (S. 572-606). Weinheim: Beltz Verlag.

Montada, L./Becker, J.H./Schöpflin, U./Baltes, P.B. (1995). Die internationale Rezeption der deutschsprachigen Psychologie. Psychologische Rundschau, 46, 186-199.

Montada, L./Schmitt, M./Dalbert, C. (1986). Thinking about justice and dealing with one's one privilegies: A study of existential guilt. In H.W. Bierhoff/R. Cohen/J. Greenberg (Eds.), Justice in social relations (pp. 125-143). New York: Plenum Press.

Murphy, J.M./Gilligan, C. (1980). Moral development in late adolescence and adulthood: A critique and reconstruction of Kohlberg's theory. Human Development, 23, 77-104.

Mussen, P.H. (1970). Carmicheal's manual of child psychology (3rd ed.), Vol. 1, Vol. 2. New York: Wiley.

Mussen, P.H. (1983). Handbook of child psychology (4th ed.), Vol. 1-4. New York: Wiley.

Mussen, P.H./Eisenberg-Berg, N. (1977). The roots of caring, sharing and helping. San Francisco: Freeman.

Myers, D.G. (2008). Psychologie. 2., erweiterte und aktualisierte Auflage. Heidelberg: Springer Medizin Verlag.

Narváez, D. (2010). Moral complexity. The fatal attraction of truthiness and the importance of moral functioning. Perspectives on Psychological Science, 5, 163-181.

Narváez, D./Lapsley, D.K. (Eds.) (2009a). Personality, identity, and character. Explorations in moral psychology. Cambridge: Cambridge University Press.

Narváez, D./Lapsley, D.K. (2009b). Moral identity and the development of moral character. In D. Medin/L. Skitka/D. Bartels/C. Bauman (Eds.), Moral cognition and decision making, Vol. 50 of the Psychology of Learning and Motivation series (pp. 237-274). Elsevier.

Nelson, D.A./Crick, N.R. (1999). Rose-colored glasses: Examining the social information-processing of prosocial young adolescents. Journal of Early Adolescence, 19, 17-38.

Nisan, M. (1984). Content and structure in moral judgment: An integrative view. In W.M. Kurtines/J.L. Gewirtz (Eds.), Morality, moral behavior, and moral development: Basic issues in theory and research (pp. 208-224). New York: Wiley.

Nisan, M. (1986). Die moralische Bilanz. Ein Modell moralischen Entscheidens. In W. Edelstein/G. Nunner-Winkler (Hrsg.), Zur Bestimmung der Moral. Philosophische und sozialwissenschaftliche Beiträge zur Moralforschung (S. 347-376). Frankfurt a. M.: Suhrkamp.

Nisan, M. (1987). Moral norms and social conventions: A cross-cultural comparison. Developmental Psychology, 23, 719-725.

Nisan, M./Kohlberg, L. (1982). Universality and variation in moral judgment: A longitudinal and cross-sectional study in Turkey. Child Development, 53, 865-876.

Noam, G. (1993). Beyond Freud and Piaget: Internal worlds – interpersonal self. In T.E. Wren (Ed.), The moral domain: Essays in the ongoing discussion between philosophy and the social sciences (pp. 360-400). Cambridge: MIT Press.

Nolting, H.P./Paulus, P. (2009). Psychologie lernen. Eine Einführung und Anleitung. 10., komplett überarbeitete Auflage. Weinheim/Basel: Beltz Verlag.

Nucci, L.P. (1981). The development of personal concepts: A domain distinct from moral or social concepts. Child Development, 52, 114-121.

Nucci, L.P. (2001). Education in the moral domain. Cambridge: Cambridge University Press.

Nucci, L.P. (2009). Nice is not not enough. Facilitating moral development. New Jersey: Pearson.

Nucci, L.P./ Narváez, D. (Eds.) (2008). Handbook of moral and character education. New York: Routledge.

Nucci, L.P./Turiel, E. (1978). Social interactions and the development of social concepts in preschool children. Child Development, 49, 400-407.

Nucci, L.P./Weber, E. (1995). Social interactions in the home and the development of young children's conceptions of the personal. Child Development, 66, 1438-1452.

Nunner-Winkler, G. (1978). Probleme bei der Messung des moralischen Urteils mit standardisierten Verfahren. In L.H. Eckensberger (Hrsg.), Entwicklung des moralischen Urteilens. Theorien, Methoden, Praxis (S. 337-358). Saarbrücken.

Nunner-Winkler, G. (1984). Two moralities? A critical discussion of an ethic of care and responsibility versus an ethic of rights and justice. In W.M. Kurtines/J.L. Gewirtz (Eds.), Morality, moral behavior, and moral development: Basic issues in theory and research (pp. 348-364). New York: Wiley.

Nunner-Winkler, G. (1986). Ein Plädoyer für einen eingeschränkten Universalismus. In W. Edelstein/G. Nunner-Winkler (Hrsg.), Zur Bestimmung der Moral. Philosophische und sozialwissenschaftliche Beiträge zur Moralforschung (S. 126-144). Frankfurt a. M.: Suhrkamp.

Nunner-Winkler, G. (1989). Verantwortlichkeit für andere: Das Problem der positiven Pflichten. In G. Lind/G. Pollitt-Gerlach (Hrsg.), Moral in unmoralischer Zeit. Zu einer partnerschaftlichen Ethik in Erziehung und Gesellschaft (S. 33-54). Heidelberg: Asanger.

Nunner-Winkler, G. (Hrsg.) (1991). Weibliche Moral. Die Kontroverse um eine geschlechtsspezifische Ethik. Frankfurt a. M.: Campus.

Nunner-Winkler, G. (1992). Zur moralischen Sozialisation. Kölner Zeitschrift für Soziologie und Sozialpsychologie, 44, 252-272.

Nunner-Winkler, G. (1994). Der Mythos von den Zwei Moralen. Deutsche Zeitschrift für Philosophie, 42, 113-130.

Nunner-Winkler, G. (1996). Moralisches Wissen - moralische Motivation – moralisches Handeln. In M.S. Honig/H.R. Leu/U. Nissen (Hrsg.), Kinder und Kindheit. Soziokulturelle Muster, sozialisationstheoretische Perspektiven (S. 129-156). München: Juventa.

Nunner-Winkler, G. (1999a). Zum frühkindlichen Moralverständnis. Materialien zum Zehnten Kinder- und Jugendbericht. Bd. 1 (S. 53-101). München: DJI.

Nunner-Winkler, G. (1999b). Moralische Motivation und moralische Identität. In D. Garz/F. Oser/W. Althof (Hrsg.), Moralisches Urteil und Handeln (S. 314-339). Frankfurt a. M.: Suhrkamp.

Nunner-Winkler, G. (1999c). Sozialisationsbedingungen moralischer Motivation. In H.R. Leu/L. Krappmann (Hrsg.), Zwischen Autonomie und Verbundenheit (S. 299-329). Frankfurt a. M.: Suhrkamp.

Nunner-Winkler, G. (2000). Wandel in den Moralvorstellungen – Ein Generationenvergleich. In W. Edelstein/G. Nunner-Winkler (Hrsg.), Moral im sozialen Kontext (S. 299-336). Frankfurt a. M.: Suhrkamp.

Nunner-Winkler, G. (2003a). Moralentwicklung im Verlauf des Lebens. In W. Schneider/W. Knopf (Hrsg.), Entwicklung, Lehren und Lernen (S. 125-145). Göttingen: Hogrefe.

Nunner-Winkler, G. (2003b). Ethik der freiwilligen Selbstbindung. Erwägen, Wissen, Ethik, 14, 579-589.

Nunner-Winkler, G. (2004). Sociohistoric changes in the structure of moral motivation. In D.K. Lapsley/D. Narváez (Eds.), Moral development, self and identity (pp. 299-333). Mahwah, NJ: Lawrence Erlbaum Associates.

Nunner-Winkler, G. (2007). Development of moral motivation from childhood to early adulthood. Journal of Moral Education, 36, 399-414.

Nunner-Winkler, G. (2009). Prozesse moralischen Lernens und Entlernens. Zeitschrift für Pädagogik, 55, 528-548.

Nunner-Winkler, G./Meyer-Nikele, M./Wohlrab, D. (2006). Integration durch Moral. Moralische Motivation und Ziviltugenden Jugendlicher. Wiesbaden: VS Verlag für Sozialwissenschaften.

Nunner-Winkler, G./Sodian, B. (1988). Children's understanding of moral emotions. Child Development, 59, 1323-1328.

Oerter, R. (1966). Die Entwicklung von Werthaltungen während der Reifezeit. München/Basel: Ernst Reinhardt Verlag.

Oerter, R. (2001). Der Weg des Konstruktivismus in der Entwicklungspsychologie und der Pädagogischen Psychologie. Zeitschrift für Psychologie, 209, 69-91.

Oerter, R. (2007a). Menschenbilder im Kulturvergleich. In G. Trommsdorff/H.-J. Kornadt (Hrsg.), Enzyklopädie der Psychologie, Kulturvergleichende Psychologie, Bd. 1: Theorien und Methoden der kulturvergleichenden Psychologie (S. 487-530). Göttingen: Hogrefe.

Oerter, R. (2007b). Werte, Werthaltungen, Valenzen. In G. Trommsdorff/H.-J. Kornadt (Hrsg.), Enzyklopädie der Psychologie, Kulturvergleichende Psychologie, Bd. 1: Theorien und Methoden der kulturvergleichenden Psychologie (S. 555-614). Göttingen: Hogrefe.

Oerter, R./Montada, L. (2002). Entwicklungspsychologie. 5. Auflage. Weinheim: Beltz Verlag.

Oerter, R./Montada, L. (2008). Entwicklungspsychologie. 6. Auflage. Weinheim: Beltz Verlag.

Oevermann, U. (1976). Programmatische Überlegungen zu einer Theorie der Bildungsprozesse und zur Strategie der Sozialisationsforschung. In K. Hurrelmann (Hrsg.), Sozialisation und Lebenslauf (S. 34-52). Reinbek: Rowohlt.

Oser, F. (1981a). Die Theorie von Lawrence Kohlberg im Kreuzfeuer der Kritik – Eine Verteidigung. Schweizerische Zeitschrift für Bildungsforschung und Bildungspraxis, 3, 51-64.

Oser, F. (1981b) Moralisches Urteil in Gruppen, soziales Handeln, Verteilungsgerechtigkeit. Stufen der interaktiven Entwicklung und ihre erzieherische Stimulation. Frankfurt a. M.: Suhrkamp.

Oser, F. (1998a). Negative Moralität und Entwicklung: Ein undurchsichtiges Verhältnis. Ethik und Sozialwissenschaft, 9, 597-608.

Oser, F. (1998b). Ethos – die Vermenschlichung des Erfolgs. Zur Psychologie der Berufsmoral von Lehrpersonen. Opladen: Leske+Budrich.

Oser, F./Althof, W. (1992). Moralische Selbstbestimmung. Stuttgart: Klett-Cotta.

Parke, R. D. (2004). The society for research in child development at 70: Progress and promise. Child Development, 75, 1-24.

Parke, R. D./Clarke-Stewart, A. (2011). Social development. John Wiley & Sons, Inc..

Pasupathi, M./Staudinger, U.M. (2001). Do advanced moral reasoners also show wisdom? Linking moral reasoning and wisdom-related knowledge and judgment. International Journal of Behavioral Development, 25, 401-415.

Peltzer, U. (1986). Lawrence Kohlbergs Theorie des moralischen Urteilens. Opladen: Westdeutscher Verlag.

Petermann, F./Niebank, K./Scheithauer, H. (2004). Entwicklungswissenschaft. Berlin/Heidelberg: Springer Verlag.

Philipps, D. C./Nicolayev, J. (1978). Kohlbergian moral development: A progressing or degenerating research program? Educational Theory, 28, 286-301.

Piaget, J. (1979). Das moralische Urteil beim Kinde. Frankfurt a. M.: Suhrkamp. (Original: Le jugement moral chez l'enfant. Paris: Alcan 1932).

Piaget, J. (1981). Intelligence and affectivity: Their relationship during child development. Herausgegeben von T. A. Brown/C. E. Kaegi. Palo Alto, CA: Annual Reviews Inc.

Pittel, S.M./Mendelsohn, G.A. (1966). Measurement of moral values: A review and critique. Psychological Bulletin, 66, 22-35.

Pizarro, D. (2000). Nothing more than feelings? The role of emotions in moral judgment. Journal for the Theory of Social Behavior, 30, 355-375.

Pizarro, D./Bloom, P. (2003). The intelligence of moral intuitions. Comment on Haidt (2001). Psychological Review, 110, 193-196.

Portele, G. (Hrsg.) (1978). Sozialisation und Moral. Neuere Ansätze zur moralischen Entwicklung und Erziehung. Weinheim/Basel: Beltz Verlag.

Powers, C./Higgins, A./Kohlberg, L. (1989). Lawrence Kohlberg's approach to moral education. New York: Columbia University Press.

Pratt, M.W./Diessner, R./Hunsberger, B./Pancer, S.M./Savoy, K. (1991). Four pathways in the analysis of adult development and aging: Comparing analyses of reasoning about personal-life dilemmas. Psychology and Aging, 6, 666-675.

Pratt, M.W./Golding, G./ Hunter, W. (1984). Does morality have a gender? Sex, sex role, and moral judgment relationships across the adult lifespan. Merrill-Palmer Quarterly, 30, 321-340.

Precht, R.D. (2010). Die Kunst, kein Egoist zu sein. Warum wir gerne gut sein wollen und was uns davon abhält. München: Goldmann Verlag.

Prehn, K./Wartenburger, I./Meriau, K./Scheibe, C./Goodenough, O.R./Villringer, A./van der Meer, E./Heekeren, H.R. (2008). Individual differences in moral judgment competence influence neural correlates of socio-normative judgments. SCAN, 3, 33-46.

Puka, B. (1991a). Toward the redevelopment of Kohlberg's theory: Preserving essential structure, removing controversial content. In W.M. Kurtines/J.L. Gewirtz (Eds.), Handbook of moral behavior and development, Vol. 1: Theory (pp. 373-394). Hillsdale, NJ: Erlbaum.

Puka, B. (1991b). Interpretive experiments: Probing the care-justice debate in moral development. Human Development, 34, 61-80.

Radke-Yarrow, M./Zahn-Waxler, C./Chapman, M. (1983). Children's prosocial dispositions and behavior. In P.H. Mussen (Ed.), Handbook of child psychology, Vol. 4: Socialisation, personality, and social development (pp. 469-545). New York: Wiley.

Radke-Yarrow, M./Zahn-Waxler, C./Richardson, D.T./Susman, A./Martinez, P. (1994). Caring behavior in children of clinically depressed and well mothers. Child Development, 65, 1405-1414.

Rest, J. (1969). Hierarchies of comprehension and preference in a developmental stage model of moral thinking. University of Chicago: Unpublished doctoral dissertation.

Rest, J. (1973). The hierarchical nature of moral judgment: A study of patterns of comprehension and preference of moral stages. Journal of Personality, 41, 86-109.

Rest, J. (1979). Development in judging moral issues. Minneapolis: University of Minnesota Press.

Rest, J. (1983). Morality. In P.H. Mussen (Ed.) Handbook of child psychology, Vol. 3: Cognitive development (pp. 920-990). New York: Wiley.

Rest, J./Narváez, D. (Eds.) (1994). Moral development in the professions. Psychology and applied ethics. Hillsdale, NJ: Lawrence Erlbaum.

Rest, J./Narváez, D./Bebeau, M./Thoma, S. (1996). Development, domains, and culture in morality: A neo-Kohlbergian approach. University of Minnesota: Unpublished manuscript.

Rest, J./Narváez, D./Bebeau, M./Thoma, S. (1999). Postconventional moral thinking: A neo-Kohlbergian approach. Mahwah, NJ: Lawrence Erlbaum Associates.

Rest, J./Turiel, E./Kohlberg, L. (1969). Level of moral development as a determinant of preference and comprehension of moral judgments made by others. Journal of Personality, 37, 225-252.

Reuss, S./Becker, G. (1996). Evaluation des Ansatzes von Lawrence Kohlberg zur Entwicklung und Messung moralischen Urteilens. Berlin: Max-Planck-Institut für Bildungsforschung (Materialien aus der Bildungsforschung, Nr. 55).

Riegel, K. (1980). Grundlagen einer dialektischen Psychologie. Stuttgart: Klett Verlag.

Roth, G. (2003). Fühlen, Denken, Handeln. Wie das Gehirn unser Verhalten steuert. Neue, vollständig überarbeitete Ausgabe. Frankfurt a. M.: Suhrkamp.

Roth, G. (2007). Persönlichkeit, Entscheidung und Verhalten. Warum es so schwierig ist, sich und andere zu verändern. Stuttgart: Klett-Cotta.

Roth, G. (2010). Wie einzigartig ist der Mensch? Die lange Evolution der Gehirne und des Geistes. Heidelberg: Spektrum Akademischer Verlag.

Roth, G. (2011). Bildung braucht Persönlichkeit. Wie Lernen gelingt. Stuttgart: Klett-Cotta.

Rozin, P./Lowery, L./Imada, S./Haidt, J. (1999). The CAD triad hypothesis: A mapping between three moral emotions (contempt, anger, disgust) and three moral codes (community, autonomy, divinity). Journal of Personality and Social Psychology, 77, 574-586.

Sameroff, A. (2010). A unified theory of development: A dialectic integration of nature and nurture. Child Development, 81, 6-22.

Schirp, H. (2005). Zur Entwicklung demokratischer Kompetenzen. In „Beiträge zur Demokratiepädagogik". Publikationsreihe des BLK-Programms „Demokratie lernen & leben".

Schirp, H. (2006). Dem Lernen auf der Spur. Neurobiologische Modellvorstellungen und neurodidaktische Zugänge zur Lern- und Unterrichtsgestaltung. Abruf unter studsem.san.hrz.unisiegen.de/downloads/demlernenaufderspur.

Schmitt, M. (1980). Person, Situation oder Interaktion? Eine zeitlose Streitfrage diskutiert aus der Sicht der Gerechtigkeitsforschung (Berichte aus der Arbeitsgruppe „Verantwortung, Gerechtigkeit, Moral" Nr. 6). Trier: Universität Trier, Fachbereich I – Psychologie.

Schmitt, M. (1982). Zur Erfassung des moralischen Urteils: Zwei standardisierte objektive Verfahren im Vergleich (Berichte aus der Arbeitsgruppe „Verantwortung, Gerechtigkeit, Moral" Nr. 11). Trier: Universität Trier, Fachbereich I – Psychologie.

Schmitt, M. (1993). Abriß der Gerechtigkeitpsychologie (Berichte aus der Arbeitsgruppe „Verantwortung, Gerechtigkeit, Moral" Nr. 70). Trier: Universität Trier, Fachbereich I – Psychologie.

Schmitt, M./Altstötter-Gleich, C. (2010). Differentielle Psychologie und Persönlichkeitspsychologie kompakt. Weinheim/Basel: Psychologie Verlags Union.

Schmitt, M./Baumert, A./Fetchenhauer, D./Gollwitzer, M./Rothmund, T./Schösser, T. (2009). Sensibilität für Ungerechtigkeit. Psychologische Rundschau, 60, 8-22.

Schmitt, M./Maes, J./Schmal, A. (1999). Ungerechtigkeitserleben im Vereinigungsprozess: Folgen für das emotionale Befinden und die seelische Gesundheit. In M. Schmitt/L. Montada (Hrsg.), Gerechtigkeitserleben im wiedervereinigten Deutschland (S. 169-212). Opladen: Leske + Budrich.

Schönpflug, W. (1997). Geschichte und Systematik der Psychologie. Weinheim: Psychologie Verlags Union.

Schönpflug, W./Schönpflug, U. (1997). Allgemeine Psychologie und ihre Verzweigungen in Entwicklungs-, Persönlichkeits- und Sozialpsychologie. 4. Auflage. Weinheim/Basel: Beltz Verlag PVU.

Schweitzer, F. (2010). Lebensgeschichte und Religion. Religiöse Entwicklung und Erziehung im Kindes- und Jugendalter. Siebte Auflage. Gütersloh: Gütersloher Verlagshaus.

Seligman, M. (2003). Der Glücksfaktor. Warum Optimisten länger leben. Bastei Lübbe.

Selman, R.L. (1980). The growth of interpersonal understanding: Developmental and clinical analyses. New York: Academic Press.

Selman, R.L. (1984). Die Entwicklung des sozialen Verstehens. Entwicklungspsychologische und klinische Untersuchungen. Frankfurt a. M.: Suhrkamp.

Selman, R.L. (2003). The promotion of social awareness. New York: Russel Sage Foundation.

Selman, R.L./Lavin, D.R./Brion-Meisels, S. (1982). Entwicklung der Fähigkeit zur Selbstreflexion bei Kindern: Forschungen zum reflexiven Verstehen und die Untersuchung praktischer Verständnisleistungen bei verhaltensgestörten Kindern. In W. Edelstein/M. Keller (Hrsg.), Perspektivität und Interpretation (S. 375-421). Frankfurt a. M.: Suhrkamp.

Shantz, C.U. (1982). Children's understanding of social rules and the social contexts. In F. C. Serefica (Ed.), Social-cognitive development in context (pp. 167-198). New York: Guilford Press.

Shantz, C.U. (1987). Conflicts between children. Child Development, 58, 283-305.

Shweder, R.A. (1982). Liberalism as destiny. Contemporary Psychology, 27, 421-424.

Shweder, R.A. (1991). Thinking through cultures: Expeditions in cultural psychology. Cambridge, MA: Harvard University Press.

Shweder, R.A./Bourne, E.J. (1982). Does the concept of person vary cross-culturally? In A.J. Marsella/G.M. White (Eds.), Cultural conceptions of mental health and therapy (pp. 97-137). Boston: Reidel.

Shweder, R.A./Mahapatra, M./Miller, J.G. (1987). Culture and moral development. In J. Kagan/S. Lamb (Eds.), The emergence of morality in young children (pp. 1-83). Chicago: University of Chicago Press.

Shweder, R.A./Much, N.C./Mahapatra, M./Park, L. (1997). The „big three" of morality (autonomy, community, divinity) and the „big three" explanations of suffering. In A. Brandt/P. Rozin (Eds.), Morality and health (pp. 119-169). New York: Routledge.

Siegal, M. (1980). Kohlberg versus Piaget: To what extent has one theory eclipsed the other? Merrill-Palmer Quarterly, 26, 285-297.

Sigelman, C.K./Waitzman, K.A. (1991). The development of distributive justice orientations: Contextual influences on children's resource allocations. Child Development, 62, 1367-1378.

Simpson, E.L. (1974). Moral development research: A case study of scientific cultural bias. Human Development, 17, 81-106.

Skitka, L.J. (2009). Exploring the „lost and found" of justice theory and research. Social Justice Research, 22, 98-116.

Skoe, E.E./Diessner, R. (1994). Ethic of care, justice, identity, and gender: An extension and replication. Merrill-Palmer Quarterly, 40, 272-289.

Skoe, E.E./Marcia, J.E. (1991). A measure of care-based morality and its relations to ego identity. Merrill-Palmer Quarterly, 37, 289-304.

Smetana, J.G. (1981). Preschool conceptions of moral and social rules. Child Development, 52, 1333-1336.

Smetana, J.G. (1989). Adolescent's and parent's reasoning about actual family conflict. Child Development, 60, 1052-1067.

Smetana, J.G. (1995). Morality in context: Abstractions, ambiguities, and applications. In R. Vasta (Ed.), Annals of child development, Vol. 10 (pp. 83-130). London: Jessica Kingley.

Smetana, J.G. (2006). Social-cognitive domain theory: Consistencies and variations in children's moral and social judgments. In M. Killen/J.G. Smetana (Eds.), Handbook of moral development (pp. 119-153). Mahwah, NJ: Lawrence Erlbaum Associates.

Smetana, J.G./Asquith, P. (1994). Adolescent's and parent's conceptions of parental authority and adolescent autonomy. Child Development, 65, 1147-1162.

Smetana, J.G./Braeges, J. L. (1990). The development of toddler's moral and conventional judgments. Merrill-Palmer Quarterly, 36, 329-346.

Smetana, J.G./Bridgeman, D.L./Turiel, E. (1983). Differentiation of domains and prosocial behaviors. In D.L. Bridgeman (Ed.), The nature of prosocial development: Interdisciplinary theories and strategies (pp. 163-183). New York: Academic Press.

Smetana, J.G./Killen, M./Turiel, E. (1991). Children's reasoning about interpersonal and moral conflicts. Child Development, 62, 629-644.

Snarey, J.R. (1985). Cross-cultural universality of social-moral development: A critical review of kohlbergian research. Psychological Bulletin, 97, 202-232.

Snarey, J.R. (1995). The communitarian voice: The sociological expansion of kohlbergian theory, research and practice. In W.M. Kurtines/ J.L. Gewirtz (Eds.), Moral development: An introduction (pp. 109-133). Boston: Allyn & Bacon.

Snarey, J.R./Keljo, K. (1991). In a Gemeinschaft voice: The cross-cultural expansion of moral developmental theory. In W.M. Kurtines/J.L. Gewirtz (Eds.), Handbook of moral behavior and development, Vol. 1: Theory (pp. 395-424). Hillsdale, NJ: Erlbaum.

Snarey, J.R./Kohlberg, L./Noam, G. (1983). Ego development in perspective: Structural stage, functional phase, and cultural age-period models. Developmental Review, 3, 303-338.

Snarey, J.R./Reimer, J./Kohlberg, L. (1985). The development of social-moral reasoning among Kibbutz adolescents: A longitudinal cross-cultural study. Developmental Psychology, 21, 3-17.

Sodian, B. (2008). Entwicklung des Denkens. In R. Oerter/L. Montada (Hrsg.), Entwicklungspsychologie. Ein Lehrbuch. 6. Auflage (S. 436-479). Weinheim: Beltz Verlag.

Spang, W./Lempert, W. (1989). Analyse moralischer Argumentationen. Berlin: Max-Planck-Institut für Bildungsforschung (Materialien aus der Bildungsforschung, Nr. 36).

Speicher, B. (1994). Family patterns of moral judgment during adolescence and early adulthood. Developmental Psychology, 30, 624-632.

Spielthenner, G. (1996). Psychologische Beiträge zur Ethik. Band 2: L. Kohlbergs Theorie des moralischen Begründens. Frankfurt a. M.: Lang.

Sternlieb, J.L./Youniss, J. (1975). Moral judgments one year after intentional or consequence modeling. Journal of Personality and Social Psychology, 31, 895-897.

Strack, F./Deutsch, R. (2004). Reflective and impulsive determinants of social behavior. Personality and Social Psychology Review, 8, 220-247.

Strack, M./Gennerich, C./Hopf, N. (2008). Warum Werte? In H. Witte (Hrsg.), Sozialpsychologie und Werte (S. 90-130). Lengerich: Pabs.

Sullivan, E.V. (1977). A study of Kohlberg's structural theory of moral development: A critique of liberal social science ideology. Human Development, 20, 352-376.

Sunstein, C.R. (2005). Moral heuristic. Behavioral and Brain Sciences, 28, 531-543.

Sutter, H.J. (2003). Soziomoralische Lern- und Entwicklungsprozesse. Perspektiven einer soziologisch-strukturtheoretischen Forschung und Kritik an Kohlbergs kognitionszentrierter Entwicklungspsychologie und „Just Community"-Forschung. In H.U. Otto/G. Oelerich/H.G. Micheel (Hrsg.), Empirische Forschung und Soziale Arbeit (S. 159-213). Neuwied: Luchterhand.

Tagney, J.P./Miller, R.S./Flicker, L./Barlow (1996). Are shame, guilt, and embarrassment distinct emotions. Journal of Personality and Social Psychology, 70, 1256-1269.

Tapp, J.L./Kohlberg, L. (1971). Developing senses of law and legal justice. Journal of Social Issues, 27, 65-91.

Tappan, M. (2006). Mediated moralities: Sociocultural approaches to moral development. In M. Killen/J. Smetana (Eds.), Handbook of moral development (pp. 351-374). Hillsdale, NJ: Lawrence Erlbaum.

Tanner, C./Ryf, B./Hanselmann, M. (2009). Geschützte Werte Skala (GWS): Konstruktion und Validierung eines Messinstrumentes. Diagnostica, 55, 174-183.

Teo, T./Becker, G./Edelstein, W. (1995). Variability in structured wholeness: Context factors in L. Kohlberg's data on the development of moral judgment. Merrill-Palmer Quarterly, 41, 381-391.

Thompson, R..A. (2009). Early foundations: Conscience and the development of moral character. In D. Narváez/D.K. Lapsley (Eds.), Personality, identity, and character. Explorations in moral psychology (pp. 159-184). Cambridge: Cambridge University Press.

Thompson, R A./Laible, D.J./Ontai, L. L. (2003). Early understandings of emotion, morality, and self: developing a working model. Advances in Child Development, 31, 137-171.

Thorkildsen, T.A. (1995). Conceptions of social justice. In W.M. Kurtines/J.L. Gewirtz (Eds.), Moral development: An introduction (pp. 511-533). Boston: Allyn & Bacon.

Tietjen, A.M./Walker, L.J. (1985). Moral reasoning and leadership among men in a Papua New-Guinea society. Developmental Psychology, 21, 982-992.

Tisak, M.S./Ford, M.E. (1986). Children's conceptions of interpersonal events. Merrill-Palmer Quarterly, 32, 291-306.

Tomasselo, M. (2006). Die kulturelle Entwicklung des menschlichen Denkens. Frankfurt a. M.: Suhrkamp.

Tomasselo, M. (2010). Warum wir kooperieren. Frankfurt a. M.: Suhrkamp.

Tomlinson, P. (1980). Moral judgment and moral psychology: Piaget, Kohlberg and beyond. In S. Modgil/C. Modgil (Eds.), Toward a theory of psychological development (pp. 306-366). Windsor: NFER.

Tracy, J.J./Cross, H.J. (1973). Antecedents of shift in moral judgment. Journal of Personality and Social Psychology, 26, 238-244.

Trommsdorff, G. (1995). Empathy and prosocial actions in cultural enviroments. In T. Kindermann/J. Valsiner (Eds.), Development of person-context relation (pp. 113- 146). Hillsdale, NJ: Erlbaum.

Trommsdorff, G. (2005). Entwicklung sozialer Motive: Pro- und antisoziales Handeln. In J. Asendorpf (Hrsg.), Enzyklopädie der Psychologie, Entwicklungspsychlogie, Bd. 3: Soziale, emotionale und Persönlichkeitsentwicklung (S. 75-139). Göttingen: Hogrefe.

Trommsdorf, G./Friedlmeier, W./Mayer, B. (2007). Sympathy, distress, and prosocial behavior of preschool children in four cultures. International Journal of Behavioral Development, 3, 284-293.

Tugendhat, E. (1993). Vorlesungen zur Einführung in die Ethik. Frankfurt a. M.: Suhrkamp.

Turiel, E. (1966). An experimental test of the sequentiality of developmental stages in the child's moral judgment. Journal of Personality and Social Psychology, 3, 611-618.

Turiel, E. (1974). Conflict and transition in adolescent moral development. Child Development, 45, 14-23.

Turiel, E. (1975). The development of social concepts: Mores, customs and conventions. In D.J. De Palma/J.M. Foley (Eds.), Moral Development: Current theory and research (pp. 7-37). Hillsdale, NJ: Erlbaum.

Turiel, E. (1978a). The development of concepts of social structure: Social convention. In J. Glick/K.A. Clarke-Stewart (Eds.), The development of social understanding (pp. 25-107). New York: Gardner Press.

Turiel, E. (1978b). Social regulation and domains of social concepts. New directions for child development, 2, 45-74.

Turiel, E. (1979). Distinct conceptual and developmental domains: Social convention and morality. In H.E. Howe/G.B. Keasey (Eds.), Nebraska Symposium on Motivation: 1977, Vol. 25: Social cognitive development (pp. 77-116). Lincoln: University of Nebraska Press.

Turiel, E. (1983). The development of social knowledge: Morality and convention. Cambridge, UK: Cambridge University Press.

Turiel, E. (1989). Domain specific social judgments and domain ambiguities. Merrill-Palmer Quarterly, 35, 89-114.

Turiel, E. (1998). The development of morality. In W. Damon (Ed.), Handbook of child psychology, Vol. 3: Social, emotional and personality development (pp. 863-932). New York: Wiley.

Turiel, E. (2002). The culture of morality. Social development, context, and conflict. Cambridge, England: Cambridge University Press.

Turiel, E. (2006). The development of morality. In W. Damon (Ed.), Handbook of child psychology, Vol. 3: Social, emotional and personality development (pp. 789-857). New York: Wiley.

Turiel, E./Hildebrandt, C./Wainryb, C. (1991). Judging social issues: Difficulties, inconsistencies and consistencies. Monographs of the Society for Research in Child Development, 56 (Serial No. 224).

Turiel, E./Killen, M./Helwig, C.C. (1987). Morality: Its structure, functions and vagaries. In J. Kagan/S. Lamb (Eds.), The emergence of moral concepts in young children (pp. 155-244). Chicago: University of Chicago Press.

Turiel, E./Nucci, L.P./Smetana, J.G. (1988). A cross-cultural comparison about what. A critique of Nisan's (1987) study of morality and convention. Developmental Psychology, 24, 140-143.

Turiel, E./Smetana, J.G. (1984). Social knowledge and social action. The coordination of domains. In W.M. Kurtines/J.L. Gewirtz (Eds.), Morality, moral behavior, and moral development: Basic issues in theory and research (pp. 261-282). New York: Wiley.

Tyler, T.R./Boeckmann, R.J./Smith, H.J./Huo, Y.J. (1997). Social justice in a diverse society. Boulder, CO: Westview.

Uhl, S. (1996). Die Mittel der Moralerziehung und ihre Wirksamkeit. Bad Heilbrunn: Klinkhardt.

Veith, H. (2008). Sozialisation. München/Basel: Ernst Reinhardt Verlag.

Vester, M./von Oertzen, P./Hermann, T./Müller, D. (2001). Soziale Milieus im gesellschaftlichen Strukturwandel. Frankfurt a. M.: Suhrkamp.

Wainryb, C. (1993). The application of moral judgments to other cultures: Relativism and universality. Child Development, 64, 924-933.

Wainryb, C. (1995). Reasoning about social conflicts in different cultures: Druze and Jewish children in Israel. Child Development, 66, 390-401.

Wainryb, C./Langley, M./Cottam, K./Lewis, R. (2004). Children's thinking about diversity of belief in the early school years: Judgments of relativism, tolerance, and disagreeing persons. Child Development, 75, 687-703.

Walker, L.J. (1980). Cognitive and perspective-taking prerequisites for moral development. Child Development, 51, 131-139.

Walker, L.J. (1982). The sequentiality of Kohlberg's stages of moral reasoning: A critical review. Child Development, 53, 1330-1336.

Walker, L.J. (1983). Sources of cognitive conflict for stage transition in moral development. Developmental Psychology, 19, 103-110.

Walker, L.J. (1984). Sex differences in the development of moral reasoning: A critical review. Child Development, 55, 677-691.

Walker, L.J. (1986a). Cognitive processes in moral development. In G.L. Sapp (Ed.), Handbook of moral development: Models, processes, techniques, and research (pp. 109-145). Birmingham, AL: Religious Education Press.

Walker, L.J. (1986b). Experiential and cognitive sources of moral development in adulthood. Human Development, 29, 113-124.

Walker, L.J. (1988). The development of moral reasoning. In R. Vasta (Ed.), Annals of Child Development, Vol. 5 (pp. 33-78). Greenwich: JAI Press Inc.

Walker, L.J. (1989). A longitudinal study of moral reasoning. Child Development, 60, 157-166.

Walker, L.J. (1991). Sex differences in moral reasoning. In W.M. Kurtines/J.L. Gewirtz (Eds.), Handbook of moral behavior and development, Vol. 2: Research (pp. 333-364). Hillsdale, NJ: Erlbaum.

Walker, L.J. (1994). Whither moral psychology? Moral Education Forum, 19, 1-8.

Walker, L.J. (1995). Sexism in Kohlberg's moral psychology. In: W.M. Kurtines/J.L. Gewirtz (Eds.), Moral development: An introduction (pp. 83-107). Boston: Allyn & Bacon.

Walker, L.J. (1996). Kohlberg's cognitive-developmental contributions to moral psychology. World Psychology, 2, 273-296.

Walker, L.J. (1998). Naturalistic conceptions of moral maturity. Developmental Psychology, 34, 403-419.

Walker, L.J. (2004). Progress and prospects in the psychology of moral development. Merrill-Palmer Quarterly, 50, 546-577.

Walker, L.J./de Vries, B./Bichard, S.L. (1984). The hierarchical nature of stages of moral development. Developmental Psychology, 20, 960-966.

Walker, L.J./de Vries, B./Trevethan, S.D. (1987). Moral stages and moral orientations in real-life and hypothetical dilemmas. Child Development, 58, 842-858.

Walker, L.J./Frimer, J.A. (in press). The science of moral development. Chapter to appear in M.K. Underwood/L.H. Rosen (Eds), Social development. New York: Guilford Publications.

Walker, L.J./Frimer, J.A./Dunlop, W.L. (2010). Varieties of moral personality: Beyond the banality of heroism. Journal of Personality, 78, 907-942.

Walker, L.J./Hennig, K. H. (1997). Moral development in the broader context of personality. In S. Hala (Ed.), The development of social cognition (pp. 297-327). East Sussex, England: Psychology Press.

Walker, L.J./Hennig, K.H. (2004). Differing conceptions of moral exemplarity: Just, brave, and caring. Journal of Personality, 86, 629-647.

Walker, L.J./Hennig, K.H./Krettenauer, T. (2000). Parents and peer contexts for children's moral reasoning development. Child Development, 71, 1033-1048.

Walker, L. J./Moran, T.J. (1991). Moral reasoning in a communist Chinese society. Journal of Moral Education, 20, 139-155.

Walker, L.J./Pitts, R./Hennig, K./Matsuba, M.K. (1995). Reasoning about morality and real-life moral problems. In M. Killen/D. Hart (Eds.), Morality in everyday life. Developmental perspectives (pp. 371-407). New York: Cambridge University Press.

Walker, L.J./Taylor, J.H. (1991). Stage transitions in moral reasoning: A longitudinal study of developmental processes. Development Psychology, 27, 330-337.

Wark, G./Krebs, D.L. (1996). Gender and dilemma differences in real-life moral judgment. Developmental Psychology, 32, 220-230.

Warneken, F./Tomasello, M. (2009). Roots of human altruism. British Journal of Psychology, 100, 455-471.

Weinert, F.E. (2001). Concept of competence: a conceptual clarification. In D. S. Rychen/L.H. Salganik (Eds.), Defining and selecting key competencies (pp. 45-65). Bern: Hogrefe/Huber.

Weinert, S./Weinert, F.E. (2006). Entwicklung der Entwicklungspsychologie: Wurzeln, Meilensteine, Entwicklungslinien. In W. Schneider/F. Wilkening (Hrsg.), Enzyklopädie der Psychologie, Entwicklungspsychologie, Bd. 1: Theorien, Modelle und Methoden der Entwicklungspsychologie (S. 3-58). Göttingen: Hogrefe.

Wellman, H.M. (in press). Developing a theory of mind. Chapter to appear in U. Goswami (Ed.), The Blackwell Handbook of Childhood Cognitive Development (2nd ed.).

Werth, L./Mayer, J. (2008). Sozialpsychologie. Berlin/Heidelberg: Springer Verlag.

Westen, D. (1986). The superego: A revised developmental model. Journal of the American Academy of Psychoanalysis, 14, 181-202

Westen, D. (1995). A clinical-empirical model of personality: Life after the Mischelian ice age and the NEO-lithic era. Journal of Personality, 63, 495-524.

Westen, D. (1998). The scientific legacy of Sigmund Freud: Toward a psychodynamically informed psychological science. Psychological Bulletin, 124, 333-371.

Westen, D./Gabbard, G. (1999). Psychoanalytic approaches to personality. In L. Pervin/O. John (Eds.), Handbook of personality: Theory and research (pp. 57-101). New York: Guilford Press.

Weyers, S. (2004). Moral und Delinquenz. Weinheim/München: Juventa Verlag.

Weyers, S. (2010). Achtung vor dem Gesetz. Entwicklung von Rechtsvorstellungen und die Koordination von Recht und Moral im Jugendalter. In B. Latzko/T. Malti (Hrsg.), Moralische Entwicklung und Erziehung in Kindheit und Adoleszenz (S. 159-178). Göttingen et al.: Hogrefe Verlag.

Weyers, S./Sujbert, M./Eckensberger, L.H. (2007). Recht und Unrecht aus kindlicher Sicht. Münster/New York/München/Berlin: Waxmann Verlag.

Widen, S.C./Russell, J.A. (2010). Children´s scripts for social emotions: Causes and consequences are more central than are facial expressions. British Journal of Developmental Psychology, 28, 565-581.

Wittig, J. (2004). To give or not to give: Group negotiations about sharing from a developmental perspective. Unveröffentlichte Diplomarbeit. Berlin.

Youniss, J./Yates, M. (1997). Community service and social Responsibility. Chicago: University of Chicago Press.

Zahn-Waxler, C./Robinson, J.A./Emde, R.N. (1992). The development of empathy in twins. Developmental Psychology, 28, 1038-1047.